심리의 책
THE PSYCHOLOGY BOOK

심리의 책
THE PSYCHOLOGY BOOK

Original Title: The Psychology Book
Copyright © 2012 Dorling Kindersley Limited

All rights reserved. No part of this publication may be reproduced, stored in a retrieval system, or transmitted in any form or by any means, electronic, mechanical, photocopying, recording, or otherwise, without the prior written permission of the copyright owner.

Korean translation copyright © 2012 by Korea Price Information, Corp. The Korean translation edition is published by arrangement with Dorling Kindersley Limited, London.

이 책의 한국어판 저작권은 영국 돌링 킨더슬리사와 독점 계약한 KPI출판그룹에 있습니다. 저작권법에 의해 한국 내에서 보호를 받는 저작물이므로 무단 전재와 복제를 금합니다.

심리의 책

초판1쇄 발행 2012년 6월 15일
초판4쇄 발행 2019년 4월 15일

편저자 | 필립 윌킨슨 외
옮긴이 | 이시은, 박유진, 이경희
발행인 | 노승권
주소 | (10881)경기도 파주시 회동길 354
전화 | 031-870-1063(편집), 031-870-1054(마케팅)
팩스 | 031-870-1098
발행처 | (사)한국물가정보
등록 | 1980년 3월 29일
이메일 | chyungim@naver.com
홈페이지 | www.daybybook.com

값은 뒤표지에 있습니다.
지식갤러리, 라이프맵, 마레, 비즈니스맵, 생각연구소, 스타일북스, 책읽는수요일은 KPI출판그룹의 단행본 브랜드입니다.

CONTRIBUTORS 지은이

캐서린 콜린 Catherine collin

임상심리학자이자 고문의사인 캐서린 콜린은 플리머스대학의 심리치료학 부교수로, 주로 정신보건과 인지행동치료에 관심이 많다.

나이젤 벤슨 Nigel Benson

철학과 심리학을 강의하고 있는 나이젤 벤슨은 『초보를 위한 심리학Psychology for Beginners』과 『정신의학 입문Introducing Psychiatry』 등을 비롯해 심리학에 관한 몇몇 베스트셀러를 저술했다.

조안나 긴스버그 Joannah Ginsburg

임상심리학자이자 저널리스트인 조안나 긴스버그는 뉴욕, 보스턴, 필라델피아, 댈러스 등지의 지역사회 치료센터에서 일하며 정기적으로 심리학에 관한 저서를 쓰고 있다. 주요 저서로는 『이 책은 문제가 있다 : 대중심리학의 탐구This Book has Issues : Adventures in Popular Psychology(공저)』 등이 있다.

불라 그랜드 Voula Grand

비즈니스심리학인 불라 그랜드는 주로 다국적기업들에 리더십과 경영방식에 관한 컨설팅을 하고 있다. 주요 저서로는 비밀, 배반, 복수 등의 심리학에 관한 첫 소설인 『명예의 그림자Honor's Shadow』가 있다. 현재 그 시리즈로 『명예의 유령Honor's Ghost』을 저술 중이다.

메린 레이지안 Merrin Lazyan

작가이면서 편집자이자 성악가인 메린 레이지안은 하버드대학에서 심리학을 공부했고 폭넓은 주제로 몇몇 소설과 논픽션을 저술했다.

마커스 윅스 Marcus Weeks

작가이자 음악가인 마커스 윅스는 심리학을 공부했으며 저술가로 활동하기 전에 교사로 일했다. 또한 예술과 대중과학에 관한 여러 책들을 펴냈다.

CONTENTS

10 이 책을 읽기 전에

철학적 근원
심리학의 태동

18 성격의 네 가지 기질
갈렌

20 기계 안에는 이성적인 영혼이 있다
르네 데카르트

22 잠들어라!
파리아

24 개념들은 서로 저항할 때 에너지가 생긴다
요한 프리드리히 헤르바르트

26 어느 쪽이든 진정한 자아가 되어라
쇠렌 키르케고르

28 성격은 본성과 양육으로 이루어져 있다
프랜시스 골턴

30 히스테리의 법칙은 보편적이다
장 마르탱 샤르코

31 정신의 내적 연결성의 이상한 파괴
에밀 크레펠린

32 정신생활의 시작은 생명의 시작점까지 거슬러 올라간다
빌헬름 분트

38 우리는 '의식'을 정의내리지 못해도 그 의미를 잘 알고 있다
윌리엄 제임스

46 청년기는 새롭게 태어나는 시기이다
G. 스탠리 홀

48 우리는 학습 후 24시간 안에 3분의 2를 망각한다
헤르만 에빙하우스

50 개인의 지능은 고정된 것이 아니다
알프레드 비네

54 무의식이 커튼 뒤의 사람들을 목격한다
피에르 자네

행동주의
환경에 대한 반응

60 배고픈 사람은 맛있는 음식을 보고 군침을 흘린다
이반 파블로프

62 무익한 행동은 근절된다
에드워드 손다이크

66 인간은 누구든 본성에 상관없이 무엇이든 될 수 있는 교육을 받을 수 있다
존 B. 왓슨

72 인간의 세계는 신이 부여한 위대한 미로이다
에드워드 톨먼

74 쥐가 한번 곡식자루를 다녀갔다면 다시 돌아오므로 그에 대비할 수 있다
에드윈 거스리

75 고양이와 쥐는 사이좋은 관계가 될 수 있다
곽임원

76 학습은 그냥 가능한 것이 아니다
칼 래슐리

77 각인은 망각될 수 없다!
콘라트 로렌츠

78 행동은 긍정적 강화와 부정적 강화로 형성된다
B. F. 스키너

86 그 장면을 떠올리는 것을 멈추고 마음의 안정을 취하라
조셉 월프

심리치료
무의식이 행동을 결정한다

92 　무의식이 진정한 심리적 현실이다
　　　지그문트 프로이트

100 　신경증 환자는 항상 열등감을 품고
　　　살아간다
　　　알프레트 아들러

102 　집단 무의식은 원형으로 구성된다
　　　카를 융

108 　삶 본능과 죽음 본능의 투쟁은 일생
　　　내내 계속된다
　　　멜라니 클라인

110 　'당위'의 횡포
　　　카렌 호나이

111 　슈퍼에고는 에고를 적대할 때만
　　　분명해진다
　　　안나 프로이트

112 　진실은 직접 깨달을 때만 받아들일
　　　수 있다
　　　프리츠 펄스

118 　입양아를 가족으로 받아들이고
　　　사랑해주는 것만으로는 역시
　　　부족하다
　　　도널드 위니콧

122 　무의식은 타자의 담론이다
　　　자크 라캉

124 　인간의 주된 과업은 참된 자기를
　　　탄생시키는 일이다
　　　에리히 프롬

130 　훌륭한 삶이란 상태가 아니라
　　　과정이다
　　　칼 로저스

138 　될 수 있다면 되어야 한다
　　　에이브러햄 매슬로

140 　고통의 의미를 찾는 순간 고통은 더
　　　이상 고통이 아니다
　　　빅토르 프랑클

141 　고통 없이는 온전한 인간이 될 수
　　　없다
　　　롤로 메이

142 　합리적 신념이 건강한 정서적 결과를
　　　낳는다
　　　앨버트 엘리스

146 　가정은 사람을 만드는 '공장'이다
　　　버지니아 사티어

148 　흥분하라, 어울려라, 이탈하라
　　　티머시 리어리

149 　통찰은 맹목을 초래하기도 한다
　　　파울 바츨라비크

150 　광기라고 모두 장애라는 법은 없다,
　　　광기는 돌파구일 수도 있다
　　　R. D. 랭

152 　역사는 운명을 결정하지 않는다
　　　보리스 시륄니크

154 　착한 사람들만 우울증에 걸린다
　　　도로시 로

155 　아버지는 침묵의 법칙에 지배된다
　　　기 코르노

인지심리학
계산하는 뇌

160 　본능은 역동적 패턴이다
　　　볼프강 쾰러

162 　과제가 중단되면 그것이 기억에 남을
　　　가능성이 크게 높아진다
　　　블루마 자이가닉

163 　아기가 발소리를 들으면 세포
　　　집합체가 흥분한다
　　　도널드 헵

164 　앎은 산물이 아니라 과정이다
　　　제롬 브루너

166 　확신을 품은 사람은 바뀌기 힘들다
　　　레온 페스팅거

168 　마법의 수 7±2
　　　조지 아미티지 밀러

174 　눈에 보이는 것이 표면의 전부는
　　　아니다
　　　아론 벡

178 　우리는 한 번에 한 목소리에만 귀
　　　기울일 수 있다
　　　도널드 브로드벤트

186 　시간의 화살은 고리 모양으로 굽어
　　　있다
　　　엔델 털빙

192 　지각은 외부에 유도된 환각이다
　　　로저 N. 셰퍼드

193 　우리는 끊임없이 인과관계를 살핀다
　　　대니얼 카너먼

194 　사건과 정서는 기억에 함께 저장된다
　　　고든 H. 바우어

196 　정서는 폭주기관차다
　　　폴 에크먼

198 　엑스터시는 대체현실로 들어가는 한
　　　단계다
　　　미하이 칙센트미하이

200 　행복한 사람들은 극히 사교적이다
　　　마틴 셀리그먼

202 우리가 진심으로 믿는 것이 반드시
    진실은 아니다
    엘리자베스 로프터스

208 기억의 일곱 가지 죄악
    대니얼 샥터

210 우리는 우리의 생각이 아니다
    존 카밧진

211 우리가 신성시하는 모든 것의 정체를
    폭로해버릴 생물학
    스티븐 핑커

212 강박행동은 침투적 사고를
    통제하려는 시도다
    폴 살코브스키스

사회심리학
타인의 세계 속의 존재

218 체계는 변화시키고자 노력해야만
    이해할 수 있다
    쿠르트 레빈

224 사회적 동조에 대한 욕구는 얼마나
    강한가?
    솔로몬 아시

228 삶이란 극적으로 연기되는 것이다
    어빙 고프먼

230 더 자주 볼수록 더 좋아하게 된다
    로버트 자이언스

236 누가 유능한 여성을 좋아하는가?
    재닛 테일러 스펜스

237 섬광기억은 정서성이 높은 사건으로
    발화된다
    로저 브라운

238 목표는 지식을 늘리는 것이 아니라
    정보에 밝아지는 것이다
    세르주 모스코비치

240 우리는 선천적으로 사회적인
    존재이다
    윌리엄 글래서

242 우리는 누구나 받을 자격만큼
    받는다고 믿는다
    멜빈 러너

244 미친 짓을 하는 사람이 반드시 미친
    것은 아니다
    엘리엇 애런슨

246 사람들은 지시받은 대로 행동한다
    스탠리 밀그램

254 선한 사람을 악한 공간에 던져놓으면
    무슨 일이 벌어지는가?
    필립 짐바르도

256 트라우마는 개인과 사회의 관계
    관점에서 이해되어야 한다
    이그나시오 마틴-바로

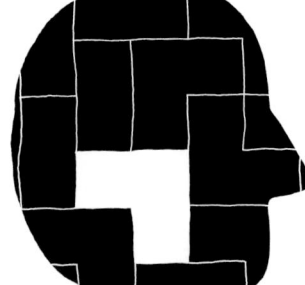

발달심리학
유아부터 성인까지

262 교육의 목표는 새로운 일을 할 수
    있는 남녀를 길러내는 것이다
    장 피아제

270 우리는 다른 사람을 통해 우리
    자신이 된다
    레프 비고츠키

271 아이는 특정 부모에게 의존하지 않는다
브루노 베텔하임

272 성장하는 모든 것에는 밑그림이 있다
에릭 에릭슨

274 초기의 애착행동은 인간 본성에 없어서는 안 될 부분이다
존 보울비

278 접촉위안은 압도적으로 중요하다
해리 할로

279 우리는 스스로도 어떻게 흘러갈지 모르는 인생을 아이들에게 준비시킨다
프랑수아즈 돌토

280 민감한 어머니가 안정애착을 형성한다
메리 에인스워드

282 누가 아이에게 다른 인종을 미워하고 두려워하라고 가르치는가?
케네스 클라크

284 여자아이가 남자아이보다 더 좋은 성적을 낸다
엘리너 E. 맥코비

286 대부분의 인간행동은 관찰을 통해 학습된다
앨버트 반두라

292 도덕성은 여섯 단계에 걸쳐 발달한다
로렌스 콜버그

294 언어기관은 다른 모든 신체기관과 마찬가지로 성장한다
놈 촘스키

298 자폐증은 극단적인 형태의 남성 뇌이다
사이먼 배런-코헨

차이심리학
성격과 지능

304 이쑤시개로 할 수 있는 일들을 최대한 많이 생각해보라
J. P. 길퍼드

306 로빈슨 크루소가 프라이데이를 만나기 전까지는 성격특성이 없었을까?
고든 올포트

314 일반지능은 유동성지능과 결정성지능으로 구성된다
레이먼드 커텔

316 천재성과 정신이상 사이에는 연관성이 있다
한스 아이젱크

322 세 가지 핵심동기가 성과를 촉진한다
데이비드 C. 맥크릴랜드

324 정서는 본질적으로 무의식적인 과정이다
니코 프리다

326 환경단서가 없다면 행동은 터무니없이 혼란스러울 것이다
월터 미셀

328 우리는 정신병동 안에서 정상인과 정신병자를 구분할 수 없다
데이비드 로젠한

330 이브의 세 얼굴
코벳 H. 시그펜 & 허비 M. 클렉클리

332 인물사전
340 용어사전
344 색인
351 자료출처

 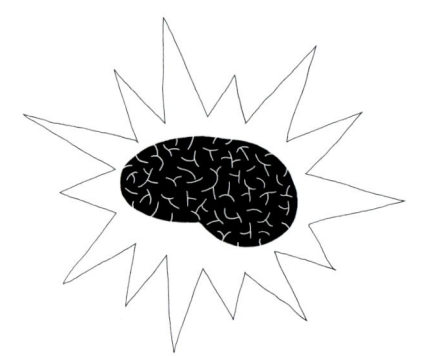 

모든 학문들 가운데 심리학은 어쩌면 일반사람들에게 가장 신비스러우면서도 가장 오해하기 쉬운 분야일 것이다. 심리학의 언어와 개념들이 날마다 문화에 스며들고 있지만 사람들은 대부분 그 주제가 무엇에 관한 것인지, 또한 심리학자들이 실제로 무엇을 하는지에 관해서는 그저 막연하게만 생각한다. 어떤 사람들에게 심리학은 정신질환을 치료하는 기관에서 일하거나 연구소에서 쥐를 이용해 실험하는 흰색 가운을 입은 사람들의 모습을 상기시킨다. 또 어떤 사람들은 중부유럽인의 억양이 있는 한 남자가 의자에 앉아있는 환자를 정신분석하거나 영화에나 나올 법한 어떤 식의 정신통제 음모를 꾸미는 것을 상상하기도 한다.

이런 고정관념들이 과장일지라도 그 안에는 어떤 사실성이 담겨있다. 심리학이 수반하는 것들로 혼란이 야기되는 것은 심리학이라는 우산에 영향을 받는 거대한 범위의 주제(그리고 우리를 어리둥절하게 만드는 'psych-'라는 접두어로 시작하는 용어의 배열) 때문일 것이다. 물론 심리학자들은 심리학이라는 단어에 단 하나의 정의만 들어있다고 생각하지 않을 것이다. '심리학(psychology)'이라는 단어는 '영혼'이나 '정신'을 의미하는 고대 그리스의 'psyche'라는 말과 '연구'나 '설명'이라는 의미의 'logia'라는 말에서 유래되었다. 이는 넓은 범위의 주제를 종합하는 것 같지만 오늘날 이 말은 '정신과 행동을 연구하는 학문'을 가장 정확하게 설명하고 있다.

새로운 과학

심리학은 또한 철학과 생리학을 연결해주는 역할을 한다고 생각될 수 있다. 생리학은 뇌와 신경계의 물질적 구성요소를 설명하고 해석하는 반면, 심리학은 내부에서 일어나는 정신과정을 탐구하고 그 정신과정이 어떻게 우리의 사고와 언어와 행동으로 나타나는지를 연구한다. 철학은 사상과 개념들을 연구하는 반면, 심리학은 우리가 그 사상과 개념들을 어떻게 갖게 되고 그것

> 심리학의 과거는 길지만
> 그 역사는 짧다.
> 헤르만 에빙하우스

들이 우리의 정신작용에 관해 무엇을 알려주는지를 연구한다.

모든 과학들은 과학적 방법을 철학적 문제에 적용함으로써 철학에서 발전했지만 의식, 지각, 기억과 같은 무형의 성격을 지닌 주제들은 심리학이 철학적 사색에서 과학적 실천으로 천천히 변천하고 있다는 것을 의미했다. 어떤 대학에서는, 특히 미국의 경우에는 심리학 학과들이 철학 분야에서 출발했지만, 독일과 같은 다른 대학에서는 심리학 관련 학과들이 과학 분야에서 출발했다. 19세기 말이 되어서야 심리학은 독립적인 하나의 과학 분야로 확립되었다.

1879년 라이프치히대학에서 '근대 심리학의 아버지'라 불리는 빌헬름 분트가 세계 최초의 심리학 실험실을 설립한 것은 심리학의 인식을 진정한 과학 주제로 나타냈으며, 또한 이전에 탐구되지 않았던 연구 분야에서 신기원을 이룬 일이었다. 이 실험실에 세계 여러 나라의 심리학자들이 모여들어 실험심리학의 기초가 마련되었다. 20세기가 되면서 심리학은 발전을 이루었다. 심리학의 주요 분야들과 사상들이 모두 발전했다. 모든 학문들처럼 심리학의 역사도 동시대의 심리학자들과 관련이 있는 많은 오래된 이론들과 더불어, 이어진 세대들의 이론과 발견이 기반이 되고 있다. 어떤 연구

  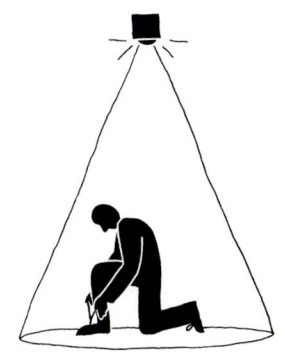

분야들은 그 연구의 주제가 초창기의 심리학에서 비롯되어 다양한 학파들의 여러 해석을 거쳐 생겨난 반면, 또 다른 연구 분야들은 찬성과 반대에 부딪혔지만 매번 다음에 생겨나는 사상에 상당한 영향력을 미치면서 때로는 완전히 새로운 탐구 분야를 생겨나게 했다.

처음으로 심리학의 광범위한 주제에 접근하는 가장 간단한 방법은 이 책에서 제시했듯이, 대략 연대순으로 심리학의 주요 사상들의 일부를 살펴보는 것이다. 그 연대순은 철학적 사상을 기반으로 한 심리학의 근원에서부터 행동주의와 심리치료, 그리고 인지심리학, 사회심리학, 발달심리학 등의 연구를 거쳐 차이심리학에 이른다.

두 가지 접근방식

심리학은 초창기에도 여러 사람들에게 다양한 것들을 의미했다. 미국에서는 심리학 연구가 철학에 근거를 두었기 때문에 의식과 자아 등의 개념을 다루는 사색적이고 이론적인 방식이었다. 유럽에서는 심리학 연구가 과학에 근거를 두었기 때문에 통제된 실험실 조건에서 지각과 기억 같은 정신과정을 탐구하는 데 중점을 두었다. 그러나 이렇게 더욱 과학적인 방법을 추구하는 심리학자들의 연구조차 자기성찰적인 성격의 방법들로 제한되었다. 헤르만 에빙하우스와 같은 개척자들은 스스로 연구의 피험자가 되어 사실상 자신들에게 관찰될 수 있는 것들로 주제의 범위를 제한했다. 그들이 과학적 방법을 사용하고 그들의 이론이 새로운 과학으로서의 심리학의 토대를 만들었지만 다음 세대의 심리학자들은 대부분 이전의 연구과정이 너무 주관적이라는 것을 깨닫고 더욱 객관적인 방법론을 찾기 시작했다.

1890년대에는 러시아의 생리학자 이반 파블로프가 유럽과 미국에서 심리학의 발달에 중요하다고 입증되는 여러 실험들을 수행했다. 그는 동물이 어떤 반응을 만들어내도록 조건화될 수 있다는 것을 입증했는데, 이것이 행동주의로 알려지게 되는 새로운 사상으로 발달한 개념이다. 행동주의자들은 정신적 과정을 객관적으로 연구하기가 불가능하다고 느꼈지만 그런 과정이 겉으로 나타나는 행동을 측정하기는 비교적 쉽다는 것을 알아냈다. 그들은 인간심리를 통찰하기 위해 먼저 동물에 관한, 통제조건에서 실행될 수 있는 실험을 고안하기 시작했고 이후 인간에 관한 실험을 고안했다. 행동학자들의 연구는 오직 행동이 어떻게 환경과 상호작용하여 형성되는지에 관해서만 중점을 두었다. 이런 '자극-반응(stimulus-response)' 이론은 존 B. 왓슨의 업적을 통해 잘 알려졌다. 또한 새로운 학습 이론들이 유럽과 미국에서 갑자기 나타나기 시작하면서 일반 대중의 관심을 끌었다.

그러나 행동주의가 미국에서 나타나기 시작한 것과 거의 동시에, 빈(Wien)에서 한 젊은 신경학자가 동시대의 사상을 뒤엎고 전혀 다른 접근방식을 고취시킨 정신에 관한 이론을 만들어내기 시작했다. 실험실 실험보다 환자의 관찰과 사례 연구에 바탕을 둔 지그문트 프로이트의 정신분석 이론은 주관적인 경험의 연구에 하나의 전환점이 되었다. 그는 기억, 아동기 발달, 대인관계 등에 관심이 있었으며 행동을 결정할 때 무의식의 중요성을 강조했다. 그 당시 충격인

그때 우리 심리학자들은 처음으로 어떤 사고가 계속 이어진다는 사실을 알게 되었다.
윌리엄 제임스

 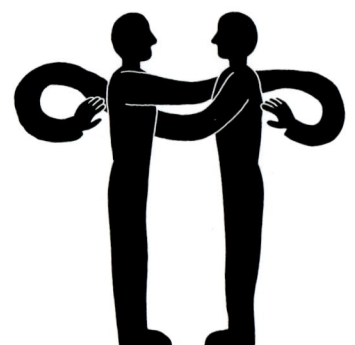 

것처럼 보였던 그의 개념들은 재빨리 널리 채택되었으며, 또한 그의 '대화치료(talking cure)' 개념은 오늘날 여러 종류의 심리치료에서 계속 사용되고 있다.

연구의 새 분야들

20세기 중반에는, 정신적 과정에 대한 과학적 연구가 부활되어 행동주의와 정신분석학은 둘 다 인기를 잃었다. 이런 현상은 지각을 연구하는 데 관심이 있는 게슈탈트(Gestalt, 형태주의) 심리학자들의 전체론적인 접근법에 기반을 둔 인지심리학의 초기에 나타났다. 게슈탈트 심리학자들의 연구는 제2차 세계대전 후 몇 년이 지나 미국에서 나타나기 시작했고, 1950년대 말에 인지심리학이 지배적인 접근법이 되었다. 급속히 성장하는 커뮤니케이션과 컴퓨터과학 분야가 심리학자들에게 유용한 유추를 제공했다. 그들은 주의집중, 지각, 기억, 망각, 언어와 언어습득, 문제해결, 의사결정, 동기부여 등의 여러 분야에서 이론을 만들어내기 위해 정보 처리 모형을 사용했다.

초기의 '대화치료'에서 시작해 무수히 많은 형태로 급속히 늘어난 정신요법조차 인지심리학의 접근법에 영향을 받았다. 인지치료와 인지행동치료는 정신분석학의 대안으로 나타나, 인간의 삶에만 나타나는 독특한 특성에 중점을 둔 인본주의 심리학(humanist psychology)과 같은 분야들을 생겨나게 했다. 인지심리학 분야의 치료전문가들은 환자를 치료하는 일보다 건강한 사람들이 더욱 의미 있는 삶을 살도록 이끄는 데 더 많은 관심을 두었다.

심리학이 초기에는 대체로 개개인의 정신과 행동에 집중했지만 점차 우리가 주변환경이나 다른 사람들과 상호작용하는 방식에 점점 더 중점을 두었는데, 이것이 사회심리학 분야가 되었다. 인지심리학처럼 사회심리학도 대부분 게슈탈트 심리학자들, 특히 1930년대에 나치 독일을 피해 미국으로 망명한 쿠르트 레빈에게 많은 영향을 받았다. 사회심리학은 20세기 후반에 급속히 발전했고, 이때 우리의 태도와 편견, 복종과 순응을 향한 성향, 공격성이나 이타주의를 위한 이성 등에 관한 매우 흥미롭고 새로운 사실들이 연구를 통해 밝혀졌다. 또한 이 사실들은 모두 도시생활과 커뮤니케이션이 계속 발전하는 현대와 점점 관련 있는 요소들이었다.

프로이트의 지속적인 영향력은 주로 발달심리학이라는 새로운 분야를 통해 확인될 수 있었다. 초기에는 아동기 발달에만 관심이 있었던 발달심리학은 유아기부터 노년기까지 삶의 전체적인 변화를 포함하면서 연구범위가 확대되었다. 연구자들은 사회적·문화적·도덕적 학습 등의 여러 방법들과 우리가 애착을 보이는 방식들을 기록했다. 발달심리학은 교육과 훈련에 상당한 기여를 하면서도, 명확한 것은 아니지만 인종 및 성에 대한 태도와 아동발달의 관계에 대한 고찰에도 영향을 주었다.

거의 모든 심리학 분야에서는 인간의 독특성이라는 주제에 관해서 간단히 다루었지만 20세기 말에는 이 주제가 차이심리학에서 독립적인 한 분야로 인식되었다. 점점 성장하고 있는 이 분야의 심리학자들은 지능을 만들어내는 다양한 요인들과 성격적 특성을 확인하고 평가하려는 시도뿐만 아

19세기가 '편집자의 의자(editorial chair)' 시대였다면 20세기는 '정신과의사의 침상(psychiatrist's couch)' 시대이다.

마샬 맥루한

니라, 정상과 기형의 정의와 척도를 조사하여 얼마나 많은 개인적인 차이들이 환경의 산물이나 유전적인 형질의 결과가 되는지에 대해 관찰하고 있다.

영향력이 큰 학문분야

오늘날 존재하는 심리학의 많은 분야들은 정신생활을 비롯해 인간과 동물 행동에 관한 폭넓은 범위를 다룬다. 그 전체적인 범위는 의학, 생리학, 신경과학, 컴퓨터과학, 교육, 사회학, 인류학, 심지어 정치학과 경제학과 법학 등 다른 여러 분야들과 겹치면서 확대되었다. 심리학은 아마도 가장 다양한 분야가 되었다고 해야 할 것이다.

심리학은 다른 과학 분야, 특히 신경과학과 유전학 같은 분야에 계속 영향을 주거나 영향을 받는다. 특히 1920년대의 프랜시스 골턴의 사상으로 거슬러 올라가는 '본성 대 양육' 논쟁은 지금까지도 지속되고 있다. 최근 진화심리학은 심리학적 특성을 유전학과 자연도태설의 법칙에 영향을 받은 선천적이고 생물학적인 현상으로 탐구함으로써 논쟁에 한몫을 해왔다.

심리학은 하나의 거대한 주제이고 그 연구결과들은 우리 모두에게 영향을 미친다. 어떤 형태로든 심리학은 정부, 비즈니스, 산업, 광고, 대중매체 등에서 이루어지는 많은 의사결정에 지식을 제공한다. 또한 심리학은 정신적 장애를 진단하고 치료하는 데 기여하는 만큼, 우리의 사회가 조직되거나 조직될 수 있는 방식에 대한 대중의 논란의 원인이 되면서 집단이든 개인적으로든 우리에게 영향을 준다.

심리학자들의 사상과 이론은 행동과 정신적 과정에 대한 그들의 많은 연구결과들이 이제 그저 '상식'으로 여겨질 정도로 우리의 일상적인 문화의 일부가 되었다. 그러나 심리학에서 탐구된 어떤 사상들은 다시 생각해보게 할 정도로 우리의 본능적인 감정을 확인해준 반면, 심리학자들이 그들의 연구결과로 관습적인 오랜 신념을 흔들어 놓았을 때에는 대중에게 흔히 충격을 주고 그들을 격노하게 만들었다.

짧은 역사에도 불구하고, 심리학은 우리의 사고방식을 변화시킨 많은 사상들을 우리에게 제공했고 또한 이 세상을 비롯해 우리 자신과 다른 사람들을 이해하는 데 도움이 되었다. 그리고 심리학은 오래된 신념에 깊은 의문을 제기했고, 불안하게 만드는 진리를 밝혀냈으며, 또한 복잡한 문제에 대한 놀라운 통찰력과 해결책을 제공했다. 심리학이 대학의 교수과목으로 점점 인기가 증가한다는 것은 심리학이 현대와 관련 있다는 증거일 뿐 아니라 신비스러운 정신의 세계를 계속 조사하는 분야로서 그 풍부하고 다양한 주제를 탐구하여 우리에게 즐거움과 흥미로운 자극을 제공한다는 증거이다. ∎

심리학의 목적은 우리가 가장 잘 알고 있는 것들의 완전히 다른 개념을 알려주는 데 있다.
폴 발레리

PHILOSO ROOTS
PSYCHOLOGY IN THE MAKING

… PHICAL

철학적 근원
심리학의 태동

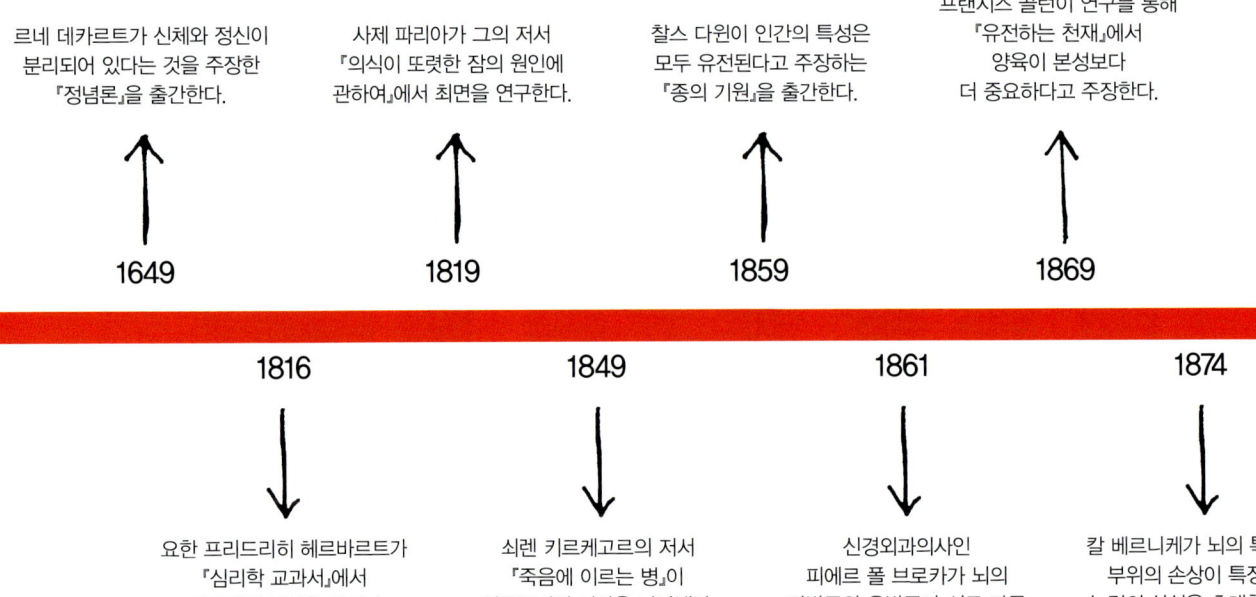

정신과 신체의 분리

현대 심리학에서 확인된 대부분의 쟁점은 오늘날 우리가 잘 알고 있듯이 과학이 발달하기 오래전부터 철학적인 논쟁의 주제가 되었던 것이다. 고대 그리스의 가장 초기의 철학자들은 우리 주변의 세상과 우리가 사고하고 행동하는 방식에 관한 문제의 해답을 찾으려고 했다. 그때부터 우리들은 의식과 자아, 정신과 신체, 인식과 지각, 사회를 조직하는 방법, '행복한 삶'을 사는 방법 등의 개념들과 씨름했다.

과학의 여러 분야들은 철학에서 발전하여, 16세기부터 가속도가 붙어 마침내 18세기 이성의 시대로 접어들게 하는 '과학혁명'으로 활기를 띠게 되었다. 과학적 지식에서의 이런 진보는 우리가 살고 있는 세상에 대한 많은 문제의 해답을 제공해주었지만 우리의 정신의 작용에 관해서는 여전히 설명할 수 없었다. 그러나 과학과 기술은 우리가 올바른 질문을 시작할 수 있으며, 또한 적절한 자료의 수집을 통해 여러 이론들을 시험하기 시작할 수 있었던 모형들을 제공했다.

정신과 신체의 분리

17세기 과학혁명의 주요 인물들 가운데 한 명인, 철학자이자 수학자인 르네 데카르트는 심리학 발달에 중요하다고 입증된 정신과 신체의 차이를 대략 보여주었다. 그는 모든 인간은 비물질적이며 사고하는 정신(또는 영혼)과 신체를 지닌 (어떤 분리된 기계로 된) 이원론적 존재라고 주장했다. 요한 프리드리히 헤르바르트와 같은 이후의 심리학 사상가들은 정신의 작용을 '뇌-기계(brain-machine)의 작용'으로 설명하면서 또한 그 기계 유추를 확대하여 뇌를 포함시키려고 했다.

정신과 신체가 분리된다는 것은 논쟁의 화제가 될 정도였다. 과학자들은 정신이 어느 정도 신체적 요인들로 형성되는지, 또한 어느 정도 주변 환경으로 형성되는지에 관해 궁금히 여겼다. 영국의 박물학자 찰스 다윈의 진화론으로 야기되고 프랜시스 골턴이 지지한 '본성 대 양육' 논쟁은 자유의지, 성격, 발달, 학습 등의 주제들을 표면화시켰다. 이런 분야들은 아직도 철학적 탐구로 충분히 설명되지 않은 상태였고 이제 과학적 연구를 위한 기회로 무르익고 있었다. 한편, 이해하기 힘든 정신의 본질은 최면의 발견으로 대중화되었고, 이로 인해 더욱 진지한 과학자들이 정신생활에서 즉시 나타나는 명백한 의식적 사고보다 더욱 중요한

철학적 근원 PHILOSOPHICAL ROOTS

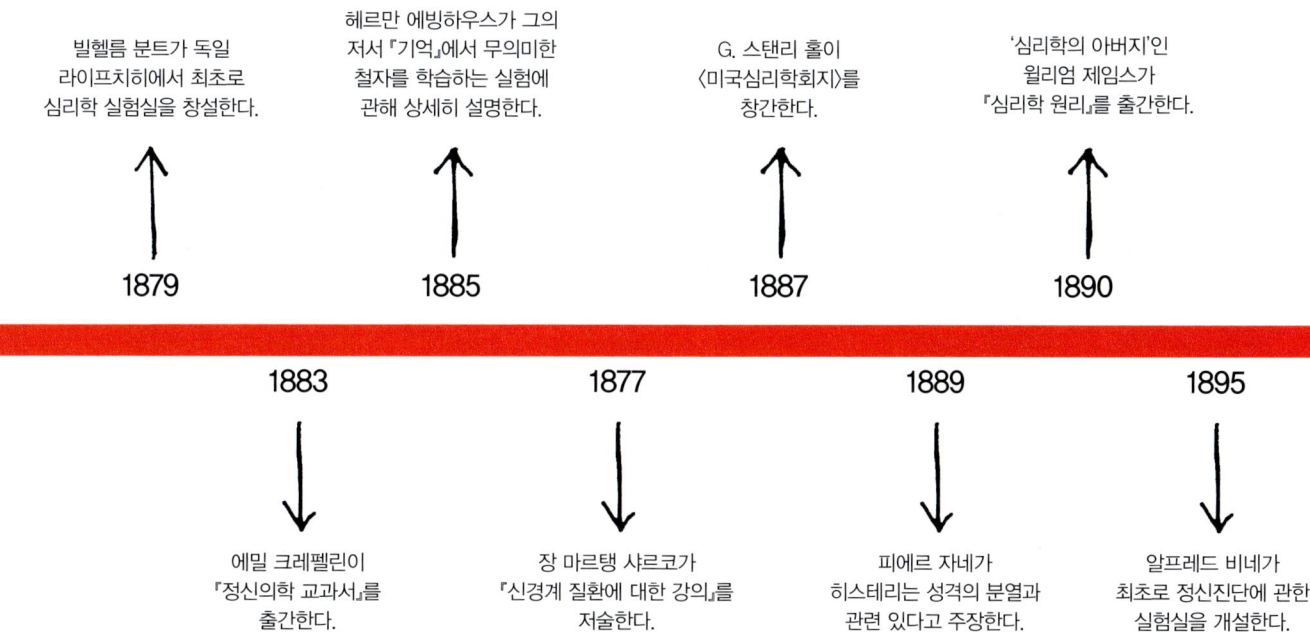

것이 있다고 생각하게 되었다. 이 과학자들은 '무의식'의 본질과 우리의 사고와 행동에 대한 그 영향력을 연구하기 시작했다.

심리학의 탄생

이런 배경으로 심리학이라는 현대과학이 나타났다. 1879년 빌헬름 분트는 독일의 라이프치히대학에서 최초로 심리학 실험실을 설립했고 또한 심리학 관련 학과들이 유럽과 미국 전역의 여러 대학에서 나타나기 시작했다. 철학이 어떤 지역적인 특성을 지녔던 것처럼 심리학도 여러 중심지에서 뚜렷한 방식으로 발달했다. 독일에서는 빌헬름 분트, 헤르만 에빙하우스, 에밀 크레펠린과 같은 심리학자들이 심리학에 관해 과학적이고 실험적인 엄격한 접근방식을 채택한 반면, 미국에서는 윌리엄 제임스와 그의 하버드대학 동료들이 더욱 이론적이며 철학적인 접근법을 채택했다. 이런 연구 분야들과 함께, 한 영향력 있는 학파가 히스테리를 겪는 사람들에게 최면을 사용한 신경학자 장 마르탱 샤르코의 연구를 중심으로 파리에서 점점 성장하고 있었다. 이 학파는 프로이트의 정신분석 이론을 이끈 무의식의 개념을 알아낸 피에르 자네와 같은 심리학자들을 생겨나게 했다.

19세기 후반에는, 생리학과 관련 분야들이 신체를 연구하는 것과 거의 똑같은 방식으로, 정신을 연구하기 위한 과학적 방법론의 확립뿐만 아니라 새로운 과학으로서의 심리학의 중요성이 급속히 대두되었다. 처음으로 심리학의 과학적 방법이 지각, 의식, 기억, 학습, 지능 등에 관한 문제에 적용되었고, 또한 그 관찰과 실험으로 수많은 새로운 이론들이 생겨났다.

이런 개념들은 흔히 연구자의 자기성찰적인 연구에서 비롯되었거나 연구 피험자들의 매우 주관적인 설명에서 비롯되었지만, 이는 한 세기가 지나 다음 세대의 심리학자들이 정신과 행동에 관한 엄밀하고 객관적인 연구를 개발하여 그들의 새로운 이론을 정신장애의 치료에 적용할 수 있는 토대가 되었다. ■

성격의 네 가지 기질

갈렌(서기 129~201년경)

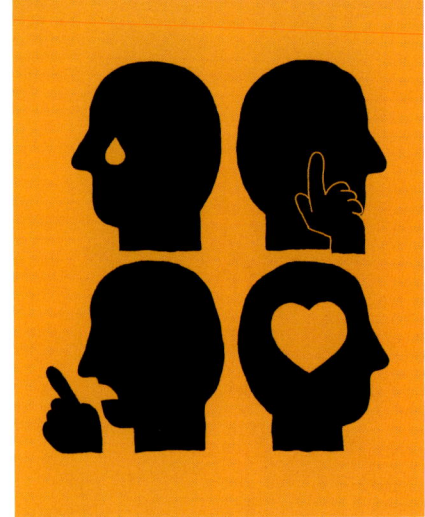

맥락읽기

접근법
체액설(Humourism)

이전의 관련 역사
기원전 400년경 : 그리스의 의사 히포크라테스가 네 가지 원소의 특성들이 체액으로 반영된다고 주장한다.

기원전 325년경 : 그리스의 철학자 아리스토텔레스가 행복의 네 가지 원천을 감각적(hedone), 물질적(propraietari), 윤리적(ethikos), 논리적(dialogike)인 것으로 명명한다.

이후의 관련 역사
서기 1543년 : 해부학자 안드레아스 베살리우스가 이탈리아에서 『인체의 조직에 관하여On the Fabric of the Human Body』를 출간한다. 그는 이 저서에서 갈렌의 실수를 입증하고 이단으로 비난받는다.

서기 1879년 : 빌헬름 분트가 기질은 '가변성(changeability)'과 '정서성(emotionality)'이라는 두 개의 축을 따라 여러 부분으로 발달한다고 주장한다.

서기 1947년 : 한스 아이젱크가 『성격의 차원Dimensions of Personality』에서 성격은 두 개의 차원에 기반을 둔다고 주장한다.

만물은 흙, 공기, 불, 물이라는 네 가지 기본 원소가 결합해서 생긴다

↓

이 네 가지 원소들의 특성은 그에 상응하는 신체의 기능에 영향을 주는 인간의 네 가지 체액에서 찾아볼 수 있다

↓

이 체액은 또한 우리의 감정과 행동(기질)에 영향을 준다

↓

기질적인 문제들은 우리 체액의 불균형 때문에 생긴다

↓

따라서 체액의 균형을 회복함으로써 의사는 우리의 감정적·행동적 문제들을 치료할 수 있다

로마의 철학자이자 의사인 클라우디우스 갈렌(Claudius Galen)은 인체의 원리를 설명하려고 했던 고대 그리스의 체액설이라는 이론에 기반을 둔 성격 유형의 개념을 만들어냈다.

체액설의 근원은 그리스 철학자인 엠페도클레스(Empedocles, 기원전 495~435년경)로 거슬러 올라간다. 그는 네 가지 기본 원소인 흙(차고 건조한 성질), 공기(따뜻하고 습한 성질), 불(뜨겁고 건조한 성질), 물(차고 습한 성질)의 여러 특성들이 모든 물질의 존재를 설명할 수 있다고 주장했다. '의학의 아버지' 히포크라테스(Hippocrates, 기원전 460~370년경)는 그 네 가지 원소에 바탕을 둔 의학적 모형을 개발하여, 신체 내의 네 가지 체액에 이 원소들의 특성이 존재한다고 여겼다.

200년 후 갈렌은 체액설 이론을 성격의 측면으로 확대했다. 그는 신체 내 체액의 정도와 감정적이며 행동적인 성향 또는 '기질' 사이에 직접적인 연관성이 있다고 여겼다.

갈렌의 네 가지 기질, 즉 다혈질(sanguine), 점액질(phlegmatic), 담즙질(choleric), 우울질(melancholic)은 신체 체액의 균형에 바탕을 둔다. 체액 중 하나가 지나치게 발달하면 그에 상응하는 성격 유형이 두드러진 특

철학적 근원 PHILOSOPHICAL ROOTS

참조: ■ 르네 데카르트 20~21쪽 ■ 고든 올포트 306~313쪽 ■ 한스 아이젱크 316~321쪽 ■ 월터 미셸 326~327쪽

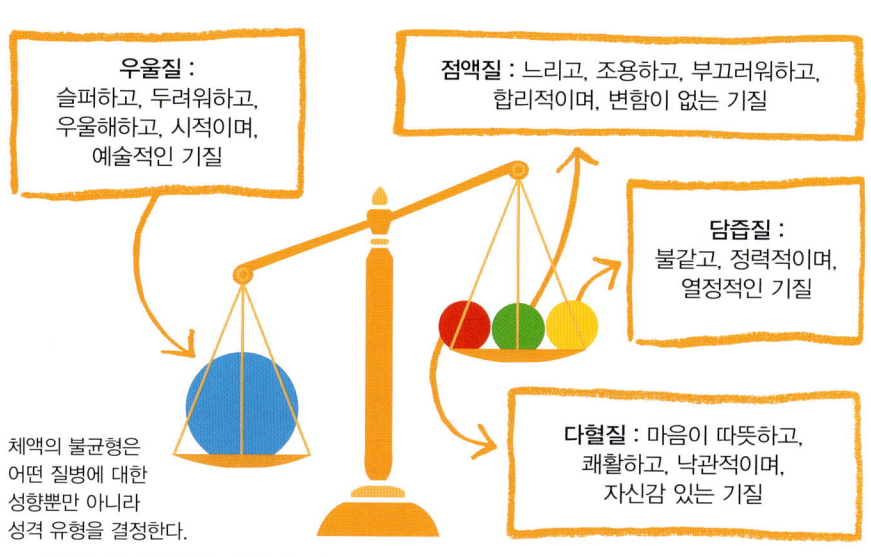

우울질: 슬퍼하고, 두려워하고, 우울해하고, 시적이며, 예술적인 기질

점액질: 느리고, 조용하고, 부끄러워하고, 합리적이며, 변함이 없는 기질

담즙질: 불같고, 정력적이며, 열정적인 기질

다혈질: 마음이 따뜻하고, 쾌활하고, 낙관적이며, 자신감 있는 기질

체액의 불균형은 어떤 질병에 대한 성향뿐만 아니라 성격 유형을 결정한다.

갈렌

'페르가몬의 갈렌(Galen of Pergamon)'으로 더욱 알려져 있는 클라우디우스 갈렌은 로마의 의사이자 철학자였다. 그의 아버지 에일리우스 니콘(Aelius Nicon)은 부유한 그리스 건축가로, 갈렌에게 좋은 교육과 여행의 기회를 제공했다. 갈렌은 로마에 정착하여 마르쿠스 아우렐리우스(Marcus Aurelius)를 비롯한 여러 황제들의 주치의가 되었다. 그는 전문 검투사들을 치료하면서 정신적 외상을 치료하는 법을 배웠으며, 또한 500여 권 이상의 의학서를 저술했다. 의술을 익히는 가장 좋은 방법은 동물을 해부하여 해부학을 연구하는 것이라고 그는 확신했다. 그러나 갈렌은 동물의 내부기관의 기능을 알아냈지만 동물(원숭이나 돼지 등)의 몸이 인간의 몸과 정확히 같다고 추측했기 때문에 실수를 했다. 사망 시기에 관해서는 의견이 분분하지만 갈렌은 적어도 70세까지 살았다.

주요 저서

서기 190년 『기질 The Temperaments』
서기 190년 『자연의 기능 The Natural Faculties』
서기 190년 『과학의 본질에 관한 세 가지 논문 Three Treatises on the Nature of Science』

징이 되기 시작한다. 매우 많은 혈액(라틴어로 'sanguis')을 갖고 있는 다혈질의 사람은 마음이 따뜻하고 쾌활하고 낙관적이며 자신감이 넘치지만 이기적일 수 있다. 지나친 점액(그리스어로 'phlegmatikós')을 갖고 있는 점액질의 사람은 조용하고 친절하고 차갑고 이성적이며 변함이 없는 성격이지만 느리고 수줍음을 많이 탈 수 있다. 지나친 황담즙을 갖고 있는 담즙질(담즙을 의미하는 그리스어 'kholé'에서 비롯)의 사람은 불 같은 성격을 지닌다. 마지막으로, 지나친 흑담즙을 갖고 있는 우울질(그리스어 'melas kholé'에서 비롯)의 사람은 시적이고 예술적인 성향을 갖고 있으며 또한 흔히 슬픔과 두려움에 사로잡히곤 한다.

체액의 불균형

갈렌에 따르면, 어떤 사람들은 특정 기질에 타고난 성향을 지닌다. 그러나 기질적인 문제들은 체액의 불균형으로 생겨나기 때문에 식이요법과 운동으로 치료될 수 있다고 그는 주장했다. 더욱 극단적인 경우에는 정화나 사혈로 치료를 할 수 있다. 예를 들어, 이기적으로 행동하는 사람은 몹시 다혈질이므로 혈액이 매우 많다. 이런 경우 육식을 줄이거나 작은 상처를 내어 피를 뽑으면 치료될 수 있다는 것이다.

갈렌의 원칙들은 의학을 지배하다가 르네상스 시대에 더 좋은 연구들이 생겨나면서 쇠퇴하기 시작했다. 1543년에, 이탈리아의 의사 안드레아스 베살리우스(Andreas Vesalius, 1514~1564년)는 갈렌의 해부학 이론에서 200가지 이상의 실수를 알아냈다. 하지만 갈렌의 의학 사상들이 신임을 잃었더라도 갈렌은 이후 20세기 심리학자들에게 큰 영향을 미쳤다. 1947년 한스 아이젱크는 기질이 생물학적인 기반이 된다는 결론을 내렸다. 또한 그가 밝혀낸 두 가지 성격적 특성, 즉 신경증(neuroticism)과 외향성(extraversion)은 고대의 기질을 반영한 것이다.

체액설은 더 이상 심리학 분야가 아니지만 많은 신체적·정신적 질병들이 연결되어 있다는 갈렌의 주장은 어떤 현대 치료법의 토대가 되고 있다. ■

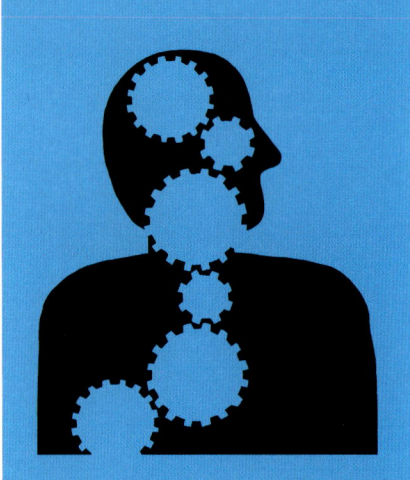

기계 안에는 이성적인 영혼이 있다

르네 데카르트(서기 1596~1650년)

맥락읽기

접근법
심신이원론(Mind/body dualism)

이전의 관련역사
기원전 4세기 : 그리스 철학자 플라톤이 신체는 물질세계에서 비롯되지만 영혼이나 정신은 이데아라는 불멸의 세계에서 비롯된다고 주장한다.

기원전 4세기 : 그리스 철학자 아리스토텔레스가 영혼과 신체는 분리될 수 없는 것, 즉 영혼은 신체의 실재라고 주장한다.

이후의 관련역사
서기 1710년 : 영국계 아일랜드 출신의 철학자 조지 버클리가 『인지원리론 A Treatise Concerning the Principles of Human Knowledge』에서 신체는 그저 정신의 지각일 뿐이라고 주장한다.

서기 1904년 : 미국의 심리학자 윌리엄 제임스가 『의식은 존재하는가?Does Consciousness Exist?』에서 의식은 분리된 실체가 아니라 특별한 경험을 하는 하나의 기능이라고 주장한다.

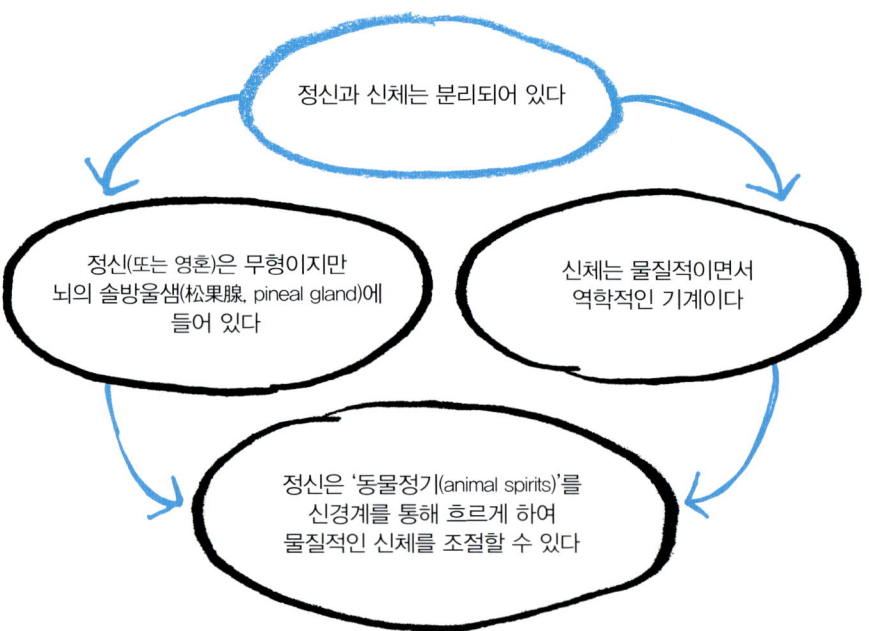

정신과 신체가 분리되어 있으며 다르다는 관념은 플라톤과 고대 그리스까지 거슬러 올라가지만 정신과 신체의 관계를 처음으로 상세하게 설명한 사람은 17세기 철학자 르네 데카르트(René Descartes)였다. 데카르트는 1633년에 저술한 최초의 철학서 『인간론』에서 심신이원론에 관해 설명한다. 데카르트에 따르면, 비물질적인 정신 또는 영혼은 사고를 하는 뇌의 솔방울샘 안에 들어있는 반면, 신체는 운동을 유발하기 위해 신경계를 통해 흐르는 동물정기 또는 유동체로 작동하는 기계와 같다. 이런 관념은 2세기에 갈렌이 체액설과 관련하여 이미 보급한 것이다. 하지만 데카르트는 그 관념을 상세히 설명하여 정신과 신체의 분리를 강조한 최초의 사람이었다. 프랑스의 철학자 마랭 메르센(Marin Mersenne)에게 보내는 서신에서 데카르트는 솔방울샘이 "사

철학적 근원 PHILOSOPHICAL ROOTS

참조: ■ 갈렌 18~19쪽 ■ 윌리엄 제임스 38~45쪽 ■ 지그문트 프로이트 92~99쪽

고의 영역"이며, 또한 "영혼이 그 솔방울샘으로부터 분리될 리가 없기 때문에" 분명 영혼의 본거지라고 설명한다. 그렇지 않으면 영혼이 신체의 어떤 단단한 부분과 연결되지 않고 오직 정신적인 영혼과 연결될 것이므로 이는 중요한 사실이라고 그는 주장했다.

데카르트는 신체를 따라 흐른다고 여긴 동물정기의 인식을 통해 정신과 신체가 상호작용한다고 생각했다. 뇌 안에 깊숙이 위치한 솔방울샘에 있는 정신이나 영혼이 때때로 돌아다니는 동물정기를 인식하게 되는데, 그때 의식적인 감각을 유발한다는 것이다. 이런 식으로, 신체는 정신에 영향을 줄 수 있었다. 마찬가지로 정신도 행동을 개시하는 신체의 특정 부분에 동물정기를 유출시켜 신체에 영향을 줄 수 있었다.

정신을 위한 유추

정원과 정교하게 만들어진 분수에 물을

정신과 신체 사이에는
큰 차이가 있다.
르네 데카르트

공급하는 수압장치를 갖춘 프랑스 베르사유궁전의 공식적인 정원에서 영감을 얻은 데카르트는 신경과 근육을 움직이는 신체의 동물정기를 그 물의 힘에 비유하여 "그런 식으로 신체의 모든 부분에서 움직임을 유발하는 것"이라고 설명했다. 그 분수는 수압기술자에 의해 통제되었는데, 여기에서 데카르트는 정신을 위한 하나의 유추를 생각해냈다. 그는 그것을 이렇게 설명했다. "이 기계 안에는 어떤 이성적인 영혼이 있다. 그 영혼은 뇌 안에서 주요 영역을 갖는다. 이는 그가 시작하고 멈추고 또는 어떤 식으로든 행동을 변경하고 싶을 때 그 기계의 모든 배관들을 어디로든 펼칠 수 있는 급수장의 수압기술자와 같다."

철학자들은 정신과 뇌가 별개의 독립체인지 어떤지에 관해 여전히 논쟁을 하고 있지만 심리학자들은 대부분 정신을 두뇌의 작용과 동일시한다. 그러나 실질적인 면에서 정신적 건강과 신체적 건강을 구분하는 것은 복잡한 문제이다. 이 두 가지는 정신적 스트레스가 신체적 질병을 야기한다고 할 때 또는 화학적 불균형이 뇌에 영향을 미칠 때 밀접하게 연결되어 있다. ■

르네 데카르트

르네 데카르트는 프랑스 투렌지방의 소도시 라에(지금은 데카르트라 불린다)에서 태어났다. 그는 태어난 지 며칠 후 세상을 떠난 어머니로부터 결핵에 감염되어 살면서 내내 건강이 좋지 못했다. 여덟 살 때부터 그는 앙주의 라플레슈에서 예수회가 운영하는 학교에서 수학했다. 그리고 그곳에서 약한 건강 탓에 아침마다 침대에서 (철학, 과학, 수학에 관한) '체계적인 사색'을 하면서 시간을 보내는 습관이 생겨났다. 1612~1628년까지 그는 사색과 여행 및 저술활동으로 삶을 보냈다. 1649년에는 스웨덴의 크리스티나 여왕에게 초대를 받아 그녀를 가르치기 시작했다. 하지만 이른 아침에 만나려는 여왕의 요청과 스웨덴의 거친 기후로 인해 건강이 악화되었다. 결국 그는 1650년 2월 11일 세상을 떠났다. 공식적인 사망 원인은 폐렴이었다. 하지만 어떤 역사가들에 따르면, 그는 개신교를 믿는 여왕이 가톨릭교로 개종하는 것을 막으려다가 독살당했다고 한다.

주요 저서

1637년 『방법서설 Discourse on the Method』
1662년 『인간론 De Homine』
1647년 『인체의 기술 The Description of the Human Body』
1649년 『정념론 The Passions of the Soul』

데카르트는 두 눈의 시각과 두 귀의 소리를 하나의 느낌으로 통합하도록 이상적으로 배치되어 있는 뇌 속의 단 하나의 기관인 솔방울샘을 그림으로 설명했다.

잠들어라!
파리아(서기 1756~1819년)

맥락읽기

접근법
최면(Hypnosis)

이전의 관련역사
서기 1027년 : 페르시아의 철학자이면서 의사인 아비센나(이븐 시나)가 『치유의 서 The Book of Healing』에서 최면상태에 관해 기술한다.

서기 1779년 : 독일의 의사 프란츠 메스머(Franz Mesmer)가 『동물자기(動物磁氣)의 발견에 관한 회고록 A Memoir on the Discovery of Animal Magnetism』을 출간한다.

이후의 관련역사
서기 1843년 : 스코틀랜드 출신의 의사 제임스 브레이드(James Braid)가 '신경수면(neurohypnotism)'이라는 용어를 만들어낸다.

서기 1880년대 : 프랑스의 심리학자 에밀 쿠에(Emile Coué)가 플라시보 효과(placebo effect)를 발견하고 『의식적인 자기암시를 통한 자기정복 Self-Mastery Through Conscious Autosuggestion』을 출간한다.

서기 1880년대 : 지그문트 프로이트가 무의식적인 증상을 조절하기 위해 최면술과 그 명백한 힘을 연구한다.

이집트와 그리스의 경우를 포함한 몇몇 고대 문화에서는 병자들을 '잠자는 사원'에 데려가 특별히 훈련받은 사제들의 암시로 그들을 잠든 것과 비슷한 상태로 만들어 치료하는 것이 전혀 이상한 일이 아니었다. 그리고 1027년에 페르시아의 의사 아비센나(Avicenna)가 최면상태의 특징들을 기록했지만 최면을 치료요법으로 사용하는 일은 대체로 중단되었다. 그 후 18세기에 독일의 의사 프란츠 메스머가 그 요법을 재도입했다. 메스머의 치료는 자석과 암시의 사용을 통해 신체의 자연적 또는 '동물성 자기'를 다루는 것과 관련이 있었다. "최면에 걸리게 된" 후 또는 "자기를 띠게 된" 후, 어떤 사람들은 경련을 일으켰고 그 후 기분이 한결 좋아졌다고 주장했다.

그 뒤 몇 년이 지나, 포르투갈령 고아(Goa) 출신의 수도사, 사제 파리아(Abbé Faria)

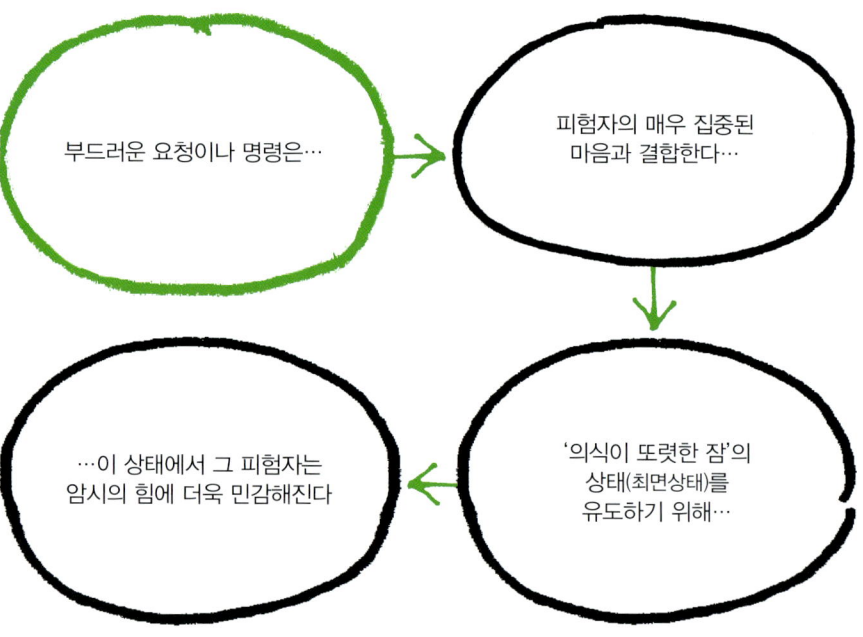

부드러운 요청이나 명령은… → 피험자의 매우 집중된 마음과 결합한다… → '의식이 또렷한 잠'의 상태(최면상태)를 유도하기 위해… → …이 상태에서 그 피험자는 암시의 힘에 더욱 민감해진다

철학적 근원 PHILOSOPHICAL ROOTS

참조: ■ 장 마르탱 샤르코 30쪽 ■ 지그문트 프로이트 92~99쪽 ■ 카를 융 102~107쪽 ■ 밀턴 에릭슨 336쪽

는 메스머의 업적을 연구하여 자력(磁力)이 최면 과정의 필수적인 부분이라고 생각하는 것은 "완전히 불합리하다"는 결론을 내렸다. 그리고 훨씬 더 놀라운 다음과 같은 사실을 알아냈다. 최면상태나 '의식이 또렷한 잠'에 빠지는 힘은 전적으로 개개인들의 관심에 달려있었다. 최면 현상은 오직 암시의 힘에 의존했기 때문에 어떤 특별한 힘이 필요한 것은 아니었다.

의식이 또렷한 잠

파리아는 자신의 역할을 피험자가 적절한 정신상태로 빠져드는 것을 돕는 '집중시키는 매개자(concentrator)'로 여겼다. 그는 저서에서 이렇게 설명한다. "적합한 피험자들을 선택한 후, 나는 그들에게 의자에 편안히 앉을 것을 권하고 눈을 감게 하여 주의를 집중시킨 다음, 잠에 대해 생각하게 한다. 그들이 조용히 기다리고 있을 때 나는 부드럽게 또는 명령조로 이렇게 말한다. '잠들어라!(Dormez!)' 그러자 그들은 의식이 또렷한 잠에 빠져든다."

1843년 스코틀랜드의 외과의사 제임스 브

레이드가 만들어낸 '최면상태(hypnosis)'라는 용어는 파리아의 '의식이 또렷한 잠'에서 비롯된 것이다. 브레이드는 최면상태가 일종의 잠이 아니라 단 하나의 생각에 집중하여 고조된 피암시성(suggestibility)을 야기하는 것이라고 결론내렸다. 그의 죽음 이후, 최면상태에 대한 관심은 대체로 시들해지다가

자력으로부터 아무것도 나오지 않는다. 모든 것은 피험자와 그의 상상력에서 나온다.
파리아

프란츠 메스머는 흔히 사람의 배에 자석을 응용하여 최면상태를 유도했다. 그는 이것을 신체의 '동물자기(animal magnetism)'가 조화로운 상태로 돌아가게 하는 것으로 여겼다.

프랑스 신경학자 장 마르탱 샤르코가 정신적 외상으로 야기된 히스테리 치료에서 최면술을 체계적으로 사용하기 시작했다. 이로 인해 요제프 브로이어(Josef Breuer)와 지그문트 프로이트가 최면상태에 관심을 갖게 되고, 그들은 자기최면 이면의 추진력에 의문을 제기하여 무의식의 힘을 알아냈다. ■

파리아

호세 쿠스토디오 데 파리아(José Custódio de Faria)는 부유한 상속녀의 아들이었지만 부모는 그가 15살 때 이혼을 했다. 파리아는 포르투갈의 궁궐에 입문할 준비로 아버지와 포르투갈로 이주하여 그곳에서 사제 교육을 받았다. 어느 날, 어린 파리아는 여왕의 전용 예배실에서 설교하도록 요청을 받았다. 설교하는 동안, 파리아가 공황상태에 빠지자 그의 아버지는 이렇게 속삭였다. "그들은 모두 지푸라기일 뿐이야, 그냥 베어버리렴!" 파리아는 곧 두려움을 잊어버리고 유창하게 설교를 했다. 그는 이후 어떻게 그런 간단한 말 한마디가 그의 마음상태를 그토록 빨리 바꿀 수 있었는지가 궁금했다. 프랑스로 건너간 파리아는 프랑스 혁명을 위해 활동을 하다가 수감되었을 때 자기암시의 기술을 개선했다. 파리아는 철학 교수가 되었지만 '의식이 또렷한 잠'을 입증하려는 것이 그의 명성을 약화시켰다. 그는 1819년에 뇌졸중으로 세상을 떠났고, 파리 몽마르트르에서 묘비도 없는 무덤에 안치되었다.

주요 저서

1819년 『의식이 또렷한 잠의 원인에 관하여 On The Cause of Lucid Sleep』

개념들은 서로 저항할 때 에너지가 생긴다

요한 프리드리히 헤르바르트(서기 1776~1841년)

맥락읽기

접근법
구조주의(structuralism)

이전의 관련역사
서기 1704년: 독일 철학자 고트프리트 라이프니츠(Gottfried Leibniz)가 『신인간오성론New Essays on Human Understanding』이라는 저서에서 '미세지각(petites perceptions, 의식 없는 지각들)'을 거론한다.

서기 1869년: 독일의 철학자 에두아르트 폰 하르트만(Eduard von Hartmann)이 널리 읽히게 되는 『무의식의 철학 Philosophy of the Unconscious』을 출간한다.

이후의 관련역사
서기 1895년: 지그문트 프로이트와 요제프 브로이어가 정신분석과 무의식의 이론들을 소개하는 『히스테리에 관한 연구Studies on Hysteria』를 출간한다.

서기 1912년: 카를 융이 모든 사람들은 문화적으로 특정한 집단 무의식을 갖고 있다고 주장하는 『무의식의 심리학The Psychology of the Unconscious』을 저술한다.

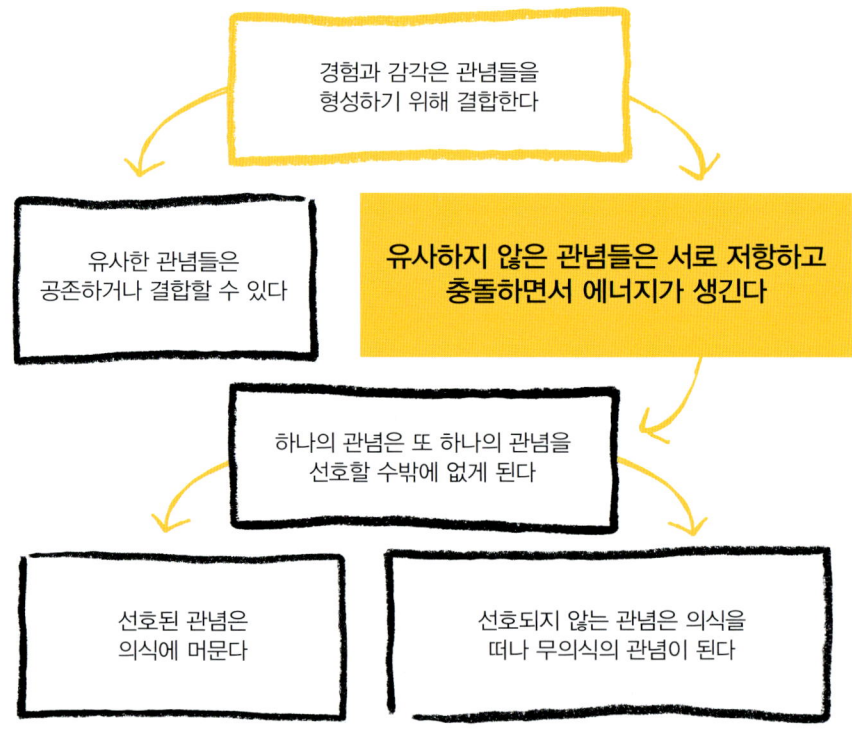

요한 프리드리히 헤르바르트(Johann Friedrich Herbart)는 정신이 어떻게 작용하는지에 대한 연구를 원한 독일 철학자였다. 우리가 평생을 살면서 엄청나게 많은 관념들을 갖게 된다면 우리는 어떻게 점점 혼란스러워지지 않을 수 있을까? 이런 의문은 헤르바르트에게 정신이 관념을 구별하고 저장하기 위해 어떤 종류의 체계를 사용해야 하는 것처럼 보였다. 그는 또한 관념들이 영원히 지속될지라도, 어떤 관념들은 우리의 의식을 넘어 존재하는 것처럼 보이는 사실에 대해 설명하고 싶었다. 18세기 독일의 철학자 고트프리트 라이프니츠는 최초로 의식 너머에 있는 관념들(미세지각)

철학적 근원 PHILOSOPHICAL ROOTS 25

참조: ■ 빌헬름 분트 32~37쪽 ■ 지그문트 프로이트 92~99쪽 ■ 카를 융 102~107쪽 ■ 안나 프로이트 111쪽 ■ 레온 페스팅거 166~167쪽

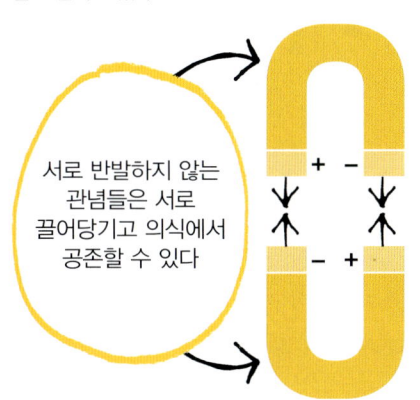

헤르바르트에 따르면, 사고와 감정은 같은 관념이나 다른 관념을 끌어들이거나 반발하기 위해 자석처럼 서로에게 영향을 주는 에너지를 포함하고 있다.

서로 반발하지 않는 관념들은 서로 끌어당기고 의식에서 공존할 수 있다

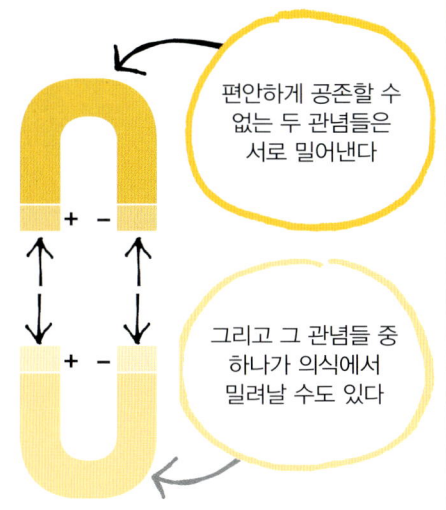

편안하게 공존할 수 없는 두 관념들은 서로 밀어낸다

그리고 그 관념들 중 하나가 의식에서 밀려날 수도 있다

요한 프리드리히 헤르바르트

요한 프리드리히 헤르바르트는 독일 올덴부르크에서 태어났다. 그는 12살 때까지 어머니의 교육열에 힘입어 다양한 사교육을 받았고, 그 이후 지방학교를 다니다가 예나대학에 입학하여 철학을 공부했다. 그는 개인 가정교사로 3년을 보낸 뒤 괴팅겐대학에서 박사학위를 받아 그곳에서 철학을 강의했다. 1806년 나폴레옹이 프로이센(Prussia)을 패배시킨 후, 1809년에 헤르바르트는 쾨니히스베르크대학에서 칸트의 철학 강좌를 인계받았다. 헤르바르트는 이런 귀족사회 내에서 활동하다가 자기 나이보다 절반이나 어린 영국 여성 메리 드레이크(Mary Drake)를 만나 결혼했다. 1833년 프로이센 정부와 분쟁이 이어지자 그는 괴팅겐대학으로 돌아왔고, 그곳에서 철학 교수로 계속 활동하다가 65세에 뇌졸중으로 세상을 떠났다.

주요 저서

1808년 『일반 실천 철학General Practical Philosophy』
1816년 『심리학 교과서A Text-book in Psychology』
1824년 『과학으로서의 심리학 Psychology as Science』

의 존재를 탐구했다. 예를 들면, 그는 우리가 그 당시에는 주목하고 있다는 것을 알지 못하더라도 뭔가를 인식한 것을 종종 기억해낸다고 지적했다. 이는 우리가 그렇게 하고 있다는 것을 모른다는 사실에도 불구하고 뭔가를 인식하고 그에 대한 기억을 저장한다는 것을 의미한다.

역동적인 관념들

헤르바르트에 따르면, 관념들은 여러 감각에서 온 정보가 결합하면서 형성된다. 관념이라는 용어(표상)는 사고, 심상, 감정상태까지 모두 포함하고 있다. 이러한 것들은 정신의 전체적인 내용을 구성하는 것으로, 고정적인 것이 아니며 상호작용할 수 있는 역동적 요소이다. 관념들은 마치 자석처럼 다른 관념이나 감정을 끌어당기고 결합하거나 또는 서로 밀어낼 수 있다고 그는 주장했다. 색상과 색조 같은 비슷한 관념들은 서로 끌어당기고 더욱 복잡한 관념을 형성하기 위해 결합한다는 것이다.

그러나 두 관념이 다르면 그것들은 연합하지 않은 상태로 계속 존재할 수 있다. 이로 인해 두 관념은 시간이 지나면서 약화되어, 결국 '식별역(識別閾, 의식할 수 있는 한계)' 아래로 가라앉게 된다. 두 관념이 서로 직접 반발이 일어나야 한다면, "저항이 일어나고 관념들은 서로 저항할 때 에너지가 생긴다." 그리고 그 관념들은 에너지 때문에 서로 반발이 일어나 관념 중 하나를 의식 너머의 어떤 장소로 몰아낸다. 그 의식 너머의 어떤 장소란 헤르바르트가 "어떤 성향의 상태"라고 언급한 것으로, 이는 우리가 현재 '무의식'으로 알고 있는 것이다.

헤르바르트는 무의식을 단순히 약하거나 반대되는 관념들을 위한 일종의 저장장소로 여겼다. 그는 하나의 뚜렷한 경계로 갈라진 두 부분의 의식이 있다고 가정하면서 건강한 정신의 관념들을 다루기 위한 하나의 구조적인 해결책을 전달하려고 시도했다. 하지만 지그문트 프로이트는 그것을 훨씬 더 복잡하고 흥미로운 사실을 드러내는 메커니즘으로 보려고 했다. 그는 20세기의 가장 중요한 치료 접근법(정신분석)의 토대를 이루기 위해 헤르바르트의 개념을 자신의 무의식의 원인에 관한 여러 이론들과 결합했다. ■

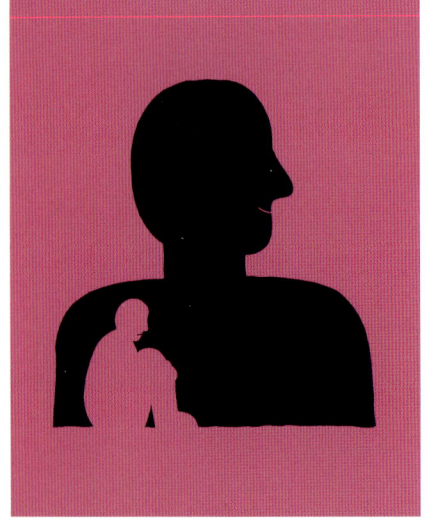

어느 쪽이든 진정한 자아가 되어라

쇠렌 키르케고르(서기 1813~1855년)

맥락읽기

접근법
실존주의(Existentialism)

이전의 관련역사
기원전 5세기 : 소크라테스가 행복의 핵심은 '진정한 자아'를 발견하는 것이라고 주장한다.

이후의 관련역사
서기 1879년 : 빌헬름 분트가 심리학적 연구에 관한 접근방법으로 자기분석을 사용한다.

서기 1913년 : 존 B. 왓슨이 "자기성찰 방법은 결코 심리학에서 필수적인 요소가 될 수 없다"고 주장하면서 자기분석을 비난한다.

서기 1951년 : 칼 로저스가 『내담자중심치료』를 출간하고, 이후 1961년에 『진정한 사람 되기』를 출간한다.

서기 1960년 : 로널드 랭이 『분열된 자아』에서 내적 갈등의 실존주의적 분석을 치료로 제시하면서 '정신이상(madness)'을 재정의한다.

서기 1996년 : 롤로 메이가 저술한 『불안의 의미』는 키르케고르의 저서 『불안의 개념』에 기반을 두고 있다.

'나는 누구인가?'라는 근본적인 문제는 고대 그리스 시대 이후 계속 연구되어왔다. 소크라테스는 "반성하지 않는 삶은 살 가치가 없다"라는 유명한 말을 하면서 철학의 주목적이 자아를 분석하고 이해하는 것을 통해 행복을 증진시키는 데 있다고 믿었다. 쇠렌 키르케고르(Søren Kierkegaard)는 『죽음에 이르는 병』에서 '절망'의 문제를 파악하기 위한 수단으로 자기분석을 제시한다. 그는 그 절망의 문제를 우울증에서

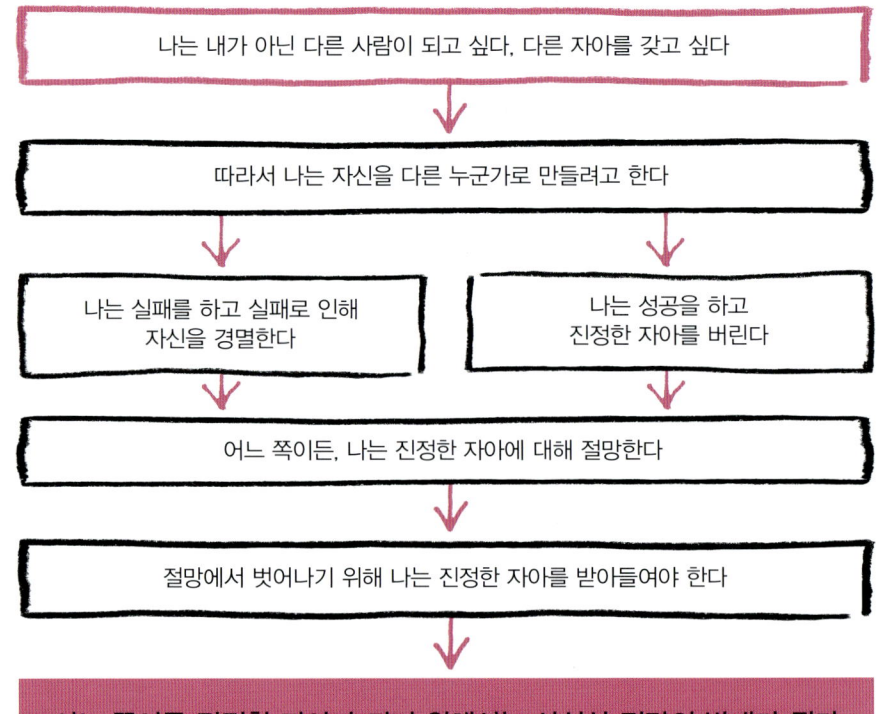

철학적 근원 PHILOSOPHICAL ROOTS

참조: ■ 빌헬름 분트 32~37쪽 ■ 윌리엄 제임스 38~45쪽 ■ 칼 로저스 130~137쪽 ■ 롤로 메이 141쪽 ■ 로널드 랭 150~151쪽

나폴레옹은 권력에 대한 지나친 야망으로 (그를 이 그림에서 한 학생으로 묘사했듯이) 자신의 진정한 자아와 인간의 지나친 한계를 제대로 보지 못하고 결국 절망하게 되었다.

비롯되는 것이 아니라 오히려 자아의 소외에서 비롯되는 것으로 여겼다.

키르케고르는 절망에 관한 몇 가지 차원을 설명했다. 가장 낮으면서 가장 흔한 절망은 무지에서 비롯된다. 사람은 '자아'가 무엇인지에 관한 잘못된 생각을 갖고 있으며, 또한 자신의 잠재적인 자아의 존재와 본질을 인식하지 못한다는 것이다. 그런 무지는 축복에 가깝고 그리 중요하지 않기 때문에 키르케고르는 그것이 절망으로 여겨질 수 있을지조차 확신하지 못했다. 진짜 절망은 점점 증가하는 자아인식과 함께 일어나고, 절망의 더 깊은 차원들은 깊은 반감과 결합된 자아의 예민한 의식에서 비롯된다고 그는 주장했다. 의사 자격을 얻기 위한 시험에 실패하는 일처럼 뭔가가 잘못될 때, 사람은 잃어버린 것에 대해 절망하는 것처럼 보일 수 있다. 하지만 더 자세히 살펴보면, 그것은 사실상 시험에 실패한 것에 대한 절망이 아닌 자신에 대한 절망이라는 것이 명백해진다. 목표를 달성하는 데 실패한 자아는 건딜 수 없게 된다. 그는 다른 자아(의사)가 되고 싶었지만 이제 실패한 자아에 사로잡히고 절망에 빠져있다.

현실의 자아를 포기하기

황제가 되기를 원하는 한 남자를 예로 든 키르케고르는, 아이러니하게도 그 남자가 어떻게든 목적을 달성했더라도 그의 오랜 자아를 사실상 포기했을 것이라고 지적했다. 그 남자는 욕망과 목표 달성에서 그의 자아를 모두 '없애기를' 원한다. 자아에 대한 이런 부정은 고통스럽다. 인간이 자신을 멀리하고 싶을 때(자신을 소유하지 않을 때, 즉 자신이 아닐 때) 절망은 감당할 수 없이 커진다.

그러나 키르케고르는 해결책을 제시했다. 그는 다른 누군가가 되기를 원하는 것보다 자신의 진정한 자아가 되기 위한 용기를 얻음으로써 평화와 내적 조화를 찾을 수 있다는 결론을 내렸다. "어느 쪽이든 진정한 자아가 되기 위해서는 사실상 절망의 반대가 된다"라고 그는 말했다. 그는 우리가 진정한 자신의 모습을 거부하는 것을 멈추고 우리의 진정한 본성을 드러내고 받아들이려고 할 때 절망은 사라진다고 확신했다.

키르케고르가 개인적인 책임과 사람의 진정한 본질과 삶의 목적을 찾으려는 욕구에 관해 중점을 둔 것은 흔히 실존주의 철학의 시작으로 여겨진다. 그의 관념들은 로널드 랭의 실존치료의 이용에 직접 영향을 주었으며, 또한 칼 로저스와 같은 임상심리학자들이 실행한 인본주의적 치료법에 영향을 주었다. ■

쇠렌 키르케고르

쇠렌 키르케고르는 덴마크의 한 부유한 집안에서 태어났으며 엄격한 루터교도로 자랐다. 그리고 코펜하겐대학에서 신학과 철학을 공부했다. 그는 상당한 유산을 물려받았을 때, 평생 철학에 매진하기로 결심했지만 이는 궁극적으로 그를 불만족스럽게 했다. "나는 무엇을 알아야 하는 것이 아니라 진정 내가 무엇을 하려고 하는지를 명확히 해야 한다"라고 그는 말했다. 1840년 키르케고르는 레기네 올센(Regine Olsen)과 약혼했지만 자신이 결혼생활에 부적합하다면서 파혼했다. 그의 일반적인 우울의 상태는 그의 삶에 깊은 영향을 주었다. 혼자 지내던 그는 주로 낯선 사람들과 이야기를 나누기 위해 거리를 다니거나 시골길을 혼자 오랫동안 마차를 타고 다니면서 기분전환을 했다. 키르케고르는 1855년 10월 2일 길거리에서 충돌사고를 당해 코펜하겐의 프리드리히 병원에서 11월 11일에 세상을 떠났다.

주요 저서

1843년 『공포와 전율 Fear and Trembling』
1843년 『이것이냐 저것이냐 Either/Or』
1844년 『불안의 개념 The Concept of Anxiety』
1849년 『죽음에 이르는 병 The Sickness Unto Death』

28

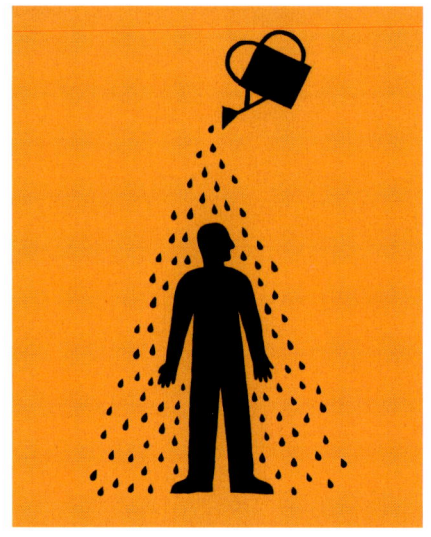

성격은 본성과 양육으로 이루어져 있다

프랜시스 골턴(서기 1822~1911년)

맥락읽기

접근법
생물심리학(Bio-psychology)

이전의 관련역사
서기 1690년 : 영국의 철학자 존 로크가 모든 아이들의 마음은 '빈 서판(tabula rasa)', 즉 백지상태이므로 우리는 모두 똑같은 상태로 태어난다고 주장한다.

서기 1859년 : 생물학자 찰스 다윈이 모든 인간발달은 환경에 대한 적응의 결과라고 주장한다.

서기 1890년 : 윌리엄 제임스가 사람들은 유전적으로 개인적 성향, 즉 '본능'을 물려받는다고 주장한다.

이후의 관련역사
서기 1925년 : 행동주의자 존 B. 왓슨이 "능력이나 재능, 기질, 또는 정신적 체질의 유전 같은 것은 전혀 없다"고 주장한다.

서기 1940년대 : 나치 독일이 우생학을 통해 '우수한 아리아(Aryan) 인종'을 만들어내려고 한다.

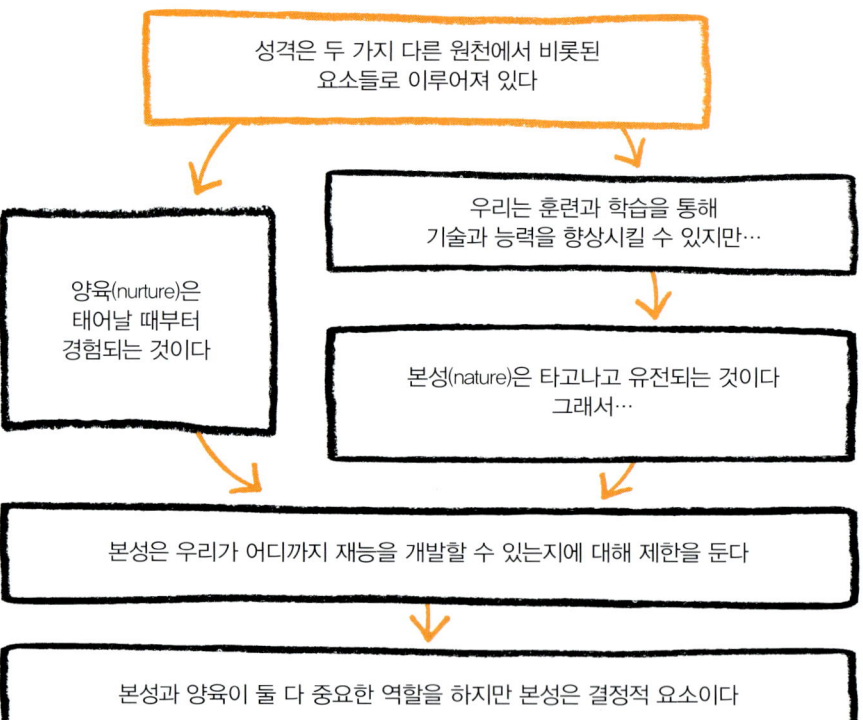

성격은 두 가지 다른 원천에서 비롯된 요소들로 이루어져 있다

양육(nurture)은 태어날 때부터 경험되는 것이다

우리는 훈련과 학습을 통해 기술과 능력을 향상시킬 수 있지만…

본성(nature)은 타고나고 유전되는 것이다 그래서…

본성은 우리가 어디까지 재능을 개발할 수 있는지에 대해 제한을 둔다

본성과 양육이 둘 다 중요한 역할을 하지만 본성은 결정적 요소이다

프랜시스 골턴(Francis Galton)은 진화생물학자 찰스 다윈을 비롯하여 많은 재능 있는 사람들이 그의 친척들 가운데 포함되어 있다고 여겼다. 따라서 골턴이 능력은 타고난 것인지 학습되는 것인지에 대한 범위로까지 관심을 둔 것은 놀랄 일이 아니다. 그는 처음으로 '본성'과 '양육'을 그 효과가 측정될 수 있고 비교될 수 있는 두 개의 별개의 영향력으로 구분한 사람이었다. 이 두 요소들만이 성격을 결정짓는 원인이 된다고 그는 주장했다. 1869년에 그는 『유전하는 천재』라는 책을 저술하려고 선천적인

철학적 근원 PHILOSOPHICAL ROOTS

참조 : ■ G. 스탠리 홀 46~47쪽 ■ 존 B. 왓슨 66~71쪽 ■ 곽임원 75쪽 ■ 엘리너 E. 맥코비 284~285쪽 ■ 레이몬드 카텔 314~315쪽

형질은 가족에 달려있다.
프랜시스 골턴

특성을 연구하기 위해 판사, 연설가, 지휘관, 과학자, 문인, 점쟁이, 육체노동자, 레슬링 선수 등의 가계도뿐만 아니라 자신의 가계도를 활용했다. 예상대로, 그는 보통사람들보다 특정한 집안의 사람들이 훨씬 더 재능이 뛰어나다는 것을 알아냈다. 그러나 그는 또한 특권이 있는 집안 환경에서 자라는 것으로부터 얻는 혜택이 있기 때문에 본성만이 그 원인이라고 할 수 없었다. 골턴 자신도 특별히 좋은 교육을 받을 수 있는 환경의 부유한 가정에서 자랐다.

필수적인 균형

골턴은 다른 많은 연구들을 제안했는데, 그 중에는 영국학술원(Royal Society) 회원들의 이해관계와 소속에 대해 알아보기 위해 그들에게 보낸 설문지를 통해 최초로 실시한 대규모의 조사도 포함되어 있었다. 그 결과 그는 『영국의 과학자들』을 출간하여 본성과 양육이 경쟁할 수밖에 없다면 본성이 이길 것이라고 주장했다. 외적 영향력이 인상을 심어줄 수 있어도 그 어떤 것도 "개별 형질의 매우 깊은 흔적을 지울 수는 없다"고 그는 주장했다. 그러나 가장 높은 천부의 재능조차 "결함이 있는 양육으로 부족해질 수 있기 때문에" 본성과 양육은 모두 성격을 형성하는 데 필수적이라고 주장한다. 골턴에 따르면, 지능은 유전되지만 교육을 통해 발전되어야 한다.

1875년 골턴은 159쌍의 쌍둥이에 관한 연구를 실시했다. 서로 적당히 닮은 형제자매들은 유사한 점이 골고루 나타났지만, 쌍둥이들은 항상 매우 유사하거나 매우 다르다는 것을 알아냈다. 그에게 정말 놀라웠던 사실은 쌍둥이들의 유사성 정도가 시간이 지나도 전혀 변하지 않는다는 점이었다. 그는 쌍둥이들이 자라면서 함께 받은 교육이 그들의 차이점을 줄였을 것이라고 예상했지만 그렇지 않다는 것을 알아냈다. 양육은 전혀 어떤 역할도 하지 않은 것 같았다.

'본성 대 양육 논쟁'은 지금까지도 계속되고 있다. 어떤 이들은 사람도 어떤 형질을 촉진시키기 위해 말처럼 '길러질' 수 있다는 (지금은 우생학으로 알려진) 개념을 비롯한 골턴의 이론들에 찬성했다. 하지만 모든 아기가 '빈 서판', 즉 '백지상태의 마음'이므로 우리는 모두 똑같은 상태로 태어난다는 개념을 더 선호하는 사람들도 있었다. 오늘날에는 심리학자들이 대부분 본성과 양육은 둘 다 인간의 발달에 결정적으로 중요하고 복잡한 방식으로 상호작용한다고 인식한다. ■

골턴은 쌍둥이에 관한 연구에서 키, 몸무게, 머리, 눈의 색깔, 성향 등을 포함한 여러 면에서 유사점을 찾아냈다. 하지만 필체는 유일하게 쌍둥이가 늘 달랐던 측면이었다.

프랜시스 골턴

프랜시스 골턴 경은 인류학, (지문을 분류하는) 범죄학, 지리학, 기상학, 생물학, 심리학 등을 포함한 여러 주제에 관한 책을 많이 펴낸 박식가였다. 영국 버밍엄의 부유한 퀘이커교도 집안에서 태어난 그는 두 살에 글을 읽을 줄 알았던 신동이었다. 그는 런던과 버밍엄에서 의학을 공부한 다음, 케임브리지에서 수학을 공부했다. 하지만 1844년 아버지의 죽음으로 악화된 신경쇠약 때문에 그의 학업은 갑자기 중단되었다.

그 후, 골턴은 여행과 발명에 관심을 돌렸다. 그는 1853년에 루이자 제인 버틀러(Louisa Jane Butler)와 결혼하여 43년 동안 함께 살았지만 자식이 없었다. 그는 지능검사를 고안하고 저술활동을 하면서 신체적 및 심리적 특성을 검사하는 일에 평생 매진했다. 그는 기사작위와 몇몇 명예학위를 비롯해 수많은 업적을 인정받아 많은 상을 받고 영예를 얻었다.

주요 저서

1869년 『유전하는 천재 Hereditary Genius』
1874년 『영국의 과학자들: 그들의 본성과 양육 English Men of Science: Their Nature and Nurture』
1875년 『쌍둥이의 역사 The History of Twins』

히스테리의 법칙은 보편적이다

장 마르탱 샤르코 (서기 1825~1893년)

맥락읽기

접근법
신경과학(Neurological science)

이전의 관련역사
기원전 1900년 : 이집트의 카훈 파피루스(Kahun Papyrus)에는 이른바 '돌아다니는 자궁(wandering uterus)'으로 야기된 여성의 행동장애들이 언급되었다.

기원전 300년경 : 그리스의 의사 히포크라테스가 『여성의 질병에 관하여On the Diseases of Women』라는 저서에서 어떤 여성들의 질병에 관해 '히스테리'라는 용어를 만들어낸다.

서기 1662년 : 영국의 의사 토머스 윌리스(Thomas Willis)가 '히스테리 상태였던' 여성의 시신을 부검하여 자궁의 병적 이상의 어떤 징후도 없다는 것을 알아낸다.

이후의 관련역사
서기 1883년 : 알프레드 비네가 파리의 살페트리에르병원(Salpetriere Hospital)에서 샤르코와 함께 일하고, 이후 히스테리를 치료하기 위해 샤르코의 최면술 사용에 관한 글을 쓴다.

서기 1895년 : 샤르코의 제자였던 지그문트 프로이트가 『히스테리에 관한 연구』를 출간한다.

현대 신경학의 창시자로 알려진 프랑스 의사 장 마르탱 샤르코(Jean-Martin Charcot)는 심리학과 생리학의 관계에 관심이 있었다. 1860~1870년대에 그는 자궁(그리스어로 '히스테라(hystera)')의 문제로 야기된다고 여긴 '히스테리(hysteria)'를 연구했다. 히스테리는 당시 여성한테서 나타나는 매우 감정적인 행동을 설명하기 위해 사용했던 용어이다. 그 증상으로는 지나친 웃음이나 울음, 격렬한 몸짓과 뒤틀림, 기절, 마비, 경련, 일시적으로 눈이 보이지 않거나 귀가 들리지 않는 증상 등이 포함되었다.

파리의 살페트리에르병원에서 히스테리에 관한 수천 개의 사례를 관찰한 샤르코는 그 질병을 완전히 이해했다고 확신하면서 '히스테리의 법칙(The Laws of Hysteria)'을 정의했다. 그는 히스테리가 평생 유전되는 질환이고 그 증상은 충격으로 유발된다고 주장했다. 1882년 샤르코는 이렇게 언급했다. "히스테리 발작은 모든 것이 늘 같은 규칙에 따라 진행된다. 그 규칙은 모든 나라, 모든 시대, 모든 인종에서 통하므로, 요컨대 보편적이다."

샤르코는 히스테리가 어떤 신체적인 질병과 유사하다는 점은 생물학적 원인에 대한 탐구를 정당화한다고 주장했지만 동시대인들은 그의 개념을 묵살했다. 어떤 사람들은 샤르코의 '히스테리 발작'이 샤르코가 주장한 행동을 그저 연출하고 있는 것이라고 믿기까지 했다. 하지만 샤르코의 한 제자, 지그문트 프로이트는 히스테리 상태를 신체적 질병이라고 확신했고 그것에 흥미를 느꼈다. 이는 프로이트가 그의 정신분석 이론에서 설명한 최초의 질병이었다. ■

샤르코는 파리의 살페트리에르병원에서 히스테리에 관한 강의를 했다. 그는 히스테리가 늘 규칙적이며 명확히 구조화된 단계를 따르고, 최면술로도 치료될 수 있다고 확신했다.

참조 : ■ 알프레드 비네 50~53쪽 ■ 피에르 자네 54~55쪽 ■ 지그문트 프로이트 92~99쪽

철학적 근원 PHILOSOPHICAL ROOTS

정신의 내적 연결성의 이상한 파괴

에밀 크레펠린(서기 1856~1926년)

맥락읽기

접근법
정신의학(Medical psychiatry)

이전의 관련역사
기원전 50년경 : 로마의 시인이자 철학자인 루크레티우스(Lucretius)가 '치매(dementia)'라는 용어를 '제정신이 아닌 상태'를 나타내기 위해 사용한다.

서기 1874년 : 크레펠린의 가정교사인 빌헬름 분트가 『생리학적 심리학 원리』를 출간한다.

이후의 관련역사
서기 1908년 : 스위스의 정신과 의사 오이겐 블로일러(Eugen Bleuler)가 'skhizein(분열시키다)'와 'phren(정신)'이라는 그리스어에서 비롯된 '정신분열증(schizophrenia)'이라는 용어를 만들어낸다.

서기 1948년 : 세계보건당국(World Health Authority, WHO)이 국제질병분류법(ICD ; International Classification of Diseases)에 크레펠린의 정신질환 분류법을 포함시킨다.

서기 1950년대 : 최초의 정신병약인 클로르프로마진(Chlorpromazine)이 정신분열증 치료에 사용된다.

독일 의사 에밀 크레펠린(Emil Kraepelin)은 대부분 정신질환의 기원이 생물학에 바탕을 두고 있다고 확신했다. 그리고 그는 흔히 근대 정신의학의 창시자로 불린다. 크레펠린은 1883년에 출간된 『정신의학 교과서 Textbook of Psychiatry』라는 저서에서 알츠하이머와 같은 후발성 치매와 구분하기 위해 '초기의 치매'를 의미하는 '조발성 치매(dementia praecox)'를 포함한 여러 정신질환의 세부적인 분류법을 제시했다.

정신분열증

1893년 크레펠린은 지금은 정신분열증이라 불리는 조발성 치매를 "정신적인 인격의 내적 연결성들의 이상한 파괴가 공통으로 나타나는 여러 증상들"로 이루어진 것으로 설명했다. 혼란과 반사회적 행동이 특징인 이 질병은 흔히 십대 말이나 성년기 초반에 시작된다고 그는 주장했다. 크레펠린은 이후 그것을 네 가지 하위범주로 나누었다. 첫 번째인 '단순형 치매'는 신경쇠약과 침잠의 증상이 나타난다. 두 번째인 '망상형(paranoia)'은 환자들에게서 두려움과 피해망상의 상태로 나타난다. 그들은 누군가에게 쫓기거나, 누군가가 자신들에 관한 이야기를 하고 있다고 여긴다. 세 번째인 '파과증(hebephrenia)'은 횡설수설하는 말로 나타나며, 또한 슬픈 상황에서 큰 소리로 웃는 것과 같이 흔히 부적절한 감정적 반응과 행동으로 나타난다. 네 번째 범주인 '긴장증(catatonia)'은 흔히 몇 시간 동안 같은 자세로 앉아 있는 것과 같은 경직상태나 앞뒤로 반복해서 몸을 흔드는 것과 같은 지나친 행동의 형태로, 매우 제한적인 움직임과 표현으로 나타난다.

크레펠린의 분류법은 여전히 정신분열증 진단의 토대가 되고 있다. 그 밖에도, 정신분열증 환자들에게서 뇌기능의 장애뿐만 아니라 생화학적이고 구조적인 뇌 기형이 존재한다는 사실이 부검 조사로 밝혀졌다. 수많은 정신질환의 기원이 엄격히 생물학적이라는 크레펠린의 신념은 정신의학 분야에 지속적인 영향을 주었고, 또한 많은 정신질환들이 오늘날 여전히 약물치료로 관리되고 있다. ■

참조 : ■ 빌헬름 분트 32~37쪽 ■ 지그문트 프로이트 92~99쪽 ■ 카를 융 102~107쪽 ■ 로널드 랭 150~151쪽

정신생활의 시작은 생명의 시작점까지 거슬러 올라간다

빌헬름 분트(서기 1832~1920년)

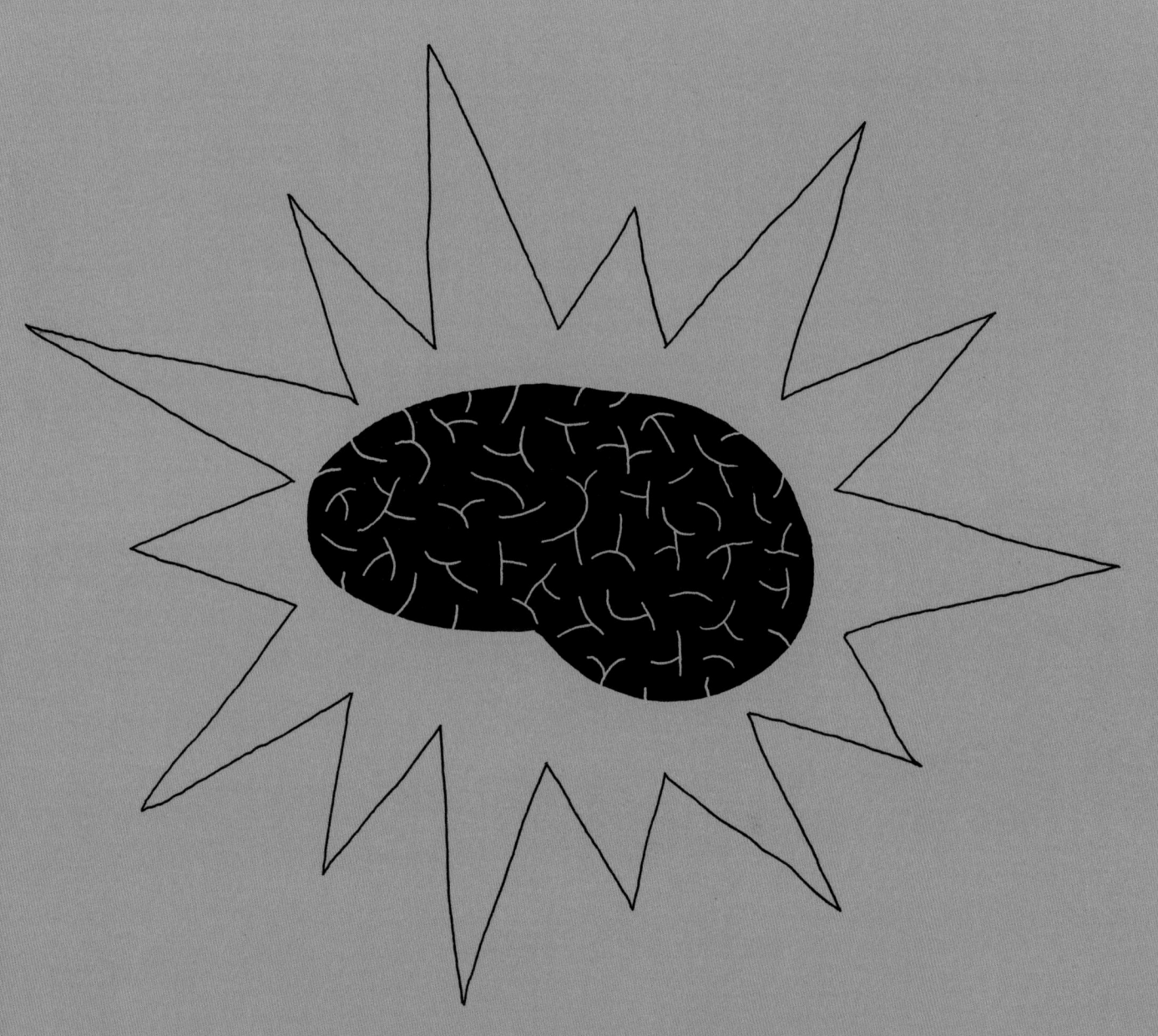

빌헬름 분트

맥락읽기

접근법
실험심리학(Experimental psychology)

이전의 관련역사

서기 5세기 : 고대 그리스 철학자 아리스토텔레스와 플라톤이 동물은 분명 인간다운 감정이 없는 낮은 수준의 의식을 갖고 있다고 주장한다.

서기 1630년대 : 르네 데카르트가 동물은 감정 없는 '작은 기계(automata)'라고 주장한다.

서기 1859년 : 영국의 진화생물학자 찰스 다윈이 인간을 동물의 조상들과 연결시킨다.

이후의 관련역사

서기 1949년 : 콘라트 로렌츠(Konrad Lorenz)가 『솔로몬의 반지King Solomon's Ring』에서 동물이 인간과 유사하다는 것을 입증하여 사람들의 동물에 대한 인식을 바꾼다.

서기 2001년 : 미국의 동물학자 도널드 그리핀(Donald Griffin)이 『동물의 마음Animal Minds』에서 동물은 미래의 감각과 복잡한 기억뿐만 아니라, 의식 자체도 갖고 있을 것이라고 주장한다.

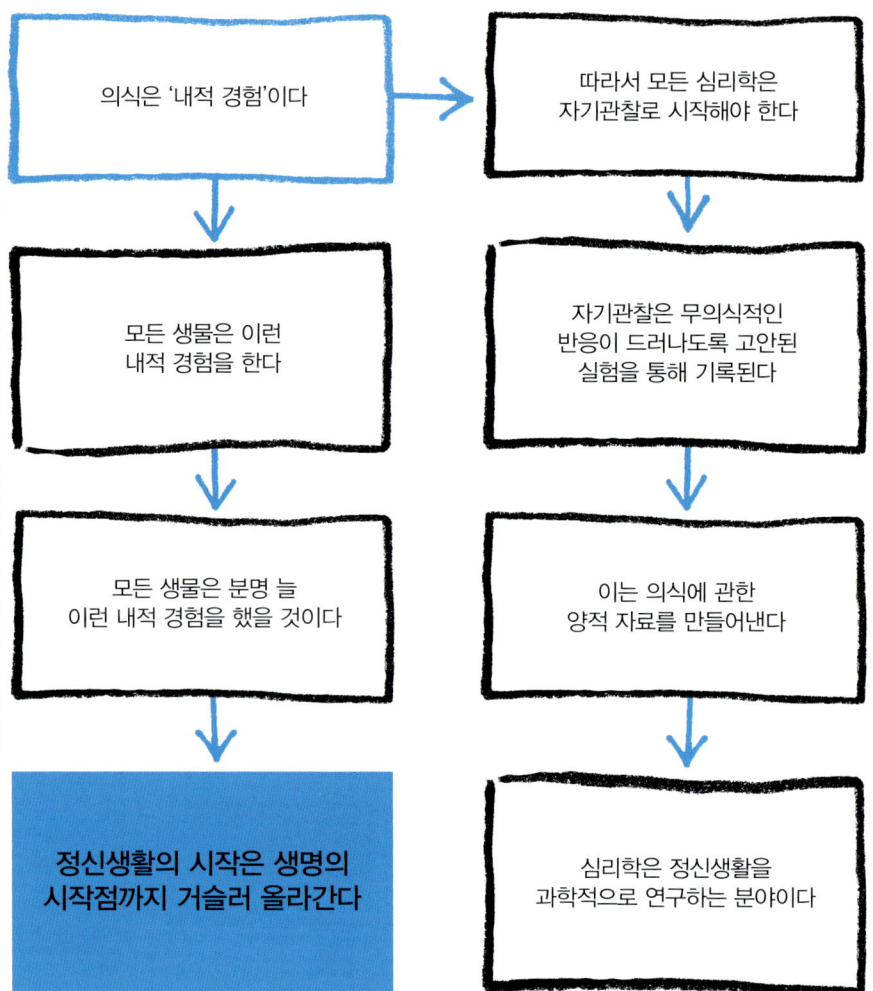

비인간인 동물이 정신을 갖고 있고 어떤 형태의 사고를 할 수 있다는 관념은 고대 그리스 철학자들까지 거슬러 올라간다. 아리스토텔레스는 식물, 동물, 인간이라는 세 종류의 정신이 있다고 믿었다. 식물의 정신은 영양과 성장에만 관심이 있다. 동물의 정신은 이런 기능들을 갖고 있으면서 동작을 할 수 있을 뿐만 아니라 또한 고통, 쾌락, 욕망과 같은 감각을 경험할 수 있다. 인간의 정신은 이 모든 것을 할 수 있으면서 사고를 할 수 있다. 아리스토텔레스는 오직 인간만이 자기인식을 하며 보다 높은 차원의 인지 능력을 갖추고 있다고 주장한다.

인간이 동물과 유사하다는 점은 철학자들에게 중대한 쟁점이었지만 심리학자들에게는 훨씬 더 중요한 쟁점이었다. 15세기에 프랑스 철학자 르네 데카르트는 동물이 반사작용으로 움직이는 복잡한 기계나 다름없다고 주장했다. 데카르트의 주장이 옳았다면 동물을 관찰하는 것은 인간의 행동에 대해 아무것도 알려주지 않았을 것이다. 그러나 약 200년 뒤, 찰스 다윈이 인간은 다른 동물과 유전적으로 연결되어 있고, 또한 의식은 진화 계층구조의 가장 하위의 생물에서부터 인간에 이르기까지 작용한다고 주장했을 때 동물에 관한 실험이 이를 밝혀낼 수 있다는 것은 명백해졌다. 이는 심지어 가장 작은 동물에서부터 인간에 이르는 생명의 어떤 연속체를 설명한 독일의 의사이자 철학자이며 심리학자인 빌헬름 분트(Wilhelm Wundt)가 주장한 입장이었다. 그는 『생리학적 심리학 원리』라는 저서에서 의식은 모든 생명체가 보편적으로 소유하고 있는 것이며, 또한 진화 과정이 시작된 이후부터 생겨났다고 주장했다.

분트에게, 생명에 관한 정의에는 어떤 종류의 정신을 갖고 있다는 것이 포함되어 있다. 그리고 그는 이렇게 주장했다. "그렇

참조: ■ 르네 데카르트 20~21쪽 ■ 윌리엄 제임스 38~45쪽 ■ 에드워드 손다이크 62~65쪽 ■ 존 B. 왓슨 66~71쪽 ■ B. F. 스키너 78~85쪽

정신작용의 분화의 시작은
원생동물에서도 발견될 수 있다.
빌헬름 분트

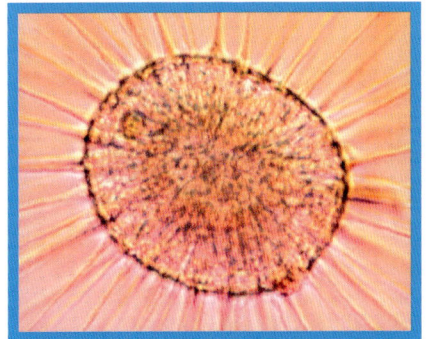

분트에 따르면, 단세포생물조차 어떤 의식의 형태를 갖는다. 그는 먹이를 집어삼키는 아메바의 능력이 정신과정의 지속성을 나타낸다고 주장했다.

다면 관찰의 견지에서, 그것을 정신생활의 시작은 일반적으로 생명의 시작점까지 멀리 거슬러 올라간다는 매우 개연성 있는 가설로 여겨야 한다. 따라서 정신발달의 기원에 관한 문제는 생명의 기원의 문제로 자연히 해결된다." 분트는 원생동물과 같은 간단한 유기체조차 어떤 형태의 정신이 있다고 계속 주장했다. 이 마지막 주장은 단세포동물이 심지어 간단한 정신능력이 있는지를 증명할 것을 거의 예상하지 못한 오늘날에도 놀라운 일이지만, 그것을 100년도 훨씬 전에 언급했다는 사실은 더욱더 놀라운 일이었다.

분트는 그의 이론을 시험해보기를 열망했고, 마침내 1879년 독일의 라이프치히대학(Leipzig University)에서 세계 최초로 심리학 실험실을 공식적으로 개설했기 때문에 흔히 '실험심리학의 아버지'라 불린다. 그는 처음에는 기본적인 감각 과정을 세밀하게 검사할 조건으로 인간의 정신과 행동에 관한 체계적인 연구를 수행하기를 원했다. 그의 실험실은 미국과 유럽의 여러 대학에서 심리학 분야를 개설하도록 영향을 주었다. 그리고 그 중 대부분은 그의 최초의 실험실을 본보기로 삼았으며 에드워드 티치너(Edward Titchener)와 제임스 커텔(James Cattell)과 같은 제자들이 주도한 것이다.

행동의 관찰

분트는 "의식에 관한 정확한 설명이 실험심리학의 유일한 목적"이라고 확신했다. 그는 의식을 어떤 '내적 경험'이라고 이해했지만 즉시 나타나는 사실적이거나 명백하게 드러나는 그런 경험에만 관심을 두었다. 그래서 결국 그는 '직접적인 관찰'로 연구되고 수량화될 수 있는 행동을 연구하게 되었다.

분트는 관찰에는 외적이고 내적인 두 가지 종류가 있다고 주장했다. 외적 관찰은 외부 세계에서 볼 수 있는 사건을 기록하는 데 사용되며, 또한 물리적인 신체에 관한 원인과 결과 등의 관계(예를 들어, 자극과 반응실험에서)를 평가하는 데 유용하다. 만일 죽은 개구리의 신경섬유에 작은 전기충격이 가해지면 연결되어 있는 근육은 경련을 일으켜 다리가 움직이게 된다. 이런 현상이 죽은 동물에서도 일어난다는 사실은 그런 움직임이 어떤 의식 없이도 발생할 수 있다는 것을 입증한다. 살아있는 생물에서 그런 행동은 손을 뜨거운 것에 대자마자 즉시 떼려는 것처럼 오늘날 우리가 '반사작용'이라 부르는 무의식적인 행동의 기본이다.

분트의 두 번째 관찰 유형은 '자기성찰'이나 '자기관찰'이라 부르는 것으로, 내적 관찰을 말한다. 내적 관찰은 사고와 감정 같은 내적인 일들을 주목하고 기록하는 것과 관련 있다. 또한 이는 정신이 어떻게 작용하고 있는가에 대한 정보를 제공하기 때문에 연구에서 중요하다. 그리고 분트는 내부세계와 외부세계의 관계에 관심을 두었다. 그는 이것을 '신체적이고 정신적인' 것으로 설명하면서 상호배타적인 것이 아닌 상호작용하는 것으로 여겼다. 그는 빛의 시각적인 감각과 같은 인간의 감각을 연구하는 데 집중하기 시작했는데, 이러한 감각들

당시까지의 감각생리학과 영국연상파의 심리학을 종합하여 실험심리학을 확립한 분트의 실험실은 전 세계의 심리학 분야에 대한 양식을 정했다. 그의 실험은 심리학을 철학의 영역에서 과학의 영역으로 옮겨놓았다.

이 외부의 물리적 세계와 내부의 정신적 세계를 연결하는 힘이기 때문이었다.

한 실험에서, 분트는 피험자들 각자에게 빛 신호를 보여주면서 (이 빛 신호는 특정한 색상과 일정한 수준의 밝기로 표준화되었고 정해진 시간 동안 비추어졌다) 그들의 감각에 관해 기록할 것을 요청했다. 이는 다른 참여자들의 반응과 비교될 수 있고 필요하다면 실험을 여러 번 반복할 수 있도록 하면서 분명 각 참여자들이 같은 자극에 정확히 경험할 수 있게 했다. 그리고 분트는 이런 반복검증의 가능성을 주장하면서 미래의 모든 심리학 실험들을 위한 기준을 정했다.

분트는 그의 감각실험에서 인간의 의식을 측정할 수 있는 방식으로 탐구하기 시작했다. 그는 의식을 각 개인에게 고유한 알 수 없는 주관적인 경험으로 여기는 것을 거부했다. 빛반응 실험에서 그는 특히 개인이 어떤 자극을 받아들이는 것과 그 자극에 (무의식적인 반응 대신) 의식적인 반응을 하는 것 사이의 시간차이에 관심을 두었고, 또한 이런 반응을 정확히 측정하기 위해 여러 도구를 사용했다. 그는 겉으로 나타나는 개인 차이에 관심이 있는 것처럼 또한 실험 참여자들이 공통으로 보고하는 것을 듣는 데 관심이 있었다.

우리의 감각들은 형태, 크기, 색, 냄새, 질감 등의 세부적인 것들을 제공하지만, 분트에 따르면 이 감각들이 내면화되면 그것들은 얼굴과 같은 복잡한 표상으로 혼합된다.

의식에 관한 정확한 설명이
실험심리학의 유일한 목적이다.
빌헬름 분트

분트는 순수한 감각에는 질, 강도, '감정적 색조(feeling-tone)'라는 세 가지 구성요소가 있다고 주장했다. 예를 들어, 어떤 향수는 독특하지만 은은하며(강도) 기분 좋은(감정의 색조) 달콤한 향기(질)가 날 수 있지만, 죽은 쥐는 역겨우며(질) 강력한(강도) 악취(감정의 색조)가 날 수 있다. 분트에 따르면, 모든 의식은 감각에서 비롯되지만, '순수한' 감각 정보로 내면화되지 않는다. 대신, 모든 의식은 죽은 쥐와 같이 표상(representation)으로 이미 수집되거나 혼합된 것으로 지각된다. 분트는 이러한 표상들을 "외부 세계의 어떤 대상이나 과정의 이미지들"이라고 칭했다. 따라서 예를 들어, 우리는 어떤 특징(입의 형태, 눈의 색깔, 코의 크기 등)이 있는 얼굴을 보면 그 얼굴을 우리가 잘 알고 있는 사람으로 인식할 수 있다.

의식의 범주

감각실험을 토대로 분트는 의식이 세 가지 주요한 행위의 범주(표상, 자발성, 감정)로 이루어져 있고, 이는 모두 사건들이 하나로 통합되어 흘러가는 느낌을 형성한다고 주장했다. 표상은 (시계(視界) 내의 나무와 같은) 외부 세계에서 인식한 대상을 심상으로 나타내면 '지각'이 되고, 또는 (나무를 기억하거나 일각수를 상상하는 것 등) 주관적인 활동을 나타내면 '직관'이 된다. 그는 지각이나 직관이 의식에서 명백해지는 과정을 '통각(統覺, apperception)'이라고 명명했다. 따라서 예를 들어, 당신은 갑작스런 큰 소음을 감지한 다음 그것이 재빨리 길에서 비켜나지 않으면 차에 치일 수 있다는 의미의 경고 신호임을 통각할 수 있다.

의식의 자발성(willing)이라는 범주는 외부 세계에 개입하는 방식으로 특징지어진다. 이는 팔을 올리거나 빨간색 옷을 입기로 선택하는 일 등 우리의 결단력이나 '의지'를 나타낸다. 이런 형태의 의식은 실험적 통제나 측정을 벗어난다. 그러나 분트는 의식의 세 번째 범주인 감정(feeling)이 실험 참여자들의 주관적인 보고를 통해 측정되거나 긴장과 이완 상태나 흥분 등의 행동 차원을 평가하여 측정될 수 있다는 것을 알아냈다.

문화심리학

분트에게 인간의 심리학적 발달은 감각으로 결정될 뿐만 아니라 실험으로 반복 검증될 수 없거나 통제될 수 없는 복잡한 사회적·문화적 영향력으로 결정된다. 그는 이런 영향력에 종교, 언어, 신화, 역사, 예술, 법, 관습 등을 포함시켰고 그것을 그의 생애 마지막 20년 동안 저술한 10권으로 된 『문화심리학Cultural Psychology』에서 거론했다.

분트는 의식에 대한 문화의 영향력에서 특히 언어를 중요한 부분으로 여겼다. 언어로 의사소통을 할 때에는 '일반적인 느낌', 즉 우리가 말하고 싶은 것을 하나로 통합한 개념으로 시작한다. 이런 일반적인 시작점을 통각한 다음 그것을 표현하기 위해 단어와 문장을 선택한다. 그리고 말을 하면서 뜻하는 의미가 정확한지를 계속 확인한다. 우리는 "아니, 그게 아니라, 내 말은…"이라고 한 뒤, 더 잘 표현하기 위해 다른 단어나 문구를 선택할 수 있다. 누구든 듣는 사람이 화자가 전달하려는 의미를 이해해야 하지만 실제적인 말은, 특히 강력한 감정과 관련된다면 일반적인 느낌만큼 중요하지 않을 수 있다. 우리가 이런 과정을 사용한다는 사실의 증거로, 분트는 우리가 특정 단어를 사용한 것을 잊어버리고 오랜 뒤에 어떤 사람이 말한 내용에서 그 일반적인 의미를 떠올리곤 한다는 것을 지적한다.

심리학자들은 대부분 그저 한정된 표시

일반적으로 말을 하고 있을 때, 사람의 의지는 사고의 과정과 발성을 위한 움직임을 계속해서 서로 조화를 이루게 하려고 한다.

빌헬름 분트

와 신호를 교환하는 것과는 대조적으로 진정한 언어를 사용하는 능력을 오늘날 인간과 동물을 구분하는 주요한 차이점이라고 여긴다. 침팬지와 같은 인간이 아닌 영장류를 비롯해 몇 가지 예외가 있을 수 있지만 언어는 일반적으로 의식에서 매우 중요한 인간의 능력으로 여겨진다.

의식과 종(種)

의식에 대한 정의는 계속 논쟁이 되고 있지만 이는 분트 이후 근본적으로 변화하지 않았다. 동물 내의 의식의 차원은 아직 확립되지 않았고, 또한 이 때문에 동물실험, 집약농업, 여우 사냥과 투우 같은 유혈 스포츠 등에 대한 특별한 윤리강령이 생겨나게 되었다. 그 중 특히 관심이 가는 부분은 우리가 느끼는 방식과 유사하게 동물도 불편함, 두려움, 고통 등을 경험하고 있는가 하는 것이다. 비록 오늘날 심리학자들이 분트가 했던 것처럼 의식을 미세한 원생동물에 적용하는 것조차 거의 생각하지 못했지만, 동물이 자기인식이나 의식이 있다는 근본적인 문제는 해결되지 않은 채로 남아 있다. ■

빌헬름 분트

빌헬름 분트는 바덴(현재의 독일 만하임)에서 오랜 전통을 지닌 교육자 집안의 넷째로 태어났다. 그의 아버지는 루터교의 목사였다. 어린 분트는 13살부터 엄격한 가톨릭학교를 다니는 등 철저한 교육제도 속에서 자랐기 때문에 거의 놀 시간이 없었다. 그는 1856년에 의학과를 졸업하면서 베를린, 튀빙겐, 하이델베르크 대학에서 계속 공부를 했다.

2년 뒤, 분트는 시각적 지각에 관한 연구로 유명했던 의사 헤르만 폰 헬름홀츠(Hermann von Helmholtz)의 조수가 되었다. 하이델베르크대학에 있을 때 분트는 세계 최초로 실험심리학 과정을 가르치기 시작했고, 1879년에 최초로 심리학 실험실을 개설했다. 분트는 490여 권의 저서를 남겼고 세계에서 가장 많은 과학서를 저술했을 것이다.

주요 저서

1863년 『인간과 동물의 정신에 대한 강의 Lectures on the Mind of Humans and Animals』
1896년 『심리학 원론 Outline of Psychology』
1873년 『생리학적 심리학 원리 Principles of Physiological Psychology』

우리는 '의식'을 정의내리지 못해도 그 의미를 잘 알고 있다

윌리엄 제임스(서기 1842~1910년)

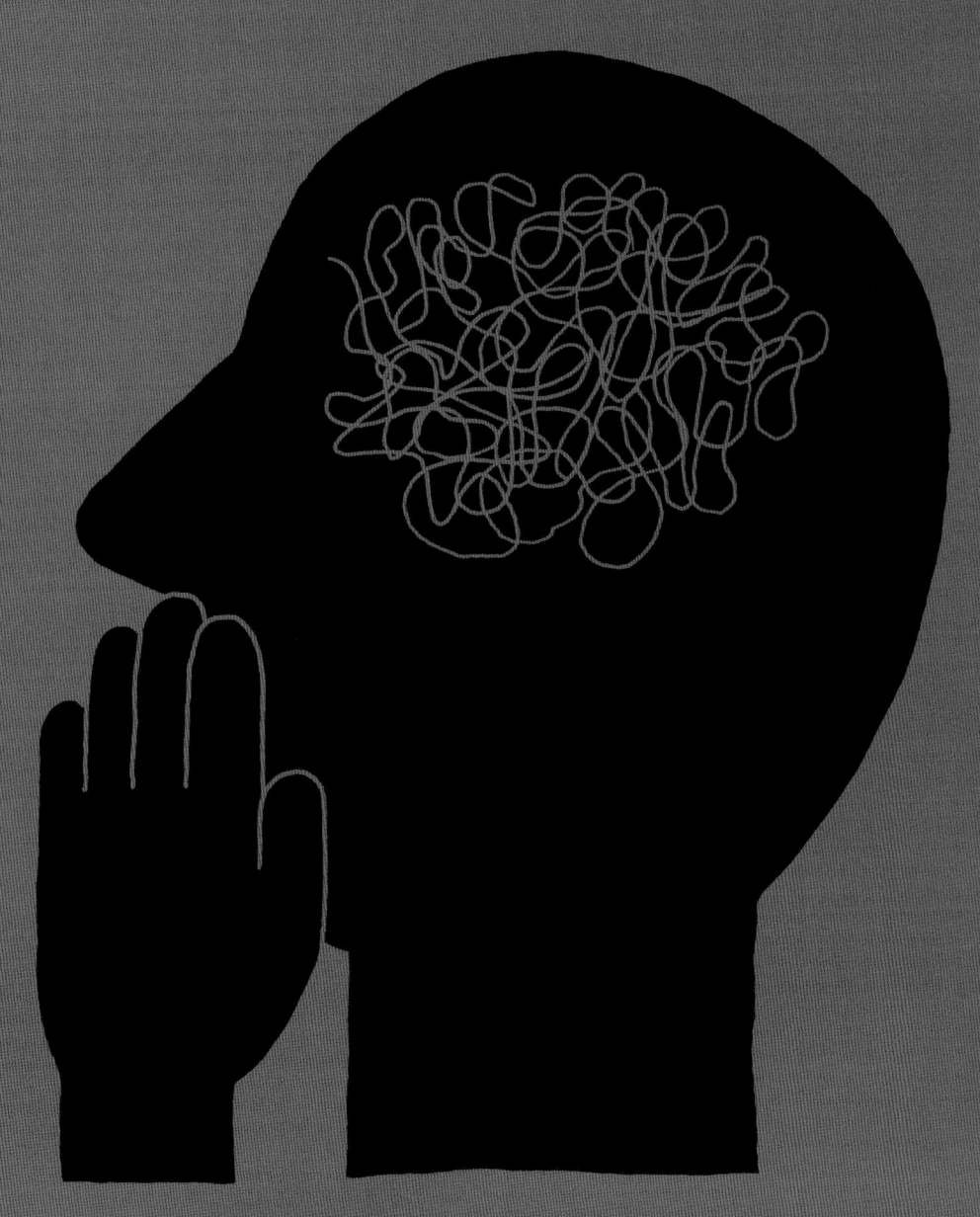

40 윌리엄 제임스

맥락읽기

접근법
의식의 분석(Analysis of consciousness)

이전의 관련역사
서기 1641년 : 르네 데카르트가 '자의식'을 생각하는 능력으로 정의한다.

서기 1690년 : 영국의 철학자이자 의사인 존 로크가 '의식'을 우리의 정신 속에 일어나는 것을 지각하는 것으로 정의한다.

서기 1781년 : 독일 철학자 이마누엘 칸트가 동시에 일어난 사건들은 '의식의 통일(unity of consciousness)'로 경험된다고 주장한다.

이후의 관련역사
서기 1923년 : 막스 베르트하이머가 『지각 형태의 조직화 법칙』에서 정신이 어떻게 활발히 이미지를 해석하는지를 입증한다.

서기 1925년 : 존 B. 왓슨이 의식을 "분명한 개념도 아니고 사용 가능한 개념도 아닌 것"으로 일축한다.

'의식(consciousness)'이라는 용어는 일반적으로 감각, 감정, 기억 등을 포함한 개인의 사고에 대한 인식을 나타내기 위해 사용된다. 우리는 어려움을 겪고 있을 때(우리가 매우 지쳤을 때 무엇인가를 해보려고 하는 것 등)를 제외하고 보통 이런 인식을 당연하게 여긴다. 하지만 우리는 사고를 의식에 집중하면 곧 자신의 의식적인 경험이 끊임없이 변화하고 있다는 것을 알게 된다. 예를 들어, 이 책을 읽는 동안 우리는 자신의 집중을 방해하는 과거의 경험이나 현재의 불편한 일들이 떠오를 수 있고, 또는 미래를 위한 계획이 자연스럽게 떠오를 수도 있다. 우리가 의식적인 경험에 관해 생각하면 그저 자신의 생각이 얼마나 변화하고 있는지 깨닫게 되지만 그 생각들은 합쳐져서 하나의 전체로 부드럽게 융합하고 움직이는 것처럼 보인다.

미국의 심리학자 윌리엄 제임스(William James)는 매일 경험하는 이런 의식을 때로는 방해요인이 생기거나 방향이 바뀔지라도 지속적으로 흐르는 하나의 흐름에 비유하며 이렇게 주장했다. "이는 '강'이나 '개울'에 비유하면 가장 자연스럽게 표현될 수 있다. 앞으로 그것에 관해 언급할 때는 사고

> 의식은 조각조각 나누어지는 것 같지도 않고, 전혀 합쳐지지도 않는다. 다만 흘러갈 뿐이다.
> 윌리엄 제임스

의 흐름, 즉 의식의 흐름이라고 부르자."

'의식의 흐름'에 관한 제임스의 유명한 묘사는 우리 모두 그것을 경험하고 있기 때문에 거의 모든 사람들이 공감할 수 있는 표현이다. 하지만 그와 동시에 제임스는 의식의 흐름이 사실상 정의하기 매우 어렵다고 지적하면서 이렇게 말한다. "모든 사고가 개인적인 의식의 일부라고 할 때, '개인적인 의식'은 문제가 되고 있는 용어 중 하나이다. …그것을 정확히 설명하는 것은 가장 어려운 철학적인 과제이다."

이 "가장 어려운 철학적인 과제"에는 오

윌리엄 제임스

윌리엄 제임스는 1842년에 뉴욕의 한 부유하고 영향력 있는 집안에서 태어났으며 어렸을 때 여러 곳으로 이주하여 유럽과 미국에서 학교를 다녔다. 제임스는 일찍부터 예술적인 소질이 있어서 처음에는 화가가 되려고 했다. 하지만 점차 과학에 대한 관심이 커지면서 결국 1861년 하버드대학에 입학하게 되었다. 1864년에 제임스는 신체적인 질병과 우울증을 한 차례 앓고 학업을 중단하기도 했지만 하버드 의과대학으로 전공을 바꾸었다. 그리고 마침내 1869년에 의사 자격을 얻었지만 결코 의료업을 하지 못했다.

1873년에 하버드로 돌아온 제임스는 철학과 심리학 교수가 되었다. 그리고 심리학을 진정한 과학 분야로 확립하는 데 중요한 역할을 하면서 미국에서 최초로 실험심리학 과정을 개설했다. 그는 1907년에 은퇴했고, 1910년에 뉴햄프셔(New Hampshire)에 있는 그의 고향에서 평화롭게 세상을 떠났다.

주요 저서

1890년 『심리학 원리 The Principles of Psychology』
1892년 『심리학 Psychology』
1897년 『믿으려는 의지 The Will to Believe』

철학적 근원 PHILOSOPHICAL ROOTS

참조: ■ 르네 데카르트 20~21쪽 ■ 빌헬름 분트 32~37쪽 ■ 존 B. 왓슨 66~71쪽 ■ 지그문트 프로이트 92~99쪽 ■ 프리츠 펄스 112~117쪽 ■ 볼프강 쾰러 160~161쪽 ■ 막스 베르트하이머 335쪽

랜 역사가 담겨 있다. 고대 그리스인들은 정신에 관해 토론했지만 '의식'이라는 용어나 그와 비슷한 말을 사용하지는 않았다. 그러나 어쨌든 신체와 별개로 무언가가 존재하고 있다는 것에 대한 논쟁은 있었다. 기원전 4세기에 플라톤은 영혼과 신체를 별개로 구분했지만 아리스토텔레스는 차이가 있더라도 그 두 가지는 분리될 수 없다고 주장했다.

초기의 여러 정의들

17세기 중반, 르네 데카르트는 처음으로 의식을 설명하려고 시도한 철학자들 중 한 사람이었다. 그는 '확대의 영역(the realm of extension)'이라고 부르는 물질적인 영역과 대조적으로 '사고의 영역(the realm of thought)'이라 부르는 비물질적인 영역에 의식이 들어 있다고 주장했다. 그러나 의식을 각각의 지각들이 계속 흘러가는 통로라고 여겨 최초로 현대적인 개념으로 인정받은 사람은 17세기 영국의 철학자 존 로크이다. 제임스는 지각들이 계속 흘러간다는 로크의 개념과 또한 18세기 독일의 철학자 이마누엘 칸트의 업적에 흥미를 갖게 되었다. 칸트는 우리가 소음을 듣고 동시에 고통을 느끼면 우리는 일반적으로 이를 하나의 사건으로 경험한다는 것에 주목하면서 우리의 경험이 합쳐지는 방식에 깊은 인상을 받았다. 그는 이것을 '의식의 통일(unity of consciousness)'이라 칭했고 이는 윌리엄 제임스를 비롯한 이후의 많은 철학자들에게 영향을 준 개념이 되었다.

제임스는 의식이 어떤 '물질'이 아니라 하나의 과정(두뇌가 '너무 복잡하게 자란 신경계를 스스로 조절할 수 있도록 조정하기 위해' 하는 것)이라는 데 가장 중요한 요점이 있다고 생각했다. 이 때문에 우리가 환경을 계

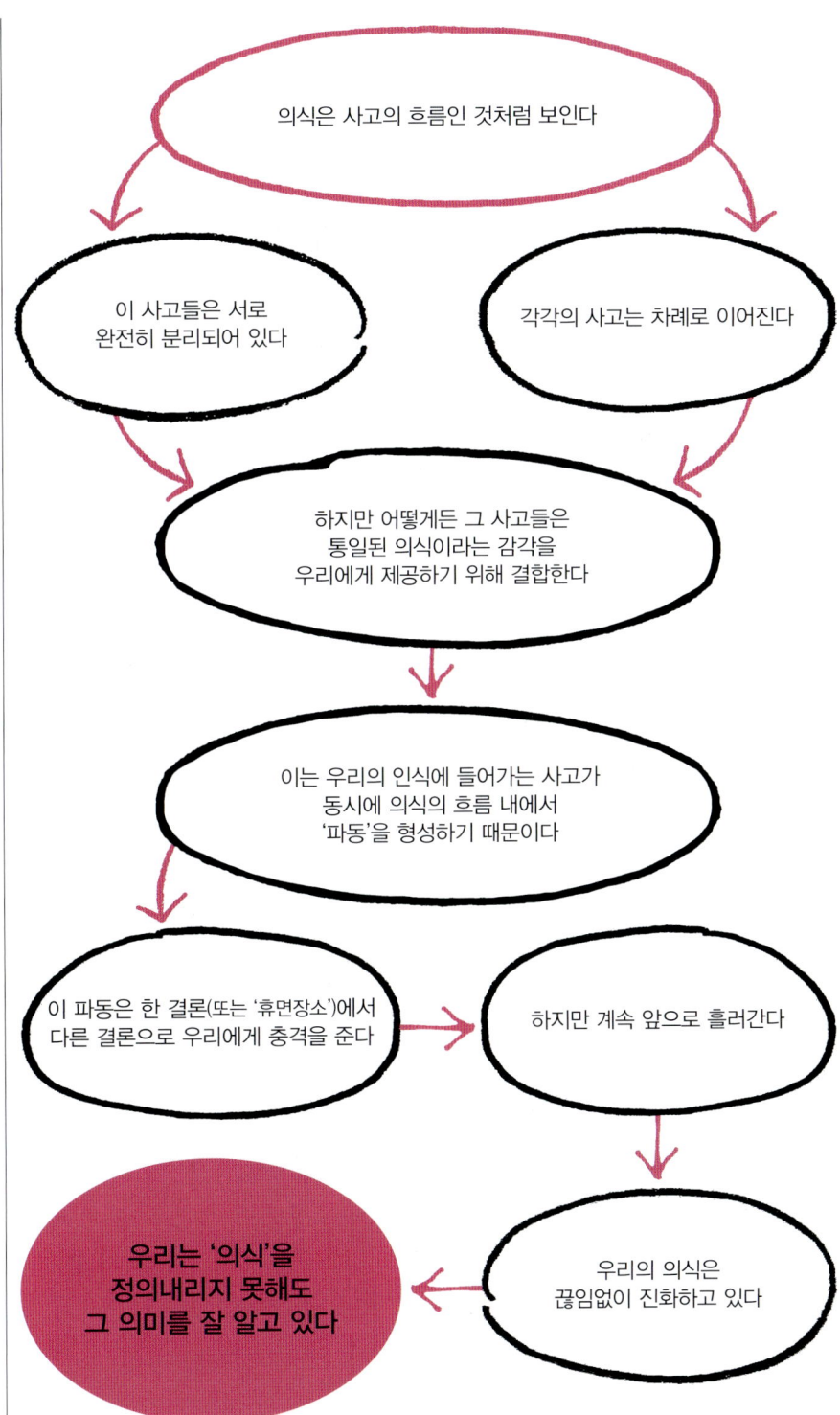

어느 누구도 하나의 단순한 느낌만 갖고 있는 사람은 없었다. 의식은 …엄청나게 많은 대상들과 관계들로 이루어져 있다.

윌리엄 제임스

획하고 적응하기 위해 과거, 현재, 미래를 곰곰이 생각하고 그로 인해 (그가 확신하는) 의식의 주요 목적(계속 살아있는 상태를 유지하는 것)이라는 것을 성취한다는 것이다.

하지만 제임스는 통일된 의식의 구조를 생각해내기가 어렵다는 것을 깨달았다. 그는 그것을 다음과 같이 12명의 남자들로 이루어진 한 집단에 비유했다. "12마디로 된 말을 선택하고, 12명의 사람들을 선택한 다음, 각각의 사람들에게 말 한 마디씩을 제공한다. 그런 다음 사람들을 한 줄로 세우거나 모아놓고 각자 자신의 말만 열심히 생각하게 한다. 이들에게선 하나의 전체 문장에 관한 의식은 어디에도 생기지 않는다는 결과를 얻을 것이다." 의식이 뚜렷한 사고의 흐름이라면 그 사고들은 어떻게 결합하는 것일까? 제임스는 이를 알아내려고 애써 노력했다. 그가 주장했듯이, "a라는 개념을 b라는 개념과 더한 것은 (a+b)라는 개념과 똑같지 않다." 합쳐진 두 사고가 하나의 개념으로 만들어질 수 없다. 그 개념들은 완전히 새로운 개념을 형성할 가능성이 크다. 예컨대 a라는 사고가 "9시다"이고 b라는 사고가 "기차는 9시 2분에 떠난다"라면, "나는 기차를 놓칠 것이다"라는 c 사고가 이어질 것이다.

사고의 결합

제임스는 사고가 의식의 흐름 내에서 어떻게 이치에 맞도록 결합할 수 있는지를 파악할 가장 간단한 방법은 "함께 인식된 것들이 흐름의 단일한 파동들로 인식되어 있다고" 가정하는 것이라고 결론을 내렸다. 제임스에 따르면, 어떤 사고들이나 감각들은 소음을 듣고 그와 정확히 동시에 고통을 느낀다는 칸트의 사례처럼 불가피하게 연결되어 있는데, 이는 우리의 인식에 들어가는 사고들이 모두 동시에 의식의 흐름 내에서 파동을 형성하기 위해 결합하기 때문이다. 우리는 때로는 빠르게 때로는 느리게 의식을 통해 흐르는 이런 파동을 대부분 지닐 수 있다. 제임스는 우리가 오랫동안 사고를 간직할 수 있고 곰곰이 생각할 수 있는 정신 속에서 어떤 묘사를 하는 것을 잠시 중단하는 이른바 '휴면장소들(resting points)'도 있다고 주장했다. 그는 그 휴면장소들을 '실질적인 부분들(substantive parts)'이라고 칭하고, 이동하는 파동들을 '이행하

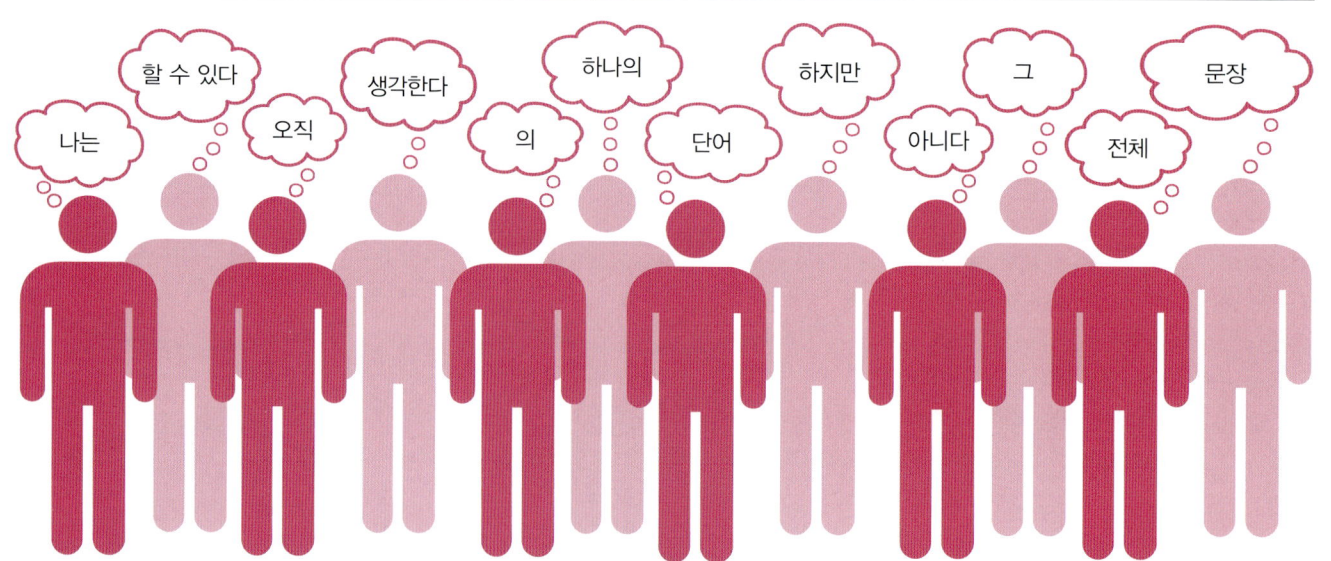

12개의 단어로 된 문장이라는 문제는 하나로 통일된 의식이 어떻게 개별적인 사고들로부터 생겨나는지를 파악하기가 어렵다는 것을 입증하기 위해 제임스가 사용한 것이다. 각각의 사람이 오직 한 단어만 인식하면 어떻게 그 문장 전체를 의식할 수 있는 것일까?

프랑스의 후기 인상파 화가 조르주 쇠라(Georges Seurat)가 그린 이 작품은 순색의 점들로 이루어져 있다. 하지만 우리의 뇌는 우리가 보고 있는 것이 인간의 모습이도록 이 개별적인 요소들을 결합한다.

는 부분들(transitive parts)'이라고 칭했다. 그리고 우리의 사고가 한 실질적인 부분에서 이행하는 부분(파동)들로 추진되어 다른 실질적인 부분으로 끊임없이 이동되고 있다고 주장했다. 따라서 우리의 사고는 그 사고의 지속적인 흐름으로 한 결론에서 다른 결론으로 효과적으로 '충돌'하게 되고, 이런 식으로 사고가 계속해서 앞으로 나아가는 것이 그 흐름의 목적이다. 최종적인 결론에 도달하는 일도 없다. 의식은 어떤 물질이 아닌 지속적으로 진화하고 있는 하나의 과정이기 때문이다.

제임스는 또한 사고는 생각하는 사람과 별개로 존재하지 않는다(그것은 당신의 사고나 나의 사고로 존재한다)고 주장하면서 의식의 개별적인 속성에 대해 주목했다. 사고는 각각 누군가에게 '소유'되며, 또한 "자신이 아닌 다른 개인의 의식 속의 사고에 직접 나타나는 법이 없다." 그래서 자아를 형성하는 것은, 우리가 사고들이 연결되어 있다고 느끼는 것처럼 이런 사고들이 연결된 것이다. 사고가 자아로부터 분리될 수 없기 때문에 제임스는 이 자아를 연구하는 것이 심리학의 출발점이어야 한다고 주장했다. 실험심리학자들은 '자아'가 실험에 제공될 리가 없기 때문에 동의하지 않았지만, 제임스는 어떤 일들을 행하고 어떤 여러 방식으로 느끼는 자아에 대한 우리의 이해만으로도 이를 연구하는 것은 충분하다고 생각했다. 그는 이것을 행동을 통해 나타나는 '경험적 자아(empirical self)'라고 칭했고, 또한 경험적 자아는 각각 자기성찰 방법을 통해 연구될 수 있는 몇 가지 요소들(물질적 자아, 정신적 자아, 사회적 자아)로 이루어져 있다고 주장했다.

감정의 이론

의식에 관한 연구의 초기 단계에서, 제임스는 감정이 일상생활에서 중요한 역할을 한다는 것을 깨닫고 그의 동료 카를 랑게(Carl Lange)와 함께, 감정이 우리의 행위와 행동방식과 어떻게 관련되어 있는지에 관한 이론을 계속 개발했다. 제임스와 랑게의 감정이론(James-Lange Theory of Emotion)으로 알려지게 되는 그 이론은 인간이 생리학적 조건을 의식적으로 지각하여 감정이 생겨난다고 제시한다. 이 이론을 입증하기 위해 제임스는 곰을 목격한 뒤 도망가는 것을 예로 들었다. 이 경우에서, 당신은 곰을 보고 두려움을 느낀 다음, 그 두려움 때문에 도망가는 것이 아니다. 실제로 일어나는 현상은, 당신은 곰을 보고 도망가고, 그 도망가는 행위 때문에 두려움이라는 의식적인 감정이 생긴다는 것이다. 이는 대부분의 사람들이 생각할 수 있는 경우와 반대가 되지만 제임스의 관점은, 도망간다는 물리적 현상을 의식적으로 지각하는 것(호흡이 빨라지고 심장박동이 증가하며 심하게 땀을 흘리는 등)이 두려움이라는 감정으로 바뀌게 되는 것이다. 제임스의 이론에 따라, (또 다른 예를 들

오직 하나의 완벽한 어떤 진리가 있다. 그것은 의식이라는 현재의 현상이 존재한다는 진리이다.

윌리엄 제임스

면) 당신은 웃고 있는 것을 의식하기 때문에 행복하다고 느낄 수 있다. 즉 당신은 먼저 행복하다고 느낀 다음에 웃는 것이 아니다.

실용주의

의식에 관한 제임스의 이론과 관련 있는 것은 우리가 사물이 진리인지 아닌지 믿는 방식에 대한 그의 접근법이다. 제임스에 따르면, "진리는 사실로부터 나타나지만 그동안에 '사실' 그 자체는 진리가 아니다. 그 사실들은 그저 존재할 뿐이다. 진리는 그 사실들 중에서 시작하고 끝을 맺는 신념의 역할을 말한다." 제임스는 '참된 신념(true beliefs)'을 믿는 사람이 유용하다고 여기는 것이라고 정의했다. 이런 신념의 유용성을 강조하는 것은 제임스의 사상에 중심이 되는 실용주의라는 미국의 철학 전통에서 가장 중요한 부분이다.

제임스는 우리가 삶을 살면서 서로에 대한 '진리'를 지속적으로 시험하고 있고, 또한 '오래된 진리'가 수정되고 때로는 '새로운 진리'로 대체되는 것처럼 우리의 의식적인 신념이 계속 변화한다고 주장했다. 이 이론은 특히 심리학을 비롯해 모든 과학적 연구가 진보하는 방식과 관련되어 있다. 제임스는 한 예로써 1902년 피에르(Pierre)와 마리 퀴리(Marie Curie) 부부가 방사성 원소 라듐을 발견한 사례를 인용했다. 퀴리 부부는 연구 과정에서 라듐이 무한한 양의 에너지를 발산하는 것처럼 보이는 것을 알아냈는데, 이는 "잠시 동안 자연의 전체적인 이법(理法)에 대한 우리의 관념에 모순되는 것 같았다." 그러나 이 뜻밖의 발견에 대해 곰곰이 생각한 끝에, 퀴리 부부는 "그 발견이 에너지에 대한 우리의 오래된 관념을 확대할지라도 오래된 관념의 성격을 최소한으로 변경하는 것이라고" 결론을 내렸다. 이 경우에서, 퀴리 부부의 과학적 지식은 의문이 제기되고 수정되었지만 그 핵심적인 진리는 그대로 남아 있었다.

더 많은 연구들

제임스가 사망한 뒤에는 행동주의 사상이 대두되었고 의식에 대한 관심은 감소하고 있었다. 그 결과, 의식에 관한 이론을 세우는 일은 1920년대 초부터 1950년대까지 거의 일어나지 않았다. 한 가지 중요한 예외가 된 것은 독일에 기반을 둔 게슈탈트 사상으로, 이는 뇌가 사건들을 개별적인 것이 아닌 전체의 의식적인 경험들을 고려하는 전체론적인 방식(우리가 하나의 그림을 볼 때, 그냥 별개의 점이나 선과 형태만을 보는 것이 아니라 하나의 의미 있는 전체를 보는 것처럼)으로 작용한다는 것을 강조했다. 이 개념은 오늘날 "전체는 부분의 합보다 더 크다"라는 유명한 게슈탈트 사상의 원칙을 뒷받침하고 있다.

하지만 1980년대 이후, 심리학자들과 신경과학자들은 '의식연구(consciousness studies)'라는 새로운 연구분야를 개발했다. 이는 두 가지 주요 관심분야에 중점을 두었는데, 하나는 정상적이며 건강하다고 생각되는 사람들이 보고하는 것과 같은 의식의 내용에 관한 것이고, 다른 하나는 인지상태에 어떤 손상을 입은 사람들의 의식에 관한 것이다. 후자의 경우에는 피험자가 '지속적 식물인간 상태(PVS; Persistent Vegetative State, 혼수상태의 환자들이 깨어나 직접 숨을 쉬지만 뇌의 중요한 기능을 모두 분명히 잃어버린 경우)'에 있을 때와 같은 사례들이 포함된다. 의식 연구에 관한 이 두 분야의 목적은 의식을 가능한 객관적으로 평가하는 방식을 찾아내고 의식의 근본적인 메카니즘(신체적이고 정신적인)을 이해하려는 데 있다.

현대 신경과학은 의식의 메카니즘이 있다는 것을 입증했다. 20세기를 마감하면서 영국의 분자생물학자이자 생물물리학자인 프랜시스 크릭(Francis Crick)은 의식이 뇌의 특정한 부분(계획, 문제해결, 행동의 조절 등의 사고 과정과 관련된 전두엽 피질 부분)과 관련되어 있다고 주장했다.

콜롬비아의 신경과학자 로돌포 리나스(Rodolfo Linas)가 실시한 연구에서는 의식을 대뇌피질(cerebral cortex)과 협력하는 시상

피에르와 마리 퀴리 부부의 연구는 대부분의 과학적인 업적처럼, 초기의 이론을 완전히 반박하지 않고 수정했다. 제임스의 주장에 따르면, 새로운 '진리'는 비슷한 방식으로 우리의 기본적인 신념을 끊임없이 수정한다.

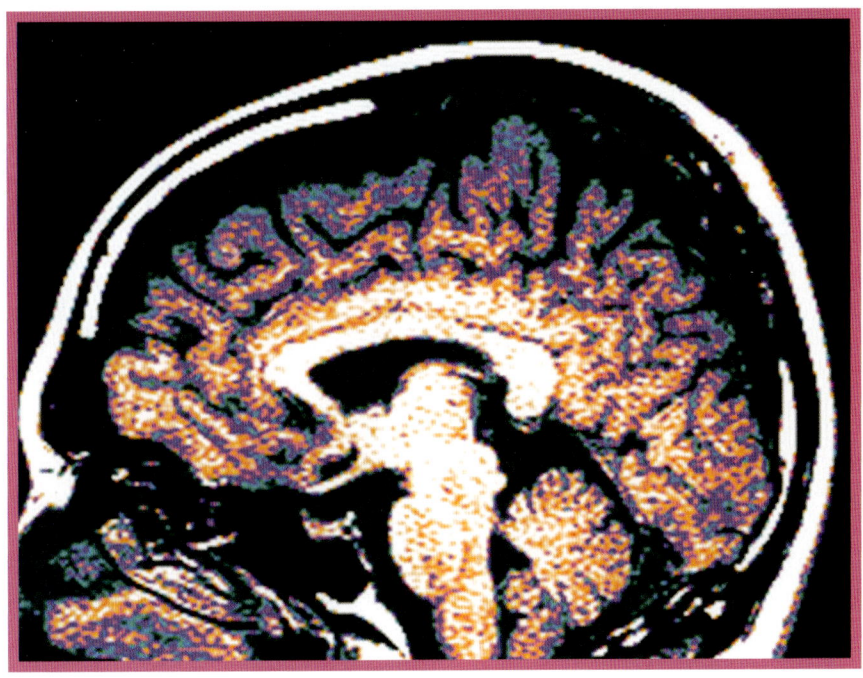

뇌의 MRI 스캔은 의식과 연계되어 있는 것처럼 보이는 이 스캔 사진의 중심부에 나타나는 시상과 같은 구조들을 확인하는 데 도움이 되었다.

(thalamus)의 활동과 연결시킨다. 뇌의 중심부에서 깊숙한 곳에 위치한 시상은 일정한 주파수로 뇌의 내부에서 진동을 조절하는 역할을 한다. 만일 이런 규칙적인 리듬이 깨지면(감염이나 유전적 원인으로) 사람은 우울증과 같은 정신질환뿐만 아니라 간질과 파킨슨병 같은 신경질환을 겪을 수 있다.

하지만 오늘날 의식을 정의내리는 시도는 여전히 모호한 상태이고 적용하기 어려운 상태로 남아 있다. 예를 들어, 미국의 신경과학자 안토니오 다마시오(Antonio Damasio)는 의식을 "현재의 느낌(the feeling of what happens)"이라 부르며, 또한 "한 유기체의 자아와 환경에 대한 인식"으로 정의한다. 윌리엄 제임스가 주장했듯이, 100년 전부터 의식은 정의하기 어려운 것이다.

지속되는 유산

제임스가 1890년에 저술한 『심리학 원리』의 수정판은 여전히 출간되고 있고 그의 관념은 다른 과학자들과 사상가들뿐만 아니라 많은 심리학자들에게 중요한 영향력을 미치고 있다. 사실에 관한 그의 실용주의 철학의 응용('진리'가 무엇인가가 아닌 진리가 무엇을 '믿기에 유용한' 것인가에 중점을 둔)은 심리학이 정신과 신체가 분리되는지 아닌지의 문제에서 주의, 기억, 추론, 상상, 의도 등의 정신과정에 대한 더욱 유용한 연구로 이동하는 데 도움이 되었다. 제임스는 그의 접근법이 철학자들과 심리학자들이 "추상적인 개념, 고정된 원칙, 폐쇄체제, 거짓의 절대적인 요소와 기원 등에서 벗어나 사실, 행동, 능력 등을 지향하는 데" 도움이 되었다고 주장했다. 우리의 행동에 대한 여러 환경의 영향력을 포함한 사건의 전체성에 중점을 두어야 한다는(우리의 경험들을 작은 세부적인 것들로 나누는 자기성찰적이고 구조적인 접근과 대조적인) 그의 주장은 또한 행동에 대한 인식의 폭을 넓혀주었다. 제임스가 1875년에 하버드에서 심리학을 가르치기 시작하기 전에는 미국의 어떤 대학에서도 독자적인 심리학 과정은 전혀 찾아볼 수 없었다. 하지만 20년도 채 지나지 않아 미국의 약 24개의 종합대학과 전문대학에서는 심리학을 별개의 학과로 인정하여 그 분야별 학위를 제공하고 있었다. 또한 그 당시에 세 개의 전문 심리학 저널들이 창립되었고 전문 조직(미국심리학회(American Psychological Association))이 생겨났다.

제임스는 "실험적 연구를 싫어하는 주장에도 불구하고" 미국에 실험심리학을 도입했다. 그는 그것이 이론을 입증하기 위한 가장 좋은 방법이라는 것을 깨달았기 때문에 그렇게 한 것이다. 하지만 그는 계속해서 자기성찰 방법을 사용하는 것을 발견의 도구, 특히 정신과정의 도구로 가치를 두었다.

심리학에 대한 인식과 그 관심이 (제임스에 따르면) "형편없는 하찮은 주제"로 여기는 것으로부터 대단히 유익한 분야로 이동한 것은 그의 업적 덕분이다. 1977년 미국심리학회의 창립 75주년을 축하하는 연설에서, 캘리포니아대학(UC 버클리)의 심리학 명예교수 데이비드 크레치(David Krech)는 제임스를 "심리학의 아버지"라고 언급했다. ■

모든 이러한 의식들은 생각들을 녹이듯이 서로에게 녹아들었다. 사실, 그것들은 하나의 중단되지 않는 흐름, 오래 계속된 하나의 의식일 뿐이다.
윌리엄 제임스

청년기는 새롭게 태어나는 시기이다

G. 스탠리 홀(서기 1844~1924년)

맥락읽기

접근법
인간발달(Human development)

이전의 관련역사
서기 1905년 : 지그문트 프로이트가 『성 이론에 관한 세 편의 논문Three Essays on the Theory of Sexuality』에서 십대는 '성욕기(genital stage)'라고 주장한다.

이후의 관련역사
서기 1928년 : 미국의 인류학자 마거릿 미드(Margaret Mead)가 『사모아의 성년 Coming of Age in Samoa』에서 청년기는 서구 사회에서 인간발달의 뚜렷한 시기로만 인식되고 있다고 주장한다.

서기 1950년 : 에릭 에릭슨이 『아동기와 사회Childhood and Society』에서 청년기를 '정체성 대 역할혼란(Identity vs. Role Confusion)'의 시기로 설명하면서 '정체성 위기(identity crisis)'라는 용어를 만들어낸다.

서기 1983년 : 뉴질랜드의 인류학자 데릭 프리먼(Derek Freeman)이 『마거릿 미드와 사모아Margaret Mead and Samoa』에서 청년기는 그저 사회적으로 구조화된 개념이라는 미드의 주장을 반박한다.

인간의 발달은 본성으로 결정된다. 이는 하나의 '유전적인 형질'의 반복이다

↓

아동기는 동물과 같은 기질을 지니고 몇 가지 성장 단계를 거친다

↓

청년기에서 점진적인 가속도가 진정된다. 이는 개인적인 변화를 위한 시기이다

↓

이 거칠고 제멋대로 행동하는 시기에, 십대는 점점 민감하고, 무모하고, 자의식이 강하며, 우울증에 걸리기 쉽다

↓

십대는 그 뒤 성인으로 성장해, 더욱 교양 있는 '고차원 상태'의 존재가 된다

↓

청년기는 새롭게 태어나는 시기이다

철학적 근원 PHILOSOPHICAL ROOTS

참조: ■ 프랜시스 골턴 28~29쪽 ■ 빌헬름 분트 32~37쪽 ■ 지그문트 프로이트 92~99쪽 ■ 에릭 에릭슨 272~273쪽

'청년기(adolescence)'라는 말은 말 그대로 (라틴어 'adolescere'에서 비롯된) '성장하다'를 의미한다. 이론상으로는 청년기가 아동기와 성인기 사이의 어떤 뚜렷한 시기를 말하지만, 실제로는 흔히 간단히 '십대'의 시기라고 정의한다. 대부분의 서구 사회에서 청년기라는 개념은 20세기까지 인식되지 않았다. 아동기가 끝나고 성인기가 특정한 나이(일반적으로 18세)에서 시작되었다.

대표적인 심리학자이자 교육자인 G. 스탠리 홀(G. Stanley Hall)은 1904년에 출간한 저서 『청년기』에서 청년기라는 주제를 최초로 탐구한 학자였다. 다윈의 진화론에 영향을 받은 홀은 모든 아동기가 특히 행동과 초기 신체의 발달에 관해 진화과정의 변화를 반영하고, 또한 우리 각자는 '유전적인 형질'에 따라 발달한다고 확신했다.

홀은 18세기 독일의 작가들과 음악가들의 완전한 표현의 자유를 촉진한 '질풍노도(Sturm und Drang)' 운동에 가장 중요한 영향을 받았다. 홀은 청년기를 '질풍노도의 시기'라고 언급했다. 즉 청년기를 내성적인 변덕꾸러기나 무모한 모험심 등의 행동을 지닌 감정적 혼란과 반항의 시기로 여겼던 것이다. 또한 청년기는 "강력한 감정과 새로운 감각을 갈망하고 단조로움이나 지루한 일상, 세부적인 일 등을 참지 못하는 시기"라고 그는 언급했다. 또한 청년기는 자아에 대한 인식과 그 환경이 크게 증가하고, 모든 것을 더욱 예민하게 느끼며 감각 자체를 추구하는 시기이다.

현대적 반향

홀의 연구 결과들은 대부분 오늘날의 연구에서 반복되고 있다. 홀은 청년기가 우울증에 매우 걸리기 쉬운 시기라고 확신했고, 이를 11세에 시작하여 15세에 절정에 이른 뒤 23세까지 꾸준히 하락하는, 이른바 '낙담의 곡선(curve of despondency)'으로 설명했다. 현대의 연구에서도 이와 유사한 양식을 인정하고 있다. 반항심과 겉보기에 극복할 수 없는 성격의 결함이 있는 느낌이나 이루어질 수 없는 사랑에 대한 공상 등 홀이 알아낸 청년기 우울증의 원인들은 놀라울 정도로 오늘날에도 친숙한 느낌이 든다. 그는 청년기의 자아의식이 자아와 다른 사람들에게 매우 비판적인 태도를 야기한다고 확신했다. 이 관점은 이후의 연구에 그대로 반영되어, 십대들이 추론 능력이 발달하여 '행간의 의미를 읽을 수' 있으면서도, 또한 상황에 더욱 민감해진다는 것이 입증된다. 홀은 심지어 범죄행위가 18세에 절정을 이루는 십대에 더욱 성행한다고 주장하기까지 했는데, 이는 지금도 적용된다.

하지만 홀은 청년기에 대해 완전히 부정적인 것은 아니었다. 그는 "청년기는 새롭게 태어나는 시기이다. 그 이유는 보다 높고 더욱 완전한 인간의 특성이 이제 막 생겨나기 때문이다"라고 언급했다. 따라서 홀에게 청년기는 사실상 훨씬 더 좋은 것을 위해 반드시 필요한 출발점이었다. ■

청년기는 인간의 영혼에서 가장 나쁜 충동과 가장 좋은 충동이 자리를 잡기 위해 서로 싸우는 시기이다.
G. 스탠리 홀

G. 스탠리 홀

미국 매사추세츠 주 애시필드의 한 농가에서 태어난 G. 스탠리 홀은 1867년 매사추세츠의 윌리엄스대학을 졸업했다. 자금의 부족으로 여행계획이 좌절된 그는 어머니가 바라는 대로 뉴욕에서 1년 동안 신학을 공부하다가 독일로 옮겨갔다. 1870년에 미국으로 돌아온 후, 홀은 하버드에서 4년 동안 윌리엄 제임스와 함께 수학하며 미국에서 최초로 심리학 박사학위를 받았다. 그 뒤, 그는 독일로 돌아가 2년 동안 라이프치히대학 심리학 실험실에서 빌헬름 분트와 함께 연구에 몰두했다.

1882년 홀은 볼티모어의 존스홉킨스대학 교수가 되어 그곳에서 특별히 미국 최초의 심리학 실험실을 설립했다. 그는 또한 1887년에 〈미국심리학잡지 American Journal of Psychology〉를 창간했고, 1892년 미국심리학회의 초대 회장이 되었다.

주요 저서

1904년 『청년기 Adolescence』
1906년 『청년: 교육과 군대와 건강 Youth: Its Education, Regiment, and Hygiene』
1911년 『교육의 문제 Educational Problems』
1922년 『노년기 Senescence』

48

우리는 학습 후 24시간 안에 3분의 2를 망각한다

헤르만 에빙하우스(서기 1850~1909년)

맥락읽기

접근법
기억연구(Memory studies)

이전의 관련역사
기원전 5세기 : 고대 그리스인들이 '기억술(mnemonics, 기억을 돕는 핵심단어나 압운과 같은 기법)'을 이용한다.

서기 1582년 : 이탈리아 철학자 조르다노 브루노(Giordano Bruno)가 『기억의 기술The Art of Memory』에서, 지식과 경험의 도표들을 사용하여 암기하는 방법을 제시한다.

이후의 관련역사
서기 1932년 : 프레더릭 바틀릿이 모든 기억은 지식과 추론의 혼합이라고 주장한다.

서기 1949년 : 도널드 헵이 『행동의 구조』에서 학습이 어떻게 자극받은 뇌세포의 결합에서 비롯되는지를 설명한다.

서기 1960년 : 미국의 심리학자 레오 포스트만(Leo Postman)이 새로운 학습은 '역행간섭(retroactive interference, 새로운 자료가 시간상 역행적인 방향으로 과거의 자극 재생을 간섭하는 것)'을 야기하면서 이전의 학습을 방해할 수 있다는 것을 알아낸다.

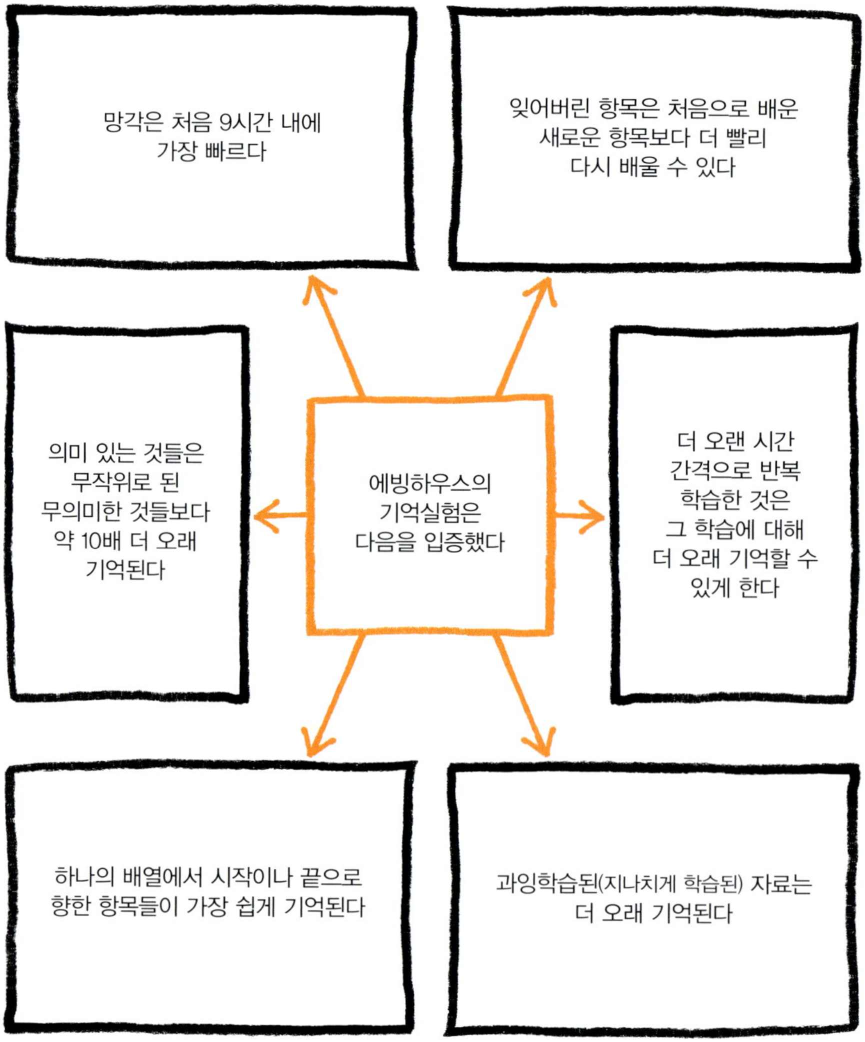

에빙하우스의 기억실험은 다음을 입증했다

- 망각은 처음 9시간 내에 가장 빠르다
- 잊어버린 항목은 처음으로 배운 새로운 항목보다 더 빨리 다시 배울 수 있다
- 의미 있는 것들은 무작위로 된 무의미한 것들보다 약 10배 더 오래 기억된다
- 더 오랜 시간 간격으로 반복 학습한 것은 그 학습에 대해 더 오래 기억할 수 있게 한다
- 하나의 배열에서 시작이나 끝으로 향한 항목들이 가장 쉽게 기억된다
- 과잉학습된(지나치게 학습된) 자료는 더 오래 기억된다

철학적 근원 PHILOSOPHICAL ROOTS

참조 : ■ 블루마 자이가닉 162쪽 ■ 도널드 헵 163쪽 ■ 조지 아미티지 밀러 168~173쪽 ■ 엔델 털빙 186~191쪽 ■ 고든 H. 바우어 194~195쪽 ■ 대니얼 섁터 208~209쪽 ■ 프레더릭 바틀릿 335~336쪽

1885년 헤르만 에빙하우스는 스스로 피험자가 되어 오랜 실험을 하면서 학습과 기억을 체계적으로 연구한 최초의 심리학자가 되었다. 존 로크와 데이비드 흄 같은 철학자들은 기억하는 것이 연상(시간, 장소, 원인 또는 결과와 같은 공통된 특성으로 사물이나 관념을 연결하는 것)과 관련 있다고 주장했다. 에빙하우스는 기억이 입증할 수 있는 양식들을 따르는지 확인하기 위해 수학적으로 그 결과를 기록하면서 기억에 대한 연상의 효과를 시험하기로 결심했다.

기억력 실험

에빙하우스는 단어 목록을 암기하고 자신이 얼마나 많이 그것을 기억해낼 수 있는지 시험하는 것으로 시작했다. 그는 연상의 사용을 피하기 위해, 예를 들어 'ZUC'와 'QAX' 같은 자음-모음-자음이라는 기본 단어 형식을 사용하면서 모두 세 글자 길이로 된 2천300개의 '무의미한 철자'를 만들어냈다. 이 단어들을 여러 목록으로 분류한 에빙하우스는 각 철자들을 1초의 몇 분의 1씩으로 모두 들여다보고, 15초 동안 쉰 다음 다시 목록을 들여다보았다. 그는 빠른 속도로 하나의 목록을 정확히 암송할 때까지 이를 반복했다. 그는 학습과 망각의 속도에 주목하면서 목록 길이를 달리하고 또한 학습 간격을 달리하여 시험했다.

에빙하우스는 그가 시와 같은 의미 있는 자료를 무의미한 목록들보다 10배 더 쉽게 암기할 수 있다는 것을 알아냈다. 그는 또한 그 무의미한 철자를 더욱 반복해서 암기할수록 암기한 정보를 더 빨리 기억해낼 수 있다는 것에 주목했다. 또한 맨 처음 몇 번 반복하는 것이 목록을 암기하는 데 가장 효과적이라는 것을 입증했다.

망각의 증거에 대한 결과를 살펴보았을 때, 에빙하우스는 그가 암기하는 데 가장 많은 시간을 들인 목록을 천천히 망각하는 경향이 있었으며, 또한 학습 후 바로 가장 잘 기억해낸다는 사실을 알아냈다. 에빙하우스는 또한 기억 보유에서 뜻밖의 양식을 알아냈다. 그는 일반적으로 처음 한 시간 내에 매우 급속하게 망각이 일어나고, 그 뒤 약간 더 느리게 망각이 일어나면서, 결국 9시간 이후에는 약 60퍼센트가 망각된

에빙하우스는 우리가 자료를 학습하여 한 시간 안에 암기하면 그것을 더 오래 기억하고 더 쉽게 기억해낼 수 있다는 것을 입증했다.

다는 사실을 알아냈다. 24시간 후에는 암기한 것의 약 3분의 2가 망각된다. 이것을 그래프로 나타내면, 급격한 하락으로 시작해 완만한 경사로 이어지는 하나의 뚜렷한 '망각곡선(forgetting curve)'이 생겨난다. 에빙하우스의 연구는 새로운 분야의 탐구를 개시했고 심리학을 과학 분야로 확립하는 데 공헌했다. 그의 세심한 방법은 오늘날까지 모든 심리학 실험의 기초로 남아 있다. ■

헤르만 에빙하우스

헤르만 에빙하우스(Hermann Ebbinghaus)는 독일 바르멘의 한 루터교도 상인 집안에서 태어났다. 그는 17살에 본대학에서 철학을 공부하기 시작했지만 그의 학업은 1870년 프로이센-프랑스 전쟁으로 중단되었다. 1873년에 학업을 끝내고 베를린으로 옮겨간 그는 이후에 프랑스와 영국으로 여행을 하다가 그곳에서 1879년에 시작한 자신의 기억력에 관한 연구를 실시했다. 그는 1885년에 '무의미한 철자(nonsense syllable)' 연구에 관해 상세히 설명했고, 또한 같은 해에 베를린대학 교수가 되어 그곳에서 두 개의 심리학 실험실을 설립하고 학술지를 창간했다. 에빙하우스는 이후 브레슬라우대학으로 옮겨가 그곳에 도 실험실 하나를 설립했다. 그리고 마지막으로 할레대학으로 옮겨간 그는 그곳에서 교편을 잡다가 59세에 폐렴으로 세상을 떠났다.

주요 저서

1885년 『기억에 관하여: 실험심리학에의 기고 Memory: A Contribution to Experimental Psychology』
1897~1908년 『심리학 입문 Fundamentals of Psychology』 (2권)
1908년 『심리학: 기본서 Psychology: An Elementary Textbook』

개인의 지능은 고정된 것이 아니다

알프레드 비네(서기 1857~1911년)

맥락읽기

접근법
지능이론(Intelligence theory)

이전의 관련역사

서기 1859년 : 영국의 박물학자 찰스 다윈이 『종의 기원On the Origin of Species』에서 지능은 유전된다고 주장한다.

서기 1879년부터 : 빌헬름 분트가 과학적 방법을 심리학에 적용하여 지능과 같은 정신능력을 측정하는 객관적인 방법을 모색한다.

서기 1890년 : 미국의 심리학자 제임스 커텔이 개인별 정신능력의 차이를 측정하기 위한 검사법을 고안한다.

이후의 관련역사

서기 1920년대 : 영국의 교육심리학자 시릴 버트가 지능은 주로 유전적이라고 주장한다.

서기 1940년대 : 레이먼드 커텔이 지능의 두 유형, 즉 유동적인(타고난) 유형과 확고한(경험으로 형성된) 유형을 밝혀낸다.

1859년 찰스 다윈이 『종의 기원』에서 진화이론을 정리하여, 지능이 유전적인 형질로 고정되는지 아니면 환경으로 변경될 수 있는지에 대한 논쟁의 틀을 제공했다. 그의 사촌인 프랜시스 골턴은 1880년대 초 런던의 약 9천 명의 사람들을 상대로 인지능력에 관한 검사를 실시한 뒤, 기본 지능은 태어날 때 고정되어 있다는 결론을 내렸다.

대략 같은 시기에, 빌헬름 분트는 지능지수(IQ)라는 개념을 제시하여 그것을 측정하려고 했다. 분트의 업적은 미국의 심리학자 제임스 커텔(James Cattell)의 정신능력의 측정에 관한 연구에 영감을 불어넣었고, 또

철학적 근원 PHILOSOPHICAL ROOTS 51

참조 : ■ 프랜시스 골턴 28~29쪽 ■ 장 마르탱 샤르코 30쪽 ■ 빌헬름 분트 32~37쪽 ■ 레이먼드 커텔 314~315쪽

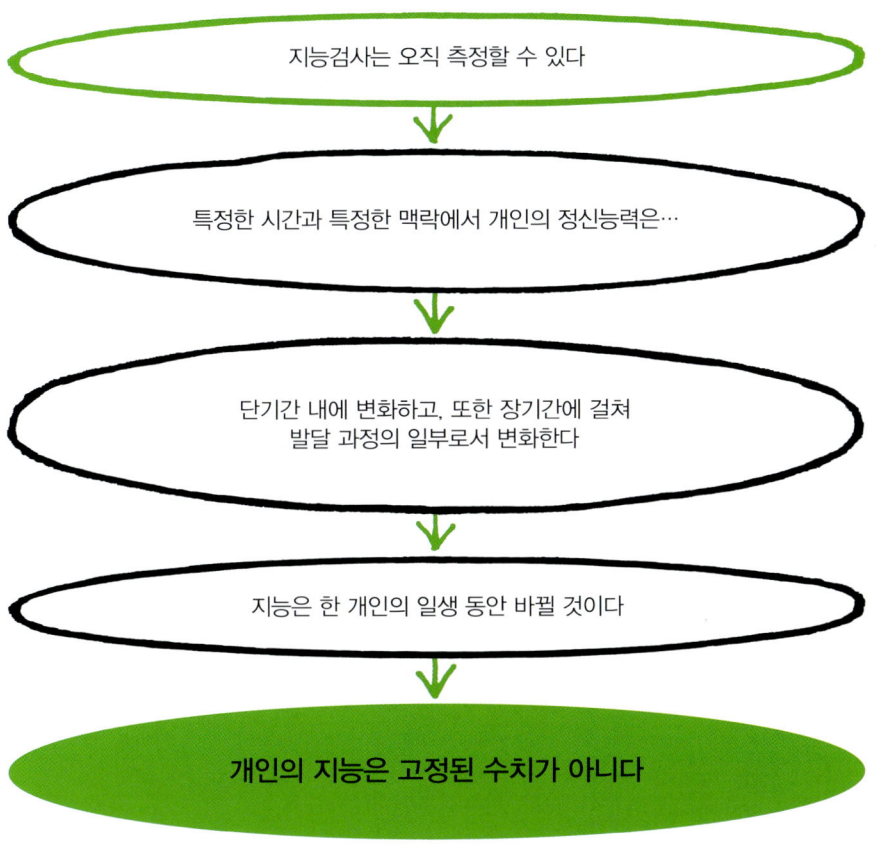

알프레드 비네

알프레드 비네는 프랑스 니스에서 태어났지만 부모가 이혼한 후 어린 나이에 파리로 이주했다. 그는 1878년 법학 학위를 받은 다음, 의학 공부를 하기 위한 준비로 소르본대학에서 과학을 공부했다. 하지만 비네는 자신의 진정한 관심사는 심리학이라고 생각하여 주로 독학을 하다가, 1883년에 장 마르탱 샤르코에게 파리 살페트리에르병원의 한 직위를 제의받았다. 다음 해에 그는 결혼을 했고 두 딸을 얻은 뒤 지능과 학습에 관심을 갖기 시작했다. 1891년에 비네는 소르본대학 심리학 실험실(Sorbonne's Laboratory of Experimental Psychology)의 부소장으로 임명되었고, 1894년에 소장이 되었다.

1911년의 때이른 죽음 이후 많은 영예들이 비네에게 쌓여가고 있었다. 그 중 '아동의 심리학적 연구를 위한 자유학회'의 명칭이 1917년에 '알프레드 비네 학회(La Societe Alfred Binet)'로 바뀌는 일도 있었다.

주요 저서

1903년 『지능의 실험적 연구 Experimental Study of Intelligence』
1905년 『정신과 뇌 The Mind and Brain』
1911년 『지능발달을 측정하는 방법 A Method of Measuring the Development of Intelligence』

한 알프레드 비네(Alfred Binet)의 인간 지능에 관한 연구의 토대를 이루게 했다.

학습에 대한 특별한 관심

비네는 심리학에 심취하기 전에 법학과 자연과학을 공부했다. 그는 주로 독학을 했지만, 7년 이상 파리 살페트리에르병원의 장 마르탱 샤르코와 함께 일한 덕분에 정확성과 신중한 계획의 필요성과 더불어 실험 절차에 관해 확실히 이해할 수 있었다. 인간의 지능을 연구하려는 비네의 욕구는 그의 두 자녀의 발달에 대한 특별한 관심에서 생겨났다. 그는 자신의 아이들이 새로운 정보를 흡수하는 속도와 용이함이 그들이 얼마나 많은 관심을 두고 있는지에 따라 다르다는 점에 주목했다. 환경과 아이들의 기분이 학습에 중요한 것처럼 보였다.

런던에서 프랜시스 골턴이 실험한다는 소식을 들은 비네는 수학자, 체스 선수, 작가, 예술가 등 다양한 특별이익집단의 개인별 능력차이를 평가하는 것에 관한 자신만의 대규모 연구를 실행하기로 결심했다. 동시에 그는 특정한 나이에 어떤 능력을 지닐 수 있게 되는지에 주목하면서 아동의 수행능력 지능에 대한 연구를 계속했다. 예를 들어, 매우 어린 아이들은 추상적 사고(이는 직접적으로 나이가 원인이 되는 지능의 증가 수준의 특징인 것처럼 보였다)를 할 수 없다.

1899년에 비네는 '아동의 심리학적 연구를 위한 자유 학회(The Free Society for the Psychological Study of the Child)'라는 교육연구에 전념하는 새로운 조직에 초대되었다. 얼마 후 그는 이 학회의 회장이 되었고, 또한 교사와 교육공무원들에게 유용한 논문과 정보를 발표하기 시작했다. 그가 발표한 자료들은 6~12세 사이에 해당하는, 학교를 다니는 프랑스의 모든 아이들을 위한 필독서가 되었다.

또한 비네는 학습장애가 있을 수 있는 아이들을 선별하여 그들에게 꼭 적합한 학교교육을 받을 수 있는 검사법을 개발하도록 요청받았다. 1904년 이 일로 인해 비네는 유아의 잠재적 학습을 평가하는 방법을 고안하기 위한 정부의 사명에 참여하게 되었고, 또한 그는 정상적인 아이들과 지능에 장애가 있는 아이들의 차이점을 확립하고 이 차이점을 측정하는 방법을 알아내기 위한 사명을 띠게 되었다.

비네-시몽 검사법

비네는 1894년 이후 소장으로 지내왔던 소르본대학의 실험심리학 연구실에서 동료 연구과학자 테오도르 시몽(Theodore Simon)과 함께 하나의 과업에 착수했다. 그것이 두 과학자의 길고 유익한 협업의 시작이었다.

1905년 비네와 시몽은 "백치(白痴, Idiocy), 치우(痴愚, Imbecility), 우둔(愚鈍, Moron Status)을 진단하기 위한 새로운 방법"이라 부르는 최초의 검사법을 만들어냈다. 곧 그들은 3~13세의 어린이를 위한 (여러 차례 수정된) '비네-시몽 검사법(Binet-Simon Scale)'을 소개했다. 이는 1908년에 한 번 더 수정된 다음, 1911년에 다시 수정되었다.

수년 동안 아이들을 관찰한 것을 근거로 비네와 시몽은 여러 연령별 아동들의 평균 능력을 반영하는 과제의 범위를 사용하면서 점점 난이도가 높아지는 30가지 검사법을 모았다. 가장 쉬운 과제들은 한 줄기 빛을 따라가거나 과제를 시험하고 있는 사람과 기본 대화에 몰두하는 것이 포함되어 있었다. 약간 더 어려운 과제에는 다양하게 명시된 신체 부분을 가리키거나, 일련의 두 자리 숫자를 반복하고, 간단한 문장을 반복하고, '집'이나 '포크'와 같은 기본 단어 정의하기 등이 포함되어 있었다. 더욱 어려운 시험에서는 아이들이 비슷한 한 쌍의 물체의 차이점을 설명하고, 기억으로 그림을 재현하고, 세 개의 주어진 단어로 문장을 만들도록 지시받았다. 가장 어려운 과제는 7가지 임의의 숫자를 반복하고, 프랑스어 '복종(obéissance)'에 어울리는 세 개의 운을 찾고, "내 이웃은 이상한 방문객들을 접대하고 있었다. 그는 차례로 의사, 법률가, 목사를 접대하고 있었다. 무슨 일이 일어나고 있는 것일까?"와 같은 문제에 대답하는 것 등이었다.

비네와 시몽은 5세 그룹별로 똑같이 나눠진 50명의 아동들로 이루어진 표본에 대해 그들의 검사법을 시험했다. 이 아이들은

비네-시몽 검사법에 근거한 지능검사를 하는 것은 학교에서 좋은 성과를 낼 수 있도록 아이들의 잠재력을 예측하는 거의 표준에 가까운 방식이 되었다.

> 지능에는, 실생활에서 가장 중요한 것이 부족하거나 그것을 변경할 때 없어서는 안 되는 근본적인 능력이 있다. 그것은 바로 판단력이다.
> 알프레드 비네

학교 교사들에 의해 나이별 평균으로 선별되어 모든 능력별 아이들이 측정될 수 있는 정상의 기준치를 제공했다.

난이도의 순서로 배열된 비네와 시몽의 30가지 과제는 신중하게 통제된 조건 아래서 실시되는 것이었다. 비네는 아이들이 쉽게 산만해지며, 또한 그들의 관심 정도가 그들의 수행능력에 중대한 역할을 한다는 것을 딸의 관찰을 통해 이미 터득했다. 그는 지능을, 계속해서 변화하는 환경이라는 실제 세계 내에 작용하며, 또한 실제 판단으로 통제되는 다면적인 정신능력의 혼합으로 보았다.

지능은 고정된 것이 아니다

그는 이 검사법이 그저 아이들에게 비슷한 나이의 다른 아이들과 비교하기 위한 지능검사법으로 사용되기를 강조했다. 1908년과 1911년에 시행한 검사에서는 여러 연령별 집단들을 위한 검사법에 훨씬 더 중점을 두었는데, 그것으로 인해 마침내 '정신연령'이라는 개념이 생겨났다.

비네는 또한 정신발달이 발전하는 정도가 각각 다르고 환경적 요인에 영향을 받을

수 있다고 강조했다. 그는 환경이 변화하면서 개인의 수준도 변화하는 것을 고려했기 때문에 그의 검사법을 어떤 특정한 시간 내에 정신 수준을 평가하는 방법으로 생각하고 싶어 했다. 이는 영향력 있는 영국 심리학자 찰스 스피어먼(Charles Spearman)의 견해와 반대였는데, 그는 이후 지능이 생물학적 요인에만 근거한다고 주장했다.

비네는 아이의 지능이 고정된 수치가 아니고 아이가 자라는 만큼 지능이 증가한다고 주장했으며, 또한 그가 지능을 수량화하는 방식을 고안했을지라도 개인의 지능에 대한 정확한 척도를 어떤 수로도 나타낼 수 없다고 주장했다. 하나의 완전한 상황은 오직 사례연구를 수반할 때 이루어질 수 있다고 비네는 생각했다. 궁극적으로, 비네는 '길이'나 '양'처럼 지능의 적성을 측정하는 것이 가능하다고 믿지 않았다. 다만 지능을 분류하는 것만이 가능하다고 믿었다.

사용과 오용

1908년 미국 심리학자 헨리 H. 고다드(Henry H. Goddard)는 유럽으로 여행하다가 그곳에서 비네-시몽 검사법을 발견했다. 그는 그 검사법을 번역하여 학교에서 검사용으로 사용하기 위해 미국 전역에 약 2만 2천 개의 복사본을 배포했다. 불행하게도, 비네는 지능이 유전적인 요인들 때문이 아니라는 데 신중했지만 고다드는 지능이 유전적으로 결정된다고 생각했다. 그는 비네-시몽 검사법을 "저능한 사람들"을 의무적으로 가려내어 근절시키는 방법으로 여겼다.

1916년 또 한 명의 미국 심리학자 루이스 터먼(Lewis Terman)은 비네-시몽 검사법을 수정했다. 미국의 아동들로 이루어진 대규모의 표본에서 나온 시험 결과를 사용한 그는 그것의 이름을 '스탠포드-비네 지능검사(Stanford-Binet Scale)'로 바꾸었다. 이 검사법은 더 이상 아이들의 특별한 지능 검사에

비네-시몽 검사법은 능력의 전체 수준을 나타내는 IQ(지능지수) 점수를 산출한다. 이는 집단이나 모집단 전체의 IQ 변화를 보여주는 그래프로 나타낼 수 있다.

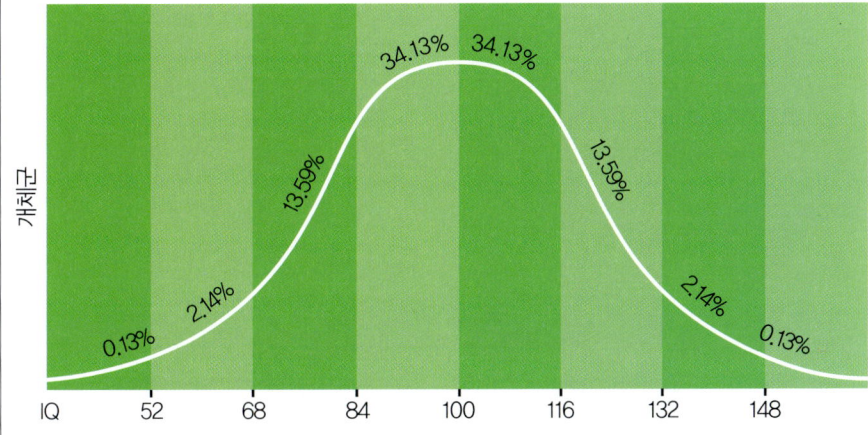

사용되지 않았다. 대신, 사실상 평생 하찮은 직업으로 살도록 선고를 내리면서 직업과 관련되거나 직업을 선택하기 위한 교육에 적합한 사람들을 선별하는 데 이용되었다. 고다드처럼 터먼도 지능이 유전적이며 변경할 수 없어서 아무리 학교교육을 많이 받아도 지능을 바꿀 수 없다고 믿었다.

비네는 아마도 한참 동안 그의 연구가 이렇게 이용되고 있는 것을 깨닫지 못했을 것이다. 그는 그의 생활권을 벗어난 외부에서 일어나는 전문적인 발달에는 거의 관심을 두지 않았던 고립된 모습이었다. 그는 프랑스를 벗어난 적이 없는 데다, 프랑스에서 그가 살아있는 동안 비네-시몽 검사법이 채택된 일이 없었으므로, 자신의 연구를 수정할 일이 전혀 없었다. 마침내 외국에서 자신의 도구가 개량된 것을 알게 되었을 때 그는 "잔혹한 비관주의"와 "개탄스러운 결정"으로 그 지능 개념을 어떤 일정불변의 것으로 홍보한 사람들을 강력하게 비난했다.

비네의 '지능검사(IQ test)' 개념은 오늘날 여전히 지능의 기초로 남아 있다. 결점이 있음에도 불구하고 그 개념은 인간 지능에 대한 우리의 지식을 진보시킨 많은 연구를 만들어냈다. ■

나는 측정의 방법을 묘사하려고 하지 않았다. 다만 개인의 분류 방법을 묘사하려고 했을 뿐이다.
알프레드 비네

무의식이 커튼 뒤의 사람들을 목격한다

피에르 자네(서기 1859~1947년)

맥락읽기

접근법
신경과학(Neurological science)

이전의 관련역사
서기 1878년 : 장 마르탱 샤르코가 저서 『신경계의 질환Diseases of the Nervous System』에서 히스테리의 증상을 설명한다. 그 뒤 히스테리는 하나의 뚜렷한 생물학적 질병으로 여겨진다.

이후의 관련역사
서기 1895년 : 지그문트 프로이트가 분열을 정신의 방어기제 중 하나라고 주장한다.

서기 1900년대 : 미국의 신경학자 모턴 프린스(Morton Prince)가 '해리성장애(dissociative disorders)'라는 질환이 존재한다고 주장한다.

서기 1913년 : 프랑스의 박물학자 J. P. F. 들뢰즈(J. P. F. Deleuze)가 분열을 전혀 다른 두 명의 사람이 있는 것과 같은 현상(그 중 한 명은 충분히 깨어있고 다른 한 명은 가수상태에 있는 것)이라고 설명한다.

서기 1977년 : 어니스트 R. 힐가드가 『분열된 의식Divided Consciousness』에서 최면상태로 의식이 분리되는 것에 대해 설명한다.

만일 누군가가 분명한 이유 없이 두려움의 생리학적 징후들이나 고통을 보인다면…

↓

그 증상들은 잠재의식의 어떤 생각이 원인일 수 있다

↓

이는 치료를 통해 예전의 대단히 충격적인 사건과 관련된 것임이 드러난다

↓

이는 심한 경우 인격분열(dissociation, 두 개의 분리된 의식의 존재)을 초래할 수 있다

세상이 '마치 꿈 같고', '현실 같지 않은 것처럼' 보이는 가벼운 인격분열(개인의 의식적인 정신이나 정상적인 일상의 성격에서 어떤 정신과정이 분리되는 현상) 증상은 흔히 있는 일이며, 또한 언제든지 대부분의 사람들에게 영향을 준다. 이는 알코올 중독을 포함한 마약중독이나 독감 등의 질병으로 종종 야기되며, 또한 인격분열이 일어나는 동안이나 이후에 기억의 부분적인 상실이나 완전한 상실을 초래할 수 있다. 1880~1910년 당시에는 다중인격장애로 설명되었던 드문 사례로, 한 사람에게 두 명 이상의 전혀 다른 성격들이 나타나는 것처럼 보이는 경우가 있다. 그러한 극단적인 예들은 오늘날 '해리성 정체감장애'로 분류된다.

프랑스 철학자이자 의사인 피에르 자네(Pierre Janet)는 최초로 인격분열을 정신질환으로 연구하고 설명한 사람으로 알려져 있다. 그는 1880년대 말과 1890년대 초에 파리의 살페트리에르병원에서 일했는데, 그곳에서 '히스테리'를 앓고 있던 환자들을 치료했다. 그는 극심한 증상을 나타내는 몇몇 여성들의 사례연구를 발표했다. 예를 들어, '루시(Lucie)'라 불리는 한 환자는 평소 차분하다가 갑자기 불안해하면서 눈물을

철학적 근원 PHILOSOPHICAL ROOTS

참조 : ■ 장 마르탱 샤르코 30쪽 ■ 알프레드 비네 50~53쪽 ■ 지그문트 프로이트 92~99쪽 ■ 티그펜 & 클렉클리 330~331쪽 ■ 어니스트 R. 힐가드 337쪽

> 무의식 속의 정신적 장애는 그 원인부터 주의깊게 조사해야 한다.
> 피에르 자네

흘리고 아무런 뚜렷한 이유 없이 공포에 질린 모습을 보였다. 그녀는 자네가 '루시1', '루시2', '루시3'이라고 명명한 세 명의 전혀 다른 인격들을 지닌 것처럼 보였고, 특히 최면에 걸렸을 때는 뜻밖에도 그 인격들 사이에 변화가 나타났다. 루시1은 오직 '그녀 자신의' 기억이었으며 루시2도 마찬가지였지만, 루시3은 이 모든 세 명의 인격들과 관련된 사건들을 떠올릴 수 있었다. 의미심장하게도, 루시3은 그녀가 일곱 살이었던 어느 휴일에 한 커튼 뒤에 숨어있는 두 남자들을 목격하고 공포에 질렸던 대단히 충격적인 경험을 기억해낼 수 있었다.

잠재의식적인 정신적 외상

자네에 따르면, 루시의 아동기의 충격적인 경험이 인격분열의 원인이었다. 그는 이렇게 설명했다. "몸이 두려운 상태에 놓여 있는 것은 두려움의 감정을 느끼는 것과 같다. 그리고 그 상태가 잠재의식의 생각으로 굳어진다면 그 환자는 자신이 왜 두려움의 감정이 느껴지는지 알지 못한 채 의식 속의 감정만 갖고 있을 것이다." 루시는 두려움에 사로잡혔을 때 이렇게 말하곤 했다. "나는 두려운데 왜 그런지 모르겠어요." 그에 대해 자네는 "무의식이 계속 꿈을 꾸고 있는 것입니다. 이는 커튼 뒤에 숨어있는 남자들을 목격하고 몸이 공포에 질린 상태가 된 것입니다"라고 말했다. 또한 대단히 충격적인 사건들이나 스트레스는 그 원인을 갖고 있는 사람이라면 누구든 인격분열을 초래할 수 있다고 확신했다.

자네는 평소와 다른 매우 불안해하는 행동의 이면에 있는 정신 부분을 '잠재의식'이라고 설명했다. 하지만 지그문트 프로이트는 이 용어가 너무 모호하다고 생각하여 대신에 환자의 정신적 외상의 원천을 '무의식'이라고 불렀다. 프로이트는 또한 인격분열을 보편적인 '방어기제(defence mechanism)'라고 언급하면서 자네의 개념을 발전시켰다. 자네의 업적은 정신질환을 조사하고 치료하기 위한 최면술의 사용이 신임을 잃었기 때문에 수십 년 동안 무시되었다. 하지만 20세기 말 이후 심리학자들이 해리장애를 연구하면서 다시 관심을 끌게 되었다. ■

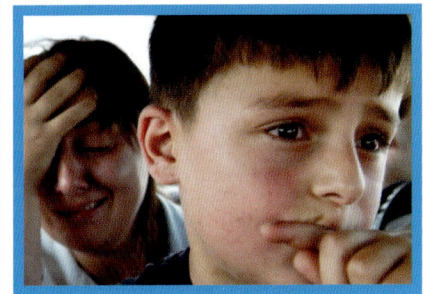

아동기의 정신적 외상은 망각된 듯 보일 수 있지만, 피에르 자네에 따르면 그 정신적 외상은 흔히 정신의 '잠재의식' 부분에 남아 있기 때문에 이후의 삶에서 정신적 문제를 유발할 수 있다.

피에르 자네

피에르 자네는 프랑스 파리의 한 교양 있는 중산층 집안에서 태어났다. 그는 어린 시절 자연과학을 좋아하여 식물을 수집하고 분류하기 시작했다. 철학자인 삼촌 폴 자네(Paul Janet)로부터 의학과 철학을 공부하라는 조언을 받은 그는 파리의 명문 고등사범학교에 다닌 후, 소르본대학의 철학과에서 석사학위를 받았다. 자네는 22세가 되었을 때 르아브르의 리세대학 철학 교수로 임명되어, 그곳에서 최면술로 유도한 심리상태에 관한 연구를 시작했다.

장 마르탱 샤르코에게 영향을 받은 자네는 1898년 파리의 살페트리에르병원에서 샤르코 실험실의 소장이 되면서 자신의 연구에 '히스테리'를 포함시켰다. 그는 또한 소르본대학에서 학생들을 가르치다가 1902년 콜라주 드 프랑스(College de France)의 심리학 교수가 되었다.

주요 저서

1893년 『히스테리의 정신상태 The Mental State of Hystericals』
1902년 『신경증 Neuroses』
1907년 『히스테리의 주요 증상들 The Major Symptoms of Hysteria』

BEHAVIO[R]
RESPONDING TO OUR ENVIRONMENT

URISM

행동주의
환경에 대한 반응

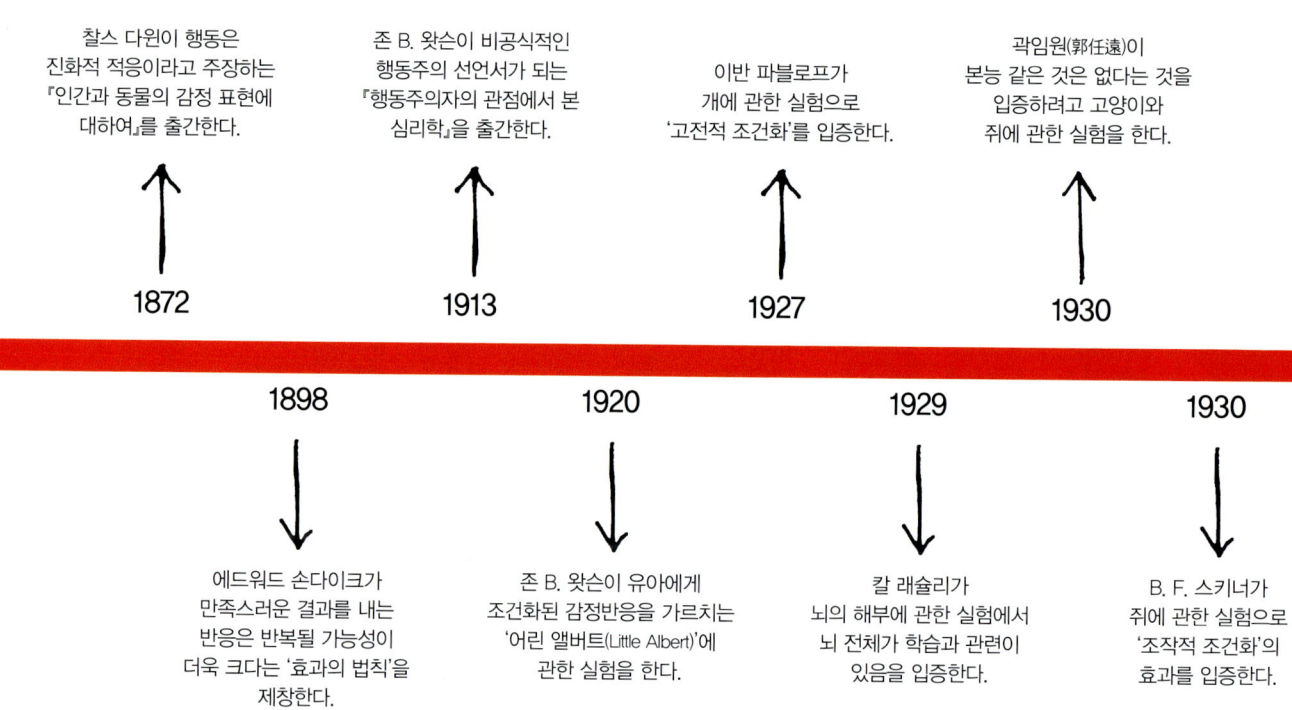

18 90년대에, 심리학은 철학적 기원들로부터 독립하여 하나의 과학 분야로 받아들여졌다. 그리고 심리학에 관한 여러 실험실과 대학의 학과들이 유럽과 미국에서 이미 확립되어 있었고 제2세대의 심리학자들이 나타나고 있었다.

미국에서, 그 심리학을 하나의 객관적이고 과학적인 기반에 두기를 열망한 심리학자들은 윌리엄 제임스 등의 사람들이 채택한 자기성찰적이고 철학적인 접근법에 반발했다. 그들은 자기성찰 방법(내성법, Introspection)이 의미상 주관적이고, 또한 이에 근거를 둔 이론들은 전혀 입증될 수 없다고 느꼈다. 하지만 심리학이 과학으로 다루어진다면 이는 관찰할 수 있고 측정할 수 있는 현상에 근거를 두어야 할 것이다. 따라서 그들의 해결책은 엄격히 통제된 실험실 조건에서 정신작용들이 겉으로 나타나는 현상(행동)을 연구하는 데 있었다. 존 B. 왓슨에 따르면, 심리학은 "인간의 행동(학습되거나 학습되지 않은 행위와 언어)을 주제로 받아들이는 자연과학의 한 분야"이다. 에드워드 손다이크, 에드워드 톨먼, 에드윈 거스리 등을 포함한 초기의 '행동주의자'들은 신중하게 고안된 상황에서 동물의 행동을 관찰하기 위한 실험을 계획했고 그런 실험에서 학습, 기억, 조건화 등에 관한 것뿐만 아니라 인간이 환경과 어떻게 상호작용하는지에 관한 여러 이론들을 추론했다.

조건반응

행동주의 실험은 신체적 작용을 연구하는 심리학자들이 고안한 유사한 실험들로 영향을 받았다. 또한 주목을 끌기 시작하는 행동주의 심리학의 기반을 자신도 모르게 제공한 사람은 러시아의 생리학자 이반 파블로프였다. 오늘날에도 잘 알려져 있는 개의 타액분비에 관한 유명한 연구에서 파블로프는 동물이 조건화 과정에서 자극에 어떻게 반응하는지를 설명했으며, 또한 심리학자들에게 행동주의의 핵심 개념을 확립할 수 있는 토대를 제공했다. 흔히 '자극-반응(stimulus-response, S-R)' 심리학으로 언급되는 조건화(conditioning)의 개념은 행동주의의 기본 원리가 되었다.

이 행동주의 접근법은 과학적으로 조사하는 것이 불가능하다고 생각되어 행동의 어떤 분석에도 포함될 수 없었던 내적인 정신상태와 과정을 외면하면서 외부자극에 대한 반응을 관찰하는 데 중점을 두었다. 심리학 연구의 기반이 '정신'에서 '행동'으로

행동주의 BEHAVIOURISM

콘라트 로렌츠가 새끼 동물들이 결정적 시기에 받아들인 감각정보 때문에 어미를 추정하는 '각인(imprinting)'이라는 현상을 알아낸다.

1935

클라크 L. 헐이 (인간의 기본 욕구를 만족시키는) '동인저감(動因低減, drive reduction)'은 강화의 유일한 진정한 기반이라고 주장한다.

1943

B. F. 스키너가 언어는 과거의 행동 및 유전 역사의 산물이라고 주장하는 『언어적 행동』을 발표한다.

1957

놈 촘스키가 스키너의 『언어적 행동』에 관한 비판적인 평론을 저술하여 인지혁명을 촉발시키는 데 공헌을 한다.

1959

1938

에드윈 거스리가 '단일시행학습(single-trial learning)'은 충분하며, 조건화가 반복에 의존할 필요가 없다고 주장한다.

1948

에드워드 톨먼이 『쥐와 인간의 인지지도』에서 우리는 일상생활을 하면서 '인지지도(cognitive maps)'를 만들어낸다고 주장한다.

1958

조셉 울프가 전쟁신경증(war neurosis)을 앓는 참전용사에 관한 '둔감화 기법(desensitization techniques)'을 만들어낸다.

1960년대

닐 밀러가 실험으로 '바이오피드백(biofeedback, 생체자기제어) 기법'을 알아낸다.

이동한 것은 획기적인 일이었고, 또한 '행동주의 선언서(왓슨이 1913년에 발표한 『행동주의자의 관점에서 본 심리학』에서 비롯된)'가 생겨나기까지 했다.

미국에서 심리학의 선두가 되고 있었던 행동주의는 이후 40년 동안 지배적인 접근법이 되었다. 파블로프의 조건반사 또는 고전적 조건화라는 개념은 환경적인 자극만이 행동을 형성한다(선천적이거나 유전적 요인들은 관련되어 있지 않다)는 왓슨의 주장으로 발전되었다. 다음 세대에는 '급진적 행동주의자'인 B. F. 스키너가 포함되어 있었는데, 그는 '조작적 조건화(operant conditioning, 행동이 이전의 자극이 아닌 결과로 형성된다고 주장한)'라는 자신의 이론에서 자극반응 개념에 대해 다시 생각할 것을 주장했다. 이 개념은 윌리엄 제임스가 주장한 개념과 유사했지만 유전적 요인들을 고려하고 심리상태를 행동의 (원인보다) 결과로 설명하면서 행동주의 과정을 급진적으로 바꾸었다.

인지혁명

그러나 20세기 중반, 심리학자들은 행동주의 접근법에 의문을 제기하고 있었다. 동물행동을 연구하는 동물행동학(Ethology)이 학습행동뿐만 아니라 본능적 행동의 중요성(조건화의 엄격한 개념들과 불편하게 나란히 서게 된 발견)을 입증했다. 스키너의 개념에 대한 반발은 또한 '인지혁명(cognitive revolution)'을 촉발시켜, 또 다시 행동에서 정신과 정신과정에 관한 연구로 돌아가도록 관심을 돌렸다. 이 시기의 핵심인물은 행동주의자 에드워드 톨먼이었는데, 그의 이론들은 독일에 기반을 둔 게슈탈트(Gestalt) 심리학에 관심을 두었기 때문에 지각과 인지의 중요성을 일축하지 않았다. 또 한 명의 행동주의자 칼 래슐리가 탐구한 신경과학의 진보는 또한 그 역점을 행동연구에서 뇌와 뇌의 작용에 관한 연구로 바꾸는 데 중요한 역할을 했다.

행동주의는 이제 자연스럽게 사라지게 되었고 인지심리학의 다양한 분야들로 대체되었다. 그러나 행동주의가 남긴 유산은, 특히 심리학을 위한 과학적 방법론을 확립하고 심리학 실험에 사용될 수 있었던 여러 모형을 제공한 점에서 지속적인 것이었다. 행동주의 치료는 또한 인지행동요법의 필수적인 부분으로 오늘날 여전히 사용되고 있다. ■

배고픈 사람은 맛있는 음식을 보고 군침을 흘린다

이반 파블로프(서기 1849~1936년)

맥락읽기

접근법
고전적 조건화(Classical conditioning)

이전의 관련역사
서기 12세기 초 : 아라비아인 의사 아벤조아르(Avenzoar, 이븐 주르)가 수술 과정을 시험하기 위해 동물실험을 한다.

서기 1890년 : 윌리엄 제임스가 『심리학 원리』에서 동물의 경우, "한 단계에서 실행한 충동의 감정은 다음 단계에서 자극의 필수적인 요소"라고 주장한다.

이후의 관련역사
서기 1920년 : 존 B. 왓슨의 '어린 앨버트'실험이 인간의 고전적 조건화를 입증한다.

서기 1930년대 : B. F. 스키너가 쥐는 특정한 방식으로 행동하기 위해 '조건화'될 수 있다는 것을 입증한다.

서기 1950년대 : 심리치료사들이 '조건화'를 행동치료의 한 부분으로 활용한다.

```
(음식으로 제시된 것과 같은)
무조건자극은
          ↓
(침을 흘리기 시작하는 것과 같은)
무조건반응을 유발할 수 있다
          ↓
만일 무조건자극이 (벨소리와 같은)
중립자극과 동시에 일어나면
          ↓
조건반응이 만들어지기 시작한다
          ↓
이 과정들이 반복된 후,
조건자극(벨소리)만이
          ↓
조건반응(침을 흘리기 시작하는 것)을
유발할 것이다
```

현대 심리학이 여전히 걸음마 수준에 있었을 때 나타난 주요 발견들은 대부분 다른 분야에서 일하는 과학자들의 연구로 생겨난 것이다. 러시아의 생리학자 이반 파블로프(Ivan Pavlov)는 이런 초창기의 개척자들 중 가장 잘 알려진 사람이다. 그는 개가 소화하는 동안 생기는 타액의 분비에 관한 연구를 통해 어떤 뜻밖의 결과를 이끌어냈다.

1890년대에 파블로프는 개들이 먹이를 먹고 있을 때 생기는 타액분비를 측정하기 위해 수술로 이식한 여러 장치들을 사용하면서 개에 관한 일련의 실험들을 시행했다. 그는 개들이 실제로 먹이를 먹고 있을 때 침을 흘릴 뿐만 아니라 그냥 냄새를 맡거나 식욕을 돋우는 음식을 볼 때마다 침을 흘린다는 사실에 주목했다. 그 개들은 여러 주인들 가운데 단 한 명이 접근했을 때에도 음식을 줄 것이라는 기대로 침을 흘리기까지 했다.

파블로프는 그 관찰로 다양한 자극과 그 자극이 끌어낸 반응 간의 연관성을 연구하게 되었다. 한 실험에서, 그는 개들에게 먹이를 주기 직전에 똑딱거리는 메트로놈 소리를 들려주었고 개들이 그 소리를 늘 맛있는 먹이로 연상할 때까지 그 과정을 반복했

행동주의 BEHAVIOURISM 61

참조: ■ 윌리엄 제임스 38~45쪽 ■ 존 B. 왓슨 66~71쪽 ■ B. F. 스키너 78~85쪽 ■ 스탠리 샤흐터 338쪽

파블로프가 실험한 개들은 흰색 실험실 가운을 입은 사람을 볼 때만 침을 흘렸다. 먹이를 주는 사람이 늘 흰색 가운을 입었기 때문에 그 개들은 흰색 가운을 먹이로 연상하도록 '조건화'된 것이다.

조건반응

파블로프는 개들에게 제공된 먹이가, 학습되지 않은 반응, 즉 '무조건반응(UR ; Unconditioned Response, 이 경우 타액의 분비)을 야기했기 때문에 '무조건자극(US ; Unconditioned Stimulus)'이라는 결론을 내렸다. 그러나 메트로놈의 똑딱거리는 소리는 먹이로 연상되는 것이 학습된 후 타액분비에 대한 하나의 자극이 되었다. 이때 파블로프는 그것을 '조건자극(CS ; Conditioned Stimulus)'이라고 불렀다. 메트로놈에 대한 반응으로 타액이 분비되는 것도 학습된 것이므로, 그는 또한 이것을 '조건반응(CR ; Conditioned Response)'이라 불렀다.

이후의 실험에서, 파블로프는 조건자극이 먹이를 제공하지 않고 반복해서 주어진다면 조건반응은 억제되거나 '학습되지 않을 수' 있다는 것을 입증했다. 또한 그는 다양한 자극이 고통이나 어떤 위험의 형태로 연상되어 두려움이나 불안의 조건반응을 끌어내기 시작한 실험들을 실시했고, 그 결과 조건반응이 물리적일 뿐만 아니라 정신적일 수도 있음을 입증했다.

다. 이런 '조건화'는 결국 개들이 오직 메트로놈 소리에만 반응하여 침을 흘리게 했다.

더 많은 실험에서, 파블로프는 메트로놈을 벨이나 버저, 섬광등, 여러 강도의 호루라기 등으로 대체했다. 그러나 사용된 자극의 종류와 상관없이 결과는 늘 같았다. 중립자극(벨, 버저, 빛)과 먹이 사이에서 일단 하나의 연상이 확립되면 그 개들은 침을 흘리면서 자극에 반응했다.

파블로프의 실험 방법뿐만 아니라, 오늘날 고전적 조건화나 파블로프의 조건반사로 알려진 원칙은 철학적인 분야보다 정확히 과학적인 분야라는 심리학의 출현에서 획기적인 단계를 나타냈다. 파블로프의 업적은 특히 존 B. 왓슨과 B. F. 스키너 같은 미국 행동주의 심리학자들에게 지대한 영향을 미쳤다. ■

과학에 있어 사실은 공기와 같다.
사실 없이는 과학자는
결코 성공할 수 없다.
이반 파블로프

이반 파블로프

러시아 랴잔(Ryazan)의 한 마을 목사의 장남으로 태어난 이반 파블로프는 처음에는 그의 아버지의 뒤를 이을 운명이었다. 그러나 그는 한 지방대학에서 신학을 공부하는 것을 재빨리 포기하고 상트페테르부르크대학(University of St Petersburg)으로 옮겨 자연과학을 공부했다. 그리고 1875년에 졸업 후, 의학아카데미(Academy of Medical Surgery)에 입학해 박사학위를 받고 이후 그곳의 회원이 되었다. 1890년 파블로프는 육군 군의학교(Military Medical Academy)의 교수가 되었고, 또한 실험의학 연구소(Institute of Experimental Medicine)의 생리학 주임이 되었다. 그는 바로 그곳에서 그 유명한 개의 소화액 분비에 관한 연구를 하여 1904년에 노벨상을 받았다. 파블로프는 1925년 공식적으로 은퇴했지만 1936년 2월 폐렴으로 세상을 떠날 때까지 실험을 계속했다.

주요 저서

1897년 『소화샘 연구에 대한 강의 Lectures on the Work of the Principal Digestive Glands』
1928년 『조건반사학 강의 Lectures on Conditioned Reflexes』
1941년 『조건반사와 정신의학 Conditioned Reflexes and Psychiatry』

무익한 행동은 근절된다

에드워드 손다이크 (서기 1874~1949년)

맥락읽기

접근법
결합설(Connectionism)

이전의 관련역사
서기 1885년 : 헤르만 에빙하우스가 저서 『기억에 관하여』에서 망각곡선(인간의 기억이 점점 사라지는 비율)을 설명한다.

서기 1890년대 : 이반 파블로프가 고전적 조건화의 원리를 확립한다.

이후의 관련역사
서기 1918년 : 존 B. 왓슨이 '어린 앨버트' 실험에서 조건화를 아기에게 적용한다.

서기 1923년 : 영국의 심리학자 찰스 스피어먼(Charles Spearman)이 인간지능의 척도에서 단 하나의 일반인자(g 인자)를 주장한다.

서기 1930년대 : B. F. 스키너가 결과로부터 비롯되는 조건화 이론(조작적 조건형성)을 개발한다.

거의 같은 시기에 이반 파블로프가 러시아에서 개에 관한 실험을 하고 있었던 것처럼, 에드워드 손다이크(Edward Thorndike)도 미국에서 박사학위 논문을 위해 동물행동을 연구하기 시작했다. 그는 '행동주의'라는 용어가 채택되기 오래전부터 연구를 실시했지만 아마도 최초의 진정한 행동주의 심리학자였을 것이다.

과학적인 심리학은 손다이크가 1890년대에 졸업했을 때 대학에서 새로운 연구 분야로 나타나고 있었고, 그는 이 새로운 분야를 교육과 학습에 대한 그의 관심에 활용할 기대로 마음이 부풀어 있었다. 손다이크는 처음에는 인간의 학습을 연구하려고 했

참조 : ■ 헤르만 에빙하우스 48~49쪽 ■ 이반 파블로프 60~61쪽 ■ 존 B. 왓슨 66~71쪽 ■ 에드워드 톨먼 72~73쪽 ■ B. F. 스키너 78~85쪽 ■ 도널드 헵 163쪽

> "심리학은 목표가 달성 가능한 가능성을 측정하는 데 도움이 된다."
>
> 에드워드 손다이크

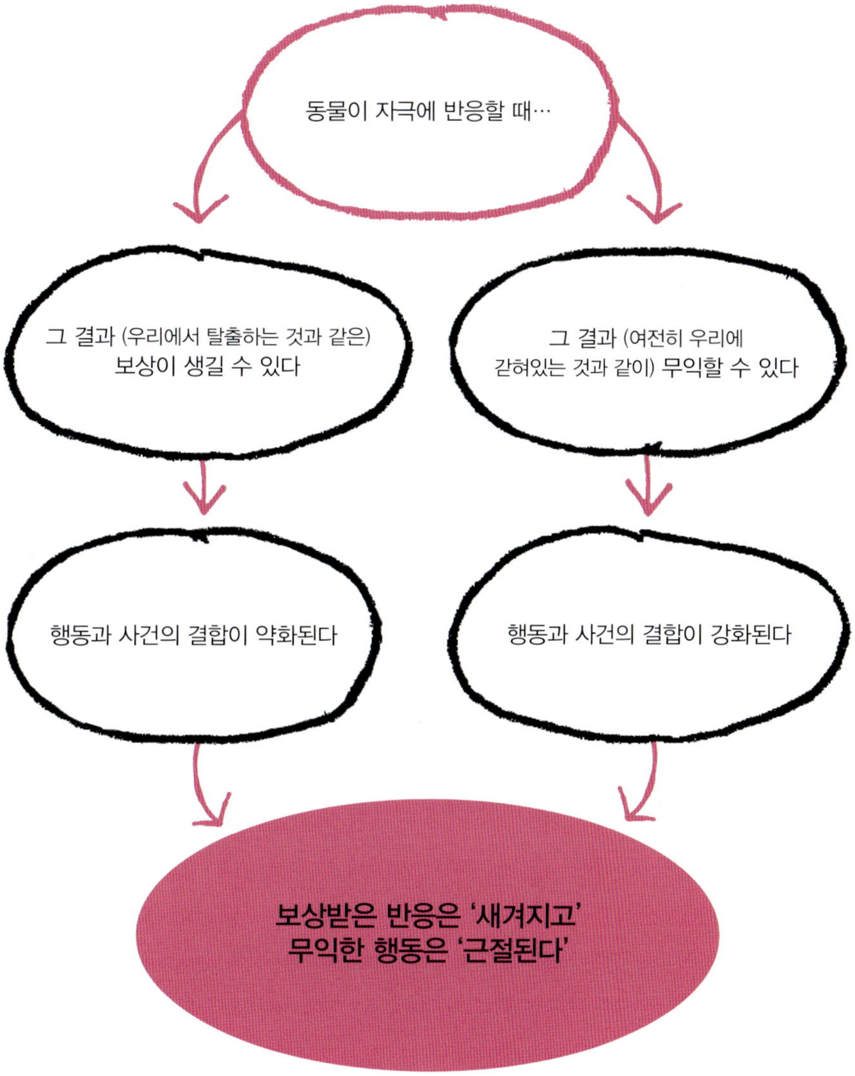

었다. 하지만 그 연구를 위한 적합한 피험자를 구할 수가 없었으므로 그는 일련의 통제된 실험에서 관찰을 통해 지능과 학습의 과정을 연구할 목적으로 동물에 관심을 돌렸다. 그러나 손다이크는 행동주의 심리학의 토대를 마련하면서 그 이상의 결과를 이끌어냈다.

환경의 학습

손다이크의 초창기 연구들은 실험을 위해 특별히 설계하여 만든 미로를 통과하기 위한 매우 기본적인 학습에 관한 것이었다. 이는 이후에 행동주의 실험기법(현재 '도구적 조건화(instrumental conditioning)'나 '도구적 학습(instrumental learning)'이라고 불리는 것으로, 실험대상에게 특정한 자극이나 과제가 주어지는 특별히 만들어진 환경을 사용하는 것)의 특징이 되었다. 손다이크는 자신의 연구가 진전을 보이자 고양이로 관심을 돌렸다. 그리고 '문제상자(puzzle boxes)'를 고안하여 고양이들의 탈출을 위한 원리를 학습하는 능력을 관찰했다.

실험에 따르면, 한 굶주린 고양이가 문제상자 안에서 주변 환경을 관찰하여 고리나 누를 수 있는 버튼과 판 등의 여러 장치들을 발견할 수 있게 된다. 그 장치들은 그 중 오직 하나만 문제상자의 문이 열리는 쇠와 연결되어 있었다. 고양이는 제시간에 탈출하여 먹이라는 보상을 받을 수 있는 장치를 발견한다. 그 과정은 반복되고 매번 고양이가 문제상자를 여는 데 얼마나 오래 걸리는지에 관해 주목되었다. 이는 동물이 얼마나 빨리 그 환경에 대해 학습하는지를 나타냈다.

그 실험은 몇몇 여러 고양이들을 사용하면서 실행되었는데, 그 고양이들은 여러 장치로 열리게 되는 일련의 문제상자에 각각 배치되었다. 손다이크가 주목했던 것은, 고양이가 첫 시도에서 시행착오로 탈출 방법을 모두 발견했을지라도 실험이 계속되자

동물이 자극에 반응할 때…

→ 그 결과 (우리에서 탈출하는 것과 같은) 보상이 생길 수 있다
→ 그 결과 (여전히 우리에 갇혀있는 것과 같이) 무익할 수 있다

→ 행동과 사건의 결합이 약화된다
→ 행동과 사건의 결합이 강화된다

보상받은 반응은 '새겨지고' 무익한 행동은 '근절된다'

손다이크가 주장한 '효과의 법칙'은 모든 행동주의 심리학의 토대가 된다. 그는 동물이 더욱 긍정적인 결과를 기억하고 부정적인 결과를 잊으면서 행위와 결과 사이의 연결성을 구축하여 학습한다는 것을 입증했다.

고양이가 어떤 행위들은 무익하고 어떤 행위들은 보상이 주어질 것이라고 학습하면서 그 시행착오의 정도는 점차 감소되었다는 점이다.

효과의 법칙

이 실험의 결과로 손다이크는 만족스러운 결과를 야기하는 상황에 대한 반응은 미래에 다시 일어날 가능성이 크고, 반대로 불만스러운 결과를 야기하는 상황에 대한 반응은 다시 일어날 가능성이 낮다는 '효과의 법칙(Law of Effect)'을 제시했다. 이는 자극과 반응의 결합과 그에 대한 학습과 행동 과정의 연관성 등 모든 행동주의 심리학 이면에 있는 개념을 최초로 공식적으로 주장한 것이었다. 손다이크는 자극(S ; Stimulus)과 반응(R ; Response) 간의 결합이 일어날 때 그에 상응하는 신경 결합이 뇌에서 일어난다는 것을 제시했다. 그는 학습이 일어나는 동안에 생긴 그 결합이 뇌의 회로에 "새겨진다는 것"을 주장하면서 그의 S-R 학습 이론을 '결합설'이라고 언급했다.

손다이크가 제안한 것은, 자극-반응 결합이 얼마나 강하거나 약하게 새겨지는지를 결정하는 것은 어떤 행위의 결과라는 점이다. 문제상자의 사례에서는, 끈을 당길지 아니면 판을 누를지 하는 것이 탈출이나 좌절을 야기했다. 다시 말해서, 탈출이나 보상과 같은 만족스럽거나 즐거운 상태의 상황으로 이어지면 그 반응은 그런 상황들과 '더욱 확고하게' 결합되는 경향이 있어서, 그에 따라 '자극-반응'이 반복되면 그 상황과의 결합은 반복될 가능성이 더 크다. 결국 그 자극-반응 결합이 신경 연로로 '새겨지게' 되는 것이다. 자극-반응이 계속된 감금이나 처벌과 같은 괴롭고 불쾌한 상태의 상황으로 이어지면 그 반응과 상황 사이의 신경 결합은 결국 "무의미한 행동이 근절될 때"까지 약화된다.

여기서는 자극-반응 결합의 결과에 중점을 두고 있지만, 또한 그 결과가 자극-반응 결합을 다시 강화시키려고 한다는 개념은 이후 '학습의 강화 이론'이라 불리는 이론의 한 예가 된다. 강화와 결과의 중요성은 사실상 존 B. 왓슨과 같은 다음 세대 행동주의 심리학자들에게 무시되었지만, 효과의 법칙은 놀랍게도 B. F 스키너의 업적과 그의 '조작적 조건화'의 이론을 예기했다.

이후의 연구에서, 손다이크는 반응과 보상 사이의 지연, 과제의 반복 효과, 과제가 반복되면 얼마나 빨리 잊게 되는지 등의 여러 변수들을 고려하기 위해 효과의 법칙을 개선했다. 이로 인해, 그는 반복되는 자극-반응 결합은 강화되는 반면 다시 사용되지 않는 자극-반응 결합은 약화된다고 주장한 '연습의 법칙(Law of Exercise)'을 끌어냈다. 더욱이 자극-반응 결합이 강화되거나 약화되는 정도는 다양할 수 있다. 손다이크에 따르면, "만족이나 불편함이 더 클수록, 자극-반응 결합의 강화나 약화는 더 커진다."

흥미롭게도, 손다이크는 이후 행동주의의 기준이 되는 방법들을 사용하면서(그리고 초기 행동주의의 고전이 된『동물의 지능』이

인간이 가진 지능, 성격, 기술은
끊임없는 시행착오를 거쳐
습득되어진다.
에드워드 손다이크

행동주의 BEHAVIOURISM　65

성인 학습자들은 한때 아동들보다 정보를 보유하는 능력이 부족하다고 여겨졌다. 손다이크는 오직 그 중요한 차이가 기억이 아닌 학습의 속도에 있다는 것을 입증했다.

라는 책을 저술하면서) 동물행동을 연구하고 있었지만, 그는 자신을 주로 교육심리학자로 여겼다. 그는 원래 행동이 아닌 동물 지능을 연구하려고 했던 것이다. 예를 들어, 그는 그 당시 심리학에서 널리 퍼진 개념인 '통찰(insight)'이라는 능력을 활용하지 않고 간단한 시행착오로 학습된 동물을 입증하기를 원했다. 이에 대해 그는 "우선, 책은 대부분 우리에게 심리학을 제공하는 것이 아니라, 오히려 동물을 찬미하는 글을 제공한다. 그 책은 모두 동물의 우둔함이 아닌 동물 지능에 대한 것이었다"라는 글을 남겼다. 문제상자 속의 고양이가 탈출하는 방법으로 갑자기 통찰을 얻는 것이 아니라 점차 학습한다는 점은, 그의 이론이 사실임을 보여주었다. 동물들은 문과 손잡이의 조작 간 연결성을 알아내기 위해 이성을 사용할 수 없었기 때문에 시행착오로 학습될 수밖에 없다는 것이다.

인간의 지능

손다이크는 『동물의 지능』을 출간한 뒤, 인간 지능으로 관심을 돌렸다. 그의 관점에 따르면, 가장 기본적인 지능은 신경 결합을 야기하는 간단한 자극과 반응 연상으로 특징지어진다. 동물이 지능이 높을수록 그런 결합을 만들 수 있는 능력은 커진다. 따라서 지능은 유전적 요인들에 의존할 뿐만 아니라 경험에 의존하는 신경 결합을 형성하는 능력의 관점에서 규정될 수 있다.

인간 지능의 척도를 알아내기 위해, 손다이크는 CAVD(문장완성력(Completion), 수학적 추리력(Arithmetic), 어휘력(Vocabulary), 지시수행능력(Directions)) 검사법을 고안했다. 그 검사법은 모든 현대 지능검사의 모형이 되었고 추상적 지능(창의적 능력)과 사회적 지능(대인관계 능력)뿐만 아니라 기계적인 지능(사물들이 어떻게 작용되는지에 대한 이해력)도 평가했다. 손다이크는 특히, 연령이 어떻게 학습에 영향을 줄 수 있는지에 대해 관심이 있었으며, 또한 오늘날까지 교육심리학의 핵심이 되고 있는 학습 이론을 주장했다. 이는 아마도 손다이크가 그 어느 것보다 더 많이 기억되기를 바랐을 공헌일 것이다. 그러나 손다이크가 흔히 많은 극찬을 받는 것은 행동주의 이론에 대한 지대한 영향력 때문이다. ∎

에드워드 손다이크

에드워드 손다이크는 1874년 미국 매사추세츠 주의 윌리엄즈버그에서 한 감리교 목사의 아들로 태어났다. 그는 1895년 웨슬리언대학에서 과학부를 졸업한 뒤, 하버드대학으로 옮겨 윌리엄 제임스 밑에서 심리학을 공부했다. 1897년 손다이크는 뉴욕의 컬럼비아대학으로 옮겨가, 그곳에서 1898년에 박사학위 논문을 완성했다.

교육심리학에 관심이 많았던 손다이크는 오하이오 주의 클리블랜드에 있는 케이스웨스턴리저브여자대학에서 학생들을 가르치다가 1년 뒤인 1899년에 컬럼비아대학으로 돌아와 1939년에 은퇴할 때까지 그곳에서 교편을 잡았다. 1912년 손다이크는 미국심리학회의 회장으로 선출되었다. 그는 뉴욕의 몬트로즈에서 74세의 나이로 세상을 떠날 때까지 계속 연구와 저술 활동을 했다.

주요 저서

1905년 『심리학 개요 The Elements of Psychology』
1910년 『교육에 대한 심리학의 기여 The Contribution of Psychology to Education』
1911년 『동물의 지능 Animal Intelligence』
1927년 『지능검사 The Measurement of Intelligence』

인간은 누구든 본성에 상관없이 무엇이든 될 수 있는 교육을 받을 수 있다

존 B. 왓슨(서기 1878~1958년)

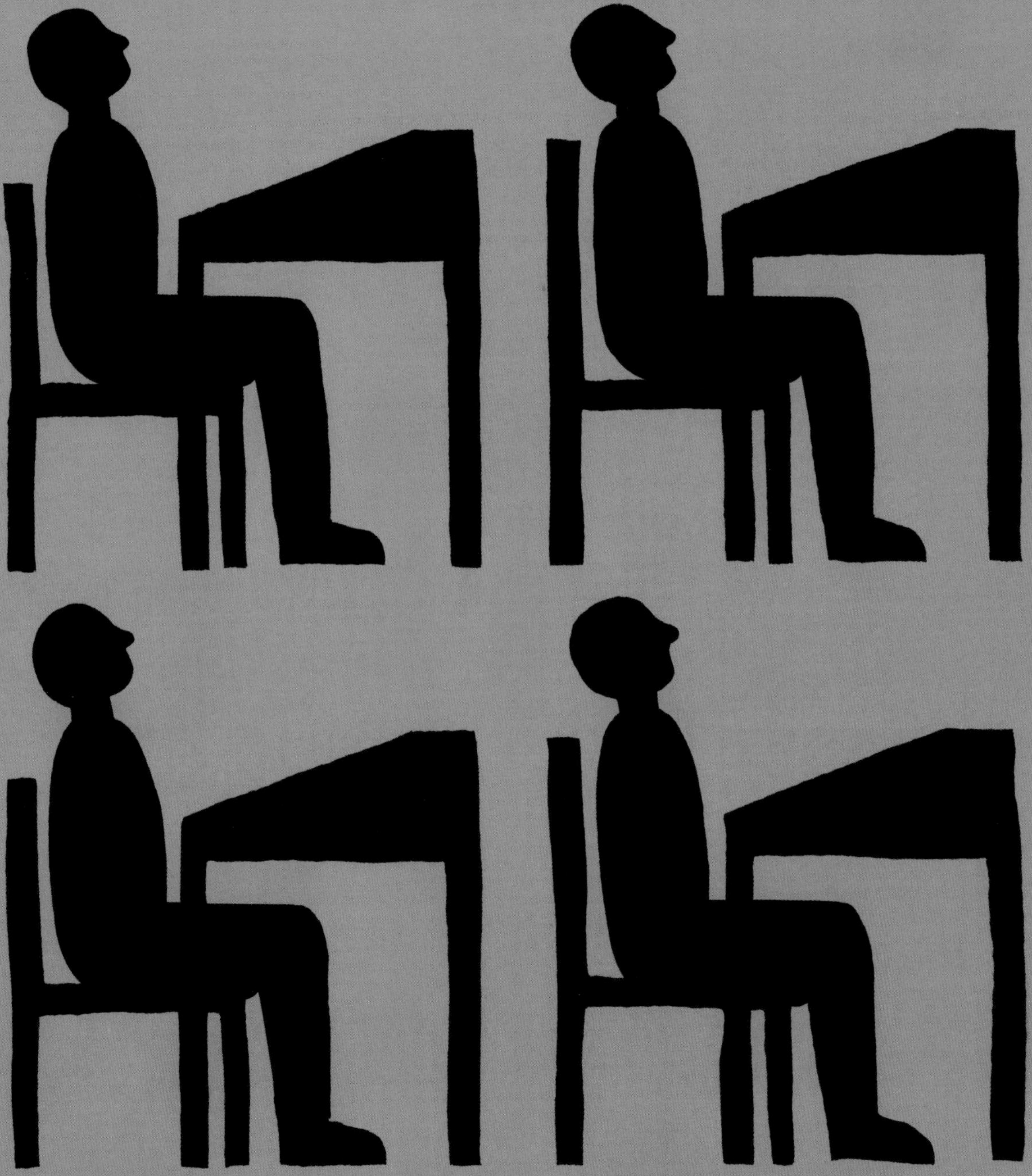

존 B. 왓슨

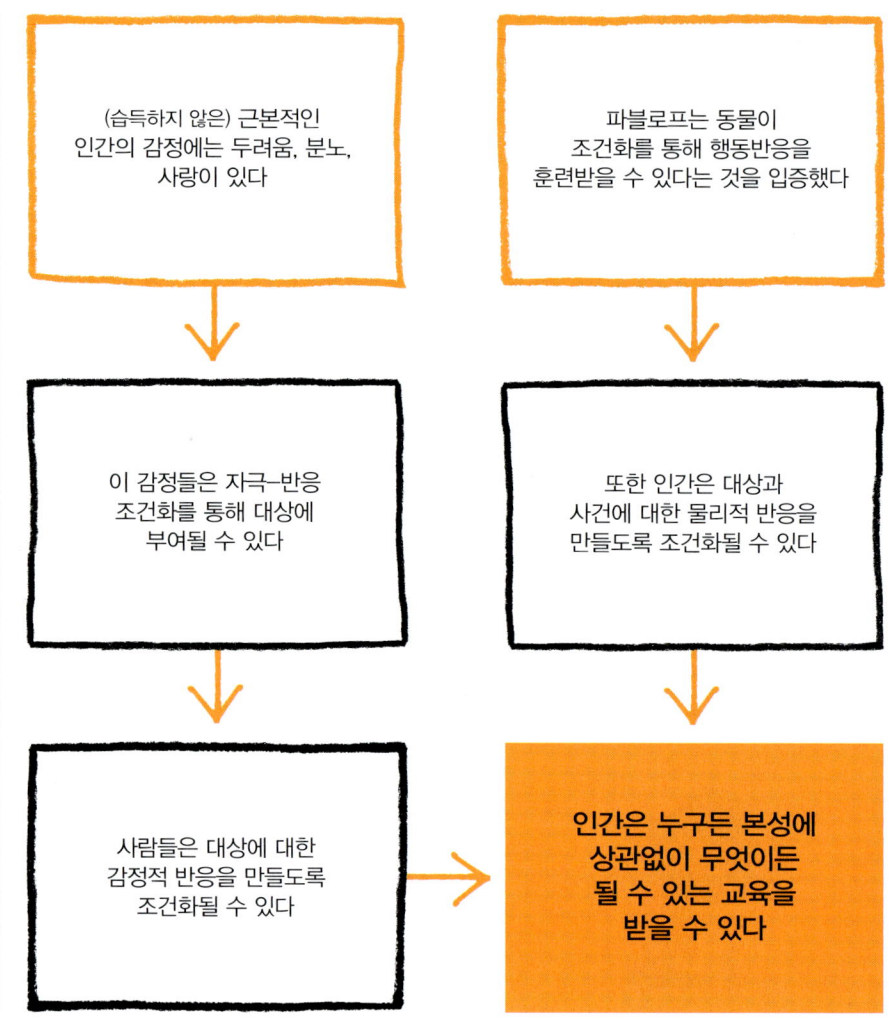

맥락읽기

접근법
고전적 행동주의(Classical behaviourism)

이전의 관련역사
서기 1890년대: 독일 태생의 생물학자 자크 러브(Jacques Loeb, 왓슨의 교수 중 한 명)가 오로지 물리·화학적 관점에서 동물행동을 설명한다.

서기 1890년대: 이반 파블로프가 개에 관한 실험을 활용하여 고전적 조건화의 원리를 확립한다.

서기 1905년: 에드워드 손다이크가 동물은 행동으로부터 성공적인 결과를 달성하여 학습한다는 것을 입증한다.

이후의 관련역사
서기 1932년: 에드워드 톨먼이 그의 잠재학습 이론에서 인지를 행동주의로 추가한다.

서기 1950년대: 인지심리학자들이 인간행동의 이면에 있으면서 인간행동을 만들어내는 정신과정을 파악하는 데 중점을 둔다.

20세기 초, 심리학자들은 대부분 인간의 정신이 자기성찰적인 방법을 통해 충분히 연구될 수 없다는 결론을 내리고 통제된 실험실 연구에서 행동의 증거를 통해 정신을 연구하기 위한 하나의 전환점을 지지하고 있었다.

존 B. 왓슨(John Broadus Watson)은 이런 철저한 행동주의 접근법을 최초로 지지한 사람은 아니었지만, 분명 가장 두각을 나타낸 사람이었다. 불륜 스캔들로 심리학자로서의 경력이 중단된 그는 20세기 가장 영향력 있고 논란이 많은 심리학자들 중 한 사람이었다. 왓슨은 손다이크가 개척한 자극-반응 학습이론에 관한 연구로 행동주의의 창시자라 불렸고, 또한 행동주의 용어를 널리 알리는 데 많은 기여를 했다. 그는 1913년에 발표한 논문 『행동주의자의 관점에서 본 심리학』에서, "진정한 과학적 심리학은 정신에 관한 이야기를 중단하는 대신, 행동의 예측과 통제에 중점을 둔다"는 획기적인 개념을 제안했다. 이 논문은 이후 심리학자들에게 '행동주의 선언서(behaviourist manifesto)'로 알려지게 되었다.

왓슨이 미국 볼티모어의 존스홉킨스대학에서 연구를 하기 이전에는, 행동에 관한 대부분의 실험이 인간행동에 관한 추정 결과물과 함께 동물행동에 중점을 두었다. 왓슨은 박사학위 논문을 위해 쥐와 원숭이를 연구했지만(아마도 제1차 세계대전에 참전하면서 군복무 중의 경험에 영향을 받았을 것이다) 인간 피험자들을 이용하는 실험을 하기를 열망했다. 그는 고전적 조건화의 자극-반응 모형과 그것을 인간행동의 예측과 통제에 어떻게 적용하는지에 관해 연구하기를 원했다. 왓슨은 인간이 세 가지 기본적인 감정(두려움, 분노, 사랑)을 갖고 있다고

행동주의 BEHAVIOURISM

참조 : ■ 이반 파블로프 60~61쪽 ■ 에드워드 손다이크 62~65쪽 ■ 에드워드 톨먼 72~73쪽 ■ B. F. 스키너 78~85쪽 ■ 조셉 월프 86~87 ■ 케네스 클라크 282~283쪽 ■ 앨버트 반두라 286~291쪽

> 행동주의의 관점에서,
> 심리학은 오직 자연과학의
> 객관적인 실험 분야이다.
> 존 B. 왓슨

확신하고, 인간이 자극-반응으로 이런 감정을 느낄 수 있도록 조건화될 수 있는지를 알아내고 싶었다.

어린 앨버트 실험

왓슨은 그의 연구조수인 로잘리 레이너(Rosalie Rayner)와 함께 지역의 아동병원에서 선별한 9개월 된 유아 '앨버트 B'와 관련하여 일련의 실험을 시작했다. 그 실험에는 동시에 공포를 유발하는 큰 소음을 반복적으로 제시하여 유아에게 동물을 두려워하도록 가르치는 것이 가능한지 확인하기 위해 여러 검사들이 고안되었다. 왓슨은 또한 그런 두려움이 다른 동물이나 대상에 전이될 수 있는지, 그리고 이 두려움이 얼마나 오래 지속되는지 알아내기를 원했다. 오늘날에는 이 방법이 비윤리적이며 심지어 잔혹하다고 생각되지만, 그 당시의 사람들에게는 이전의 동물 연구에서 이어진 논리적이고 자연스러운 발전으로 여겨졌다.

오늘날 '어린 앨버트 실험(Little Albert experiment)'이라고 알려진 이 실험에서 왓슨은 건강하지만 "대체로 둔감하고 침착한" 아기 앨버트를 매트리스 위에 올려놓은 다음 개, 흰쥐, 원숭이 등의 동물과 인간의 가면이나 불타는 종이와 같은 무생물을 보여주면서 그의 반응을 관찰했다. 앨버트는 이러한 동물이나 물건이 무엇이든 간에 두려워하는 기색이 전혀 없었고 심지어 손을 뻗어 그것들을 만지기까지 했다. 이런 식으로 왓슨은 대상에 대한 아이의 행동에서 어떤 변화를 측정할 수 있는 기준을 확립했다.

그리고 별도의 실험으로, 왓슨은 앨버트가 매트리스 위에 앉아 있는 동안 갑작스런 큰 소음을 내기 위해 망치로 금속막대를 두드렸다. 아니나 다를까, 앨버트는 겁에 질려 고통스러워하면서 눈물을 터뜨렸다. 왓슨은 이제 아이에게서 두려움의 반응을 끌어냈다고 생각한 무조건적 자극(큰 소음)을 만들어낸 것이다. 이와 동시에 쥐의 모습을 보여줌으로써 그는 어린 앨버트가 동물을 두려워하도록 조건화할 수 있다는 가설을 세웠다.

앨버트가 막 11개월이 넘었을 때 왓슨은 그 실험을 시행했다. 흰쥐를 앨버트와 함께 매트리스 위에 놓아둔 다음, 앨버트가 쥐를 만졌을 때 왓슨은 망치로 금속막대를 두드렸다. 그러자 앨버트는 울기 시작했다. 이 절차는 일주일 간격으로 2회에 걸쳐 일곱 번 반복되었고, 그 후 앨버트는 그 소음이 나지 않았을 때도 쥐가 방으로 들어오자마자 괴로워했다.

큰 소음을 내면서 동시에 쥐를 보여주는 것을 반복함으로써 왓슨은 파블로프가 개에 관한 실험을 했던 것처럼 같은 종류의 고전적 조건화를 적용하고 있었다. 그 소음

존 B. 왓슨

미국 사우스캐롤라이나의 가난한 집안에서 태어난 존 B. 왓슨의 어린 시절은 불행했다. 술꾼에 바람둥이였던 그의 아버지는 왓슨이 13살 때 집을 떠났고 그의 어머니는 독실한 종교인이었다. 왓슨은 반항적이고 폭력적인 십대를 보냈지만 16살이 되었을 때 근처의 퍼먼대학에 입학하는 등 뛰어난 학자가 되었다. 그는 시카고에서 박사학위를 받은 후, 존스홉킨스대학의 부교수가 되었다. 그리고 그곳에서 그의 1913년 강연이 '행동주의 선언서'로 알려지게 되었다. 그는 제1차 세계대전에 참전하여 짧은 기간 동안 군복무를 한 뒤, 존스홉킨스대학으로 돌아왔다. 하지만 그는 자신의 연구보조원 로잘리 레이너와 불륜 스캔들에 휘말려 사임을 강요당한 후, 계속 심리학에 관한 책을 출간하면서 광고 분야에서 경력을 쌓았다. 1935년 37세의 나이로 레이너가 일찍 세상을 떠난 후, 왓슨은 철저하게 은둔자가 되었다.

주요 저서

1913년 『행동주의자의 관점에서 본 심리학Psychology as the Behaviorist Views It』
1920년 『조건적 감정반응Conditioned Emotional Reactions』
1924년 『행동주의Behaviorism』

에 대한 아이의 자연스러운 반응(두려움과 고통)이 이제 쥐를 연상하게 되었다. 이 아이는 두려움으로 쥐에 반응하도록 조건화된 것이다. 고전적 조건화의 관점에서 볼 때, 쥐는 처음에는 어떤 특정 반응도 이끌지 않은 중립자극(neutral stimulus)이었다. 그리고 큰 소음은 두려움이라는 '무조건반응(UR)'을 이끌어낸 '무조건자극(US)'이었다. 조건화가 형성된 후, 쥐는 두려움의 '조건반응(CR)'을 이끌어낸 '조건자극(CS)'이 되었다.

그러나 이 조건화는 단순히 흰쥐를 두려워하는 것보다 더 깊이 진행된 것처럼 보였으며, 또한 거의 일시적이지 않은 것처럼 보였다. 앨버트의 두려움이 '일반화'되었는지, 혹은 다른 유사한 대상으로 퍼졌는지를 시험하기 위해서 앨버트에게는 처음 조건화가 이루어지고 5일 뒤 흰털이 있는 대상들(토끼, 개, 양털가죽 등)이 제시되었다. 앨버트는 쥐의 경우처럼 이에 대해서도 똑같은 고통스럽고 두려운 반응을 보였다.

이 실험으로, 왓슨은 인간의 감정이 고전적 조건화에 민감하다는 것을 입증했다. 이는 하나의 새로운 발견이었는데, 이전의 자극-반응 실험은 신체적 행동의 학습을 시험하는 데 중점을 두었기 때문이었다. 왓슨은 인간의 행동이 (특정한 자극과 조건이 주어진다면) 예측될 수 있을 뿐만 아니라 또한 통제되고 변경될 수 있다는 것을 알아냈다. 한 달 뒤 앨버트의 쥐, 토끼, 개 등에 대한 더 많은 반응검사에서는 이 조건화의 영향이 오래 지속될 것으로 보였다. 하지만 앨버트가 곧 병원에서 나갔기 때문에 이는 입증될 수 없었다. 그 조건화의 영향에 대해서는 앨버트의 어머니가 고통스러워하는 징후로 암시되었지만, (왓슨과 레이너의 말에 따르면) 그 징후는 미리 계획된 날짜에 발생했다.

무한한 영향력

왓슨의 연구 경력은 '어린 앨버트 실험' 직후 갑자기 중단되었는데, 그 당시에 왓슨은 그의 연구원 로잘리 레이너와 불륜 스캔들에 휘말려 교수직을 사임할 수밖에 없었다. 왓슨은 연구의 미완성에도 불구하고 행동주의에 대한 그의 신념에, 특히 고전적 자극-반응 조건화를 인간에게 실험한 응용을 통해 정당성을 입증했다고 느꼈다. 그는 어쩌면 학계로부터 강제로 퇴출당했기 때문에 그의 연구 결과물의 범위를 과장하기 위한 성향을 (그가 엄청나게 성공한 광고로) 발전시켰고, 또한 심리학 주제에 관한 저서

>
> 나는 지속적인 관찰을 통해 아이들을 양육할 수 있는 실험을 할 때까지 결코 만족스럽지 않을 것이다.
> 존 B. 왓슨
>

의사
판사
화가
작가

왓슨은 아이들을 궁극적인 '백지상태'로 여겼다. 그는 행동주의 원칙을 이용하여 아이들을 본성과 상관없이 화가에서 의사에 이르기까지 그 어떤 종류의 전문가로든 키울 수 있다고 주장했다.

를 계속 출간하면서 매명행위를 위한 타고난 재능을 개발했을 것이다.

예를 들어, 정서적 반응을 조건화하는 것이 가능하다고 주장하는 것에 만족하지 않은 왓슨은, 같은 원리에서 아무리 복잡하더라도 인간 행동의 거의 모든 측면을 통제하거나 변경하는 것이 가능하다고 자랑했다. 어린 앨버트가 그의 천성과 반대로 어떤 흰털이 있는 대상을 두려워하도록 조건화되었던 것처럼, 왓슨은 "누구든 본성과 상관없이 무엇이든 될 수 있는 교육을 받을 수 있다"고 확신했다. 그는 심지어 1924년에 출간한 저서 『행동주의』에서 이렇게 자랑했다. "내게 건강한 유아 12명을 주시오. 그러면 잘 만들어진 나의 특별한 세계에서 그들을 키울 것이고, 그들의 재능, 기호, 성향, 능력, 적성, 인종에 관계없이 내가 선택한 전문가(의사, 변호사, 예술가, 상인, 대통령 혹은 거지나 도둑이라 할지라도) 중 하나가 되도록 그들을 훈련시킬 것을 약속합니다." '본성 대 양육' 논쟁에서 왓슨은 확고하게 양육의 편에 있었다.

감정이 없는 육아

대학에서 연구를 지속할 수 없게 된 왓슨은 보육사업에 관심을 돌려 행동주의에 관한 그의 개념들을 대중화했다. 이로 인해 그의 관점은 대부분 공공연하게 영향력이 있으며, 또한 결국 거의 논란이 되고 있다는 것을 입증하게 되었다. 예상대로 그는 아이들을 양육하는 것에 대한 엄격한 행동주의 접근법을 지지했고, 1920년대와 1930년대에 걸쳐 양육에 관한 그의 많은 저서들은 엄청나게 인기를 얻었다. 돌이켜 생각해보면, 정서에는 매우 무심한 그의 접근법은 기껏해야 잘못 판단되고 잠재적인 위험이 되었다는 것을 확인하기 쉽지만, 그의 방법은 왓슨 자신과 로잘리 레이너를 포함한 수백만 명의 부모들에게 채택되었다.

> 왓슨주의(Watsonism)는 미국의 육아실과 응접실마다 복음서와 교리문답서가 되었다.
> 모티머 애들러(Mortimer Adler)

아이들은 환경으로 형성되고 그 환경은 부모에 의해 통제된다고 왓슨은 확신했다. 그는 본질적으로, 아이의 양육을 특히 두려움, 분노, 사랑이라는 감정에서 행동을 변경할 수 있는 객관적인 훈련으로 여겼다. 왓슨의 불행한 어린 시절로 보아 그가 애정을 아이가 부모에게 지나친 의존을 유발하는 감정으로 묵살한 것은 어쩌면 당연할지도 모른다. 하지만 그는 또한 애정에 반대되는 극한 감정과 물리적인 처벌을 반대한 사람이었다.

왓슨이 양육에 대해 자극-반응 조건화를 응용한 것은 의혹을 불러일으켜 결국 비판받았다. 이후의 세대들은 그 접근법을 아이의 행복보다 효율성과 결과에 중점을 둔 교활하고 무정한 것으로 여겼다. 왓슨의 행동주의 모형으로 양육된 아이들이 오랜 기간에 받은 손상은 시간이 지날수록 점차적으로 뚜렷해졌으며 그 피해 정도는 상당했다. 아동양육의 '바이블'이 된 그의 저서의 인기는 한 세대 전체가 오늘날 기능장애를 일으키는 양육으로 생각될 수 있는 것에 영향받았다는 것을 의미했다. 심지어 왓슨 자신의 가족도 고통을 겪었다. 로잘리는 결국 남편의 자녀양육 이론에서 결점을 확인하고는 〈패런츠매거진Parents' Magazine〉에 "나는 한 행동주의자의 자녀들의 어머니입니다"라는 제목으로 비판적인 글을 올렸다. 그리고 왓슨의 증손녀이자 배우인 매리엇 하틀리(Mariette Hartley)는 『침묵을 깨다Breaking the Silence』라는 자서전에 그녀의 대단히 불행했던 가정환경에 관한 이야기를 담았다.

육아에 관한 대안적인 접근법은 열정적인 행동주의자들 가운데서 곧 나타났다. ('어린 앨버트 실험'에 대한 미심쩍은 도덕성에도 불구하고) 왓슨이 확립한 조건화의 기본 원칙을 받아들이고 그것을 자신의 "급진적인 행동주의"를 위한 출발점으로 사용한 심리학자 B. F. 스키너는 행동주의를 (기이하지만) 훨씬 더 온화한 방식으로 보육사업에 활용했다. ■

왓슨은 인간의 행동에 관한 그의 지식을 1920년대에 광고에 활용했는데, 사람들이 내용물이 아닌 이미지를 통한 제품의 구매에 영향을 받을 수 있다는 것을 입증했다.

인간의 세계는 신이 부여한 위대한 미로이다

에드워드 톨먼(서기 1886~1959년)

맥락읽기

접근법
인지('목적적') 행동주의
(Cognitive ('purposive') behaviourism)

이전의 관련역사
서기 1890년대 : 이반 파블로프의 개에 관한 실험이 '고전적 조건화'라는 이론을 확립한다.

서기 1920년 : 존 B. 왓슨이 인간에 관한, 특히 '어린 앨버트'에 관한 행동주의 실험을 실시한다.

이후의 관련역사
서기 1938년 : '조작적 조건화'에 관한 B. F. 스키너의 연구가 쥐 대신에 비둘기를 사용하며 더욱 정교해진다.

서기 1950년대 : 인지심리학이 심리학의 지배적인 이론으로서 행동주의를 대신한다.

서기 1980년대 : 조셉 월프의 '행동요법(behavioural therapy)'과 아론 벡의 '인지치료(cognitive therapy)'가 '인지행동치료(cognitive behavioural therapy)'로 합쳐진다.

에드워드 톨먼(Edward Tolman)은 미국 행동주의 심리학의 주요 인물 가운데 한 사람으로 여겨지지만 손다이크와 왓슨의 방법과는 매우 다른 접근법을 시도했다. 그는 기본적인 행동주의 방법론(심리학이 오직 객관적이며 과학적인 실험으로 연구될 수 있다는 이론)에 동의했지만, 그가 독일에서 게슈탈트 심리학을 연구하면서 접하게 된 지각, 인식, 동기부여 등의 정신과정에 대한 개념에도 관심이 있었다. 그는 이런 별개의 두 접근법들을 연결시킴으로써 조건화의 역할에 관한 새로운 이론을 개발하고, 그가 '목적적 행동주의(purposive behaviourism)'라 부른(지금은 '인지적 행동주의(cognitive behaviourism)'라 불리는) 사상을 만들어냈다.

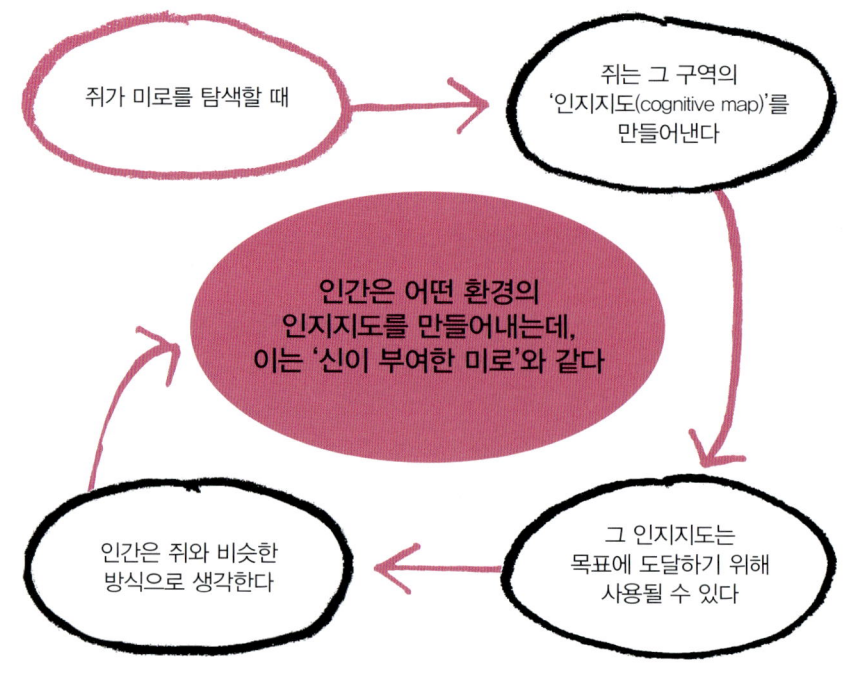

행동주의 BEHAVIOURISM

참조 : ■ 이반 파블로프 60~61쪽 ■ 에드워드 손다이크 62~65쪽 ■ 존 B. 왓슨 66~71쪽 ■ B. F. 스키너 78~85쪽 ■ 조셉 월프 86~87쪽 ■ 볼프강 쾰러 160~161쪽 ■ 대니얼 카너먼 193쪽

> 한 종류의 학습에는
> 그 이상의 것이 있다.
> 에드워드 톨먼

톨먼은 (행동이 자극에 대한 무의식적 반응으로 단순히 학습된다는) 조건학습의 기본 전제에 의문을 제기했다. 그는 동물들이 어떤 보상의 강화 없이도 주변의 세계에 대해 학습하여 이후 의사결정에 그 지식을 사용할 수 있다고 확신했다.

그는 학습에서 강화의 역할을 조사하기 위해 미로 속 쥐를 사용하는 일련의 실험을 고안했다. 미로를 성공적으로 통과하기 위해 매일 먹이로 보상받는 첫 번째 무리의 쥐들과 오직 6일 후에 보상받는 두 번째 무리의 쥐들, 그리고 2일 후 보상받는 세 번째 무리의 쥐들을 모두 비교했을 때 톨먼의 개념은 사실임이 입증되었다. 두 번째와 세 번째 무리의 쥐들은 먹이로 보상을 받고 하루가 지난 후, 미로 속을 다니면서 거의 실수를 하지 않았다. 이는 그 쥐들이 보상을 받기 이전에 그 길을 학습했기 때문에 미로 주변의 길을 이미 '알고 있었다'는 것을 입증한 것이다. 한번 보상이 제공되면 그 쥐들은 이미 만들어놓은 '인지지도'를 사용하여 미로를 더 빨리 통과할 수 있었다.

잠재학습

톨먼은 보상이 전혀 없는 쥐의 초반 학습시기를 '잠재학습(latent learning)'이라고 언급했다. 그는 인간을 포함한 모든 동물이 일상을 보내면서 특정한 목표를 찾아내는 데 적용할 수 있는 주변 세계의 인지지도(신이 부여한 미로)를 만들어낸다고 확신했다. 그는 우리가 일상의 여정에서 여러 표지물의 위치를 어떻게 학습하는가에 관한 사례를 들었다. 하지만 결국 우리는 길을 따라 어딘가를 찾을 필요가 있을 때 학습한다는 것을 깨닫는다. 더 많은 실험에서 쥐들이 그저 특정 장소에 도달하기 위해서 방향을 트는 것이 아니라 위치감각을 배운다는 것이 입증되었다.

톨먼은 『동물과 인간의 목적적 행동』이라는 저서에서 행동주의 방법론을 게슈탈트 심리학과 합치고, 인지의 요소를 도입한 그의 잠재학습과 인지지도에 관한 이론을 대략 제시했다. ■

우리의 환경에 관한 인지지도는 우리의 일상생활에서 발달한다. 우리는 주목하지 않고 지나친 어딘가를 찾을 필요가 있을 때까지 이를 잘 인식하지 못한다.

에드워드 톨먼

에드워드 톨먼은 미국 매사추세츠 주 웨스트뉴턴의 한 부유한 집안에서 태어났다. 그는 매사추세츠공과대학(MIT)에서 공부하고 1911년 전기화학과를 졸업했지만, 윌리엄 제임스의 업적에 관한 저서를 읽은 후 하버드대학에서 철학과 심리학 석사과정을 선택했다. 그리고 공부를 하면서 독일을 여행하다가 게슈탈트(형태주의) 심리학을 접하게 되었다. 그는 박사학위를 받은 후 노스웨스턴대학에서 학생들을 가르쳤지만 그의 평화주의적 관점 때문에 교수직을 잃고 캘리포니아의 버클리대학으로 옮겨갔다. 그곳에서 그는 미로 속의 쥐에 관한 실험을 하게 되었다. 매카시(McCarthy) 선풍이 일었던 시기에, 그는 학문의 자유를 제한하는 충성서약에 서명하지 않는 일로 해고될 것이라는 협박을 받았지만 1955년에 상황이 역전되었다. 그는 1959년 버클리에서 73세의 나이로 세상을 떠났다.

주요 저서

1932년 『동물과 인간의 목적적 행동 Purposive Behavior in Animals and Men』
1942년 『전쟁을 향한 욕구 Drives Toward War』
1948년 『쥐와 인간의 인지지도 Cognitive Maps in Rats and Men』

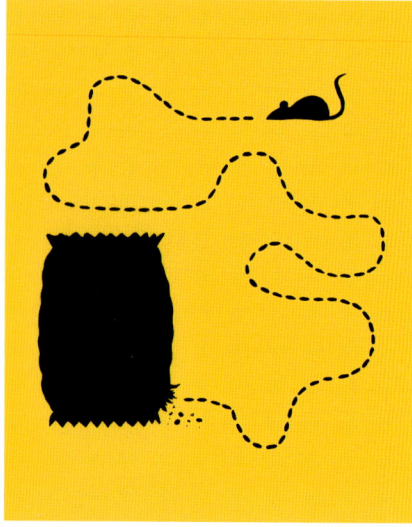

쥐가 한번 곡식자루를 다녀갔다면 다시 돌아오므로 그에 대비할 수 있다

에드윈 거스리(서기 1886~1959년)

맥락읽기

접근법
학습이론(Learning theory)

이전의 관련역사
서기 1890년대 : 이반 파블로프가 개에 관한 실험으로 '고전적 조건화'를 입증한다.

서기 1890년대 : 에드워드 손다이크가 고양이에 관한 실험을 하려고 '문제상자'를 고안한다.

서기 1920년대 : 에드워드 톨먼이 조건화에서 강화의 역할에 의문을 제기한다.

이후의 관련역사
서기 1938년 : B. F. 스키너가 행동에서 결과의 역할을 강조하는 '조작적 조건화'라는 개념을 제시한다.

서기 1940년대 : 장 피아제가 아이들은 자연스럽게 지식을 탐구하고 습득하려는 의욕이 생긴다고 주장하는 학습 론을 제창한다.

서기 1977년 : 앨버트 반두라가 『사회학습이론』에서 행동은 다른 사람들의 행동을 관찰하고 모방하는 것으로부터 학습된다고 주장한다.

1920년대에 미국의 철학자 에드윈 거스리(Edwin Guthrie)가 심리학에 관심을 돌렸을 때, 학습의 자극-반응 모형은 거의 모든 행동주의 이론의 기초가 되었다. 이반 파블로프의 '고전적 조건화' 개념에서 비롯된 그 모형은 특정한 자극 결합(먹이가 주어지면서 벨이 울리는 것과 같은)에 피험자들을 반복적으로 노출시키는 것이 결국 조건반응(벨이 울릴 때 타액이 분비되는 현상과 같은)을 유발할 수 있다는 것을 제시한다.

거스리는 엄격한 행동주의자였지만 조건화가 성공하기 위해 강화가 필요하다는 것에 동의하지 않았다. 특정 자극과 반응 간의 완전한 연합은 자극과 반응이 맨 처음 만날 때 만들어진다고 그는 확신했다. 거스리의 단일시행학습 이론은 그가 '문제상자'에 갇힌 고양이를 관찰한 연구에 근거하고 있었다. 일단 탈출 방법을 알아낸 고양이들은 탈출과 그들의 행동 간의 연합을 만들어내고, 그 뒤로 이것을 계속해서 반복했다. 거스리에 따르면, 이와 같은 방법으로, 쥐도 일단 먹이의 원천을 알아내면 배고플 때 어디로 가야 하는지 잘 알게 된다.

거스리는 "어떤 반응이 일어날 때 수반된 자극이 다시 나타나면 동일한 반응이 일어나는 경향이 있다"고 주장하면서 그의 개념을 '접근설(contiguity)'이라는 이론으로 확대했다. 그 이론에 따르면, 행동이 아닌 하나의 반응이 자극-반응 결합으로부터 학습된다. 관련 반응들은 하나의 행위를 형성하기 위해 결합한다. 그리고 반복은 그 결합을 강화하는 것이 아니라 행동을 형성하기 위해 결합하는 여러 행동들의 형성을 유발한다. ■

우리는 한번 싸우면 태도를 바꿀 것이라 기대한다.
에드윈 거스리

참조 : ■ 이반 파블로프 60~61쪽 ■ 에드워드 손다이크 62~65쪽 ■ 에드워드 톨먼 72~73쪽 ■ B. F. 스키너 78~85쪽 ■ 장 피아제 262~269쪽 ■ 앨버트 반두라 286~291쪽

행동주의 BEHAVIOURISM 75

고양이와 쥐는 사이좋은 관계가 될 수 있다

곽임원(서기 1898~1970년)

맥락읽기

접근법
행동의 후성유전학
(Behavioural epigenetics)

이전의 관련역사
서기 1874년 : 프랜시스 골턴이 『영국의 과학자들: 본성과 양육』에서 '본성 대 양육' 논란을 다룬다.

서기 1924년 : 존 B. 왓슨이 누구든 기본적인 본성과 상관없이 무엇이든 될 수 있는 교육을 받을 수 있다는 그의 유명한 '12명의 유아들'에 관한 교육을 과시한다.

이후의 관련역사
서기 1938년 : B. F. 스키너가 『유기체의 행동』에서 본능이 아닌 환경이 행동을 지배한다고 주장하는 급진적 행동주의 개념을 설명한다.

서기 1942년 : 에드워드 톨먼이 공격성은 조건화되는지 아니면 본능적인 것인지를 조사하는 『전쟁을 향한 욕구』를 출간한다.

서기 1966년 : 콘라트 로렌츠가 공격적인 행동을 선천적인 반응으로 설명하는 『공격성에 관하여』를 출간한다.

19 20년대에, 행동주의자 존 B. 왓슨은 선천적인 행동도 조건화로 변경될 수 있다고 주장하고 있었다. 하지만 행동을 설명하는 데 본능의 존재를 거부하면서 행동주의 개념을 극단적으로 받아들인 사람은 중국의 심리학자 곽임원(郭任远, Zing-Yang Kuo)이었다.

곽임원은 본능이 그저 심리학자들이 현재의 이론에 맞지 않는 행동을 설명하기 위한 하나의 편리한 방식이라고 생각했다. 그는 오랜 연구 끝에 "과거에 이루어진 행동 연구들은, 우리가 동물에게 본성을 만들 수 있는 방법을 알아내는 대신, 본성을 동물에서 찾으려고 했기 때문에 방향을 잘못 잡았다"고 주장했다.

곽임원의 가장 잘 알려진 실험은 새끼 고양이를 기르는 것(어떤 새끼 고양이들은 태어날 때부터 우리 안에서 쥐들과 함께 길러지고, 다른 새끼 고양이들은 더 자란 뒤에 쥐들과 함께 두는 실험)과 관련이 있었다. 그의 실험결과에 따르면, "새끼 고양이가 매우 어렸을 때부터 우리에서 쥐와 함께 자라면 그 고양이는 다 자라더라도 쥐에게 관대했다. 쥐를 전혀 공격하지 않을 뿐더러 쥐를 '동료'로 여기고 함께 놀며 심지어 들러붙기까지 했다."

이후 서구에서 오직 행동주의로 알려지게 된 그의 개념들은 점점 기울기 시작했고 인지심리학이 떠오르고 있었다. 그러나 생득적인 기제들 없이 계속 발달한다는 그의 이론은 콘라트 로렌츠의 본능에 기반을 둔 심리학에 대한 반작용으로서 그 영향력이 컸다. ■

곽임원은 일반적으로 적대관계라고 생각되는 동물들이 서로 사이좋은 관계가 될 수 있다는 것을 입증했다. 그는 동물들을 서로 적대관계로 만드는 '생득적인 기제(innate mechanism)'라는 것은 존재하지 않는다고 결론 내렸다.

참조 : ■ 프랜시스 골턴 28~29쪽 ■ 존 B. 왓슨 66~71쪽 ■ 에드워드 톨먼 72~73쪽 ■ 콘라트 로렌츠 77쪽 ■ B. F. 스키너 78~85쪽

학습은 그냥 가능한 것이 아니다

칼 래슐리(서기 1890~1958년)

맥락읽기

접근법
신경심리학(Neuropsychology)

이전의 관련역사
서기 1861년 : 프랑스의 해부학자 폴 브로카(Paul Broca)가 언어를 담당하는 뇌의 영역을 찾아낸다.

서기 1880년대 : 스페인 병리학자이자 신경과학자 산티아고 라몬 이 카할(Santiago Ramón y Cajal)이 신체의 신경계가 세포로 구성되어 있다는 이론을 제창하는데, 이후 독일의 해부학자 하인리히 발데이어 하르츠(Heinrich Waldeyer-Hartz)가 이것을 '뉴런(neurons)'이라 부른다.

이후의 관련역사
서기 1949년 : 도널드 헵이 연상학습의 과정에서, 세포군이 형성되어 점점 더 복잡하게 활성화되는 것을 설명한다.

서기 1980년부터 : 컴퓨터 단층 촬영법(CT), 기능적 자기공명 기록법(fMRI), 양전자 방사 단층촬영법(PET)과 같은 현대 뇌 영상법의 발달로 신경과학자들이 특정한 뇌 기능들을 보여줄 수 있게 된다.

미국 출신으로 생리학자에서 심리학자로 전향한 칼 래슐리(Karl Lashley)는 학습과정 동안 뇌에서 일어나는 어떤 물리적인 현상에 관심이 있었다. 파블로프와 다른 동물학자들은 조건화가 뇌에서 화학적이거나 전기적인 변화를 유발한다고 주장했는데, 래슐리는 이런 현상들이 정확히 무엇인지를 알아내기를 원했다.

특히, 래슐리는 기억을 담당하는 뇌의 특정한 장소인 '기억흔적(engram)'을 찾아내기를 원했다. 많은 행동주의자들처럼, 그도 미로 속의 쥐를 학습실험의 기본으로 이용했다. 먼저, 실험용 쥐들은 미로 속에서 먹이라는 보상에 도달하기 위한 길을 찾아내는 학습을 했다. 그런 다음, 래슐리는 각각의 쥐로부터 대뇌피질의 여러 특정 부위들을 제거하는 수술을 했다. 그렇게 한 뒤, 그 쥐들은 기억과 학습능력을 시험하기 위해 다시 미로 속으로 배치되었다.

기억을 위한 장소가 아니다

래슐리는 뇌의 어떤 부위를 제거한 것과 상관없이 쥐의 이전의 학습기억은 그대로 남아있다는 것을 알아냈다. 그 쥐는 새로운 과제의 학습과 기억 능력에 손상을 입었지만 이는 손상의 위치가 아니라 손상의 양에 좌우되었다. 그는 기억흔적이 특정한 장소에 위치되어 있는 것이 아니라 대뇌피질에 골고루 분포되어 있다는 결론을 내렸다. 따라서 뇌의 각 부위는 똑같이 중요하거나 동등한 능력을 갖고 있다는 것이다. 수십 년 후, 그는 자신의 실험을 통해 "학습은 그냥 가능한 것이 아니라는 확실한 결론이 들 때가 있다"고 말했다. ■

특별한 기억들의 장소로 남겨둘 엄청나게 많은 양의 세포는 있을 수 없다.
칼 래슐리

참조 : ■ 존 B. 왓슨 66~71쪽 ■ 도널드 헵 163쪽 ■ 조지 아미티지 밀러 168~173쪽 ■ 대니얼 샥터 208~209쪽 ■ 로저 브라운 237쪽

행동주의 BEHAVIOURISM 77

각인은 망각될 수 없다!

콘라트 로렌츠(서기 1903~1989년)

맥락읽기

접근법
동물행동학(Ethology)

이전의 관련역사
서기 1859년: 영국의 생물학자 찰스 다윈이 자연선택설을 설명하는 『종의 기원』을 출간한다.

서기 1898년: 로렌츠의 멘토인 독일의 생물학자 오스카 하인로스(Oskar Heinroth)가 오리와 거위의 행동에 관한 연구를 시작하여 각인 현상을 설명한다.

이후의 관련역사
서기 1959년: 독일의 심리학자 에커드 헤스(Eckhard Hess)가 각인에서는 처음 학습된 것이 가장 잘 기억되는 반면, 연상학습에서는 최근의 학습이 가장 잘 기억된다는 것을 실험을 통해 입증한다.

서기 1969년: 존 보울비가 새로 태어난 아기들의 어머니에 대한 집착은 유전적 소인이라고 주장한다.

오스트리아의 동물학자이자 의사인 콘라트 로렌츠(Konrad Lorenz)는 동물행동학(자연환경에서 동물의 행동을 비교 연구하는 분야)의 창시자 중 한 명이었다. 그는 오스트리아의 알텐베르크(Altenberg)에 있는 그의 여름별장에서 거위와 오리를 관찰하는 연구를 시작했다. 새끼 새들은 부화한 후 재빨리 어미와의 유대감을 만들지만, 어미가 없다면 다른 대상에 똑같은 집착이 생겨날 수도 있다는 사실에 그는 주목했다. 로렌츠가 '각인(imprinting)'이라 칭한 이 현상은 이전에도 관찰되었지만 그는 최초로 그 현상을 체계적으로 연구한 사람이었다. 심지어 그가 새끼 거위들과 오리들이 그를 어미로 받아들이게 한 사건은 매우 잘 알려져 있다.

로렌츠에 따르면, 각인이 학습과 다른 점은, 각인이 그가 "결정적 시기"라고 칭한 동물의 발달에서 오직 특정 시기에 일어난다는 것이다. 학습과 달리, 각인은 행동과 관계없이 급속히 작용하며, 또한 되돌릴 수 없는 현상처럼 보인다. 즉 각인은 망각될 수 없다.

로렌츠는 구애행동과 같은, 많은 다른 시기와 연결된 본능적인 행동들을 계속 관찰하여, 그 행동들을 '고정 행동양식(fixed-action patterns)'으로 설명했다. 이는 특정한 결정적 시기에 특정 자극이 유발할 때까지 지배적인 상태로 남는다. 고정 행동양식은 학습되는 것이 아니라 유전적으로 프로그래밍되는 것이고, 따라서 자연선택 과정을 통해 진화되었다고 그는 강조했다. ■

로렌츠는 거위와 같은 조류들이 알에서 부화된 후 처음 마주치는 움직이는 대상(이 경우 로렌츠의 웰링턴 부츠)을 따르고 집착하게 된다는 것을 알아냈다.

참조: ■ 프랜시스 골턴 28~29쪽 ■ 이반 파블로프 60~61쪽 ■ 에드워드 손다이크 62~65쪽 ■ 칼 래슐리 76쪽 ■ 존 보울비 274~277쪽

행동은 긍정적 강화와 부정적 강화로 형성된다

B. F. 스키너(서기 1904~1990년)

맥락읽기

접근법
급진적 행동주의(Radical behaviourism)

이전의 관련역사
서기 1890년 : 윌리엄 제임스가 『심리학 원리』에서 행동주의 이론의 개요를 설명한다.

서기 1890년대 : 이반 파블로프가 조건자극과 조건반응이라는 개념을 만들어낸다.

서기 1924년 : 존 B. 왓슨이 현대 행동주의 이론의 토대를 마련한다.

서기 1930년대 : 곽임원이 행동은 일생을 통해 계속 바뀌고 있고 이른바 선천적인 행동까지도 배아상태의 '경험'에 영향을 받는다고 주장한다.

이후의 관련역사
서기 1950년대 : 조셉 월프가 행동치료 기법의 하나로 '체계적 둔감화(systematic desensitization)'를 개발한다.

서기 1960년대 : 앨버트 반두라의 사회학습이론(social learning theory)이 급진적 행동주의에 영향을 받는다.

B. F. 스키너로 더 잘 알려져 있는 버러스 프레더릭 스키너(Burrhus Frederic Skinner)는 어쩌면 가장 널리 알려지고 가장 영향력 있는 행동주의 심리학자일 것이다. 그렇다고 행동주의 분야를 처음 개척한 사람은 아니었다. 하지만 그는 논란이 많은 '급진적 행동주의'의 입장에 이르기 위해 행동주의 이론들을 엄격하고 세밀한 검사가 이루어지는 실험에 기반을 두어 이반 파블로프, 존 B. 왓슨 등 이전의 심리학자들의 개념들을 발전시켰다.

스키너는 행동주의의 이상적인 지지자임을 입증했다. 그의 주장들은 (철저히 증거에 기반을 두고 입증할 수 있는) 세심한 과학적 방법론의 결과에 근거를 두고 있었고, 또한 그의 실험들은 일반대중이 대단히 흥미롭다고 여기는 기발한 장치들의 사용과 관련이 있었다. 스키너는 말하자면, 집넘으린 '기계장치 발명가(gadget man)'였으며 도발적인 자기홍보 전문가였다. 하지만 그런 쇼맨의 이미지 뒤에는 진지한 과학자의 모습이 담겨 있었다. 그의 업적이 마침내 심리학을 자기성찰적인 철학의 근원에서 분리시켜 독자적인 하나의 과학 분야로 확립하는 데 공헌했던 것이다.

> 행동주의의 이상은 강압을 없애고 환경을 바꾸어 통제를 적용하는 데 있다.
> B. F. 스키너

스키너는 한때 작가로서의 직업을 고려한 적이 있었지만 초기의 많은 심리학자들의 철학적 이론화에는 별 관심이 없었다. 그러다가 파블로프와 왓슨의 업적이 스키너에게 큰 영향력을 미쳤다. 그는 심리학을 과학적 방식을 따르는 것으로 여겼고, 또한 엄격히 통제된 실험으로 관찰할 수 없거나 측정할 수 없고 반복할 수 없었던 것에는 흥미가 없었다.

따라서 정신과정 분야들은 스키너의 관심과 연구범위 밖에 있었다. 사실상, 그는 정신과정이 완전히 주관적이고 신체와 별

B. F. 스키너

B. F. 스키너는 펜실베이니아 주의 서스쿼해나(Susquehanna)에서 태어났다. 그는 작가가 되고 싶어 뉴욕에 있는 해밀턴대학(Hamilton College)에서 영문학을 전공했지만 곧 작가로서의 재능이 없다는 것을 깨달았다. 이반 파블로프와 존 B. 왓슨의 업적에 영향을 받은 스키너는 하버드대학에서 심리학을 공부하여 1931년 박사학위를 받았고 연구원으로 남아 있었다. 1936년에 미네소타대학으로 옮겨간 그는 그 뒤 1946~1947년까지 인디애나대학의 심리학과 교수가 되었다. 그리고 1948년에 하버드대학으로 돌아와 그곳에서 남은 생을 보냈다. 스키너는 1980년대에 백혈병 진단을 받았지만 계속 일을 하다가 1990년 8월 18일 마지막 강연을 마치던 그날 세상을 떠났다.

주요 저서

1938년 『유기체의 행동: 실험 분석 The Behavior of Organisms: An Experimental Analysis』
1948년 『월든 투 Walden Two』
1953년 『과학과 인간의 행동 Science and Human Behavior』
1957년 『언어적 행동 Verbal Behavior』
1971년 『자유와 존엄을 넘어서 Beyond Freedom and Dignity』

행동주의 BEHAVIOURISM 81

참조 : ■ 윌리엄 제임스 38~45쪽 ■ 이반 파블로프 60~61쪽 ■ 존 B. 왓슨 66~71쪽 ■ 곽임원 75쪽 ■ 조셉 월프 86~87쪽 ■ 앨버트 반두라 286~291쪽 ■ 놈 촘스키 294~297쪽

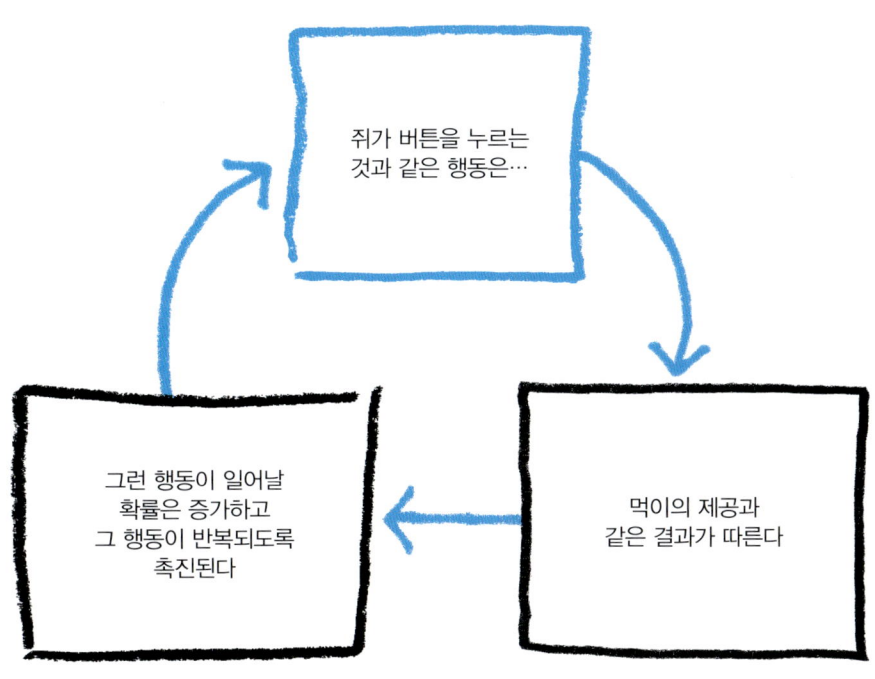

쥐가 버튼을 누르는 것과 같은 행동은…

먹이의 제공과 같은 결과가 따른다

그런 행동이 일어날 확률은 증가하고 그 행동이 반복되도록 촉진된다

개로 존재하지 않는다는 결론을 내렸다. 스키너의 관점에서, 심리학 연구 방식은 관찰 불가능한 사고를 통해서가 아닌 관찰 가능한 행동을 통해 실행되는 것이었다.

스키너는 처음부터 엄격한 행동주의자였지만 그의 조건화에 대한 해석(특히, 파블로프가 설명한 '고전적 조건화'의 원리)은 초기 행동주의자들과 달랐다. 스키너는 조건반응을 반복된 훈련으로 끌어낼 수 있다는 것에 동의하면서도 여기에는 조건자극의 의도적이고 인위적인 도입과 관련 있는 어떤 특별한 경우의 뭔가가 있을 것이라 여겼다.

스키너에게, 어떤 행동의 결과는 앞서 일어나거나 동시에 일어나는 어떤 자극보다 행동을 형성할 때 더욱 중요한 것처럼 보였다. 그는 여러 실험을 통해, 행동은 주로 행위의 결과로부터 학습된다는 결론을 내렸다. 이는 이렇듯 매우 큰 통찰력으로서 자명한 듯 보일 수 있지만 행동주의 심리학에서는 하나의 주요 전환점이 되었다.

스키너 상자

스키너는 하버드대학에서 연구원으로 일하면서 이후 '스키너 상자(Skinner box)'로 알려지게 되는 한 발명품을 이용하여 쥐에 관한 일련의 실험을 실행했다. 그 상자 안에는 쥐 한 마리가 배치되었고 상자 내부에는 어떤 특별한 막대가 설치되었다. 그리고 쥐가 그 막대를 누를 때마다 먹이가 하나씩 제공되었다. 쥐가 막대를 누르는 반응속도는 자동으로 기록되었다.

처음에는, 쥐가 그 막대를 우연히 누르거나 그저 호기심으로 눌러 그 결과 약간의 먹이를 얻을 수 있었다. 시간이 지나자, 쥐는 그 막대를 누를 때마다 먹이가 나타나는 것을 학습했고, 먹이를 얻기 위해 의도적으로 그 막대를 누르기 시작했다. 막대를 누르는 행동에 대해 먹이라는 '긍정적 강화(positive reinforcement)'가 주어진 실험과 먹이가 제공되지 않거나 다른 속도로 먹이가 제공되는 등의 실험을 모두 비교한 결과, 먹이가 쥐의 행동의 결과로 나타났을 때 이것이 쥐의 앞으로의 행동에 영향을 준다는 사실이 드러났다. 스키너는 동물이 행동과 환경으로부터 받아들이는 반응으로 조건화된다는 결론을 내렸다.

쥐가 주변 세계를 탐험할 때 어떤 행동은 긍정적인 결과(스키너는 '좋은 행동'에 주어지는 함축으로 '보상'이라는 단어를 신중히 피했다)를 야기했는데, 그 결과로 쥐는 다시 그 행동을 반복했다. 스키너의 표현에 따르면, 한 '유기체'는 자신의 환경에서 활동하다가 그 유기체의 조작적 행동(막대 누르기)을 강화하는 어떤 자극(먹이)과 마주친다. 그는 이를 고전적 조건화와 구분하기 위해 '조작

'스키너 상자'는 심리학자 스키너가 만들어낸 많은 독창적인 장치 중 하나로, 그가 관찰하고 있는 동물의 행동에 대한 환경을 완전히 통제할 수 있게 했다.

스키너가 지렛대나 막대가 설치된 특별히 고안된 상자 안에 쥐를 넣어 입증했 듯이, 긍정적 강화는 특정한 행동 유형을 자극할 수 있다. 쥐가 막대를 누를 때 마다 먹이가 나타났는데, 그로 인해 쥐는 그 행동을 반복해서 수행했다.

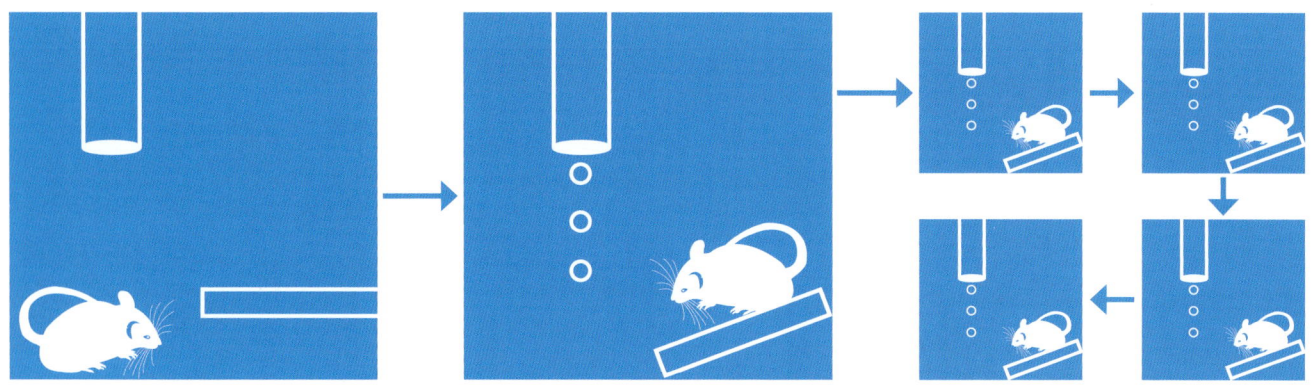

적 조건화'라는 용어를 만들어냈다. 그 차이는, 조작적 조건화는 앞서 일어나는 자극으로 결정되는 것이 아니라 행동의 결과로 결정된다는 것이다. 또한 조작적 조건화는, 환경이 행동을 형성하고 있는 만큼 행동도 그 환경으로 작용하고 있다는 양방향의 과정을 나타낸다는 점에서 고전적 조건화와 차이가 난다.

스키너는 그 실험 과정에서 먹이를 줄여 쥐들에게 먹이를 제공하는 속도를 재조정하기 시작했다. 몇몇 쥐들은 이제 그 막대를 여러 번 반복적으로, 또는 정해진 간격이나 무작위로 누른 후에야 먹이를 얻었다. 이 변화로 생긴 결과들은 스키너의 초기 발견을 강화시키면서 또한 추가적인 사실을 이끌어냈다. 즉, 강화 자극은 어떤 행동이 발생할 가능성을 더욱 높여주었지만, 그 강화 자극이 멈추면 그 행동이 발생할 가능성은 감소(강화의 철회로 결정되는 어떤 행동양식)했다.

스키너는 쥐들이 먹이의 전달 속도의 차이를 구분하고 반응할 수 있는지를 밝혀내기 위해 일정을 변화시키는 등 그의 실험을 계속해서 더욱 다양하고 정교하게 만들었

다. 그가 의문이 생길 때마다 그 쥐들은 새로운 일정에 매우 빨리 적응했다.

부정적 강화

이후의 실험에서, 스키너 상자의 바닥에는 쥐들이 활동을 할 때마다 불쾌한 충격을 주는 전기회로가 각각 설치되었다. 스키너는 이것으로 행동에 대한 '부정적 강화(negative reinforcement)'의 영향력을 연구했다. 또 다시 스키너는 '보상'이라는 말을 피했던 것처럼 신중하게 전기충격을 '처벌'로 표현하지 않았다. 이는 그가 자신의 연구의 중요성을 확인했던 만큼 점점 중요하게 된 차이였다.

부정적 강화는 심리학에서 새로운 개념이 아니었다. 이미 1890년에, 윌리엄 제임스가 『심리학 원리』에서 이렇게 설명했다. "예를 들어, 동물들은 아이들에게 두려워하거나 좋아하는 그런 상반되는 충동들을

스키너의 실험에서 쥐들이 먹이를 제공받는 속도의 변화로 행동이 바뀌는 것처럼, 도박에서 이기는 것은 지는 횟수가 줄면 도박에 대한 충동을 더 크게 한다.

불러일으켰다. 하지만 어떤 아이가 처음 개를 만지려다가 그 개한테 물려서 두려움이라는 충동이 강하게 일어나게 되면, 개한테 다가가 만지려는 충동은 수년 동안 그에게 다시는 일어나지 않을 수 있다." 스키너는 이런 개념에 대해 실험적 증거를 제공한 것이다.

긍정적 강화

예상대로, 스키너는 어떤 행동이 전기충격이라는 부정적 결과를 야기할 때마다 그 행동이 감소한다는 것을 알아냈다. 그는

실험에 사용된 그 스키너 상자를 계속해서 다시 설계했고, 그렇게 해서 결국 상자 안의 쥐들이 막대를 눌러 전기장치를 끌 수 있게 되었는데, 이는 부정적 자극의 제거로 생겨나는 긍정적 강화의 한 형태를 제공한 것이다. 그 뒤 이어진 결과들로 스키너의 이론(어떤 행동이 부정적 자극의 제거를 야기하면 그 행동은 증가한다)이 사실임이 입증되었다.

그러나 그 결과는 또한 긍정적 강화로 학습된 행동과 부정적 자극으로 생겨난 행동에서 흥미로운 차이를 보였다. 그 쥐들은 그들의 행동이 부정적 반응을 야기했을 때보다 (부정적 자극의 제거뿐만 아니라) 긍정적 자극에 더욱 빠르고 더 잘 반응했다. 스키너는 '보상'과 '처벌'이라는 개념들을 여전히 조심스럽게 피하면서, 행동은 긍정적 강화라는 프로그램으로 훨씬 더 능률적으로 형성된다는 결론을 내렸다. 사실상 그는 부정적 강화가 대다수의 사례에서 부정적 반응을 야기한 것에도 불구하고 피험자가 특정 행동을 위해 긍정적 반응을 계속 찾으려고 하므로 긍정적 반응을 야기할 수도 있다고 믿게 되었다.

이는 또한 인간행동의 다양한 분야에서 암시를 갖는다. 아이들을 가르치기 위해 징계 조치를 사용한 경우에서 그 예를 들 수 있다. 어떤 소년이 코를 후비는 것과 같은 재미있다고 여기는 행위에 대해 계속 처벌을 받는다면, 그 소년은 어른이 주변에 있을 때 그런 행동을 하는 것을 피할 가능성이 있다. 그 아이는 오직 처벌을 피할 수 있을 때에만 자신의 행동을 바꾸려고 한다. 스키너는 궁극적으로 어떤 종류든 간에 처벌은 모두 아이들의 행동을 통제하는 데 부적합하다고 굳게 믿었다.

유전적 소인

조작적 조건화로 행동을 '형성하는 것'은

찰스 다윈의 자연선택설(본질적으로 특정 환경에 대한 유전적 구성에 적합한 유기체만이 살아남아 번식하여 종의 '성공'을 보장한다는 이론)과 현저한 유사성을 갖는다. 조작적 조건화의 과정을 유발하는 강화 자극을 야기할 방식으로 쥐가 행동할 가능성은 호기심과 지능의 수준 때문인데, 이 두 가지 모두 유전적 구성으로 결정된다. 스키너가 "한 개인의 행동은 유전적이고 환경적인 내력으로 통제된다"는 결론을 내린 것은 이런 소인과 조건화의 결합(그가 1981년 과학저널 〈사이언스Science〉지에 기고한 「결과에 따른 선택The Selection by Consequences」이라는 논문에서 더욱 자세히 탐구한 개념) 때문이었다.

1936년 미네소타대학에서 한 직책을 맡은 스키너는 그곳에서 조작적 조건화에 관한 실험연구를 계속 개선했다. 그는 이번에는 쥐 대신에 비둘기를 사용하면서 그의 개념을 실제에 응용할 수 있는지를 연구했다. 스키너는 비둘기를 사용하여 더욱 세밀한 실험을 고안할 수 있다는 것을 알아냈다. 그는 자신이 "연속적 접근의 방법(method of successive approximations)"이라고 설명한 방

스키너의 비둘기 실험은 과제의 달성으로 먹이를 제공받는 '긍정적 강화'가 새로운 행동양식의 학습에 속도를 높이고 그 학습을 강화하는 데 도움이 된다는 것을 입증했다.

식을 사용하면서 더욱 복잡한 행동양식을 이끌어내어 조사할 수 있었다.

스키너는 그가 이끌어내려고 했던 것과 유사한 어떤 행동을 끌어내기 위해 비둘기에게 긍정적 강화를 제시했다. 예를 들어, 그는 비둘기를 시계 방향으로 원을 이루어 날아가도록 훈련시키려고 비둘기가 조금이라도 오른쪽으로 움직이도록 먹이를 제공했다. 일단 이 행동이 확립되었다면 먹이는 오른쪽으로 더 오래 움직이는 비둘기들에게만 주어졌고, 그 과정은 비둘기가 먹이를 얻기 위해 완전한 원을 이루어 날 때까지 반복되었다.

교수 프로그램

스키너는 연구를 통해 학교에서 사용된 교수 방법에 의문을 제기하게 되었다. 스키너의 자녀들이 학교에 들어가게 되었을 무렵이었던 1950년대에는 학생들이 흔히 몇몇 단계별로 되어 있는 긴 과제를 받

앉는데, 그 과제에 대한 해답이나 조언을 구하기 위해서는 교사가 그 전체 과제물을 모두 검사할 때까지 보통 기다려야 했다. 이런 방식은 학습과정에 대한 스키너의 연구결과와 대조적이었으며, 그의 관점에서 볼 때 아이들의 발전을 방해하고 있었다. 이에 대응하여, 스키너는 하나의 프로젝트의 모든 단계에서 점증적인 피드백을 제공하는 교수 프로그램(이후 많은 교육 체계로 통합된 과정)을 개발했다. 그는 또한 학생에게 효과 있는 피드백을 제공하는 '교수기계(teaching machine)'를 개발하여, 긴 시험문제라도 최종 단계가 아닌 단계마다 정확한 해답을 제시할 수 있도록 했다. 이는 당시 제한된 승인만 얻었지만 그 원칙은 수십 년 후 자아교육 컴퓨터 프로그램에서 다시 모습을 드러낸 스키너의 교수기계에서 구체화되었다.

스키너의 발명들은 대부분 그 당시에는 이해되지 못했으며 그에게 기이하다는 편견을 안겨주었다고 전해진다. 예를 들어, 그의 '베이비 텐더(baby tender)'는 조절이 가능하고 따뜻하고 외풍이 없는 환경에서 그의 어린 딸을 돌보기 위한 아기침대 대용으로 고안되었다. 그러나 대중은 그 장치를 스키너 상자와 혼동했고, 그것은 스키너가 자녀들을 실험하고 있다는 소문 속에서 언론에 의해 "계승자 조건장치(heir conditioner)"라는 별명이 붙었다. 그럼에도 불구하고 그 베이비 텐더는 매스컴의 관심을 끌었고 스키너는 세상의 이목을 받는 것에 결코 부끄러워하지 않았다.

전쟁 노력

그러나 '비둘기 프로젝트(Project Pigeon)'라 불리는 또 다른 유명한 실험은 회의론에 부딪혔고 약간의 조롱거리가 되었다. 스키너의 비둘기를 이용한 연구의 실제적인 응용은 1944년 전쟁에 진지하게 공헌하도록 계획되었다. 그 당시 미사일 유도 시스템이 아직 발명되지 않았기 때문에 스키너는 폭탄에 부착할 수 있으며 내부에서 세 마리의 비둘기로 조종될 수 있는 노즈콘(nose cone, 미사일의 원뿔형으로 된 선단 부분)을 고안했다. 그 비둘기들은 전방의 렌즈를 통해 노즈콘으로 투영된 폭탄의 목표물 이미지를 부리로 쪼기 위해 조작적 조건화를 이용한 훈련을 받았다. 이 부리로 쪼는 행위가 미

> 내적 상태의 반대는
> 그 내적 상태가 존재하지 않는 것이
> 아니라 기능 분석에
> 적합하지 않다는 것이다.
> B. F. 스키너

사일의 비행경로를 조종했다. 적어도 군대는 그의 아이디어를 진지하게 받아들였다. 국방연구위원회(National Defense Research Committee)는 그 프로젝트에 자금을 지원했지만 그 프로젝트는 전투에 사용되지 않았다. 그에 대한 불신은 장치발명에 열정을 지닌 스키너가 응용보다는 발명에 더욱 관심을 둔 데 있었다. 그는 전쟁에 동물을 이용하는 것이 옳은지에 대한 질문을 받으면 전쟁에 인간을 관련시키는 것은 잘못된 것이라고 생각한다고 대답했다.

이후 하버드대학에서 교수로 지낸 스키너는 또한 수많은 논문과 저서에서 그의 연구결과에 담긴 의미들을 더 상세히 설명했다. 그의 저서 『월든 투』는 조작적 조건화로 학습된 행동에 기반을 둔 유토피아 사회를 설명한다. 긍정적 강화로 달성된 사회통제에 대한 그 책의 시각은 논란을 불러일으켰고, 온순한 의도에도 불구하고 스키너는 많은 사람들에게 전체주의자로 비난받

마지막에 가서 큰 보상을 하는 것보다 어떤 일을 진행할 때 칭찬이나 격려를 자주 해주는 것이 아이들의 학습속도를 높여준다는 사실이 입증되었다.

았다. 이는 제2차 세계대전의 여파로 생긴 정치적 분위기를 고려해보면 놀라운 반응은 아니었다.

급진적 행동주의

스키너는 그의 행동주의 접근법에 계속 충실했고 그가 지지한 심리학 분야를 위해 '급진적 행동주의'라는 용어를 만들어냈다. 그는 사고과정과 정신상태의 존재를 거부하지 않았지만 심리학이 지배적인 조건이나 상황에 대한 물리적인 반응의 연구에만 집중되어야 한다고 확신했다.

스키너는 그의 저서 『자유와 존엄을 넘어서』에서 자유의지와 결정론 간의 철학적 논쟁을 부활시키면서 행동을 훨씬 더 많이 형성하는 개념을 받아들였다. 급진적 행동주의자 스키너에게, 자유의지는 하나의 환상이다. 결과에 의한 선택이 우리의 모든 행동을 통제하고 그로 인해 우리의 삶을 통제한다. 이런 개념을 벗어나기 위한 시도에는 실패와 혼란이 있기 마련이다. 이에 관해 그는 이렇게 주장했다. "밀턴의 사탄이 천국에서 떨어질 때 그는 결국 지옥으로 간다. 그때 그는 스스로를 안심시키기 위해 뭐라고 말하는가? '여기에서, 최소한 우리는 자유가 있을 것이다'라고 그는 대답한다. 그런데 내 생각에, 그것은 구식 자유민주주의자의 운명이다. 그는 자유를 얻을 수 있겠지만 지옥에 있는 자신을 발견할 것이다."

스키너는 이런 관점 때문에 악평을 얻었고 그의 가장 맹렬한 일부 비평가들을 부추겼다. 특히 1957년에 출간된 저서 『언어적 행동』에서 언어의 학습에 대한 그의 행동주의 개념의 응용은, 인지심리학으로 알려진 사상을 개시한 것으로 유명한 놈 촘스키로부터 통렬한 비평을 받았다.

그러나 스키너의 업적에 대한 일부 비평은 조작적 조건화의 원리에 대한 오해에서 비롯되었다. 급진적 행동주의는, 진술이나 개념이 사실적인 경험으로 확인될 수 있을 때 오직 의미를 갖는다는 관점을 지니는 '논리적 실증주의'라는 유럽의 철학운동과 흔히 잘못 연결되어왔다. 하지만 급진적 행동주의는 결과에 따라 행동의 중요성이나 가치를 측정하는 미국의 실용주의와 사실상 공통점이 더 많다. 급진적 행동주의는 또한 모든 생명체를 조건화의 수동적인 피험자들로 제시한 것으로 잘못 해석되었다. 하지만 스키너에게 조작적 조건화는, 유기체가 자신의 환경에서 작용하고 그 환경은 흔히 앞으로의 행동을 형성하는 결과로 반응한다는 점에서 양방향 과정이었다.

1960년대에 심리학의 중점은 행동의 연구에서 벗어나 정신과정의 연구로 방향을 바꾸었고, 당분간 스키너의 관념들은 신임

> 스키너는 어떤 개개인들도 행위자들도 없는, 오직 유기체들만 있다는 개념에 끝없는 애착을 보인다.
> 토머스 사즈(Thomas Szasz)

을 얻지 못하거나 적어도 무시되었다. 그러나 행동주의의 재평가는 곧 이어졌고 스키너의 업적은 응용심리학의 많은 분야에서 안목이 높은 청중에게, 특히 교육학자들과 임상심리학자들(인지행동치료의 접근법은 스키너의 개념에서 큰 영향을 받았다)에게 주목되었다. ■

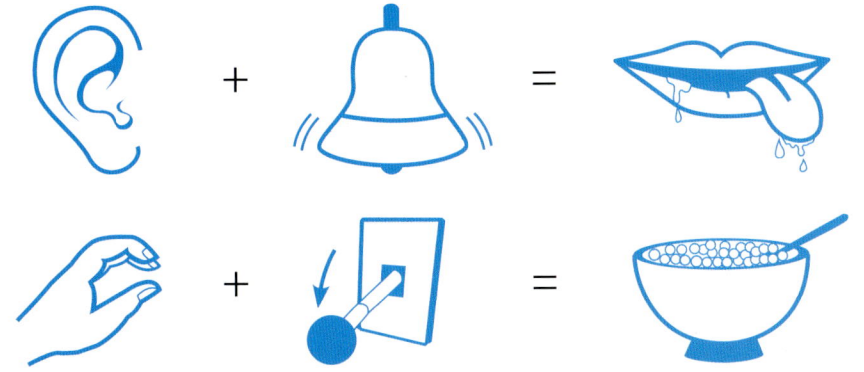

고전적 조건화는 벨이 울릴 때 먹이가 제공된다는 기대로 타액이 분비되는 것과 같이 중립자극에 대한 반사적인 행동의 반응을 야기한다.

조작적 조건화는 지렛대를 당기면 먹이가 나오는 것과 같이 긍정적 강화를 통해 행동이 반복될 가능성을 높여준다.

그 장면을 떠올리는 것을 멈추고 마음의 안정을 취하라

조셉 월프(서기 1915~1997년)

맥락읽기

접근법
상호억제(Reciprocal inhibition)

이전의 관련역사
서기 1906년 : 이반 파블로프가 행동은 조건화를 통해 학습될 수 있다는 것을 입증하는 자극-반응 이론들에 대한 최초의 연구들을 발표한다.

서기 1913년 : 존 B. 왓슨이 저서 『행동주의 관점에서 본 심리학』에서 행동주의 심리학의 기본 원칙들을 확립한다.

서기 1920년 : 존 B. 왓슨이 '어린 앨버트' 실험에서 감정은 고전적 조건화가 될 수 있다는 것을 입증한다.

서기 1953년 : B. F. 스키너가 인간의 행동은 생물학과 그 환경에 어떻게 관련되어 있는가에 대한 이론을 제시한 『유기체의 행동』을 출간한다.

이후의 관련역사
서기 1961년 : 조셉 월프가 '체계적 둔감화'라는 개념을 소개한다.

파블로프와 왓슨에 따르면, 특정 자극에 대한 감정적 반응을 학습하는 것은 가능하다

↓

따라서 자극에 대한 반응을 잊어버리는 것도 분명 가능하다

↓

사람들은 두 가지 상반되는 감정을 동시에 느낄 수가 없다

↓

마음이 안정되면 불안은 생길 수가 없다

↓

매우 안정된 기분이 두려움의 대상에 대한 조건반응으로 훈련되면 동시에 불안은 느껴질 수 없다

20세기 상반기에, 대부분의 정신요법은 정신의 깊은 곳에서 서로 갈등을 일으키는 요인들로부터 불안이 생겨난다고 주장하는 프로이트의 정신분석으로 지배되었다. 이런 갈등은 사고의 형성에 중요한 경험을 비롯한 개인의 의식적이고 잠재의식적인 사고의 오랜 자기성찰적 분석을 통해 오직 완화될 수 있다. 하지만 남아프리카 출신의 정신과의사 조셉 월프(Joseph Wolpe)는 제2차 세계대전 동안 (그 당시 '전쟁신경증'으로 알려진) '외상 후 스트레스 장애'로 인한 불안증을 겪는 군인들을 치료했는데, 환자들을 치료하면서 이런 정신요법들이 효과가 없다는 것을 알게 되었다. 이런 환자들과 그들의 경험에 대해 대화를 하는 것은 그들이 겪었던 충격적인 경

> 행동은 신경 자극이 이용하는 경로에 달려 있다.
>
> 조셉 월프

쥐에 대한 두려움과 같은 공포증은 상호억제(깊은 이완법을 불안반응에 함께 두는 요법)라는 월프의 개념에서 생겨난 방법들을 사용하면서 성공적으로 치료되어왔다.

한 불안증을 느끼는 것은 불가능하다. 이로 인해 그는 환자들에게 깊은 근육이완법을 가르쳐, 환자들이 어떤 불안을 유도하는 자극에 반응할 때 동시에 그 이완법을 계속 적용시켰다. 이것이 이후 '상호억제'로 알려지게 된 기법이다.

월프는 환자들에게 불안을 느끼게 하는 일이나 사건을 떠올리도록 요청했다. 그리고 그들이 불안상태를 보이기 시작하면 그들에게 "그 일이나 사건의 장면을 떠올리는 것을 멈추고 안정을 취하도록" 장려했다. 이 접근법은 점차 환자들에게 불안감을 없애주었다. 환자가 이전에는 어떤 특별한 괴로운 기억을 떠올릴 때 불안해지는 그의 경험으로 조건화되었던 것처럼, 환자는 이제 불안반응을 차단하기 위해 그 불안과 정반대의 완전히 안정화되는 느낌에 집중하여 (매우 짧은 기간 내에) 조건화되었다.

월프의 상호억제는 환자의 과거에 대한 어떤 분석 없이 오로지 증상과 현재의 행동에만 집중하여 뇌를 다시 조건화하는 데 성공했다. 그것은 또한 효과적이었으며 빠른 결과가 나타났고, 그로 인해 행동치료의 분야에서 새로운 중요한 기술들이 많이 생겨났다. 월프는 쥐나 비행 등의 두려움과 같은 공포증을 치료하기 위해 상호억제를 사용하여 '체계적 둔감화(systematic desensitization)' 프로그램을 개발했다. ■

험이 갑자기 생생하게 떠오르는 것을 멈추게 하지 못했고, 또한 그들의 불안증을 없애주지도 못했다.

두려움 잊기

월프는 심한 불안의 문제를 치료하기 위해 정신분석보다 분명 더 간단하고 빠른 방법이 있을 것이라고 확신했다. 그는 자극-반응 훈련이나 고전적 조건화를 통해 새로운 행동양식을 동물과 아이들에게 성공적으로 가르친 이반 파블로프와 존 B. 왓슨 같은 행동주의자들의 업적에 대해 인식했다. 그들은 대상이나 사건에 대해 이전에는 느껴보지 못했던 감정적 반응을 반사적이 되도록 만들 수 있었다. 월프는 이런 식으로 행동을 학습할 수 있다면 또한 행동을 잊게 할 수도 있다는 추론을 했고, 또한 정신적 장애가 있는 참전용사를 치료하기 위해 이것을 이용하는 방법을 알아내려고 했다.

월프는 인간이 서로 반대되는 두 가지의 감정상태를 동시에 경험할 수 없다는 것을 알아냈다. 예를 들어, 사람이 매우 편안함을 느끼고 있을 때 동시에 어떤 종류든 심

조셉 월프

조셉 월프는 남아프리카 요하네스버그에서 태어났다. 그는 비트바테르스란대학에서 의학을 공부한 다음, 남아프리카 군대에서 복무하여, 그곳에서 '전쟁신경증(war neurosis)'을 겪는 사람들을 치료했다. 둔감화 기법을 개발하기 위해 대학으로 돌아온 그는 먼저 원인도 파악하지 않고 신경증을 치료하려고 했기 때문에 정신분석 연구기관으로부터 웃음거리가 되었다. 월프는 1960년에 미국으로 이주하여 미국 시민권을 취득했다. 그는 초기에는 버지니아대학에서 강의를 한 다음, 필라델피아의 템플대학에서 정신의학과 교수가 되었고, 그곳에서 훌륭한 행동치료 연구소를 설립했다. 뛰어난 교수로 알려지게 된 월프는 계속 교편을 잡다가 82세에 폐암으로 세상을 떠났다.

주요 저서

1958년 『상호억제에 의한 심리치료 Psychotherapy by Reciprocal Inhibition』
1969년 『행동치료의 실습 Practice of Behavioral Therapy』
1988년 『두려움 없는 삶 Life Without Fear』

PSYCHOT
THE UNCONSCIOUS DETERMINES BEHAVIOUR

HERAPY

심리치료
무의식이 행동을 결정한다

들어가며

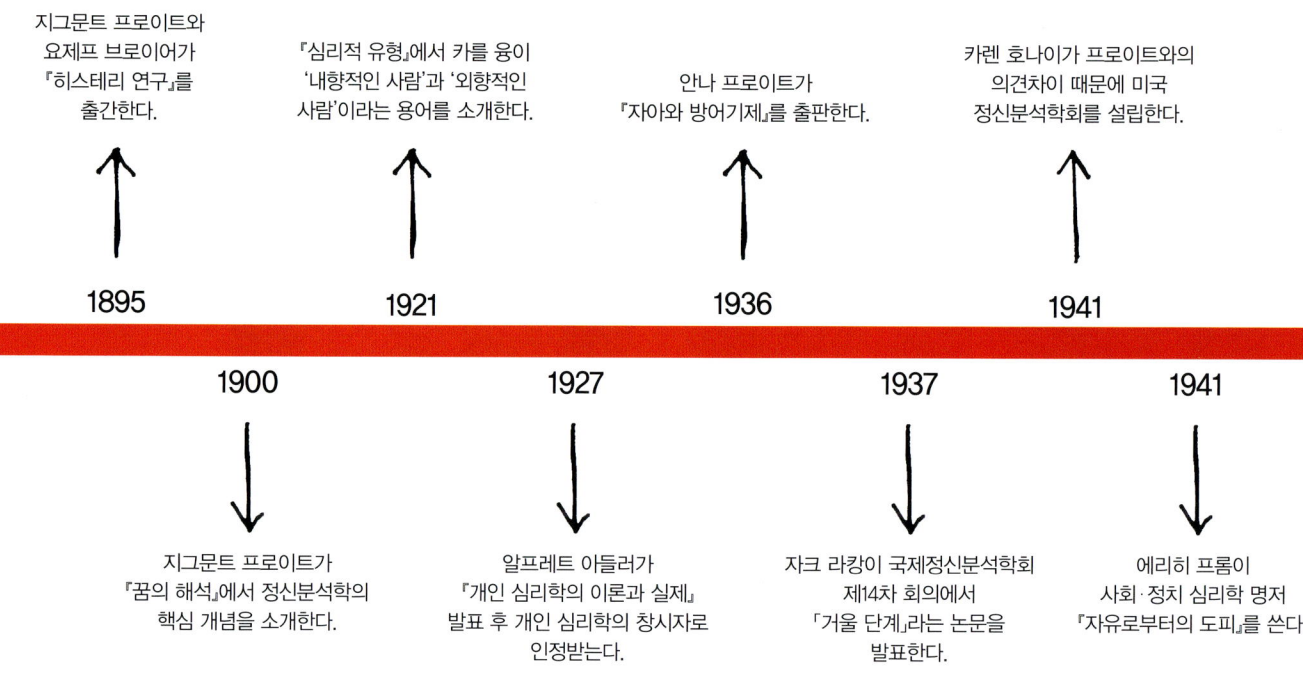

20세기로 접어들 무렵 미국에서는 행동주의가 지배적 접근법으로 자리 잡고 있었지만, 유럽 심리학자들은 다른 방향으로 가고 있었다. 이는 무엇보다도 지그문트 프로이트의 연구물 때문이었다. 행동주의와 달리 그의 이론은 심리과정과 행동에 대한 탐구가 아닌 정신 병리학 및 치료에 초점을 맞추었고, 실험적 증거가 아닌 관찰과 사례사에 기반을 두었다.

프로이트는 한때 프랑스 신경학자 장 마르탱 샤르코 밑에서 공부했는데, 샤르코가 히스테리 치료에 쓴 최면요법의 영향을 많이 받았다. 샤르코와 함께 지내면서 프로이트는 무의식의 중요성을 깨달았다. 우리가 의식하지 못하는 사고영역이 우리 행동의 열쇠라고 여긴 것이다. 프로이트는 환자와 대화하며 무의식에 접근하면 괴롭고 은밀한 기억을 의식적 자각영역으로 불러올 수 있다고, 그러면 환자가 그 기억을 이해하며 증상을 해소할 수 있다고 믿었다.

새로운 심리요법

프로이트의 이론은 유럽과 미국 전역으로 퍼져나갔다. 그는 빈(Wien) 정신분석학회에 일단의 사람들을 끌어들였는데, 그중에는 알프레트 아들러와 카를 융도 있었다. 하지만 아들러와 융은 얼마 후 프로이트 이론의 구성요소에 반대하며, 프로이트 원리에 토대를 둔 독특한 정신역학적 접근법을 각자 발전시켜나갔다. 유명한 심리치료사 멜라니 클라인과 카렌 호나이, 심지어 프로이트의 딸 안나도 프로이트 이론에서 벗어났다. 하지만 그런 의견차이에도 불구하고 차세대 정신분석학자들은 프로이트의 근본 개념을 거부하기보다는 수정하여, 다른 영역에 중점을 둔 이론을 내놓았다. 예컨대 에릭 에릭슨은 더 사회·발달 심리학적인 접근법을 취했고, 융은 집단 무의식이라는 개념을 체계적으로 설명하려 했다.

여러 형태의 정신분석학은 20세기 전반에 행동주의의 가장 중요한 대안으로 남아 있으면서, 제2차 세계대전이 끝날 때까지 심각한 도전에 직면하지 않았다. 그러나 1950년대에는 프랑스의 자크 라캉과 그의 추종자 같은 치료사들이 프로이트식 심리요법을 계속 실시하긴 했지만, 환자의 삶에 진정한 변화를 가져다주기 위한 새로운 요법들이 나타났다. 프리츠 펄스와 라우라 펄스, 폴 굿맨은 다소 절충적인 게슈탈트 요법을 개발했고, 실존철학에서 영감을 받은 빅토르 프랑클과 에리히 프롬 같은 심리학자들은 더 사회·정치적인 문제를 심리치료와 관련지었다.

무엇보다 중요한 것은 더 인본주의적인

심리치료 PSYCHOTHERAPY

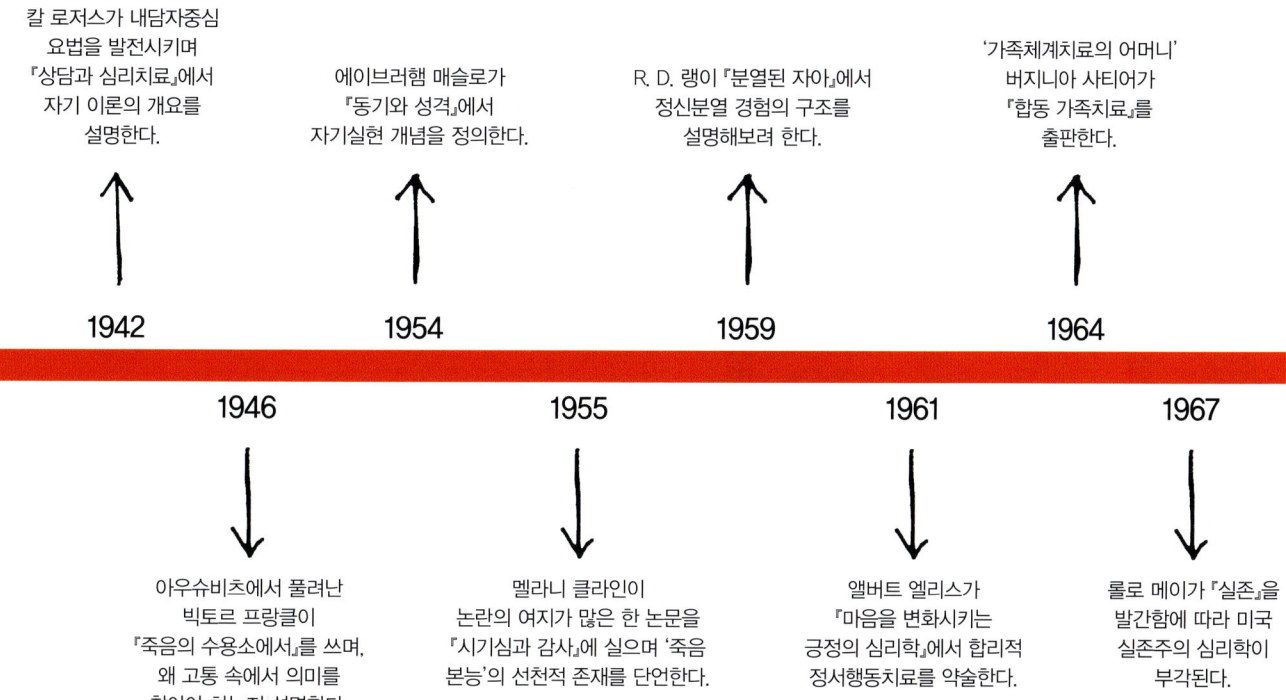

접근법을 탐구하려던 심리학자들이 1950년대 말 미국에서 회의를 수차례 열어 소위 '제3세력'이라는 단체의 뼈대를 세웠다는 점이다. 그 단체는 자기실현, 독창성, 개인적 자유 같은 주제를 탐구하는 데 매진했다. 에이브러햄 매슬로(Abraham Maslow), 칼 로저스(Carl Rogers), 롤로 메이(Rollo May) 등의 창립자들은 정신건강이 정신장애치료 못지않게 중요함을 강조했다.

아마도 당시 정신분석학이 맞은 가장 큰 위협은 인지심리학에서 비롯했을 것이다. 인지심리학에서 내놓은 비판에 따르면, 정신분석학은 이론에도 치료법의 효능에도 객관적 증거가 없었다. 그에 반해 인지심리학은 과학적으로 입증된 이론을 내놓았고, 나중에는 임상효과가 있는 실질적 치료법도 제공했다.

인지심리치료

인지심리학자들은 정신분석학을 비과학적이며 증명 불가능하다고 일축했다. 파울 바츨라비크는 프로이트 분석의 핵심 개념 가운데 하나인 '억압된 기억'에 이의를 제기했고, 엘리자베스 로프터스는 어떤 유형의 기억이든 타당성이 불확실함을 보여주었다. 그 대신 인지심리학에서는 증거에 기초한 심리치료법을 내놓았다. 이를테면 앨버트 엘리스의 합리적 정서행동치료(REBT)와 아론 벡의 인지치료 같은 것이었다. 하지만 아동기 발달과 개인사를 중요시한 프로이트의 태도는 발달·사회 심리학의 발전을 촉진하기도 했다. 20세기 말에 기 코르노, 버지니아 사티어, 도널드 위니콧 등의 심리치료사들은 가정환경에 관심을 돌렸고, 티머시 리어리, 도로시 로 등은 사회적 압력에 초점을 맞췄다.

비록 프로이트의 원래 이론이 다년간 자주 의문시되긴 했지만, 프로이트식 정신분석이 인지치료와 인본주의 심리치료로 진화함에 따라 심리요법이 크게 개선되었고 무의식, 추동, 행동을 설명하는 모델이 만들어졌다. ■

무의식이 진정한 심리적 현실이다

지그문트 프로이트(서기 1856~1939년)

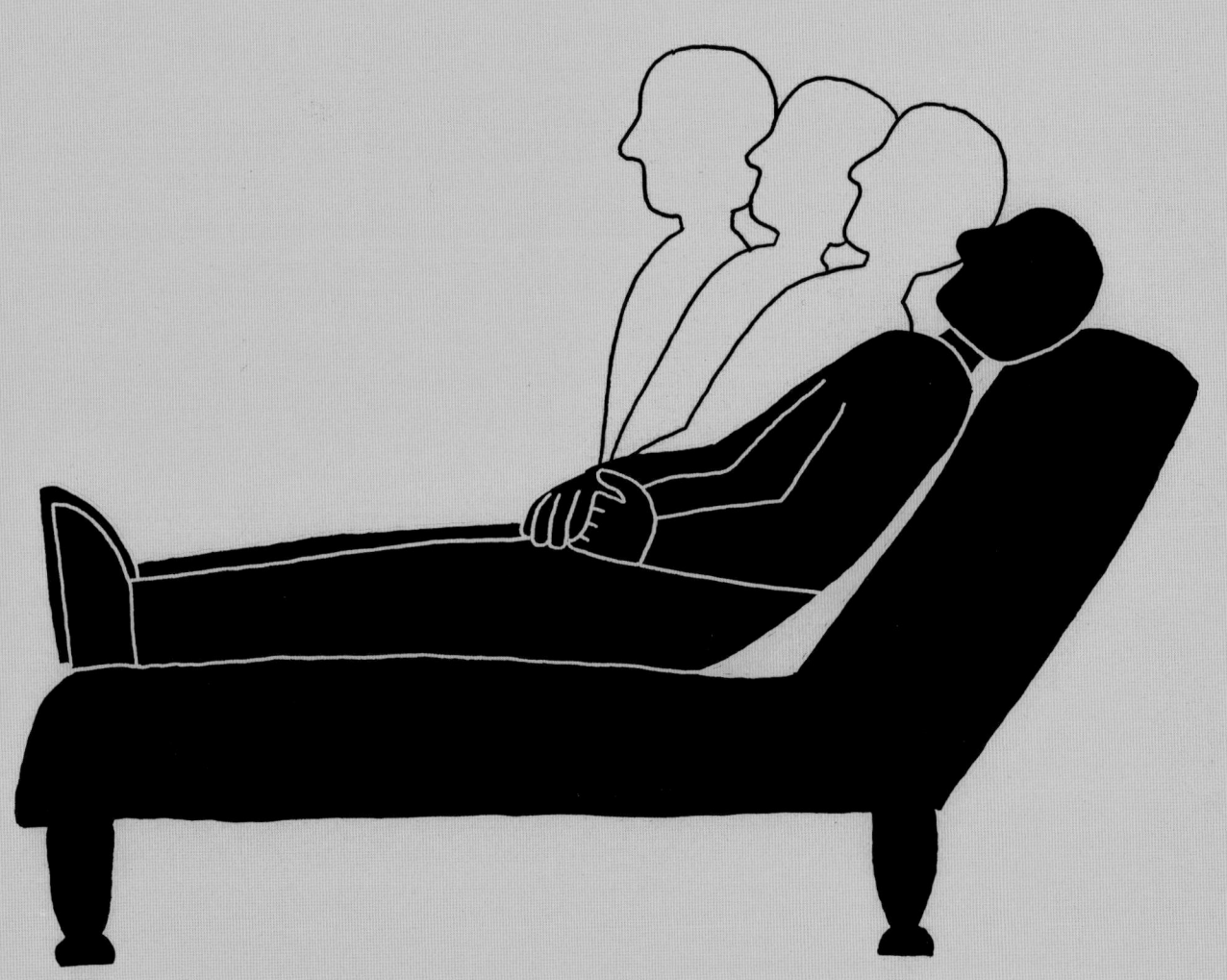

맥락읽기

접근법
정신분석(psychoanalysis)

이전의 관련 역사
기원전 2500~600년 : 힌두교 경전에서 의식을 "심원하고 고요하며 완전히 통일된, 의식의 장"으로 기술한다.

서기 1567년 : 스위스 의사 파라셀수스(Paracelsus)가 무의식에 대한 의학적 설명을 최초로 내놓는다.

서기 1880년대 : 프랑스 신경학자 장 마르탱 샤르코가 최면술로 히스테리 등의 정신 질환을 치료한다.

이후의 관련 역사
서기 1913년 : 존 B. 왓슨이 프로이트의 무의식 개념이 비과학적이며 입증 불가능하다고 비판한다.

서기 1944년 : 카를 융이 보편적 원형의 존재가 무의식 존재의 증거라고 주장한다.

무의식(unconscious)은 심리학에서 매우 흥미로운 개념 가운데 하나다. 우리가 자각하거나 통제할 수 있는 범위 밖에 있긴 하지만 우리의 현실 경험을 모두 담고 있는 듯하다. 무의식은 우리가 모든 기억, 생각, 느낌을 간직하는 곳이다. 그 개념에 매료된 오스트리아 신경정신과 의사 지그문트 프로이트(Sigmund Freud)는 당시 심리학의 한계 너머에 있는 듯하던 대상들을 설명해보려 했다.

이전에 무의식에 대한 연구를 시작한 사람들은, 의식이 받아들이기에 너무 강렬하거나 위협적이거나 난해한 정신활동이 무의식에 가득할까봐 두려워했었다. 프로이트의 무의식 연구는 선구적이었다. 그는 정신이 의식(conscious), 무의식, 전의식(preconscious)으로 구성된다고 주장했고, 무의식이란 우리가 생각하고 경험할 수 없는 작용을 야기하고 특징짓는 정신의 일부라는 견해를 내놓으며 무의식 개념을 대중화했다.

최면술과 히스테리

프로이트가 무의식의 세계에 처음 들어선 것은 1885년에 프랑스 신경학자 장 마르탱 샤르코의 연구를 접했을 때였다. 그때 샤르코는 최면술을 이용해 환자의 정신질환 증상을 성공적으로 치료하는 듯했다. 샤르코는 히스테리를 신경계 이상에 따른 신경질환으로 보았는데, 그 견해는 새로운 치료 가능성을 열어주었다. 프로이트는 빈으로 돌아와 그 새로운 지식을 이용하길 열망했으나 실행 가능한 기술을 찾느라 애를 먹었다.

그러다가 프로이트는 명망 높은 의사 요제프 브로이어를 만나게 됐다. 브로이어는 한 심각한 정신질환자에게 환각을 묘사시키기만 해도 증상이 크게 완화됨을 깨달았다. 그래서 환자가 외상적 사건에 대한 기억에 더 쉽게 접근할 수 있도록 최면술을 쓰기 시작했는데, 주 2회 최면치료 후 증상을 모두 해소하게 되었다. 브로이어는 그 증상이 환자의 무의식에 묻혀 있던 괴로운 기억 때문에 나타났다고, 환자가 그 기억을 말해 의식으로 불러온 덕분에 증상이 사라졌다고 결론지었다. 이것은 안나 O.(Anna O.)의 사례로, 집중적 심리요법을 이용해 정신질환을 치료한 첫 실례다.

친구이자 동료가 된 브로이어와 프로이트는 심리치료법을 함께 개발해 보급했다. 그 치료법의 토대는 환자가 과거에 경험했으나 현재 의식할 수 없는 외상적 사건 때

안나 O.는 마비 및 히스테리 진단을 받았는데, 의사 요제프 브로이어의 '대화치료'를 받고 완치되었다.

문에 여러 정신질환(비합리적 공포, 불안, 히스테리, 환각마비와 환각통증, 특정 유형의 편집증)이 생긴다는 생각이었다. 그들은 공저 『히스테리 연구 Studies in Hysteria』에서 설명한 기법을 이용하면 무의식에서 억압된 기억을 해방해 환자가 그 경험을 의식하며 정서적·이성적으로 직면하게 할 수 있다고 주장했다.

그 치료과정에서는 무의식에 갇혀 있던 정서가 풀려나면서 증상이 사라졌다. 하지만 브로이어는 프로이트가 궁극적으로 신경증(심리적 갈등 때문에 정신·신체 증상이 나타나는 병)의 성적 원인과 내용을 지나치게 강조한다고 비판했고, 결국 프로이트와 갈라섰다. 프로이트는 계속해서 정신분석의 이론과 기법을 발전시켜나갔다.

일상적 마음

사람들은 흔히 의식적 현실을 당연시하고 우리의 생각, 느낌, 기억, 경험이 인간의 마음 전체를 구성한다고 믿어버린다. 그러나 프로이트에 따르면 능동적인 의식(우리

참조 : ■ 요한 프리드리히 헤르바르트 24~25쪽 ■ 장 마르탱 샤르코 30쪽 ■ 카를 융 102~107쪽 ■ 멜라니 클라인 108~109쪽 ■ 안나 프로이트 111쪽 ■ 자크 라캉 122~123쪽 ■ 파울 바츨라비크 149쪽 ■ 아론 벡 174~177쪽 ■ 엘리자베스 로프터스 202~207쪽

가 일상 경험에서 직접 자각하며 통제하는 마음)은 심리적 현실에 작용하는 정신력의 일부에 불과하다. 의식은 우리가 즉시 쉽게 접근할 수 있는 표면적 수준에 존재한다. 의식 밑에는 강력한 무의식 차원, 즉 우리의 능동적 인지상태와 행동을 지배하는 창고가 있다. 의식은 무의식이 조종하는 꼭두각시인 셈이다. 의식은 복잡한 심리영역의 표면에 불과하다.

프로이트에 따르면, 무의식은 모든 것을 아우르므로 비교적 작은 의식영역과 '전의식'영역을 포함한다. 의식적 대상, 즉 우리가 능동적으로 인식하는 대상은 모두 한때 무의식에 있다가 의식으로 떠오른 것이다. 하지만 무엇이든지 의식적으로 알게 되는 것은 아니다. 무의식에 있는 것 가운데 상당부분은 그곳에 머무른다. 우리가 일상적으로 쓰지 않지만 억압되지 않은 기억은 프로이트가 전의식이라 부르는 의식의 일부에 존재한다. 그런 기억은 언제든지 의식으로 불러올 수 있다.

무의식은 너무 강렬하거나 고통스럽거나 해서 의식이 감당하지 못하는 생각이나 기억의 저장소로서 기능한다. 프로이트는 정신을 압도할 위험이 있는 생각이나 기억(그리고 그에 따른 정서)이라면 의식이 접근할 수 있는 기억에서 떨어져 나와 무의식에 저장된다고 믿었다.

역학적 아이디어

프로이트는 생리학자 에른스트 브뤼케(Ernst Brücke)의 영향도 받았다. 브뤼케는 19세기 '신(新)생리학'의 창시자 가운데 한 명으로, 모든 유기적 현상을 기계론적으로 설명하려 했다. 브뤼케는 다른 생물체와 마찬가지로 인간 또한 본질적으로 에너

무의식은 나 이전의 시인과 철학자들이 발견했다. 내가 발견한 것은 무의식을 연구하는 과학적 방법이었다.
지그문트 프로이트

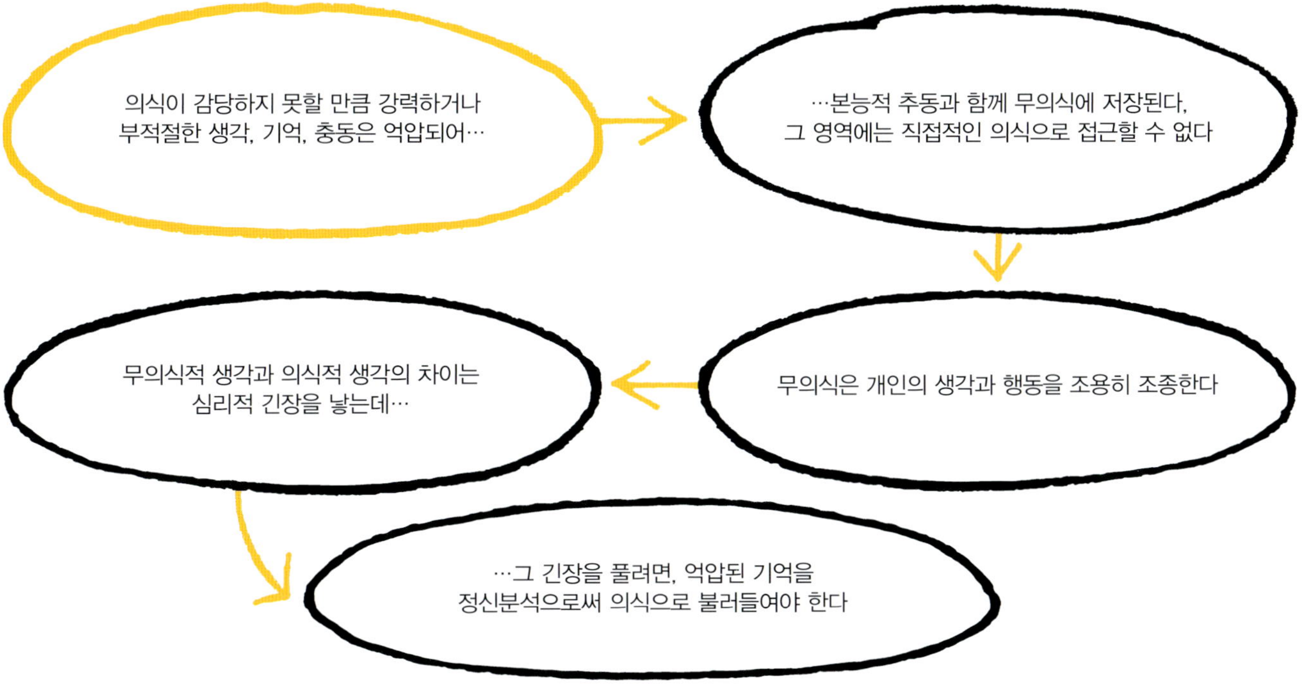

지 시스템이니만큼 에너지 보존 법칙을 따른다고 주장했다. 그 법칙에 따르면, 한 시스템의 에너지 총량은 언제나 일정하게 유

의식이 감당하지 못할 만큼 강력하거나 부적절한 생각, 기억, 충동은 억압되어…

→ …본능적 추동과 함께 무의식에 저장된다. 그 영역에는 직접적인 의식으로 접근할 수 없다

↓

무의식적 생각과 의식적 생각의 차이는 심리적 긴장을 낳는데… ← 무의식은 개인의 생각과 행동을 조용히 조종한다

↓

…그 긴장을 풀려면, 억압된 기억을 정신분석으로써 의식으로 불러들여야 한다

> 마음은 빙산처럼 전체의 7분의 1만 물 위에 떠 있다.
> 지그문트 프로이트

우리의 정신은 프로이트에 따르면 빙산을 닮아서 원시적 추동의 영역인 '이드'가 무의식에 숨어 있다. '에고'는 의식적 생각을 다루며 이드와 '슈퍼에고(비판하고 판단하는 내면의 목소리)'를 모두 통제한다.

지되며 절대 줄어들지 않는다. 위치나 형태가 바뀔 뿐이다. 프로이트는 그런 아이디어를 심리과정에 적용해 '정신에너지(psychic energy)'라는 개념을 내놓았다.

프로이트에 따르면 그 에너지는 변형-전달-전환될 수는 있으나 소실될 수는 없다. 그래서 의식이 받아들일 수 없는 생각을 우리가 품을 경우 마음은 그 생각을 의식에서 무의식으로 돌려보낸다. 프로이트는 이 과정을 '억압(repression)'이라 불렀다. 사람들은 보통 아동기의 심리적 외상(학대, 사고 목격 등)에 대한 기억, 용납 불가능한 듯한 욕망(절친한 친구의 배우자에 대한 욕망 등)처럼 자신의 행복이나 생활방식을 위협하는 생각을 억압한다.

동기를 부여하는 추동

무의식은 본능적인 생물적 추동(推動)이 있는 곳이기도 하다. 그런 추동은 우리 행동을 지배하며, 기본 욕구를 반드시 충족시킬 선택으로 우리를 이끈다. 그런 추동(식욕과 갈증, 종족 보존을 위한 성욕, 온기와 안식처와 동료에 대한 필요감)은 우리의 생존을 보장한다. 그러나 프로이트의 주장에 따르면 무의식은 대립적 추동, 즉 선천적인 죽음 추동도 간직하고 있다. 그 추동은 자멸적이어서 우리를 죽음으로 몰아간다.

후기 연구물에서 프로이트는 마음이 의식, 무의식, 전의식으로 구성된다는 생각에서 벗어나 이드(id), 에고(ego), 슈퍼에고(superego)라는 새로운 통제구조를 내놓았다. 원시적 충동들로 구성된 이드는 어떤 욕구든 지금 당장 충족해야 한다는 쾌락 원칙을 따른다. 하지만 정신 구조의 다른 일부인 에고는 누구든 바라는 바를 모두 얻을 수는 없으며 주변 세계를 고려해야 한다는 현실 원칙을 받아들인다. 에고는 이드와 교섭하여, 나쁜 결과를 초래하지 않고 욕구를 충족하는 합리적 방법을 모색한다. 그런 에고는 슈퍼에고(부모와 사회의 도덕률이 내면 화된 목소리)의 통제를 받는다. 슈퍼에고는 판단을 내리는 힘이자 양심, 죄책감, 수치심의 원천이다.

사실상 무의식은 엄청난 양의 모순적 힘들을 품고 있다고 프로이트는 말한다. 무의식에는 삶과 죽음의 추동뿐 아니라 강렬한 억압된 기억 및 정서는 물론이고, 의식적 현실과 억압된 현실에 내재하는 모순도 들어 있다. 프로이트에 따르면, 그런 모순적 힘에서 비롯하는 갈등이 곧 인간고 밑에 깔려 있는 심리적 갈등이다. 사람들이 불안증, 우울증, 신경증 같은 불만족상태로 살아가는 것은 전혀 놀랄 일이 아니다.

정신분석치료

무의식이란 늘 접근 불가능하므로, 그곳에서 일어나는 갈등을 인식하려면 의식에 나타나는 증상을 살펴보는 수밖에 없다. 프로이트는 정서적 고통이 무의식적 갈등의 결과라고 주장한다. 즉 누구든 자기 자신,

치밀어 오르는 억압된 기억, 죽음 추동과 끊임없이 싸우다 보면 정서적 혼란을 겪을 수밖에 없다는 것이다.

프로이트의 독특한 정신병 치료법에서는 항상 무의식 속의 갈등을 다루었다. 그는 억압된 기억에서 환자를 해방하여 환자의 정신적 고통을 완화하려고 애썼다. 그의 치료법은 '정신분석 심리요법' 혹은 '정신분석'이라 불린다. 그 과정은 쉽지도 진척이 빠르지도 않다. 정신분석은 프로이트의 독특한 접근법을 배운 치료사만이 시술할 수 있다. 환자에게 침상에 누워 이야기하도록 권장하는 것은 바로 프로이트의 요법이다. 프로이트의 첫 진료 때부터 정신분석은 세션별로 실시되어왔는데, 세션은 경우에 따라 수시간, 매주 수차례씩 수년간 계속되기도 한다.

무의식을 일반적인 자기관찰로 치유할 수는 없다. 하지만 무의식은 어떤 방식으로 의식과 소통할 수 있다. 무의식은 우리의 선호 경향, 우리가 사물을 이해하는 준거 틀, 우리가 좋아하거나 만들어낸 상징을 통해 의식과 조용히 소통한다.

치료 중에 정신분석가는 중재인 역할을 하며, 환자가 말하지 않은 생각이나 환자가 견딜 수 없는 감정이 드러나게 하려고 노력한다. 의식과 무의식 간의 갈등에서 나오는 메시지는 대부분 암호화되어 있다. 그런 메시지를 정신분석 수단으로 해석하는 것이 바로 정신분석가의 임무다.

무의식이 드러나게 하는 기법에는 몇 종류가 있다. 프로이트가 상세히 논한 첫 번째 방법은 꿈 분석이었다. 그는 『꿈의 해석』에서 자기 꿈을 탐구한 것으로 유명하다. 그의 주장에 따르면, 꿈에서는 항상 소망이 성취되는데, 의식에서 용납하기 힘든 소망일수록 더 은밀해지거나 왜곡된다. 그런 식으로 무의식은 암호화된 메시지를 의식으로 보낸다. 프로이트는 일례로 꿈꾸는 이가 발가벗고 있는 꿈을 논한다. 그런 꿈의 일차적 원천은 대체로 유아기의 기억이다. 유아기에는 알몸을 드러내도 눈총받지 않았고 수치심이 전혀 없었다. 꿈꾸는 이가 부끄러움을 느끼는 꿈에서 다른 사람들은 대체로 그에게 무관심한 것처럼 보이는데, 이는 꿈꾸는 이가 수치심과 구속에서 벗어나고 싶어 한다는 소망성취 해석에 신빙성을 더해준다. 심지어 구조물도 어떤 의미를 암시한다. 프로이트에 따르면 계단통, 수직갱도, 잠긴 문, 좁고 후미진 곳의 작은 건물은 모두 억압된 성욕을 상징한다.

무의식에 접근하기

무의식을 드러내는 다른 유명한 방법으로는 '프로이트식 말실수(Freudian slip)'와 '자유연상법(free association)'이 있다. 프로이트식 말실수는 말 그대로 일종의 말실수로써 억압된 믿음, 생각, 정서를 드러낸다고 한다. 그것은 한 단어를, 발음은 비슷하나 당사자의 실제 감정을 암시하는 다른 단어로 무심결에 바꿔 말하는 실수다. 이를테면 한 남자는 호감을 느끼는 여자에게 "최고의 저녁식사(the best dinner ever)"를 차

> 우리는 자기 콤플렉스를 제거하려 애쓰지 말고 그것과 조화하려고 애써야 한다. 그런 콤플렉스가 우리 행동을 조종하는 것은 정당한 일이다.
> 지그문트 프로이트

프로이트의 환자들은 치료실의 이 침상에 누워 프로이트와 이야기했다. 프로이트는 보이지 않는 곳에 앉아, 환자의 내적 갈등의 실마리를 잡으려고 귀를 기울였다.

려줘서 고맙다고 말하지 않고 "가슴의 저녁식사(the breast dinner ever)"를 차려줘서 고맙다고 말해버릴 수도 있다. 이 말실수에는 그의 진심이 드러나 있다. 또 프로이트는 (카를 융이 개발한) 자유연상법을 이용해, 환자에게 어떤 단어를 들려준 다음 처음 떠오르는 단어를 말해보라고 청하기도 했다. 그에 따르면, 이 과정에서 무의식이 드러날 수 있는 이유는 마음에서 반사적 연상작용이 일어나는 만큼 '숨어 있던' 생각이 발설되기 전에 의식이 개입하지 못하기 때문이다.

프로이트는 환자가 억압된 상태에서 벗어나 진짜 병인을 의식적으로 다루려면 억압된 감정에 접근해야 한다고 믿었다. 예를 들어 다른 사람과 상대하길 어려워하는 사람이라면, 대인 문제를 다루지 않고 자신의 감정을 억압할 것이다. 하지만 그렇게 억압된 감정은 쌓이고 쌓이다 결국 다른 방식으로 표출될 것이다. 분노, 불안, 우울, 약물·알코올 남용, 섭식장애는 모두 처리하지 않고 억압해둔 감정을 피하려고 몸부림친 결과일 수 있다. 프로이트의 주장에 따르면, 처리하지 않은 감정은 끊임없이 돌파구를 찾으면서 점점 더 불편한 긴장상태를 만들고 점점 더 과격한 억제책을 부추긴다.

억압된 기억과 감정이 정신분석 때문에 드러나면 환자는 그동안 숨어 있던 감정을 느끼고 깜짝 놀랄 때가 많다. 종종 환자들은 이미 오래전에 '극복'했다고 믿는 문제에 감동해 눈물을 흘리기도 한다. 그런 반응은 그 사건과 감정이 전에 처리되지 않

> 꿈 해석은 마음의 무의식적 활동을 이해하는 지름길이다.
> **지그문트 프로이트**

고 억압되어 여전히 감정적 에너지를 품고 살아 있다는 증거다. 프로이트 용어에서 '카타르시스(catharsis)'는 억압된 기억과 관련된 깊은 감정을 발산하며 음미하는 행위를 뜻한다. 중요한 사건(부모의 죽음 등)을 당시에 받아들이기 너무 버거워 제대로 겪

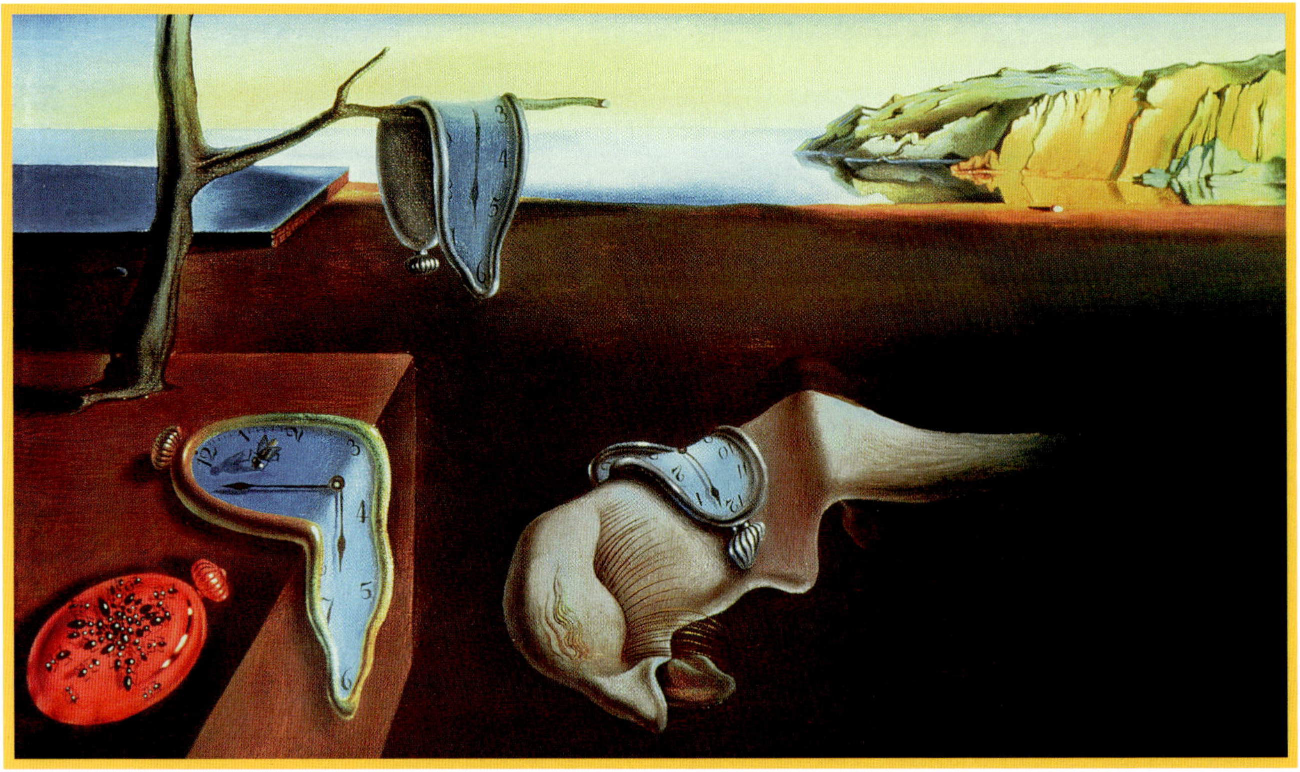

살바도르 달리(Salvador Dali)의 〈기억의 지속The Persistence of Memory〉은 쇠퇴와 종말을 야기하는 시간 흐름에 대한 초현실주의 상상도다. 이 그림의 몽환성은 프로이트식 꿈 분석 과정을 암시한다.

어내지 못하면, 그 어려움과 에너지가 그대로 남아 있다가 카타르시스의 순간에 표출된다.

성에 대한 탐구

오늘날 우리는 프로이트 덕분에 우리의 내면에 '자아'라는 확고한 실체 대신 깊이를 알 수 없는 심연이 있다는 사실을 알게 되었다. 인간의 시야와 정신세계에 대한 인식에 '코페르니쿠스적 전회'를 불러일으킨 그의 학설은 당시 엄청난 센세이션을 일으켰다. 무엇보다, 그가 성(性)에 대한 주장을 자주 언급했기 때문이었다. 성역할에 대한 강조는 프로이트의 사상이 초기에 냉대받은 원인이자, 프로이트가 모든 일을 성적(性的)으로 해석하려 한다는 오해를 불러일으킨 요인이었다.

프로이트는 성적 충동(리비도)이 유아부터 성인에 이르기까지 모든 인간의 중요한 본능 가운데 하나라고 주장했으며, 인간의 발달단계에 따라 구강기, 항문기, 남근기(남성의 성기에 관심을 갖는 시기) 등으로 구분했다. 아울러 남자아이는 어머니에게 성적 욕망을 느끼고 아버지에게 거세 공포를 느끼는 '오이디푸스 콤플렉스'의 시기가 있으며, 여자아이는 '남근 선망'을 느낀다고 주장했다.

정신분석학파

프로이트는 빈에서 그 유명한 정신분석학회를 창립했다. 그곳에서 그는 자신만의 방법을 다른 사람들에게 교육하고 권위자로서 치료법의 적절성을 판단하는 등 당시 정신의학계에 큰 영향력을 행사했다. 하지만 시간이 흐름에 따라 그의 제자를 비롯한 전문가들은 프로이트 이론을 수정해나갔고, 결국 정신분석학회를 다음의 셋으로 나누게 되었다. 프로이트학파, 클라인학파, 신프로이트학파. 프로이트학파는 프로이트의 원래 이론을 고수했고, 클라인학파는 멜라니 클라인의 이론을 따랐고, 신프로이트학파는 나중에 나온 집단으로 프로이트 이론을 자신들의 더 포괄적인 치료법과 통합했다. 현대에는 스물두 가지가 넘는 정신분석학파가 있지만, 프로이트의 이론이 심리치료사들에게 여전히 큰 영향을 미치고 있다. ■

육체도 그렇듯이 정신은 겉으로 나타나는 바가 꼭 진실은 아니다.
지그문트 프로이트

지그문트 프로이트

모라비아 지방의 프라이부르크에서 지기스문트 슐로모 프로이트(Sigismund Schlomo Freud)라는 이름으로 태어난 프로이트는 어머니가 특별히 총애하는 아이였다. 어머니는 그를 "금쪽같은 내 아들 지기(Golden Siggie)"라고 불렀다. 프로이트가 네 살이었을 때 가족은 빈으로 이주했고, 나중에 지기스문트라는 이름은 지그문트로 바뀌었다. 프로이트는 의학박사 학위를 받고 1886년에 신경질환 전문의로 개업한 후 마르타 베르나이스(Martha Bernays)와 결혼했다. 그리고 '대화치료(talking cure)'를 개발해 완전히 새로운 심리학적 접근법, 즉 정신분석으로 발전시켰다. 1908년에 프로이트는 정신분석학회를 설립하여 자기 학파의 미래를 보장했다. 제2차 세계대전 때 나치가 그의 저서를 공개적으로 불사른 후, 프로이트는 런던으로 망명했다. 구강암을 앓던 그는 안락사로 숨을 거두었다.

주요 저서

1900년 『꿈의 해석 The Interpretation of Dreams』
1904년 『일상생활의 정신병리학 The Psychopathology of Everyday Life』
1905년 『성욕에 관한 세 편의 에세이 Three Essays on the Theory of Sexuality』
1930년 『문명 속의 불만 Civilization and Its Discontents』

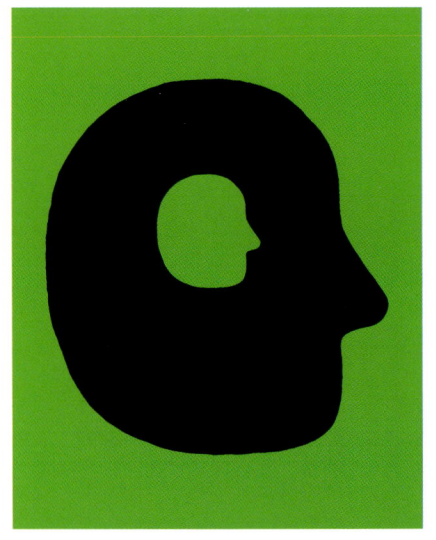

신경증 환자는 항상 열등감을 품고 살아간다

알프레트 아들러(서기 1870~1937년)

맥락읽기

접근법
개인심리학(Individual psychology)

이전의 관련 역사
서기 1896년: 윌리엄 제임스에 따르면, 자존심은 '미달성 목표'에 대한 '달성 목표'의 비율과 결부된다. 그러므로 성취뿐 아니라 기대치 절하로도 높일 수 있다.

서기 1902년: 찰스 호턴 쿨리(Charles Horton Cooley)가 설명한 '거울 속 자기(looking glass self)' 개념에 따르면, 우리가 자신을 보는 방식은 타인이 우리를 어떻게 볼 듯싶은가에 기초한다.

이후의 관련 역사
서기 1943년: 에이브러햄 매슬로에 따르면, 우리는 필요성과 자기만족을 둘 다 느끼려면 타인의 존중뿐 아니라 성취도 필요하다.

서기 1960년대: 영국의 심리학자 마이클 아가일(Michael Argyle)이 비교가 자존심을 형성한다고 말한다. 그에 따르면, 우리는 타인보다 더 성공했다고 느낄 때 기분이 좋아지고, 타인보다 덜 성공했다고 느낄 때 기분이 나빠진다.

19세기 말에는 프로이트 이론이 심리치료를 지배했다. 하지만 프로이트의 접근법은 지극히 개인적인 과거의 유산과 무의식적 추동을 다루는 데만 한정되었다. 알프레트 아들러(Alfred Adler)는 심리학 이론을 프로이트의 관점 너머로 확장한 첫 정신분석가로서, 개인의 심리란 현재와 의식적 힘의 영향도 받는다고, 사회적 영역과 환경의 영향 또한 극히 중요하다고 말했다. 아들러는 그런 생각에 기초해 개인심리학이라는 접근법을 창시했다.

아들러가 자존심의 긍정적·부정적 영향과 열등감에 각별히 흥미를 느끼기 시작한 것은 초창기에 신체장애 환자들을 연구했을 때였다. 그는 장애가 성취와 자의식에 미치는 영향을 살펴보다가 환자들 사이에

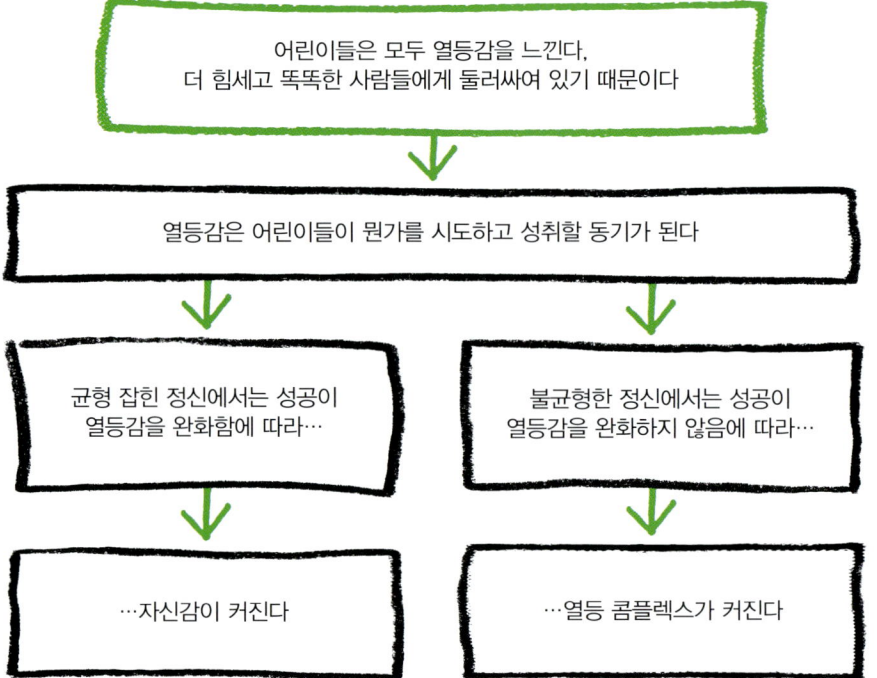

참조 : ■ 카렌 호나이 110쪽 ■ 에리히 프롬 124~129쪽 ■ 에이브러햄 매슬로 138~139쪽 ■ 롤로 메이 141쪽 ■ 앨버트 엘리스 142~145쪽

장애인올림픽에 출전한 운동선수는 자신의 장애를 극복하고자 하는 강한 욕망에 이끌려 높은 수준의 육체적 성취에 이르기도 한다. 아들러는 그런 특징을 '보상(compensation)'이라 불렀다.

서 큰 차이를 발견했다. 어떤 장애인들은 스포츠에서 높은 수준의 성공을 거두었는데, 아들러는 그런 사람들에게 장애가 강력한 동기를 부여함을 알아챘다. 하지만 반대편 극단에는 장애에 좌절한 나머지 상황 개선에 거의 노력하지 않는 환자들도 있었다. 아들러는 그런 차이가 그들이 자신을 보는 방식, 즉 자존심의 차이로 귀결됨을 깨달았다.

열등 콤플렉스

아들러에 따르면, 열등감을 느끼는 것은 인간의 보편적 경험으로 아동기에 뿌리를 둔다. 어린이들은 열등감을 느끼게 마련이다. 자기보다 강하고 유능한 사람들에게 늘 둘러싸여 있기 때문이다. 어린이는 대체로 연장자의 능력을 본받고 얻고자 애쓴다. 어린이들에게 동기를 부여하는 주변의 힘은 그들을 발전과 성취로 몰고 간다.

성격이 건강하고 균형 잡힌 어린이와 어른들은 외적 목표달성 능력을 자각할 때마다 자신감을 얻는다. 그리하여 사라진 열등감은 다음 도전목표와 함께 다시 생겼다가 극복된다. 그런 정신적 성장과정은 끊임없이 되풀이된다. 하지만 육체적 열등감이 있는 사람은 더 일반화된 열등감이 생기기도 하는데, 그것은 불균형한 성격과 '열등 콤플렉스(inferiority complex)'로 이어질 수 있다. 열등 콤플렉스에서는 열등감이 절대 완화되지 않는다.

아들러는 마찬가지로 불균형한 '우월 콤플렉스(superiority complex)'도 인지했다. 그것은 목표달성을 위해 끊임없이 애쓰고자 하는 욕구로 나타난다. 이 경우, 달성된 목표는 개인에게 자신감을 불어넣지 않고 외적 인정과 성취를 계속 더 추구하도록 부추기기만 한다. ■

인간은 열등감을 느끼게 마련이다.
알프레트 아들러

알프레트 아들러

알프레트 아들러는 다섯 살 때 폐렴으로 죽을 고비를 넘긴 후, 의사가 되고 싶어 했다. 빈에서 자라나 의학을 공부하고 안과의로 일하다가 결국 심리학에 전념하게 됐다. 1897년에 러시아의 지식인이자 사회운동가인 라이사 엡스타인(Raissa Epstein)과 결혼하고 네 명의 자식을 두었다.

아들러는 프로이트가 설립한 빈 정신분석학회의 원년 멤버였다. 하지만 처음으로 그곳을 탈퇴하면서, 프로이트가 인지한 무의식적 추동뿐 아니라 사회적 요인도 개인에게 영향을 끼친다고 주장했다. 1911년에 그 학회에서 나온 후 직업적으로 성공하여 자신의 심리치료학파를 세우고 심리학의 여러 주요 개념을 발전시켰다. 1932년에 오스트리아를 떠나 미국으로 갔고, 몇 년 후 스코틀랜드의 애버딘대학에서 강의 도중에 심장마비로 숨졌다.

주요 저서

1912년 『신경증 기질 The Neurotic Character』
1927년 『개인심리학의 이론과 실제 The Practice and Theory of Individual Psychology』
1927년 『인간 본성의 이해 Understanding Human Nature』

집단 무의식은 원형으로 구성된다

카를 융(서기 1875~1961년)

카를 융

맥락읽기

접근법
정신분석

이전의 관련 역사
서기 1899년: 지그문트 프로이트가 『꿈의 해석』에서 무의식의 본질과 꿈의 상징성을 탐구한다.

서기 1903년: 피에르 자네에 따르면, 외상적 사건은 개인의 감정과 행동에 다년간 영향을 미치는 매우 감정적인 신념을 낳는다.

이후의 관련 역사
서기 1949년: 카를 융의 이론을 지지하는 학자 조지프 캠벨(Joseph Campbell)이 『천의 얼굴을 가진 영웅Hero with a Thousand Faces』을 펴내며, 유사 이래 다양한 문화에서 나온 원형적 문학주제들을 상술한다.

서기 1969년: 영국 심리학자 존 보울비가 인간의 본능이란 사회적 교환과정에서 행동패턴과 생각패턴으로 표출된다고 주장한다.

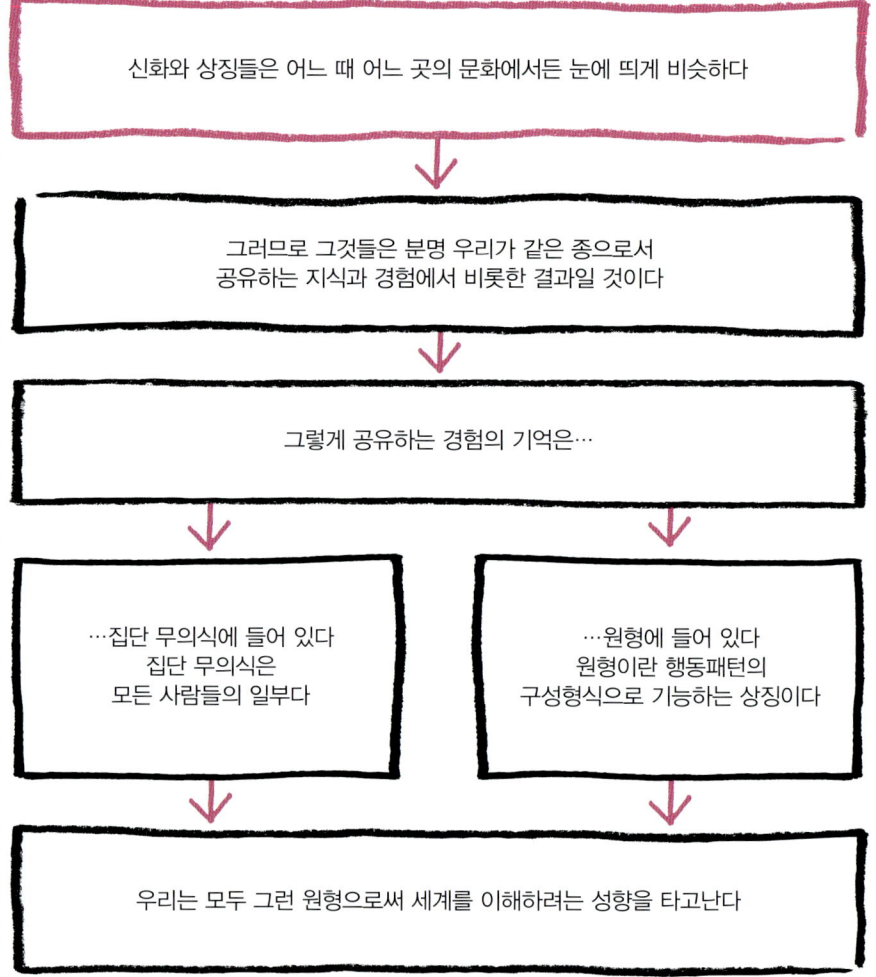

신화와 상징들은 어느 때 어느 곳의 문화에서든 눈에 띄게 비슷하다

↓

그러므로 그것들은 분명 우리가 같은 종으로서 공유하는 지식과 경험에서 비롯한 결과일 것이다

↓

그렇게 공유하는 경험의 기억은…

↓ ↓

…집단 무의식에 들어 있다
집단 무의식은 모든 사람들의 일부다

…원형에 들어 있다
원형이란 행동패턴의 구성형식으로 기능하는 상징이다

↓ ↓

우리는 모두 그런 원형으로써 세계를 이해하려는 성향을 타고난다

지그문트 프로이트는 우리가 사실상 신이나 운명 같은 외적 힘이 아니라 무의식을 비롯한 자기 마음의 내적 작용에 이끌리고 지배된다는 견해를 내놓았다. 그의 주장에 따르면, 우리 경험은 무의식 속에 들어 있는 원시적 추동의 영향을 받는다. 프로이트의 후배인 스위스 정신과의사 카를 융(Carl Jung)은 그런 생각을 한층 더 발전시키며 무의식의 구성요소와 작용을 탐구했다.

융은 전 세계의 공동체들이 큰 문화적 차이에도 불구하고 현저한 유사점을 공유한다는 데 매료되었다. 그 공동체들은 신화와 상징에 묘한 공통성이 있었는데 수천 년간 그래온 터였다. 융이 생각하기에 이것은 분명 인간의 개인적 경험보다 큰 무엇 때문인 듯했다. 그는 그런 상징이 인간 정신의 일부로서 존재한다고 판단했다.

융이 보기에, 그런 공통 신화의 존재는 인간 정신의 일부에 어떤 영원한 구조(일종의 '집단 기억'으로 기능하는 구조) 속의 생각이 담겨 있다는 증거였다. 그래서 융은 우리의 개인적 경험에 기초하지 않는 독특한 일부 무의식이 우리 모두의 내부에 존재한다는 견해를 내놓았다. 그것이 바로 '집단 무의식(collective unconscious)'이다.

융에 따르면, 흔히 발견되는 신화와 상징은 우리가 보편적으로 공유하는 그 집단 무의식의 일부다. 융은 그런 상징이 유전적 기억, 즉 대대로 내려오며 문화와 시대에 따라 특징이 조금만 바뀌는 기억의 일부로서 존재한다고 믿었다. 그렇게 유전된 기억은 마음속에서 상징의 언어로 나타나는데, 이를 융은 '원형(archetype)'이라 일컬었다.

오래된 기억

융은 원형이 유전적 기억의 층들로서 인간 경험 전체를 구성한다고 생각했다. 라틴어 아르케티품(archetypum)은 '처음 만들어

> 개인의 무의식은 더 깊은 층에 기초하는데, 나는 이를 집단 무의식이라 부른다.
>
> 카를 융

진 것'을 의미하는데, 융은 원형이 우리 첫 조상의 경험에서 비롯한 기억이라고 믿었다. 원형은 우리가 자기 경험을 조직하고 이해하는 데 무의식적으로 쓰는 마음속 판형(template)으로 기능한다. 우리는 각자의 삶에서 비롯한 세부사항으로 빈틈을 채우겠지만, 우리가 자기 경험을 이해하는 틀은 바로 무의식 속의 그런 기존 하부구조다.

원형은 유전된 감정·행동 패턴이라고 볼 수 있다. 원형 덕분에 우리는 일단의 특정 행동이나 감정 표현을 의미 있는 통일된 패턴으로 인식할 수 있다. 우리는 본능적으로 그렇게 하는 듯하지만, 융은 본능처럼 보이는 행위가 실은 무의식적으로 원형을 사용하는 행위라고 말한다.

융에 따르면, 정신은 다음 세 요소로 구성된다. 에고, 개인 무의식, 집단 무의식. 에고는 의식 혹은 자기(self)에 해당하고, 개인 무의식은 개인의 기억을 담고 있는 곳이다. 억압된 기억도 개인 무의식에 들어 있다. 집단 무의식은 정신에서 원형을 간직하는 부분이다.

원형

원형은 여러 가지가 있고 다양한 문화 속에서 서로 뒤섞이며 영향을 주고받을 수 있지만, 우리는 모두 각 원형의 모델을 마음속에 품고 있다. 우리가 그런 상징적 형태로써 세계와 자기 경험을 이해하기 때문에 원형은 미술, 문학, 연극 등 인간의 모든 표현 형식에서 나타난다.

원형의 속성이 그러하다 보니 우리는 원형을 바로바로 알아보고 그것에 특별한 감정적 의미를 부여할 수 있다. 원형은 갖가지 행동·감정 패턴과 연관될 수 있지만, 유난히 알아보기 쉬운 종류가 있다. 이를테면 지혜로운 노인(Wise Old Man), 여신(Goddess), 성모 마리아(Madonna), 위대한 어머니(Great Mother), 영웅(Hero) 등이다.

페르소나(Persona)도 융이 설명한 주요 원형 가운데 하나다. 어릴 때 융은 자기 성격 가운데 특정 부분만 외부 세계와 공유하려는 성향이 있음을 자각했다. 다른 사람들에게서도 그런 특징을 발견한 융은 인간이 자기 성격을 여러 요소로 나누고 환경과 상황에 따라 특정 요소만 골라 공유한다는 데 주목했다. 그런 식으로 우리가 세상에 드러내는 자기(자신의 공적 이미지)가 바로 융이 '페르소나'라 부르는 원형이다.

또 융에 따르면, 자기(self)는 남성적인 부분과 여성적인 부분을 모두 간직하는데, 사회와 생명 현상의 영향을 받아 완전히 남자나 여자가 된다. 완전히 남자나 여자가 될 때 우리는 자기 잠재력의 절반을 저버리지만, 어떤 원형을 통해 그 부분에 계속 접근할 수 있다. 아니무스(Animus)는 여성 마음속의 남성적 요소로서, 아니마(Anima)는 남성 마음속의 여성적 요소로서 존재한다. 아니무스와 아니마는 우리가 소녀나 소년으로 자라나면서 잃어버리는 '나머지 반쪽'이다. 그 두 원형은 우리가 이성의 특징을 이해하는 데 도움이 되는데, 남자나 여자가 '지금껏 남긴 인상을 모두' 담고 있는 만큼 전통적인 남성·여성 관념을 반영할 수밖에 없다. 아니무스는 우리 문화에서 '진짜 사나이'로 나타난다. 이를테면 근육질의 사나이, 군대 지휘관, 이지적인 논리학자, 낭만적인 엽색가 등이다. 아니마는 숲의 요정, 숫처녀, 요부 등으로 나타나는데, 자연친화적·직관적·즉흥적일 수 있다. 그림과 이야기 속에서는 이브나 트로이의 헬레나, 혹은 마릴린 먼로(Marilyn Monroe) 같은 인물로 나오며 남자를 매혹하거나 착취한다. 이런 원형들은 우리 무의식 속에 존재하면서, 우리의 기분과 반응에 영향을 미치기도 하고, 예언적 진술(아니마)이나 확고부동한 합리성(아니무스)으로 나타나기도 한다.

융이 정의하는 한 원형은 우리가 세상

이브는 아니마(남성 무의식 속의 여성적 요소)의 표상 가운데 하나다. 융에 따르면, 이브는 "남자를 타락시키고 ... 살아가게 할 덫과 함정으로 가득"하다.

> 역사상 영향력 큰 사상은 모두 원형으로 되돌아간다.
> 카를 융

에 내보이길 꺼리는 자신의 일부를 나타낸다. 융은 그것을 그림자(Shadow)라 부른다. 그림자는 페르소나의 반의어로, 우리의 비밀이나 억압된 기억, 우리 성격의 부끄러운 측면을 상징한다. 성경에서는 악마로, 문학에서는 지킬 박사의 내면에 잠자고 있는 '하이드 씨'로 나온다. 그림자는 우리가 타인에게 투사하는 자신의 '나쁜' 면이지만, 그렇다고 완전히 부정적인 것은 아니다. 그것은 우리가 특정 상황에서 용납할 수 없다는 이유만으로 억압하는 측면을 상징할 수도 있다.

가장 중요한 원형은 '참 자기(True Self)'다. 참 자기는 구심적 원형으로서 다른 측면들을 모두 조화시켜 완전한 자기로 통합하고자 한다. 융에 따르면, 인간 존재의 진정한 목적은 진보하고 깨달은 심리상태에 이르는 것, 즉 '자기실현'인데, 그 목적지에 이르는 길은 참 자기라는 원형에 있다. 완전히 실현된 참 자기는 지혜와 진리의 원천으로서, 자기를 영혼과 연결할 수 있다. 융은 자기실현이란 저절로 일어나는 것이 아니라 의식적으로 추구해야 하는 것이라고 강조했다.

꿈속의 원형

원형은 꿈 해석에서 매우 중요하다. 융은 꿈이 의식적 자기와 영원한 것(에고와 집단 무의식)의 대화라고, 원형이 꿈속에서 상징으로 작용하며 그 대화를 촉진한다고 믿었다.

원형은 꿈의 맥락 속에서 특별한 의미를 띤다. 예를 들어 지혜로운 노인이라는 원형은 꿈속에서 영적 지도자, 부모, 선생, 의사 등으로 나타나며 모범, 방향, 지혜를 제시하는 사람을 암시한다. 위대한 어머니는 꿈꾸는 이의 어머니나 할머니 등으로 나타나는 원형으로서 양육자를 의미한다. 이들은 꿈꾸는 이를 안심시키고 위로하며 인정해준다. 신성한 아이(Divine Child)는 가장 순수한 형태의 참 자기에 해당하는 원형으로 순결과 취약성을 상징하는데, 꿈속에서는 아기나 어린이로 나오며 개방성이나 가능성을 암시한다. 에고의 과대화를 견제하는 트릭스터(Trickster)는 장난기 많은 원형으로, 꿈꾸는 이의 취약성을 들춰내며 농담을 던져, 그가 자신과 자기 욕망을 너무 심각하게 받아들이지 않도록 예방한다. 트릭스터는 북유럽의 반신(半神) 로키(Loki), 그리스 신 판(Pan), 아프리카의 거미 신 아난시(Anansi)로 나타나기도 하고, 단순히 마술사나 광대로 나타나기도 한다.

원형의 영향

원형은 의식적 생각에 앞서 우리 마음속에 존재하므로 우리의 경험지각에 막대한 영향을 미친다. 우리가 의식적으로 생각하기에 무슨 일이 벌어지고 있든 간에 우리가 스스로 지각하여 경험하는 바는 무의식 속의 그 기존 관념에 지배된다. 그런 식으로 집단 무의식과 그 내용은 의식적 상태에 영향을 끼친다. 융에 따르면, 의도적·이성적인 의식적 생각에서 비롯한 듯싶은 것 가운데 상당부분은 이미 무의식적 활동, 특히 원형이라는 구성 형식에 지배되고 있다.

융은 집단 무의식과 원형뿐 아니라 최초로 '단어 연상(word association)' 기법도 연구했고, 외향성·내향성이라는 성격유형 개

로버트 루이스 스티븐슨(Robert Louis Stevenson)의 소설에서 지킬 박사는 사악한 하이드 씨로 변신한다. 이 소설은 융의 그림자 원형을 상징하는 등장인물을 통해 '어두운 자기' 개념을 탐구한다.

심리치료 **PSYCHOTHERAPY** 107

념도 제시했다. 그런 개념은 결국 마이어스-브릭스 유형 지표(MBTI)처럼 널리 쓰이는 성격검사법을 낳았다. 융의 연구는 심리학, 인류학, 영성 분야에 큰 영향을 미쳤고, 그가 설명한 원형들은 워낙 널리 퍼져 있다 보니 영화나 문학처럼 보편적 인물을 묘사하려는 문화 형식에 흔히 나온다.

융과 프로이트의 결별

융과 프로이트는 학자 대 학자로서 존경과 우정을 나누는 사이였지만, 사상적 갈등

무의식을 이해함으로써 우리는 그것의 지배에서 벗어난다.
카를 융

『백설 공주』와 비슷한 이야기는 세계 곳곳에서 찾아볼 수 있다. 융이 보기에 동화와 신화의 대중성은 원형적 등장인물 때문이다.

을 거쳐 결국 결별과 반목으로 마무리되었다. 가장 심각한 갈등은 프로이트의 성 이론에 대해 융이 비판적인 의견을 표출했다는 점이었다. "나는 꿈과 히스테리의 복잡한 메커니즘을 인정하지만, 그렇다고 어린 시절의 트라우마에 유일한 의미를 부여하지는 않는다. 또 프로이트처럼 성을 과도하게 부각시키지도, 성이 심리적 보편성을 가지고 있다고 생각하지도 않는다." 사적인 관계를 모두 중단한 두 사람이었지만, 서로를 부정한 것은 아니었다. 융은 1939년 프로이트의 사망 소식을 듣고 나치 치하에서 유대인을 옹호하는 것이 위험한 일이었음에도 "프로이트라는 이름은 19세기 말과 20세기 초의 정신사에서 빼놓고 생각할 수 없는 이름"이라고 추모사를 발표할 정도로 신의를 지켰다. ∎

카를 융

카를 구스타프 융(Carl Gustav Jung)은 스위스 시골 마을의, 학식은 있지만 다소 별난 집안에서 태어났다. 그와 친밀한 관계를 유지했던 어머니조차 우울증을 몇 차례 앓기도 했다. 언어에 능하던 융은 유럽 대륙의 여러 언어는 물론이고 산스크리트어 같은 몇몇 고대어에도 통달했다. 그는 1903년 엠마 라우셴바흐(Emma Rauschenbach)와 결혼하고 자식을 다섯 두었다.

융은 정신의학을 공부했으나, 1907년에 프로이트를 만난 후 정신분석학자가 되면서 그의 후계자로 예정됐다. 그러나 결국 프로이트와 이론적 차이 때문에 갈라섰고 두 번 다시 만나지 않았다. 제1차 세계대전 후 아프리카, 아메리카, 인도 곳곳을 여행하며 원주민을 연구하고 인류학적·고고학적 탐험에 참여했다. 1935년 취리히대학에서 교수가 되었으나 연구에 집중하려고 교단을 떠났다.

주요 저서

1912년 『변형의 상징 Symbols of Transformation』
1934년 『원형과 집단 무의식 The Archetypes and the Collective Unconscious』
1945년 『꿈의 본질 연구 On the Nature of Dreams』

삶 본능과 죽음 본능의 투쟁은 일생 내내 계속된다

멜라니 클라인(서기 1882~1960년)

맥락읽기

접근법
정신분석

이전의 관련 역사
서기 1818년 : 독일 철학자 아르투어 쇼펜하우어(Arthur Schopenhauer)에 따르면, 존재는 '살고자 하는 의지'에 이끌리는데, 그 의지는 같은 강도의 죽음 추동과 끊임없이 부딪힌다.

서기 1910년 : 정신분석학자 빌헬름 슈테켈(Wilhelm Stekel)에 따르면, 성욕의 사회적 억압은 죽음 본능 증가와 병행한다.

서기 1932년 : 지그문트 프로이트는 가장 기본적인 욕구란 사실상 죽음 욕구라고 주장한다.

이후의 관련 역사
서기 2002년 : 미국 심리학자 줄리 K. 노럼(Julie K. Norem)이 '방어적 비관주의'라는 개념을 내놓으며, 사실상 비관적 태도 때문에 사람들이 현대생활의 부담과 스트레스에 더 잘 대비하는 듯하다고 말한다.

서로 대립하는 힘, 즉 길항력(拮抗力)이라는 주제는 작가, 철학자, 과학자들에게 늘 흥미를 불러일으켰다. 문학, 종교, 미술에는 선과 악, 아군과 적군의 이야기가 넘쳐난다. 뉴턴 물리학에 따르면, 안정이나 균형은 한 힘이 동등한 반대 힘과 맞서는 상태에서 이루어진다. 그런 길항력은 존재의 필수 요소인 듯한데, 아마 그중에서도 가장 강력한 힘은 삶과 죽음에 대한 본능적 추동일 것이다.

지그문트 프로이트에 따르면, 우리는 자신의 죽음 본능에 파괴되지 않으려고 자기애적·자존적 삶 본능(리비도)으로 죽음 본능을 밖으로 밀어내 다른 대상 쪽으로 돌려놓는다. 멜라니 클라인(Melanie Klein)은 이 생각을 부연했다. 그녀에 따르면, 죽음의 힘을 바깥쪽으로 돌려놓더라도 우리는 그 '공격 본능'에 파괴될 위험을 계속 느끼기 때문에, '리비도를 동원'해 그것에 맞서는 대과업을 받아들인다. 그런 길항력을 참고 견디는 상태는 인간 경험에서 가장 중요한 선천적 심리 갈등이다. 클라인의 주장에 따르면, 성장과 창조(출산에서 독창성에 이르기까지)를 지향하는 경향은 같은 강도의 파괴적 힘과 끊임없이 충돌할 수밖에 없고, 그렇게 계속되는 심리적 긴장은 모든 고통의

연극의 힘은 실제 감정과 기분을 반영하는 데 있다. 셰익스피어의 『로미오와 줄리엣』처럼 위대한 희곡은 사랑의 긍정적 힘뿐 아니라 치명적으로 유독한 측면도 보여준다.

밑바탕에 깔려 있다.

또 클라인은 그런 심리적 긴장으로 우리의 선천적 공격성과 폭력성을 설명할 수 있다고 주장했다. 그 긴장은 사랑과 증오 간의 투쟁을 일으키는데, 이는 심지어 갓난아이의 경우에도 마찬가지다. 삶 본능과 죽음 본능(쾌락과 고통, 회복과 파괴)의 그 끊임없는 투쟁은 우리 마음속에 혼란을 불러일으킨다. 그 결과로 일어나는 분노 혹은 '나쁜' 감정은 어떤 상황으로든지 향할 수 있다. 좋은 상황이든 나쁜 상황이든 상관없다.

심리치료 PSYCHOTHERAPY

참조: ■ 지그문트 프로이트 92~99쪽 ■ 안나 프로이트 111쪽 ■ 자크 라캉 122~123쪽

끊임없는 갈등

클라인은 우리가 그런 원시적 충동을 절대 버리지 못한다고 믿었다. 우리는 그런 충동을 간직한 채로 평생을 살아간다. 안전하고 성숙한 상태에 결코 이르지 못하고, 폭력의 '원시적 환상'으로 부글거리는 무의식과 함께 살아간다. 그런 심리갈등의 침투적 영향력을 고려한 클라인은 전통적 행복 개념이란 실현 불가능하며, 삶이란 갈등을 용인하는 법을 찾는 과정이지 열반에 이르는 과정이 아니라고 믿었다.

그런 용인상태가 인간이 바랄 수 있는 최선이라면, 사람들이 살아가면서 갈망하거나 기대하는 바를 충분히 얻지 못하고 우울증과 실망에 빠지는 것은 놀랄 일이 아니다. 클라인이 보기에 인간의 경험은 불안, 고통, 상실, 파괴로 가득할 수밖에 없다. 그러므로 사람들은 삶과 죽음이라는 두 극단 안에서 조금씩 나아가는 법을 배워야 한다. ■

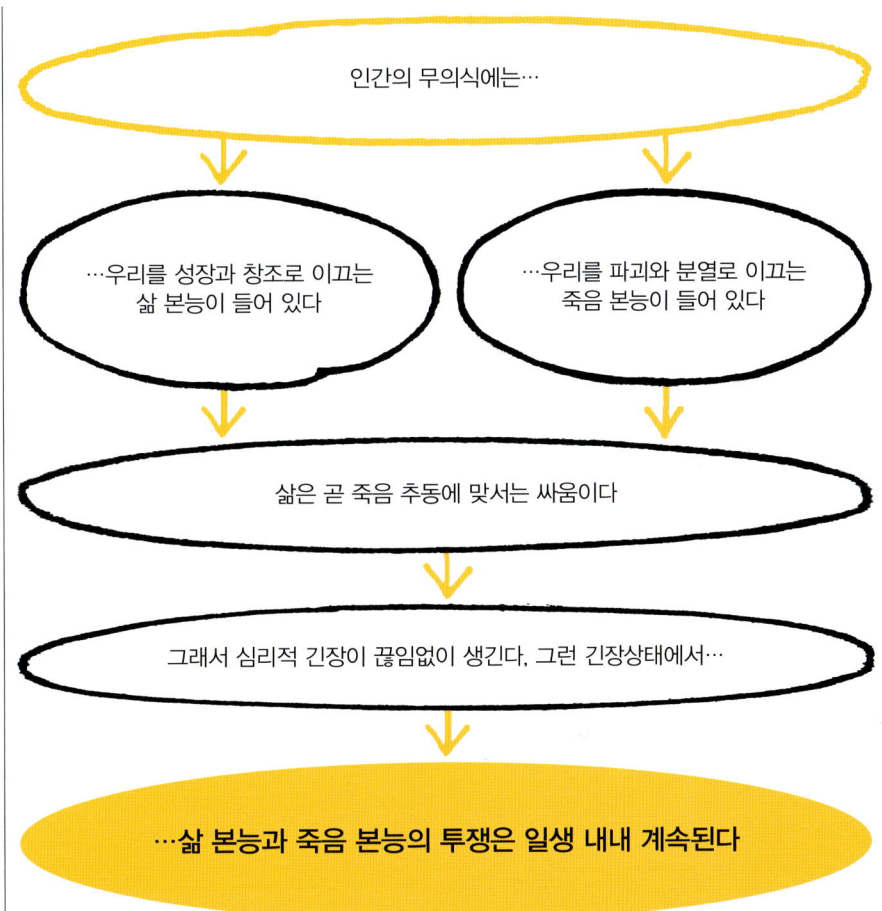

인간의 무의식에는…

…우리를 성장과 창조로 이끄는 삶 본능이 들어 있다

…우리를 파괴와 분열로 이끄는 죽음 본능이 들어 있다

삶은 곧 죽음 추동에 맞서는 싸움이다

그래서 심리적 긴장이 끊임없이 생긴다. 그런 긴장상태에서…

…삶 본능과 죽음 본능의 투쟁은 일생 내내 계속된다

멜라니 클라인

멜라니 클라인은 오스트리아에서 4남매 중 막내로 태어났다. 부모는 나중에 이혼했는데, 쌀쌀맞고 몰인정한 사람들이었다. 17살 때 클라인은 공업화학자 아르투어 클라인(Arthur Klein)과 약혼하면서 의학을 공부하려던 계획을 포기했다.

클라인은 1910년에 지그문트 프로이트의 책을 읽고 정신분석가가 되기로 결심했다. 그녀 역시 우울증을 앓았으며, 죽음 본능에 시달렸다. 좋아하던 언니는 클라인이 4살 때 죽었고, 오빠 또한 자살한 듯했고, 아들은 1933년에 등산 사고로 사망했다. 클라인은 공식 자격이 없었음에도 정신분석학계에 중요한 영향을 미쳤는데, 특히 어린이를 연구하고 놀이를 심리치료법으로 이용한 것에 대해 높은 평가를 받는다.

주요 저서

1932년 『아동정신분석 The Psychoanalysis of Children』
1935년 『조울증의 심인성에 관하여 A Contribution to The Psychogenesis of Manic Depressive States』
1955년 『시기심과 감사 Envy and Gratitude』
1961년 『아동정신분석 설명 Narrative of a Child Analysis』

'당위'의 횡포

카렌 호나이 (서기 1885~1952년)

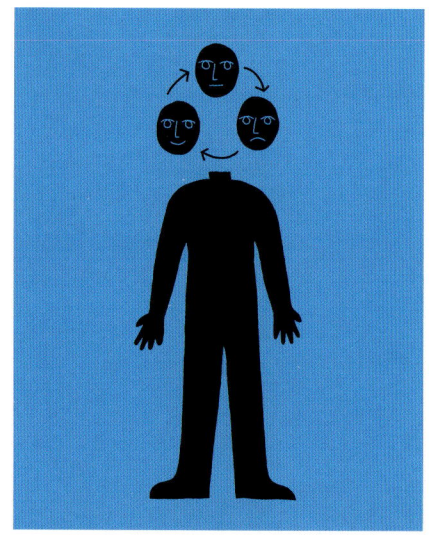

맥락읽기

접근법
정신분석

이전의 관련 역사
서기 1889년: 『정신 자동성』에서 피에르 자네가 '분열(splitting)', 즉 한 사람의 성격이 여러 부분으로 갈라지는 현상을 설명한다.

이후의 관련 역사
서기 1950년대: 멜라니 클라인에 따르면, 사람들은 달리 감당할 길이 없는 모순적 감정들을 처리하려고 자기 성격을 분열시킨다.

서기 1970년대: 오스트리아 정신분석가 하인츠 코후트(Heinz Kohut)의 주장에 따르면, 아동의 욕구가 충족되지 않을 때 자기는 자기애적 자기와 과대 자기 등으로 분열된다.

서기 1970년대: 앨버트 엘리스가 사람들을 내면화된 '의무(must)'에서 해방하고자 합리적 정서행동치료(REBT)를 개발한다.

사회적 환경(가정, 학교, 직장 등 크고 작은 공동체)은 어떤 신념에 토대를 둔 문화적 '규범'을 발전시킨다. 독일 태생의 정신분석가 카렌 호나이에 따르면, 불건전한, 즉 '유독한' 사회적 환경은 대체로 사람들 마음속에 불건전한 신념 체계를 심어, 사람들이 자기 잠재력을 온전히 깨닫지 못하게 막는다.

호나이에 따르면, 우리는 스스로 결정한 신념 대신 유독한 환경 때문에 내면화된 신념에 따르는 순간을 반드시 자각해야 한다. 그런 신념은 내면화된 메시지로, 특히 '당위(should, ~해야 한다)'의 형태로 작용한다. 예를 들면, '나는 유명하고 유력한 사람이 되어야 해' 혹은 '나는 날씬해져야 해' 같은 식이다. 호나이는 정신에 영향을 미치는 두 요소를 환자들에게 인식시켰다. 하나는 참된 욕망을 품은 '실제 자기'이고, 하나는 당위를 모두 이행하려고 애쓰는 '이상적 자기'다. 이상적 자기는 실제 자기의 여행에 부적절하며 비현실적인 생각들로 마음을 채우고서, 실제 자기가 이상적 자기의 기대에 부응하지 못한 '실패'에 기초하는 부정적 피드백을 만들어낸다. 그 결과로 제3의 불행한 자기, 즉 '경멸받는 자기'가 커진다.

호나이에 따르면, 당위는 우리가 '운명과 맺는 계약'의 기반이다. 우리는 당위를 이행하면 신비로운 힘으로 외부 현실을 통제할 수 있다고 믿는다. 하지만 사실상 당위는 심각한 불행과 신경증을 초래한다. 호나이의 견해는 그녀 자신의 사회적 환경에서 특히 의미가 있었다. 20세기 초 독일은 순응주의 쪽으로 많이 기울어 있었다. ■

내가 실제로 얼마나 수치스러운 사람인지는 잊어버려.
나는 이렇게 '되어야 해'.
카렌 호나이

참조: ■ 피에르 자네 54~55쪽 ■ 지그문트 프로이트 92~99쪽 ■ 멜라니 클라인 108~109쪽 ■ 칼 로저스 130~137쪽 ■ 에이브러햄 매슬로 138~139쪽 ■ 앨버트 엘리스 142~145쪽

심리치료 PSYCHOTHERAPY

슈퍼에고는 에고를 적대할 때만 분명해진다

안나 프로이트(서기 1895~1982년)

맥락읽기

접근법
정신분석

이전의 관련 역사
서기 1920년 : 지그문트 프로이트가 에세이 『쾌락 원리의 저편』에서 에고, 이드, 슈퍼에고 개념을 처음 다룬다.

이후의 관련 역사
서기 1950년대 : 멜라니 클라인이 부모의 영향이 슈퍼에고 형성과 관련된다는 데 반대한다.

서기 1961년 : 에릭 번(Eric Berne)이 내놓은 견해에 따르면, 우리는 살아가는 내내 아동-성인-부모의 자아상태(ego state)를 간직한다. 그 세 가지 자아상태는 정신분석으로 탐구할 수 있다.

서기 1976년 : 미국 심리학자 제인 뢰빙거(Jane Loevinger)에 따르면, 에고는 내부 자기와 외부 환경의 상호작용 결과로 일생 내내 단계적으로 성장한다.

성경에 따르면, 에덴동산의 아담과 이브는 의사결정자로서 유혹물과 정의 가운데 하나를 선택해야 하는 상황에 직면했다. 정신구조 모델에서 지그문트 프로이트는 인간 무의식 속의 유사 모델을 설명하며 '이드, 슈퍼에고, 에고'로 구성된 정신 기구를 제시한다.

이드는 교활한 뱀처럼 우리에게 하고 싶은 대로 하라고 속삭인다. 전적으로 욕망에 이끌려 쾌락과 기본 욕구(식욕, 안락욕, 온기욕, 성욕 등) 충족을 추구한다. 슈퍼에고는 정의로운 인품처럼 우리에게 더 고귀한 길을 따르도록 명령한다. 우리에게 부모와 사회의 가치관을 강요하며, 무엇을 해야 하고 무엇을 하지 말아야 하는지 알려준다. 마지막으로 에고는 (의사를 결정하는 성인처럼) 충동을 통제하고 행동방식에 대해 판단을 내린다. 조정자로서 이드와 슈퍼에고 사이에 머무른다.

오스트리아의 정신분석가 안나 프로이트(Anna Freud)는 아버지의 이론을 부연하며, 슈퍼에고의 형성과 그것이 에고에 미치는 영향을 부각했다. 에고는 세계의 현실을 고려하며 이드에 관계하는 한편 슈퍼에고에 밀려 낮은 위치로 내려앉는다. 슈퍼에고는 내면화된 비판적 부모처럼 죄책감과 수치심에 대해 이야기한다. 우리는 특정 방식으로 생각하거나 행동한 데 대해 자신을 질책할 때 슈퍼에고의 목소리를 듣는다. 즉 슈퍼에고는 에고를 적대할 때만 분명해진다(목소리가 높아진다).

자아방어기제

슈퍼에고의 비판적 목소리는 불안을 유발하는데, 안나 프로이트에 따르면 그때 우리는 자아방어기제(ego defense mechanism)를 작동시킨다. 자아방어는 정신이 불안감 과대를 예방하는 데 쓰는 갖가지 방법들이다. 안나 프로이트는 유머와 승화에서 부정과 전위(轉位)에 이르기까지 우리가 쓰는 여러 독창적 방어기제를 설명했다. 그녀의 자아방어 이론은 20세기 인본주의 치료의 중요한 사상적 기반이 되었다. ■

참조 : ■ 지그문트 프로이트 92~99쪽 ■ 멜라니 클라인 108~109쪽 ■ 에릭 번 337쪽

진실은 직접 깨달을 때만 받아들일 수 있다

프리츠 펄스(서기 1893~1970년)

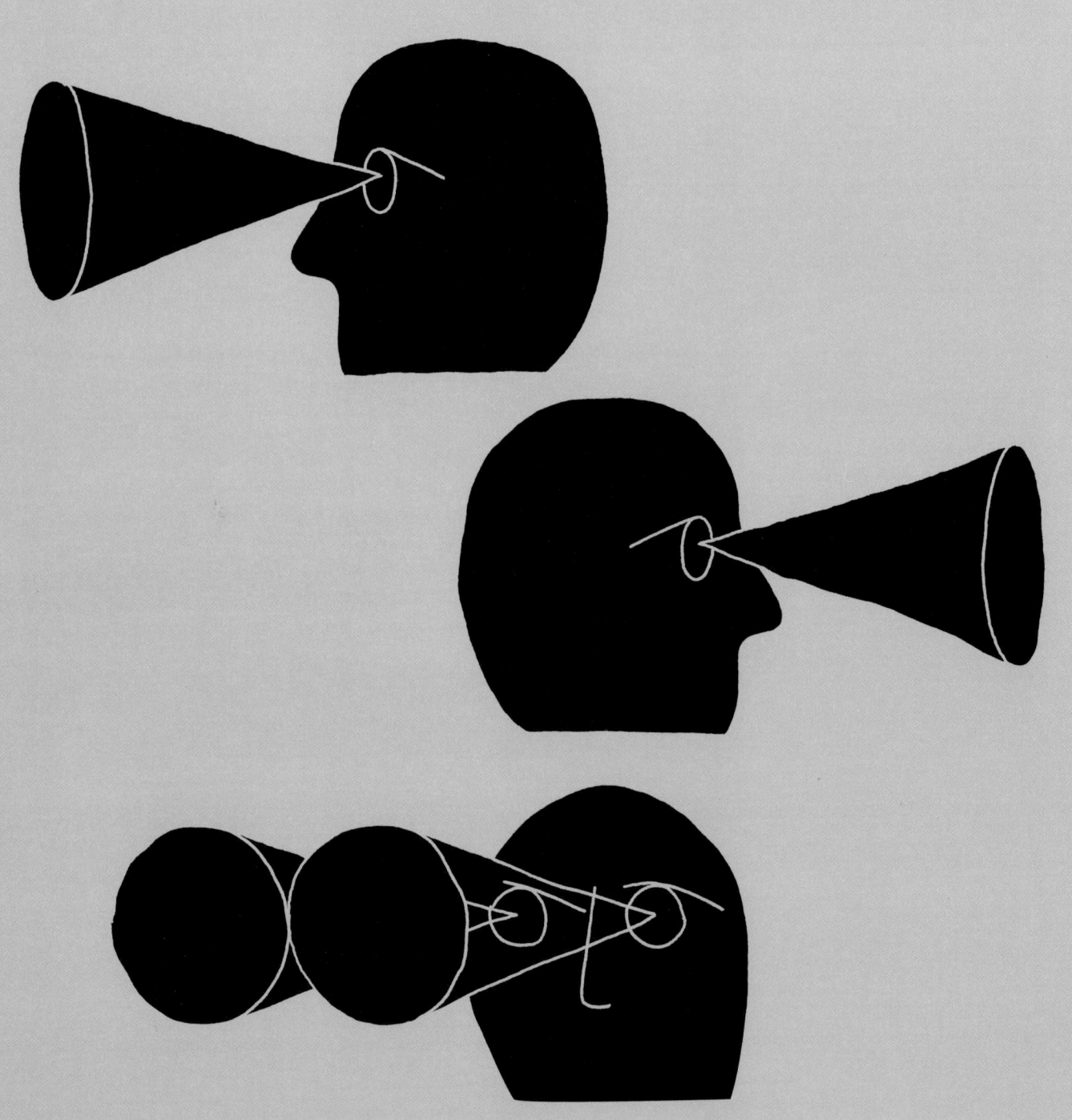

맥락읽기

접근법
게슈탈트 치료(Gestalt therapy)

이전의 관련 역사
서기 1920년대: 카를 융에 따르면 우리는 내면의 자기와 연결되어야 한다.

서기 1943년: 막스 베르트하이머가 '생산적 사고'라는 게슈탈트 개념을 설명한다. 생산적 사고에서는 독특하게도 개인의 통찰력을 이용한다.

서기 1950년: 『신경증과 인간 성장』에서 카렌 호나이가 타인들이 강요하는 '당위'를 거부할 필요성을 언급한다.

이후의 관련 역사
서기 1961년: 칼 로저스에 따르면, 심리치료가 어떤 방식과 방향을 취해야 하는지 아는 사람은 치료자가 아니라 내담자다.

서기 1973년: 신경언어 프로그래밍(NLP)의 창시자 가운데 한 명인 미국 자기계발서 저술가 리처드 밴들러(Richard Bandler)가 자신의 새로운 요법에서 여러 가지 게슈탈트 치료법을 이용한다.

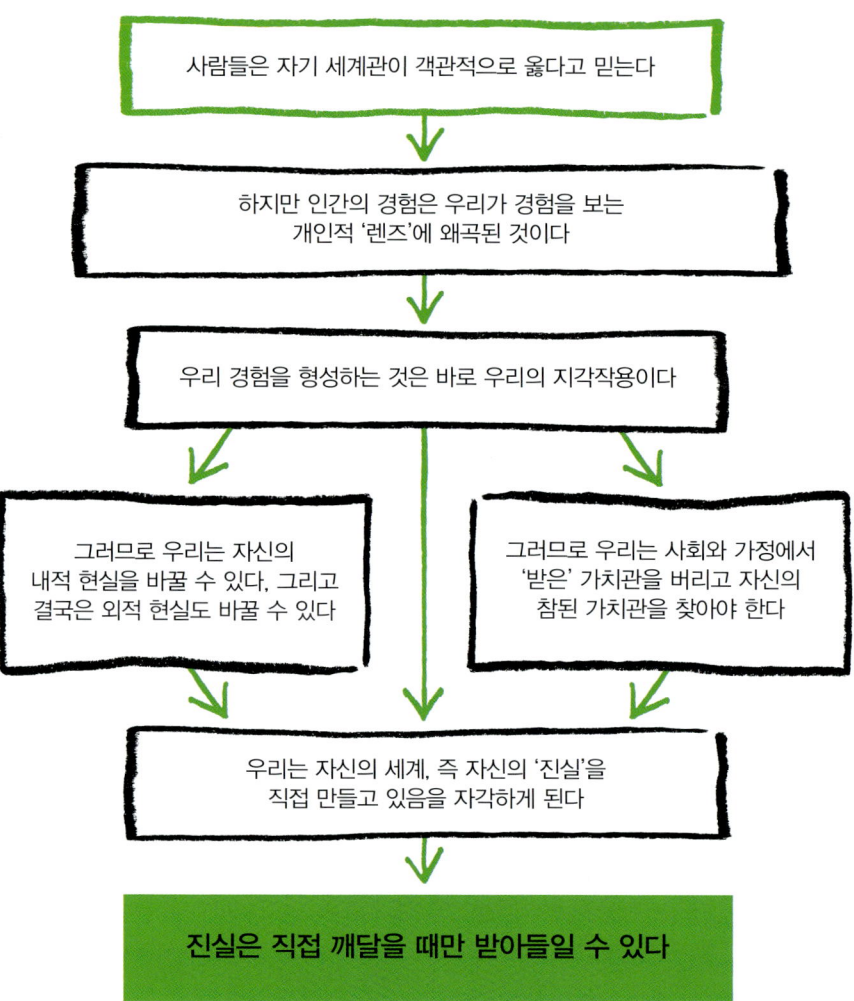

18세기에 독일 철학자 이마누엘 칸트(Immanuel Kant)는 우리 세계관을 변혁했다. 그가 지적한 바에 따르면, 우리는 자기 너머의 '거기 밖(out there)'에 무엇이 있는지 절대 알 수 없다. 우리 지식은 정신과 감각의 테두리 안에 한정되어 있기 때문이다. 우리는 사물을 '그 자체'로 알지 못한다. 자신이 그것을 경험하는 대로만 알 뿐이다. 이런 관점은 게슈탈트 치료의 기반을 형성한다.

게슈탈트 치료에서는 인간의 복잡한 경험(비극과 트라우마, 영감과 열정 등 거의 무한히 다양한 것들의 경험)이란 우리가 경험을 보는 개인적 '렌즈'에 왜곡된 것이라고 강조한다. 우리는 세상의 소리, 느낌, 모습을 모두 자동적으로 받아들이지 않는다. 몇몇을 살피고 골라낼 뿐이다.

게슈탈트 치료의 창시자 가운데 한 명인 프리츠 펄스(Fritz Perls)에 따르면, 그 말은 곧 우리가 감지하는 현실이란 우리의 지각작용, 즉 우리가 자기 경험을 바라보는 방식을 통해 만들어지는 것이지 사건 자체가 아니라는 뜻이다. 하지만 이 점은 잊기 쉽다. 심지어 인정하지 못할 때도 많다. 펄스에 따르면, 우리는 대체로 자기 세계관이 절대적·객관적으로 옳다고 착각한다. 우리의 관점과 그 관점에서 비롯하는 온갖 생각, 행위, 신념을 만드는 데 지각작용이 미치는 영향, 지각작용이 하는 역할을 인정하지 않는다. 펄스가 보기에, 우리가 알 수 있는 진실은 자신의 개인적 진실뿐이다.

자신을 책임지기

펄스는 자신의 이론을 1940년대에 발전시켰다. 당시 지배적이던 정신분석학 이론에서는 인간 마음을 일련의 생물적 욕구들로 환원할 수 있다고 보았다. 그런 접근법은 펄스가 보기에 지나치게 엄격하고 조직적이고 단순하며 일반적이었다. 펄스가 가

참조 : ■ 쇠렌 키르케고르 26~27쪽 ■ 카를 융 102~107쪽 ■ 카렌 호나이 110쪽 ■ 에리히 프롬 124~129쪽 ■ 칼 로저스 130~137쪽 ■ 에이브러햄 매슬로 138~139쪽 ■ 로저 셰퍼드 192쪽 ■ 존 카밧진 210쪽 ■ 막스 베르트하이머 335쪽

장 중요시한 개인적 경험이 계산에 들어가 있지 않았다. 더구나 정신분석가들은 환자가 자기 경험을 만들어낸 책임을 깨닫고 질 기회도 제공하지 않았다.

정신분석학 모델은 환자란 정신분석가에게 무의식적 추동에서 구조되기 전까지 무의식적 갈등에 휘둘린다는 해석에 영향을 끼친다. 반면에 펄스는 사람들이 경험 창조에 자기 역할이 미치는 영향력을 반드시 이해해야 한다고 생각했다. 그는 우리가 자기 현실을 바꿀 수 있음을, 사실상 그럴 책임이 있음을 깨우치고자 했다. 그 누구도 우리 대신 그럴 수 없다. 우리는 지각 작용이 현실의 근간임을 깨닫고 나면, 자신이 창조하는 삶과 자신이 선택하는 세계관을 책임질 수밖에 없다.

자기 힘을 인정하기

게슈탈트 이론에서는 개인이 생각과 감정을 경험하고 지각하고 책임진다는 원리로 내적 통제감을 확립해 개인의 성장을 돕는다. 펄스는 우리가 외부 환경과 상관없이 내적 경험을 통제하는 법을 배울 수 있다고 주장한다. 우리는 지각이 경험을 형성한다는 것을 이해하고 나면, 자신의 역할과 행

배움이란 뭔가가
가능하다는 깨달음이다.
프리츠 펄스

게슈탈트 선언문(Gestalt prayer)은 프리츠 펄스가 게슈탈트 치료법을 요약하려고 작성했다. 이 선언문은 우리가 자신의 욕구에 따라 살아야 한다고, 타인을 통해 충족감을 추구하지 말아야 한다고 강조한다.

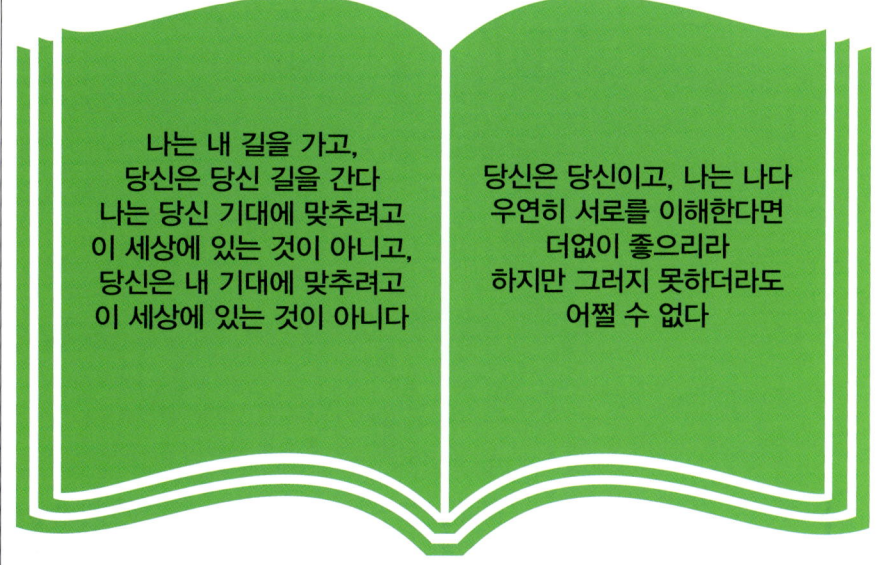

나는 내 길을 가고,
당신은 당신 길을 간다
나는 당신 기대에 맞추려고
이 세상에 있는 것이 아니고,
당신은 내 기대에 맞추려고
이 세상에 있는 것이 아니다

당신은 당신이고, 나는 나다
우연히 서로를 이해한다면
더없이 좋으리라
하지만 그러지 못하더라도
어쩔 수 없다

동을 이용해 현실을 의식적으로 바꿀 수 있음을 깨닫게 된다.

자기 내면의 정신적 환경을 통제하면, 우리는 두 단계의 선택(환경을 어떻게 해석할 것인가, 그 환경에 어떻게 반응할 것인가)에 대한 권리를 얻는다. "나를 화나게 할 수 있는 사람은 나 자신뿐이다"라는 격언은 그런 철학의 완벽한 예다. 그 말의 진실성은 교통체증, 나쁜 소식, 인신공격 등에 사람들이 다양하게 반응하는 방식에서 찾아볼 수 있다.

게슈탈트 치료를 받는 사람은 무슨 일이 일어나든 자신의 행동과 반응을 직접 책임질 수밖에 없다. 펄스는 이처럼 환경과 상관없이 감정을 일정하게 유지하는 능력을 '항상성(homeostasis)'이라 부른다. 항상성은 원래 생물학 용어로, 몸속 물리적 환경이 일정히 유지되는 현상을 설명하는 데 자주 쓰인다. 이 말은 여러 조직의 정교한 균형을 암시하는데, 이는 게슈탈트 치료에서 마음을 바라보는 방식과 상통한다. 게슈탈트 치료에서는 인간 경험 전체를 구성하는 여러 생각, 감정, 지각으로 마음의 균형을 잡고자 한다. 게슈탈트 치료사는 사람을 전체론적으로 보며, 초점을 부분이 아니라 전체에 고정한다.

펄스는 환자들이 지각의 힘과 자신의 현실(우리가 '현실'이라 부르는 것) 창조방식을 깨닫도록 돕는 것을 과업으로 여겼다. 그 과정에서 환자들은 자기 내면의 풍경을 직접 조성할 수 있게 되었다. 스스로 지각한 현실감을 책임지면서 그들은 자신이 바라는 현실을 창조할 수 있었다.

펄스는 환자들이 그런 상태에 이르는 데 도움을 주려고 그들에게 게슈탈트 치료의 필수 과정을 가르쳤다. 가장 중요한 첫 과

불교에서와 마찬가지로 게슈탈트 치료에서는 예리한 자각을 키우고 변화를 필연으로 받아들이도록 권장한다. 펄스는 변화를 '창조적 적응 연구'라고 불렀다.

정에서는 자각을 키우는 법, 자각의 초점을 현재 순간에 맞추는 법을 배운다. 그럼으로써 환자들은 각자 현재 순간의 감정과 지각된 현실을 직접 경험할 수 있게 된다. 그렇게 '지금 여기에 존재'하는 능력은 게슈탈트 치료과정에서 극히 중요하다. 그것은 예리한 감정적 자각능력으로, 자신의 환경 창조 방식과 대(對)환경 반응방식을 이해하는 기초가 된다. 나아가 그 능력은 자기와 자기 환경에 대한 경험방식을 바꾸는 길도 열어준다.

개인 성장의 수단으로서 참된 생각·감정과 만나는 능력은 펄스에게 여타 치료법의 분석적 피드백이나 심리학적 설명보다 중요하다. '왜' 그렇게 행동하는가는 펄스에게 중요치 않다. 중요한 것은 '어떻게' 행동하는가와 '무엇'을 하는가이다. 펄스는 '이유'를 찾을 필요성을 낮춰 보고 의미에 대한 책임을 정신분석가에게서 환자에게로 넘김으로써, 치료사-환자 관계에 엄청난 변화를 몰고 왔다. 이전의 심리치료 접근법에서는 대개 치료사가 환자를 치료목표로 유도했지만, 게슈탈트 접근법에서는 치료사와 환자가 함께 목표로 나아가는 따뜻한 공감적 관계가 두드러진다. 게슈탈트 치료사는 적극적이긴 하나 환자를 이끌진 않는다. 펄스의 게슈탈트 접근법은 나중에 칼 로저스의 인본주의적·인간중심적 접근법의 기초가 되었다.

운명 부정

게슈탈트 접근법의 또 다른 구성요소는 언어 사용과 관련되어 있다. 환자의 자각을 키우는 주요 방법 가운데 하나는 말할 때 '나'라는 단어의 쓰임을 조심하고 바꾸라고 가르치는 것이다. 펄스에 따르면, 우리는 자기 현실을 책임지려면, 스스로 어찌할 수 없다는 착각을 불러일으키는 언어 사용방식을 인지해야 한다. 단순히 "나는 그걸 할 수 없어"를 "나는 그걸 하지 않을 거야"로 바꿔 말하기만 해도, 내가 선택을 하고 있다는 점이 분명해진다. 이 방법은 감정의 소재(所在)를 확인하는 데도 도움이 된다. 감정은 내 안에서 일어나고 나에게 속한다. 그러므로 내 감정 때문에 다른 사람이나 사물을 탓해서는 안 된다.

고쳐 말하기의 다른 예 가운데 하나는 '~해야 한다'를 '~하고 싶다'로 바꾸는 것이다. 이를테면 "이제 가야 해"를 "이제 가고 싶어"로 바꾸는 식이다. 여기서도 선택이라는 요소가 드러난다. 펄스에 따르면, 자기 경험을 책임지는 법을 배우면서 우리는 사회의 영향에서 자유로운 참된 자기를 성장시킨다. 또 우리는 '저절로 일어나는' 일들에 자기가 휘둘리지 않음을 깨달으면서 스스로 강해짐을 느낀다. 살면서 스스로 받아들이는 것(선별적으로 지각하고 경험하는 것)이 우리가 선택하는 대상임을, 우리가 무력하지 않음을 이해하고 나면 피해의식이 사

프리츠 펄스

프레데릭 살로몬 펄스(Frederick Salomon Perls)는 19세기 말에 베를린에서 태어났다. 의학을 공부하다 제1차 세계대전 때 독일군에 잠시 몸담은 후 의사자격증을 땄다. 이어서 정신의학 교육을 받고 1930년에 심리학자 라우라 포스너(Laura Posner)와 결혼했다. 그리고 남아프리카로 이주해 아내와 함께 정신분석 연구소를 설립했다. 하지만 펄스 부부는 지나치게 주지주의적인 정신분석학적 접근법에 환멸을 느끼고서, 1940년대 말 다시 뉴욕으로 이주해 진보적 사상으로 넘쳐나는 문화에 빠져들었다. 펄스는 1960년대 초에 아내와 갈라서고 캘리포니아로 가서 심리치료계를 계속 바꿔나갔다. 1969년에 미국을 떠나 캐나다에서 치료센터를 열었으나, 이듬해에 워크숍을 진행하다 심장마비로 숨졌다.

주요 저서

1946년 『자아, 배고픔, 공격성 Ego, Hunger and Aggression』
1969년 『게슈탈트 치료 기록 Gestalt Therapy Verbatim』
1973년 『게슈탈트 접근법과 치료목격자 The Gestalt Approach and Eye Witness to Therapy』

정신을 놓고 제정신으로 돌아오라.
프리츠 펄스

1960년대 히피 문화는 자기를 찾는 게슈탈트 사상과 비슷했다. 하지만 펄스는 "순간적 즐거움을 파는 마약상"과 "이른바 감각적 해방으로 편하게 가는 길"을 조심하라고 경고했다.

라진다.

그런 개인적 책임에는 참된 자기와 맞지 않는 사건, 관계, 환경의 경험을 거부할 의무가 따른다. 또 게슈탈트 이론에서는 우리가 받아들이는 사회규범을 자세히 살펴보라고 이야기한다. 우리는 그런 규범이 옳다는 가정 아래 너무 오래 살아온 나머지 그것을 무심결에 받아들이기도 한다. 펄스에 따르면, 우리는 참된 자기를 가장 많이 고무하고 성장시키는 믿음을 받아들여야 한다. 자신의 원칙을 작성하고 자신의 의견, 철학, 욕망, 관심사를 결정하는 능력은 절대적으로 중요하다. 자기책임, 자기의존, 자기통찰에 대한 자각을 키우면서 우리는 자기만의 세계, 즉 자기만의 진실을 직접 만들고 있음을 깨닫는다. 그 결과, 자신의 현재 삶을 견디기가 수월해진다. "진실은 직접 깨달을 때만 받아들일 수" 있기 때문이다.

친밀한 관계의 가능성

게슈탈트 치료에서 강조한 '현재에 존재하기'와 자기만의 길과 생각 찾기는 1960년대 서양의 반문화 혁명과 완벽하게 어울렸다. 하지만 초점을 개인주의에 맞춘 태도는 어떤 심리학자와 정신분석가들(특히 인간을 무엇보다 사회적 존재로 보는 이들)에겐 게슈탈트 치료의 약점으로 보였다. 그들의 주장에 따르면, 게슈탈트 원칙을 좇는 삶에서는 타인과 친해질 가능성을 배제하며, 개인을 너무 중요시한 나머지 공동체를 희생시킨다. 이에 게슈탈트 치료 옹호자들은 참된 자기를 발전시키지 않으면 타인과의 참된 관계도 발전시킬 수 없다고 응수했다.

1964년에 펄스는 캘리포니아 주의 에설런 인스티튜트(Esalen Institute)라는 유명 교육기관에서 정규강사가 되면서, 영적·정신적 성장과 관련하여 그곳에 오래도록 영향을 미치게 됐다. 게슈탈트 치료는 1970년대의 인기 폭발 이후 사람들의 관심 밖으로 밀려났지만, 그 원리는 여러 심리치료법의 기반으로 받아들여졌다. 오늘날 게슈탈트 접근법은 여러 '표준' 치료법 가운데 하나로 여겨진다. ■

다른 사람들의
격려와 칭찬을 구한다면,
그들을 내 심판자로
만드는 셈이다.
프리츠 펄스

입양아를 가족으로 받아들이고 사랑해주는 것만으로는 역시 부족하다

도널드 위니콧 (서기 1896~1971년)

맥락읽기

접근법
정신분석

이전의 관련 역사

서기 1900년대 : 지그문트 프로이트는 오이디푸스기(3~6세)에 신경증적 갈등과 슈퍼에고가 생긴다고 말한다.

서기 1930년대 : 멜라니 클라인이 생후 첫 1년간 원시적 형태의 슈퍼에고가 발달하며, 사랑과 증오란 선천적으로 연관돼 있다고 주장한다.

이후의 관련 역사

서기 1947년 : 심리학자이자 놀이치료사인 버지니아 액슬린(Virginia Axline)이 놀이치료의 기본원칙 8가지를 내놓는다. 그중 하나는 "아이를 있는 그대로 받아들이라"는 것이다.

서기 1979년 : 스위스의 정신분석가 앨리스 밀러(Alice Miller)의 『천재가 될 수밖에 없었던 아이들의 드라마 The Drama of the Gifted Child』에 따르면, 우리는 "감정을 경험하지 않는 기술을 발전"시키도록 권유받는다.

사랑과 보살핌이 결핍된 가정환경에서 고생한 아이라도 적절한 새 가정을 찾으면 평온을 찾고 잘 자랄 수 있다고 믿는 사람들이 많다. 그러나 아이가 자라며 건강을 찾을 토대를 마련하는 데 안정과 수용이 도움이 되긴 하지만, 그런 특징은 필수사항의 일부에 불과하다.

영국에서 정신분석을 공부한 첫 소아과 전문의로서 도널드 위니콧(Donald Winnicott)은 어머니-영아 관계와 아동발달 과정을 독특하게 통찰해냈다. 그는 지그문트 프로이트는 물론이고 영아 보호자의 무의식적 감정 등과 관련하여 멜라니 클라인의 저술에서도 큰 영향을 받았다. 위니콧은 처음에

참조 : ■ 지그문트 프로이트 92~99쪽 ■ 멜라니 클라인 108~109쪽 ■ 버지니아 사티어 146~147쪽 ■ 존 보울비 274~277쪽

도널드 위니콧

영국의 소아과 의사 겸 정신분석가 도널드 우즈 위니콧(Donald Woods Winnicott)은 데번 주 플리머스의 부유한 명문가에서 태어난 독자였다. 아버지 존 프레더릭 위니콧(Sir John Frederick Winnicott)은 호의적인 세력가였지만, 어머니는 우울증에 시달렸다. 도널드 위니콧은 먼저 내과와 소아과를 전공한 다음, 1930년대에 정신분석 과정을 마쳤다.

위니콧은 두 번 결혼했는데, 두 번째 아내인 정신보건사회복지사 클레어 브리튼(Clare Britton)을 만난 것은 제2차 세계대전 때 피난 온 정서장애아들을 연구할 때였다. 그는 소아과 의사로서 40년 넘게 일한 덕분에 독특한 관점을 갖추게 되었다. 위니콧은 영국 정신분석학회 회장을 두 차례 지냈으며, 강연과 방송으로 대중의 지식을 넓히고자 애썼다.

주요 저서

1947년 『증오의 역전이 Hate in the Countertransference』
1951년 『전이대상과 전이현상 Transitional Objects and Transitional Phenomena』
1960년 『부모-영아 관계론 The Theory of the Parent-Infant Relationship』

제2차 세계대전의 난민아동을 연구한 후, 새 가정에 적응하려 애쓰는 아동이 직면한 어려움을 고찰했다.

위니콧은 『증오의 역전이』에서 이렇게 말한다. "입양아를 가족으로 받아들이고 사랑해주는 것만으로는 역시 부족하다." 사실상 부모는 입양아를 가족으로 받아들일 수 있어야 할 뿐 아니라 그 아이에 대한 증오를 참고 견딜 수도 있어야 한다. 위니콧에 따르면, 아이는 미움을 받은 후에만 자신이 사랑받고 있음을 믿는다. 위니콧은 치료에서 '증오 인내'의 역할을 과소평가하면 안 된다고 강조한다.

위니콧의 설명에 따르면, 부모의 보살핌을 제대로 받지 못한 어린이는 수양가족처럼 건강한 가정환경에서 그럴 기회를 얻으면 무의식적 희망을 키운다. 하지만 그 희망은 공포를 수반한다. 어린이가 과거에 감정적·육체적 기본 욕구도 충족하지 못하고 엄청나게 실망했다면, 방어가 시작된다. 이는 실망으로 이어질지도 모르는 희망에 맞서 어린이를 보호하는 무의식적 작용이다. 위니콧은 그런 방어 때문에 증오가 생긴다고 주장한다. 어린이는 새 부모에게 분노를 터뜨리며 증오를 '행동화'함으로써 그들에게 증오감을 불러일으킬 것이다. 위니콧은 이런 습성을 일종의 '반사회적 경향(antisocial tendency)'이라 불렀다.

> 입양아는 미움을 받은 후에야 자신이 사랑받고 있음을 믿는 듯하다.
> 도널드 위니콧

위니콧에 따르면, 상처받은 어린이는 미워하고 미움받고 싶은 욕구가 반항욕보다 강하고, 증오를 참는 보호자는 그 어린이의 치료에 필수적인 요소다. 어린이는 증오 표현이 허용되어야 하고, 부모는 자신과 아이의 증오를 모두 참을 수 있어야 한다.

이런 생각은 충격적일 수 있다. 사람들은 자기 마음속에서 증오가 치민다는 생각과 씨름하기도 한다. 그들은 아이가 이미 큰 어려움을 겪었음을 알기에 죄책감을 느끼기도 한다. 하지만 아이는 부모에게 능동적으로 밉살스럽게 굴며, 과거에 무시당한 경험을 현재 현실에 투사한다.

위니콧에 따르면, 결손가정의 어린이는 '무의식적으로 부모를 계속 찾기' 때문에, 과거 경험에서 비롯한 감정을 다른 어른에게로 돌려놓는다. 증오를 이미 내면화했기에, 증오가 더 이상 존재하지 않더라도 증오를 느낀다. 새로운 환경에서 어린이는 증오의 기운이 감도는 경우에 무슨 일이 일어나는지 확인할 필요가 있다. 위니콧은 이렇게 설명한다. "그렇게 입양된 어린이는 얼마 후 희망을 품고서 새로운 환경을 시험하며 보호자의 객관적 증오능력에 대한 증거를 찾기 시작한다."

어린이는 여러 가지 방식으로 증오를 표현하며, 자신이 사랑받을 가치가 없음을 증명한다. 자신이 무가치하다는 것은 이전의 부정적인 양육 경험에서 받은 메시지다. 어린이의 관점에서 보자면, 그는 사랑을 느끼거나 받게 될 위험에 맞서(그런 상태에는 실망이 따를 수 있으므로) 자신을 보호하려 애쓰고 있다.

증오감 처리

어린이의 증오가 부모, 선생 등의 권위인물(authority figure)에게 불러일으키는 감정은 매우 현실적이다. 위니콧에 따르면, 어른들은 힘들더라도 그런 감정을 부정하지 말고 인정해야 한다. 또 그들은 어린이가 개인을 증오하는 것이 아니라 이전의 불행한 상황에 대한 불안을 지금 가까이 있는 사람에게 표현하고 있음을 이해해야 한다.

물론 권위인물이 자신의 증오를 처리하는 방식도 매우 중요하다. 어린이의 믿음, 즉 자신이 '나쁜' 사람이며 사랑받을 가치가 없다는 믿음이 어른의 반응 때문에 강화되어서는 안 된다. 어른은 증오감을 그저 참고 그 감정이 관계의 일부임을 깨달아야 한다. 그렇게 해야만 어린이가 마음을 놓고 애착을 느낄 수 있다.

새로운 환경이 아무리 따뜻해도 어린이의 과거가 사라지지는 않는다. 어린이 마음속에는 과거 경험에서 비롯한 감정이 늘 남아 있을 것이다. 위니콧은 이 문제를 해결하는 지름길이란 없다고 본다. 어린이는 어른의 증오감이 거부로 이어질 것이라고 예상한다. 전에 그랬기 때문이다. 그런데 증오가 거부로 이어지지 않고 참아지면 어린이는 증오를 버리기 시작할 것이다.

건강한 증오

위니콧은 버림받은 적 없는 자녀를 둔 정신적으로 건강한 가정에서도 무의식적 증오란 육아 경험에서 자연적이고 필수적인 부분이라 믿으며, '적절하게 증오하기'라는 표현을 쓴다. 멜라니 클라인은 아기가 어머니에 대한 증오감을 느낀다고 말했지만, 위니콧은 그 전에 어머니가 아기를 증오한다고, 게다가 그보다 더 전에 특이하고 원시적인 혹은 '무자비한' 사랑이 존재

어린이들의 '반사회적 경향'은 그들이 자기 세계에 대한 불안감을 표현하며 (자녀를 계속 따뜻하게 보살펴야 하는) 보호자를 시험하는 방식이다.

부모는 자녀 때문에 자연스레 무의식적으로 부정적 감정을 느끼더라도 자녀를 '포용'하며 안심시켜야 한다.

한다고 말한다. 아기의 존재는 어머니에게 정신적·육체적으로 엄청난 부담을 주면서 증오감을 불러일으킨다.

위니콧은 어머니가 아기를 증오하는 18가지 이유의 목록을 만들었는데, 그중 일부는 다음과 같다. 임신과 출산 때문에 어머니 목숨이 위태로워졌었다. 아기가 어머니 사생활에 방해가 된다. 아기가 젖 먹을 때 어머니를 아프게 한다. 심지어 깨물기도 한다. 아기가 어머니를 '쓰레기, 무급 하인, 노예로 취급'한다. 이 모든 것들과 '똥오줌'에도 불구하고 한편으로 어머니는 아기에게 엄청나게 강렬하고 원시적인 사랑을 베푼다. 그리고 아기에 대한 증오를 드러내지 않고 참는 법을 배워야 한다. 위니콧의 주장에 따르면, 어머니는 적절하게 증오하지 못할 경우, 불건전한 피학적 방식으로 증오감을 자신에게로 돌린다.

치료적 관계

위니콧은 치료자-내담자의 치료적 관계를 부모-자녀 관계에 비유하기도 했다. 정신분석 중에 치료자에게 일어나는 감정은 '역전이(逆轉移, countertransference)'라는 현상의 일부다. 치료 중에 내담자에게 일어나는 감정(보통 부모나 형제자매에 대한 감정)은 치료자에게 전이된다. 한 논문에서 위니콧은 정신분석 중에 치료자가 내담자에게 증오를 느끼는 방식을 설명했다. 그에 따르면, 그 증오는 내담자가 치료자의 인내력을 시험하는 과정에서 불러일으킨 것이다. 내담자는 치료자가 그런 맹공격을 견뎌낼 만큼 강하고 믿음직한지 알아볼 필요가 있다.

현실주의적 접근법

위니콧 이론의 일부가 충격적일 수도 있겠지만, 그가 믿는 바에 따르면 우리는 자녀 양육을 현실적으로 생각하며 감상적 태도를 삼가고 솔직해져야 한다. 그래야만 어린이로서 그리고 나중에 어른으로서 자연스럽고 불가피한 부정적 감정을 인정하고 처리할 수 있다. 위니콧은 현실주의자이자 실용주의자다. 그는 '완벽한 가족'이라는 가공의 개념도, 친절한 말 몇 마디로 이전의 참사를 모두 지워버릴 수 있는 세계도 믿지 않는다. 그는 인간이 실제로 경험하는 환경과 정신상태를 이해하고자 하면서, 다른 사람들도 그렇게 하며 용기를 내 솔직해지길 바란다. 위니콧의 이론은 한 학파에 깔끔하게 들어맞진 않았지만, 당시에도 영향력이 엄청났고 지금도 전 세계의 사회사업, 교육, 발달심리학, 정신분석에 계속 큰 영향을 미치고 있다. ∎

어머니의 감상적 태도는
아이에게 아무 도움도 되지 않는다.
도널드 위니콧

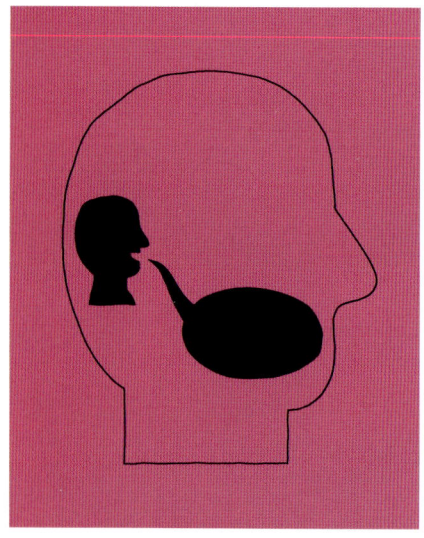

무의식은 타자의 담론이다

자크 라캉 (서기 1901~1981년)

맥락읽기

접근법
정신분석

이전의 관련 역사
서기 1807년: 독일 철학자 게오르크 헤겔(Georg Hegel)이 자기의 의식이란 타자의 존재에 좌우된다고 주장한다.

서기 1818년: 독일 철학자 아르투어 쇼펜하우어에 따르면, 주체에게 관찰되지 않는 객체란 존재하지 않으며, 객체의 지각은 개인적 관찰과 경험에 한정된다.

서기 1890년: 윌리엄 제임스가 『심리학원리』에서 '인식하는 자기(the self as the knower: I)'와 '인식되는 자기(the self as the known: me)'를 구별한다.

이후의 관련 역사
서기 1943년: 프랑스 철학자 장 폴 사르트르(Jean-Paul Sartre)에 따르면, 주변 세계, 즉 타자(他者)에 대한 우리의 지각은 다른 사람이 나타나면 변한다. 우리는 그 사람의 타자 개념을 흡수한다.

타자란 자기 경계 너머에 있는 모든 것이다

↓

우리는 타자의 존재를 이용해 자기를 정의하고 재정의한다

↓

우리는 타자의 언어(담론)로 세계를 이해한다

↓

우리는 그 언어를 가장 깊은 내면의 생각에도 쓴다

↓

무의식은 타자의 담론이다

정신분석가들의 설명에 따르면, 무의식이란 우리가 생각하길 꺼리는 온갖 기억들이 저장되는 곳이고, 일단 그곳에 저장된 기억은 의식적으로 되찾을 수 없다. 때때로 무의식은 제한된 방식으로 의식적 자기에게 메시지를 보낸다. 카를 융은 무의식이 꿈과 상징에서 원형의 언어로 의식적 자기에게 나타난다고 믿었고, 프로이트는 무의식이 동기적 행동과 돌발적 말실수로 표출된다고 보았다. 여러 정신분석학파에서 동의하는 한 가지는 의식적 자기보다 무의식에 더 큰 그림이 담겨 있다는 점이다. 그런데 프랑스의 정신분석가 자크 라캉(Jacques Lacan)에게 무의식의 언어란 자기(self)의 언어가 아니라 '타자(other)'의 언어다.

자기감

우리는 흔히 '자기'라는 개념을 당연시한다. 우리는 모두 자기 눈으로 세계를 보는 개별적 존재로서 살아가며, 주변 세상과 자기를 나누는 경계에 익숙하고, 자기 생각과 대(對)환경 상호작용 방식의 개별성을 믿는다. 그런데 만약 우리가 자기와 구별할 수 있는 대상이 외부에 없다면 어떻게 될까? 우리는 자기감(sense of self)을 개념화할 수

심리치료 PSYCHOTHERAPY

참조 : ■ 윌리엄 제임스 38~45쪽 ■ 지그문트 프로이트 92~99쪽 ■ 카를 융 102~107쪽 ■ 도널드 헵 163쪽

우리의 자기감이 만들어지는 까닭은 우리가 '타자', 즉 외부 세계를 의식하기 때문이다. 그런데 라캉에 따르면 내면 가장 깊은 곳의 생각을 구성하는 것은 바로 타자의 언어다.

없을 것이다. 윤곽이 있는 사고 대상이 전혀 없을 테니까. 우리가 개인으로서 주변 세계와 다른지 판단하는 유일한 수단은 자기와 환경, 즉 타자의 개별성을 인식하는 능력이다. 그 타자 덕분에 우리는 '나(I)'라는 주체가 될 수 있다. 라캉의 결론에 따르면, 그러므로 우리가 저마다 '자기'인 유일한 이유는 우리에게 타자라는 개념이 있기 때문이다.

라캉에게 타자란 자기 너머에 있는 절대적 타자다. 그것은 우리가 태어나는 환경이며, 우리가 생존하고 번영하려면 '해석'하거나 이해해야 하는 환경이다. 영아는 세계에서 제 역할을 하려면 느낌을 종합해 개념과 범주로 정리하는 법을 배워야 한다. 영아가 그 방법을 배우는 것은 일련의 시니피앙(signifiant, 기표)을 점차 인식하고 이해하는 과정을 통해서다. 그런데 그런 시니피앙은 자기 너머에 있는 외부 세계로부터만 우리에게 올 수 있으므로, 분명 타자의 언어(라캉이 선호하는 표현으로는 '담론(discourse)')로 만들어졌을 것이다.

우리는 오로지 언어로만 사고하고 생각과 감정을 표현할 수 있는데, 우리에게 있는 유일한 언어는 라캉에 따르면 타자의 언어다. 그러므로 우리의 무의식적 생각으로 전환되는 느낌과 이미지 또한 분명 그 타자의 언어로 구성되어 있을 것이다. 즉 라캉이 말했듯 "무의식은 타자의 담론"이다. 그의 다음과 같은 발언은 매우 유명하다. "나는 내가 생각하는 곳에 존재하지 않고, 내

>
> 자기는 늘 타자의 영역에 있다.
> 자크 라캉
>

가 생각하지 않는 곳에서 존재한다." 이처럼 라캉은 자기반성적인 자아가 상상적인 것이고, 진정한 주체는 제3자에게서 찾아야 한다는 점을 분명히 했다. 이런 생각은 정신분석치료에 큰 영향을 미쳤고, 무의식에 대한 더 객관적이고 개방적인 해석을 낳았다. ■

자크 라캉

자크 마리 에밀 라캉(Jacques Marie Émile Lacan)은 파리에서 태어나 콜레주 스타니슬라스(Collège Stanislas)의 예수회 수도사들에게 교육받았다. 그리고 의대에 들어가 정신과 의사 자격증을 땄고, 제2차 세계대전 때 피점령지 파리에 남아 발드그라스(Val-de-Grâce) 육군병원에서 일했다.

전후에 라캉은 정신분석을 연구의 핵심 수단으로 삼았다. 하지만 '규칙에서 벗어나' 치료시간을 단축한 것 때문에 물의를 빚은 뒤 1953년 국제정신분석학회에서 제명당했다. 그래서 프랑스 정신분석학회를 창설했다.

라캉의 저술 범위는 철학, 미술, 문학, 언어학에 이르렀고, 그가 매주 연 세미나에는 롤랑 바르트(Roland Barthes)와 클로드 레비스트로스(Claude Lévi-Strauss)처럼 저명한 사상가들이 참석했다. 열렬한 프로이트파였던 라캉은 1963년에는 파리 프로이트학파(École Freudienne de Paris)를, 1981년에는 프로이트 대의학파(École de la Cause Freudienne)를 결성했다.

주요 저서

1966년 『에크리 Écrits』
1968년 『자기의 언어 The Language of the Self』
1954~1980년 『세미나 The Seminars』(총 27권)

인간의 주된 과업은 참된 자기를 탄생시키는 일이다

에리히 프롬(서기 1900~1980년)

맥락읽기

접근법
인본주의적 정신분석학

이전의 관련 역사
서기 1258~1261년: 이슬람 신비주의자 루미(Rumi)에 따르면, 인간 영혼의 갈망은 그 영혼이 근원에서 떨어져 나온 데 연유한다.

서기 1950년대: 롤로 메이에 따르면, '참된 종교'를 믿는 사람은 자기 일을 책임지고 선택함으로써 삶의 목적과 의미를 의식하며 삶의 문제에 정면으로 맞선다.

이후의 관련 역사
서기 1950년: 카렌 호나이가 신경증적 자기란 이상적 자기와 실제 자기로 분열되어 있다고 말한다.

서기 1960년대: 에이브러햄 매슬로가 자기를 실현한 사람들의 특징으로 독창성과 타인 배려를 꼽는다.

서기 1970년대: 프리츠 펄스에 따르면, 우리는 자기를 찾아야 자기를 실현할 수 있다.

삶의 의미를 찾는 능력은 인간을 규정짓는 특징이다. 독일계 미국인 정신분석학자 에리히 프롬(Erich Fromm)에 따르면, 그 능력은 우리가 만족과 성취의 길을 가느냐 불만족과 분쟁의 길을 가느냐도 결정한다. 프롬은 삶이란 고되게 마련이지만 삶에 의미를 부여하고 참된 자기를 추구하고 만듦으로써 삶을 견딜 만하게 바꿀 수 있다고 믿었다. 인간 삶의 궁극적 목적은 프롬이 말한 "인간이 타고나는 가장 고귀한 특징, 즉 삶에 대한 사랑"을 키우는 데 있다.

프롬에 따르면, 삶은 본래 좌절감으로 가득한데, 그 까닭은 인간이 악전고투 상태로 살아가기 때문이다. 인간은 개인성(개별적 존재로 살아간다는 특성)과 연결 욕구의 균형을 잡으려고 끊임없이 노력한다. 인간 고유의 자기에는 타자와 화합하며 살아가는 법을 유일하게 아는 부분이 있다. 그 부분은 자연과도 하나가 되고 타인들과도 하나가 되어 살아간다. 하지만 우리는 자신이 자연과도 분리되어 있고 타인들로부터도 고립되어 있음을 깨닫는다. 설상가상으로 우리에게는 그런 분리와 고립에 대해 깊이 생각하는 독특한 능력이 있다. 이성을 타고나는 우리 인간은 자기 자신을 의식하는 생물이다.

프롬은 우리와 자연의 분리가 지적 능력의 발달에서 비롯했다고 말한다. 즉 지력이 커져서 우리가 분리상태를 자각하게 됐다는 것이다. 우리가 자연을 초월할 수 있는 것은 바로 뭔가를 추론하고 관련짓는 능력 때문이다. 그 능력 때문에 우리는 생산적 삶을 영위할 수 있고 지적 우월성도 얻지만, 한편으로는 자기가 이 세계에 홀로 존재함을 깨닫기도 한다. 이성 때문에 우리는 자기와 자기가 사랑하는 사람들이 모두 필

> 보통사람에게 소속집단에 대한 이질감보다 참기 힘든 것은 없는 듯하다.
> **에리히 프롬**

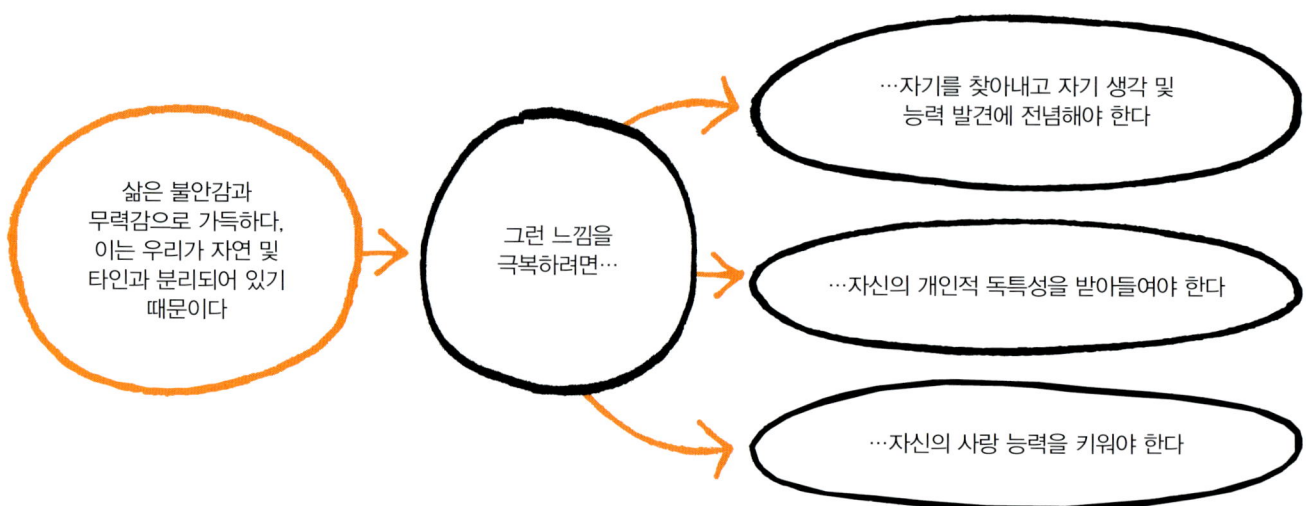

예술가들은 독창성을 발휘해 주변 세계를 새로운 방식으로 해석한다. 세계적으로 높은 평가를 받은 예술가들은 늘 근본적으로 비순응주의자였다.

사(必死)의 운명임을 알아차린다. 그런 생각은 우리가 늘 극복하고자 애쓰는 만성적인 긴장과 참기 힘든 고독을 낳는다. 인간 고유의 존재상태는 불안하고 절망적인 상태다. 하지만 프롬에 따르면 희망이 있다. 인간은 자기 목적을 찾음으로써 고립감과 소외감을 극복할 수 있기 때문이다.

하지만 우리는 자유롭고 독특한 개인이 되려고 애쓰면서도, 타인들과 화합하고 싶은 욕구를 여전히 느낀다. 그래서 그런 욕구들의 균형을 잡으려다 권위자나 집단에 순응해 위안을 얻기도 한다. 그러나 프롬에 따르면 이는 잘못된 접근법이다. 우리는 관습적·권위주의적 규범을 신봉하지 말고 독자적 자기감과 개인적 관점 및 가치 체계를 반드시 찾아내야 한다.

자기 선택에 대한 책임을 다른 사람이나 단체에 넘기려고 하면 우리는 자기에게서 멀어진다. 하지만 우리 삶의 궁극적 목적은 자신의 독특성을 받아들이고 자기만의 생각과 능력을 발견하고 자신과 타인의 차이점을 인정함으로써 자기를 규정짓는 데 있다. 인간의 주된 과업은 참된 자기를 탄생시키는 일이다. 그러면서 인간은 혼란, 고독, 냉담에서 벗어난다.

독창성과 사랑

역설적이게도 프롬은 일체감을 찾으려면 개성을 찾는 방법밖에 없다고 믿는다. 우리는 자기만의 생각과 열정을 따르며 독창적 목적을 추구함으로써 개성을 찾을 수 있다. "독창적으로 사는 데는 확실한 것들을 포기할 용기가 필요"하기 때문이다.

고립에서 벗어나는 주요 방법 가운데 하나는 사랑 능력을 발휘하는 것이다. 프롬의 사랑 개념은 대중이 그 말을 이해하는 바와 사뭇 다르다. 프롬에게 사랑이란 감정이 아니며, 사랑할 대상을 찾는 일과도 무관하다. 그것은 인간이 자기 성격의 일부로서 적극적으로 발전시켜야 할 독창적 대인 능력이다. 프롬은 이렇게 말한다. "그것은 개인과 세계 전체의 관계를 결정하는 태도, 마음가짐이다."

타인에 대한 개인적 사랑에 관해서라면 프롬은 주요 원칙으로 배려, 책임, 존중, 지식(타인이 진정 원하는 바, 타인에게 진정 필요한 바에 대한 객관적 지식)을 꼽는다. 사랑은 자기와 타인의 개별성과 독특성을 존중해야만 가능하다. 역설적이지만 바로 그런 식으로 우리는 유대감 조성 능력을 발달시킨다. 사랑을 하려면 타인을 개인으로서 높이 존중하고 성격의 융합이 아닌 자율성에 기반을 두어야 한다. 우리는 타인과 관계 맺고 화합하고 싶은 욕망을 이기지 못해 사랑을 시도하지만, 사랑이 없는 불균형한 관계에 이를 때가 많다. 스스로 사랑하고 있다고 믿지만, 사실상 다른 형태의 순응을 추구하기도 한다. "사랑해"라고 말하면서 속으로는 '네 안에 내가 보여'라거나, '나는 네가 될 거야'라거나, '너를 소유할 거야'라고 생각하는 것이다. 그래서 자신의 독특성을 버리거나 타인의 독특성을 빼앗고자 애쓰기도 한다. '하나로서' 존재하고 싶다는 열망 때문에 우리는 타인에게 자기가 반영되길 바라게 되고, 결국 자기만의 특성을 타인에게 강요하게 된다. 프롬에 따르면, 유일한 사랑 방법은 타인의 개성을 모두 인정하며 자유롭게 사랑하는 것, 타인의 다른 의견, 취향, 신념 체계를 존중하는 것이다. 사랑은 한 사람을 다른 사람의 틀에 맞추는 데 있지 않으며, 꼭 '맞는 짝'을 찾는 문제도 아니다. 프롬은 이렇게 말한다. "사랑이란

비생산적 성격의 네 유형

수용적 유형은 자기 역할을 받아들이기만 할 뿐 결코 변화나 개선을 위해 싸우지 않는다

착취적 유형은 공격적이며 자기중심적이고, 대체로 강압 행위와 표절 행위에 관여한다

저장적 유형은 가지고 있는 것을 잃지 않으려고 싸우며, 항상 뭔가를 더 얻으려고 애쓴다

시장적 유형은 자신의 이미지를 비롯해 모든 것을 판다

자기 외부의 다른 사람이나 사물과 화합하되 자기의 개별성과 진실성을 잃지 않는 것이다."

사람들은 흔히 가장 수용될 만하고 사랑이나 선망을 받을 법한 상태로 자기를 계발하는 데 엄청난 시간과 돈을 쓴다. 이것은 헛된 짓이다. 오로지 자기감이 강하고 세계관이 확고한 사람만이 타인에게 아낌없이 베풀며 참사랑을 할 수 있기 때문이다. 사랑을 주지 않고 받으려는 사람들은 실패할 것이다. 그들은 다른 방식으로도 받는 관계를 맺으며, 항상 뭔가(물질적인 것이든 비물질적인 것이든)를 주기보다는 받고 싶어 할

'너 자신을 알라'는
인간의 힘과 행복을 지향하는
근본적 명령 가운데 하나다.
에리히 프롬

것이다. 그런 사람들은 모든 좋은 것들의 원천이 자기 외부에 있다고 믿으며 끊임없이 소유욕을 느끼지만 결코 위안을 얻지 못한다. 프롬은 "사랑처럼 엄청난 희망과 기대 속에서 시작되었다가 반드시 실패로 끝나고 마는 활동이나 사업은 찾아보기 어려운 것이다"라고 말하기도 했다.

성격유형

프롬은 몇몇 성격유형을 판별해 '비생산적' 성격이라 불렀다. 그런 유형의 사람들은 자기 행동에 마땅히 따르는 책임을 회피할 수 있으며 생산적인 개인적 성장에 어려움을 겪기 때문이다. 네 가지 주요 비생산적 성격(수용적, 착취적, 저장적, 시장적)은 저마다 장단점이 있다. 다섯 번째 유형인 '죽음애적(necrophilous)' 성격은 끊임없이 부정적이고, 여섯 번째 유형인 '생산적(productive)' 성격은 프롬의 이상이다. 실제로 우리 성격은 대개 네 주요 유형이 혼합된 형태에 기초한다.

'수용적(receptive)' 성향을 띤 사람은 현 상태에서 수동적으로 살아가며, 자기에게 들어오는 패를 그대로 받아들인다고 한다. 이런 사람들은 무슨 일이든 앞장서기보다는 뒤따라가고, 무엇이든 주는 대로 받는다. 극단적인 경우에 이것은 희생자의 태도이지만, 긍정적으로 보면 헌신성과 수용성이 뛰어나다. 프롬은 이런 유형을 예전의 소작농과 이주노동자에 비유한다.

'착취적(exploitative)' 성향의 인물은 타인에게서 뭔가를 빼앗는 데 능하다. 그런 사람들은 필요한 것을 일해서 얻거나 만들지 않고 남에게서 강탈한다. 하지만 그들은 극단적인 자신감과 강한 진취성을 보여준다. 이런 유형의 전형적인 예는 과거에 토착민에게서 힘과 재산을 빼앗아 사리사욕을 채운 귀족들이다.

'저장적(hoarding)' 인물은 늘 고위층에서 친구를 찾고, 심지어 사랑하는 사람들에게도 그들의 가치에 따라 등급을 매긴다. 권력에 굶주려 있고 도량이 좁은 그들은 기껏해야 실용적이며 경제적일 뿐이다. 역사적으로 이들은 중산층, 즉 부르주아 계급으로서 경기침체기에 대거 신분이 상승된다.

마지막 주요 유형은 '시장적(marketing)' 성향이다. 그런 사람들은 자기 이미지에 집착하며, 자신을 광고·판매하는 방법 찾기에 골몰한다. 그들은 옷, 자동차, 휴가에서 '적절한' 집안과의 결혼에 이르기까지 모든

선택 대상을 그것에 반영된 지위와 관련지어 평가한다. 최악의 경우 기회주의적이고 분별없으며 천박하고, 기껏해야 매우 의욕적이고 단호하며 활기찰 뿐이다. 이 유형은 욕심과 자의식이 날로 커져가는 현대 사회를 대표한다.

가장 부정적인 성격유형(죽음애적)은 오로지 파괴만 추구한다. 삶의 무질서하며 통제 불가능한 본성을 너무나 두려워한 나머지, 질병과 죽음에 대해 이야기하길 좋아하고, '법과 질서'를 준수시킬 필요성에 집착한다. 그들은 사람보다 기계적 대상을 더 좋아한다. 적당한 수준에서 이런 사람들은 비관적인 반대론자로, 자기 컵에 물이 반이나 있는 게 아니라 반밖에 없다고 굳게 믿는다.

프롬의 마지막 성격유형인 생산적 성향의 사람은, 유연하고 사교적이며 무엇이든 배우려는 태도로 삶의 해결책을 진심으로 모색해 찾아낸다. 세계와 '하나가 되어' 분리의 고독에서 벗어나고자 하는 이들은 합리적 자세와 열린 마음으로 세계에 반응하는 만큼, 새로운 증거가 나오면 자기 신념을 기꺼이 바꾸려 한다. 생산적인 사람은

> 삶은 그 속에 고유의 활력이 들어 있어서, 대체로 성장되고 표현되며 계속된다.
> 에리히 프롬

타인을 세계에 대한 방패나 전리품으로서가 아니라 있는 그대로 참되게 사랑할 수 있다. 프롬은 그 용감한 사람을 '가면을 쓰지 않은 자'라고 부른다.

프롬의 저서에는 심리학과 사회학, 카를 마르크스(Karl Marx) 등의 정치사상에 토대하는 독특한 관점이 담겨 있다. 그의 저서는 주류 독자층을 겨냥했으며 학계보다 일반대중에게 더 영향을 미쳤는데, 이는 무엇보다 그가 사상의 자유를 강조했기 때문이다. 그럼에도 프롬은 인본주의 심리학에 기여한 선구자로 인정받는다. ■

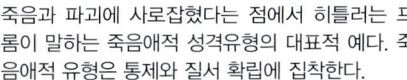

죽음과 파괴에 사로잡혔다는 점에서 히틀러는 프롬이 말하는 죽음애적 성격유형의 대표적 예다. 죽음애적 유형은 통제와 질서 확립에 집착한다.

에리히 프롬

에리히 프롬은 정통파 유대교 가정의 외아들로 독일 프랑크푸르트 암마인에서 자랐다. 젊어서부터 생각이 깊던 프롬은 처음에는 탈무드의 영향을 받았으나 나중에는 카를 마르크스의 사회주의 이론과 프로이트의 정신분석학으로 관심을 돌렸다. 제1차 세계대전 때 목격한 적대행위를 이해하고 싶은 욕구에 이끌려, 법학을 공부하고 사회학 박사과정을 밟은 후 정신분석 교육을 받았다. 1933년에 나치가 독일에서 정권을 잡은 뒤, 프롬은 스위스를 거쳐 뉴욕으로 가서 정신분석 치료소를 열고 컬럼비아대학에서 교편을 잡았다.

프롬은 세 번 결혼했는데, 여러 증거에 따르면 1930년대에 카렌 호나이와도 관계를 맺었다. 그는 1951년에 멕시코로 가서 학생들을 가르치다가, 11년 후에 미국으로 돌아와 뉴욕대학에서 정신의학과 교수가 되었고, 79세에 스위스에서 죽었다.

주요 저서

1941년 『자유로부터의 도피 The Fear of Freedom』
1947년 『자기를 찾는 인간 Man for Himself』
1956년 『사랑의 기술 The Art of Loving』

훌륭한 삶이란 상태가 아니라 과정이다

칼 로저스(서기 1902~1987년)

맥락읽기

접근법
인간중심치료(Person-centred therapy)

이전의 관련 역사
서기 1920년대 : 오스트리아의 정신분석가 오토 랑크(Otto Rank)가 "묵은 생각, 감정, 행동과 분리되어야만 정신적으로 성장할 수 있다"고 말한다.

서기 1950년대 : 에이브러햄 매슬로가 "사람을 증상의 집합체로 보지 말고 무엇보다 사람으로 봐야 한다"고 말한다.

이후의 관련 역사
서기 1960년대 : 프리츠 펄스가 "타인의 기대를 객관화해 참된 자기를 찾는다"는 개념을 널리 알린다.

서기 2004년 : 미국의 인본주의 심리학자 클라크 모스타카스(Clark Moustakas)가 인간 삶 고유의 구성요소들(희망, 사랑, 자기, 창의성, 개성, 생성)을 탐구한다.

19세기~20세기 초에 심리치료 접근법들은 대체로 '정신장애란 고쳐야 하는 확정된 병리학적 질병'이라는 생각에 토대했다. 예컨대 널리 보급된 정신분석 이론에서는 자신의 정신건강 문제와 싸우는 사람들을 '신경증 환자'로 규정했다. 정신장애는 부정적인 것으로 여겨졌고, 당시 심리학적 치료와 이론에서는 대부분 엄격한 정의와 아울러, 근본 병인 및 확정된 치료법에 대한 체계적 설명을 제시했다.

미국의 심리학자 칼 로저스(Carl Rogers)는 훨씬 심오한 정신건강법을 택함으로써 심리치료 접근법을 영원히 확장해놓았다. 그가 생각하기에, 당시 철학은 너무 체계적이고 엄격해서 인간 경험처럼 역동적인 대상을 설명하는 데 무용했고, 인간 속성은 너무나 다양해서 정해진 범주에 꼭 들어맞을 수가 없었다.

정신건강 획득

로저스의 견해에 따르면, 정신적 행복을 고정된 특정 상태로 보는 것은 이치에 맞지 않다. 정신건강은 일련의 단계를 끝까지 밟으면 갑자기 얻게 되는 것이 아니다. 정신분석가들의 주장처럼 개인의 생물적 욕구와 충동을 충족시켜 이전의 신경증적 긴장 상태를 완화한다고 얻을 수 있는 것도 아니다. 또 행동주의자들의 권고처럼 특별한 프로그램에 따라 내면의 확고한 항상성(균형) 상태를 발전·유지시켜 외부 세계의 혼란이 자기에게 미치는 영향을 줄인다고 좋아지는 것도 아니다.

로저스는 더 좋은 상태로 고쳐야 하는 불완전한 상태로 존재하는 사람이란 없다고 믿는다. 그는 인간의 경험과 정신과 환경이 살아서 성장하고 있다고 보는 쪽이다. 로저스는 "유기체적 경험이 진행 중인 과정"이라는 표현을 쓰며, 삶이란 진행 중인 즉각적 과정으로서 매 순간의 경험에 존재한다고 본다.

로저스에게 건강한 자기개념(self-concept)이란 고정된 정체성이 아니라 유동적으로 변화하는 독립체로서 여러 가능성에 열려 있다. 로저스는 건강한 인간 경험의 참된 정의, 규정되지 않은 자유롭게 변화하는 정의를 받아들이며 가능성을 무한히 열어둔다. 인간은 동료 인본주의 심리학자 에이브러햄 매슬로가 말했듯 '적응'되거나 '실현'되는 것이 목적지인 길을 가고 있는 것이 아닙니다. 로저스의 주장에 따르면, 사실상 존

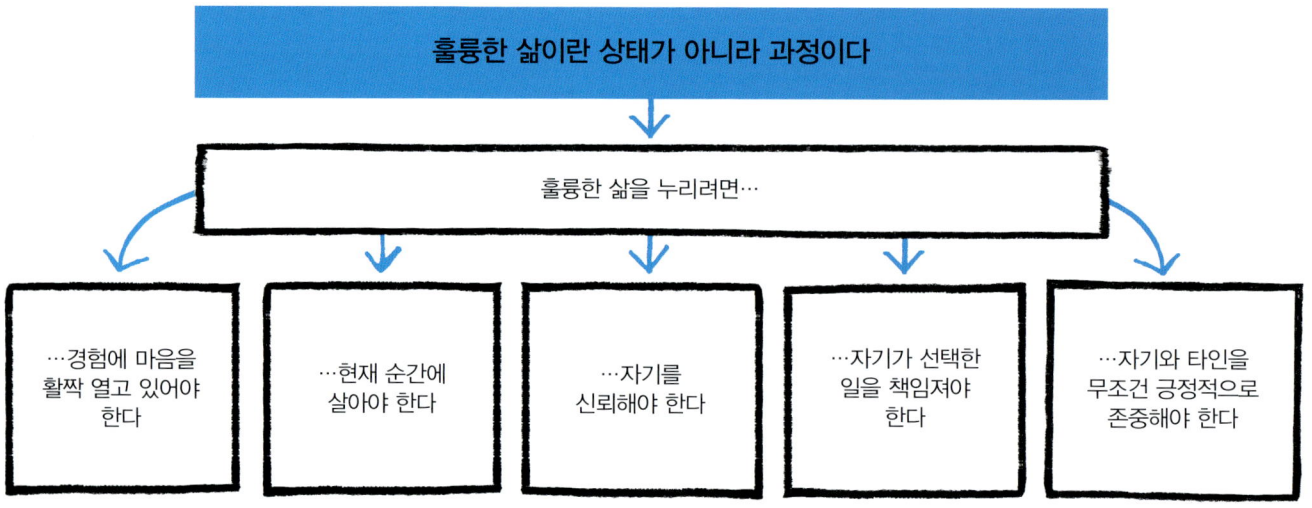

훌륭한 삶이란 상태가 아니라 과정이다

훌륭한 삶을 누리려면…

…경험에 마음을 활짝 열고 있어야 한다

…현재 순간에 살아야 한다

…자기를 신뢰해야 한다

…자기가 선택한 일을 책임져야 한다

…자기와 타인을 무조건 긍정적으로 존중해야 한다

참조 : ■ 프리츠 펄스 112~117쪽 ■ 에리히 프롬 124~129쪽 ■ 에이브러햄 매슬로 138~139쪽 ■ 롤로 메이 141쪽 ■ 도로시 로 154쪽 ■ 마틴 셀리그먼 200~201쪽

로저스의 주장에 따르면, 통로가 하나뿐인 미로와 달리 삶은 온갖 가능성으로 가득하며 통로가 다양하다. 하지만 사람들은 그런 가능성과 통로들을 보지 못하거나 보지 않으려고 할 때가 많다. '훌륭한 삶'을 경험하려면, 삶에서 일어나는 일을 순간순간 온전히 경험하며 마음을 열고 유연하게 살아가야 한다.

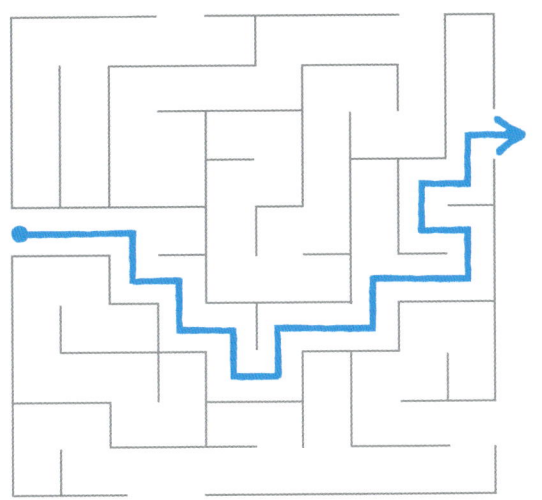
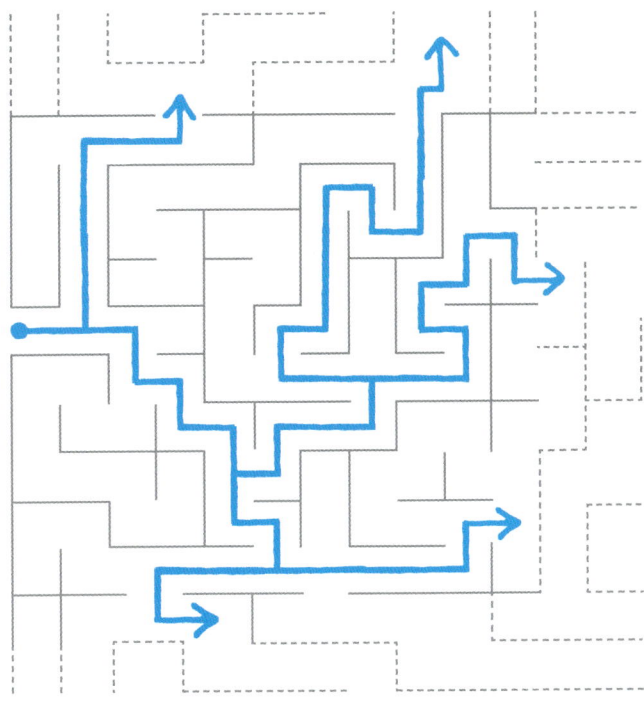

재의 목적은 어떤 목적지에 도달하는 것이 아니다. 존재는 한 종점을 향한 여행이라기보다는 우리가 죽을 때까지 성장과 발견을 멈추지 않는 과정이기 때문이다.

훌륭한 삶을 살기

로저스는 '훌륭한 삶(the good life)'을 산다는 표현을 써서, 그의 접근법의 토대를 받아들인 사람들('완전히 삶의 흐름 속에' 있는 사람들)이 보여주는 다양한 특징, 태도, 행동을 나타낸다. 유일한 필수 요소는 완전히 현재 순간에 머무는 능력이다. 자기와 성격이란 경험에서 비롯되므로, 매 순간에 따르는 가능성에 마음을 활짝 열고 경험이 자기를 형성하게 하는 일은 더없이 중요하다. 사람은 끊임없이 변화하는 환경에서 살아가지만, 자주 그것도 너무 쉽게 그 가변성을 부정하고 자기가 생각하는 이상적 상황의 구조를 만들어낸다. 그리고 자기와 자기의 현실개념을 그 구조에 맞게 만들려고 애쓴다. 그런 존재방식은 물 흐르듯 끊임없이 변화하는 자기의 구성방식(로저스가 보기에 우리 존재에 본질적으로 필요한 구성방식)과 정반대된다.

세계가 어떠하며(혹은 어떠해야 하며) 그 속에서 자기가 무슨 역할을 하는가에 대해 선입관을 품으면, 자기 세계의 한계가 정해지고, 경험에 열린 자세로 현재에 머무는 능력이 줄어든다. 로저스에 따르면, 경험에 마음을 열고 훌륭한 삶을 사는 사람은 구속감을 예방하는 존재방식을 받아들인다. 로저스가 생각하는 목표는 경험을 자기감에 대한 선입관에 맞추려 애쓰는 것이 아니라, 경험을 출발점으로 삼아 자기 성격을 만들어나가는 것이다. 상황을 현실 그대로 받아들이지 않고 이상적 상황에 대한 자기 생각을 고수하면, 자기 욕구와 실제로 성취 가능한 일이 '부조화'하다고 여기게 될 공산이 크다.

세계가 '바람대로 되지' 않는데도 자기가 생각을 바꿀 수 없을 듯싶으면, 갈등이

다음 순간에 내가 처할 상태와 내가 할 일은 그 순간에서 비롯하므로 예측이 불가능하다.
칼 로저스

개발도상국에서 일하는 것은 새 경험에 마음을 열고 고정적 세계관을 의문시하며 자기를 더 발견하는 보람된 방법이 될 수 있다.

감정을 선별적으로 차단해 불안하거나 불편한 느낌을 완화할 수 있을 듯하다. 하지만 감정의 일부를 억압하면 자신의 모든 감정을 통째로 거부하며 자기 본성 전체에 대한 접근을 억제할 수밖에 없다. 반면에 부정적인 듯싶은 감정을 포함해 자신의 모든 감정을 편하게 받아들이면, 긍정적인 감정의 흐름도 더욱 강렬하게 일어난다. 이는 마치 우리가 고통을 느낄 여지를 두면서 더 강렬한 쾌락 경험을 고려하는 것과 같다.

로저스에 따르면, 모든 일에 마음을 늘 열어둘 경우 우리는 자기 능력을 십분 발휘할 수 있고, 결과적으로 자기 경험에서 최대한의 만족을 얻을 수 있다. 방어성을 발동시켜 자기 일부를 차단하지 않았으므로, 모든 것을 온전히 경험할 수 있다. 판에 박힌 선입관에서 벗어난 사람은 높이 솟아오를 수 있다. 그런 사람은 경험을 자기 세계관에 어울리게 짜 맞추지 않고, "경험 '속에서' 구조를 발견"한다.

로저스는 겁이 많은 사람은 그런 개방

경험에서 자기와 성격이 생겨난다. 자기 구조에 대한 선입관에 맞게 경험이 해석되는 것이 아니다.
칼 로저스

적 태도를 취할 수 없다고, 그런 태도를 취하려면 용기가 어느 정도 필요하다고 말한다. 그에 따르면, 우리는 어떤 감정도 두려워할 필요가 없다. 그저 인지와 경험의 흐름을 온전히 받아들이기만 하면 된다. 흘러가는 경험의 범위 전체에 올바르게 접근하다 보면, 참된 자기와 정말 어울리는 길을 더 잘 찾아낼 수 있다. 로저스는 우리에

방어성(defensiveness)이라는 형태로 일어난다. 로저스의 설명에 따르면, 방어성이란 언짢은 자극이 의식에 들어오지 못하도록 막는 전략을 무의식적으로 쓰는 경향이다. 자기 선입관을 고수하려고 우리는 실제로 일어나고 있는 일을 부정(차단)하거나 왜곡(재해석)하여 현실 수용을 근본적으로 거부하기도 한다. 그럼으로써 다양한 잠재적 반응, 감정, 생각을 모두 억제하며, 다양한 선지들을 그릇되거나 부적절하다고 일축해 버린다. 현실과 자기 선입관이 충돌할 때 방어적 감정과 생각이 마음속에서 일어나면, 경험을 편협하고 부자연스럽게 해석하게 된다. 로저스가 말하는 "유기체적 경험이 진행 중인 과정"에 제대로 참여하려면, 새로운 경험에 마음을 활짝 열고 방어적 태도를 철저히 삼가야 한다.

감정의 범위 전체

로저스는 감정의 범위 전체에 주의를 기울이면 삶의 모든 부분을 더 깊고 풍부하게 경험할 수 있다고 주장한다. 우리는 자신의

고정된 세계관은 보통 불행으로 이어진다. 우리는 삶이 기대에 어긋난다는 데 끊임없이 좌절하며 '둥근 구멍에 네모난 마개'가 된 기분을 느끼기도 한다. 로저스는 우리에게 선입관을 버리고 세계를 있는 그대로 보라고 강력히 권고한다.

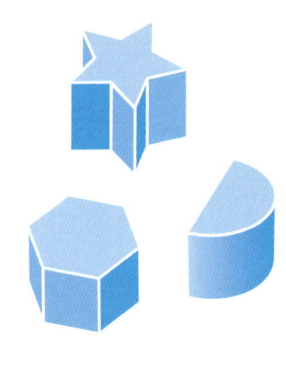

게 바로 그런 사람, 제 능력을 십분 발휘하는 사람이 되라고 강력히 권고한다. 우리는 늘 성장하고 있다. 로저스가 강조하는 바에 따르면, 사람들이 움직이는 방향(어느 방향으로든 움직일 자유가 있을 때)은 대체로 그들에게 가장 적합하고 가장 만족스러운 방향이다.

무조건적 수용

심리치료계의 여러 선배들과 달리 로저스는 사람들이 본질적으로 건강하며 훌륭하다고, 정신적·감정적 행복이 인간 본성에 자연스러운 진행상태라고 믿었다. 그런 믿음은 환자를 완전히 긍정적인 시각에서 대하는 접근법, 즉 절대적·무조건적 수용의 토대다. 로저스는 환자들에게도 마찬가지로 자기와 타인을 무조건 수용하는 법을 배우라고 요청했다. 모든 이의 잠재력에 대한 인정과 동정심에 기초하는 이 관점은 널리 알려져 있듯이 '무조건적 긍정적 존중(unconditional positive regard)'이라 불린다. 로저스는 환자들뿐 아니라 모든 사람이 자기와 타인과 환경을 그런 식으로 볼 줄 알아야 한다고 믿었다.

무조건적 자기 수용과 무조건적 타인 수용은 지극히 중요하다. 그것이 부족할 때 사람들은 경험에 마음을 열어두지 못한다. 로저스의 주장에 따르면, 우리 가운데 상당수는 매우 확고하고 엄격하며 특별한 조건이 충족돼야만 누군가를 인정하거나 수용한다. 또 우리는 사람들을 있는 그대로 받아들이지 않고 자기와 타인의 평가 근거를 성과나 외모에 두기도 한다.

부모들은 자녀에게 어떤 조건을 충족해야만 사랑받을 자격이 있다고 무심결에 가르치기도 한다. 이를테면 자녀가 야채를 먹거나 물리학 성적을 잘 받았을 때 상을 주거나 칭찬을 해주는 식이다. 하지만 그들은 마음을 터놓고 자녀를 있는 그대로 사랑하

지 못한다. 로저스는 그런 조건을 '가치의 조건(conditions of worth)'이라 부르며, 타인과 상황이 자신의 독단적 기대에 부응하도록 요구하는 인간 성향 때문에 우리 모두가 엄청난 피해를 본다고 믿는다.

로저스에 따르면, 성과는 물론 존중되어야 하지만 수용과 무관할 뿐더러 부차적인 것이다. 수용은 인간에게 기본적으로 필요한 요소인 만큼 노력으로 '얻어내지' 않아도 된다. 로저스는 개인의 가치란 본래 다름 아닌 존재라는 기적에 수반한다고 말한다. 수용을 조건적인 것이라 여겨서는 안 된다.

그 어떤 타인의 생각도
그 어떤 내 생각도, 내 경험만큼
믿음직하지는 않다.
칼 로저스

어떤 행동이나 상황(좋은 성적을 받거나 적절한 음식을 먹거나 등)에 따라 조건적 사랑을 받은 어린이는 자기가 가치 없으며 받아들여지지 않았다고 느끼게 된다.

무조건적 긍정적 존중은 우리 모두가 '훌륭한 삶'을 살 수 있는 열쇠다.

사람들은 자기를 더 잘 받아들이게 되면, 마음도 더 느긋해진다. 자기를 수용하면, 뭔가를 하고 보고 얻어야 한다는 압박감이 줄어든다. 그런 압박감은 그런 행위가 자기 가치를 규정짓는다는 오해를 품고 살아갈 때 커진다. 우리는 자기가 끊임없이 진행 중인 작품임을, 우리 모두가 저마다 진행 중인 작품임을 깨달을 수 있다. 로저스는 주요 저서 『진정한 사람 되기』에서 우리 모두가 항상 뭔가로 '되어가는 상태'에 있다고 말한다. 역설적이게도 우리는 자기를 더 수용하고 불건전한 압박과 끊임없는 비판을 줄이는 가운데, 사실상 훨씬 더 생산적인 사람이 될 수 있다.

자기신뢰

로저스가 보기에, '훌륭한 삶'을 사는 것은 곧 자기를 신뢰하는 법을 배우는 일이다. 개방성을 추구하는 사람은 자기와 자

> 주관적 인간은 중요한 가치가 있다.
> 어떤 꼬리표를 달고
> 어떤 평가를 받든,
> 그는 무엇보다도 인간이다.
> 칼 로저스

기 본능을 더 잘 믿고 자신의 판단력에 더 편히 의존하게 된다. 그는 자기의 어느 일부도 억압할 필요가 없으므로, 자기의 모든 부분에 주의를 더 잘 기울일 수 있다. 그 덕분에 다양한 관점과 감정에 접근할 수 있고, 따라서 자기 잠재력을 제대로 발휘하려면 무엇을 선택해야 하는지 더 잘 판단할 수 있다. 또 참된 자기가 바라는 방향을 더 똑똑히 볼 수 있고, 자기 욕구와 진실로 부합하는 선택을 할 수 있다. 의무적으로 해야 할 듯싶은 일에도 사회나 부모에게 길들여져 하고 싶다고 생각하게 된 일에도 더이상 휘둘리지 않고, 현재 순간에 훨씬 마음 편히 단순하게 존재하며 자신의 진정한 바람을 제대로 인식할 수 있다. 그리고 이제 그는 자기를 신뢰할 수 있다. "이는 그가 실수를 전혀 하지 않아서가 아니라, 그가 모든 자기 행동의 결과에 마음을 활짝 열어 놓을 수 있으며, 불만족스러운 결과가 나오더라도 그것을 고칠 수 있기 때문이다." 로저스의 설명이다.

'훌륭한 삶'을 사는 사람은 자기 삶에 대한 소유감과 자신에 대한 책임감도 느낀다. 이것은 로저스 철학의 또 다른 신조로 실존주의적 관점에서 유래한다. 우리가 선택하는 생각이나 행동의 책임은 우리에게 있다. 자기가 바라고 자기에게 필요한 바를 직접 제대로 확인하고 그것을 위해 조치를 취했다면 분개심이 남아 있을 리 없다. 한편으로는 자기 삶에 올바르게 투자하는 경향과 그럴 책임도 커진다. 드물지 않게 듣는 이야기이지만, 어떤 의사는 의학을 싫어하는데도 부모의 말(의사가 되는 것이 존경과 인정을 받는 길이라는 말) 때문에 그 일에 종사한다. 그와 정반대 경우로, 후원을 거의 받지 못했지만 등록금을 직접 벌어 낸 대학생들은 중퇴하거나 낙제하는 비율이 다른 학생들에 비해 현저히 낮다.

사람들이 우리 욕망에 영향을 끼치는 방식과 우리가 자기를 규정짓는 방식은 극히 복잡할 수 있다. 자기 소망이 아닌 다른 사람의 소망에 따라 행동하면, 분개심이 마음속 깊이 파묻히기도 한다. 행동이 외부 영향에서 자유로운 사람은 더 떳떳하고, 자기 운명 창조에 대한 자신감이 더 강하며, 그 결과에 대한 만족도도 더 크다.

인간중심 접근법

로저스의 철학은 이른바 '인본주의 심리학(humanistic psychology)'이라는 새로운 접근법의 초석이 되었다. 로저스가 1950년대에 에이브러햄 매슬로, 롤로 메이와 함께 창시한 인본주의 심리학은 인간이란 근본적으로 건강하며 성장하면서 자기 잠재력을 깨달을 수 있다는 긍정적 관점에 토대했다. 이 접근법은 당시의 다른 주요 심리치료법, 즉 정신분석학 및 행동주의와 대조되었다. 두 치료법에서는 개인의 병적 측면과 그것을 고치는 방법에 초점을 맞춘다.

로저스는 자기 방식을 처음에 '내담자중심(client-centered)' 접근법이라 일컬었다가

칼 로저스

칼 로저스는 미국 일리노이 주 오크파크의 엄격한 개신교 가정에서 태어났는데, 가족 외에는 친구가 거의 없이 지내다 대학에 간 듯하다. 처음에는 농학을 전공했지만, 어릴 적부터 사귀어온 헬렌 엘리엇(Helen Elliott)과 1924년에 결혼한 다음에는 신학교를 다니다 그만두고 심리학으로 학위를 땄다. 그 후 오하이오·시카고·위스콘신 대학에 재직하면서, 인본주의 심리학에 기초한 내담자중심 치료법을 개발했다. 제2차 세계대전 때는 미군위문협회(USO)에서 귀환군인을 치료하기도 했다. 1964년에 미국인도주의협회(American Humanist Association)의 '올해의 휴머니스트' 상을 받았고, 마지막 10년의 여생을 세계평화를 위해 일하는 데 바쳤다. 1987년에 노벨평화상 후보로 올랐다.

주요 저서

1942년 『카운슬링과 심리치료 Counseling and Psychotherapy』
1951년 『내담자중심 치료 Client-centered Therapy』
1961년 『진정한 사람 되기 On Becoming a Person』

어린이에게 자전거 타는 법을 가르쳐주려면 격려와 도움이 필요하지만, 무엇보다도 어린이가 용감하고 자기를 신뢰해야 한다. 로저스는 인간중심치료를 그런 과정에 비유했다.

하도록 이끄는 기본 동기는 내담자의 실현 경향성이라는 점을 강조한다. 세 번째 시기인 '학생중심교육'은 경험에의 개방, 자신에 대한 신뢰, 내적 평가, 지속적 성장의지 등을 통해 "한 사람이 진정으로 그 자신이 되는 것"을 강조한다. 네 번째 시기인 '인간중심 접근'은 교육, 산업, 집단, 갈등해결, 세계평화를 위한 해결책 모색과 같은 다양한 방면에까지 확대되었으며, 인간의 공유 또는 사유화, 타인과 자기자신에 대해 작용하는 억제력 같은 인간적 특성에도 주안점을 두었다. ■

나중에 '인간중심(person-centered)' 접근법으로 바꿔 불렀다. 이후 그 접근법은 진료는 물론이고 교육, 육아, 비즈니스 등의 분야에도 지대한 영향을 미쳐왔다. 로저스가 '비지시적 치료(non-directive therapy)'라 부른 인간중심치료에서는 치료자가 조력자 역할을 맡고서 내담자 나름의 해결책 모색 과정을 돕는다. 이는 내담자가 자기를 가장 잘 안다는 신념에 기초한 것이다.

인간중심치료에서는 내담자가 자기 문제와 적절한 치료 방향을 직접 찾는다. 예컨대 직장에서 직면한 문제를 다루고자 할 경우 내담자가 어린 시절 이야기에 초점을 맞추기보다는, 치료자는 현재 그가 처한 상황을 이끌어내 내담자가 진심으로 희망하는 직무를 찾도록 돕는다. 로저스에 따르면, 그것은 '재구성' 과정이 아니라 '지지' 과정이다. 하지만 내담자는 치료자의 도움에 의존하지 말고, 자기를 충분히 인식하고 신뢰하여 자립적으로 '훌륭히 사는' 법을 배워야 한다.

로저스의 유산

로저스는 20세기의 가장 유력한 심리치료사로, 내담자중심의 비지시적 치료를 창시해 심리요법 발달의 전환점을 마련했다. 또 그는 1960년대 만남집단(encounter-group)론(개인 간의 개방적 의사소통을 권장한 이론)의 발전에도 이바지했고, 전문적 상담을 교육과 사회사업 같은 분야로 전파시켰으며, 국제분쟁을 좀더 효과적인 의사소통으로 해결하는 일에도 앞장섰다.

로저스의 발달이론은 전환점에 따라 네 시기로 구분한다. 첫 번째 시기인 '비지시적 치료'에서는 상담심리사가 허용적이고 비간섭적인 분위기를 만들어야 한다는 점을 강조했다. 비지시적 상담은 내담자가 자신의 감정을 인식하도록 하는 데 목표를 두고, 내담자의 구어적·비구어적 표현을 반영해주고 명료화하는 데 초점을 둔다. 두 번째 시기인 '내담자중심 치료'는 비지시적 방법보다 "내담자를 중요시 여기는 점"을 강조한다. 로저스는 내담자를 변화

훌륭한 삶이라는 과정은
삶의 흐름 속으로 완전히
들어가는 것을 뜻한다.
칼 로저스

될 수 있다면 되어야 한다

에이브러햄 매슬로(서기 1908~1970년)

맥락읽기

접근법
인본주의 심리학(Humanistic psychology)

이전의 관련 역사
서기 1920년대 : 알프레트 아들러에 따르면, 모든 행동과 경험의 유일한 원동력은 완벽을 추구하는 노력이다.

서기 1935년 : 헨리 머리(Henry Murray)가, 성격과 동기를 평가하는 주제통각검사(Thematic Apperception Test)를 개발한다.

이후의 관련 역사
서기 1950년대 : 쿠르트 골드슈타인(Kurt Goldstein)에 따르면, 자기실현이란 개인의 역량을 최대한 실현하려는 경향이며, 자기실현 욕구는 개인의 삶을 결정하는 유일한 욕구다.

서기 1974년 : 프리츠 펄스에 따르면, 생명체는 저마다 "타고난 유일한 목적(자기를 있는 그대로 실현하는 것)"이 있다.

유사 이래로 줄곧 인간의 존재 이유와 삶의 목적에 대한 질문이 제기되어왔다. 그런 질문의 밑바닥에는 어떻게 해야 진정으로 만족스러울지 알고 싶은 욕구와 그것을 알아내는 방법에 대한 혼란이 깔려 있다.

정신분석가들은 선천적인 생물적 욕구를 충족하면 만족을 얻게 된다고 주장할 것이고, 행동주의자들은 음식, 잠, 섹스에 대한 생리적 욕구의 충족이 중요하다고 설명할 것이다. 하지만 20세기 초·중기에 새 물결을 일으킨 한 심리치료 이론에서는 내면의 만족에 이르는 길이란 그보다 훨씬 더 복잡하다고 보았다.

그 새로운 접근법의 주요 지지자 가운데 한 사람은 에이브러햄 매슬로(Abraham Maslow)라는 심리치료사로, 인본주의 심리학 운동의 창시자 중 한 명이라 여겨진다. 그는 인간의 경험을 고찰하려고 우리에게 가장 중요한 것들(사랑, 소망, 신뢰, 영성, 개성, 존재)을 살펴보았다. 매슬로 이론의 결정적 측면 가운데 하나는 최고도로 발달된 의식상태에 이르러 잠재력을 한껏 발휘하려면 자기 삶의 참된 목적을 발견해 추구해야 한다는 주장이었다. 매슬로는 그 궁극적 존재상태를 '자기실현'이라 부른다.

자기실현 추구

매슬로는 인간의 동기부여 방식에 대한 매우 체계적인 설명 방법을 고안하여, 인간이 자기실현을 추구하면서 따라야 할 단계들을 규정지었다. 보통 피라미드 모양으로 그려지는 그의 유명한 '욕구위계(Hierarchy of Needs)'에서는 가장 기본적인 욕구가 맨 아래에, 만족스러운 삶의 다른 필수요건들이 종류별로 그 위에 놓인다.

매슬로의 욕구위계는 크게 두 부분으로 나뉜다. 처음에는 '결핍 욕구(deficiency needs)'를 구성하는 네 단계가 있는데, 개인은 그런 욕구들을 모두 충족한 다음에야 '성장 욕구(growth needs)'로 더 큰 지적 만족을 추구할 수 있다. 결핍 욕구는 단순하며 기본적인 것으로, 다음 네 가지를 포함한다. 생리적 욕구(음식, 물, 잠 등에 대한 욕구), 안전 욕구(위험에서 벗어나 안전하게 지내고 싶은 욕구), 애정·소속 욕구(타인과 친해지고 그들에게 받아들여지고 싶은 욕구), 자기존중 욕구(인생에서 성공하며 인정받고 싶은 욕구).

더 높은 수준에 있는 성장 욕구로는 인지적 욕구(알고 이해하고 싶은 욕구), 심미적 욕구(질서와 아름다움을 추구하고 싶은 욕구), 그리고 마지막으로 삶의 목적을 규정하며 깊은 영적·정신적 만족을 가져오는 두 요

심리치료 PSYCHOTHERAPY

참조 : ■ 알프레트 아들러 100~101쪽 ■ 에리히 프롬 124~129쪽 ■ 칼 로저스 130~137쪽 ■ 롤로 메이 141쪽 ■ 마틴 셀리그먼 200~201쪽

욕구위계

매슬로의 욕구위계에는 큰 뜻을 품었으되 현실에 발을 단단히 딛고 있는 성공자들에게서 매슬로가 발견한 특징이 열거되어 있다.

자기초월 욕구
타인을 돕고 자기 외부의 무엇과 연결되고자 하는 욕구

자기실현 욕구
자기 잠재력을 발휘하고자 하는 욕구

심미적 욕구
질서, 아름다움, 균형을 추구하고자 하는 욕구

인지적 욕구
알고 이해하고자 하는 욕구

(성장 욕구)

자기존중 욕구
성취, 인정, 존경, 능력에 대한 욕구

애정·소속 욕구
수용, 우정, 친밀감, 관계에 대한 욕구

안전 욕구
보안, 안정감, 건강, 집, 돈, 일자리에 대한 욕구

생리적 욕구
공기, 음식, 물, 잠, 온기, 운동에 대한 욕구

(결핍 욕구)

에이브러햄 매슬로

에이브러햄 매슬로는 뉴욕 브루클린에서 일곱 형제 중 첫째로 태어났다. 부모는 러시아의 소란스러운 정치적 상황을 피해 미국으로 온 유대인 이민자들이었다. 그들은 매슬로에게 큰 기대를 걸고서 강제로 법률 공부를 시켰다. 그런 부모의 지배가 끝난 것은 1928년, 매슬로가 자기 삶의 주도권을 잡기로 마음먹고 심리학 공부를 시작했을 때였다. 그는 같은 해에 부모의 뜻을 어기며 사촌누이인 버사 굿맨(Bertha Goodman)과 결혼했고, 얼마 후 자식을 둘 두었다.

매슬로는 위스콘신대학에 들어가 해리 할로(Harry Harlow) 밑에서 공부했다. 할로는 영장류 연구로 유명한 행동심리학자였다. 나중에 매슬로는 컬럼비아대학에서 멘토를 만났는데, 그는 바로 한때 프로이트의 동료였던 정신분석가 알프레트 아들러였다.

주요 저서

1943년 『동기부여론 A Theory of Human Motivation』
1954년 『동기와 성격 Motivation and Personality』
1962년 『존재의 심리학 Toward a Psychology of Being』

건인 자기실현 욕구와 자기초월 욕구가 있다. 자기실현 욕구는 자신의 잠재력을 발휘하고 싶은 욕구이고, 자기초월 욕구는 자기를 넘어서서 신처럼 자기보다 차원 높은 대상과 만나고 싶은 욕구, 혹은 타인의 잠재력 발휘를 돕고 싶은 욕구다.

또 매슬로에 따르면, 우리는 저마다 자기와 꼭 들어맞는 고유의 목적이 있으며, 만족에 이르는 경로의 일부는 그 목표를 찾아 추구하는 과정이다. 자기와 가장 잘 맞는 일을 하지 않는 사람은 다른 욕구를 모두 충족하더라도 계속 불안하고 불만족스러울 것이다. 우리는 모두 자기의 잠재력을 깨닫고서, 그것을 발휘할 수 있는 경험을 찾아내야 한다. "될 수 있다면 되어야 한다." 매슬로의 선언이다. ■

고통의 의미를 찾는 순간 고통은 더 이상 고통이 아니다

빅토르 프랑클(서기 1905~1997년)

맥락읽기

접근법
의미치료(Logotherapy)

이전의 관련 역사
기원전 600~500년 : 인도의 고타마 붓다가 고통이란 욕망 때문에 생기므로 욕망을 버리면 고통을 덜 수 있다고 가르친다.

기원전 458년 : 고대 그리스의 비극 시인 아이스킬로스(Aeschylos)가 "지혜는 오로지 고통에서만 비롯한다"는 생각을 살펴본다.

이후의 관련 역사
서기 1950년대 : 장 폴 사르트르 등 프랑스 실존주의 철학자들이 우리 삶의 천부적 목적이란 없다고, 우리가 스스로 삶의 목적을 찾아야 한다고 말한다.

서기 2003년 : 마틴 셀리그먼에 따르면, '충실한 삶'에는 즐거움, 몰입감, 의미가 있다.

서기 2007년 : 미국의 심리학자 댄 길버트(Dan Gilbert)에 따르면, 사람들은 행복에 대한 사고방식 때문에 불행하다.

오스트리아 빈의 심리치료사 빅토르 프랑클(Viktor Frankl)은 자살예방과 우울증 치료를 전문으로 하다가 1942년에 아내, 형제, 부모와 함께 나치의 강제수용소로 끌려갔다. 그는 그곳에서 3년을 보내며 수많은 참사와 고통을 견뎌낸 끝에 가족 가운데 유일하게 살아남았다. 그런 경험 후에 쓴 『죽음의 수용소에서 Man's Search for Meaning』에서 프랑클이 설명하는 바에 따르면, 인간은 괴롭고 끔찍한 상황을 견디며 앞으로 나아갈 수 있는 정신적 힘이 두 가지 있는데, 그것은 바로 태도의 자유와 결정능력이다. 우리는 결코 환경이나 사건에 휘둘리지 않는다. 자기가 그것에 따라 형성되는 방식을 스스로 결정하기 때문이다. 심지어 고통도 우리가 사건을 어떻게 해석하느냐에 따라 다르게 여겨질 수 있다.

프랑클은 실례로, 죽은 아내가 그리워 괴로워하던 환자의 경우를 언급한다. 만약 환자가 먼저 죽었다면 어떠했겠느냐고 프랑클이 묻자, 환자는 아내가 무척 힘들어했을 것이라고 대답했다. 프랑클은 환자 덕분에 아내가 그 고통을 면하게 됐지만 이제 환자가 고통을 직접 겪어야 함을 지적해주었다. 고통에 의미를 부여하면 고통은 참을 만해진다. "고통의 의미를 찾는 순간 고통은 더 이상 고통이 아니다."

프랑클에 따르면, 의미는 우리가 "꾸며내는 것이 아니라 찾아내는 것"이고, 우리는 그것을 스스로 찾아야 한다. 우리는 삶을 통해, 구체적으로 말하면 사랑, 창조, 스스로 선택하는 관점을 통해 의미를 찾아낸다. ■

이 세상에서 아무것도 가지고 있지 않은 사람도 지복(至福)만은 알 것이다
빅토르 프랑클

참조 : ■ 롤로 메이 141쪽 ■ 보리스 시륄니크 152~153쪽 ■ 마틴 셀리그먼 200~201쪽

고통 없이는 온전한 인간이 될 수 없다

롤로 메이(서기 1909~1994년)

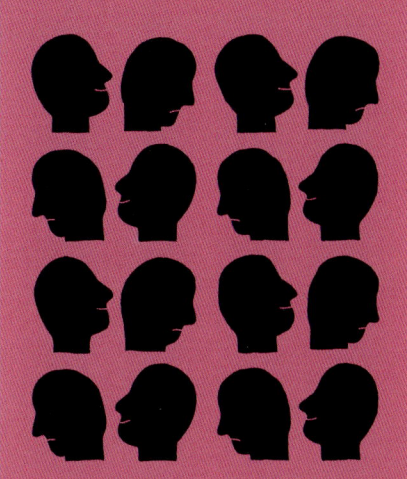

맥락읽기

접근법
실존심리치료(Existential psychotherapy)

이전의 관련 역사
서기 1841년 : 쇠렌 키르케고르의 주장에 따르면, 사람들은 기독교 이념을 오해하고 과학을 오용하여 존재 고유의 불안에 부당하게 맞선다.

서기 1942년 : 스위스 의사 루트비히 빈스방거(Ludwig Binswanger)가 『'세계 내 존재' 인간의 기본형과 현실화*Basic Forms and the Realization of Human 'Being-in-the-World'*』에서 실존철학과 심리치료를 결합한다.

서기 1942년 : 인본주의 심리학의 선구자 칼 로저스가 『카운슬링과 심리치료』를 출간한다.

이후의 관련 역사
서기 1980년 : 미국의 어빈 얄롬(Irvin Yalom)이 『실존주의 심리치료*Existential Psychotherapy*』에서 삶의 근본적 관심사 네 가지(죽음, 자유, 실존적 고립, 무의미)를 논한다.

19세기 중반에 마르틴 하이데거, 프리드리히 니체, 쇠렌 키르케고르 같은 철학자들은 사회적 도그마에 이의를 제기하며, 사람들에게 사고방식을 넓혀 인간 경험에 대한 더 온전한 해석을 받아들이도록 요청했다. 이 운동은 지금 실존주의로 알려져 있다. 자유의지, 개인적 책임, 인간의 경험 해석방식에 관심을 둔 실존주의자들은 인간이 존재한다는 것의 근본적 의미를 묻고자 했다.

심리학자 롤로 메이(Rollo May)는 『불안의 의미*The Meaning of Anxiety*』에서 그런 인간중심의 철학적 접근법을 최초로 심리학에 도입했다. 그래서 메이는 흔히 '실존심리학의 아버지'로 불린다.

실존적 접근법

메이는 삶을 인간 경험의 연속으로 보며, 고통도 이상징후가 아닌 삶의 정상적 일부로 여겼다. 물론 인간으로서 우리는 편히 받아들일 수 있는 경험을 찾는 경향이 있다. 친숙한 환경을 즐기고, 정신적·육체적 느낌이 안정되며 편안한 상태로 유지되는 경험을 좋아한다. 하지만 그런 경향 때문에 우리는 오로지 경험에 수반되는 쾌락이나 불편의 정도에 따라 경험을 '좋은 것'과 '나쁜 것'으로 판단해 구별한다. 메이에 따르면, 그러면서 우리는 손해를 보고 있다. 우리가 맞서 싸우고 있는 그 과정을 삶의 자연스러운 일부로 받아들이면, 어마어마하게 성장하고 발달할 수 있기 때문이다.

메이는 불교사상을 상기시키는 접근법을 내놓는다. 그에 따르면, 우리는 불편하거나 불쾌하다고 판단하는 경험을 피하거나 부정하지 말고 모든 경험을 동등하게 받아들여야 한다. 또 '부정적' 감정도 피하거나 억누르지 말고 그대로 받아들여야 한다. 고통과 슬픔은 '고쳐야' 할 병적 문제가 아니라 인간 삶의 자연적·본질적 부분이다. 게다가 정신적 성장으로 이어진다는 점에서 중요하기도 하다. ■

참조 : ■ 쇠렌 키르케고르 26~27쪽 ■ 알프레트 아들러 100~101쪽 ■ 칼 로저스 130~137쪽 ■ 에이브러햄 매슬로 138~139쪽 ■ 빅토르 프랑클 140쪽 ■ 보리스 시륄니크 152~153쪽

합리적 신념이 건강한 정서적 결과를 낳는다

앨버트 엘리스(서기 1913~2007년)

맥락읽기

접근법
합리적 정서행동치료
(Rational Emotive Behaviour Therapy)

이전의 관련 역사
서기 1927년 : 알프레트 아들러에 따르면, 개인의 행동은 자기 생각에서 비롯한다.

서기 1940년대 : 게슈탈트 치료운동이 일어나면서, 지각작용이 현실 창조에 미치는 영향이 널리 알려진다.

서기 1950년 : 카렌 호나이가 사람들에게 '당위의 횡포'에서 벗어나기를 권한다.

이후의 관련 역사
서기 1960년대 : 아론 벡이 비현실적인 부정적 세계관 때문에 우울증이 생긴다고 말한다.

서기 1980년 : 미국의 심리치료사 데이비드 번스(David Burns)가 인지적 왜곡을 성급한 결론, 흑백논리, 독선주의, 지나친 일반화, 파국화 등으로 분류한다.

고대 그리스의 철학자인 에픽테토스(Epictetus)는 서기 80년에 이렇게 선언했다. "인간은 사건이 아니라 사건을 보는 관점 때문에 불안해진다." 그 원리는 앨버트 엘리스(Albert Ellis) 박사가 1955년에 창안한 '합리적 정서행동치료(Rational Emotive Behaviour Therapy, REBT)'의 토대다. 그에 따르면, 경험은 그 어떤 특정 정서반응도 일으키지 않는다. 그런 반응을 낳는 것은 바로 개인의 신념체계다.

1940~1950년대에 정신분석가로 일하면서 엘리스는, 자기와 자기 아동기를 통찰했음에도 증상이 남아 있는 환자가 많음을 알

참조 : ■ 알프레트 아들러 100~101쪽 ■ 카렌 호나이 110쪽 ■ 에리히 프롬 124~129쪽 ■ 칼 로저스 130~137쪽 ■ 아론 벡 174~177쪽 ■ 마틴 셀리그먼 200~201쪽

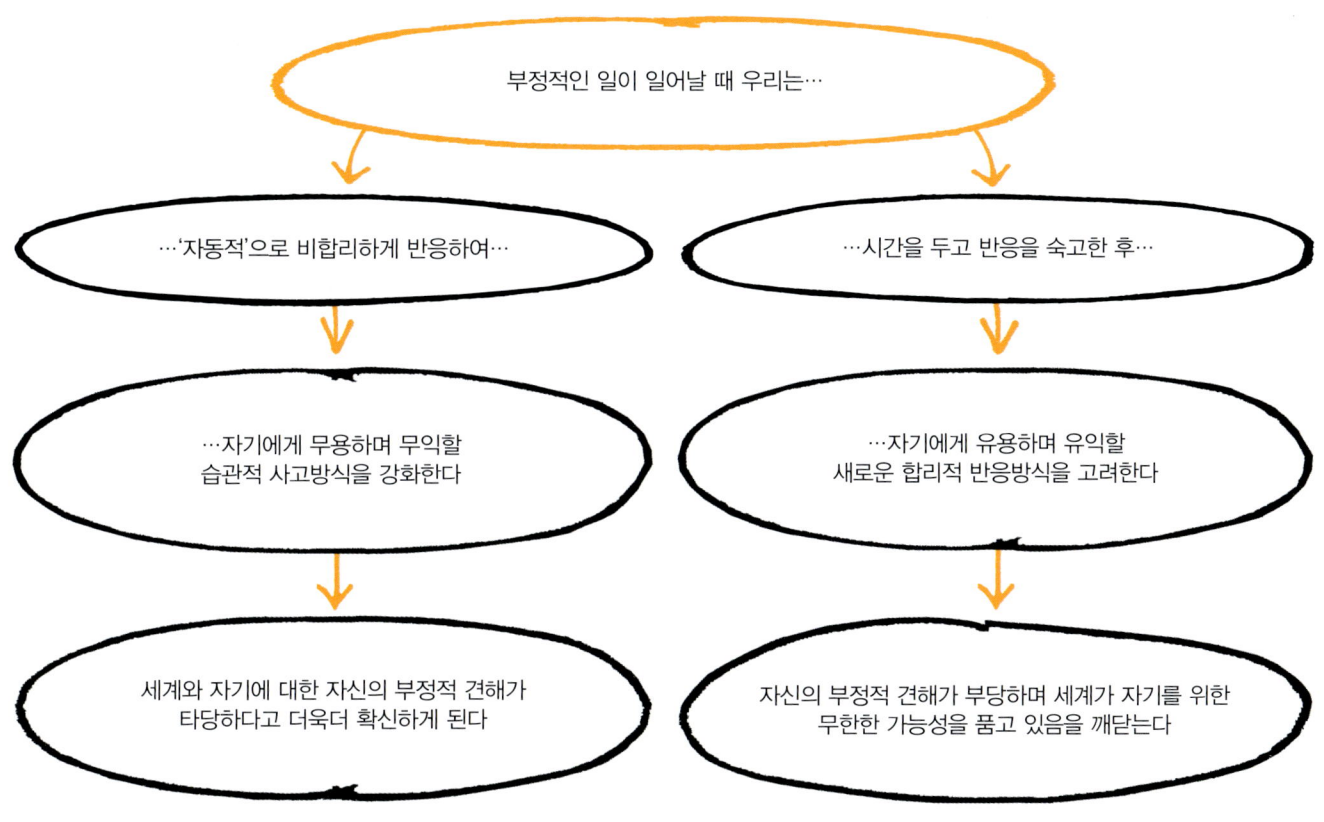

아차렸다. 마치 한 문제가 해결되면 환자가 다른 문제를 그 자리에 놓는 듯했다. 엘리스는 문제가 개인의 사고방식(인지)에 있으며 통찰만으론 그것을 바꿀 수 없다고 판단했다.

비합리적 사고

엘리스는 처음에 자신의 접근법을 '합리치료(Rational Therapy)'라 불렀다. 고질적 정서문제가 대부분 비합리적 사고 때문이라 믿었기 때문이다. 그에 따르면, 비합리성이 드러나는 흔한 방식 가운데 하나는 사건에 대해 극단적 결론, 그것도 주로 부정적 결론을 내리는 경향이다. 예를 들어, 비합리적 사고자가 일자리를 잃을 경우, 그 실업은 그에게 단지 불행한 일이 아니라 '끔찍한' 일이다. 그는 자신이 해고됐으므로 쓸모없으며 결코 다른 일자리를 구하지 못할 것이라고 믿는다. 엘리스에 따르면, 비합리적 신념은 비논리적이고 극단적이며 타인에게 해로울 뿐 아니라, 불건전한 정서적 결과를 낳는다는 점에서 자기파괴적이기도 하다.

합리적 사고는 정반대 결과를 낳는다. 엘리스는 합리적 사고를 자기에게 유익한 생각이라고 정의한다. 그런 생각은 파국적인 부정적 결말을 상정하지 않고 고통을 견뎌내는 능력과 아량에 토대하며, 인간의 긍정적 잠재력에 대한 신념에 근거한다. 그렇다고 합리적 사고자가 순진한 긍정적 신념을 지키려고 부정적 요소를 못 본 척한다는 뜻은 아니다. 합리적 사고에서는 합당한 비애감, 죄책감, 좌절감을 분명히 인정한다. 합리적 사고자도 일자리를 잃을 수 있다. 일자리를 잃은 것이 그의 탓일 수도 있다. 하지만 그는 자신이 쓸모없지 않음을 안다. 자신에게 화가 날 수도 있지만, 또 다른 취업 가능성이 있게 마련임을 알고 있다. 합리적 사고는 균형을 유지하고, 낙관론과 가능성의 여지를 늘 남겨두며, 건강한 정서적 결과를 낳는다.

엘리스의 비합리적 사고 개념은 카렌 호나이의 '당위의 횡포'라는 개념의 영향을 받았다. 당위의 횡포란 뭔가 실제 상태와 (불가사의하게) 달라져야 한다는 생각에 대

> 사람들과 상황이 우리를 불안하게 하는 것이 아니다. 그들이 우리를 불안하게 할 수 있다고 믿음으로써 우리가 자기를 불안하게 하는 것이다.
> 앨버트 엘리스

한 집착이다. 그런 생각과 현실을 조화시키려는 투쟁은 고되고 끝없는 싸움이다. 반면에 합리적 사고에서는 수용에 초점을 맞춘다. 합리적 사고자는, 가끔 언짢은 일이 일어나긴 하지만 그것도 삶의 일부라는 균형 잡힌 의식을 유지한다.

조건반응

사람들과 사건에 대한 자기반응은 너무 익숙해지면 거의 자동적인 것처럼 여겨진다. 반응이 사건 자체와 불가분의 관계를 맺게 되는 것이다. 하지만 엘리스는 사람들에게 사건이 감정에 작용하는 방식을 일깨우고자 했다. 그러나 사건은 감정을 직접 일으키지 않는다. 우리의 정서반응은 스스로 사건에 부여한 의미에 달려 있고, 그 의미는 결국 합리적·비합리적 사고에 좌우된다.

이름이 암시하듯, 합리적 정서행동치료에서는 정서반응(인지과정)과 행동을 모두 검토한다. 그 둘은 서로 영향을 주고받는다. 우리는 행동을 바꿔 생각을 바꿀 수도 있고, 생각을 바꿔 행동을 바꿀 수도 있다. 엘리스는 우리가 자기 생각을 바꾸려면 비합리적 신념을 인식한 후 합리적 사고로 이의를 제기하며 그 신념을 논박할 수 있어야 한다고 말한다.

신념에 이의를 제기하기

REBT(합리적 정서행동치료)의 한 과정에서는 개인에게 자기와 자기 위치에 대한 우선적 신념이 있는지 묻는다. 그런 신념은 비합리적 반응을 일으키기 때문이다. 이 과정은 '논박(disputing)'으로 알려져 있다. 이를테면 '아는 사람 중에 정말 믿을 만한 사람은 나 하나뿐이야'나 '나는 이 세상에서

사랑에 운이 없던 사람은 슬프고 버림받은 느낌이 들 수도 있다. 하지만 그런 감정을 느끼는 것과 신념체계로 받아들이는 것은 다르다.

언제나 홀로 지낼 운명이야'라는 신념을 품은 사람들도 있다. REBT에서는 그런 사람에게 개인사를 살펴 그런 신념체계의 합리화 사유를 찾도록 권장한다. 실연을 몇 차례 겪은 사람은 '혼자 사는 것이 자기 운명'이라거나 자신이 어쨌든 '사랑스럽지 않다'는 망상을 품을 수도 있다. REBT에서는 사람들에게 상실이나 고독의 고통을 감안하고 그 상실의 요인들을 논리적으로 평가해 보라고 권한다. 그리고 한두 가지 사례를 '그런 일이 늘 일어날 테니 행복이란 불가

앨버트 엘리스

앨버트 엘리스는 미국 펜실베이니아 주 피츠버그에서 태어났다. 아버지가 출장이 잦고 어머니가 조울증을 앓는 바람에 엘리스는 두 동생을 돌봐야 했다.

그는 사업가로 사회생활을 시작했다가 저술가로 전업한 후, 성(性)에 관한 글을 쓴 것이 계기가 되어 1942년에 컬럼비아대학에서 임상심리학을 공부하기 시작했다. 처음에는 정신분석을 하며 지그문트 프로이트, 알프레트 아들러, 에리히 프롬의 영향을 받았다. 하지만 엘리스의 합리론은 정신분석 이론에서 벗어났으며, 인지행동치료로의 전환을 주도했다고 여겨진다.

엘리스는 미국에서 매우 영향력 큰 심리학자로 인정받는다. 70권이 넘는 책을 썼으며, 계속 집필과 교육에 힘쓰다 93세에 죽었다.

주요 저서

1957년 『신경증자와 사는 법 How to Live with a Neurotic』
1961년 『마음을 변화시키는 긍정의 심리학 A Guide to Rational Living』
1962년 『심리치료에서의 이성과 정서 Reason and Emotion in Psychotherapy』
1998년 『최선의 노화 Optimal Aging』

능하다'고 해석해 믿는 습관을 버리라고 권한다.

비합리적 사고 고유의 문제 가운데 하나는 그것이 대체로 자기영속적이라는 점이다. 왜냐하면 예컨대 '나에겐 좋은 일이 절대 생기지 않아'라는 생각에는 좋은 일이 생길 기회를 찾으려는 의욕이 거의 혹은 전혀 들어 있지 않기 때문이다. 비합리적 사고자는 좋은 경험의 가능성을 낮춰 보다 못해, 그럴 기회 찾기를 아예 포기해버린다. 게다가 실제로 일어나는 좋은 일도 보지 못한다. 사람들은 흔히 그런 자기영속적 신념을 이렇게 표현한다. "물론 해봤지. 그런데 좋은 일은 '역시' 절대 생기질 않아." 이런 말은 그들의 신념체계를 합리화하며 강화한다.

비합리적 사고방식은 '흑백논리'로, 가능한 온갖 경험을 개인이 온전히 인식하는 데 걸림돌이 된다. 그릇된 신념체계에 이끌려 상황을 늘 부정적으로 해석하면, 긍정적 경험을 번갈아 할 가능성도 사라진다. 보통 '보면 믿게 되는(seeing is believing)' 듯하지만, 실제로는 믿으면 보게 된다. 엘리스는 비합리적 신념의 예로, 모든 사람들로부터 반드시 사랑과 인정을 받아야만 한다고 생각하거나, 남들로부터 가치 있게 여겨지기 위해 철저하게 유능하고 적절하게 행동하며 성취적이어야 한다고 강박을 갖거나, 사람의 불행은 외부환경 때문이며 사람은 이를 극복할 능력이 없다는 등의 사고방식을 꼽았다.

구성주의적 이론

REBT는 구성주의적 이론으로서, 우리 취향이 교육과 문화의 영향을 받긴 하지만 우리가 스스로 자기만의 신념과 현실을 구성함을 암시한다. REBT 치료자는 사람들의 완고하고 절대적인 생각, 감정, 행동을 드러내려 애쓰며, 그들이 스스로 '자기를 불안하게 하고' 있음을 자각하도록 돕는다. 그리고 더 건강한 길을 생각해내고 선택하는 방법, 더 유익한 새로운 신념을 내면화하고 습관화하는 방법을 제안한다. 그럼으로써 치료자는 쓸모없어진다. 일단 내담자가 의사결정시 자기를 인식하고 선택을 신중히 (그리고 보통 다르게) 해야 함을 깨닫고 나면, 치료자는 더 이상 필요가 없다.

적극적 치료

앨버트 엘리스는 진행이 더딘 정신분석학적 방법론에 이의를 제기하고, 오늘날 널리 쓰이는 접근법인 인지행동치료의 원형을 고안했다. 그는 적극적이며 지시적인 치료사로서, 장기적이고 수동적인 정신분석을 하지 않고 과제와 권한을 단호히 내담자에게 맡겼다. 그것은 칼 로저스가 예시한 접근법이기도 했다. 또 엘리스는 이론을 세우기만 해서는 안 된다고 강조하며 이렇게 말했다. "그것을 행동, 행동, 행동으로 뒷받침해야만 한다." REBT는 1970~1980년대에 가장 인기 있는 치료법이 되었고, 아론 벡의 연구에 큰 영향을 미쳤다. 벡은 엘리스를 "탐험가, 혁명가, 치료사, 이론가, 교육가"라고 평했다. ■

> 우리 생애 최고의 시기는, 우리가 자기 문제를 자기 것으로 판단하고 스스로 자기 운명을 지배함을 깨닫는 시기다.
> 앨버트 엘리스

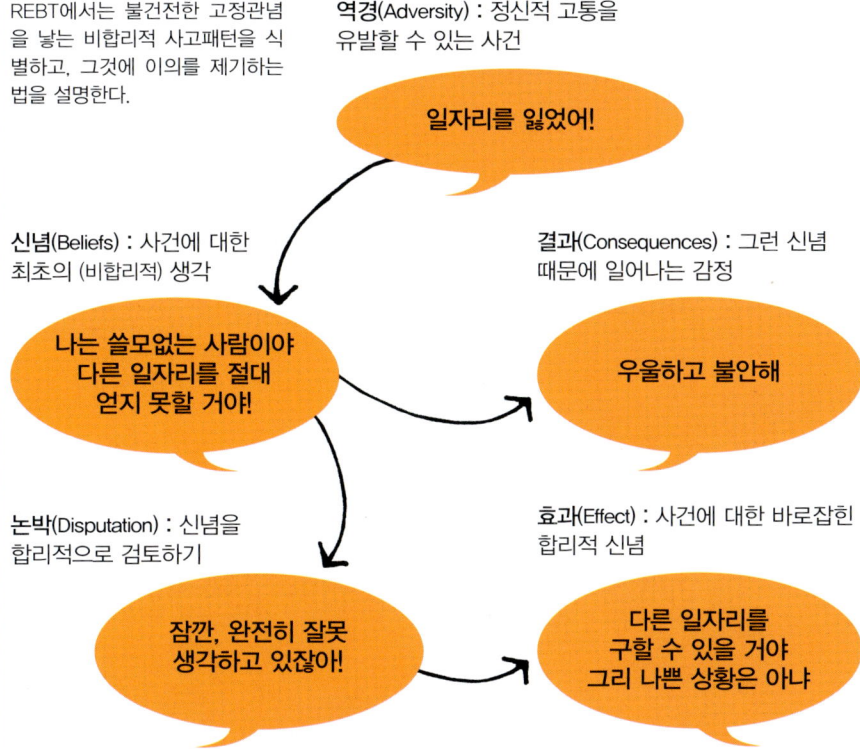

REBT에서는 불건전한 고정관념을 낳는 비합리적 사고패턴을 식별하고, 그것에 이의를 제기하는 법을 설명한다.

역경(Adversity) : 정신적 고통을 유발할 수 있는 사건 — 일자리를 잃었어!

신념(Beliefs) : 사건에 대한 최초의 (비합리적) 생각 — 나는 쓸모없는 사람이야 다른 일자리를 절대 얻지 못할 거야!

결과(Consequences) : 그런 신념 때문에 일어나는 감정 — 우울하고 불안해

논박(Disputation) : 신념을 합리적으로 검토하기 — 잠깐, 완전히 잘못 생각하고 있잖아!

효과(Effect) : 사건에 대한 바로잡힌 합리적 신념 — 다른 일자리를 구할 수 있을 거야 그리 나쁜 상황은 아냐

가정은 사람을 만드는 '공장'이다

버지니아 사티어(서기 1916~1988년)

맥락읽기

접근법
가족치료(Family therapy)

이전의 관련 역사
서기 1942년 : 칼 로저스가 『카운슬링과 심리치료』를 출간하며, 개인적 판단을 피하는 접근법과 내담자를 존중하는 태도가 치료에 미치는 영향을 강조한다.

이후의 관련 역사
서기 1953년 : 미국의 정신과 의사 해리 스택 설리번(Harry Stack Sullivan)이 『정신의학의 대인관계론The Interpersonal Theory of Psychiatry』에서 사람이란 환경의 산물이라고 주장한다.

서기 1965년 : 아르헨티나 태생의 정신과 의사인 살바도르 미누친(Salvador Minuchin)이 필라델피아 아동상담소에서 가족치료를 널리 알린다.

서기 1980년 : 이탈리아의 정신과 의사인 마라 셀비니 팔라촐리(Mara Selvini Palazzoli)와 동료들이 '밀라노학파'의 가족치료법에 대한 논문을 발표한다.

우리는 가족 구성원들에게 특정 방식으로 반응하게 된다

↓

그런 반응은 우리가 주로 스트레스 받을 때 선택하는 역할을 형성한다

↓

그 역할은 참된 자기를 압도하며 성인기까지 우리를 따라다니기도 한다

↓

가정은 사람을 만드는 '공장'이다

개인이 '원(原) 가족(family of origin, 자기가 자라난 가정)'에서 맡는 역할은 대부분 성체로 성장할 씨앗이다. 미국의 심리학자 버지니아 사티어(Virginia Satir)는 원 가족이 성격형성에 미치는 영향의 중요성을 인식하고, 건강한 기능적 가족과 역기능적 가족의 차이를 살펴보았다. 그녀는 가족 구성원 간에 건강한 역동이 부족할 때 사람들이 그것을 벌충하려고 흔히 선택하는 역할에 특히 관심이 있었다.

건강한 가족생활에서는 구성원들이 애정과 긍정적 관심을 서로 숨김없이 표현한다. 이전의 어느 심리치료사보다도 사티어는 안정된 정서 발달에 다정한 양육적 관계가 미치는 영향력을 강조했다.

역할 실연

사티어에 따르면, 가족 구성원들이 감정과 애정을 솔직히 표현하지 못할 경우, 대체로 참된 정체성 대신 개성적 '역할'이 부각된다. 사티어는 가족 구성원들이 주로 스트레스 받을 때 흔히 선택하는 역할 다섯 가지를 언급했다. 그것은 다음과 같다. 끊임없이 트집을 잡아 비난하는 사람(비난자), 무정한 지식인(계산자), 초점을 감정문제에서 다른 데로 돌리려고 산만하게 구는 사람

참조 : ■ 칼 로저스 130~137쪽 ■ 레프 비고츠키 270쪽 ■ 브루노 베텔하임 271쪽

다섯 가지 가족 역할

혼란자

계산자

일치자

비난자   위로자

사티어에 따르면, 가족 구성원들은 흔히 난감한 감정문제를 숨기려고 다섯 가지 개성적 역할을 실연한다.

(혼란자), 미안해하며 상대방을 달래는 사람 (위로자), 마음을 터놓고 솔직하게 직설적으로 의사소통하는 사람(일치자).

오직 일치자만이 건강하고 적절한 태도를 유지하며, 내면의 감정에 부합하도록 나머지 가족과 의사소통한다. 다른 사람들이 갖가지 역할을 선택하는 이유는 자존심이 낮아서 자기 진심을 드러내거나 나누길 두려워하기 때문이다. 위로자는 불만을 살까봐 두려워하고, 비난자는 타인을 공격해 무가치감을 숨기려 하고, 계산자는 지력에 의존해 자신의 감정을 부인하려 하고, 혼란자 (보통 가족 중 최연소자)는 귀엽고 순진하게 보여야만 사랑받을 것이라고 믿는다.

그렇게 선택한 역할 덕분에 가족이 제대로 기능하기도 한다. 하지만 각 구성원은 그 역할에 압도된 나머지 참된 자기가 되지 못할 수도 있다. 사티어는 그런 거짓 정체성을 버리려면 어린이건 어른이건 간에 자부심을 천부적 권리로 받아들여야 한다고 믿었다. 그런 다음에야 진정으로 만족스러운 존재를 향해 출발할 수 있을 것이다. 그 첫걸음은 반드시 마음을 터놓고 솔직하게 의사소통하겠다는 다짐이다.

근본적·긍정적·감정적 관계의 필요성은 사티어의 선구적 이론의 근본을 이룬다.

'가족치료의 어머니'로 불리는 그녀는 사랑과 수용이 가장 강력한 역기능 가족치유법이라 믿었다. 환자들과 친밀하고 다정한 관계를 맺음으로써 사티어는 그들에게 권장하던 역동을 몸소 보여주고자 했다. "나는 나다", "나는 나에 관한 모든 것을 소유한다", "나는 나의 환상과 꿈과 희망과 공포심을 갖고 있다", "나는 나의 모든 업적과 성공, 실패와 과오를 갖고 있다", "나는 나이며, 나는 괜찮은 존재이다" 등의 내용을 포함하는 〈나의 자존감 선언〉은 많은 이들에게 큰 반향을 일으켰다. ■

나는 가족을 치유할 줄 아는 만큼 세상을 치유할 줄도 안다.
버지니아 사티어

버지니아 사티어

버지니아 사티어는 미국 위스콘신 주의 한 농장에서 태어났는데, 여섯 살 때 '부모들을 조사하는 탐정'이 되기로 마음먹었다고 한다. 병으로 2년간 청력을 잃은 경험 덕분에 비언어 의사소통에 대한 날카로운 관찰력과 인간행동에 대한 섬세한 통찰력을 얻었다. 아버지가 알코올 중독자였던 그녀는 어린 시절 내내 접한 보호, 비난, 위로의 역동을 익히 알고 있었다.

사티어는 사범교육을 받았으나, 아동의 자존심 문제에 대한 관심 때문에 사회복지로 석사학위를 따게 됐다. 그녀는 최초의 가족치료 정규 연수과정을 미국에 마련했고, '사티어 모델(Satir Model)'은 지금도 개인·조직 심리학에 지대한 영향을 미치고 있다.

주요 저서

1964년 『합동 가족치료 Conjoint Family Therapy』
1972년 『사람 만들기 Peoplemaking』

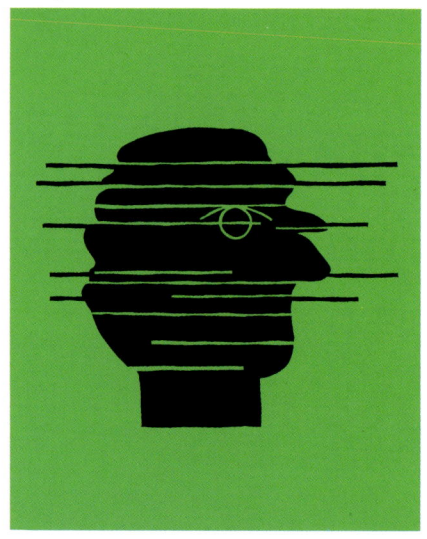

흥분하라, 어울려라, 이탈하라

티머시 리어리(서기 1920~1996년)

맥락읽기

접근법
실험심리학(Experimental psychology)

이전의 관련 역사
서기 1890년대: 윌리엄 제임스가 '자기'에 네 가지 층(생물적 자기, 물질적 자기, 사회적 자기, 영적 자기)이 있다고 말한다.

서기 1956년: 에이브러햄 매슬로가 자기실현 과정 가운데 '절정 경험'의 중요성을 강조한다.

이후의 관련 역사
서기 1960년대: 영국의 정신과 의사 험프리 오스몬드(Humphrey Osmond)가 마약 LSD와 메스칼린의 정신적 작용을 설명하려고 '사이키델릭(psychedelic)'이라는 말을 만들어낸다.

서기 1962년: '성 금요일 실험(Good Friday Experiment)'에서 미국의 정신과 의사이자 신학자인 월터 판케(Walter Pahnke)가 환각제로 종교적 경험을 심화할 수 있는지 실험한다.

서기 1972년: 미국의 심리학자 로버트 E. 온스타인(Robert E. Ornstein)이 『의식심리학The Psychology of Consciousness』에서 오직 개인적 경험만이 무의식의 문을 열 수 있다고 주장한다.

티머시 리어리(Timothy Leary)는 1960년대 반(反)문화 세력의 우상이 된 미국 심리학자로, 그 시대와 관련해 가장 널리 쓰이는 듯한 구호 "흥분하라, 어울려라, 이탈하라(Turn on, Tune in, Drop out)"를 만들어냈다. 하지만 리어리가 생각한, 그 셋의 바람직한 실행 순서는 조금 다르다. 그가 느끼기에, 사회는 정치로 오염돼 있었고, 사회를 구성하는 메마른 천편일률적 공동체들은 참된 개인에게 필요한 의미적 깊이를 용납하지 않았다.

그가 첫 번째로 필요하다고 생각한 일은 '이탈'이다. 이는 인위적 부착물에서 떨어져 나와 자립적으로 생각하고 행동하라는 뜻이었다. 안타깝게도 '이탈하라'는 사람들에게 생산적인 일을 멈추라고 부추기는 말로 곡해됐는데, 그것은 결코 그의 의도가 아니었다. 다음으로 리어리는 우리에게 '흥분하라'고, 즉 무의식으로 파고들어 우리를 신의 사원, 우리 자신의 몸으로 돌려보낼 성례(聖禮)를 찾으라고 말한다. 이것은 경험과 의식의 여러 수준뿐 아니라 현실의 더 깊은 층도 탐구하라는 명령이다. 마약을 그런 탐구의 한 방법으로 본 리어리는 환각제 LSD 실험을 시작했다. 마지막으로 '어울려라'는 말은 우리에게 새로운 통찰력을 간직한 채 사회로 돌아가 자기변화를 반영하는 신선한 행동양식을 찾으라고, 그리고 우리가 새로 발견한 방법을 다른 사람들에게 가르쳐주라고 요청한다. ■

1960년대의 사이키델릭운동은 리어리에게서 지대한 영향을 받았다. 리어리는 사람들에게 무의식 탐구로 참된 감정과 욕구를 밝혀내 더 훌륭하고 만족스러운 사회를 만들도록 요청했다.

참조: ■ 윌리엄 제임스 38~45쪽 ■ 에이브러햄 매슬로 138~139쪽

심리치료 PSYCHOTHERAPY 149

통찰은 맹목을 초래하기도 한다
파울 바츨라비크(서기 1921~2007년)

맥락읽기

접근법
단기치료(Brief therapy)

이전의 관련 역사
서기 1880년대 : 정신역동치료(통찰지향적 치료)가 출현한다. 이 치료에서는 개인의 현재 행동에 나타나는 무의식 과정에 초점을 맞춘다.

서기 1938년 : B. F. 스키너가 '급진적' 행동주의를 소개하며, 사고와 지각처럼 관찰 불가능한 정서활동이 특정 행동패턴을 유발한다는 데 반대한다.

이후의 관련 역사
서기 1958년 : 미국의 정신과 의사 레오폴드 벨락(Leopold Bellak)이 단기치료 진료소를 열고 치료 횟수를 5회로 제한한다.

서기 1974년 : 미국의 심리치료사 제이 헤일리(Jay Haley)가 『특이한 심리치료 Uncommon Therapy』에서 밀턴 에릭슨의 단기치료법을 설명한다.

심리치료에서는 대체로 환자가 자기와 자기 개인사 및 행동을 이해하는 데 크게 의존한다. 이는 정서적 고통에 맞서 행동을 바꾸려면 정서적 패턴의 근원을 이해해야 한다는 신념에 토대한다. 오스트리아계 미국 심리학자 파울 바츨라비크(Paul Watzlawick)는 그 과정을 '통찰(insight)'이라 불렀다. 가령 어떤 남자가 여자친구에게서 버림받은 후 비정상적으로 오랫동안 몹시 슬퍼한다고 하자. 그는 어릴 때 어머니에게서 버림받아서 버림받기와 관련해 깊은 문제가 있음을 자각할 수도 있다. 하지만 어떤 심리치료사들은 정서적 고통에 맞서는 데 통찰이 불필요할지도 모른다고 판단했다. 더구나 바츨라비크를 비롯한 몇몇 치료사들은 통찰 때문에 환자의 상태가 악화될 수도 있다고 주장했다.

바츨라비크는 누가 자기를 깊이 이해한 결과로 변한 사례를 한 건도 떠올릴 수 없다고 말한 것으로 유명하다. 과거 사건을 이해하면 현재 문제를 해결하는 데 도움이 된다는 신념은 '직선적' 인과관념에 기초한다. 바츨라비크는 인간행동의 순환적 인과율 개념을 주목했다. 그 개념에서는 사람들이 대개 같은 행동으로 몇 번이고 되돌아옴을 지적한다.

바츨라비크에 따르면, 통찰은 실제 문제와 잠재적 해결책에 대한 맹목을 초래할 수도 있다. 그는 단기치료법을 지지했다. 단기치료에서는 효과를 더 빨리 보기 위해 특정 문제를 더 집중적으로 다룬다. 하지만 바츨라비크는 어떤 치료에서든 성공을 거두려면 환자와 협력적 관계를 맺어야 한다고 믿기도 했다. ■

누구나 행복을 '느낄' 줄 안다.
그러나 자기를 불행하게 '만드는' 법은
배워야 한다.
파울 바츨라비크

참조 : ■ B. F. 스키너 78~85쪽   ■ 엘리자베스 로프터스 202~207쪽   ■ 밀턴 에릭슨 336쪽

광기라고 모두 장애라는 법은 없다, 광기는 돌파구일 수도 있다

R. D. 랭(서기 1927~1989년)

맥락읽기

접근법
반(反)정신의학(Anti-psychiatry)

이전의 관련 역사
서기 1908년 : 스위스의 정신과 의사 오이겐 블로일러(Eugen Bleuler)가 정신작용의 분열과 관련하여 '정신분열증(schizophrenia)'이라는 용어를 만들어 낸다.

서기 1911년 : 지그문트 프로이트가 정신분열증이란 순전히 심리적인 증상이지만 정신분석으로 치료가 불가능한 듯 하다고 말한다.

서기 1943년 : 프랑스 철학자 장 폴 사르트르가 참 자기와 거짓 자기의 차이를 설명한다.

서기 1956년 : 영국의 사회과학자 그레고리 베이트슨(Gregory Bateson)이 '이중구속(double bind)'을, 어떤 해결책을 택하든 부정적 결과에 이르게 되는 정서적으로 괴로운 딜레마로 정의한다.

이후의 관련 역사
서기 1978년 : 뇌 CT 스캔 결과, 만성적 정신분열증을 앓는 사람과 그렇지 않은 사람의 물리적 차이가 드러난다.

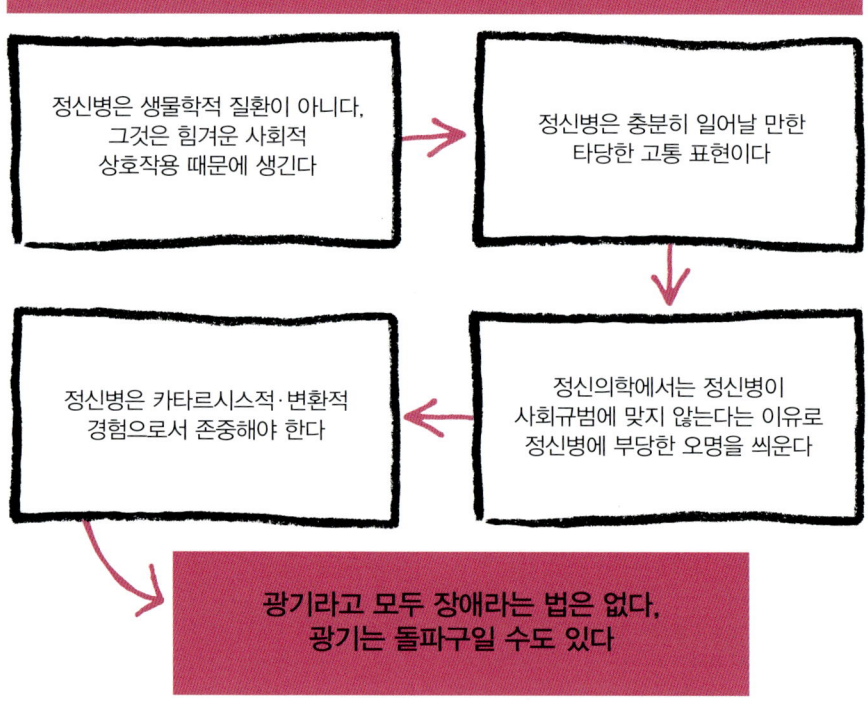

19세기 말에는 '정신질환과 정상인의 정신적 고통은 정도가(종류가 아니라) 다르다'는 생각이 수용되기 시작했다. 지그문트 프로이트는 신경증과 정상상태가 같은 범위에 속하며 누구라도 끔찍한 상황에 처하면 정신장애에 굴복할 수 있다고 말했다. R. D. 랭(R. D. Laing)이 새로운 문화 동향의 걸출한 우상으로 떠오른 것은 바로 그런 맥락에서였다.

생물학과 행동

프로이트처럼 정신의학의 근본적 가치관에 이의를 제기한 랭은 정신질환의 생물학적 현상에 맞춰진 초점을 거부하고, 사회, 문화, 가족이 개인의 경험 형성에 미치는 영향을 강조했다. 그가 정신질환의 냉혹

참조 : ■ 에밀 크레펠린 31쪽 ■ 지그문트 프로이트 92~99쪽 ■ 데이비드 로젠한 328~329쪽

한 현실을 거부한 적은 없었지만, 그의 관점은 일반적으로 용인된 정신의학의 이론 및 실제와 뚜렷이 대조되었다.

랭은 일반적으로 용인된 정신장애 진단법이 전통적 의료모델을 따르지 않는다며 정신의학 진단의 타당성에 의문을 제기한다. 즉 일반 의사들은 신체질환을 진단하기 위해 진찰과 검사를 수행하는데, 정신과 의사들은 진단의 근거를 행동에 둔다는 것이다. 또 랭에 따르면, 정신질환을 행동에 근거해 진단해놓고 약으로써 생물학적으로 치료하는 데도 문제가 있다. 진단이 행동에 근거한다면 치료도 그러해야 마땅하다. 그는 게다가 약이란 사고력을 떨어뜨리므로 참된 자연적 회복 과정에 방해가 된다고 주장한다.

정신분열증에 대한 접근법

랭의 주된 연구는 정신분열증(심리작용이 심각하게 분열된 정신장애)을 이해·치료하고 일반인에게 설명하는 데 초점을 맞춘다. 그에 따르면, 정신분열증은 유전병이 아니라 견디기 힘든 상황에서 충분히 나올 만한 반응이다. 랭은 사회과학자 그레고리 베이트슨의 '이중구속' 이론을 응용한다. 이중구속 상황에 처한 사람은 상충하는 가능성들을 직면하는데, 어떤 행동을 취하든 부정적 결과를 얻게 될 듯해서 극심한 정신적 고통을 겪는다.

돌파구로서의 질환

랭은 혁신적이게도 정신분열증 환자의 비정상적 행동과 횡설수설하는 말투를 타당한 고통 표현으로 보았다. 그에 따르면, 정신병적 사건은 곧 걱정을 알리려는 시도이며, 중요한 개인적 통찰로 이어질 수 있는 카타르시스적·변환적 경험으로 여겨져야 마땅하다. 물론 그런 표현들은 이해하기가 힘들다. 하지만 그것은 단지 그런 표현이 개인의 상징적 언어, 즉 개인의 마음속에서만 유의미한 언어로 싸여 있기 때문이다. 약을 쓰지 않는 랭의 심리치료에서는 환자 이야기에 귀 기울이며 공감함으로써 환자의 상징적 표현을 이해하고자 애쓴다. 이는 사람이란 본래 상태에서 건강하며, 소위 정신질환이란 그 상태로 돌아가려는 시도라는 신념에 근거한다. ■

셰익스피어의 리어 왕은 힘겨운 상황 때문에 미친 사람의 상징적 예다. 랭의 관점에서 보면, 리어 왕이 미친 것은 타고난 건강한 상태로 돌아가려는 시도다.

R. D. 랭

로널드 데이비드 랭(Ronald David Laing)은 스코틀랜드 글래스고에서 태어났다. 글래스고대학에서 의학을 공부한 후 정신과 의사로 영국 육군에 입대해 정신질환자 진료에 대한 관심을 키워나갔다. 그리고 얼마 뒤에 영국 런던의 타비스톡 클리닉(Tavistock Clinic)에서 심리치료교육을 받았다. 1965년에는 일단의 동료들과 함께 필라델피아협회(Philadelphia Association)를 창립하고 런던의 킹슬리홀(Kingsley Hall)에서 급진적인 정신과 치료프로젝트를 시작했다. 그곳에서는 환자와 치료사들이 함께 살았다.

후년에 랭은 변덕스러운 행동과 영적 집착으로 자기 평판을 떨어뜨렸다. 그가 전통적 치료법의 실행 가능한 대안을 개발하지 못한 탓에, 그의 이론은 정신의료계에서 일반적으로 용인되지 않는다. 하지만 랭이 반정신의학운동, 특히 가족치료에 기여한 측면들은 관련 분야에 오래도록 영향을 미쳐왔다. 그는 1989년에 심장마비로 사망했다.

주요 저서

1960년 『분열된 자아The Divided Self』
1961년 『자기와 타자The Self and Others』
1964년 『정상, 비정상, 가족Sanity, Madness and the Family』
1967년 『경험의 정치학The Politics of Experience』

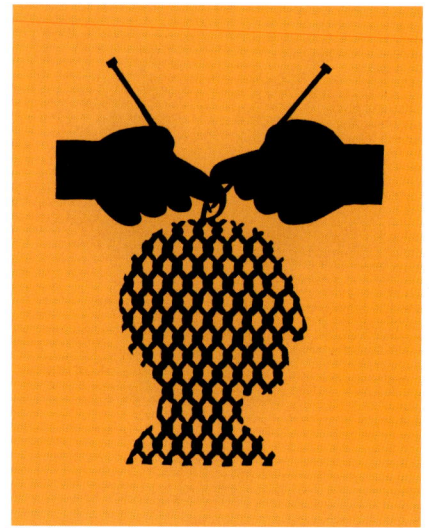

역사는 운명을 결정하지 않는다

보리스 시륄니크(서기 1937년~)

맥락읽기

접근법
긍정심리학(Positive psychology)

이전의 관련 역사
서기 1920년대 : 프로이트에 따르면, 어린 시절의 트라우마는 유아의 뇌에 부정적 영향을 끼칠 뿐 아니라 유전적·사회적·정신적 복원요인을 모두 무효화할 수도 있다.

서기 1955~1995년 : 트라우마를 입은 어린이들의 성장과정을 심리학자 에미 워너(Emmy Werner)가 장기적으로 연구한 바, 모집단의 3분의 1이 복원 경향을 보인다.

서기 1988년 : 존 보울비가 복원력 연구를 요청한다.

이후의 관련 역사
서기 2007년 : 영국 정부가 학교에서 영국 복원력프로그램(UK Resilience Programme)을 시작한다.

서기 2012년 : 미국심리학회에서 정신복원력 연구팀을 조직한다.

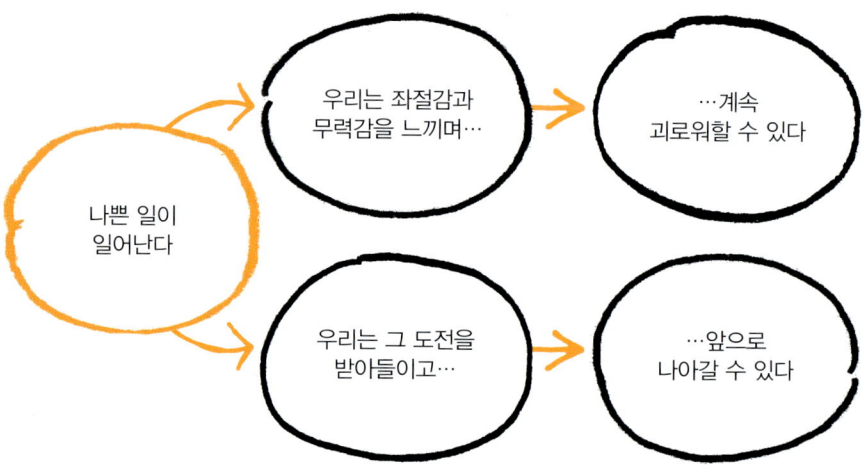

재난이 닥치면 어떤 사람들은 망연자실한다. 대처 메커니즘을 작동하지 못하고 극심한 우울증이나 실망에 빠지며 때로는 희망과 생존의지마저 잃어버리기도 한다. 참사에 완전히 사로잡혀 악몽, 회상, 불안발작에 시달릴 수도 있다. 하지만 다르게 반응하는 사람들도 있다. 그들은 삶의 평범한 오르막과 내리막뿐 아니라 엄청난 손실과 트라우마도 감당해내는 듯하다. 그들은 우울하고 무기력한 상태에 빠지지 않고, 고통스러운 상황을 어떻게든 처리하고 앞으로 나아갈 수 있다.

보리스 시륄니크(Boris Cyrulnik)는 그런 반응 차이에 관심을 둔다. 왜 누구는 그렇게 큰 충격을 받는데 누구는 '회복'이 가능한 것처럼 보이는지 알아내려고, 그는 일생을 정신의 복원력(resilience) 연구에 바쳐왔다.

시륄니크가 알아본 바, 복원력은 사람이 타고나는 능력이 아니라 자연적 과정을 거치면서 키워나가는 능력이다. 시륄니크는 이렇게 말한다. "어린이 혼자에게는 복원력이 없다. 그것은 상호작용이자 관계다." 우리는 관계를 발전시킴으로써 복원력을 개발한다. 사람들과 상황을 만나 말을 주고받고 감정을 느끼면서 우리는 자기를 끊임없

참조: ■ 지그문트 프로이트 92~99쪽 ■ 존 보울비 274~277쪽 ■ 샬럿 뷜러 336쪽 ■ 조지 켈리 337쪽 ■ 제롬 케이건 339쪽

심리치료 PSYCHOTHERAPY

보리스 시륄니크

보리스 시륄니크는 제2차 세계대전 발발 직전에 프랑스 보르도의 유대인 가정에서 태어났다. 1944년, 비시 정부가 독일과의 협정 하에 프랑스 남부의 비점령지대를 지배하고 있을 때, 시륄니크의 부모는 집에서 급습을 당해 아우슈비츠 강제수용소로 끌려갔다. 부모는 시륄니크를 보호하려고 양부모에게 미리 맡겨두었던 터였는데, 며칠 지나지 않아 양부모는 현상금 몇 푼을 챙기려고 시륄니크를 당국에 넘겨버렸다. 시륄니크는 강제수용소 이송 대기자로 있던 중에 용케 탈출해 농장에서 일하다가 열 살 때 양육시설에 맡겨졌다. 그는 프랑스에서 아무 친척도 없이 자랐다. 주로 독학을 하던 끝에 파리대학에서 의학을 공부했는데, 자기 삶을 재평가하고 싶다는 소망을 깨닫고 나서는 정신분석과 신경정신의학을 전공하기 시작했다. 그는 트라우마를 입은 어린이들을 연구하는 데 생애를 바쳐왔다.

주요 저서

1992년 『의미의 탄생 The Dawn of Meaning』
2004년 『유령의 속삭임 The Whispering of Ghosts』
2009년 『복원력 Resilience』

쓰나미 같은 재난 후에 심리학자들은 복원력 있는 공동체가 구성되는 모습을 목격했다. 그 과정에서 거주민들은 역경을 극복하려는 결연한 의지를 보여주었다.

전히 트라우마에서 벗어나 건강을 회복할 수 있다. 시륄니크는 인간의 뇌란 유연하므로 사정이 허락하면 건강을 회복할 수 있음을 보여주었다. 트라우마를 입은 어린이의 뇌는 뇌실과 피질이 수축된다. 하지만 트라우마 후에 어린이를 잘 보살피고 사랑해주면, MRI 스캔으로 확인한 바 뇌를 1년 안에 정상상태로 회복시킬 수 있다.

시륄니크는 트라우마를 입은 어린이들에게 꼬리표를 붙여 그들을 절망적인 미래로 밀쳐내지 말아야 한다고 강조한다. 트라우마는 두 가지, 즉 손상과 그 손상의 표상으로 구성된다. 트라우마 후 어린이에게 가장 해로운 경험은 대체로 사건에 대한 어른의 굴욕적 해석을 접하는 일이다. 시륄니크에 따르면, 꼬리표는 트라우마의 경험보다 더 해롭고 저주스러울 수 있다. ■

이 '뜨개질하고' 있다. 한 '코'를 빼먹으면 삶 전체가 풀어져버릴 듯싶기도 하지만, 사실은 '한 코만 남아 있으면 처음부터 다시 시작할 수' 있다.

긍정적 정서와 유머는 복원력의 핵심요소다. 시륄니크의 연구에 따르면, 삶의 고난이나 트라우마에 잘 대처하는 사람들은 역경 속에서 의미를 발견하고 그것을 유익한 계몽적 경험으로 여길 뿐 아니라 웃을 방법을 알아내기도 한다. 복원력 있는 사람들은 상황이 현재 괴롭더라도 미래에 어떻게 나아질지 늘 상상할 수 있다.

도전에 응하기

전에는 복원력이 강한 사람일수록 대체로 덜 감정적이라고 여겨졌다. 하지만 시륄니크에 따르면, 복원력 있는 사람이 다른 사람보다 고통을 덜 느끼는 것은 아니다. 문제는 고통을 다루는 방법이다. 고통은 평생에 걸쳐 계속될 수도 있다. 하지만 복원력 있는 사람들에게 고통은 그들이 스스로 대처하는 도전과제를 제기한다. 그 도전과제란 벌어진 사태를 극복하는 것, 경험 속에서 좌절하지 않고 힘을 찾는 것, 그 힘을 이용해 앞으로 대담하게 나아가는 것이다. 특히 어린이들은 적절한 도움을 받으면 완

복원력이란, 엄청난 문제 앞에서 성장하는 능력이다.
보리스 시륄니크

착한 사람들만 우울증에 걸린다

도로시 로(서기 1930년~)

맥락읽기

접근법
개인적 구성개념 이론
(Personal construct theory)

이전의 관련 역사
서기 1940년대: 게슈탈트 치료가 창시되면서, 지각이 의미에 영향을 미친다는 개념이 알려진다.

서기 1955년: 조지 켈리가 『개인적 구성개념의 심리학』을 출간한다. 그 책에서 개설하는 이론에 따르면, 사람들은 모두 세상과 세인에 대한 일단의 구성개념(신념)을 품고 있다.

서기 1960년: 심리학자이자 통계학자인 맥스 해밀턴(Max Hamilton)이 임상우울증의 평가수단으로 '해밀턴-우울평가척도(HAM-D)'를 고안한다.

이후의 관련 역사
서기 1980년: 심리학자 멜빈 러너가 『공정한 세상에 대한 신념: 근본적 착각』에서 응분의 대가에 대한 그릇된 통념을 설명한다.

사람들이 자기 삶에서 일어난 일에 대해 자책하길 멈추면 우울증 발병률이 극적으로 떨어질 것이다. 이 전제는 도로시 로(Dorothy Rowe)가 우울증 치료에 성공한 기반이다.

우리는 대부분 자라나면서 세상이란 공정하고 합리적인 곳이라고, 착하게 살면 좋은 일이 생길 것이라고 믿게 된다. 하지만 우리가 착한 경우에 일이 잘돼간다면 일이 잘못되는 경우에는 우리가 어떻다는 뜻일까? '공정한 세상'에 대한 신념 때문에 우리는 자기에게 생기는 나쁜 일에 대해 자신을 책망하게 된다. 우리는 어떤 식으로든 피해를 보거나 고통받을 때 이렇게 묻는 경향이 있다. "왜 나에게 이런 일이 생긴 거야?" 사람들은 심지어 자연재해의 경우에도 자기가 과거에 무엇을 잘못했기에 그런 상황이 벌어졌는지 알아내고자 한다. 그래서 나쁜 일이 생기면 비합리적이게도 자책감, 죄책감, 무력감, 수치심이 일어나는데, 그런 감정은 우울증으로 이어지기도 한다.

로의 설명에 따르면, 우리는 자기의 신념을 창조하고 선택한다. 일단 그 점을 이해하고 나면 공정한 세상이라는 관념을 버리고 부정적 경험에 대해 더 합리적으로 생각할 수 있다. 우리는 나쁜 가정환경, 실직, 끔찍한 자연재해 때문에 고통을 겪을 수 있다. 하지만 우리가 불행해질 운명이거나 나쁜 대우를 받아야 마땅해서 그런 일이 생기는 것은 아니다. 그런 좌절상태에서 벗어나려면, 사건을 더 이상 개인화하지 말고 외면화해야 한다. 그리고 때때로 나쁜 일이 그냥 일어나기도 함을 깨달아야 한다. ■

자연스러운 슬픔을 우울증으로 바꾸려면, 자신에게 닥친 불행에 대해 자책하기만 하면 된다.
도로시 로

참조: ■ 프리츠 펄스 112~117쪽 ■ 칼 로저스 130~137쪽 ■ 앨버트 엘리스 142~145쪽 ■ 멜빈 러너 242~243쪽 ■ 조지 켈리 337쪽

아버지는 침묵의 법칙에 지배된다

기 코르노(서기 1951년~)

맥락읽기

접근법
남성심리학(Masculine psychology)

이전의 관련 역사
서기 1900년대 : 프로이트파 정신분석가들이 오이디푸스 콤플렉스를 설명한다. 그에 따르면, 아들은 선천적으로 아버지에게 경쟁심을 느낀다.

서기 1950년대 : 프랑스의 정신분석가 자크 라캉에 따르면, 아들은 아버지를 법칙의 상징으로 본다.

이후의 관련 역사
서기 1991년 : 『무쇠 한스 이야기: 남자의 책Iron John: A Book About Men』에서 미국 작가 로버트 블라이(Robert Bly)가 아버지들이 아들에게 남자가 되는 데 필요한 것을 제공하지 않는다며 그들이 아들 내면의 '야성인(Wild Man)'을 깨워주어야 한다고 주장한다.

서기 1990년대 : 미국의 저술가 더글러스 질레트(Douglas Gillette)와 로버트 L. 무어(Robert L. Moore)가 카를 융의 이론에 토대한 원형과 남성정신을 탐구하는 책 다섯 권을 펴낸다.

프랑스계 캐나다인 정신분석학자 기 코르노(Guy Corneau)가 1991년에 『부재하는 아버지, 잃어버린 아들Absent Fathers, Lost Sons』을 출간하기 전에는 심리학계에서 남성 간의 정서적 의사소통에 거의 관심을 두지 않았다. 코르노의 그 책에서는 남성 세대 간에 친밀한 대화가 오가기 어렵다는 점을 고찰했다. 코르노는 직접 아버지와 정서적 관계를 맺으려고 시도해본 경험을 언급하는데, 그가 아버지에게 접근해 인정받으려 애썼을 때 돌아온 것은 침묵뿐이었다고 한다.

인정 보류

코르노는 그런 일련의 사건이 남자들에게 익숙한 패턴임을 인지한다. 남자들은 대체로 자식이 갈망하는 칭찬, 애정표현, 인정을 아들에게 아낌없이 해주지 못한다. 코르노에 따르면, 아들은 그런 침묵을 경험하면 아버지를 감동시키려 더 노력하기도 하고 뒤로 물러서기도 한다. 하지만 그 침묵은 아들의 마음속에 확고부동하게 각인된다. 이런 현상은 남성 에고들의 경쟁적 상

아버지와 아들 간 의사소통의 특징은 보통 침묵이다. 아들은 아버지에게 인정받길 갈망하지만, 아버지는 아들을 인정해주길 꺼린다.

호작용에서 유래할지도 모른다. 아들을 아낌없이 칭찬해주는 남자는 어쨌든 자기 힘을 양보해 그 힘의 가치를 떨어뜨릴 것이다. 아들의 관점에서 보면, 어느 정도의 보류 없이 인정을 너무 쉽게 해주는 아버지는 감동시킬 가치가 더 이상 없을 것이다. 대부분의 사회에는 남자가 강하면서 솔직할 리 없다는 신념이 있는 듯하다.

코르노는 그런 행동이 남자들에게 해롭다고 말한다. 그런 경우에 아버지는 아들에게 애정을 표현할 기회를 얻지 못하고, 아들은 어쩔 수 없이 그런 애정을 받지 못한 채로 살아가야 한다. ■

참조 : ■ 지그문트 프로이트 92~99쪽 ■ 카를 융 102~107쪽 ■ 자크 라캉 122~123쪽

COGNITIVE PSYCHOLOGY

THE CALCULATING BRAIN

E
OGY

인지심리학
계산하는 뇌

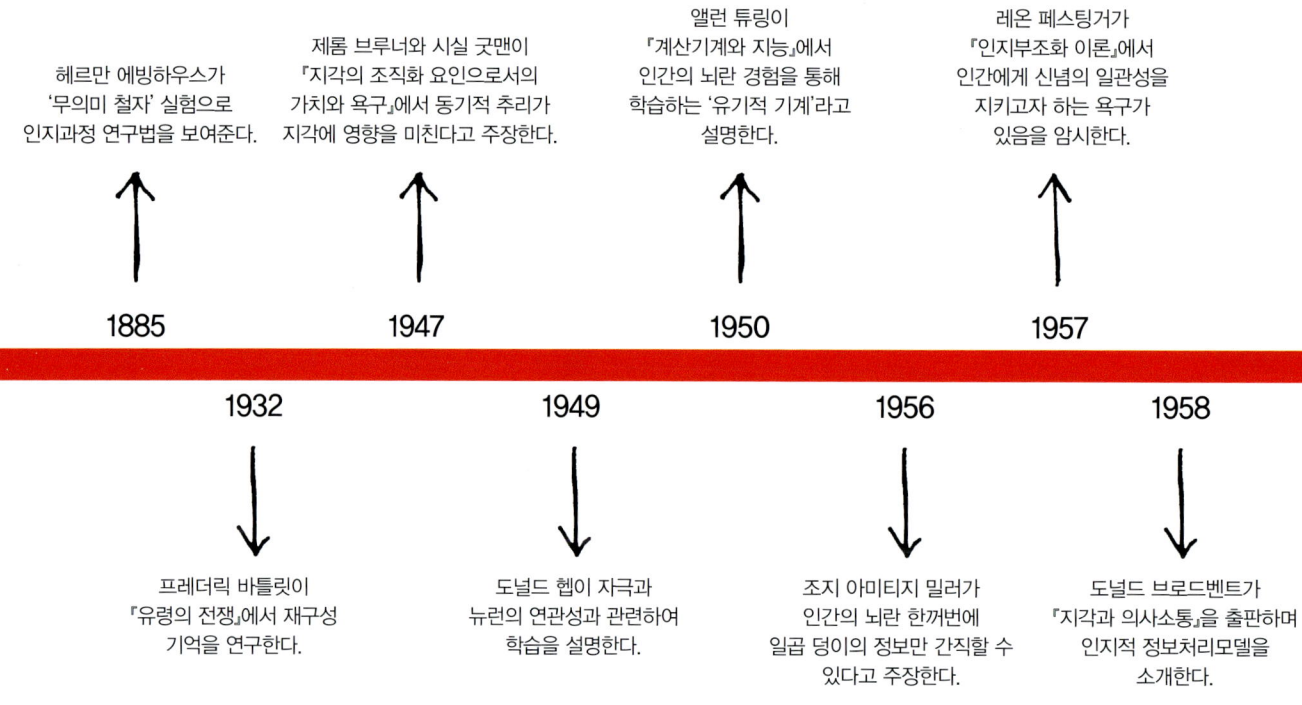

인지혁명

20세기 전반기에는 두 가지 사상이 심리학계를 지배했다. 하나는 (학습이론을 집중적으로 다룬) 행동주의였고, 하나는 (무의식과 유기 발달에 초점을 맞춘) 정신분석학이었다. 지각, 의식, 기억처럼 이전 세기에 심리학자들을 사로잡은 심리과정들은 대체로 등한시되었다.

당연하게도 몇몇 예외가 있었다. 영국 심리학자 프레더릭 바틀릿과 러시아 심리학자 블루마 자이가닉은 1920~1930년대에 기억과정을 탐구하며 후대 인지심리학자들의 연구를 예견했다. 독일에서는 볼프강 쾰러가 게슈탈트심리학(지각과 지각조직화에 중점을 둔 독일 학파)을 이용해 문제해결과 의사결정을 연구하며 인지심리학의 또 다른 선구자 역할을 했다.

행동에 대한 관심이 결국 심리과정 연구로 기울어진 결정적 계기는 심리학 외부에서 왔다. 통신·컴퓨터 기술이 발달하고 인공지능(제2차 세계대전 기간의 기술진보에 힘입어 성장하고 있던 분야) 덕분에 온갖 가능성이 열림에 따라, 뇌를 '정보처리장치'로 보는 새로운 사고방식이 나타났다. '인지과정' 내지 '인지'라 불린 심리과정들은 행동주의에서 검토하려 하지 않거나 검토할 수 없는 주제였지만, 이제 심리학자들이 연구에 활용할 모델이 생겼다. 한편 신경과학의 발전은 뇌와 신경계의 기능을 더 잘 이해하는 데 도움이 되었다. 그 덕택에 도널드 헵 같은 심리학자들은 심리과정을 행동 관찰 결과에서 추론하지 않고 직접 연구할 수 있었다.

최초로 정보처리 유추를 심리학에 응용한 사람은 케임브리지대학에서 프레더릭 바틀릿의 제자로 있던 도널드 브로드벤트였다. 브로드벤트는 1940~1950년대에 컴퓨터과학자 앨런 튜링과 의사소통 전문가 콜린 체리의 연구물에서 영감을 받았다. 하지만 정작 전환점을 맞이한 곳은 미국이었다. 미국에서는 행동주의의 한계에 대한 비판이 일다가 1950년대 말에 이른바 '인지혁명'이 일어났다. 그 극적인 접근법 변화의 선두에는 미국인 조지 아미티지 밀러와 제롬 브루너가 서 있었다. 그들은 1960년에 하버드대학 인지과학연구소를 공동으로 설립했다.

새로운 경향

밀러와 브루너는 획기적 연구로 심리학

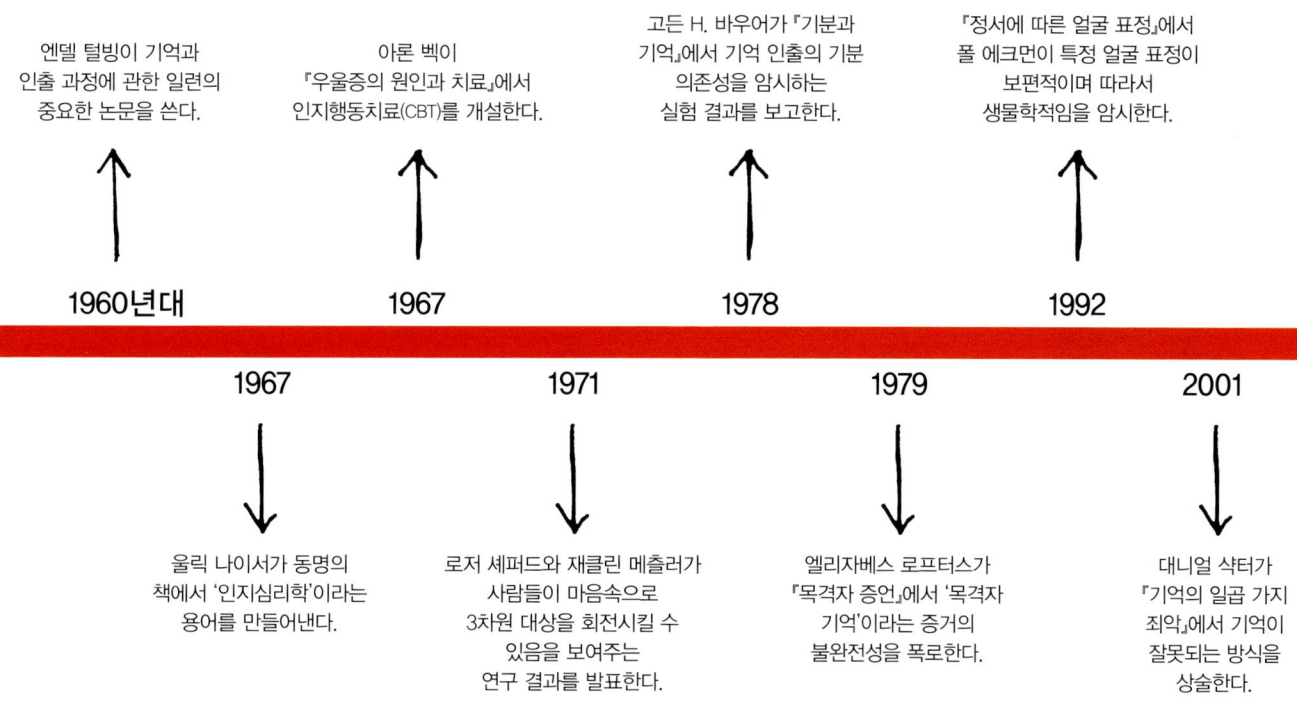

의 경향을 근본적으로 바꿔놓았다. 기억, 지각, 정서처럼 행동주의자들이 경시하던 분야가 가장 중요한 초점이 된 것이다. 브루너는 인지 개념들을 기존의 학습·발달 심리학 이론과 통합했고, 밀러는 정보처리 모델을 기억에 적용해 그 분야를 확장했다. 결과적으로 기억은 엔델 털빙, 엘리자베스 로프터스, 대니얼 섁터, 고든 H. 바우어 같은 인지심리학자들에게 중요한 연구 분야가 되었다. 게다가 게슈탈트심리학에 대한 재평가도 나왔다. 로저 셰퍼드는 지각 개념을 재검토했고, 대니얼 카너먼과 아모스 트버스키는 볼프강 쾰러의 문제해결 및 의사결정 연구를 재조명했다. 그리고 바우어와 폴 에크먼 등의 인지심리학자들은 아마도 최초로 정서를 과학적으로 연구한 듯하다.

하지만 행동주의자들의 이론만 뒤집힌 것은 아니었다. 프로이트의 정신분석 이론과 추종세력들도 비과학적이라는 비판을 받았다. 아론 벡은 인지심리학이 더 효과적인 치료법 개발에 유용하며 객관적으로 검토하기에 더 용이하다고 생각했다. 그가 옹호한 인지요법은 나중에 행동요법과 명상법도 부분적으로 받아들였는데, 곧 우울증과 불안증 같은 장애의 표준 치료법이 되었으며, 정신질환치료뿐 아니라 정신적 행복에 힘쓰는 긍정심리학운동으로 이어졌다.

21세기 초에 인지심리학은 여전히 해당 주제에 대한 지배적 접근법으로서 신경과학, 교육학, 경제학에 영향을 미치고 있다. 그뿐 아니라 인지심리학은 유전·환경 논쟁에도 영향을 미쳐왔다. 유전학과 신경과학에서 최근에 발견된 바를 고려하여, 스티븐 핑커 같은 진화심리학자들은 우리의 생각과 행동이란 뇌의 구조에 좌우되며, 어느 유전형질처럼 자연선택 법칙에 지배된다고 주장해왔다. ■

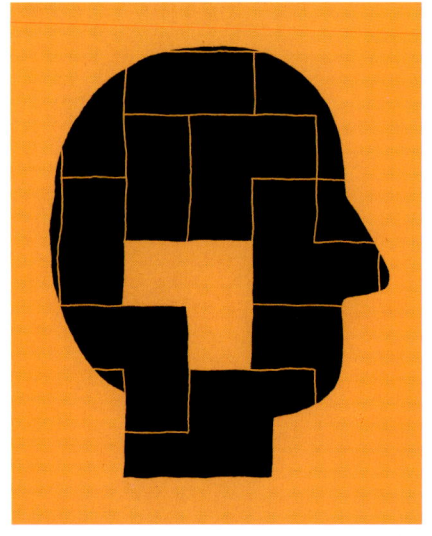

본능은 역동적 패턴이다

볼프강 쾰러(서기 1887~1967년)

맥락읽기

접근법
게슈탈트심리학

이전의 관련 역사
서기 1890년 : 오스트리아 철학자 크리스티안 폰 에렌펠스(Christian von Ehrenfels)가 『형태질론』에서 '게슈탈트'라는 개념을 소개한다.

서기 1912년 : 막스 베르트하이머가 『운동시(運動視)의 실험적 연구』를 출간해 게슈탈트심리학사에 한 획을 긋는다.

이후의 관련 역사
서기 1920년대 : 에드워드 톨먼이 게슈탈트심리학과 행동심리학의 사상을 목적적 행동주의(지금의 인지적 행동주의)에 통합한다.

서기 1935년 : 독일의 게슈탈트심리학자 카를 던커(Karl Duncker)가 『생산적 사고의 심리학Psychology of Productive Thinking』에서 문제해결과 정신재구성에 관한 실험을 설명한다.

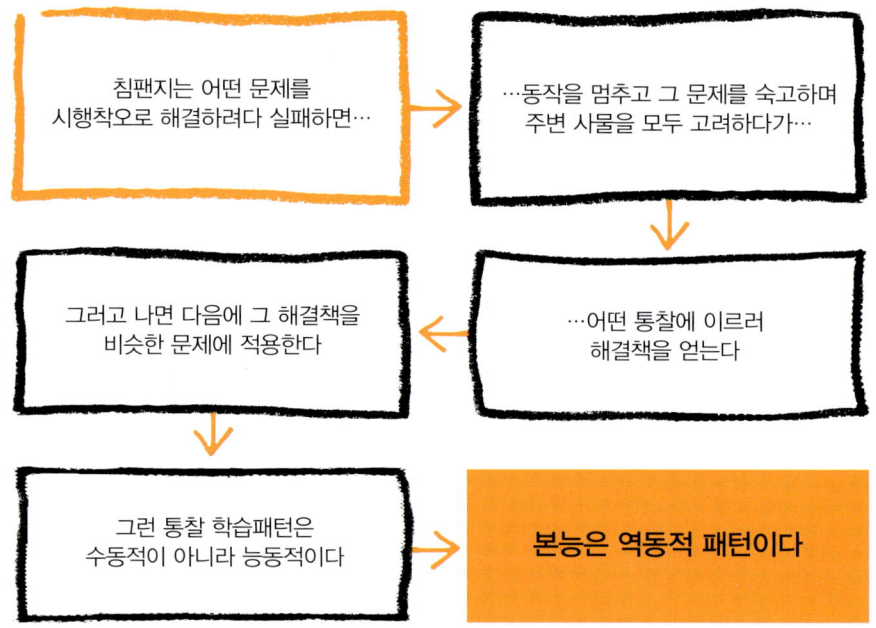

침팬지는 어떤 문제를 시행착오로 해결하려다 실패하면… → …동작을 멈추고 그 문제를 숙고하며 주변 사물을 모두 고려하다가… → …어떤 통찰에 이르러 해결책을 얻는다 → 그리고 나면 다음에 그 해결책을 비슷한 문제에 적용한다 → 그런 통찰 학습패턴은 수동적이 아니라 능동적이다 → **본능은 역동적 패턴이다**

19세기 말에는 주류학파에 동의하지 않는 일단의 독일 심리학자들이 새롭고 과학적이며 명백히 전체론적인 접근법을 개발해 게슈탈트(Gestalt)라 명명했다. 쿠르트 코프카(Kurt Koffka), 막스 베르트하이머와 함께 그 새로운 운동을 시작한 볼프강 쾰러(Wolfgang Köhler)는 그 단어가 '패턴'과 '유기적 전체'(그들의 이론에 적용될 경우)를 모두 의미한다고 설명했다. 게슈탈트심리학(훨씬 나중에 개발되는 게슈탈트치료와는 다르다)에서는 지각, 학습, 인지 같은 개념을 여러 부분으로 나눠 살피지 말고 전체로 여겨야 한다는 생각을 출발점으로 삼았다.

쾰러는 심리학의 지배적 학파인 행동주의가 지나치게 단순하다고, 행동주의자들이 지각의 역동적 본질을 간과하고 있다고 생각했다. 파블로프와 손다이크는 동물

참조 : ■ 이반 파블로프 60~61쪽 ■ 에드워드 손다이크 62~65쪽 ■ 에드워드 톨먼 72~73쪽 ■ 막스 베르트하이머 335쪽

인지심리학 COGNITIVE PSYCHOLOGY

쾰러는 과제적 문제를 푸는 침팬지들을 연구했다. 그가 깨달은 바에 따르면, 침팬지들은 몇 가지 그럴듯한 해결방안을 능동적으로 지각한 후 통찰의 순간에 답을 알아냈다.

들이 시행착오 과정에서 단순한 자극-반응 조건을 형성함으로써 뭔가를 학습한다고 주장했다. 하지만 쾰러는 동물들에게 통찰력과 지능이 있다고 믿었다. 그가 그것을 실험해볼 수 있었던 것은 1913~1920년에 테네리프 섬의 유인원연구소 책임자가 되었을 때였다. 그곳에서 그는 여러 가지 문제해결 과제와 씨름하는 침팬지들을 연구했다.

통찰학습

쾰러는 관찰 결과로써 자기 신념을 확증했을 뿐 아니라, 문제해결과 학습을 게슈탈트 접근법으로 설명할 수 있음을 보여주었다. 접근하기 힘든 곳의 먹이 집기 같은 문제에 직면한 침팬지들은 처음에 몇 가지 시도를 해보고 좌절했지만, 그다음에 동작을 멈추고 상황을 검토하는 듯하다가 어떤 해결책을 시도했다. 먹이를 잡으려면 도구(활동공간에 아무렇게나 놓여 있는 막대기나 상자)를 이용해야 하는 경우도 많았다. 그 후 같은 문제에 직면했을 때 침팬지들은 곧바로 같은 해결책을 썼다. 쾰러는 침팬지들의 행동이 실제적 시행착오가 아닌 인지적 시행

착오 과정을 나타낸다고 결론지었다. 침팬지들은 먼저 마음속에서 문제를 풀다가 통찰('아하' 하고 깨닫는 순간) 후에야 해결책을 시험해보았다. 이는 행동주의적 견해, 즉 학습이란 자극에 대한 반응에 좌우되며 보상으로 강화된다는 견해와 반대됐다. 침팬지들은 보상을 받음으로써가 아니라 문제를 지각함으로써 뭔가를 학습했다.

그 실험은 쾰러의 역동적 행동모델, 즉 대(對)보상 반응에 따른 수동적 학습이 아닌 지각의 조직화에 관한 모델을 입증하는 실례였다. 게슈탈트, 즉 통찰학습패턴(실패, 휴지, 지각, 통찰, 시도)은 능동적 패턴이다. 하지만 침팬지가 문제 풀기를 시도하는 모습을 관찰하는 사람에게 그런 패턴이 늘 뚜렷이 보이는 것은 아니다. 무엇보다도 침팬지 마음속에서 일어나는 지각의 조직화를 직접 보기란 불가능하기 때문이다. 이른바 본능은 문제 풀기에 대한 자동적 반응인 듯싶지만, 그런 통찰학습과정의 영향을 받는 능동적·역동적 패턴이다. ■

통찰은 현장의 전체 배치와 관련된 완전한 해결책이라는 형태를 띤다.
볼프강 쾰러

볼프강 쾰러

볼프강 쾰러는 에스토니아에서 태어났으나, 쾰러의 가족은 곧 그를 데리고 본국 독일로 돌아갔다. 쾰러는 여러 대학에서 공부한 끝에 베를린대학에서 박사과정을 마쳤다. 1909년에 그와 쿠르트 코프카는 프랑크푸르트연구소에서 막스 베르트하이머의 지각실험에 참여해 게슈탈트심리학의 토대를 마련했다.

쾰러는 1913년에 테네리프 섬의 프로이센 과학아카데미연구소 책임자가 되었는데, 제1차 세계대전의 발발로 발이 묶이는 바람에 1920년까지 그곳에 머물렀다. 베를린으로 돌아온 후에는 곧바로 심리학연구소의 책임자로 일하다가, 1935년에 나치 통치를 피해 미국으로 이민을 갔다. 미국의 몇몇 대학에서 교편을 잡았고, 1959년에 미국심리학회 회장으로 선출됐다. 울릭 나이서(Ulric Neisser)는 쾰러를 "진정 창조적인 사상가이자 대단히 존엄하며 고결한 사람"이라고 평했다.

주요 저서

1917년 『유인원의 지혜 The Mentality of Apes』
1929년 『게슈탈트심리학 Gestalt Psychology』
1938년 『사실세계 속의 가치영역 The Place of Values in a World of Facts』

과제가 중단되면 그것이 기억에 남을 가능성이 크게 높아진다

블루마 자이가닉(서기 1901~1988년)

맥락읽기

접근법
기억연구(Memory studies)

이전의 관련 역사
서기 1885년 : 헤르만 에빙하우스가 선구적 저서 『기억에 관하여』를 출간한다.

서기 1890년 : 윌리엄 제임스가 『심리학원리』에서 일차(단기)기억과 이차(장기)기억을 구별한다.

이후의 관련 역사
서기 1956년 : 조지 아미티지 밀러가 『마법의 수 7±2』로 기억연구에 대한 관심을 다시 불러일으킨다.

서기 1966년 : 제롬 브루너가 학습과정에서 조직화와 범주화가 차지하는 중요도를 강조한다.

서기 1972년 : 엔델 털빙이 일화기억(특정 사건에 대한 기억)과 의미기억(사건이나 상황과 무관한 사실적 정보에 관한 기억)을 구별한다.

베를린에서 박사과정을 밟고 있던 러시아 심리학자 블루마 자이가닉(Bluma Zeigarnik)은 지도교수인 쿠르트 레빈에게서 웨이터들이 계산이 완료된 주문내역보다 아직 계산이 완료되지 않은 주문내역을 더 잘 기억하더라는 이야기를 들었다. 그래서 자이가닉은 미완료과제가 기억에서 다른 지위를 차지해 완료과제보다 기억에 잘 남는 것이 아닐까 생각했다. 그녀는 직접 고안한 실험에서 참가자들에게 간단한 퍼즐 같은 과제를 냈다. 참가자들이 수행하던 과제들 가운데 절반 정도는 도중에 일시적으로 중단되었다. 나중에 참가자들에게 그 활동을 얼마나 잘 기억하는지 물어본 결과, 과제가 결국 완료됐든 안 됐든 간에 중단된 과제의 세부사항을 기억해낼 가능성이 두 배로 높다는 것이 분명해졌다. 자이가닉은 그 까닭이란 과제가 종결되지 않아서 기억 내용이 다르게, 더 효과적으로 저장됐기 때문일 것이라고 생각했다.

'자이가닉 효과(Zeigarnik effect)'라고 알려진 그 현상에는 중요한 의미가 담겨 있었다. 자이가닉은 학생들, 특히 어린이들의 경우 공부 중에 자주 휴식하면 학습 내용을 더 잘 기억할 것이라고 주장했다. 하지만 그녀의 생각은 1950년대에 기억이 다시 주요 연구주제가 될 때까지 거의 주목받지 못했다. 1950년대 이후 자이가닉의 이론은 기억을 이해하는 주요 수단으로 수용됐고, 교육뿐 아니라 광고와 미디어에도 응용되었다. ■

'자이가닉 효과'는 웨이터가 계산완료 주문내역보다 계산미완료 주문내역을 더 잘 기억한다는 사실로 설명할 수 있다.

참조 : ■ 헤르만 에빙하우스 48~49쪽 ■ 제롬 브루너 164~165쪽 ■ 조지 아미티지 밀러 168~173쪽 ■ 엔델 털빙 186~191쪽 ■ 대니얼 샥터 208~209쪽

인지심리학 COGNITIVE PSYCHOLOGY

아기가 발소리를 들으면 세포 집합체가 흥분한다

도널드 헵(서기 1904~1985년)

맥락읽기

접근법
신경심리학(Neuropsychology)

이전의 관련 역사
서기 1890년: 윌리엄 제임스가 뇌의 신경망에 관한 이론을 내놓는다.

서기 1911년: 에드워드 손다이크의 효과 법칙에 따르면, 자극과 반응의 관계가 '마음속에 새겨지면서' 신경연결, 즉 신경연합이 생긴다.

서기 1917년: 볼프강 쾰러가 침팬지 연구로 통찰학습이 시행착오학습보다 오래 지속됨을 보여준다.

서기 1929년: 칼 래슐리가 『뇌의 메커니즘과 지능』을 발표한다.

이후의 관련 역사
서기 1970년대: 조지 아미티지 밀러가 '인지신경과학(cognitive neuroscience)'이라는 용어를 만들어낸다.

서기 1980년대: 신경과학자들이 영상 기법을 고안한 결과, 뇌기능 지도를 그릴 수 있게 된다.

1920년대에는 여러 심리학자들이 신경과학에 의지해 학습과 기억에 관한 문제를 해결하려 했다. 그중 걸출한 인물 한 명은 칼 래슐리로, 신경연결부의 기능을 연구하는 데 앞장섰다. 하지만 연합학습과정에서 실제로 무슨 일이 일어나는지 설명하는 이론을 세운 사람은 바로 그의 제자인 캐나다 심리학자 도널드 헵(Donald Hebb)이었다.

헵의 주장에 따르면, 신경세포들은 여러 차례 동시에 활성화되면 연합된다. 다시 말해 신경세포들을 연결하는 시냅스가 튼튼해지는 것이다. 경험이 반복되면 뇌에서 '세포 집합체(cell assembly)', 즉 신경세포들이 연결된 덩어리가 만들어진다. 이 이론은 흔히 "함께 활성화된 세포는 서로 연결된다(cells that fire together, wire together)"라는 말로 요약된다. 이와 비슷하게, 각각의 세포 집합체들도 서로 연결되어 '위상계열(phase sequence)'을 형성할 수 있는데, 우리는 그것을 사고과정으로 인식한다.

헵이 발견한 이 연합과정은 아동기 학습에서 특히 주목할 만하다. 아동기에는 새로운 세포 집합체와 위상계열이 형성되기 때문이다. 『행동조직The Organization of Behavior』에서 헵은 일례로 발소리를 듣는 아기를 언급했다. 발소리는 아기 뇌 속의 여러 신경세포를 자극하는데, 그 경험이 반복되면 세포 집합체가 하나 형성된다. "(다음에) 아기가 발소리를 들으면 (…) 그 세포 집합체가 흥분한다. 그것이 여전히 활성화되어 있는 동안 아기가 누군가의 얼굴을 보고, 자기를 안아 올리는 손길을 느끼면 다른 세포 집합체들도 흥분한다. 따라서 '발소리 집합체'가 '얼굴 집합체' 및 '안겨 올려짐 집합체'와 연결된다. 그런 다음에는 아기가 발소리만 들어도 세 집합체가 모두 흥분한다." 하지만 성인의 학습에서는 보통 새로운 세포 집합체와 위상계열이 형성되지 않고 기존의 것들이 재배열된다.

헵의 세포 집합체 이론은 현대 신경과학의 초석이 되었다. 그리고 헵이 설명한 신경학습, 이른바 '헵의 학습(Hebbian learning)'은 지금도 여전히 일반적으로 인정되는 모델이다. ■

참조 : ■ 에드워드 손다이크 62~65쪽 ■ 칼 래슐리 76쪽 ■ 볼프강 쾰러 160~161쪽 ■ 조지 아미티지 밀러 168~173쪽 ■ 대니얼 샥터 208~209쪽

앎은 산물이 아니라 과정이다
제롬 브루너(서기 1915년~)

맥락읽기

접근법
인지발달(Cognitive development)

이전의 관련 역사
서기 1920년대 : 레프 비고츠키가 인지발달이란 사회적이면서 문화적인 과정이라는 이론을 전개한다.

서기 1952년 : 장 피아제가 『아동지능의 기원』에서 자신의 발달이론을 발표한다.

이후의 관련 역사
서기 1960년대 : 브루너의 이론에 토대한 '인간: 학습과정(Man: A Course Of Study)'이라는 교과과정이 미국, 영국, 오스트레일리아의 학교에서 채택된다.

서기 1977년 : 앨버트 반두라가 『사회학습이론』에서 행동적 관점과 인지적 관점을 혼합하여 발달을 살펴본다.

우리는 능동적 경험으로 뭔가를 배운다

누군가를 교육하는 것은 그들에게 뭔가를 알려주기만 하는 일이 아니라 참여를 권하는 일이다

↓

우리는 정보에 근거해 추리력으로 의미를 구성함으로써 지식을 얻는다

↓

이것은 일종의 정보처리다

↓

앎은 산물이 아니라 과정이다

20세기의 발달심리학계는 장 피아제가 오랫동안 지배했다. 그는 아동의 사고란 환경을 탐험하려는 선천적 호기심 때문에 단계별로 발달하고 성숙한다고 설명했다. 피아제의 설명 직후에 영어로 나온 레프 비고츠키의 이론에서는 마찬가지로 아동이 경험으로 의미를 발견한다고 주장하긴 했지만, '경험'이라는 단어가 문화적·사회적 경험까지 아우르도록 뜻을 넓혔다. 그에 따르면 어린이는 주로 다른 사람들과 상호작용하면서 뭔가를 학습한다.

1960년대의 그 시점에서는 '인지혁명'이 탄력을 받음에 따라, 심리과정을 뇌와 '정보처리장치'의 유사점으로 설명하는 경향이 갈수록 강해지고 있었다. 제롬 브루너(Jerome Bruner)는 그 새로운 접근법을 지지한 핵심인물로, 일찍이 욕구와 동기가 지각에 작용하는 방식을 연구하고서, 우리가 볼

참조: ■ 장 피아제 262~269쪽 ■ 레프 비고츠키 270쪽 ■ 앨버트 반두라 286~291쪽

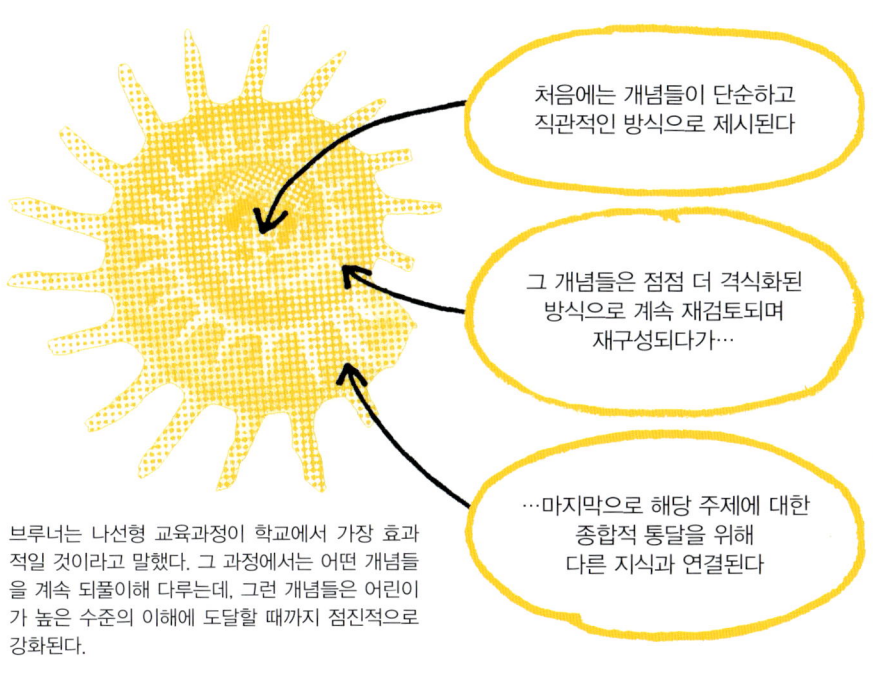

처음에는 개념들이 단순하고 직관적인 방식으로 제시된다

그 개념들은 점점 더 격식화된 방식으로 계속 재검토되며 재구성되다가…

…마지막으로 해당 주제에 대한 종합적 통달을 위해 다른 지식과 연결된다

브루너는 나선형 교육과정이 학교에서 가장 효과적일 것이라고 말했다. 그 과정에서는 어떤 개념들을 계속 되풀이해 다루는데, 그런 개념들은 어린이가 높은 수준의 이해에 도달할 때까지 점진적으로 강화된다.

제롬 브루너

뉴욕에 살던 폴란드계 이민자들의 아들 제롬 브루너는 날 때부터 눈이 멀었으나 두 살 때 백내장 수술을 받고 시력을 얻었다. 아버지는 브루너가 열두 살이었을 때 죽었고, 비탄에 잠긴 어머니는 이후 브루너의 학창시절 동안 집을 자주 옮겼다. 브루너는 듀크대학, 노스캐롤라이나대학, 하버드대학에서 심리학을 공부했는데, 하버드대학에서는 고든 올포트, 칼 래슐리와 교류하며 연구한 끝에 1941년에 박사학위를 취득했다.

브루너는 제2차 세계대전 기간에 미 육군전략연구소(정보부대)에서 복무한 후, 하버드대학으로 돌아와 리오 포스트먼(Leo Postman), 조지 아미티지 밀러와 공동으로 연구했다. 1960년에는 밀러와 함께 하버드대학 인지과학연구소를 설립했는데, 그곳은 1972년까지 존속하다가 문을 닫았다. 그는 다음 10년간 옥스퍼드대학에서 교편을 잡은 후 미국으로 돌아왔다. 브루너는 90대에도 계속 학생들을 가르쳤다.

주요 저서

1960년 『교육과정 The Process of Education』
1966년 『인지성장 연구 Studies in Cognitive Growth』
1990년 『의미의 구현 Acts of Meaning』

필요가 있는 것이 우리에게 보인다고 결론지은 바 있었다. 그는 인지발달방식에 관심이 생겨 아동의 인지과정을 연구하기 시작했다.

처리장치로서의 마음

브루너는 먼저 인지모델을 피아제와 비고츠키의 이론에 적용하며, 인지발달 연구의 중점을 의미구성에서 정보처리(우리가 지식을 습득하고 저장하는 수단)로 옮겼다. 그는 피아제처럼 지식습득이 경험적 과정이라 믿지만, 비고츠키처럼 그것을 고립적인 일이 아닌 사회적인 일로 여긴다. 그의 주장에 따르면, 도움을 받지 않고서는 학습을 수행할 수 없다. 아동의 발달에는 어떤 형태의 교육이 꼭 필요하다. "(하지만) 누군가를 교육하는 것은 (…) 그에게 결과를 기억시키는 일이 아니라, 과정에 참여하라고 가르치는 일이다." 지식을 얻으려면, 수동적으로 정보를 흡수하지 말고 능동적으로 과정에 참여해 뭔가를 추리해야 한다. 그렇게 해야 지식에 의미를 부여할 수 있기 때문이다. 인지심리학의 관점에서 보면, 추리란 곧 '정보처리'이므로 지식습득은 산물이나 최종 결과가 아니라 과정이다. 그 과정에는 격려와 지도가 필요한데, 브루너는 바로 그것이 선생의 역할이라고 믿는다.

『교육과정』에서 브루너는 어린이들이 교육과정에 능동적으로 참여해야 한다는 생각을 드러냈다. 이 책은 역사적 문헌이 되어 미국 정부와 학교 및 교사의 교육방침을 바꿔놓았다. ■

확신을 품은 사람은 바뀌기 힘들다

레온 페스팅거(서기 1919~1989년)

맥락읽기

접근법
학습이론(Learning theory)

이전의 관련 역사
서기 1933년 : 게슈탈트심리학자 쿠르트 레빈이 베를린 실험심리학파를 떠나 미국으로 이민한다.

이후의 관련 역사
서기 1963년 : 스탠리 밀그램이 권위인물의 명령이 자기 양심과 충돌해도 그에게 복종하려는 경향에 대한 실험 결과를 발표한다.

서기 1971년 : 필립 짐바르도가 스탠포드 모의감옥 연구로, 사람들이 각자 배정받은 역할에 적응하는 방식을 보여준다.

서기 1972년 : 미국의 사회심리학자 대릴 벰(Daryl Bem)이 태도 변화에 관한 대안적 자기지각 이론을 제안한다.

서기 1980년대 : 엘리엇 애런슨이 페스팅거의 이론을 옹호하며 입문의식에 대한 실험을 수행한다.

강한 신념을 품고 있는데 반대증거 때문에 신념이 흔들리면…

↓

…'인지부조화'라는 불편한 상태에 처하게 된다

↓

그 모순을 인정하면 과거 신념과 현재 신념 사이에 더 심각한 비일관성이 생길 것이다

↓

그러므로 자기 신념과 그 새로운 증거를 일관되게 만드는 방법을 찾을 것이다

↓

확신을 품은 사람은 바뀌기 힘들다

인지심리학 COGNITIVE PSYCHOLOGY

참조 : ■ 쿠르트 레빈 218~223쪽 ■ 솔로몬 아시 224~227쪽 ■ 엘리엇 애런슨 244~245쪽 ■ 스탠리 밀그램 246~253쪽 ■ 필립 짐바르도 254~255쪽 ■ 스탠리 샤흐터 338쪽

제2차 세계대전이 끝날 무렵에는 사회심리학이 중요한 연구분야가 되었다. 그 선봉에 서 있던 인물은 미국의 쿠르트 레빈으로, 1945년 매사추세츠공과대학(MIT)에 집단역동연구소를 설립했다.

그곳 연구원 가운데 한 명이 전에 레빈의 제자였던 레온 페스팅거(Leon Festinger)였다. 그는 처음에는 레빈의 게슈탈트심리학 연구에 매료됐지만, 나중에는 사회심리학에 흥미를 느꼈다. 연구 중에 페스팅거가 깨달은 바에 따르면, 사람들은 자기 세계에 질서를 세우려고 끊임없이 애쓰는데, 그 질서의 핵심은 일관성이다. 일관성을 얻으려고 사람들은 일과와 습관을 몸에 익힌다. 이를테면 일상적인 식사시간을 고정해두거나 매일 통근하면서 즐겨 앉는 좌석을 정해놓는 식이다. 그런 일과가 흐트러지면 사람들은 매우 불편해한다. 페스팅거는 습관적 사고방식이나 신념의 경우도 마찬가지임을 알아냈다. 매우 확고한 의견이 있는 사람이 그것과 모순되는 증거를 만나면 마음속에 불편한 비일관성이 생기는데, 페스팅거는 그 상태를 '인지부조화(cognitive dissonance)'라 불렀다. 그는 그 불편을 극복하려면 신념과 증거를 어떻게든 일관되게 만드는 수밖에 없다고 판단했다.

확고부동한 신념

페스팅거는 1954년에 지역신문에서 어떤 기사를 읽고, 바로 그런 인지부조화에 대한 반응을 연구할 기회를 포착했다. 일리노이 주 오크파크의 한 사이비 종교집단이 외계인에게서 메시지를 받았다고 주장한 것이다. 그들은 12월 21일에 홍수가 나서 세상이 끝날 것이라고, 오로지 독실한 신자들만 비행접시에 구조될 것이라고 경고했다. 페스팅거와 미네소타대학 동료들은 지정된 종말일 전은 물론이고 후(그런 사건이 끝내 일어나지 않았을 때)에도 그 집단에 접근해 구성원들과 인터뷰했다.

지금 유명한 그 오크파크 연구는 페스팅거, 헨리 리켄(Henry Riecken), 스탠리 샤흐터가 『예언이 틀릴 때』에 함께 기록해두었다. 책에는 그 사이비 종교집단 구성원들의 반응이 묘사돼 있다. 우리가 상식적으로 생각하기에는 구성원들이 틀린 예언과 그에 따른 인지부조화 때문에 신념을 버렸을 법하지만, 실제로는 정반대 상황이 벌어졌다. 심판의 날이 다가오자 또 다른 '메시지', 즉 그 집단의 헌신 덕에 세상이 종말을 면하게 됐다고 선언하는 메시지가 온 것이다. 사이비 종교집단 구성원들은 훨씬 더 열렬한 신자가 되었다. 페스팅거는 이를 예상했었다. 그는 신념과 모순되는 증거를 인정하면 과거 신념과 현재 부정 사이에 훨씬 심각한 부조화가 생긴다고 주장했다. 그런 결과는 원래 신념에 명성, 직업, 돈이 많이 걸려 있을 경우 더욱 심각해졌다.

페스팅거의 결론에 따르면, 확고한 신념을 품은 사람은 인지부조화 때문에 혹은 적어도 그것을 피하려는 태도 때문에 모순 앞에서도 소신을 굽히지 않을 것이다. 그런 사람에게는 증거와 합리적 논증이 통하지 않는다. 페스팅거는 이렇게 설명했다. "우리가 그에게 동의하지 않는다고 말하면, 그는 돌아서버릴 것이다. 우리가 사실이나 숫자를 보여주면, 그는 그 자료의 출처를 의심할 것이다. 우리가 논리를 앞세우면, 그는 우리 논지를 이해하지 못할 것이다." ■

레온 페스팅거

레온 페스팅거는 뉴욕 브루클린의 러시아인 이민자 가정에서 태어났다. 1939년에 뉴욕시립대학을 졸업하고 아이오와대학의 쿠르트 레빈 밑에서 공부하다가 1942년에 아동심리학으로 박사학위를 땄다. 제2차 세계대전 말기에 군사훈련에 관여한 후, 1945년 매사추세츠공과대학의 집단역동연구소에서 레빈과 다시 합류했다.

페스팅거가 그 유명한 오크파크 연구에서 사이비 세계종말 예언자들을 다룬 것은 바로 미네소타대학에서 교수로 재임하던 때였다. 1955년에 스탠포드대학으로 적을 옮긴 후에도 사회심리학 연구를 계속했으나, 1960년대에는 지각연구로 관심을 돌렸다. 그리고 나중에는 뉴욕의 뉴스쿨(New School for Social Research)에서 역사학과 고고학에 심취했다. 69세에 간암으로 죽었다.

주요 저서

1956년 『예언이 틀릴 때 When Prophecy Fails』
1957년 『인지부조화 이론 A Theory of Cognitive Dissonance』
1983년 『인류의 유산 The Human Legacy』

마법의 수
7±2

조지 아미티지 밀러(서기 1920년~)

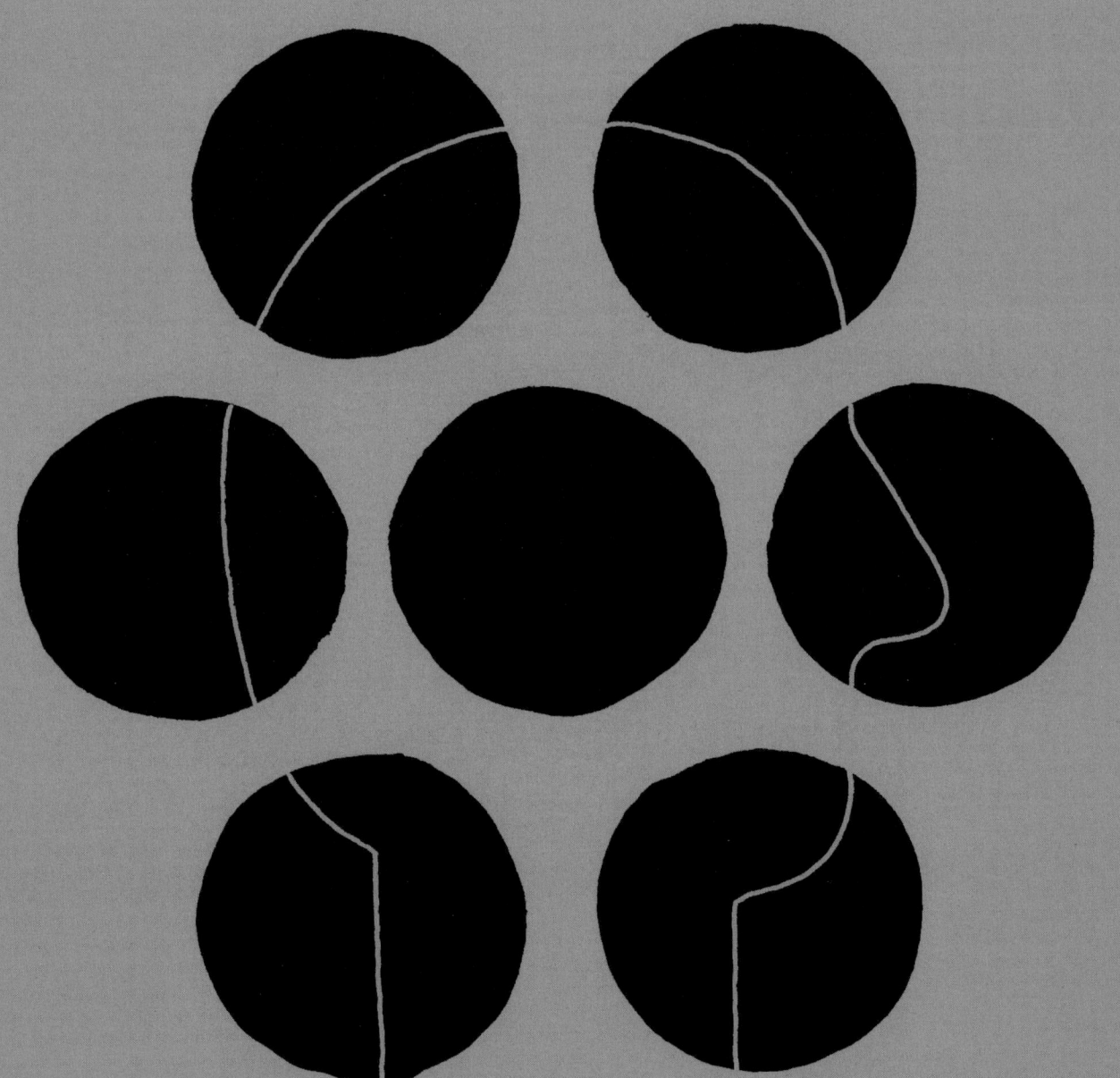

조지 아미티지 밀러

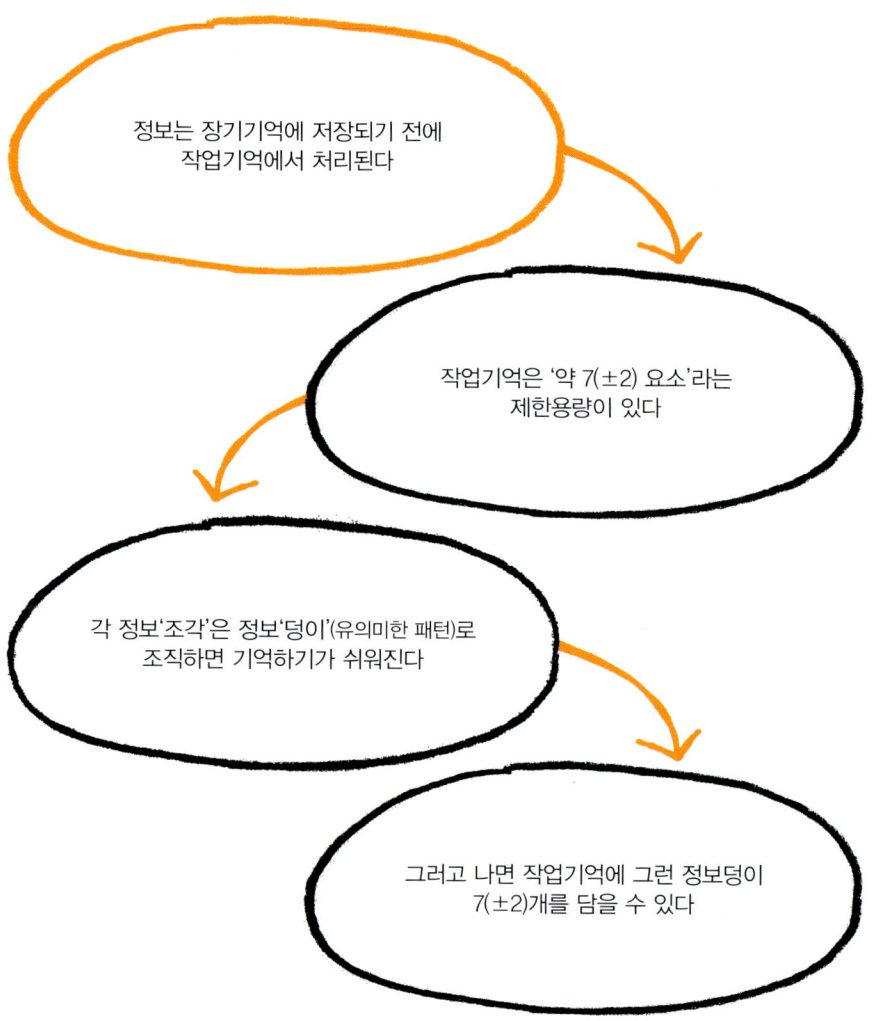

맥락읽기

접근법
기억연구

이전의 관련 역사
서기 1885년 : 헤르만 에빙하우스가 선구적인 저서 『기억에 관하여』를 출판한다.

서기 1890년 : 윌리엄 제임스가 『심리학 원리』에서 일차(단기)기억과 이차(장기)기억을 구별한다.

서기 1950년 : 수학자 앨런 튜링(Alan Turing)의 실험결과가 컴퓨터를 사고기계로 볼 수 있음을 암시한다.

이후의 관련 역사
서기 1972년 : 엔델 털빙이 일화기억과 의미기억을 구별한다.

서기 2001년 : 대니얼 샥터가 『기억의 일곱 가지 죄악』에서 우리가 기억을 잘못 하는 방식을 열거한다.

조지 아미티지 밀러(George Armitage Miller)는 한때 이렇게 불평한 것으로 유명하다. "내 문제는 내가 어떤 정수에 시달려왔다는 것이다. 7년 동안 이 수는 나를 쫓아다녔다." 이것은 지금 유명한 그의 논문 『마법의 수 7±2 : 우리 정보처리 용량의 어떤 한계』의 첫 부분이다. 이어서 그는 이렇게 말한다. "그것의 출현을 지배하는 어떤 패턴이 있다. 실제로 그 수와 관련된 특이한 뭔가가 있거나, 내가 시달림 때문에 망상을 겪고 있거나 둘 중 하나다." 제목과 도입부를 별나게 쓰기 했지만 밀러는 진지한 의도가 있었고, 그 논문은 나중에 인지심리학과 작업기억(단시간 동안 정보 조각들을 기억하고 사용하는 능력) 연구의 역사에 한 획을 그었다.

밀러의 논문은 1956년에 〈심리학 리뷰 The Psychological Review〉에 실렸는데, 당시는 행동주의가 새로운 인지심리학으로 대체되고 있었다. (밀러가 진심으로 환영한) 그 신선한 접근법은 기억과 주의 같은 심리과정의 연구에 초점을 맞추었다. 다른 한편으로는 컴퓨터과학이 발달함에 따라 인공지능이라는 개념의 실현이 앞당겨졌는데,

앨런 튜링 같은 수학자들이 컴퓨터 프로세서를 인간의 뇌와 비교한 데 반해, 인지심리학자들은 정반대 생각에 몰두했다. 그들은 컴퓨터를 모델로 삼아 인간 뇌의 작동방식을 설명할 수 있으리라고 보았다. 그래서 심리과정을 정보처리와 관련지어 설명하고 있었다.

밀러는 제2차 세계대전 때 말소리 지각을 연구하고 그것을 토대로 박사학위 논문을 쓰면서 무엇보다 언어심리학 분야에 관심을 두게 됐다. 그러다 보니 통신이라는 성장 분야에도 흥미를 느끼게 됐고, 결

인지심리학 COGNITIVE PSYCHOLOGY

참조: ■ 헤르만 에빙하우스 48~49쪽 ■ 블루마 자이가닉 162쪽 ■ 도널드 브로드벤트 178~185쪽 ■ 엔델 털빙 186~191쪽 ■ 고든 H. 바우어 194~195쪽 ■ 대니얼 샥터 208~209쪽 ■ 놈 촘스키 294~297쪽 ■ 프레더릭 바틀릿 335~336쪽

> 이 수가 나를 이렇게 끊임없이 괴롭히는 것은 결코 무작위의 우연에 불과하지 않다.
>
> 조지 아미티지 밀러

과적으로 정보이론도 접하게 되었다. 그는 수학자이자 컴퓨터과학자인 클로드 섀넌(Claude Shannon)에게서 특히 영향을 많이 받았다. 섀넌은 통신의 선구자로, 메시지를 전자신호로 효과적으로 바꾸는 방법을 연구하고 있었다. 생각을 '비트(bit)'로 구성된 부호로 바꾸는 섀넌의 통신모델은 모든 디지털통신의 토대다. 섀넌에게 고무된 밀러는 심리과정을 비슷한 방식으로 고찰하여 『언어와 의사소통』에서 현대 언어심리학 분야의 기본 원칙을 세웠다.

일곱 범주

밀러는 섀넌의 정보측정법과 '채널용량(channel capacity, 한 시스템에서 처리할 수 있는 정보량)' 개념을, 단기기억을 정보처리장치로 보는 모델에 적용했다. 바로 그때부터 그는 7이라는 수의 반복 출현과 잠재적 중요성에 '시달리기' 시작했다. "평소 값보다 조금 클 때도 있었고 조금 작을 때도 있었지만 알아보기 힘들 만큼 많이 바뀌는 법은 없었다."

그 '마법의 수'의 첫 출현 사례는 절대판단(absolute judgement)의 폭(우리가 여러 가지 자극을 얼마나 정확히 구별할 수 있는가)을 찾는 실험에서 나왔다. 밀러가 논문에서 인용한 한 실험에서는 물리학자이자 음향학자인 어윈 폴럭(Irwin Pollack)이 피험자들에게 여러 가지 음색을 들려주고는 각 음색에 번호를 매기게 했다. 피험자들은 일곱 가지 음색을 들을 때까지는 아무 어려움 없이 정확하게 각 음색에 번호를 매겼지만, 음색 수가 7(±2)을 넘어간 후부터는 정확도가 극적으로 떨어졌다.

1949년에 로드 코프먼(Lord Kaufman) 등이 수행한 다른 실험에서는 연구원이 개수가 바뀌는 유색 점들을 스크린에 잠깐씩 비춰 피험자들에게 보여주었다. 피험자들은 일곱 개 미만의 점은 정확히 헤아려냈지만, 일곱 개 이상의 점은 어림만 할 수 있었다. 이는 주의 폭이 6 정도에 한정돼 있음을 암시했는데, 그래서 밀러는 동일한 기본 처리과정이 절대판단 폭과 주의 폭 모두에 관련돼 있지 않을까 생각하게 되었다.

그런 실험에서 쓴 음색과 점은 밀러가 말하는 '일차원적 자극(한 측면에서만 서로 다른 대상들)'에 해당한다. 하지만 밀러는 우리가 제대로 처리해내는 언어 정보량에 관심을 두었는데, 언어와 같은 주제는 '다차원적 자극'에 해당한다. 밀러가 참고한 폴럭의 나중 연구에서는 단순한 음색 대신 여섯 가지 측면(높이, 길이, 크기, 위치 등)에서 다른 음들을 썼다. 하지만 정보량이 확연히 늘어났음에도 결과는 여전히 7(±2)이라는 구별 한계를 암시했다. 변수가 늘어나면 정

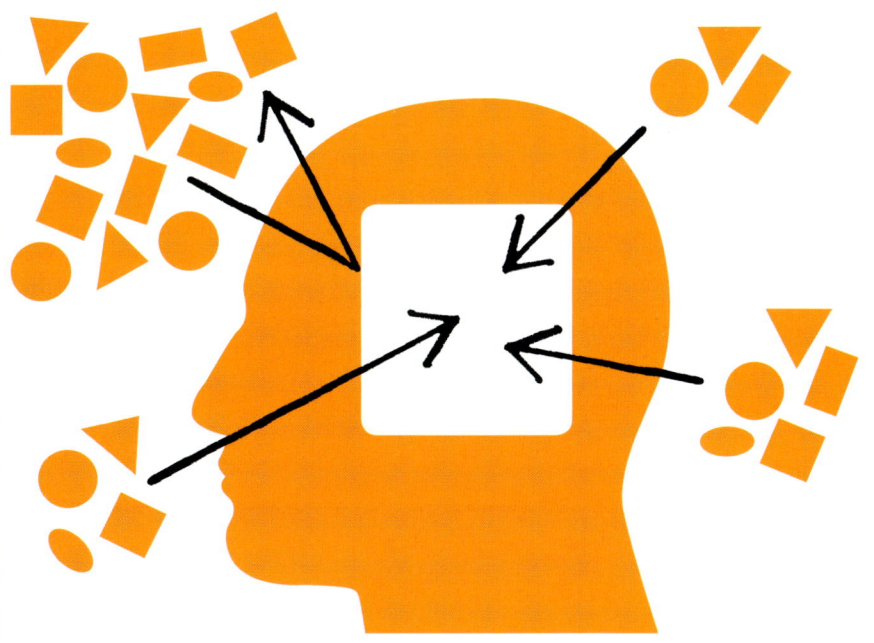

주의 폭을 조사하는 한 실험에서는 불규칙적인 점들을 스크린에 잠깐씩 비춰 피험자들에게 보여주었다. 점이 일곱 개 미만일 경우 피험자들은 그 수를 곧바로 알아차렸다.

확도가 조금 떨어진다는 것이 차이라면 차이다.

밀러는 그런 특징 덕분에 우리가 "몇 가지 대상을 동시에 상대적으로 대충 판단해 낼 수 있다"고 주장한다. 어쩌면 그런 이유로 우리는 입말과 사람 얼굴처럼 복잡한 대상을 접할 때 각 소리나 생김새를 처리하지 않고도 대상을 인식하고 구별할 수 있는지도 모른다.

밀러는 인간의 마음을 통신 시스템으로 본다. 입력 정보량이 늘어나면, 뇌로 전송되는 정보량은 처음에는 같이 늘지만 나중에는 개인의 '채널용량'에 이르러 일정하게 유지된다.

밀러는 그런 채널용량 개념을 한 단계 더 발전시켜 단기기억모델에 적용했다. 윌리엄 제임스가 처음 내놓은 단기기억 개념은 뇌를 정보처리장치로 보는 모델에서 감각상의 정보입력과 장기기억 사이에 있는 부분으로 오랫동안 널리 인정돼왔다. 헤르만 에빙하우스와 빌헬름 분트는 심지어 단기기억의 용량이 '일곱' 항목 정도에 한정돼 있는 듯하다고 말하기도 했다. 밀러는 그 '작업기억'의 용량이 절대판단 및 주의의 한계와 일치한다고 믿었다.

조각과 덩이

우리의 정보처리능력과 관련하여 작업기억이 약 일곱 요소에 한정돼 있다면, 장기기억에 덧붙일 수 있는 정보량을 제한하는 잠재적 장애물이 있는 셈이다. 하지만 밀러에 따르면, 마법 같은 이야기로 들리겠지만 그 한계에는 7이라는 수 말고도 중요한 것이 더 있다. 앞서 언급한 실험의 다차원적 자극은 몇 가지 관련 정보 '조각(bit)'으로 구성돼 있는 셈이지만, 단일 항목으로 처리된다.

밀러는 같은 원리로 작업기억이 정보 '조각'을 '덩이(chunk)'로 조직해 절대판단과 단기기억의 유한한 폭에 따른 정보장애물을 극복한다고 믿었다. 하지만 덩이는 임의의 묶음이 아니라 조각을 유의미한 단위로 암호화한 것이다. 예를 들어, 일련의 글자 스물한 개는 정보 스물한 조각에 해당하지만 일련의 세 글자 단어들로 분해하면 일곱 덩이가 된다. '덩이짓기(chunking)'는 여러 정보조각에서 패턴과 관계를 찾아내는 능력에 달려 있다. 같은 언어를 말하지 않는 사람에게 그 일곱 단어는 무의미하므로 일곱 덩이가 아닌 스물한 조각으로 여겨질 것이다.

밀러의 이론은 다른 심리학자들의 이전 연구로 뒷받침되었다. 1954년에 시드니 스

> 암기과정은 우리가
> 모든 항목을 기억할 수 있을 만큼
> 적은 수의 덩이를 형성하는
> 일에 불과할지도 모른다.
> **조지 아미티지 밀러**

미스(Sidney Smith)는 일련의 이진수 암기에 대한 실험을 수행했다. 이진법을 잘 모르는 사람에게 그런 이진수들은 0과 1의 무의미한 나열일 뿐이다. 스미스는 그 일련의 수를 덩이로 분해했다. 처음에는 숫자 쌍들로, 다음에는 셋씩, 넷씩, 다섯씩 묶은 덩이로 분해했고, 또 그다음에는 이진수 덩이를 십진수로 바꿔(01은 1로, 10은 2로 등등) 전체 수를 '재부호화(recoding)'했다. 그는 그 방식을 이용하면 덩이 수가 작업기억의 폭을 넘어서지 않는 한 40자리가 넘는 이진수도 암기하고 정확히 재현할 수 있음을

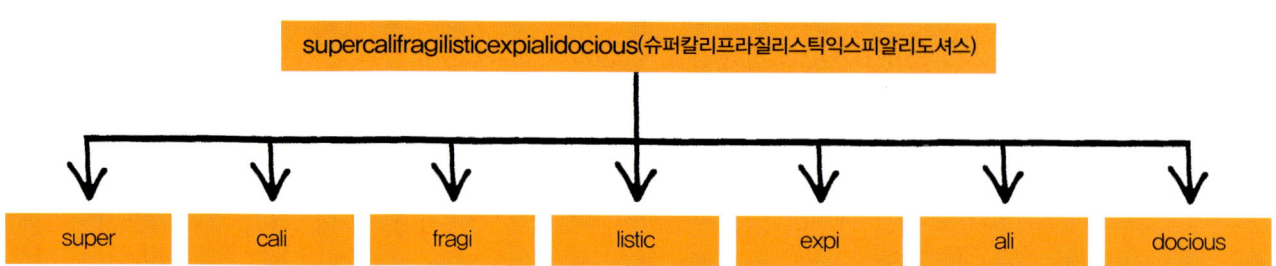

밀러의 덩이짓기 이론에 따르면, 길게 이어진 수나 글자들을 기억 가능한 덩이로 조립하거나 분해할 경우, 작업기억에 담을 수 있는 정보량이 늘어난다.

이진수를 삼진수, 사진수, 오진수 등으로 바꾸는 계산법은 정보를 갈수록 조밀히 압축해 몇 덩이로 재부호화하는 방법의 일례다. 밀러는 우리의 덩이짓기 과정도 이와 비슷한 방식으로 진행된다고 주장한다.

면 이 모든 7의 이면에 깊고 오묘한 뭔가가 있을지도 모른다. 하지만 내 생각에 그것은 치명적이며 피타고라스적인 우연의 일치일 뿐인 듯싶다."■

조지 아미티지 밀러

조지 아미티지 밀러는 미국 찰스턴에서 태어났다. 1941년에 앨라배마대학을 언어병리학 석사로 졸업한 후, 하버드대학에 들어가 스탠리 스미스 스티븐스(Stanley Smith Stevens)의 음향심리학연구소에서 심리학 박사과정을 밟으며 제롬 브루너, 고든 올포트와 교류했다. 제2차 세계대전이 최고조에 달한 당시 그 연구소는 무선전파 방해 같은 군사임무를 도와달라는 요청을 받았다.

밀러는 1951년에 하버드대학을 떠나 매사추세츠공과대학(MIT)으로 갔다가, 1955년에 하버드로 되돌아와서 놈 촘스키와 긴밀히 협력했다. 1960년에 하버드대학 인지과학연구소를 제롬 브루너와 함께 설립했고, 나중에 뉴욕 록펠러대학과 프린스턴대학에서 심리학과 교수로 일했다. 1991년에 미국 국민과학훈장(National Medal of Science)을 받았다.

주요 저서

1951년 『언어와 의사소통Language and Communication』
1956년 『마법의 수 7±2The Magical Number Seven, Plus or Minus Two』
1960년 『계획과 행동 구조Plans and the Structure of Behavior』

알아냈다.

다량의 정보를 암기하는 보조수단으로서 덩이짓기와 재부호화는 분명 편리하다. 하지만 그런 방법이 기억 요령에 불과한 것은 아니다. 밀러는 그런 재부호화가 "처리가능한 정보량을 늘리는 데 유용한 매우 강력한 무기"라고 언급한 바 있다. 그 무기를 이용하면 정보처리량의 한계를 효과적으로 넓힐 수 있다.

기억연구

밀러는 나중 연구에서 기억이라는 주제를 더 이상 다루지 않았지만, 그의 이론에 고무된 다른 학자들은 그것을 더 자세히 연구했다. 도널드 브로드벤트는 작업기억의 실제 한계치가 7 미만이라고 주장했는데, 그 주장은 나중에 넬슨 코완(Nelson Cowan)의 실험에서 확증되었다. 코완이 밝혀낸 바에 따르면, 그 한계치는 네 덩이 정도로 덩이의 길이와 복잡성, 피험자의 나이에 좌우된다.

논문의 결론에서 밀러는 원래 논문을 쓰게 된 동기였던 그 수의 중요성을 부인하는 듯하다. 그는 이렇게 결론짓는다. "어쩌

흔히들 하는 그런 언어 재부호화는 곧 사고과정의 원동력인 듯싶다.
조지 아미티지 밀러

눈에 보이는 것이 표면의 전부는 아니다

아론 벡(서기 1921년~)

맥락읽기

접근법
인지치료

이전의 관련 역사
서기 1890년대 : 지그문트 프로이트가 정신분석이라는 심리치료법을 세상에 내놓는다.

서기 1940~1950년대 : 프리츠 펄스, 라우라 펄스, 폴 굿맨(Paul Goodman)이 게슈탈트치료라는 인지심리 치료법을 발전시킨다.

서기 1955년 : 앨버트 엘리스가 합리적 정서행동치료(REBT)를 소개하며 전통적인 정신분석에서 탈피한다.

이후의 관련 역사
서기 1975년 : 마틴 셀리그먼이 『무기력: 우울, 발달, 죽음에 대하여』에서 '학습된 무기력'을 정의한다.

서기 1980년대 : 아론 벡의 이론과 조지프 월피의 행동요법이 혼합되면서 인지행동치료가 생겨난다.

심리학이 독립적 학문분야로 확고히 자리 잡고 나서 20세기로 접어들 무렵, 두 가지 주요 학파가 부각되었다. 이반 파블로프의 실험에서 유래한(그리고 미국에서 열렬한 지지를 받은) 행동주의는 실험심리학계를 지배했고, 지그문트 프로이트와 프로이트 신봉자들의 정신분석학적 접근법은 임상심리학계의 토대였다. 두 학파는 공통점이 거의 없었다. 행동주의자들은 이전 심리학자들의 내성적·철학적 접근법을 거부하고 해당 주제를 더 과학적·실증적 기반 위에 놓으려고 애썼다. 정신분석가들은 바로 그런 내성(자기관찰)에 몰두하며 증거가 아닌 이론으로 주장을 뒷받침하려 했다.

인지심리학 COGNITIVE PSYCHOLOGY 175

참조 : ■ 조지프 월피 86~87쪽 ■ 지그문트 프로이트 92~99쪽 ■ 프리츠 펄스 112~117쪽 ■ 앨버트 엘리스 142~145쪽 ■ 마틴 셀리그먼 200~201쪽 ■ 폴 살코브스키스 212~213쪽

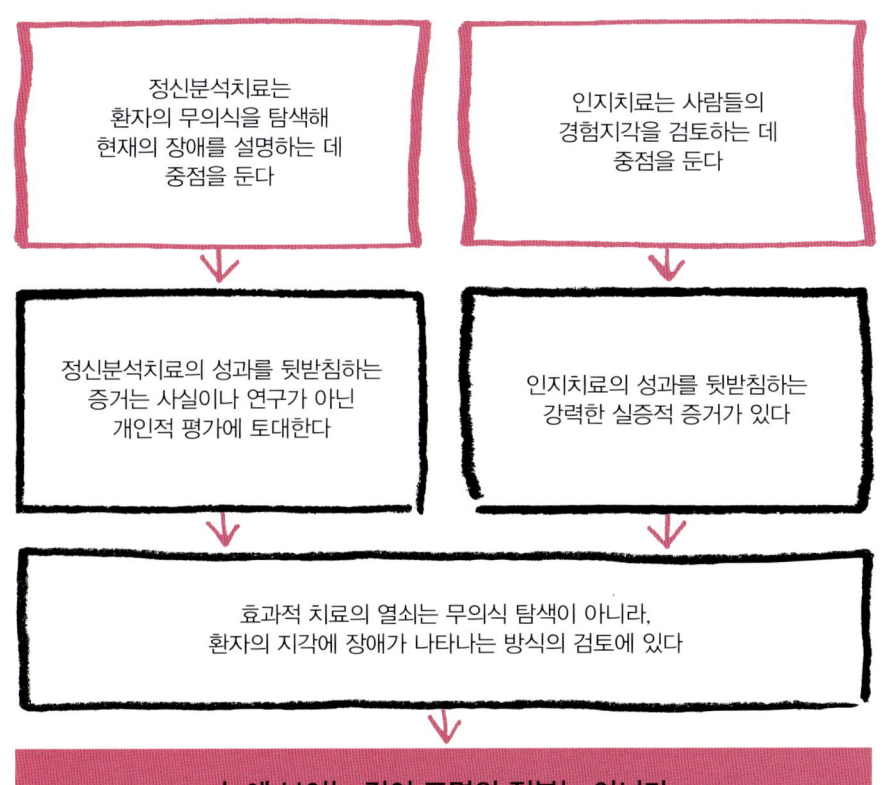

아론 벡

아론 벡은 로드아일랜드 주 프로비던스에서 러시아 출신 유대계 이민자의 아들로 태어났다. 활발하고 외향적인 아이였으나, 여덟 살 때 큰 병을 앓고 나서 학구적이며 내성적인 쪽으로 변했다. 그러면서 의학과 관련된 것이라면 모두 무서워하게 됐는데, 그 공포를 극복하고자 의사가 되기로 결심했고, 1946년에 예일대학을 졸업했다. 그 후 로드아일랜드병원에서 일하다가 1953년에 심리치료사 자격증을 땄다. 임상심리학에 대한 정신분석학적 접근법에 환멸을 느껴 인지치료를 시작했고, 나중에 벡 인지치료연구소를 필라델피아에 설립했다. 지금 그곳은 딸인 주디스 벡(Judith Beck) 박사가 운영하고 있다.

주요 저서

1972년 『우울증의 원인과 치료 Depression: Causes and Treatment』
1975년 『인지치료와 정서장애 Cognitive Therapy and the Emotional Disorders』
1980년 『우울증의 임상적, 실험적, 이론적 측면 Depression: Clinical, Experimental, and Theoretical Aspects』
1999년 『증오의 포로: 분노, 적대심, 폭력의 인지적 기반 Prisoners of Hate: The Cognitive Basis of Anger, Hostility, and Violence』

인지혁명

20세기 중반에 두 심리학적 접근법은 모두 비판을 받고 있었다. 그러나 실험연구계에서는 행동주의가 인지심리학에 추월당하고 있었지만, 임상의학계에서는 정신분석학적 모델의 대안이 나오지 않고 있었다. 정신분석은 여러 형태로 진화했으나, 정신분석과 무의식 탐색의 기본 개념은 어떤 형태에서든 마찬가지였다. 어떤 심리학자들은 그런 치료법의 타당성을 의심하기 시작했는데, 아론 벡(Aaron Beck)도 그들 가운데 한 명이었다.

벡이 심리치료사 자격증을 딴 1953년에 실험심리학은 심리과정의 연구에 초점을 맞추고 있었다. 그때는 '인지혁명'의 여명기였다. 하지만 인지심리학자들의 실제 접근법은 아직 행동주의자들의 그것과 별다를 바가 없었다. 오히려 인지심리학자들은 대체로 이론의 증거를 확보하는 데 훨씬 더 엄격했다. 벡도 예외가 아니었다. 그는 정신분석법을 교육받고 시행해왔지만, 과연 그것이 치료법으로써 효과적인지 갈수록 의심하게 되었다. 그가 찾아본 바, 정신분석의 성공률에 관한 믿을 만한 연구논문이 없었다. 사례보고의 일화적 증거만 있을 뿐이었다.

벡이 경험한 바로는 소수의 환자들만 정신분석을 받으며 차도를 보였다. 그리고 심

나는 정신분석이란, 신념에 기초한 치료법이라고 결론지었다.
아론 벡

리치료사들의 여론에 따르면, 좋아진 환자도 있었고 나빠진 환자도 있었고 거의 그대로인 환자도 있었는데, 세 경우의 비율이 엇비슷했다.

특히 걱정스러운 점은 객관적·과학적 검토를 거부하는 정신분석가들이 많다는 것이었다. 실험심리학이나 의학과 달리 정신분석학은 주로 신념에 기초하다 보니 치료자에 따라 결과가 크게 달라지는 듯했다. 평판은 대체로 각 정신분석가의 카리스마에만 근거했다. 벡은 이렇게 결론지었다. "정신분석의 신비감은 압도적이었다. 그것은 복음주의 운동과 비슷했다."

정신분석가들 중에는 정신분석 이론에 대한 비판을 인신공격으로 여기는 이가 많았는데, 머지않아 벡은 정신분석의 타당성을 의심하면 공공연히 비난받기 쉬움을 깨달았다. 한번은 그가 미국정신분석학회에서 제명된 일도 있었다. 그 이유인즉 "과학적 연구를 수행하고자 하는 (벡의) 욕망은 그가 정신분석을 부적절하게 받아들였음을 나타낸다"는 것이었다. 어떤 정신분석가들은 누군가 정신분석 이론을 흠잡는 까닭이란 그 사람이 정신분석을 제대로 받지 않았기 때문이라고 주장했다.

벡은 그런 주장의 순환성과, 요법과 치료사 성격의 관련성을 모두 의문시했다. 그런 의문과 현역 정신분석가로서 일한 경험 때문에 벡은 심리치료의 모든 측면을 철저히 검토하며 개선책을 찾게 되었다. 그래서 우울증(심리치료를 받으려는 가장 흔한 이유)의 원인과 치료를 평가하는 일련의 실험을 수행한 바, 결과는 그 병이 무의식적 정서·추동 진찰로 치료 가능하다는 생각을 확증하기는커녕 사뭇 다른 해석을 암시했다.

지각 바꾸기

벡의 환자들은 자기의 우울증을 설명하면서 자신과 자기 미래와 일반 사회에 대한 부정적 생각을 자주 표출했는데, 그런 생각은 그들에게 부지불식간에 떠올랐다. 그 '자동적 사고' 때문에 벡은 환자들의 경험지각 방식(경험인지)이 우울증의 증상일 뿐 아니라 효과적 치료법 발견의 열쇠이기도 하다고 결론짓게 됐다. 그에게 1960년대에 떠오른 이 생각은 당시 실험심리학의 새로운 국면과 잘 어울렸다. 실험심리학에서는 지각 같은 심리과정을 연구하여 인지심리학의 우위를 확보해둔 터였다.

인지모델을 치료법에 적용했을 때 벡은 환자가 자기 지각의 현실성이나 왜곡 정도를 인식하고 평가하는 것을 돕는 일이 우울중 극복의 첫 단계임을 깨달았다. 이는 전통적 정신분석 방식에 위배되었다. 정신분석에서는 잠재적 추동, 정서, 억압을 찾아 살폈다. 그러나 벡의 '인지치료'에서는 그런 일이 불필요할 뿐더러 역효과를 낳을 수도 있다고 보았다. 벡에 따르면, 환자의 지각은 액면 그대로 받아들여도 된다. 왜냐하면 그가 즐겨 말했듯 "눈에 보이는 것이 표면의 전부는 아니"기 때문이다.

벡의 그 말은 우울증의 직접적 징후(부정적인 '자동적 사고')에서 치료에 필요한 정보를 모두 얻을 수 있다는 뜻이었다. 그런 사고를 같은 상황에 대한 객관적·합리적 견해와 비교·검토하면 환자는 자기 지각이 얼마나 왜곡되어 있는지 알아차릴 수 있다. 예컨대 직장에서 승진을 제안받은 환자는 '나는 새 업무가 너무 어려워서 다 망쳐버리고 말 거야' 같은 부정적 사고를 표현할 수도 있는데, 그런 '상황'지각은 불안과 불행으로 이어진다. 더 합리적인 방식으로 보면 승진은 보상 내지 도전거리가 될 것이다. 우울증을 일으키는 원인은 상황이 아니라 환자의 상황지각이다. 인지치료는 환자가 자기 지각의 편향성을 깨닫고 상황에 대한 더 현실적인 혹은 폭넓은 사고방식을 찾는 데 도움이 될 수 있다.

벡에 따르면, 부정적 사고는 기본적으로 역기능적 신념과 가정을 반영한다. 이 신념이 상황적 사건에 의해 촉발되었을 때, 우울패턴이 행동으로 작동하기 시작한다. 벡은 내담자가 역기능적 사고를 수정하는 데 적극적 역할을 할 수 있으며, 그렇게 함으로써 정신병적 상황에서 벗어날 수 있다고 주장한다.

일그러진 거울에 비친 세계는 무섭고 추하게 보일 수 있다. 이와 비슷하게, 우울증에 걸리면 대체로 삶이 부정적으로 보여 더욱더 큰 무력감을 느끼게 된다.

인지심리학 COGNITIVE PSYCHOLOGY 177

그릇된 신념을 바로잡으면
과도한 반응을 완화할 수 있다.
아론 벡

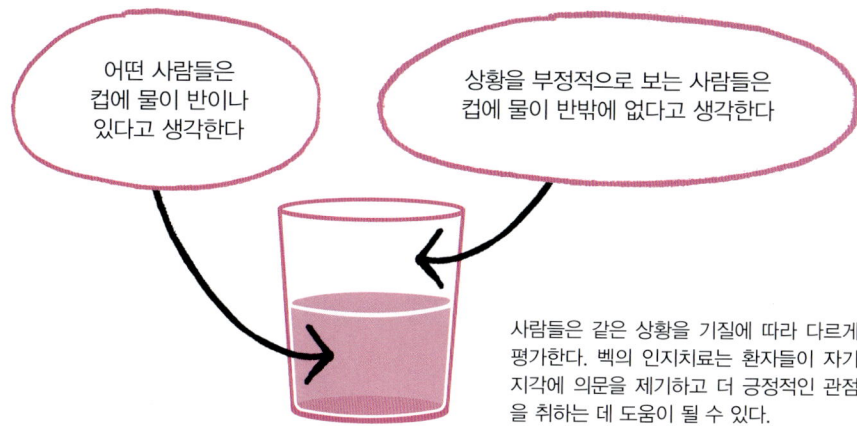

어떤 사람들은 컵에 물이 반이나 있다고 생각한다

상황을 부정적으로 보는 사람들은 컵에 물이 반밖에 없다고 생각한다

사람들은 같은 상황을 기질에 따라 다르게 평가한다. 벡의 인지치료는 환자들이 자기 지각에 의문을 제기하고 더 긍정적인 관점을 취하는 데 도움이 될 수 있다.

실증적 증거

벡의 인지치료는 상당수의 환자들에게 효과가 있었다. 게다가 그는 치료의 효과를 입증할 수도 있었다. 과학적인 방법으로 결과에 대한 실증적 증거를 확보했기 때문이다. 그는 자기 환자들을 위한 특별한 평가 방법을 고안한 덕분에 그들의 경과를 자세히 관찰할 수 있었다. 그 결과에 따르면, 인지치료를 받은 환자들은 상태가 호전됐는데, 그것도 전통적 정신분석을 받은 환자들보다 훨씬 빨리 호전되었다. 벡은 자기가 치료에 대해 어떤 주장을 하든 증거를 제시해야 마땅하다고 주장함으로써 그 치료가 객관적으로 면밀히 재검토될 가능성을 열어두었다. 무엇보다도 그는 성공한 여러 정신분석가들처럼 '구루' 같은 지위를 얻지 않길 간절히 바랐으며, 치료사가 아니라 치료법이 성공적임을 보여주려고 각고의 노력을 기울였다.

벡은 전통적 정신분석에 불만족한 유일한 인물도 첫 인물도 아니었지만, 그가 인지모델을 이용한 방식은 획기적이었다. 정신분석에 반발하면서 그는 앨버트 엘리스의 영향을 받았다. 엘리스는 1950년대 중반에 합리적 정서행동치료(REBT)를 개발한 바 있었다. 또 벡은 남아프리카공화국의 조지프 월피, 아널드 A. 라자루스(Arnold A. Lazarus) 같은 다른 나라 행동주의자들의 연구도 분명히 염두에 두었던 듯싶다. 심리치료에서 월피와 라자루스는 벡과 접근법이 다르긴 했지만, 벡과 마찬가지로 철저히 과학적인 방법론을 취하며 정신·정서 장애의 무의식적 원인을 경시했다.

인지치료는 일단 그 성과를 인정받고 나자 우울증 치료에 갈수록 많이 쓰이게 됐다. 게다가 나중에 벡은 인지치료가 성격장애나 정신분열증 같은 다른 질환의 치료에도 유익함을 깨달았다. 새로운 아이디어에 늘 마음을 열고 있던(그 효과가 입증 가능한 한) 벡은 행동치료의 요소도 자신의 치료법에 통합했는데, 1980년대에는 벡 말고도 그렇게 하는 심리치료사들이 많았다. 그 결과, 오늘날 심리학자들이 쓰는 다양한 인지행동치료법이 생겨났다.

벡의 선구적 연구는 심리치료의 전환점으로서, 관련 분야에 상당한 영향을 미쳐왔다. 벡은 인지적 접근법을 임상심리학에 도입했을 뿐 아니라 그것을 과학적 검토대상으로 만들며 정신분석의 약점을 폭로했다. 그러면서 그는 다음과 같은, 지금도 쓰이는 우울증 유형·정도 평가법을 몇 가지 소개했다. '벡 우울증검사(Beck Depression Inventory, BDI)', '벡 무망감척도(Beck Hopelessness Scale, BHS)', '벡 자살생각척도(Beck Scale for Suicidal Ideation, BSS)', '벡 불안검사(Beck Anxiety Inventory, BAI)' 등이 그것이다. ■

나를 신뢰하지 말고 시험하라.
아론 벡

우리는 한 번에 한 목소리에만 귀 기울일 수 있다

도널드 브로드벤트(서기 1926~1993년)

도널드 브로드벤트

맥락읽기

접근법
주의이론(Attention theory)

이전의 관련 역사
서기 1640년대 : 르네 데카르트가 인간의 몸이란 정신(영혼)이 있는 일종의 기계라고 말한다.

서기 1940년대 : 영국의 심리학자이자 응용심리학연구소(APU) 소장인 케네스 크레익(Kenneth Craik)이 인간과 인공지능의 정보처리과정을 비교하는 흐름도표를 작성한다.

이후의 관련 역사
서기 1959년 : 조지 아미티지 밀러의 연구가 단기기억에 약 일곱 덩이의 정보가 담길 수 있음을 암시한다.

서기 1964년 : 영국 심리학자 앤 트라이스먼(Anne Treisman)에 따르면, 덜 중요한 정보는 여과단계에서 삭제되지 않고 (볼륨이 줄어들듯이) 약화되므로 마음에 계속 '미행당할' 수 있다.

제2차 세계대전 전에 영국은 심리학이라는 학문분야에서 유럽과 미국보다 뒤떨어졌다. 영국 심리학자들은 대부분 다른 나라에서 발전한 심리치료학과와 행동주의를 뒤따르고 있었다. 몇 군데밖에 없던 대학 심리학과에서는 자연과학의 접근법대로 이론 고찰보다 실제 응용에 중점을 두었다.

바로 그렇게 가망 없는 학문적 환경에서, (훗날 매우 유력한 초창기 인지심리학자가 될) 도널드 브로드벤트(Donald Broadbent)는 종전 후 공군을 제대하고 심리학을 공부하기로 마음먹었다. 하지만 실용적 접근법은 알고 보니 브로드벤트에게 이상적이었다. 브로드벤트는 전시에 항공기술자 겸 조종사로 일한 경험을 십분 활용할 수 있었다.

실용심리학

브로드벤트는 열일곱 살 때 영국 공군(RAF)에 입대했는데, 훈련차 미국으로 파견 나간 적이 있었다. 그곳에서 그는 심리학이 무엇인지, 심리학에서 어떤 문제를 다루는지 처음 알아차리고는 조종사가 독특한 방식으로 맞닥뜨리는 문제들에 대해 생각해보게 됐다. 그런 문제에 단순히 기계적인 원인과 해결책이 아닌 심리학적 원인과 해결책이 있으리라 짐작한 그는, RAF 제대 후 케임브리지대학에 들어가 심리학을 공부했다.

케임브리지에서 브로드벤트를 지도한 프레더릭 바틀릿(Frederic Bartlett)은 그와 생각과 관심사가 비슷한 동지로, 철두철미한 과학자이자 영국 최초의 실험심리학 교수였다. 바틀릿은 중대한 이론적 발견이란 대개 실용적 문제의 해결책을 모색하는 과정에서 이루어진다고 믿었다. 그 생각에 매력을 느끼며 고무된 브로드벤트는 계속 바틀릿 밑에서 연구하려고, 1944년 개소한 응용심리학연구소(APU)에 들어갔다. 브로드벤트가 자신의 가장 획기적인 연구를 수행한 것은 바로 그곳에 있을 때였다.

그는 당시 지배적이던 행동주의적 접근법을 무시하고, RAF에서 마주친 실용적 문제를 집중적으로 연구하기로 했다. 이를테면 조종사들은 비슷하게 생긴 조종장치를 혼동하기도 했다. 어떤 비행기는 바퀴를 올리는 레버와 보조날개를 올리는 레버가 똑같이 생긴 데다 둘 다 좌석 밑에 위치한 탓에 사고가 잦았다. 브로드벤트는 사용 직전의 마감 공정이 아닌 설계 공정에서 조종사

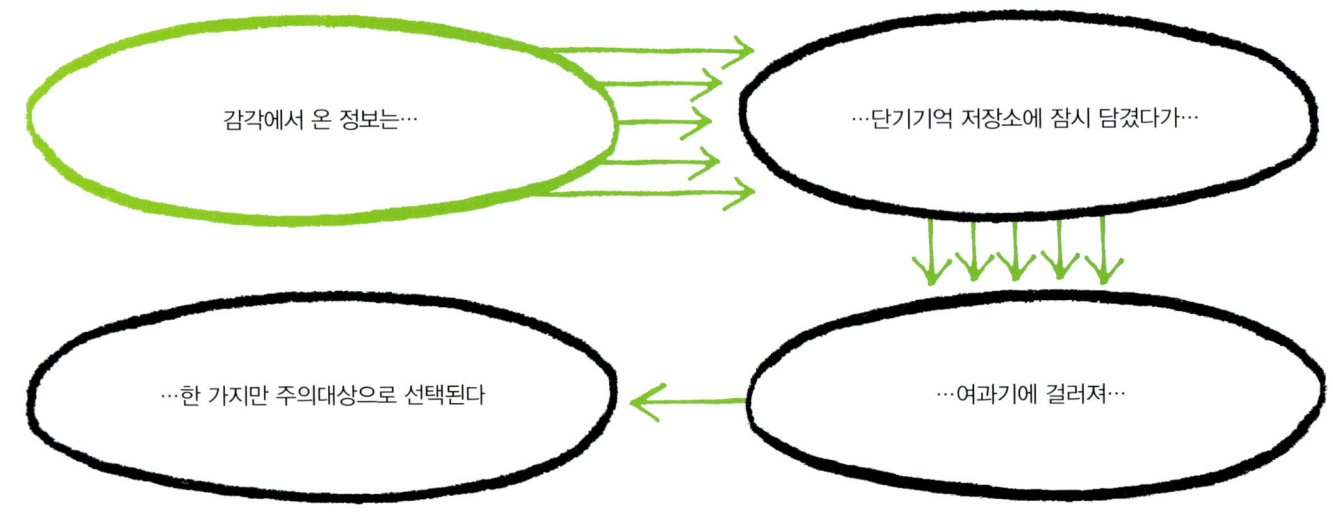

참조 : ■ 르네 데카르트 20~21쪽 ■ 조지 아미티지 밀러 168~173쪽 ■ 대니얼 샥터 208~209쪽
■ 프레더릭 바틀릿 335~336쪽

제2차 세계대전 당시 비행기는 휘황찬란한 정보자료 출력장치를 갖추고 있다. 브로드벤트는 조종사들이 어떤 식으로 정보에 순위를 매기는지, 디자인을 어떻게 바꿔야 그 일에 도움이 될지 알아내고자 했다.

들의 능력과 한계를 고려하면 그런 사고를 피할 수 있으리라고 생각했다.

브로드벤트는 조종사의 능력에 작용하는 요소를 심리학으로 더 깊이 이해하는 데 관심이 있었다. 그들은 분명 엄청난 양의 유입 정보를 처리해야 했고, 또 그중에서 올바른 결정을 내리는 데 필요한 적정 자료를 선택해야 했다. 브로드벤트가 보기에 실수는 유입 정보원이 너무 많을 때 잦아지는 듯했다.

브로드벤트는 인간의 정보처리방식을 고찰하면서 전시(戰時) 연구의 또 다른 산물에 영향을 받았다. 그것은 바로 컴퓨터의 발달과 '인공지능'이라는 개념이었다. APU의 초대 소장 케네스 크레익은 인간과 인공지능의 정보처리과정을 비교하는 중요한 흐름도표와 원고를 연구소에 남겼는데, 브로드벤트는 그 자료를 확실히 공부했다.

한편 수학자 앨런 튜링 같은 암호해독자들은 정보처리 개념과 씨름해왔는데, 전후에 튜링은 그것을 '사고기계(thinking machine)'라는 개념에 적용했다. 기계의 작동을 뇌의 활동에 빗댄 것은 설득력 있는 비유였다. 하지만 그 생각을 전환해 인간의 뇌를 일종의 정보처리기계로 본 사람은 바로 브로드벤트였다. 이는 인지심리학과 행동심리학의 본질적 차이에 해당한다. 인지심리학은 심리과정이 행동으로 표출되는 방식이 아닌, 심리과정 자체를 연구하는 학문이다.

브로드벤트가 주의의 작동방식을 연구하려면 자기 예감을 뒷받침할 실험을 고안해야 했다. 공학도 출신답게 그는 이론의 증거를 확보할 때까지 만족하지 않았고, 또 그 연구가 실제로 응용되길 바랐다. APU는 응용심리학을 전문으로 연구하는 기관이었는데, 브로드벤트에게 그것은 치료적 응용뿐 아니라 사회 전체에 이로운 응용을 의미했다. 그는 자기 연구가 공공자금으로 진행된다는 점을 언제나 크게 의식하고 있었다.

도널드 브로드벤트

도널드 브로드벤트는 잉글랜드 버밍엄에서 태어났지만 웨일스 사람임을 자처했다. 부모의 이혼 후 웨일스에서 십대 시절을 보냈기 때문이다. 명문 윈체스터 칼리지를 장학생으로 다니고 열일곱 살 때 공군(RAF)에 입대해 조종사 훈련을 받으며 항공공학을 공부했다.

1947년에 RAF를 제대하고 케임브리지대학의 프레더릭 바틀릿 밑에서 심리학을 공부한 후, 새로 생긴 응용심리학연구소(APU)에서 일하다가 1958년에 연구소장이 되었다. 두 번 결혼하긴 했지만, 너그럽기로 유명하고 조심성 많은 인물로, '청교도적 기질' 때문에 자기 일을 실용적이어야 마땅한 특혜라고 믿었다. 1974년에 대영제국 훈작사(CBE)를 받고 옥스퍼드대학 울프슨칼리지의 특별연구원이 된 후, 계속 그곳에 있다가 1991년에 퇴직했다. 1993년 향년 66세에 심장마비로 죽었다.

주요 저서

1958년 『지각과 의사소통 Perception and Communication』
1971년 『결정과 스트레스 Decision and Stress』
1993년 『인간 지능의 시뮬레이션 The Simulation of Human Intelligence』

한 번에 한 목소리만

브로드벤트의 주요 실험 가운데 하나는 항공교통관제와 관련된 경험에서 비롯했다. 지상 근무자들은 동시에 줄줄이 들어오는 몇 가지 정보를 처리해야 할 때가 많았다. 출발·도착 비행기에서 보낸 정보는 무선전신으로 오퍼레이터에게 중계되어 헤드폰으로 수신됐다. 그다음에 항공교통관제사들은 그 정보에 기초해 신속히 결정을 내려야 했는데, 브로드벤트는 그들이 한 번에 한 메시지만 제대로 처리할 수 있음을 알아차렸다. 그가 흥미를 느낀 부분은 그들이 갖가지 유입 정보에서 가장 중요한 메시지를 골라내려면 거쳐야 하는 심리과정이었다. 그는 정보를 처리하고 선택하는 어떤 메커니즘이 뇌에 있을 것이라고 확신했다.

브로드벤트가 고안한 이른바 양분청취(兩分聽取, dichotic listening) 실험은 '선택적 주의(selective attention)' 분야의 선구적 연구사례였다. 선택적 주의는 감각으로 끊임없이 들어오는 온갖 정보 가운데 불필요한 정보를 뇌가 '걸러내는' 방식이다. 브로드벤트는 항공교통관제의 실례를 모방해 청

> 우리 마음은 한꺼번에 여러 채널을 수신하는 라디오로 볼 수 있다.
> 도널드 브로드벤트

각적(소리) 정보를 헤드폰으로 피험자들에게 들려주었다. 그는 적절히 설치된 장비로 두 가지 연속적 정보를 동시에 (하나는 왼쪽 귀로, 하나는 오른쪽 귀로) 보낸 다음, 피험자들이 그 정보를 얼마나 기억하는지 검사했다.

브로드벤트의 예상대로 피험자들은 양쪽 채널로 받은 정보를 모두 재현하지 못했다. 우리가 한 번에 한 목소리만 들을 수 있을 것이라는 그의 생각은 확증되었다. 하지만 피험자가 정확히 어떻게 해서 유입 정보의 일부는 선택적으로 기억하고 나머지는 효과적으로 무시했는가에 대해서는 의문이 남아 있었다.

처음에 받은 엔지니어 교육을 돌이켜보던 브로드벤트는 뇌에서 일어나는 듯싶은 일을 설명하려고 어떤 기계적 모델을 제안했다. 그에 따르면, 뇌가 갖가지 유입 정보를 더 이상 모두 처리하지 못할 경우 그 정보들은 어떤 '병목(bottleneck)'에 도달할 것이다. 그리고 그 시점에서 한 입력 채널만 통과시키는 일종의 '여과기(filter)'가 분명히 있을 것이다. 브로드벤트가 이를 비유로 설명하는 방식은 늘 그렇듯이 실용적이다. 그는 Y자 모양의 관에 탁구공들이 두 줄로 굴러 들어오는 상황을 묘사한다. 관은 위의 두 가지가 만나는 곳에 한쪽 공의 흐름을 막는 경첩식 마개가 있어서, 막히지 않은 채널의 공만 아래 줄기로 들어갈 수 있다.

하지만 여전히 한 가지 의문이 남아 있었다. 그 여과기는 어떤 단계에서 작동할까? 처음의 양분청취 과제를 변형한 일련의 실험에서 브로드벤트는 정보가 감각으로 들어와서 통째로 '단기기억 저장소(short-term memory store)'로 넘어감을 확증했다. 그에 따르면, 바로 그 단계에서 여과가 일어난다. 정보가 언제 어떻게 주의대상으로 선택되는가에 대한 그의 설명은 '브로드벤트 필터 모델(Broadbent Filter Model)'로 알려져 있다. 그 모델에 나오는 실험심리학적 접근법에서는 혁신적이게도 이론과 실용을 결합했을 뿐 아니라 뇌의 작용을 일종의 정보처리로 보았다.

항공교통관제사들은 동시에 들어오는 갖가지 정보를 처리해야 한다. 브로드벤트는 그 문제를 청취실험에서 재현해 주의과정을 밝혀냈다.

칵테일파티 문제

브로드벤트가 선택적 주의 문제를 다룬 유일한 인물은 아니었다. 영국의 다른 과학자 콜린 체리(Colin Cherry)도 1950년대에 그 문제를 조사했다. 심리학이 아닌 의사소통을 연구하던 체리는 '칵테일파티 문제(cocktail party problem)'를 제기했다. 수많은 사람들이 대화하는 칵테일파티에서 우리는 주의할 대화와 무시할 대화를 어떻게 선택하는가? 그리고 'A'라는 대화에 집중한 주의를 대화 'B'나 'C'로 돌리는 일이 어떻게 가능한가?

브로드벤트는 그 문제의 해결을 돕고자 자기 모델의 여과기의 본질로 관심을 돌렸다. 그 여과기는 정확히 어떤 정보를 걸러내고 어떤 정보를 통과시키는가? 또 다른 엄격한 실험과정을 따른 끝에 그는 선택 대상이란 정보의 내용(무슨 이야기를 하고 있는가)이 아니라 메시지의 물리적 특징(목소리의 음색이나 선명도 등)임을 깨달았다. 이는 정보가 잠시나마 단기기억에 저장되긴 하지만 여과된 후에야 비로소 의미를 부여받고 실제로 이해됨을 암시한다. 이 연구 결과는 이를테면 항공교통관제에 적용됐을 때 중요한 함의를 띠었다. 그런 관제소에서는 정보의 의미와 중요성에 따라 결정의 우선순위를 매기지 않고 부적절하거나 부정확한 정보에 대해 결정을 내릴 수도 있었다.

브로드벤트와 체리는 여과 과정을 시험하는 양분청취 실험을 수차례 함께 진행했다. 그리고 여과가 기대의 영향도 받음을 깨달았다. 한 실험에서는 피험자들에게 두 가지 수 집합을 각 귀로 동시에 들려주었다. 어떤 경우에는 어느 쪽 귀(정보채널)에 관해 처음 물어볼지 미리 알려주었지만, 나머지 경우에는 아무것도 알려주지 않았다. 그 결과에 따르면, 사람들은 처음 질문 받을 연속적 정보를 어느 귀로 듣고 있는지 알면 주의를 그 귀로 돌린다. 그리고 다른 귀로 들어오는 정보는 기억에서 항상 정확히 인출하진 못한다.

어떤 경우든 사람들은 자기 선택이나 외부 요청에 따라 처음 기억한 정보를 나중 정보보다 더 정확히 처리해내는 듯했는데, 이는 일부 정보를 피험자가 인출하려 애쓰기 전에 단기기억 저장소에서 잃어버리기 때문인 듯싶었다. 1957년에 브로드벤트는 이렇게 썼다. "우리는 한 번에 한 목소리에만 귀 기울일 수 있다. 그리고 처음 듣는 말을 가장 잘 기억해낸다."

모델 수정

브로드벤트가 최초로 제안한 여과기 모델은 이후 필터 이론들의 근간이 되었다. 그의 이론에서 브로드벤트는 인간은 정보를 듣자마자 즉시 정보를 거르기 시작한다고 주장했다. 예를 들어 브로드벤트는 인간은 만일 그가 현재 집중하고 있는 생각과 관계가 없다면 복잡한 방에서 들리는 잡담 소리는 무시한다고 믿었다. 그러나 최근의

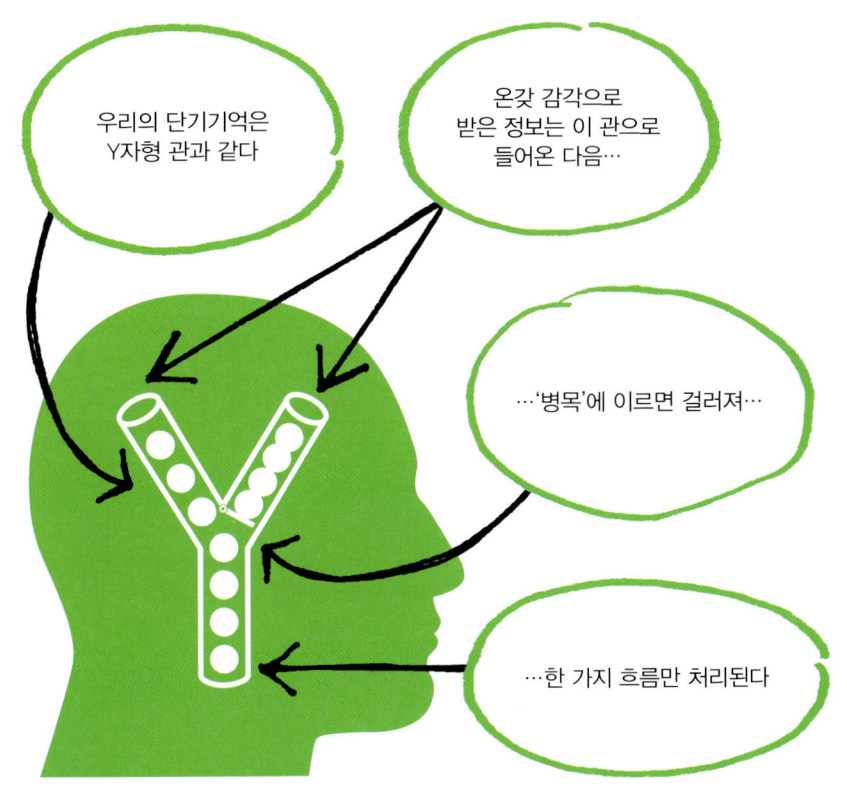

> 두 목소리 가운데 하나는 옳고 그름과 관계없이 반응대상으로 선택되고 다른 하나는 무시된다.
> 도널드 브로드벤트

필터 이론가들은 사람들은 사람들로 붐비는 방 안에서 자신의 이름이 불리면 여전히 거기에 응수한다는 사실을 인정한다. 설사 그것이 그들의 현재 대화의 일부가 아니라 할지라도 말이다. 그러므로 우리의 두뇌는 먼저 정보를 가공하고 특정한 자극에 대해 더욱 높은 중요도를 부여하는 것으로 간주해야 한다. 이때 우리의 두뇌는 귀를 통해 들어온 어떤 정보도 처리한다. 그러나 모든 정보가 피사체의 의식 속으로 들어가는 것은 아니다. 중요한 것은 우리의 두뇌는 친숙하지 않은 것들은 걸러낸다는 점이다. 친숙한 이름이나 목소리는 우리의 관심을 되돌릴 수 있다.

1958년에 브로드벤트는 『지각과 의사소통』에서 연구결과를 발표하며 주의·이해·기억 연구의 뼈대를 효과적으로 설명했다. 책의 출판시기는 의미심장했다. 때마침 미국에서는 행동주의의 중요성에 대해 의견이 갈리고 있었기 때문이다. 그 책은 새로운 인지심리학의 발전사에 한 획을 그은 문헌으로 서서히 알려지게 되었다. 결과적으로 브로드벤트는 영국이 낳은 첫 주요 심리학자로 대중에게까지는 아니더라도 동료들에게는 인정받았고, 그 보상으로 같은 해에 APU 소장으로 임명되어 프레더릭 바틀릿의 뒤를 이었다.

하지만 브로드벤트는 성공에 안주하는 사람이 아니었기에, 새 지위를 기회 삼아 주의연구를 계속하며 연구범위를 넓히고 이론을 다듬으려 했다. 여과기 모델이라는 출발점에서 그는 칵테일파티 문제로, 그중에서도 주의대상으로 선택되는 정보의 본질과 관련해 체리가 발견한 어떤 현상 문제로 돌아갔다. 체리에 따르면, 사람들은 우연히 들리는 대화에 지인 이름처럼 자신에게 특별히 중요한 정보가 들어 있을 경우, 주의를 이전 대화에서 그 대화로 돌리게 된다.

APU에서 또 다른 양분청취 실험을 수행한 바, 체리의 결론이 사실로 입증되었다. 정보는 물리적 특징에 따라 여과되지만, 의미에 따라 이전 기억과 경험, 기대의 피드백을 받아 여과되기도 한다. 예를 들어, 사이렌이 울리면 주의가 그 연속적인 소리로 돌아갈 것이다. 이는 정보가 주의대상으로 선택되기 전에 어떤 식으로든 이해됨을 암시한다.

브로드벤트는 여과기 모델을 수정할 필요가 있음을 깨달았다. 하지만 수정을 해야 한다고 낙담한 것이 아니라 오히려 기뻐했

칵테일파티에 온 사람들은 한 가지 대화에만 귀 기울이는 듯하지만, 다른 대화에 자신에게 중요한 정보가 들어 있으면 그것을 알아차리고 주의를 그쪽으로 돌린다.

심리학 이론의 시험과 도덕적 정당화는 그것을 구체적인 실용적 문제에 응용하는 데 있다.
도널드 브로드벤트

브로드벤트는 심리학을 응용해 복잡한 산업공정을 효율적으로 개선할 수 있다고 믿었다. 그는 진정으로 실용적인 연구 결과를 얻기 위해 헌신했다.

다. 과학자로서 그는 과학이론이란 모두 당시에 확보 가능한 증거에서 이끌어낸 일시적인 것이라 믿었기에, 새로운 증거에 따른 변화를 기꺼이 받아들였다. 과학이란 그런 식으로 발전하는 법이다.

APU에서는 브로드벤트의 주의연구에 중점을 두었지만, 끊임없이 확대되는 응용 범위도 감안했다. 브로드벤트는 확실히 실용적인 연구를 하려고 부단히 노력하며, 작업환경에서 소음, 열, 스트레스가 주의에 미치는 영향을 검사하는 한편, 연구 중에 자기 생각을 끊임없이 재검토했다. 그러면서 브로드벤트는 연구와 관련하여 정부의 후원을 받았고, 그의 연구 덕분에 업무가 향상된 여러 산업 경영자들에게서 존경을 받았다. 그러다 보니 주의력의 개인차, 일시적 부주의와 그 원인 같은 분야도 더 깊이 연구하게 됐다. 각 경우에 실험 결과를 얻으면 그는 자신의 이론을 개선했다. 1971년에 그는 두 번째 저서 『결정과 스트레스』에서 여과기 이론의 확장 버전을 상술했다. 전작과 마찬가지로 이 책은 인지심리학의 고전적 교과서가 되었다.

인지적 접근법

브로드벤트의 책은 일반 대중에게 영향을 미치진 않았지만, 다른 분야의 과학자들 사이에서 널리 읽혔다. 그가 인간 뇌를 전자기계에 비유한 방식은 컴퓨터에 대한 관심이 높아짐에 따라 점점 더 중요해졌다. 인간의 여러 정보처리단계(습득, 저장, 인출, 사용)에 대한 그의 모델은 당시의 인공지능 연구를 반영했다.

브로드벤트는 인지과학 발달을 뒷받침하는 단체 '인지과학과 인간-컴퓨터 상호작용에 관한 공동협의회 이니셔티브(Joint Council Initiative on Cognitive Science and Human-Computer Interaction)'의 설립에도 기여했다. 한편으로 그의 연구는 응용심리학을 중요한 문제해결 접근법으로 확립시키며 그 영향범위를 실험실 경계 너머로 크게 확장하기도 했다. 인지심리학의 주요 창시자로서 그는 주의연구로써, 오늘날 계속 풍부한 성과를 낳고 있는 새로운 연구분야의 토대를 마련했다. ■

그의 심리학은 상아탑에 사는 사람들만을 위한 것이 아니라 사회 및 사회문제 해결을 위한 것이었다.
퍼거스 크레익(Fergus Craik)
& 앨런 베델리(Alan Baddely)

시간의 화살은 고리 모양으로 굽어 있다

엔델 털빙(서기 1927년~)

맥락읽기

접근법
기억연구

이전의 관련 역사
서기 1878년 : 헤르만 에빙하우스가 인간의 기억에 대한 최초의 과학적 연구를 수행한다.

서기 1927년 : 블루마 자이가닉이 중단된 과제가 중단되지 않은 과제보다 잘 기억되는 방식을 설명한다.

서기 1960년대 : 제롬 브루너가 학습과정에서 조직화와 범주화가 차지하는 중요도를 강조한다.

이후의 관련 역사
서기 1979년 : 엘리자베스 로프터스가 『목격자 증언』에서 기억왜곡을 살펴본다.

서기 1981년 : 고든 H. 바우어가 기억 속의 사건과 정서를 관련짓는다.

서기 2001년 : 대니얼 샥터가 『기억의 일곱 가지 죄악』을 출간한다.

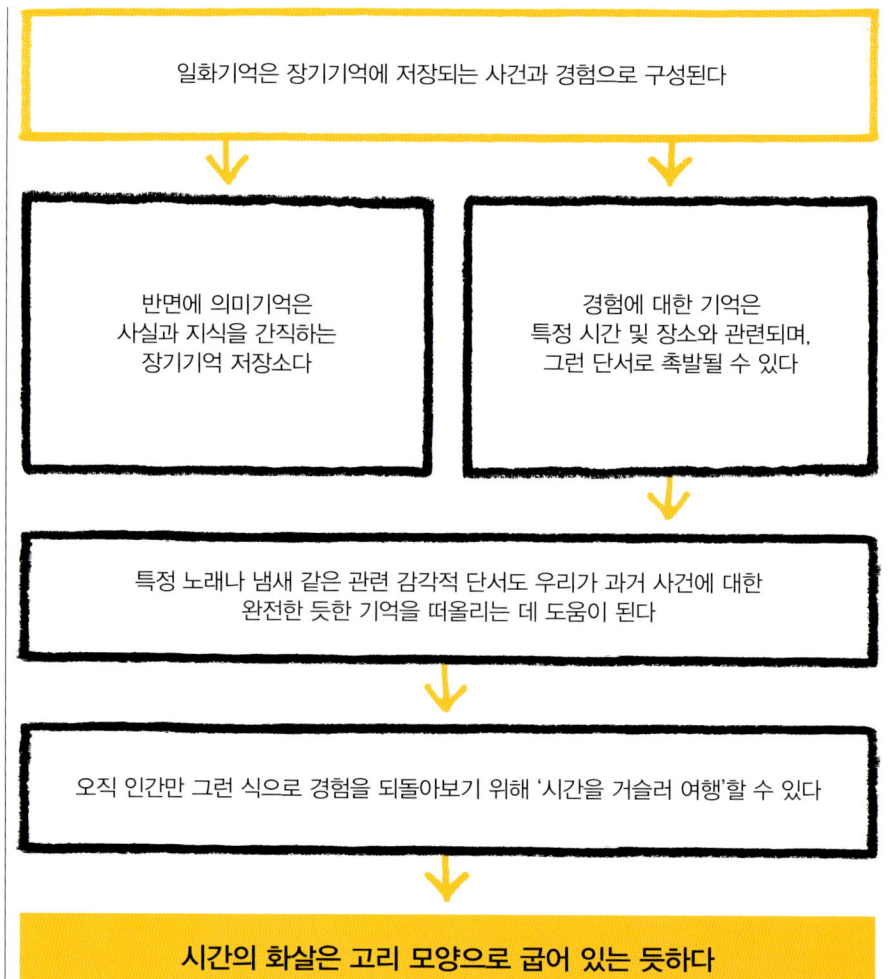

기억은 19세기 심리학자들이 처음 연구한 분야 가운데 하나였다. 철학과 심리학을 잇는 다리에 해당하는 의식 개념과 밀접히 관련되어 있었기 때문이다. 특히 헤르만 에빙하우스는 기억과 학습의 과학적 연구에 크게 힘썼다. 하지만 다음 세대 심리학자들은 행동주의적 학습연구로 관심을 돌려 기억 대신 '조건화'에 연구 초점을 맞췄다. 블루마 자이가닉과 프레더릭 바틀릿 등이 1920~1930년대에 몇몇 산발적 연구를 수행하긴 했지만, 기억이라는 주제는 제2차 세계대전 후 '인지혁명'이 일어날 때까지 대체로 무시되었다. 인지심리학자들은 뇌를 정보처리장치로 보는 개념을 탐구하기 시작하면서 기억저장모델을 내놓았다. 그 모델에서는 기억저장을, 어떤 항목들이 단기기억 혹은 작업기억에서 장기기억으로 넘어가는 과정으로 보았다.

엔델 털빙(Endel Tulving)이 1957년에 박사과정을 마쳤을 무렵, 기억은 다시 한 번 주요 연구분야가 되어 있었다. 시설부족으로 시지각(視知覺)연구를 마지못해 포기한 털빙은 기억으로 관심을 돌렸다. 자금부족 또한 그의 접근법에 영향을 미쳤기에, 그는 펜 한 자루와 종이 몇 장, 재고로 있던 얼마간의 인덱스카드만 쓰는 실험을 고안했다.

자유회상 방법

기억이라는 주제를 공부하면서 털빙은 다소 비정통적인 방법으로 연구하는 바람에 동료들에게서 때때로 비판을 받았고 나중에 결과 발표에도 어려움을 겪었다. 하지만 그의 유별난 직감은 실로 혁신적인 연구를 낳았다. 1960년대 초에 수업용으로 급조한 어떤 '즉석' 공개실험은 그가 나중에 수행할 여러 실험의 본보기가 되었다. 그는

인지심리학 COGNITIVE PSYCHOLOGY

참조 : ■ 헤르만 에빙하우스 48~49쪽 ■ 블루마 자이가닉 162쪽 ■ 조지 아미티지 밀러 168~173쪽 ■ 고든 H. 바우어 194~195쪽 ■ 엘리자베스 로프터스 202~207쪽 ■ 대니얼 삭터 208~209쪽 ■ 로저 브라운 237쪽 ■ 프레더릭 바틀릿 335~336쪽

학생들에게 일상적 단어 20개의 무작위 목록을 읽어준 다음, 그 단어들을 최대한 회상해 아무 순서로나 적도록 요청했다. 그가 예상한 대로 학생들은 대부분 목록의 절반 정도를 회상해냈다. 그다음에 그는 학생들에게 그들이 떠올리지 못한 단어들을 물어보며 "목록에 색깔이 있지 않았나?" 하는 식으로 힌트를 주었는데, 그러고 나면 학생들은 보통 정답을 내놓았다.

털빙은 그런 '자유회상(free recall)' 방법에 관한 일련의 실험을 전개하면서, 사람들이 단어를 유의미한 범주로 분류하는 경향이 있음을 알아차렸다. 그에 따르면, 사람들은 잘 조직한 정보일수록 더 잘 회상해낸다. 또 그의 피험자들은 마음속으로 어떤 단어를 보관해둔 범주('동물' 등) 형태의 단서를 듣고 그 단어를 회상해낼 수도 있었다. 털빙은 목록에서 암기된 모든 단어의 기억이 실제로 사용 가능하나 주제별로 조직된 단어의 기억이 더 접근하기 쉽다고, 그것도 적정 단서를 제공받으면 더욱더 쉽다고 판단했다.

기억의 종류

이전 심리학자들이 정보의 저장 및 저장 실패 과정을 집중적으로 다룬 데 반해, 털빙은 두 가지 과정(정보의 저장과 인출)을 구별하고 그 둘의 관계를 보여주었다. 연구과정에서 털빙은 기억에 종류가 있는 듯하다는 점에 관심을 두게 됐다. 장기기억과 단기기억의 구별은 이미 인정된 바였지만, 털빙은 장기기억이 한 종류가 넘는다고 생각했다. 그는 지식(사실과 자료)에 기초한 기억과, 경험(사건과 대화)에 기초한 기억의 차이를 깨달았다. 그래서 장기기억을 두 종류, 즉 사실 저장소인 의미기억(semantic memory)과 개인적 역사·사건 저장소인 일화기억(episodic memory)으로 나누는 분류 방식을 제안했다.

앞서 털빙의 실험에서는 단어 목록 같은 의미정보의 조직화가 효율적 회상에 유익함을 입증했고, 일화기억의 경우도 그와 마찬가지인 듯했다. 그러나 의미기억은 유의미한 주제별 범주로 조직되지만, 일화기억은 기억이 처음 저장된 특정 상황이나 시간과 관련해 조직된다. 털빙은 처음으로 친구를 만난 기억, 열여덟 번째 생일파티, 새로 산 자전거에서 떨어진 기억과 같이 과거의 특정한 시공간을 결합하여 우리가 의식적으로 떠올릴 수 있는 기억을 일화기억이라고 했다. 반대로 그는 시계를 볼 수 있는 능력, 오믈렛을 요리하는 방법, 2-1=1과 같이 우리가 특정한 환경에 있지 않아도 기억할 수 있는 정보를 의미기억이라고 말했다.

가령 특별한 대화가 어느 해의 생일 저녁식사 시간에 오갔다면, 그 대화 내용의 기억은 그 생일과 관련해 저장되었을 것이

털빙의 자유회상 실험에서 사람들은 무작위 목록의 단어를 최대한 회상하도록 요청받았다. '잊어버린' 단어들은 대개 범주단서를 들으면 생각해낼 수 있었다. 그 단어들은 기억에 저장돼 있었지만 일시적으로 접근 불가능했던 것이다.

결혼식처럼 감동적인 사건은 일화기억을 낳는다. 그런 기억 특유의 저장방식 때문에 당사자는 기억을 떠올리면서 그 사건을 '시간여행'이라는 형태로 다시 체험한다.

> **기억은 정신적 시간여행이다.**
> 엔델 털빙

다. '도시'라는 범주가 '베이징'이란 의미기억의 인출단서가 될 수 있듯이, '마흔 살 생일'의 언급은 그날 저녁 대화내용의 인출단서로 작용할 수 있다. 그런 자전적 기억은 사건 발생시간 및 상황과 맺은 관계가 튼튼할수록 접근 가능성이 커진다. 9·11 테러처럼 잊기 힘든 사건이 일어날 때 저장되는 '섬광기억(flashbulb memory)'은 그 극단적 예다.

털빙은 일화기억의 회상이란 기억에 접근하며 과거로 돌아가는 "정신적 시간여행"이라고 말했다. 나중 연구에서 그는 일화기억이 독특하게도 주관적 시간감각을 수반함을 지적했다. 인간 특유의 일화기억에는 지금껏 일어난 일에 대한 자각뿐 아니라 앞으로 일어날 일에 대한 자각도 따른다. 그런 독특한 능력 덕분에 우리는 삶을 되돌아보고 미래의 일을 걱정하며 계획을 세울 수 있다. 그 능력 덕분에 인간은 "자신이 시간 속에서 존속한다는 자각을 충분히 이용"할 수 있고, 지금까지 자연계를 수많은 문명과 문화의 세계로 탈바꿈해왔다. 그 능력 때문에 "시간의 화살은 고리 모양으로 굽어" 있다.

정보의 부호화

털빙이 깨달은 바에 따르면, 의미기억에서나 일화기억에서나 조직화가 효율적 회상의 열쇠인데, 뇌는 정보를 어떻게든 조직하여 특정 사실과 사건을 관련 항목과 함께 "정리함에 넣어 분류"한다. 그 후 해당 분류함에 대한 지시를 받으면 그 특정 정보를 회상하기가 수월해진다. 뇌는 필요한 기억을 "어디서 찾아야 할지 알고" 있으므로 탐색범위를 좁힐 수 있다. 즉 뇌는 각 기억을 장기기억 저장용으로 부호화하기 때문에 특정 기억을 일반적 인출단서로 찾아낼 수 있다는 뜻이다. 일화기억을 자극하는 단서는 보통 감각적 단서다. 특별한 소리(악곡 등)나 냄새는 완전한 기억을 촉발할 수 있다.

털빙의 '부호화 특정성 원리(encoding specificity principle)'는 일화기억에 특히 잘

엔델 털빙

에스토니아 타르투에서 판사의 아들로 태어난 엔델 털빙은 사립학교에서 교육받았는데, 모범생이었음에도 공부보다 운동을 더 좋아했다. 1944년 러시아 침공 때 학업을 마치려고 동생과 함께 독일로 피신하는 바람에, 9년 뒤 스탈린이 죽고 나서야 부모를 다시 만났다.

털빙은 제2차 세계대전 후 미 육군의 통역병으로 복무하고 의대를 잠시 다니다가 1949년에 캐나다로 이민했다. 토론토대학에 입학해 1953년에 심리학 전공으로 졸업하고 1954년에 석사학위를 받았다. 그리고 하버드대학에 들어가 시지각연구 논문으로 박사학위를 취득했다. 1956년에 토론토대학으로 돌아와 지금까지 계속 학생들을 가르치고 있다.

주요 저서

1972년 『기억의 조직 Organization of Memory』
1983년 『일화기억의 구성 요소 Elements of Episodic Memory』
1999년 『기억, 의식, 뇌 Memory, Consciousness, and the Brain』

들어맞았다. 특정 과거 사건의 기억은 그 발생시간에 따라 같은 시간의 다른 기억들과 함께 부호화된다. 털빙에 따르면, 특정 일화기억을 인출하는 데 가장 효과적인 단서는 그 기억과 가장 많이 겹치는 단서다. 그것은 인출될 기억과 함께 저장돼 있기 때문이다.

인출단서는 일화기억에 접근하는 데 필요하긴 하나 늘 충분하진 않다. 정보가 장기기억에 저장돼 있고 사용 가능하더라도, 기억과 단서의 관계가 회상을 유발할 만큼 밀접하지 않은 경우도 있기 때문이다.

이전의 기억 이론에서와 달리 털빙의 부호화 원리에서는 사용 가능한 기억과 접근 가능한 기억을 구별했다. 누군가 어떤 정보를 회상할 수 없다고 그 정보가 장기기억에서 흐릿해지거나 사라져버렸다는 의미에서 '잊었다'는 뜻은 아니다. 그 정보는 여전히 저장돼 있고 따라서 사용 가능할 것이다. 이것은 인출의 문제다.

기억연구를 위한 스캐닝

털빙은 기억 저장·인출 연구로 완전히 새로운 심리학 연구분야를 개척했다. 그가 연구결과를 발표한 1970년대에 여러 인지

> 기억의 습성에 대한 지식을
> 근원적인 신경구조와 관련짓는 일은
> 결코 이해하기 쉽지 않다.
> 이것은 진짜 과학이다.
> **엔델 털빙**

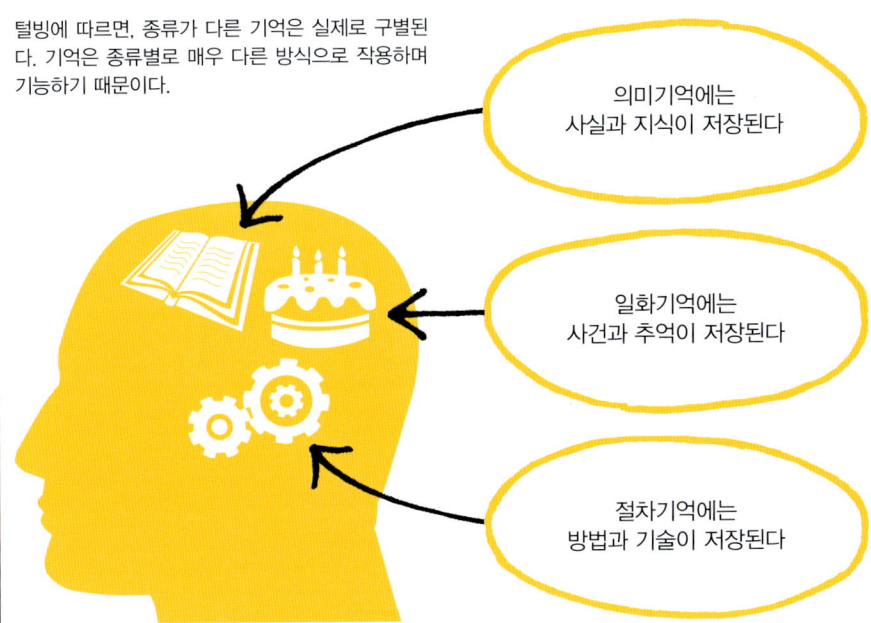

털빙에 따르면, 종류가 다른 기억은 실제로 구별된다. 기억은 종류별로 매우 다른 방식으로 작용하며 기능하기 때문이다.

의미기억에는 사실과 지식이 저장된다

일화기억에는 사건과 추억이 저장된다

절차기억에는 방법과 기술이 저장된다

심리학자들은 자기 이론을 신경과학적으로 확증하려고, 갓 개발된 뇌 영상법을 이용하기 시작했다. 신경과학자들과 협력한 털빙은 뇌에서 기억의 부호화와 인출 중에 활성화되는 영역을 발견하는 한편, 일화기억이 내측 측두엽의 해마와 관련되어 있음을 밝혀냈다.

어느 정도는 비정통적이며 소박한 접근법 덕분에 털빙은 혁신적 통찰을 내놓았고, 결국 여러 심리학자들에게 영감을 주게 되었다. 그중에는 대니얼 샥터처럼 한때 털빙의 제자였던 이들도 있었다.

털빙은 저장과 인출에 초점을 맞추며 기억에 대한 새로운 사고방식을 제시했다. 하지만 그의 획기적 공헌은 바로 의미기억과 일화기억의 구별이었을 것이다. 그 구별 덕분에 후대의 심리학자들은 털빙의 모델을 더 복잡하게 만들며 절차기억, 외현적 기억 및 암묵적 기억 같은 개념을 추가로 내놓을 수 있었다. 절차기억(procedural memory)이란 어떤 방법에 대한 기억이다. 그리고 외현적 기억(explicit memory)은 우리가 의식적으로 자각하는 기억인 데 반해, 암묵적 기억(implicit memory)은 우리가 의식적으로 자각하지 못하지만 계속 영향을 받는 기억이다. 그런 주제는 오늘날에도 인지심리학자들의 주요 관심사다. ■

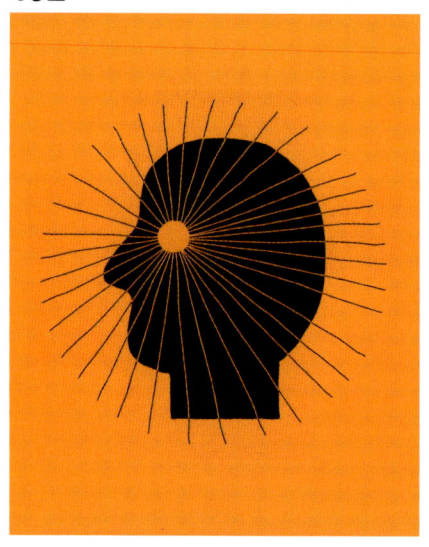

지각은 외부에 유도된 환각이다

로저 N. 셰퍼드(서기 1929년~)

맥락읽기

접근법
지각(Perception)

이전의 관련 역사
서기 1637년 : 르네 데카르트의 논문 『방법서설』에 따르면, 우리는 비록 감각적으로 속임수에 넘어갈 수 있지만 타고난 지식이 있는 생각하는 존재다.

서기 1920년대 : 게슈탈트 이론가들의 시지각 연구결과에 따르면, 사람들은 복합적 요소로 구성된 대상을 하나의 통일된 전체로 보는 경향이 있다.

서기 1958년 : 도널드 브로드벤트가 『지각과 의사소통』에서 지각심리학에 대한 실로 인지적인 접근법을 소개한다.

이후의 관련 역사
서기 1986년 : 미국의 실험심리학자 마이클 쿠보비(Michael Kubovy)가 『원근법과 르네상스 미술의 심리학The Psychology of Perspective and Renaissance Art』을 출간한다.

외부 세계에서 모은 정보를 마음이 이용하는 방식은 언제나 철학자와 심리학자들의 주요 관심사였다. 우리는 감각으로 얻은 정보를 정확히 어떻게 이용할까? 1970년대 초에 인지·수리 심리학자 로저 셰퍼드(Roger Shepard)는 뇌가 '감각자료(sense data)'를 처리하는 방식에 대한 새로운 이론을 내놓았다.

셰퍼드의 주장에 따르면, 우리 뇌는 감각자료를 처리할 뿐 아니라 그 자료에 대해 판단을 내리기도 하는데, 그런 판단의 근거는 우리가 사물을 3차원으로 시각화할 수 있는 마음속 물질계 모델이다. 셰퍼드는 그 주장의 검증실험에서 피험자들에게 그림 속의 두 탁자(각각 다른 각도에서 그려져 있었다)가 같은지 확인시켰다. 그 결과에 따르면, 우리는 셰퍼드가 말한 '심적 회전(mental rotation)'을 수행할 수 있다. 다시 말해 탁자 중 하나를 다른 탁자와 비교하기 위해 마음속에서 돌릴 수 있다.

셰퍼드는 일련의 시각적·청각적 착각현상을 활용해, 우리 뇌가 외부 세계에 대한 지식과 마음속 시각화로 감각자료를 해석

착시 그림은 관찰자에게 혼란을 불러일으킨다. 이는 우리가 지각만 하는 것이 아니라 상상으로 이미 이해한 바에 감각자료를 맞추려 한다는 뜻이다.

함을 증명해 보였다. 셰퍼드에 따르면, 지각은 "외부에 유도된 환각"이고, 꿈과 환각 과정은 "내부의 모의지각"이다.

셰퍼드는 심적 표상과 심리과정의 잠재구조를 확인하는 혁신적 기법을 소개했다. 시각적·청각적 지각, 심상, 표상에 관한 그의 연구는 심리학자들에게 대대로 영향을 미쳐왔다. ■

참조 : ■ 르네 데카르트 20~21쪽 ■ 볼프강 쾰러 160~161쪽 ■ 제롬 브루너 164~165쪽 ■ 도널드 브로드벤트 178~185쪽 ■ 막스 베르트하이머 335쪽

인지심리학 COGNITIVE PSYCHOLOGY 193

우리는 끊임없이 인과관계를 살핀다

대니얼 카너먼(서기 1934년~)

맥락읽기

접근법
전망이론(Prospect theory)

이전의 관련 역사
서기 1738년 : 네덜란드 태생의 스위스 수학자 다니엘 베르누이(Daniel Bernoulli)가 기대효용가설을 제시하며, 위험이 따르는 상황에서 사람들이 선호하는 의사결정방식을 설명한다.

서기 1917년 : 볼프강 쾰러가 침팬지의 문제해결에 관한 연구서 『유인원의 지혜』를 발간한다.

서기 1940년대 : 에드워드 톨먼이 동물행동연구로 동기와 의사결정 연구의 새 분야를 개척한다.

이후의 관련 역사
서기 1980년 : 미국의 경제학자 리처드 탈러(Richard Thaler)가 첫 행동경제학 논문 「긍정적 소비자선택이론에 관하여 Toward a Positive Theory of Consumer Choice」를 발표한다.

극히 최근까지 우리의 위험지각과 의사결정방식은 심리학의 문제라기보다 확률론과 통계학의 문제라고 여겨졌다. 하지만 심리과정에 중점을 두는 인지심리학에서는 지각 및 판단 개념을 문제해결이란 분야로 가져와 몇몇 놀라운 결과를 얻었다.

이스라엘 출신의 미국인 대니얼 카너먼(Daniel Kahneman)은 아모스 트버스키(Amos Tversky)와 함께 『불확실한 상황에

룰렛 휠에서 오랫동안
빨간색이 연달아 나오면
사람들은 대부분 이제 검은색이
나올 때가 됐다고 착각한다.
대니얼 카너먼 & 아모스 트버스키

서의 판단: 발견법과 편향 Judgment under Uncertainty: Heuristics and Biases』에서 불확실한 상황에 직면한 사람들의 의사결정방식에 대한 이론을 재검토했다. 카너먼과 트버스키가 깨달은 바에 따르면, 사람들이 통계와 확률에 근거해 의사를 결정한다는 통념은 사실상 진실이 아니다. 오히려 사람들은 판단의 근거를 '경험적 법칙(rule of thumb, 몇몇 특수한 예나 소규모 표본)'에 둔다. 그 결과, 판단이 잘못되는 경우가 많다. 그런 판단은 실제로 개연성이 있는 정보가 아닌 머릿속에 쉽게 떠오르는 정보에 근거하기 때문이다.

카너먼과 트버스키는 그런 경험적 문제해결법에 어떤 패턴이 있음을 알아차렸다. 대체로 우리는 발생확률이 낮은 일(비행기 사고 등)의 가능성은 과대평가하고, 발생확률이 높은 일(음주운전 사고 등)의 가능성은 과소평가한다.

그런 연구결과들은 카너먼과 트버스키가 1979년에 내놓은 '전망이론'의 토대가 되었으며, 심리학의 협력분야인 행동경제학으로 이어졌다. ■

참조 : ■ 에드워드 톨먼 72~73쪽 ■ 볼프강 쾰러 160~161쪽

사건과 정서는 기억에 함께 저장된다

고든 H. 바우어(서기 1932년~)

맥락읽기

접근법
기억연구

이전의 관련 역사
서기 1927년 : 블루마 자이가닉이, 중단된 과제가 중단되지 않은 과제보다 잘 기억된다는 '자이가닉 효과'를 설명한다.

서기 1956년 : 조지 아미티지 밀러가 『마법의 수 7±2』에서 단기기억 저장의 인지적 모델을 제시한다.

서기 1972년 : 엔델 털빙이 의미기억과 일화기억을 구별한다.

이후의 관련 역사
서기 1977년 : 로저 브라운이 매우 감동적인 사건과 관련된 자전적 기억을 '섬광기억'이라 일컫는다.

서기 2001년 : 대니얼 샥터가 『기억의 일곱 가지 죄악』에서 기억이 잘못되는 방식을 분류한다.

기분이 좋을 때 우리는 보통 긍정적인 일을 기억에 저장하는데…

기분이 나쁠 때 우리는 보통 부정적인 일을 기억에 저장하는데…

…이것은 우리가 자기 기분과 일치하는 정보에 주의를 더 기울이기 때문이다

사건과 정서는 기억에 함께 저장된다

행복할 때는 행복했던 시간의 기억을 회상하기가 더 쉽다

불행할 때는 불행했던 시간의 기억을 회상하기가 더 쉽다

참조: ■ 블루마 자이가닉 162쪽 ■ 조지 아미티지 밀러 168~173쪽 ■ 엔델 털빙 186~191쪽 ■ 폴 에크먼 196~197쪽 ■ 대니얼 샥터 208~209쪽 ■ 로저 브라운 237쪽

1950년대에는 기억연구에 대한 관심이 되살아났다. 심리학자들은 장·단기 기억모델을 점점 더 정교하게 발전시켜 정보의 선택·조직·저장·인출 방식을 설명했다. 그리고 기억이 잊히거나 왜곡되는 방식도 밝혀냈다.

기억과 기분

1970년대에는 학습이론과 기억연구의 초점이 '왜 어떤 기억은 다른 기억보다 더 잘 저장되거나 더 쉽게 인출되는가?'라는 문제로 옮겨졌다. 그 분야의 주요 심리학자 가운데 한 명인 고든 H. 바우어(Gordon H. Bower)는 정서가 기억에 영향을 미치는 듯하다는 점을 주목했다. 바우어가 수행한 몇몇 연구의 피험자들은 갖가지 정서상태에서 단어 목록을 암기한 후, 나중에 또 갖가지 정서상태에서 그 단어들을 회상해야 했다. 그 연구에서 바우어는 '기분 의존적 인출(mood-dependent retrieval)'을 발견했다. 즉 불행할 때 암기한 것은 다시 불행해졌을 때 회상하기 쉽다는 것이다. 바우어의 결론에 따르면, 우리는 정서상태와 주변 상황을 관련지어 정서와 정보를 기억에 함께 저장한다. 그래서 회상 시점과 기분이 같았던 때 기억한 사실을 떠올리기가 더 쉬운 것이다.

바우어는 정서가 뇌가 저장하는 정보의 종류에 영향을 미친다는 사실도 알아냈다. 그가 관찰한 바에 따르면, 우리는 보통 행복할 때는 긍정적인 일을, 불행할 때는 부정적인 일을 주목해 기억한다. 바우어는 실례로, 슬픈 이야기를 읽을 때 불행했던 사람이 그때 행복했던 사람보다 그 세부내용을 더 잘 회상해낸다는 사실을 발견했다. 그는 이것을 '기분일치처리(mood-congruent processing)'라 부르며, 특히 일화기억(단어나 사실이 아닌 사건에 대한 기억)이 정서와 밀접히 연관돼 있다고 결론지었다. 즉 우리는 사건과 정서를 함께 저장하므로, 자기 기분과 일치하는 사건을 가장 잘 기억하고 가장 잘 회상해낸다는 것이다.

그런 결과 때문에 바우어는 또 다른 연구를 하게 됐다. 이번에 피험자들은 자신과 타인의 상호작용이 녹화된 비디오를 다양한 정서상태에서 보며 기억을 더듬었는

바우어에 따르면, 평온했던 휴가는 우리가 행복할 때 더 잘 떠오른다. 휴가의 나쁜 기억은 잊히거나, 우리가 불행할 때만 떠오를 공산이 크다.

데, 과거 행동에 대한 기억과 판단은 현재 기분에 따라 달라졌다. 그 연구는 바우어가 정서와 기억에 대한 자기 생각을 다듬는 데 도움이 되었고, 정서의 작용에 대한 또 다른 심리학적 고찰들로 이어졌다. ■

고든 H. 바우어

고든 H. 바우어는 미국 오하이오 주 사이오에서 자랐다. 고등학교 시절, 공부보다 야구와 재즈 연주에 관심이 많았으나 한 교사에게서 지그문트 프로이트의 책을 소개받고 마음이 바뀌었다. 클리블랜드의 케이스웨스턴리저브대학에서 심리학을 전공하고, 예일대학으로 가서 1959년에 학습이론으로 박사학위를 취득했다.

바우어는 예일대학에서, 국제적 명성을 얻은 스탠포드대학 심리학과로 적을 옮겨 학생들을 계속 가르치다 2005년에 은퇴했다. 그가 그곳에서 수행한 연구는 인지과학 분야의 발전에 기여했다. 바우어는 2005년에 인지·수리 심리학 연구업적을 인정받아 미국 국민과학훈장을 받았다.

주요 저서

1966년, 1975년 『학습론 Theories of Learning』
1981년 『기분과 기억 Mood and Memory』
1991년 『학습과 동기의 심리학 Psychology of Learning and Motivation』

어떤 경험을 시작할 때 행복한 사람들은 행복한 일을 더 잘 기억하고, 화나 있는 사람들은 화를 돋우는 일을 더 잘 기억한다.
고든 H. 바우어

정서는 폭주기관차다

폴 에크먼(서기 1934년~)

맥락읽기

접근법
정서심리학(Psychology of emotions)

이전의 관련 역사
서기 1960년대 : 고립된 부족 공동체를 연구한 미국 인류학자 마거릿 미드(Margaret Mead)가 얼굴표정이 문화 특수적이라고 주장한다.

서기 1960년대 : 미국 심리학자 실번 톰킨스(Silvan Tomkins, 폴 에크먼의 멘토)가 정서이론(Affect Theory of Emotions)을 내놓는다. 그가 다룬 정서는 성, 공포, 살고자 하는 의지와 관련된 프로이트식 기본 추동과 구별된다.

서기 1970년대 : 고든 H. 바우어가 정서상태와 기억의 관계를 밝혀내 규정짓는다.

이후의 관련 역사
서기 2000년대 : 얼굴표정과 속임에 대한 폴 에크먼의 연구결과가 대중교통 시스템의 보안 절차에 반영된다.

정서, 특히 정서장애는 심리치료에서 애초부터 큰 비중을 차지했지만, 그 자체로 고찰할 대상이라기보다는 치료할 증상이라고 여겨졌다. 정서가 사고과정, 추동, 행동 못지않게 주목할 만한 대상임을 일찍이 깨달은 사람 가운데 한 명은 폴 에크먼(Paul Ekman)으로, 비언어적 행동과 얼굴 표정을 연구하다가 그 주제에 이르게 됐다.

에크먼이 연구를 시작한 1970년대에는 우리가 정서의 육체적 표현법을 문화별로 다른 사회관습에 따라 습득한다고 여겨졌다. 에크먼은 세계 구석구석을 널리 여행하면서, 처음에는 일본과 브라질 같은 개발된 국가의 사람들을, 다음에는 파푸아뉴기니의 밀림처럼 라디오나 텔레비전에 접근 불가능한 외딴 오지 사람들을 촬영했다. 그는 부족 사람들이 더 세계화된 나라 사람들 못지않게 얼굴표정을 잘 해석해낸다는 점을 발견했는데, 이는 얼굴표정이 인간 진화의 보편적 산물임을 암시한다.

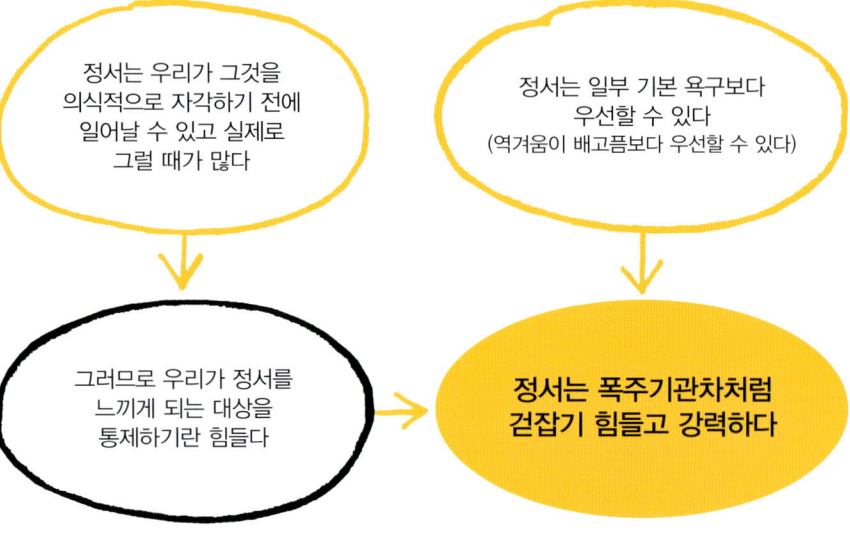

여섯 가지 기본 정서

분노　　　　혐오　　　　공포　　　　행복　　　　슬픔　　　　놀라움

기본 정서

에크먼은 여섯 가지 기본 정서(분노, 혐오, 공포, 행복, 슬픔, 놀라움)를 제시하며, 그것들이 곳곳에 널리 퍼져 있는 만큼 우리 심리적 기질에 분명 중요할 것이라고 판단했다. 또 그에 따르면, 그런 정서와 결부된 얼굴표정은 불수의적(우리는 그런 정서반응을 일으키는 상황에 자동적으로 반응한다)이고, 그런 반응은 보통 우리가 그 정서의 원인을 의식적으로 알아채기 전에 일어난다. 에크먼은 우리 얼굴이 내면의 정서상태를 드러낼 수 있고, 게다가 그런 불수의적 표현을 유발하는 정서가 심리학자들이 생각해온 것보다 강력하다고 판단했다.

『얼굴의 심리학』에서 에크먼은 정서가 성, 배고픔, 살고자 하는 의지와 관련된 프로이트식 추동보다 강력할 수 있다고 말한다. 예를 들어, 당혹감이나 두려움은 리비도보다 우선해 만족스러운 성생활에 걸림돌이 될 수 있다. 극단적 불행은 살고자 하는 의지보다 우선할 수 있다. 정서라는 '폭주기관차'의 힘을 깨달은 에크먼은 정서를 더 깊이 이해하면 일부 정신장애를 극복하는 데 도움이 되리라고 확신했다. 우리는 자기 정서를 통제할 수는 없을지 몰라도, 정서를 유발하는 상황과 정서가 유발하는 행동을 바꿀 수는 있을 것이다.

에크먼은 정서를 탐구하면서, '속임'과 '감정은폐' 방식에 대한 연구도 개척했다. 그는 숨길 수 없는 작은 징후를 식별하여 '미세표정(microexpression, 누가 의식적으로든 무의식적으로든 뭔가를 숨길 때 나타난다)'이라 일컬었다. 미세표정은 대테러 보안대책을 세우는 데 유용하게 쓰인 바 있다. ■

폴 에크먼

폴 에크먼은 뉴저지 주 뉴어크에서 태어나 유년 시절을 보냈다. 제2차 세계대전이 발발했을 때 그의 가족은 서부의 워싱턴 주로, 그리고 다시 오리건 주로 이주했다가 결국 캘리포니아 주 남부에 정착했다. 에크먼은 겨우 열다섯 살 때 시카고대학에 입학해 프로이트와 심리치료에 흥미를 느끼게 되었고, 졸업 후 뉴욕 주 애들피대학에서 임상심리학 박사과정을 밟았다. 미 육군에 잠깐 복무한 후, 캘리포니아대학 샌프란시스코 캠퍼스(UCSF)에서 비언어적 행동과 얼굴표정을 연구하기 시작했다. 그 연구가 계기가 되어 얼굴표정 상의 정서은폐를 고찰했고, 결국 당시 미개척 분야였던 정서심리학을 깊이 파고들게 됐다. 1972년에 UCSF 심리학과 교수로 임명되어 계속 그곳에서 일하다 2004년에 은퇴했다.

주요 저서

1985년 『거짓말 까발리기 Telling Lies』
2003년 『얼굴의 심리학 Emotions Revealed』
2008년 『정서 인식 Emotional Awareness』

엑스터시는 대체현실로 들어가는 한 단계다
미하이 칙센트미하이(서기 1934년~)

맥락읽기

접근법
긍정심리학

이전의 관련 역사
서기 1943년 : 에이브러햄 매슬로가 『동기부여론』으로 인본주의 심리학의 토대를 마련한다.

서기 1951년 : 칼 로저스가 『내담자중심 치료』에서 심리치료에 대한 인본주의적 접근법을 설명한다.

서기 1960년대 : 아론 벡이 정신분석의 대안으로 인지치료를 소개한다.

서기 1990년대 : 마틴 셀리그먼이 '학습된 무기력'과 우울증에서 '긍정심리학'으로 돌아선다.

이후의 관련 역사
서기 1997년 : 미하이 칙센트미하이가 윌리엄 데이먼(William Damon), 하워드 가드너(Howard Gardner)와 함께 '훌륭한 전문 직업인 되기 연구 프로젝트(The Good Work Project)'를 수행하여 2002년에 『굿 워크Good Work: When Excellence and Ethics Meet』와 『몰입의 경영Good Business: Leadership, Flow, and the Making of Meaning』을 발표한다.

인지혁명기에 임상심리학계에서는 환자를 오로지 장애와만 관련지어 보는 태도에서 벗어나 좀더 전체론적이며 인본주의적인 접근법을 좇는 움직임이 커지고 있었다. 에리히 프롬, 에이브러햄 매슬로, 칼 로저스 같은 심리학자들은 우울과 불안의 고통을 완화하는 데 그치지 않고 훌륭하며 행복한 삶의 구성요소에 대해 생각하기 시작했다. 그런 상황에서 태동한 '긍정심리학(positive psychology)'은 그런 훌륭하고 행복한 삶에 이르는 방법을 찾는 데 초점을 맞추었다.

그 새로운 심리학의 핵심은 '몰입(flow)'이라는 개념이었다. 그 개념은 미하이 칙센

```
┌─────────────────────────────────────────────────────┐
│ 우리는 자기 실력으로 도전할 만하고 스스로 즐기는 활동에 몰두할 때… │
└─────────────────────────────────────────────────────┘
                            ↓
┌─────────────────────────────────────────────────────┐
│ …그 활동에 빠져들어 '몰입' 상태에 도달한다, 그 상태에서 우리는… │
└─────────────────────────────────────────────────────┘
         ↓              ↓              ↓              ↓
┌──────────────┐ ┌──────────┐ ┌──────────┐ ┌──────────────┐
│ …그 일에 완전히 │ │ …평온을    │ │ …영원을    │ │ …내적 명확성을 │
│ 집중한다       │ │ 느낀다     │ │ 느낀다     │ │ 느낀다         │
└──────────────┘ └──────────┘ └──────────┘ └──────────────┘
                            ↓
┌─────────────────────────────────────────────────────┐
│ 그리고 무엇보다도 자기나 주변 세계를 의식하지 않는다             │
└─────────────────────────────────────────────────────┘
                            ↓
┌─────────────────────────────────────────────────────┐
│ 몰입은 엑스터시 상태와 비슷하다                                │
└─────────────────────────────────────────────────────┘
```

인지심리학 COGNITIVE PSYCHOLOGY

참조: ■ 에리히 프롬 124~129쪽 ■ 칼 로저스 130~137쪽 ■ 에이브러햄 매슬로 138~139쪽 ■ 아론 벡 174~177쪽 ■ 마틴 셀리그먼 200~201쪽 ■ 존 카밧진 210쪽

훌륭한 재즈음악가는 연주 중 가수(假睡)상태에 빠지다시피 한다. 그는 '몰입'의 황홀감에 사로잡혀 자기 음악과 공연에 완전히 빠져든다.

칙센트미하이(Mihály Csíkszentmihály)가 1970년대에 고안해 1990년에 『몰입: 미치도록 행복한 나를 만난다Flow: The Psychology of Optimal Experience』에서 충분히 설명한 바 있다. 그가 몰입 개념을 떠올린 것은 일이나 여가활동을 하며 삶에서 많은 것을 얻는 듯한 사람들을 인터뷰하면서였다. 그중에는 미술가나 음악가처럼 창조적인 전문가 말고도 외과의, 기업가, 스포츠나 게임 같은 취미에 만족하는 사람 등 각계각층의 사람들이 있었다.

칙센트미하이에 따르면, 그런 사람들은 모두 자기가 잘할 수 있고 즐기는 활동에 완전히 몰두할 때의 느낌을 비슷하게 묘사했다. 그들은 하나같이 모든 것이 저절로 일어나는 무아경의 정신상태, 즉 '몰입'감에 도달한다고 이야기했다. 칙센트미하이는 이렇게 설명했다. "(처음에는) 명확히 규정된 목표에 주의가 집중된다. 우리는 자신이 몰두하고 집중하며 열중한다고 느낀다. 무엇을 해야 할지 알고, 얼마나 잘하고 있는지 즉시 확인할 수 있다." 음악가는 자기가 연주하는 음이 제대로 나는지 곧바로 알고, 테니스 선수는 자기가 치는 공이 어디로 갈지 안다.

엑스터시 상태

몰입을 경험하는 사람들은 영원하고 명확하며 평온한 느낌도 묘사하는데, 그래서 칙센트미하이는 몰입을 엑스터시(그리스어 엑스터시스(ekstasis, 자기 밖에 존재함)에서 유래한 순수한 의미에서) 상태에 비유했다. 몰입의 주된 즐거움은 일상적 현실 밖에 존재하는 느낌, 평범한 삶의 근심과 걱정에서 완전히 벗어나 존재하는 느낌이다. 칙센트미하이가 보기에 몰입은 어떤 활동에서든 최상의 즐거움에 이르는 열쇠, 따라서 만족스러운 삶에 이르는 열쇠다.

하지만 어떻게 해야 몰입할 수 있을까? 칙센트미하이는 그런 '황홀한' 상태에 자주 도달하는 사람들의 사례를 연구하면서, 몰입이 어떤 경우에 항상 일어나는지 알아냈다. 몰입은 활동의 난이도가 개인의 실력과 잘 맞을 때, 즉 과제가 실행 가능하되 그들의 능력을 확장하며 완전한 집중을 요할 때 항상 일어났다. 오로지 실력과 난이도가 적절히 균형을 이룰 때만 몰입이 가능했던 것이다. 개인의 실력이 과제의 수준에 미치지 못하는 경우는 불안으로 이어졌고, 과제가 너무 하기 쉬운 경우는 권태와 무관심으로 이어졌다.

칙센트미하이의 몰입 개념은 다른 긍정심리학 옹호자들에게 적극적으로 수용되며 그 새로운 낙관적 접근법의 필수요소가 되었다. 칙센트미하이 본인은 몰입이란 온갖 활동의 필수요소로서 일을 더 보람되고 의미 있게 만드는 데 특히 중요하다고 믿었다. ■

미하이 칙센트미하이

미하이 칙센트미하이는 이탈리아 피우메(지금의 크로아티아 리예카)에서 태어났다. 아버지는 그곳에 헝가리 영사로 주재하고 있었다. 1948년에 공산당이 헝가리 정권을 장악하면서 그의 가족은 로마에서 망명자 신세가 되었다.

칙센트미하이는 십대 시절에 스위스에서 열린 카를 융 강연회에 참석했다가 영감을 받아 심리학을 공부하게 됐다. 장학금을 받고 미국 시카고대학에 들어가 1959년에 학사를, 1965년에 박사학위를 받았다. 아직 학생이었을 때 저술가 이저벨라 셀렝가(Isabella Selenga)와 결혼했고 1968년에 미국 시민이 되었다.

칙센트미하이는 계속 시카고대학에 남아 1969년부터 학생들을 가르치며 '몰입' 이론을 전개하다가, 2000년에 캘리포니아 주 클레어몬트대학원의 심리학 교수 및 운영진으로 임명되었다.

주요 저서

1975년 『몰입의 기술Beyond Boredom and Anxiety』

1990년 『몰입: 미치도록 행복한 나를 만난다』

1994년 『자기 진화를 위한 몰입의 재발견 The Evolving Self』

1996년 『창의성의 즐거움Creativity』

행복한 사람들은 극히 사교적이다

마틴 셀리그먼(서기 1942년~)

맥락읽기

접근법
긍정심리학

이전의 관련 역사
서기 1950년대 : 칼 로저스가 '내담자중심' 치료의 이론과 실제를 발전시킨다.

서기 1954년 : 에이브러햄 매슬로가 『동기와 성격』에서 '긍정심리학'이라는 용어를 처음 쓴다.

서기 1960년대 : 아론 벡이 전통적인 정신분석치료의 약점을 폭로하며 인지치료를 제안한다.

이후의 관련 역사
서기 1990년 : 미하이 칙센트미하이가 『몰입 : 미치도록 행복한 나를 만난다』를 발표한다. 그 책은 몰두하는 유의미한 활동과 행복의 관계에 대한 그의 연구에 토대한다.

서기 1994년 : 존 카밧진이 『당신이 어디를 가든 거기엔 당신이 있다』에서 스트레스, 불안, 고통, 질병에 대처하는 '마음챙김 명상(mindfulness meditation)'을 소개한다.

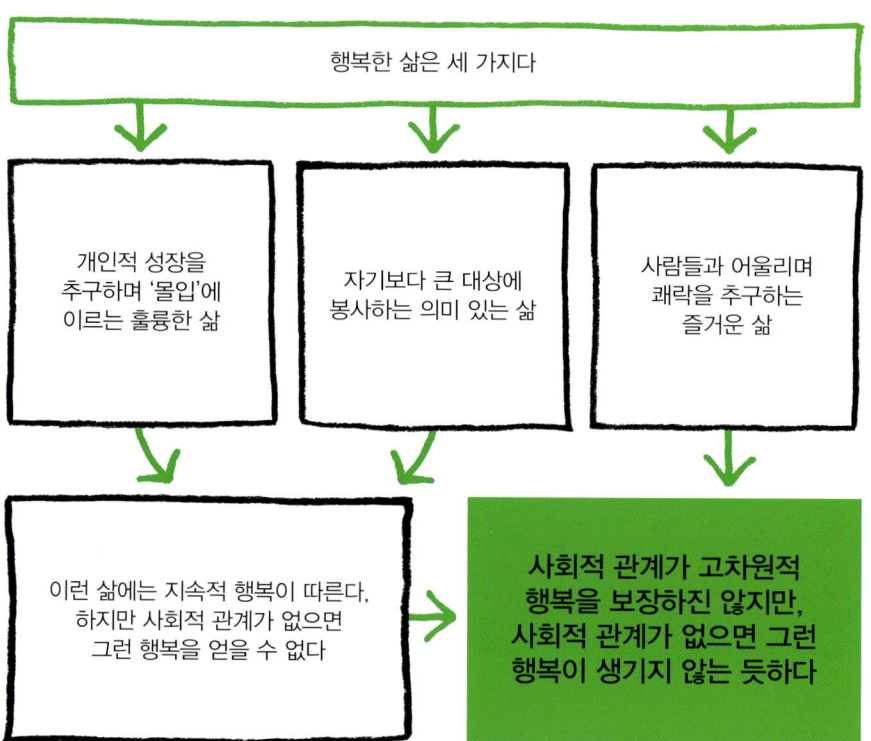

제2차 세계대전 후 실험심리학에서는 뇌의 인지과정을 주목하게 됐지만, 임상심리학에서는 계속해서 우울증과 불안증 같은 장애의 치료법을 연구했다. 새로운 인지치료에서도 여전히, 환자의 상태를 더 행복하게 바꾸고 증진하는 일보다 불행한 상태를 완화하는 데 초점을 맞추고 있었다. '학습된 무기력(learned helplessness, 우울증 같은 질병에서 악순환적으로 습득하는 비관적 태도)' 이론으로 1980년대에 치료법을 향상시킨 마틴 셀리그먼(Martin Seligman)은 심리학의 혜택이 훌륭하긴 하지만 더 늘어

인지심리학 COGNITIVE PSYCHOLOGY

참조: ■ 에리히 프롬 124~129쪽 ■ 칼 로저스 130~137쪽 ■ 에이브러햄 매슬로 138~139쪽 ■ 아론 벡 174~177쪽 ■ 미하이 칙센트미하이 198~199쪽 ■ 존 카밧진 210쪽

> 좋은 사회적 관계는 음식과 체온조절처럼 인간의 기분에 보편적으로 중요하다.
> 마틴 셀리그먼

날 수 있다고 믿었다. 그는 심리치료에서 "약점 못지않게 강점도 주목해야 하며, 삶의 최악의 상황을 바로잡는 일 못지않게 최선의 상황을 만들어내는 데도 관심을 기울여야 한다"고 믿었다. 전에 철학을 공부한 그는 자신이 '긍정심리학'에서 수행하는 과제를 아리스토텔레스가 에우다이모니아(eudaemonia, 행복한 삶)를 찾는 일에 비유했다. 아리스토텔레스와 마찬가지로 셀리그먼은 이것이 불행의 원인을 완화하거나 제거하는 문제가 아니라 행복의 원인을 권장하는 문제임을 깨달았다. 그래서 먼저 행복의 원인이 무엇인지부터 알아내야 했다.

행복한 삶

셀리그먼은 극히 행복하며 만족한 사람들이 대체로 타인과 즐겁게 잘 어울린다는 점을 알아차렸다. 그들은 셀리그먼이 발견한 세 가지 '행복한' 삶 가운데 하나인 '즐거운 삶'을 사는 듯했다. 다른 두 가지 행복한 삶은 '훌륭한 삶'과 '의미 있는 삶'이다. 즐거운 삶, 즉 최대한의 쾌락을 추구하는 삶은 행복으로 이어지는 듯했지만, 셀리그먼에 따르면 그런 행복은 보통 오래가지 못했다. 그만큼 확실하진 않지만, 훌륭한 삶, 즉 관계, 일, 놀이에 완전히 몰두하는 삶에는 더 깊고 지속적인 행복이 따르는 듯했다. 이와 비슷하게, 의미 있는 삶, 즉 타인에게 혹은 자기보다 큰 대상에 봉사하는 삶은 크나큰 만족과 성취로 이어졌다.

또 셀리그먼에 따르면, 훌륭한 삶과 의미 있는 삶은 모두 그의 동료 미하이 칙센트미하이가 설명한 '몰입(flow)', 즉 깊은 정신적 참여를 유발하는 활동을 수반한다. 즐거운 삶은 분명 몰입을 수반하지 않지만, 셀리그먼이 연구한 '극히 행복한 사람들'은 분명 한편으로 매우 사교적이었으며 어떤 인간관계를 맺고 있었다. 셀리그먼은 "사회적 관계가 고차원적 행복을 보장하진 않지만, 사회적 관계가 없으면 그런 행복이 생기지 않는 듯하다"고 결론지었다. 훌륭하고 의미 있는 삶을 살면 행복(에우다이모니아)을 얻을 수도 있겠지만, 즐거운 삶도 같이 살면 우리가 얻는 행복이 한층 커질 것이다. ■

우리는 사교행사와 교제를 즐기면서 깊은 지적·정서적 만족을 얻지 못할 수도 있다. 하지만 셀리그먼은 그것을 즐기는 일이 진정으로 행복한 삶의 필수요소라고 말했다.

마틴 셀리그먼

뉴욕 주 올버니에서 태어난 마틴 셀리그먼은 1964년에 프린스턴대학에서 철학으로 첫 학위를 받았다. 그 후 심리학으로 관심을 돌려 1967년에 펜실베이니아대학에서 박사학위를 취득했다. 뉴욕 주 코넬대학에서 3년간 교편을 잡은 뒤, 1970년에 펜실베이니아대학으로 돌아가 1976년부터 심리학과 교수로 일해왔다.

셀리그먼은 1970년대에 우울증을 연구하여, '학습된 무기력' 이론 및 그와 관련해 만연한 비관론의 대항책을 내놓았다. 하지만 딸과 어떤 일을 겪으며 자신의 선천적 부정성을 주목한 후, 부정적 약점이 아닌 긍정적 강점에 초점을 맞추는 것이 행복의 열쇠임을 수긍하게 됐다. 현대 긍정심리학의 창시자 가운데 한 명으로 인정받고 있으며, 펜실베이니아대학의 긍정심리학센터 설립에 힘쓰기도 했다.

주요 저서

1975년 『무기력Helplessness』
1991년 『학습된 낙관주의Learned Optimism』
2002년 『긍정심리학Authentic Happiness』

우리가 진심으로 믿는 것이 반드시 진실은 아니다

엘리자베스 로프터스(서기 1944년~)

맥락읽기

접근법
기억연구

이전의 관련 역사
서기 1896년: 지그문트 프로이트가 '억압된 기억'이라는 개념을 내놓는다.

서기 1932년: 프레더릭 바틀릿이 『기억』에서 기억이란 정교화·생략·왜곡되기 쉽다고 주장한다.

서기 1947년: 고든 올포트와 리오 포스트먼이 갖가지 비고의적 오보를 보여주는 실험을 수행한다.

이후의 관련 역사
서기 1988년: 엘런 배스(Ellen Bass)와 로라 데이비스(Laura Davis)가 성폭력 피해자를 위한 자기계발서 『치유할 용기 The Courage to Heal』를 발표해 1990년대 기억회복요법의 대중화에 영향을 미친다.

서기 2001년: 대니얼 샥터가 『기억의 일곱 가지 죄악』에서 기억이 잘못되는 방식 일곱 가지를 설명한다.

19세기 말에 지그문트 프로이트는 용납 불가하거나 고통스러운 생각과 충동에 마음이 맞서는 자기방어책이 있다고 주장했다. 그에 따르면, 마음은 그런 생각과 충동을 의식이 알아차리지 못하도록 '억압'이라는 메커니즘으로 숨길 수 있다. 나중에 프로이트는 자기 견해를 억압된 욕망과 정서에 관한 더 일반적인 이론으로 수정했다. 하지만 외상적 사건의 기억이 억압돼 의식적 회상범위 너머에 저장될 수 있다는 생각은 여러 심리학자들에게 수용되었다.

20세기에는 새로 생겨난 갖가지 심리요법에서 억압에 초점을 맞췄는데, 억압된 기억의 인출 가능성이 정신분석과 하도 밀접히 연관되다 보니 할리우드 드라마에서도 그 관계를 다루기 시작했다. 일반 기억은 실험심리학자들 사이에서도 인기 있는 주제였다. 특히 제2차 세계대전 후 행동주의가 시들해지고 '인지혁명'으로 뇌의 정보처리·저장 방식에 대한 새 모델이 나오면서 그 주제는 더더욱 인기를 얻었다. 엘리자베스 로프터스(Elizabeth Loftus)가 연구를 시작했을 무렵에는 장기기억이 특히 매력적인 연구분야였는데, 그 직후인 1980년대에는 세간의 이목을 끈 아동학대 사건들이 법정으로 가면서 억압된 기억과 회복된 기억이 뜨거운 주제가 되었다.

암시에 흔들리기 쉬운 기억

연구 과정에서 로프터스는 억압된 기억의 회복이라는 개념을 의심하게 됐다. 일찍이 프레더릭 바틀릿, 고든 올포트, 리오 포스트먼은 심지어 뇌가 정상적으로 기능할 때도 우리 정보인출능력이 불확실할 수 있음을 보여준 바 있었다. 로프터스는 너무 충격적이어서 억압된 사건의 기억력도 분

> 인간의 기억은 비디오 녹화기나 영화 촬영기처럼 작동하지 않는다.
> 엘리자베스 로프터스

엘리자베스 로프터스

1944년 미국 로스앤젤레스에서 엘리자베스 피시먼(Elizabeth Fishman)이라는 이름으로 태어난 로프터스는 고등학교 수학교사가 될 요량으로 캘리포니아대학(UCLA)에서 첫 학위를 받았다. 하지만 UCLA 재학 중에 심리학 수업을 듣기 시작했고, 1970년에 스탠포드대학에서 심리학 박사학위를 취득했다. 바로 그곳에서 장기기억이라는 주제에 처음 흥미를 느꼈고, 심리학과 동료학생 제프리 로프터스(Geoffrey Loftus)와 만나 결혼했다(나중에 이혼했다). 그 후 시애틀의 워싱턴대학에서 29년간 학생들을 가르치며 심리학 교수 겸 법학과 부교수가 되었다. 2002년에는 UCLA 석좌교수로 임명됐으며, 과학적으로 정량화된 '20세기 최고의 심리학자' 순위에서 여성 가운데 가장 높은 순위에 선정되기도 했다.

주요 저서

1979년 『목격자 증언 Eyewitness Testimony』
1991년 『변호를 위한 증언 Witness for the Defense』
1994년 『우리 기억은 진짜 기억일까? The Myth of Repressed Memory?』

참조 : ■ 지그문트 프로이트 92~99쪽 ■ 블루마 자이가닉 162쪽 ■ 조지 아미티지 밀러 168~173쪽 ■ 엔델 털빙 186~191쪽 ■ 고든 H. 바우어 194~195쪽 ■ 대니얼 섁터 208~209쪽 ■ 로저 브라운 237쪽 ■ 프레더릭 바틀릿 335~336쪽

명 마찬가지일 것이라고, 그런 사건의 정서적 본질을 고려해볼 때 어쩌면 더욱 불확실할지도 모른다고 생각했다.

로프터스는 1970년대 초에 기억의 불확실성 연구를 시작하면서 일련의 간단한 실험을 고안해 목격자 증언의 진실성을 검사했다. 피험자들은 교통사고 영상을 본 다음 그 영상에 대한 질문을 받았다. 로프터스는 질문의 표현이 사람들의 사건 보고 방식에 큰 영향을 미친다는 점을 발견했다. 이를테면 질문자가 그 자동차들의 속도를 어림해보라고 할 때 '부딪쳤다', '충돌했다', '격돌했다' 중 어떤 말로 충돌을 묘사하느냐에 따라 대답이 크게 달라졌다. 또 피험자들은 사고 후 깨진 유리가 있었느냐는 질문도 받았는데, 그때도 대답은 속도 질문의 표현과 상관관계가 있었다. 나중 실험에서 피험자들은 사고의 어떤 세부사항(사고현장 주변의 도로표지 등)에 대한 허위정보를 들었는데, 상당수가 그 정보를 기억한다고 보고했다.

법조계와의 관련성

기억이 사건 발생 이후의 암시와 유도 심문에 왜곡될 수 있음은 로프터스에게 명백해졌다. 허위정보가 관찰자의 기억에 '주입'될 가능성이 밝혀진 것이다. 로프터스가 그런 실험을 설명해놓은 책의 제목 『목격자 증언』에서 드러나듯, 그녀는 그 '오정보(誤情報) 효과(misinformation effect)'가 심리학적 기억이론뿐 아니라 법적 절차와도 밀접히 관련되어 있음을 잘 알고 있었다. 논란이 뒤따를 것을 예상하면서 그녀는 이렇게 썼다. "목격자 증언의 불확실성은 형사사법 및 민사소송의 집행에 매우 심각한 문제를 제기한다."

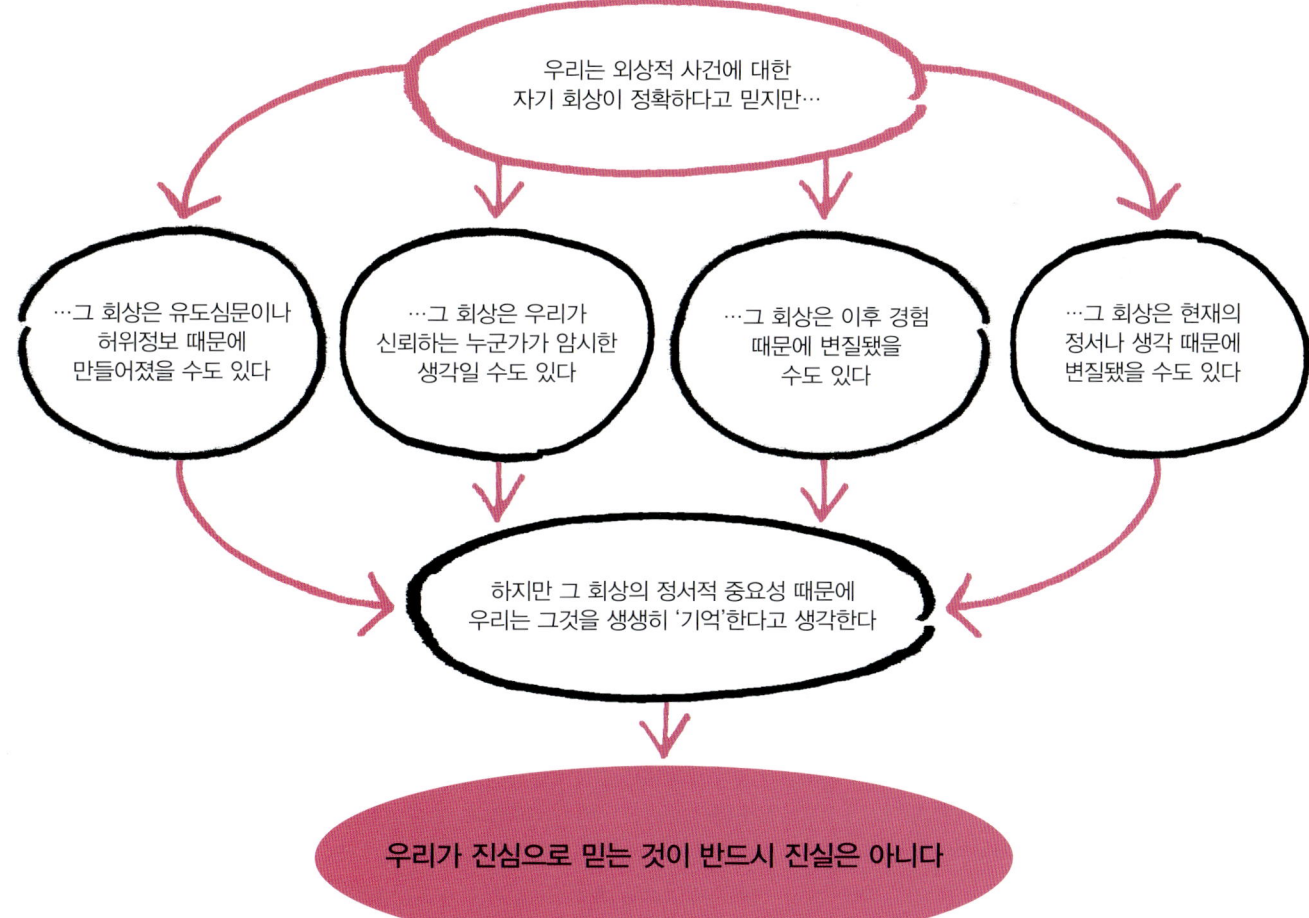

1974년의 한 실험에서 로프터스는 일단의 사람들에게 자동차 충돌영상을 보여준 다음, 그 자동차들이 서로 얼마나 빨리 '부딪혔는지' 혹은 '충돌했는지' 혹은 '격돌했는지' 물었다. 그들의 자동차 추정속도는 로프터스가 어떤 동사를 선택했느냐에 따라 달라졌다.

거짓기억 증후군

머지않아 로프터스는 법정심리학에 점점 더 깊이 관여하게 되었다. 1980년대에 빈발한 아동학대 사건에서 감정인(expert witness) 역할을 하게 된 것이다. 그때 그녀는 기억이란 허위정보에 따른 부정확한 세부사항과 이후 암시에 왜곡될 수 있을 뿐 아니라 아예 거짓일 수도 있음을 깨달았다. 그녀가 관여한 여러 사건 가운데 하나인 조지 프랭클린(George Franklin) 사건은 이른바 '거짓기억 증후군(false memory syndrome)'의 여러 측면을 보여주는 완벽한 실례다. 프랭클린은 딸 아일린(Eileen)의 단짝친구를 살해한 혐의로 1990년에 유죄판결을 받았다. 그 살인사건 후 20년 만에 아일린이 한 목격자 증언은 유죄판결에 결정적 영향을 미쳤다. 아일린의 증언에서 수많은 모순점을 발견한 로프터스는 아일린의 기억이 몇 가지 측면에서 부정확하며 불확실함을 입증했지만, 배심원단은 프랭클린을 유죄로 평결했다.

1995년에 그 판결은 뒤집혔다. 검찰 측에서 '결정적 증거'를 잃었기 때문이다. 사실인즉, 아일린은 최면요법을 받아 그 기억을 '회복'한 것이었다. 로프터스에 따르면, 아일린은 아버지의 살인행위를 목격한 기억이 있다고 진심으로 믿고 있으나, 그 기억은 거짓이며 변질되었다. 아일린은 아버지의 다른 잔혹행위를 목격했는데, "한 잔혹한 이미지가 다른 잔혹한 이미지와 겹쳐진" 것이다. 법정에서 로프터스는 최면 중의 암시, 기존의 무서운 기억, 분노와 슬픔이 조합되면서 완전히 거짓된 '억압된 기억'이 생겨났음을 입증해냈다.

(로프터스가 관여하지 않은) 폴 잉그럼(Paul Ingram) 사건도 거짓기억의 주입가능성을 암시했다. 딸을 성적으로 학대한 혐의로 1988년에 체포된 잉그럼은 처음에는 혐의를 부인했으나, 몇 달간 심문받은 후에는 그 범행과 아울러 다른 강간, 심지어 살인사건까지 자백했다. 그 사건에 관여한 심리학자 리처드 오셰(Richard Ofshe)는 의심을 품고서 잉그럼에게 다른 성범죄 혐의가 있음을 암시해주었다. 하지만 그것은 반증 가능한 허위 혐의였다. 이번에도 잉그럼은 처음에는 그 혐의를 부인했으나 나중에는 상세한 범행내용을 자백했다.

쇼핑몰에서 길을 잃다

그러나 거짓기억의 주입에 대한 증거는 아직 일화적이었을 뿐 결코 확정적이지 않았다. 로프터스는 당시 논란의 여지가 많다고 여겨진 견해 때문에 혹독한 비평에 시달렸다. 그래서 반박 불가능한 증거를 수집하려고 어떤 실험에서 고의로 거짓기억을 주입해보려 했다. 그것은 1995년에 실행된 '쇼핑몰에서 길을 잃다(Lost in the Mall)' 실험이었다.

로프터스는 피험자들에게 각자의 어린 시절 이야기를 네 편씩 들려주었다. 이야기 내용은 그들의 가족이 기억하고 있다 알려준 것이라고 일러주었다. 하지만 네 편 가운데 세 편만 진실이었고, 쇼핑몰에서 길을 잃은 일에 대한 나머지 한 편은 실험을 위해 지어낸 이야기였다. 쇼핑몰에 대한 묘사 같은 그럴듯한 세부내용은 친척들의 도움을 받아 준비했다. 피험자들은 1주일 후에 한 번, 2주일 후에 다시 한 번 그런 이야기에 대한 인터뷰를 하면서, 네 이야기 속의 사건을 얼마나 잘 기억하는지 평가하도록 요청받았다. 두 인터뷰 모두에서 피험자의 25퍼센트가 쇼핑몰 사건에 대한 기억이 어느 정도 있다고 주장했다. 실험 후 피험자들은 비밀 준수를 약속한 다음, 그 이야기 중 하나가 거짓인데 어느 것이 그런지 알겠느냐는 질문을 받았다. 피험자 스물네 명 가운데 열아홉 명은 쇼핑몰 이야기를 거짓기억으로 정확히 꼽아냈지만, 다섯 명은 그 약간 충격적인 사건에 대한 거짓기억을 진심으로 믿게 되었다.

로프터스는 거짓기억이 일상적인 실제 상황에서 생기는 방식에 대한 통찰을 내놓았다. 윤리적 이유 때문에 로프터스는 정말 외상적인 거짓기억(아동학대와 같은)이 더욱 더 생생히 회상되고 진심으로 믿기는지 검사하는 실험을 고안하진 못했지만, 실제로 그럴 것임을 암시했다. 그녀에 따르면, 이는 충격적인 꿈일수록 더 생생히 회상되고 심지어 현실로 혼동되기도 하는 것과 같은 이치다. 바로 그런 생각 때문에 로프터스는 이렇게 말하게 됐다. "우리가 진심으로 믿는 것이 반드시 진실은 아니다."

그러나 1986년에 심리학자 존 유일(John Yuille)과 주디스 컷설(Judith Cutshall)은 외상적 상황에 뒤따르는 기억에 대한 연구를 실제로 수행해냈다. 그들이 발견한 바에 따르면, 어떤 실제 총기발포 사건의 목격자들은 심지어 6개월 후에도 매우 정확한 기억을 간직했으며, 그런 기억을 왜곡하려는 연구원들의 유도심문에도 넘어가지 않았다.

의문의 여지가 있는 이론

로프터스는 그런 연구결과로 학대 같은 범죄의 발생가능성을 부정하는 것이 아니라고, 억압된 기억의 존재를 자신이 반증할 수도 없다고 말한다. 그녀는 단지 억압된 기억의 불확실성을 강조하며, 법정이 그런 기억 너머의 증거를 찾아야 한다고 주장할 뿐이다. 로프터스의 연구는 회귀, 꿈 작업, 최면 등의 심리치료기법을 비롯한 여러 기억회복법의 효력에도 의문을 제기했다. 그러다 보니 그 연구는 심리치료 과정에서 암시 때문에 거짓기억이 주입될 가능성도 제기하게 됐는데, 1990년대에 미국의 몇몇 환자들은 자신이 '거짓기억 증후군'의 피해자라고 주장하며 자기 치료사를 고소해 승소하기도 했다. 당연하게도, 억압된 기억개념에 대한 그 명백한 공격은 일부 심리치료사들의 반발을 사는 한편, 기억분야를 연구하는 심리학자들 간의 의견분열을 초래했다. 법조계의 반응 또한 엇갈렸지만, 일련

로프터스에 따르면, 목격자 증언의 불확실성에도 불구하고 배심원들은 대체로 평결 내릴 때 다른 증거보다 그런 증언을 중요시한다.

오로지 진실만을 말할 것을 맹세합니까, 아니면 무엇이든 당신이 기억한다고 믿는 바를 말할 것을 맹세합니까?
엘리자베스 로프터스

실험에서뿐 아니라 실생활에서도 사람들은 전혀 일어나지 않은 일을 사실로 믿게 될 수 있다.
엘리자베스 로프터스

의 1990년대 아동학대 스캔들을 둘러싼 히스테리가 잦아든 후에는 로프터스의 목격자 증언 신뢰도 이론이 반영된 지침이 여러 법률제도에서 채택됐다.

오늘날 로프터스는 거짓기억 분야의 권위자로 인정받는다. 그녀의 이론은 주류 심리학계에서 수용되었으며, 일반 기억의 불확실성에 대한 또 다른 연구(대니얼 샥터가 『기억의 일곱 가지 죄악』에서 설명한 연구 등)로 이어졌다. ■

기억의 일곱 가지 죄악

대니얼 샥터(서기 1952년~)

맥락읽기

접근법
기억연구

이전의 관련 역사
서기 1885년: 헤르만 에빙하우스가 『기억에 관하여』에서 '망각곡선'을 설명한다.
서기 1932년: 프레더릭 바틀릿이 『기억』에서 이야기가 잘못 기억되는 일곱 가지 방식을 열거한다.
서기 1956년: 조지 아미티지 밀러가 『마법의 수 7±2』를 발표한다.
서기 1972년: 엔델 털빙이 의미기억과 일화기억을 구별한다.

이후의 관련 역사
서기 1995년: 엘리자베스 로프터스가 『거짓기억의 형성The Formation of False Memories』에서 역행기억을 고찰한다.
서기 2005년: 미국 심리학자 수전 클랜시(Susan Clancy)가 외계인 납치와 관련된 기억을 연구한다.

대니얼 샥터(Daniel Schacter)에 따르면, 망각은 인간의 기억이 효율적으로 작용하는 데 꼭 필요한 기능이다. 어떤 경험과 정보는 기억할 필요가 있겠지만, 대부분은 무의미하므로 기억 속의 소중한 '저장공간'을 차지하지 않도록 '삭제'된다. 인지심리학에서 자주 그러듯 인간 뇌를 컴퓨터에 빗대어 설명하자면 그렇다.

하지만 그 선별과정이 잘못되는 경우도 더러 있다. 유용한 정보로 분류해 저장해둬야 할 정보가 기억에서 제거돼 잊히기도 하고, 반대로 제거해야 할 하찮거나 쓸모없는 정보가 기억에 남기도 한다.

저장이 기억기능에서 유일하게 잠재적 문제가 있는 영역도 아니다. 인출과정은 정보의 혼동을 일으켜 왜곡된 회상을 낳을 수 있다. 샥터는 기억이 우리를 실망시키는 일곱 가지 방식을 열거한다. 일시성(transience), 방심(absent-mindedness), 차단(blocking), 오귀인(misattribution), 피암시성(suggestibility), 편향(bias), 지속성(persistence). 가톨릭의 7죄종을 염두에 두고 조지 아미티지 밀러의 '마법의 수 7'에 경의를 표하며 샥터는 그것들을 "기억의 일곱 가지 죄악"이라 일컫는다.

샥터는 처음 세 가지를 '태만죄(sins of omission)', 즉 망각죄로, 나머지 네 가지를 '작위죄(sins of commission)', 즉 회상죄로 부른다. 각 죄는 정보기억과정에서 특정 종류의 오류를 초래할 수 있다.

첫째 죄목인 일시성은 기억, 특히 일화기억(사건에 대한 기억)이 갈수록 악화되는 것을 의미한다. 이것은 두 가지 요인 때문이다. 우리는 먼 과거의 사건보다 최근의 사건을 더 많이 회상해낼 수 있다. 그리고 우리가 사건을 떠올릴 때(기억을 인출할 때)마다 그 기억은 뇌에서 재처리되며 조금씩 변질된다.

> 우리는 어떤 경험이든 모조리 간직하는 기억력을 원하지 않는다. 그런 기억력이 있으면, 쓸모없고 하찮은 잡동사니에 압도당하고 말 것이다.
> **대니얼 샥터**

방심은 열쇠를 제자리에 두지 않거나 약속을 지키지 못하는 식으로 드러나는 죄로서, 회상의 오류라기보다는 저장용 정보선택의 오류다. 가끔 우리는 열쇠를 내려놓는다든가 할 때 충분히 주의를 기울이지 않는데, 결과적으로 그 정보는 뇌에서 사소한 것으로 간주되어 저장되지 않는다. 이와 반대되는 차단의 죄는 저장된 기억을 주로 다른 기억의 방해 때문에 인출하지 못하는 경우다. 그 일례인 '설단(舌端, tip-of-the-tongue)' 현상에서는 익히 아는 단어가 거의 생각날 듯하면서도 잘 떠오르지 않는다.

작위죄

'작위죄'는 조금 더 복잡하긴 하지만, 흔하기는 마찬가지다. 오귀인(誤歸因)은 정보는 정확히 기억나지만 그 정보의 출처는 틀리게 떠오르는 경우다. 오귀인과 비슷한 결과를 낳는 피암시성은 유도심문에 답할 때처럼 기억내용이 회상방식의 영향을 받는 성질이다. 편향의 죄도 기억내용의 왜곡을 수반한다. 편향은 사건 회상시점의 생각과 감정이 회상에 영향을 끼치는 경우다.

마지막으로, 지속성의 죄는 기억이 지나치게 잘 기능하는 예다. 이것은 기억에 저장된 충격적이거나 언짢은 정보가 끊임없이 불쑥불쑥 떠오르는 경우다. 그런 정보의 내용은 조금 난처했던 상황에서 극히 고통스러웠던 일에 이르기까지 다양하다.

하지만 샥터의 주장에 따르면, 그런 죄는 결점이 아니라, 대체로 매우 효과적인 복잡한 시스템에 대해 우리가 치르는 대가라고 할 수 있다. ∎

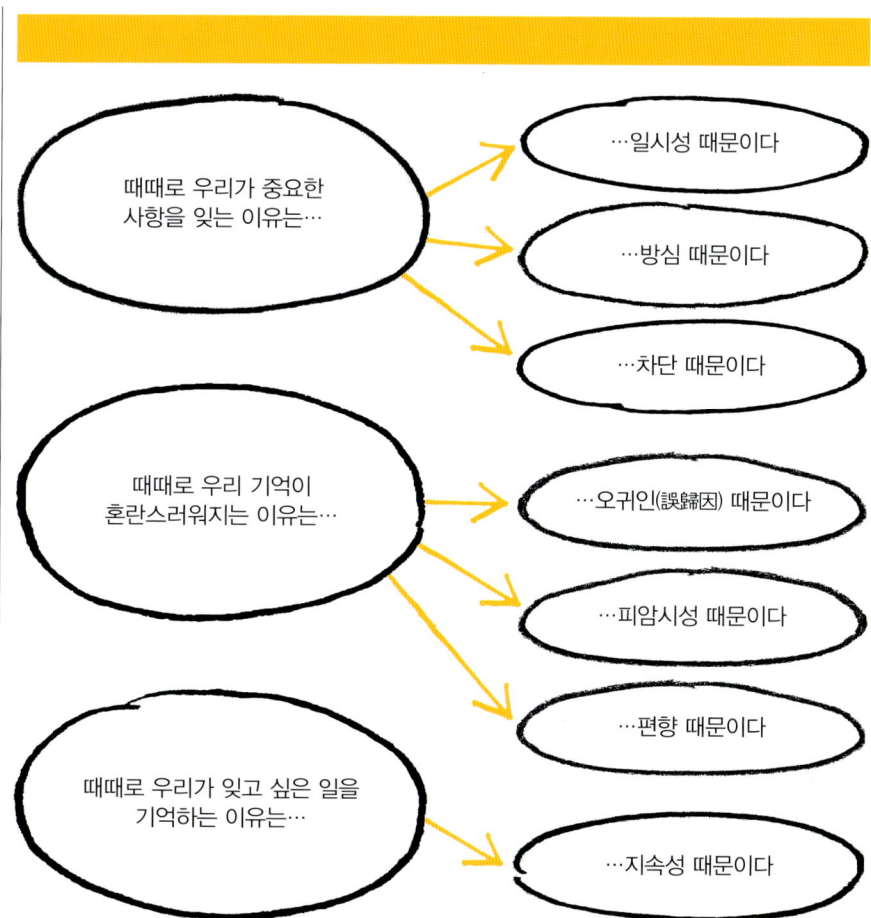

대니얼 샥터

대니얼 샥터는 1952년에 뉴욕에서 태어났다. 고교 시절부터 심리학에 흥미를 느껴 노스캐롤라이나대학에서 심리학을 전공했다. 졸업 후 더럼보훈병원의 지각·기억연구소에서 2년간 일하면서 기질성 기억장애 환자들을 관찰하고 검사했다. 그 후 캐나다의 토론토대학에서 대학원 과정을 시작해 엔델 털빙의 지도를 받았다. 당시 털빙의 일화·의미 기억연구는 활발한 토론을 일으키고 있었다. 샥터는 1981년에 털빙, 모리스 모스코비치(Morris Moscovitch)와 함께 토론토대학에 기억장애 연구부서를 신설했다. 그리고 10년 후 하버드대학에서 심리학과 교수가 되어 샥터 기억연구실을 설립했다.

주요 저서

1982년 『기억흔적 저편의 낯선 이 Stranger Behind the Engram』
1996년 『기억을 찾아서 Searching for Memory』
2001년 『기억의 일곱 가지 죄악 The Seven Sins of Memory』

우리는 우리의 생각이 아니다

존 카밧진(서기 1944년~)

맥락읽기

접근법
명상(Mindfulness meditation)

이전의 관련 역사
기원전 500년경: 고타마 싯다르타(붓다)가 해탈에 이르는 팔정도에 정념(正念, right mindfulness)을 일곱째 단계로 넣는다.

서기 1960년대: 베트남 승려 틱낫한(Thich Nhat Hanh)이 미국에서 명상을 대중화한다.

이후의 관련 역사
서기 1990년대: 진델 시걸(Zindel Segal), 마크 윌리엄스(Mark Williams), 존 D. 티즈데일이 존 카밧진의 MBSR을 토대로 삼아 '마음챙김에 기초한 인지치료(MBCT)'를 우울증 치료용으로 개발한다.

서기 1993년: 변증법적 행동치료(DBT)에서, 명상에 필요한 마음상태에 이르기 힘든 정서장애자들을 위해 명상 없이 마음챙김만 이용한다.

제2차 세계대전 후 유럽과 미국 전역에서 동양철학에 대한 관심이 높아지면서 명상 같은 개념이 주류문화로 들어왔다. 명상의 의학적 이점에 흥미를 느낀 미국 생물·심리학자 존 카밧진(Jon Kabat-Zinn)은 '마음챙김에 기초한 스트레스 완화(Mindfulness-Based Stress Reduction, MBSR)'라는 접근법을 창시하여 명상을 인지치료의 틀에 통합했다.

마음챙김 연습

카밧진의 접근법에서 핵심은 '마음챙김(mindfulness)'이다. 마음챙김 명상의 목표는 (몸이나 육체적 과정과 아울러) 생각과 심리과정을 초연하고 탈중심적이며 비판단적인 방식으로 관찰하는 데 있다. 즉 "몸속에 머무르면서, 마음속에서 일어나는 일을 지켜보되, 무엇이든 거부하지도 추구하지도 않고, 그것이 있는 그대로 흘러가는 대로 놔두는 법을 배우는" 데 있다.

마음챙김 명상에서 우리는 사고과정을 자신과 동일시하지 않고 차분히 관찰하는 법을 배우며, 우리 마음에 그 나름의 생명이 있음을 깨닫는다. 이를테면 실패에 관한 생각은 '나는 실패자야'라는 결론에 이르는 출발점이 아닌 마음속의 한 사건으로만 보는 식이다. 연습을 쌓으면 우리는 마음과 몸을 하나의 '전체'로 볼 수 있게 된다. 카밧진에 따르면, 우리는 몸 이상의 존재, 마음속에 흐르는 생각 이상의 존재다. ■

불교의 명상에서는 마음챙김 연습을 2천 년 넘게 권장해왔지만, 그것에 따르는 정신적·육체적 건강상의 이점은 1990년대 초에 가서야 임상적으로 검증되었다.

참조: ■ 조지프 울피 86~87쪽 ■ 프리츠 펄스 112~117쪽 ■ 에리히 프롬 124~129쪽 ■ 아론 벡 174~177쪽 ■ 닐 밀러 337쪽 ■ 존 D. 티즈데일 339쪽

인지심리학 COGNITIVE PSYCHOLOGY

우리가 신성시하는 모든 것의 정체를 폭로해버릴 생물학

스티븐 핑커(서기 1954년~)

맥락읽기

접근법
진화심리학(Evolutionary psychology)

이전의 관련 역사
서기 1859년 : 생물학자 찰스 다윈이 정서, 지각, 인지가 진화적 적응의 산물이라고 말한다.

서기 1960년대 : 놈 촘스키가 언어능력이란 선천적 능력이라고 주장한다.

서기 1969년 : 존 보울비가 어머니에 대한 갓난아이의 애착이 유전적으로 계획돼 있다고 주장한다.

서기 1976년 : 『이기적 유전자The Selfish Gene』에서 영국 생물학자 리처드 도킨스(Richard Dawkins)가 행동경향이란 오랜 시간에 걸쳐 타자와의 상호작용을 통해 진화한다고 말한다.

이후의 관련 역사
서기 2000년 : 『연애The Mating Mind』에서 미국의 진화심리학자 제프리 밀러(Geoffrey Miller)가 인간의 지능이 성 선택에 따라 형성된다고 말한다.

우리 행동 가운데 얼마가 선천적이며 얼마가 환경적인가에 대한 논쟁은 유래가 수천 년 전까지 거슬러 올라간다. 몇몇 인지심리학자들은 특정 정신적 형질이 유전될 뿐 아니라 육체적 형질과 마찬가지로 자연선택의 대상이라고 주장해왔다. 그들은 정신이란 뇌의 산물인데, 그 뇌란 유전적 특질에 따라 형성됨을 지적한다.

진화심리학이라는 그 새로운 분야는 강력한 반대에 부딪혀왔지만, 그 옹호자 가운데 한 명인 캐나다 심리학자 스티븐 핑커(Steven Pinker)는 사람들이 실증적 증거에도 불구하고 진화심리학의 수용을 꺼리는 태도 이면의 네 가지 두려움을 발견했다. 첫째는 불평등에 대한 두려움이다. 누구든 날 때 정신이 '빈 서판(blank slate)' 상태라면, 우리는 모두 평등하게 태어나는 셈이다. 그런데 우리가 정신적 형질을 물려받는다면, 어떤 사람은 선천적 이점이 있을 것이다. 둘째는 불완전함에 대한 두려움이다. 특정 결함이 선천적이라면 변화의 여지가 없을 테니 약자를 위한 사회개혁이란 헛수고일 것이다. 셋째는 결정론에 대한 두려움이다.

우리 행동이 유전자에 따라 결정된다면, 우리는 잘못에 대한 책임을 거부하며 유전자 구성을 탓할 수 있을 것이다. 마지막은 핑커가 가장 근본적이라고 강조하는, 허무주의에 대한 두려움이다. 우리가 자신이 진화적 심리작용에 따라 형성됨을 받아들이면, 우리의 '미묘한 느낌(지각, 동기, 감정)'은 한낱 유전적 진화과정으로 환원될 것이고, 결국 생물학은 "우리가 신성시하는 모든 것의 정체를 폭로해버릴 것"이다. ■

빈 서판은 인종차별주의, 성차별주의, 계급적 편견을 사실상 성립 불가능하게 만들 듯했다.
스티븐 핑커

참조 : ■ 프랜시스 골턴 28~29쪽 ■ 콘라트 로렌츠 77쪽 ■ 존 보울비 274~277쪽 ■ 놈 촘스키 294~297쪽

강박행동은 침투적 사고를 통제하려는 시도다

폴 살코브스키스(서기 1950년대~)

맥락읽기

접근법
인지행동치료

이전의 관련 역사

서기 1950년대 : 조지프 월피가 체계적 둔감화 같은 기법에서 행동주의를 임상심리학에 적용한다.

서기 1952년 : 행동·성격 이론가 한스 아이젱크가 심리치료의 효과를 부정해 논란을 일으킨다.

서기 1955년 : 앨버트 엘리스가 전통적 심리치료의 대안으로 합리적 정서행동치료(REBT)를 내놓는다.

서기 1960년대 : 아론 벡이 정신분석치료의 효과를 의문시하고 인지치료를 개발한다.

이후의 관련 역사

서기 2000년대 : 인지행동치료가 불안증과 공황발작 같은 장애의 표준 치료법이 된다.

20세기 후반에 임상심리학계에서는 큰 변화가 일어났다. 정신분석이 여러 심리학자들에게 비과학적이라고 간주되더니 1960년대에 몇몇 장애의 치료에서 행동요법이나 아론 벡이 새로 개발한 인지요법으로 대체된 것이다. 그런 접근법들의 조합은 인지행동치료(cognitive behavioral therapy, CBT)라는 통칭으로 1980년대에 발달했는데, 그 선봉에는 영국의 폴 살코브스키스(Paul Salkovskis)가 서 있었다. 그는 CBT가 특히 강박장애(obsessive-compulsive disorder, OCD) 치료에 효과적임을 알아냈다. 정신분석가들은 그 장애의 근본원인을 억압이나 과거 트라우마에서 찾아내지 못했지만, 살코브스키스는 그 문제를 인지심리학과 관련지어 설명하며 인지행동치료법을 제안했다.

강박적 사고

살코브스키스는 강박장애의 근본원인이란 누구나 때때로 하는 꺼림칙한 침투적 사고(뭔가 무서운 일이 곧 일어날 것이라거나 자신이 어떤 끔찍한 불행을 겪거나 일으킬 것이라는 생각)라고 말한다. 우리는 보통은 그런 생각을 그만두고 계속 살아갈 수 있지만, 가끔은 그런 생각 떨치기를 힘겨워하기도 한다. 극단적인 경우에 그런 생각은 강박적으로 변하며 공포감과 책임감을 유발한다. 강박적 사고에 잘 빠지는 사람들은 그 생각의 중요성을 합리적으로 판단하길 어려워하며, 피해위험뿐 아니라 스스로 그것을 막을 통제력까지 과대평가한다. 예를 들어, 치명적 질병의 감염 및 전염에 대한 강박적 사고는 강박적인 청소나 손 씻기로 이어질 수 있다. 게다가 조치에 대한 책임감도 있는데, 그 조치행위가 위험에 부합하지 않더

손을 거듭 씻는 등의 강박행동은 침투적 사고를 통제하려는 시도일 수 있다. 셰익스피어의 맥베스 부인은 죄책감 때문에 계속 손을 씻는다.

참조 : ■ 조지프 월피 86~87쪽 ■ 프리츠 펄스 112~117쪽 ■ 앨버트 엘리스 142~145쪽 ■ 아론 벡 174~177쪽

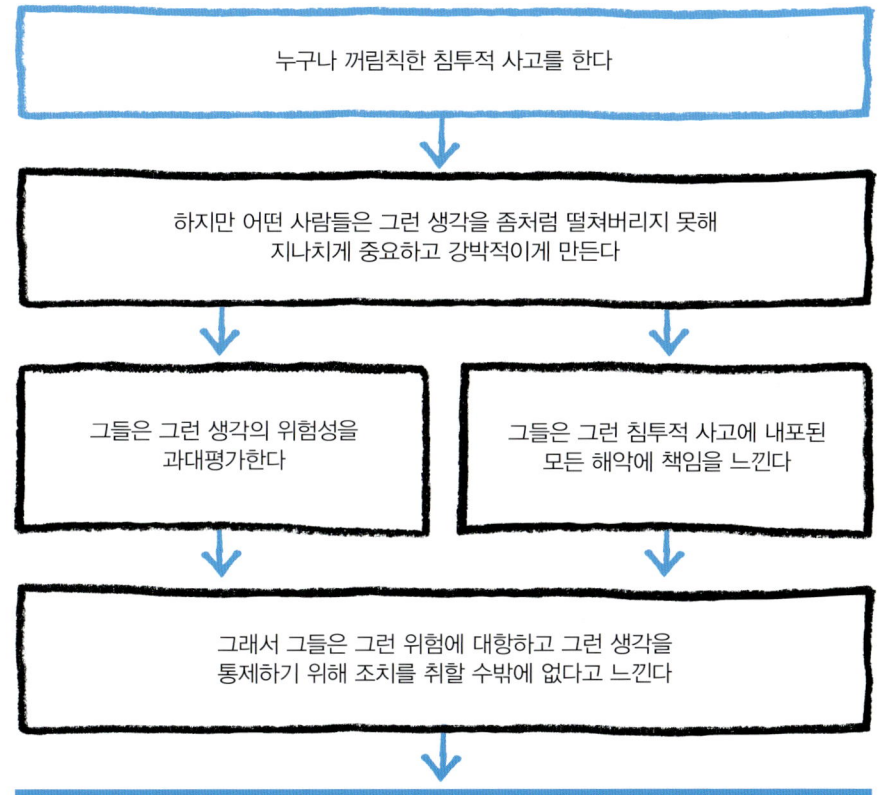

폴 살코브스키스

폴 살코브스키스는 1979년에 런던의 킹스칼리지 정신의학연구소에서 학위를 받고, 1985년부터 옥스퍼드대학에서 일하며 공황장애를 연구했다. 인지이론을 불안장애에 적용하는 데 관심을 쏟으면서 선임연구원을 거쳐 인지심리학 교수로 임명되었다.

그는 옥스퍼드대학에 있는 동안 인지행동요법을 이용한 강박장애치료로 연구의 중점을 옮겼다. 2000년에는 정신의학연구소 임상심리학·응용과학 교수 겸 불안장애·외상센터 임상책임자가 되었다. 그리고 2010년부터는 배스대학에 적을 두고 CBT 전문 연구·치료 센터 설립에 힘을 쏟고 있다.

주요 저서

1998년 『공황장애 Panic Disorder』
1999년 『강박장애의 이해와 치료 Understanding and Treating Obsessive-Compulsive Disorder』
2000년 『피해유발과 피해용납 Causing Harm and Allowing Harm』

라도 상관없다. 그 결과로 생긴 강박적 행위는 의식(儀式)적 행동패턴이 되어 마음속 위험의 통제를 위해 되풀이될 수 있다.

인지행동치료에서는 인지치료기법과 행동치료기법을 결합해 강박장애의 원인과 증상을 매우 효과적으로 다룬다. 먼저 환자는 인지치료의 도움을 받으며 강박적 사고의 실상을 인식하고 피해의 위험과 그 예방조치에 대한 자기 책임을 더 합리적으로 평가해본다. 그런 인지적 접근법은 정신적 고통을 완화하는 데 유익하다. 그것과 아울러 둔감화(desensitization, 지각된 위험에 환자를 단계적으로 노출시키는 기법) 같은 행동치료기법은 환자가 자신의 강박행동을 통제하는 데 도움이 된다. 살코브스키스는 인지행동치료(CBT) 기법을 이용해 불안증, 공황발작, 공포증을 성공적으로 치료한다. ■

SOCIAL PSYCHOL
BEING IN A WORLD OF OTHERS

OGY

사회심리학
타인의 세계 속의 존재

들어가며

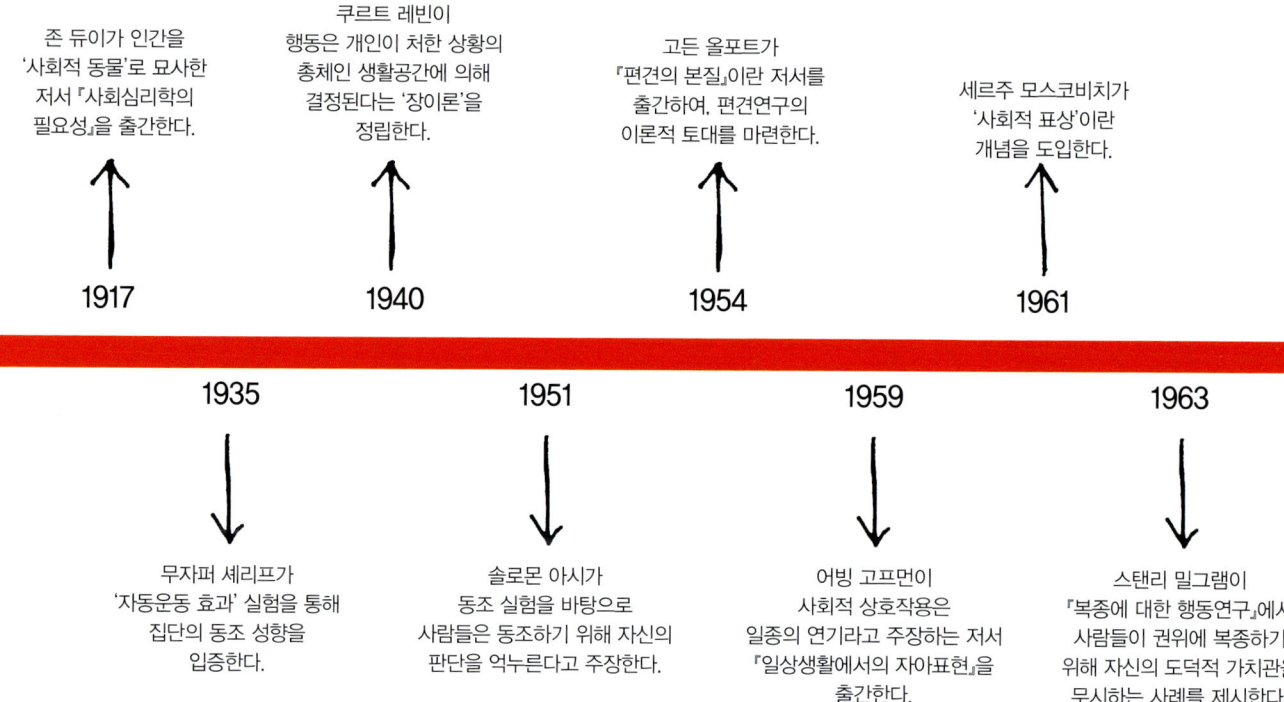

심리학이 하나의 학문분야로 정착됨에 따라, 처음에는 마음과 그 작동원리를 규명하는 데 국한되던 심리학의 범위가 점차 확대되면서 행동연구까지 아우르게 되었다. 20세기 전반기의 행동연구는 주로 개인의 마음과 행동, 그리고 환경에 대한 반응연구에 치중했으나, 일부 심리학자들은 차츰 그 '환경'에 타인까지 포함된다는 사실을 깨닫기 시작했다.

사회심리학 분야는 심리학자들이 전체적인 집단과 사회 내에서 개인의 상호작용을 탐색하기 시작하던 1930년대에 등장했다. 이른바 사회심리학자들은 사회조직이 개인에게 미치는 영향과, 거꾸로 사회구성원의 심리가 사회구조에 영향을 미치는 방식을 연구했다. 또 특정 집단 내에 속한 개인들의 관계와, 서로 다른 집단들 간의 관계도 검토했다. 이로써 사회적 갈등, 동조, 복종, 사회적 변화 등은 물론 집단역학(group dynamics), 태도, 편견 같은 새로운 주제들이 심리학에 도입되었다.

사회적 환경

최초로 사회집단의 심리학을 체계적으로 연구했던 학자 중에는 '사회심리학의 아버지'로 불리는 독일계 미국인 쿠르트 레빈이 있다. 레빈은 행동이 어떻게 개인과 환경 간의 상호작용에서 유발되고, 또 그 환경의 본질은 무엇인지를 검토하면서, 당대 지배적이던 행동주의 사조를 새롭게 조명했다. 또 소집단 연구를 통해 후대의 집단역학 연구, 즉 집단과 그 구성원들이 어떻게 변화를 이뤄내는가에 대한 연구의 초석을 다졌다.

이처럼 사회적 환경의 영향을 다룬 레빈의 이론은 제2차 세계대전 이후 행동주의의 인기가 시들해지던 상황에 새로운 대안으로 떠오르며 다음 세대에게 열광적인 지지를 받았다. 우리가 타인의 행동을 보고 해석하는 방식을 의미하는 '귀인(attribution)' 개념이 하나의 연구 분야로 정착했고, 여기에서 솔로몬 아시 등의 동조 및 문화규범 이론이 등장했다. 또 사람들이 타인에게 원하는 인상을 주기 위해 그에 알맞은 행동을 연기한다는 어빙 고프먼의 유명한 이론 역시 사회적 상호작용을 중시하던 이 새로운 풍토에서 유래했다.

1960년대 들어 심리학 연구는 행동의 어두운 측면으로 눈길을 돌렸다. 멜빈 러너는 어째서 억울한 일을 당한 희생자들이 오히려 비난을 받는 경우가 생기는지를 보여주

사회심리학 SOCIAL PSYCHOLOGY

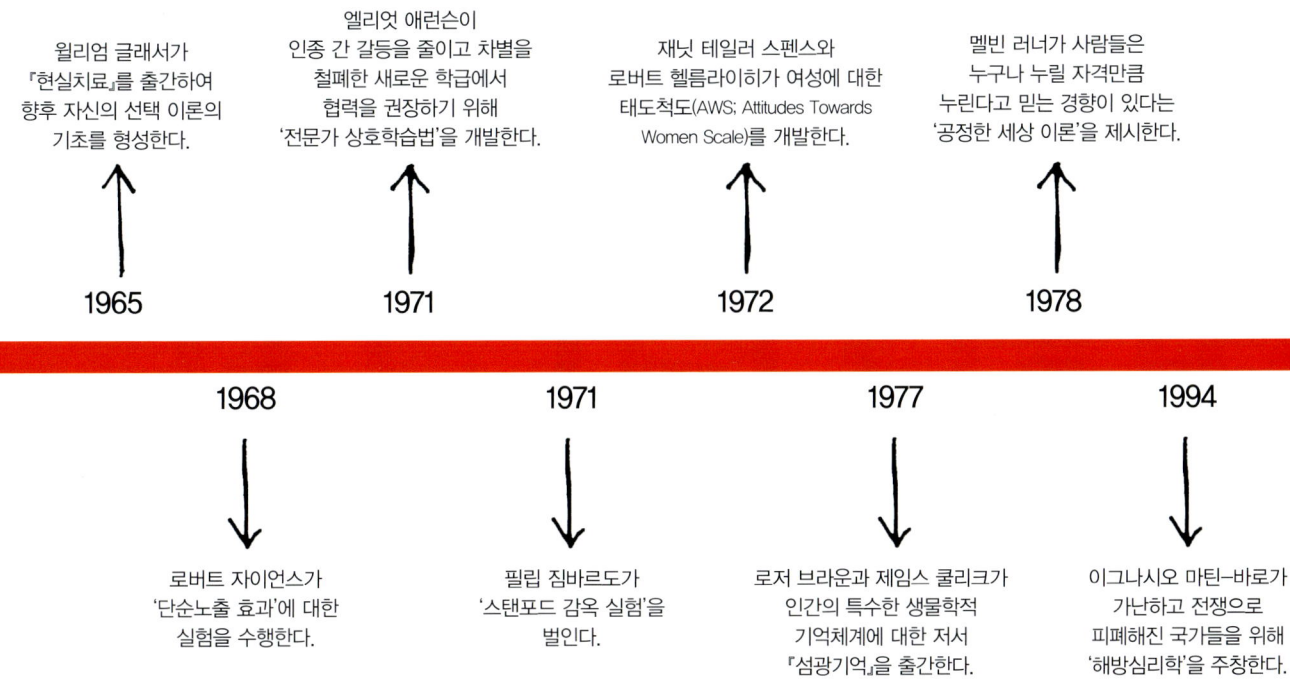

었고, 엘리엇 애런슨은 일탈적인 행동이 정신이상보다는 환경의 문제일 수 있다고 역설했다. 엄청난 파장을 일으킨 스탠리 밀그램과 필립 짐바르도의 실험은 복종하고 동조하려는 욕구가 우리 행동에 얼마나 막대한 영향을 미치는지를 입증함으로써, 제2차 세계대전의 끔찍한 악몽이 채 가시지 않았던 당시에 더욱더 큰 충격으로 다가왔다.

심리학의 적용

인지심리학의 등장은 사회심리학에 새로운 영향을 미쳤다. 로저 브라운과 로버트 자이언스는 기억과 정서 같은 인지과정의 효과를 집중 분석했고, 현대 사회에 접어들어 점점 중요도가 커지고 있던 대중매체와 광고는 그러한 연구 결과를 다양하게 활용하여 사회구조에 점점 더 큰 영향을 미치게 되었다. 세르주 모스코비치 같은 심리학자의 '사회구성주의' 이론이 등장한 것은 바로 이런 상황에서였다.

결과적으로 사회심리학은 수없이 다양한 상황에 신속하게 적용되기 시작했다. 사회심리학은 우선 다른 심리학 분야에 영향을 미쳤고, 특히 윌리엄 글래서의 '현실치료'를 통해 심리치료에 영향을 주었다. 또 사회학, 인류학, 심지어 정치학과 경제학 등 다른 학문에도 충격을 주었다. 1960년대에는 당대 현실에 저항하던 시민권운동과 남녀평등주의운동이 부상했다. 편견, 문화 규범, 신념에 관한 문제가 전면에 대두되는 가운데 재닛 테일러 스펜스 같은 사회심리학자의 연구가 여성에 대한 인식 변화에 크게 기여했으며, 다른 학자들은 레빈의 사회적 변화모델을 이용하여 조직의 변혁을 꾀했다. 사회심리학자들이 개척한 이론과 모형들은 기업과 산업 등 각종 사회조직에 적용되고 있고, 최근 들어서는 이그나시오 마틴-바로의 '해방심리학'으로 잘 알려졌듯이 억압으로 고통받는 사회에서 사회적·정치적 개혁을 이루어내는 수단으로 활용되기도 한다. ■

체계는 변화시키고자 노력해야만 이해할 수 있다

쿠르트 레빈(서기 1890~1947년)

맥락읽기

사상
장이론(Field theory)

이전의 관련 역사
서기 1900년대 초반 : 지그문트 프로이트를 비롯한 심리치료사들이 인간의 행위는 과거 경험의 산물이라고 주장한다.

서기 1910년대 : 게슈탈트 심리학자들 중 볼프강 쾰러가 인간은 그들의 모든 요소와 주변환경과의 상호작용에 따라 전인적으로 파악되어야 한다고 주장한다.

이후의 관련 역사
서기 1958년 : 로널드 리피트(Ronald Lippitt), 진 왓슨(Jeanne Watson), 브루스 웨슬리(Bruce Westley)가 『계획된 변화의 역학The Dynamics of Planned Change』에서 변화 자체의 진화보다는 변화 주도자의 역할에 초점을 맞춘 7단계 변화 이론을 제시한다.

행동주의자들은 행동이 전적으로 환경에 지배받는다고 믿었으나, 1920년대에 쿠르트 레빈(Kurt Lewin)은 행동이 개인과 환경 모두의 산물이라고 주장했다. 그의 혁명적인 이론은 오늘날 조직에 없어서는 안 될 집단역학연구로 발전했다.

레빈은 인간행동을 조사하여 해당 상황에 영향을 미치는 모든 힘과 요인을 탐색하는 장이론을 발전시켰다. 레빈이 말하는 '장(field)'이란 특정 시점에 개인이나 집단이 처한 심리적 환경을 의미하는데, 그는 어떠한 장에든 두 가지 상반되는 힘, 즉 사람들이 목표를 성취하도록 이끄는 유익한 힘과 그러한 목표 추구를 가로막는 방해하는 힘이 존재한다고 주장했다.

레빈의 변화 모델

이러한 장이론에 기반을 둔 레빈의 변화 모델은 개인과 조직 모두의 성공적인 변화에 필요한 귀중한 지침을 제공한다. 이 모델에서는 변화과정을 성공적으로 마치려면 개인이나 조직의 지도자가 반드시 개인들의 내면과 외부 환경에 작용하는 다양한 영향력을 고려해야 한다는 것을 알려준다.

레빈은 변화 모델을 설명하면서, 개별적

> 자신의 운명이 전체 집단의 운명에 얼마나 크게 좌우되는지를 깨달은 사람이라면 집단의 번영을 위해 기꺼이 자기 몫의 책임을 떠맡으려 할 것이다.
> **쿠르트 레빈**

인 사실에 초점을 맞추다보면 상황을 편향되게 인식할 위험이 있으므로 개인과 환경에 관련된 모든 세부정보를 포함하여 전체적인 상황을 두루 살펴보아야 한다고 강조한다. 또 어떤 상황을 변화시키려면 우선 그 상황을 철저하고 전체론적으로 이해해야 할 뿐 아니라, 변화과정에서 그 이해도가 더욱 깊어지므로, 결국 "체계는 변화시키고자 노력해야만 이해할 수 있다"고 주장한다.

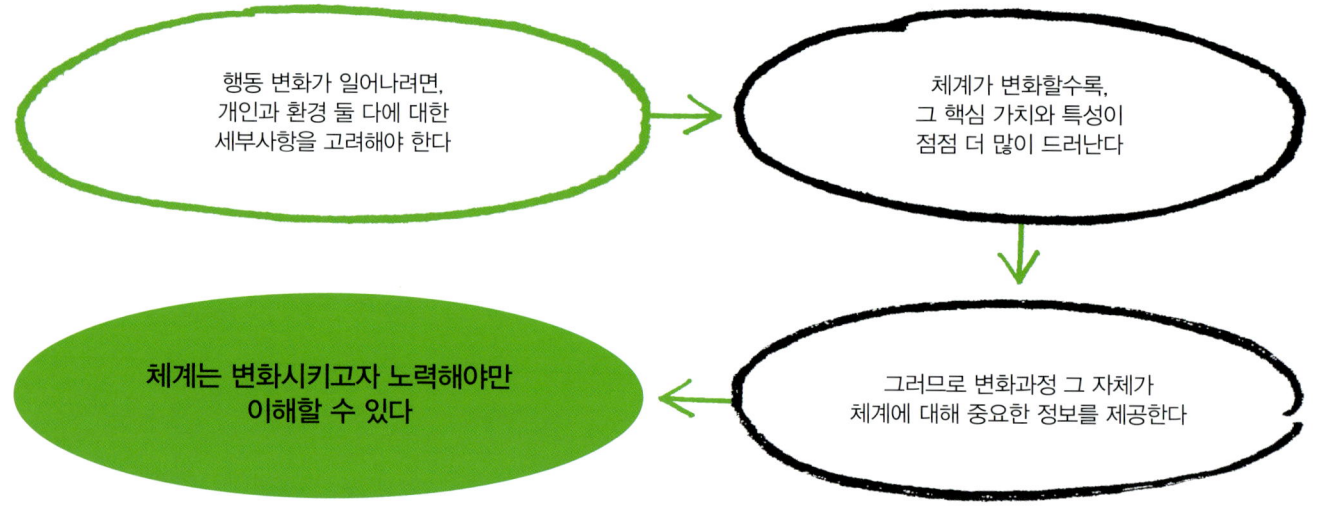

사회심리학 SOCIAL PSYCHOLOGY

참조: ■ 지그문트 프로이트 92~99쪽 ■ 볼프강 쾰러 160~161쪽 ■ 레온 페스팅거 166~167쪽 ■ 막스 베르트하이머 335쪽 ■ 엘튼 메이요 335쪽

조직이 변화에 성공하려면 관련된 모든 사람과 상황요인을 제대로 진단하고 그들 사이의 상호작용을 이해해야 한다.

레빈의 모델에서는 개인이나 조직이 변화하기 위한 3단계 과정을 제시한다. 첫 번째 '해빙(unfreezing)' 단계에서는 변화의 필요성을 인정하고 기존의 신념이나 관습을 해체하는 등 변화를 준비하게 된다. 두 번째 단계에서는 실제로 변화가 일어나는데, 낡은 사고방식과 체계가 붕괴되다보니 고통과 혼란이 수반되는 경우가 많다. 마지막 '재동결(refreezing)' 단계에서는 새로운 사고방식이 정립되면서 새로운 체계 내에서 안정감과 편안함을 느끼게 된다. 이처럼 변화 과정은 기존에 알던 것을 고통스럽게 떨쳐버리고, 다시 힘들여 배우면서 생각, 느낌, 태도, 인식 등을 재구성해야 하므로 당연히 힘거울 수밖에 없다.

신념의 해빙

해빙 단계는 아마도 전체 과정에서 가장 복잡한 단계일 것이다. 사람들은 본능적으로 기존의 가치관이나 습관을 바꾸는 데 거부감을 느끼기 때문이다. 이 단계에서는 특히 신중한 준비가 필요하다. 변화에 많은 노력을 들였음에도 단지 직원들이 제대로 준비되지 않아서 새로운 체계가 효과적으로 작동하지 못하고 내부 반발만 거세지다가 실패하고 마는 기업이 수두룩한 까닭이 여기 있다. 변화를 준비하려면 우선 직원들을 한데 모을 수 있을 만큼 흥미로운 비전을 제시하고 이를 효과적으로 전파하는 한편, 변화의 시급성과 필요성을 일깨우고 적절한 지원을 제공함으로써 변화과정에 그들의 적극적인 동참을 유도해야 한다.

한편 개인인 경우에는 굳이 안전지대를 떠나 새로운 기술을 습득하거나 낯선 가치관을 받아들여야 하는 모험을 겪기 싫어 이 단계에서 방어적으로 대처하기 쉽다. 이러한 거부반응은 자연스러운 현상으로, 주변의 도움을 받아 변화가 불가피하고 타당하며 최선의 결과로 이어질 것임을 인정하고 심리적 안정감을 되찾는다면 충분히 극복될 수 있다.

레빈은 제2차 세계대전 중에 미국 주부들에게 가축 내장을 가정내 식품으로 활용하도록 설득하는 과정을 통해, 해빙 단계에서 심리적으로 안정적인 환경 조성(및 변화 과정에의 적극적인 참여 허용)의 긍정적 효과를 입증했다. 가축 내장은 본래 저소득층만 먹던 음식이었으나, 미국 정부는 당시 식량난 속에서 영양가 높은 식품들이 버려지지 않기를 바랐고, 특히 신장, 간, 심장 등은 모두 고단백질 식품에 속했다. 그래서 미국 농무부(Department of Agriculture)는 레빈에게 내장고기를 가족식단에 포함시키도록 주부들을 설득해달라고 의뢰했다. 레빈은 주부들과의 인터뷰 과정에서 유익한 힘과 방해하는 힘이 동시에 작용한다는 사실을 깨달았다. 가축 내장에 대한 주부들의 인식을 바꾸는 데 유익한 힘 또는 동기는 그 고기에 포함된 높은 영양가였다. 한편 변화를 방해하는 힘 또는 장애물은 그 고기가 자기 가족들이 먹기에는 부적합한 식품이고, 부차적인 문제지만 아마 맛도 좋지 않으리라

> 우리는 모두 서로를 필요로 한다.
> 이러한 상호의존성은
> 개인과 집단의 기능이 성숙해지는 데
> 가장 큰 걸림돌이 된다.
> **쿠르트 레빈**

> 학습은 수동적일 때보다 능동적인 과정일 때 더욱 효과적이다.
> 쿠르트 레빈

는 주부들의 인식이었다.

레빈은 변화를 유발하는 최선의 방법을 찾기 위해 주부들을 두 집단으로 나누어 실험에 착수했다. 한 집단에서는 내장을 먹는 게 몸에 좋다고 거듭 강조한 반면, 다른 집단에서는 그들 같은 주부들이 간, 신장, 심장 등의 내장고기를 먹는 정책에 동참하면 식량부족문제가 얼마나 호전될 수 있을지를 중심으로 소집단 토론을 벌였다. 결국 토론집단에 참여했던 주부들 중 약 3분의 1이 내장을 저녁식탁에 올리는 것을 보고, 레빈은 사람들의 관여도를 높일수록 입장과 행동을 변화시킬 가능성도 높아진다고 결론 내렸다. 첫 번째 집단에 했던 설교는 결과적으로 효과가 없었지만, 토론집단에서는 주부들이 각자의 관심사와 의견을 피력할 수 있을 만큼 심리적으로 안정적인 환경이 조성되었다. 레빈은 주부들이 식량 부족의 현실뿐 아니라 자신들의 신념을 검토함으로써, 식용 가능한 고기에 대한 기존의 인식을 바꾸고 내장고기도 가정에서 구매해 먹을 수 있다는 새로운 신념에 이르도록 유도한 것이다.

변화 유발

실질적인 변화가 일어나는 레빈의 두 번째 단계에서 사람들은 새로운 체계의 실행이라는 두렵고도 혼란스러운 과제에 직면한다. 이들은 익숙한 습관과 관행을 포기하고 (그 자체로도 불확실성이나 실패에 대한 두려움을 유발할 수 있는) 새로운 기술을 터득해야 한다. 조직의 경우 새로운 체계는 경영진이 결정할 것이고, 보통 기술, 구조, 절차, 문화 등과 관련된다. 이 단계에서는 직원들에게 충분한 지원을 제공하고 장애물을 확실히 제거해주는 게 중요하다.

개인 차원의 변화라면, 새로운 신념체계가 저절로 부여되지 않으므로 스스로 찾아서 받아들여야 한다. 우리는 기존 신념이 그릇되거나 비효과적이라고 판명되면, 자연스럽게 낡은 가치관을 새것으로 바꾸어 해빙단계에서 초래된 불편한 공허감을 채우려 하는 경향이 있다. 또 그러기 위해서 본능적인 직감에 의존하고, 역할모델을 연구하며, 가장 일반적인 방법으로 관련된 엄청난 양의 정보를 수집하는 등 여러 방법을 통합적으로 사용한다. 이런 노력을 통해 문제를 해결해줄 새로운 정보와 조우하길 기대하는 것이다. 일단 이러한 통찰력을 얻고 나면, 새로운 사고방식을 받아들여 정립하게 된다.

제2차 세계대전 당시 미국 주부들 사례에서, 레빈은 내장고기의 훌륭한 맛과 영양가를 알리고 새로운 정보를 제공함으로써 내장이 질 낮은 고기라는 기존 인식을 바꾸었고, 또 전시의 식량난을 감안할 때 가족에게 내장고기를 먹이는 게 결코 부끄러운 일이 아니라고 설득함으로써 내장을 먹으면 사회적으로 열등해 보일 것이라는 전쟁 이전의 인식을 바꾸었다.

재동결 단계

조직 내에서 변화가 일어난 후에 장기적인 효과를 거두려면 기업문화의 일부로 정착되어야(즉 '동결되어야') 한다. 변혁기에 도입된 새로운 사고과정, 관습, 행동이 정례화되어야 하는 것이다. 경영진이라면 변화를 통해 회사가 어떤 이익을 얻었는지를 공표하고, 새로운 기술이나 과정을 실행할 경우 보상을 제공하는 등의 방법으로 직원들 사이에서 변화에 대한 긍정적인 반응을 유발함으로써 변화가 더욱 확고히 정착되도록 도와야 한다.

일례로, 콘티넨털항공(Continental Airlines)은 1990년대에 파산을 신청해야 할 위기에 몰렸다. 그러자 경영진은 기업을 유지하기 위해 대대적인 변화에 착수했다. 기업의 초점을 비용절감에서 고객의 높은 기대수준을 충족시키는 고품질 제품생산으로 옮겨간 것이다. 경영진은 (새로운 기업방침을 정착시키기 위해) 새로운 정책과 관행을 실천하는 직원에게 보상하기로 결정하고, 미국 운수부(Department of Transportation)에서 선정한 최고 5대 항공사에 오를 경우 각 직원에게 65달러씩 보너스를 지급하기로 약속

낡은 기술을 버리고 신기술을 습득하는 일은 전 세계의 친구나 가족들과 실시간으로 저렴하게 연락할 수 있다는 등의 추진동기가 확실할수록 더욱 쉬워진다.

사회심리학 SOCIAL PSYCHOLOGY 223

했다. 이처럼 레빈의 변화모델을 적용한 덕분에 콘티넨털항공은 실적 최악의 항공사에서 '올해의 항공사(Airline of the Year)'로 변모했다.

개인 차원에서는 시행착오를 거듭하며 새로운 신념과 습관을 시험해보는 시점이 바로 재동결 단계이다. 이 단계에서는 변화를 강화하거나 새로운 변화주기를 시작하게 된다. 예를 들어, 제2차 세계대전 당시 어느 주부는 일주일 동안 가족들에게 내

제2차 세계대전 시절에 주부들은 새로운 식품이나 의복을 용인할 수 있다는 생각부터 소위 '남자들의 일'도 할 수 있다는 생각까지, 기존 신념의 상당부분을 바꾸어야 했다.

장고기를 먹인 후에 과연 가족들이 그 고기를 좋아하는지, 몸에 별 이상은 없어 보이는지, 그녀의 결정을 긍정적으로 받아들이는지 등을 살펴보았을 것이다. 만약 그 대답이 긍정적이었다면, 그 주부는 계속해서 저녁 식탁에 그 음식을 올릴 것이다. 그러나 만약 아이들이 치킨이나 스테이크를 먹이던 때만큼 건강해 보이지 않거나 다른 주부들에게 비난을 받는다면, 그 주부는 아마 내장고기를 포기하고 가족들에게 먹일 다른 식품을 찾아서 해빙 및 변화과정을 또 다시 시작하게 될 것이다.

그의 관심은 사회적 분위기, 집단의지 결정, 산업분야에서의 현장연구, 감수성 훈련 등 다방면에 걸친 연구를 진행시키는 기동력이 되었다. 매사추세츠공과대학의 집단역학연구센터와 국민연구소의 설립은 그 구체화의 일환이다. 이러한 사회체계에 대한 선구적이고 실험적인 연구 덕분에 레빈은 사회심리학의 창시자로 널리 인정받았

다. 그는 집단역학과 조직개발을 체계적으로 연구했던 최초의 심리학자였다. 또 엄격한 사회과학을 적용하여 유용한 사회변화를 이끌어냈으며, 그의 연구는 실험심리학과 사회심리학 전반에 큰 영향을 미쳤다. ■

훌륭한 이론만큼 실용적인 것은 없다.
쿠르트 레빈

쿠르트 레빈

독일계 미국인 심리학자인 쿠르트 레빈은 1890년에 (당시 프로이센이던) 폴란드 모길노(Mogilno)의 중산층 유대인 가정에서 태어났다. 가족이 1905년에 베를린으로 이주하여, 그는 프라이부르크대학에서 약학을 공부하다가 생물학을 공부하기 위해 뮌헨대학으로 옮겨갔다. 제1차 세계대전 중에는 독일군에서 복무했으나 부상을 입고 베를린으로 돌아와 박사학위를 끝마쳤다. 1921년부터는 베를린의 심리학연구소에서 근무했으나 1933년 유대인 제재조치로 인해 강제퇴임 당하고 미국으로 도피했다. 처음에는 코넬대학에서 연구하다가 아이오와대학으로 옮겨 교수가 되었다. 1944년에는 매사추세츠공과대학(MIT)의 집단역학연구소(Center for Group Dynamics) 소장이 되었으나 불과 3년 후에 심장마비로 사망했다.

주요 저서

1935년 『역동적 성격 이론A Dynamic Theory of Personality』
1948년 『사회적 갈등의 해결Resolving Social Conflicts』
1951년 『사회과학에서의 장이론Field Theory in Social Science』

사회적 동조에 대한 욕구는 얼마나 강한가?

솔로몬 아시(서기 1907~1996년)

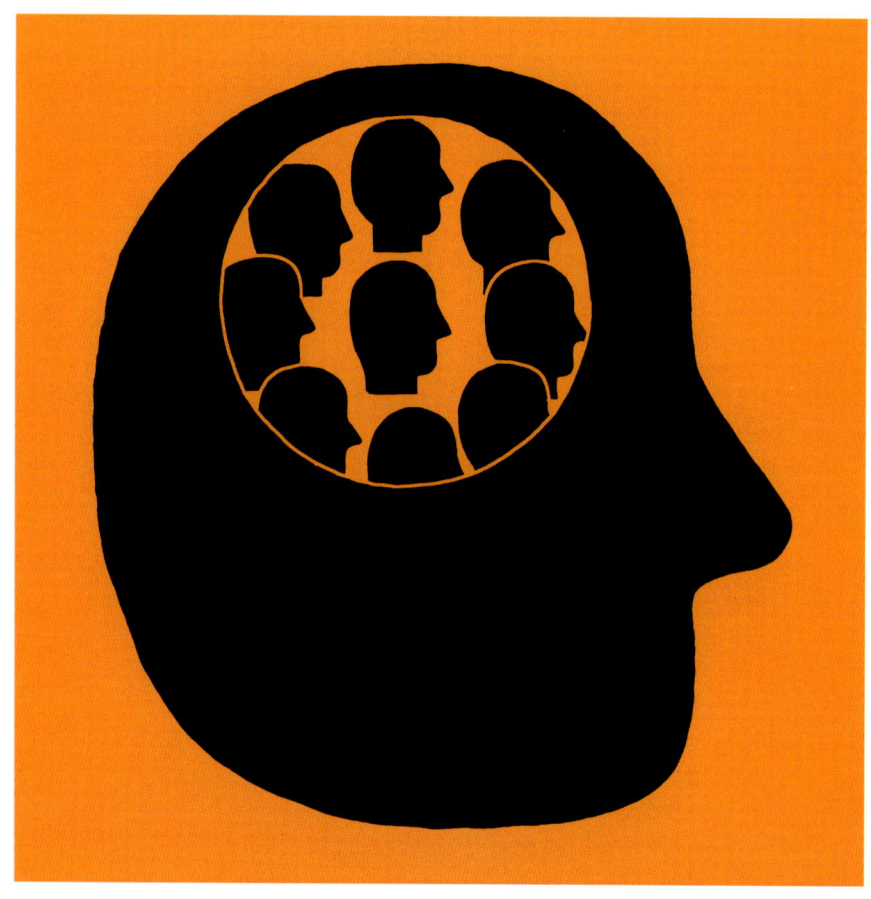

맥락읽기

사상
순응주의(Conformism)

이전의 관련 역사
서기 1880년대: 프랑스의 내과의사 히포라이트 베른하임(Hippolyte Bernheim)이 최면술을 이용하여 '피암시성(suggestibility)'의 개념을 입증한다.

서기 1935년: 무자퍼 셰리프의 순응주의 실험에 착안하여, 솔로몬 아시가 '아시 패러다임'을 개발한다.

이후의 관련 역사
서기 1963년: 스탠리 밀그램이 복종실험을 통해 사람들이 도덕적 갈등을 겪으면서도 권위자에게 순응한다는 사실을 증명한다.

서기 1976년: 세르주 모스코비치가 일관성 있는 소수는 영향력을 발휘할 수 있다고 주장한다.

서기 1979년: 덴마크 심리학자 크누드 S. 라르센(Knud S. Larsen)이 동조와 문화적 풍토의 연관성을 입증한다.

사회심리학자인 솔로몬 아시(Solomon Asch)는 동조 욕구를 입증하는 실험을 고안하여 우리 스스로가 자율적인 존재라는 기존 관념에 도전했다. 그는 그 유명한 실험을 통해 사람들이 다수의 의견에 직면하면 자신이 옳다고 믿는 바를 고수하기보다는 다수에 동조하려는 성향이 더 우세해진다는 사실을 증명했다. 또 이러한 연구결과를 1955년 『의견과 사회적 압력』에서 상세히 소개하면서, 개인의 신념, 판단, 습관 등을 형성하는 사회적 영향력에 대해 논의하기도 했다. 결국 아시는 집단 압력이 개인의 의사결정에 미치는 영향과 주변의 사회세력이 개인의 태도에 어떻게,

사회심리학 SOCIAL PSYCHOLOGY

참조 : ■ 세르주 모스코비치 238~239쪽 ■ 스탠리 밀그램 246~253쪽 ■ 필립 짐바르도 254~255쪽 ■ 막스 베르트하이머 335쪽 ■ 무자퍼 셰리프 337쪽

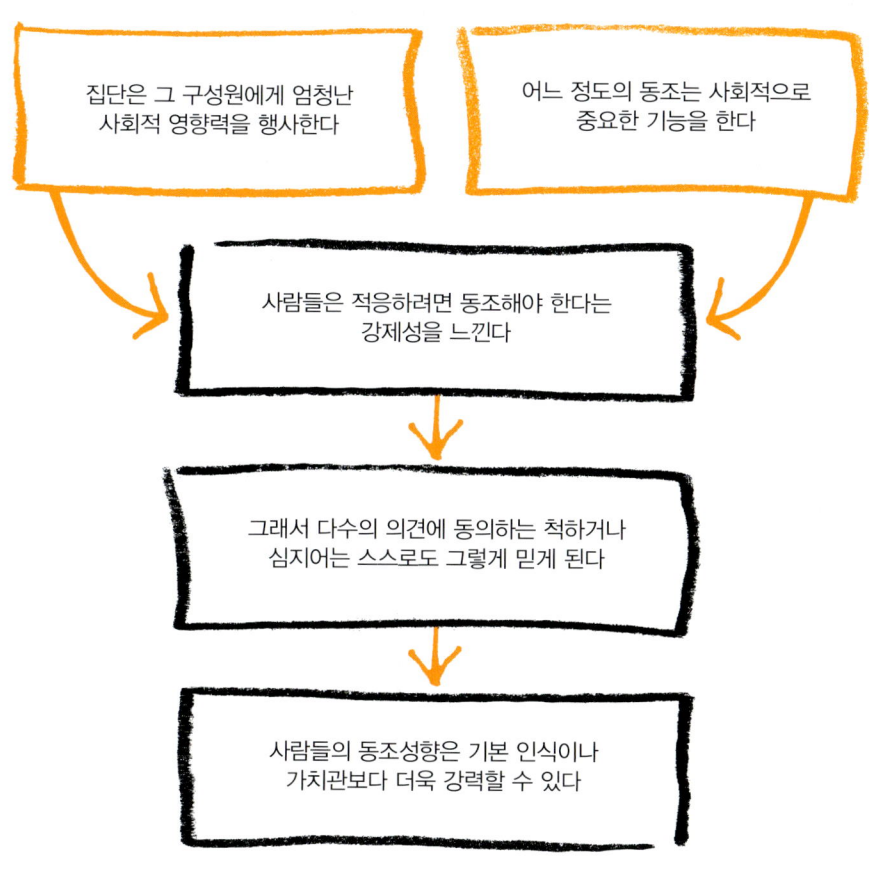

솔로몬 아시

솔로몬 아시는 사회심리학 분야의 개척자였다. 그는 1907년에 (당시 러시아 제국에 속했던) 바르샤바의 유대인 가문에서 태어났고, 13세 때 미국으로 이주하여 심리학을 공부했다. 아시는 1932년에 컬럼비아대학에서 박사학위를 받았는데, 그 때 막스 베르트하이머의 영향을 받았다.

아시는 1947년에 스와스모어대학의 교수가 되어 볼프강 쾰러와 함께 연구했다. 그 후 매사추세츠공과대학과 하버드대학에서 방문교수를 지내며 스탠리 밀그램의 박사학위를 지도하기도 했고, 또 펜실베이니아대학에도 머물렀다. 아시는 미국심리학회에서 탁월한 학문적 공로에 수여하는 공로상(Distinguished Scientific Contribution Award)을 비롯해 많은 상을 받았다. 88세에 별세했다.

주요 저서

1951년 『집단압력이 판단의 수정과 왜곡에 미치는 영향Effects of Group Pressure Upon the Modification and Distortion of Judgment』
1952년 『사회심리학Social Psychology』
1955년 『의견과 사회적 압력Opinions and Social Pressure』
1956년 『독립성 및 동조 연구Studies of Independence and Conformity』

또 얼마나 영향을 미치는가를 연구하고자 했다.

1935년에도 터키의 심리학자 무자퍼 셰리프가 어두운 방 안에 고정되어 있는 광원이 마치 움직이는 듯 보이는 착시현상인 '자동운동 효과(autokinetic effect)'를 이용하여 아시와 유사한 질문과 대답을 제시한 적이 있었다. 그는 실험대상자에게 광원을 이동시키겠다고 말한 다음 얼마나 옮겨진 것 같은지를 물었다. 이 실험을 집단으로 실시하자 실험참가자들의 예측은 집단평균으로 수렴되는 경향을 보여, 사람들이 불확실한 상황에서는 타인의 예측을 준거 틀로 삼는다는 사실을 드러냈다. 셰리프는 이로써 동조의 원리를 입증했다고 믿었으나, 아시는 애초 셰리프의 질문에는 옳고 그름을 가릴 답이 없었기 때문에 어떠한 확실한 결론도 도출할 수 없다고 주장했다. 답이 분명한 과제에 대해 집단 구성원들이 하나같이 잘못된 답변을 하는 상황에서도 개인이 그들에게 맞춰가려고 할 때에만 동조를 측정할 수 있다는 의미였다. 이러한 상황을 제시하기 위해 '아시 패러다임(Asch Paradigm)'이라는 간단한 지각실험이 고안되었다.

아시 패러다임

이 실험은 123명의 남성 참가자를 대상으로 수행되었다. 이들은 한 명씩 5~7명의

'실험공모자(실험대상자에게는 동료 실험참가자라고 소개되지만 이 실험의 진짜 목표를 알고 있는 사람들)' 집단에 투입되었다. 실험에서는 이 집단에 한 개의 선이 그려진 카드를 보여주고, 이어서 A, B, C라고 표시된 선들이 그려진 카드를 보여주면서, 앞장에서 본 선과 길이가 같은 선을 골라보도록 시킨다.

실험장소는 실험대상자가 항상 맨 끝이나 끝에서 두 번째로 대답하도록 설계되어 있다. 실험공모자들에게는 총 18회 시행 중에서 처음 여섯 번은 올바른 대답을 하고, 나머지 열두 번은 틀리지만 서로 일치된 답변을 하도록 지시한다. 이것은 모든 사람이 똑같이 잘못 답변하는 상황에서도 실험대상자가 여전히 올바르게 대답하는지, 아니면 공모자들의 답변에 따라 대답하는지를 실험하려는 목적이다. 처음에 아시는 실험대상자 중 몇 명만이 공모자들의 대답에 따라갈 것이라고 예상했다. 매우 간단해서 답이 뻔한 질문이었기 때문이다. 아무런 집단압력이 없었던 예비조사에서는 총 720회 시행 중 잘못된 대답이 겨우 3회에 그쳤다. 그러나 실제 실험결과는 놀라웠다. 이구동성으로 잘못된 대답을 하는 사람들에 둘러싸이자, 실험대상자들은 질문의 약 3분의 1(32퍼센트)에 대해 틀리게 대답했다. 실험대상자들 중 75퍼센트가 적어도 1회 이상 틀리게 대답하고, 어떤 참가자는 총 12회 시행 중 11회나 잘못 대답할 정도로 집단의 의견에 추종했다. 이 실험의 문제는 단순하고 명확했으므로, 이 수치는 곧 실험대상자들의 높은 동조성향을 의미한다. 그러나 모든 질문에 100퍼센트 집단의 의견을 따라 대답한 실험참가자는 한 명도 없었고, 50명 중 13명(26퍼센트)은 한 번도 동조를 보이지 않았다.

이 실험결과는 실험대상자들이 매우 일관성 있는 사실을 입증했다. 집단의 의견

> 다수에 순응한 모든 실험대상자는 자신이 동조한 횟수를 실제보다 과소평가했다.
> 솔로몬 아시

에서 벗어나 독자적으로 대답한 사람은 아무리 여러 번 실험해도 다수에 순응하지 않았던 반면, 일단 집단에 따르기로 선택한 사람은 끝까지 그 패턴을 벗어나지 못하는 모습을 보였다.

설명

아시는 실험결과를 더욱 심층적으로 이해하기 위해 실험대상자들과의 인터뷰를 통해 그들이 잘못된 답변을 선택한 이유를 확인했다. 일부 참가자는 실험자의 의도로 추정되는 바에 부응함으로써 전체적인 실험을 망치지 않으려는 생각이었다고 말했다. 몇 명은 실제로 눈에 피로감을 느꼈거나 제대로 보기 힘든 각도에 앉아있었던 것이 아닌지 의아해했다. 일부는 자신이 틀린 대답을 하는지 몰랐다고 주장했다. 그러나 그 외 나머지는 자신의 대답이 틀리다는 사실은 알았지만, 그 자리에서 혼자만 눈에 띄거나 바보처럼 보이기가 싫었다고 대답했다. 다시 말해, 집단 속에 어울리고 싶었다는 것이다. 또 아시는 독립적으로 올바른 대답을 고수한 실험대상자들과도 면담을 나눈 결과, 그들 역시 다수 의견에 흔들리지 않았던 것은 아니지만 자신이 본 것을 있는 그대로 대답하겠다는 일념으로 잠시나마 느꼈던 의혹을 극복해냈다는 사실을

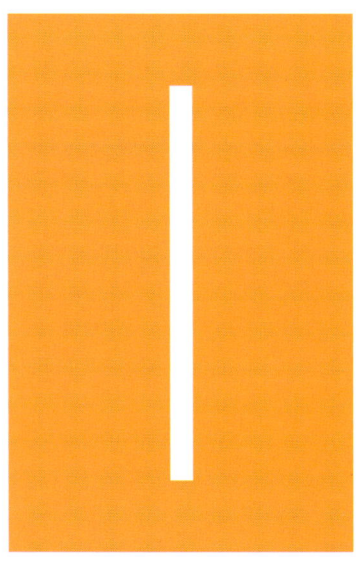

아시 패러다임 실험에서는 참가자들에게 시각 테스트를 실시했다. 실험참가자들은 두 번째 카드의 세 선 중에서 첫 번째 카드의 선과 길이가 같은 선을 찾아내야 했다. 한 번 질문할 때마다 '시행(trial)'이라 불렀고, 1인당 총 18회씩 시행했다.

발견했다.

아시는 다수 집단의 규모가 동조에 어떠한 영향을 미치는지 시험하기 위해 이 실험에 다양한 변화를 가했다. 그 결과 공모자가 한 명이면 사실상 실험대상자의 동조에 아무런 영향력이 없고, 두 명이라도 미미한 수준에 그치지만, 세 명부터는 비교적 확실한 동조성을 자극한다는 것을 발견했다. 또 공모자들의 답변이 만장일치를 보이면 매우 강력한 영향력을 발휘했지만, 단 한 명이라도 다르게 대답하면 실험대상자들이 독립적으로 (올바르게) 대답하려는 성향이 훨씬 높아졌다. 이런 결과는 비록 몇 명 안 되더라도 의견이 다른 소수세력이 가진 영향력을 시사한다. 뿐만 아니라 아시는 참가자들에게 답변을 종이에 적어 제출하도록 하여 남들 모르게 대답할 기회를 제공하면 동조성이 현저히 낮아지고, 설사 공모자들이 자신들의 답변을 큰 소리로 떠들더라도 그 결과는 변함이 없음을 밝혀내었다.

미국 상원의원 조셉 매카시(Joseph McCarthy)는 1950년대에 공산주의자 마녀사냥을 벌여, 공포 분위기를 조성하고 높은 수준의 정치적·사회적 동조를 부추겼다.

문화적 규범

일부 심리학자들은 아시의 연구결과가 매카시즘(McCarthyism)에 시달리던 1950년대 미국의 문화적 풍토를 반영한 것이라는 가설을 제기했다. 매카시즘 시대에는 의견이 다르면 곧 반미행위로 간주되었고, 그런 의견 때문에 감옥에 끌려가곤 했던 것이다. 후대의 연구에서는 동조수준의 변화를 발견했다. 예를 들어, (미국에서 자유주의적·진보적 사상의 시대였던) 1970년대 초에 수행된 연구에서는 동조수준이 훨씬 낮은 것으로 조사되었다. 그러나 1970년대 후반의 연구에서는 다시 높은 수준으로 복귀했다.

동조수준은 전 세계 문화에 따라서도 차이가 난다. 연구자들은 미국, 영국, 서구유럽처럼 개인의 선택과 개별적인 성과가 중시되는 개인주의 문화에서는 일본, 피지, 아프리카 국가처럼 집단 소속감이 중시되는 집단주의 문화에서보다 동조수준이 더 낮게 나타난다는 사실을 발견했다.

심리학자들은 아시가 실험참가자들 간의 활발한 상호작용 등을 배제하고 오로지 최소한의 집단행위에만 초점을 두었다거나, 집단역학보다는 집단 내 개인들에 더 초점을 맞추었다는 이유로 아시의 방법론을 비난해왔다. 일각에서는 아시가 소수에게 영향을 미치기 위해 다수의 위력을 부풀린 것은 아닌지 의심하기도 한다. 특히 세르주 모스코비치는 아시의 분석에 반발하면서, 적극적인 소수는 다수에 영향을 미쳐 변화를 이끌어낼 수 있다고 주장했다. 모스코비치는 아예 일관성 있는 소수세력이 다수의 생각에 어떻게 영향을 미칠 수 있는지를 입증하는 쪽으로 연구를 전개해 가기 시작했다.

아시는 사회생활에는 어느 정도의 합의가 필요하다는 사실을 인정하면서도, 각각의 개인이 독자적인 통찰과 경험으로 기여할 때 사회생활이 가장 생산적일 수 있다고

식인종의 구성원들은 식인풍습을 전적으로 올바르고 적절하다고 여긴다.

솔로몬 아시

역설한다. 합의란 두려움이나 동조에서 비롯되어서는 안 된다. 심지어 지식인들 사이에도 동조 성향이 강하다는 아시의 발견은 교육의 질과 사회적 가치에 대해 의문을 제기하게 만든다.

아시의 결론은 개인의 신념과 행동을 결정하는 사회적 영향력의 위력(과 위험)에 주목한다. 만약 한 집단에서 표준이 정해지면, 사회적 압력으로 인해 동조가 유발될 것이다. 아시의 이론에서 영감을 얻은 스탠리 밀그램은 복종실험을 통해 평범한 사람도 동조압력을 받으면 얼마든지 잔혹행위를 저지를 수 있음을 입증했다.

그러나 아시의 실험참가자들은 대부분, 심지어 실험에서 동조를 보인 사람들조차도 인간 정신의 독립성은 중요하다고 답변함으로써, 아시를 여전히 인간성에 대한 낙관론자로 남게 했다. ■

삶이란 극적으로 연기되는 것이다

어빙 고프먼(서기 1922~1982년)

맥락읽기

사상
인상관리(Impression management)

이전의 관련 역사
서기 1890년 : 윌리엄 제임스가 사적인 주체로서의 자아('I')와 공적인 객체로서의 자아('me')를 최초로 구분한다.

서기 1902년 : 미국의 사회학자 찰스 쿨리(Charles Cooley)가 자아는 타인의 반응 속에 반영된다고 주장하는 '면경자아(looking-glass self)' 이론을 발표한다.

이후의 관련 역사
서기 1990년 : 미국의 심리학자 마크 리어리(Mark Leary)와 로빈 코발스키(Robin Kowalski)가 인상관리를 통해 행복을 증진시키는 세 가지 방법을 소속감, 자기고양, 자기이해로 정의한다.

서기 1995년 : 심리학자 사라 햄슨(Sarah Hampson)이 우리의 행동은 함께 있는 사람에 따라 달라지므로, 다양한 사람은 우리 성격의 다양한 측면을 끌어낸다고 주장한다.

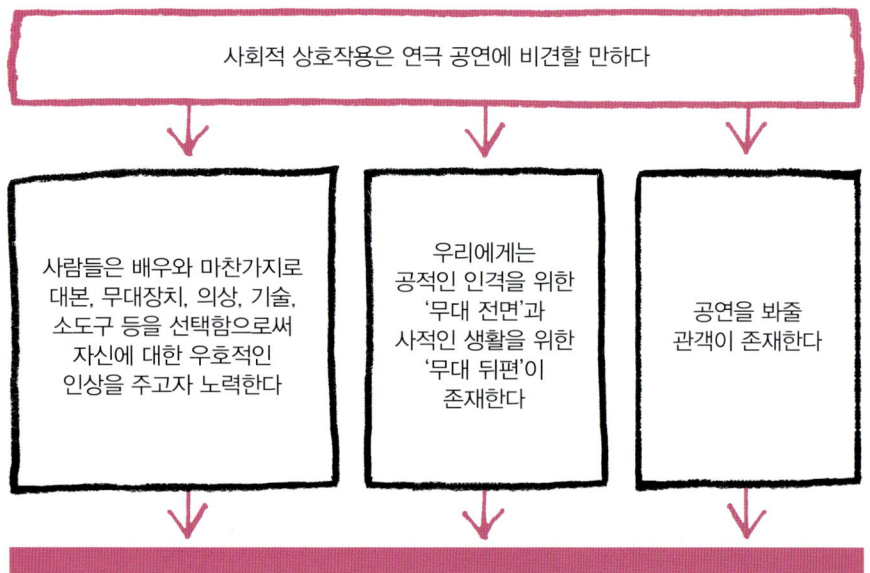

사회적 상호작용은 연극 공연에 비견할 만하다

- 사람들은 배우와 마찬가지로 대본, 무대장치, 의상, 기술, 소도구 등을 선택함으로써 자신에 대한 우호적인 인상을 주고자 노력한다
- 우리에게는 공적인 인격을 위한 '무대 전면'과 사적인 생활을 위한 '무대 뒤편'이 존재한다
- 공연을 봐줄 관객이 존재한다

삶이란 극적으로 연기되는 것이다

어빙 고프먼(Erving Goffman)이 주창한 '인상관리'란 우리가 사회적 정체성을 만들고 유지하며 발전시키는 과정에 대한 이론이다. 고프먼의 주장에 따르면, 사회적 상호작용의 근본적인 특징은 우리가 의식적으로든 무의식적으로든 타인에게 인식되는 모습을 조작하고 통제하려 든다는 점이다. 우리는 다른 사람들과 교류할 때마다 자신의 공적인 이미지를 보여준다. 때로는 (면접관 같은) 특정 상대방에게 영향력을 발휘하려는 목적이고, 때로는 그저 자신의 긍정적 이미지를 관리하려는 목적이다. 1959년의 저서 『일상생활에서의 자아표현』에서 고프먼은 현실세계에서 우리가 스스로를 드러내는 방식과 무대 위에서 연극배우가 보여주는 연기가 어떻게 비슷한지를 설

참조 : ■ 윌리엄 제임스 38~45쪽 ■ 윌리엄 글래서 240~241쪽 ■ 스탠리 밀그램 246~253쪽 ■ 데이비드 C. 맥크릴랜드 322~323쪽 ■ 월터 미셸 326~327쪽

명함으로써 인상관리와 연극의 유사점을 도출해낸다. 모든 사회적 상호작용은 솔직한 자기표현의 욕구만큼이나 관객에게 특정한 영향을 미치려는 목적에서 이루어지는 것이다.

사실 고프먼의 이론에 따르면, 인격이란 개인이 자신의 삶에서 수행하는 다양한 역할의 총합이다. 결국 진정한 자아란 사적이거나 내적인 현상이 아니라 한 사람이 자신을 공개적으로 드러내는 방식의 극적 효과라는 의미이다. 그래서 고프먼은 "삶이란 극적으로 연기되는 것이다"라고 말한다. 성공적으로 인상을 형성하려면 적절한 무대장치, 소도구, 의상, 기술, 그리고 '무대 뒤편(사적인 은밀한 영역)'과 달리 '무대 전면(공적인 영역)'에 선다는 자각 등이 필요하다는 것이다.

연기술

고프먼은 현실세계의 모든 사람이 관객에게 보여줄 자신만의 무대, 소품, 의상 등을 선택할 능력이 있다고 믿는다. 이런 사회 속 연기자와 무대 위 연기자의 주된 목표는 다른 연기자들과의 상호교류를 통해 일체감을 유지하는 것이다. 그러기 위해서는 모든 사람이 사회적 환경에 적절히 반응하고 적응하는 방식을 서로에게 신호로 알림으로써, '상황에 대한 정의'와 특정 공연이나 상호작용의 특징, 기대 및 한계 등에 동의해야만 한다.

사람들이 제대로 조화를 이루기 위해서는 개인적 정체성, 사회적 맥락, 그 맥락 내의 행위에 대한 집단적 기대 등에 동의해야만 한다. 예를 들어 상류층 파티에 참석한 유명인사는 모두 암암리에 자신이 '상류층 파티의 유명인사'라는 인식을 공유하고 있다. 이들은 각자 그 상황에서 자신에게 정의된 역할을 받아들이고, 다른 연기자나 관찰자(또는 관객)에게도 각자의 정의를 받아들이도록 부추긴다. 그러나 예를 들어 준비된 파티음식이 피자밖에 없거나 비유명인사가 파티에 참석하는 등 그 상황의 특별한 정의가 무너지더라도, 사람들은 아무런 문제가 없는 척 행동함으로써 인위적인 신뢰감을 고취시켜 평온을 유지하고 혼란을 초래하지 않으려는 경향을 보인다.

한편 고프먼 자신은 레스토랑, 계단식 강의실, 영화관 대기행렬 등에서 마주침을 형성하는 법칙의 한계를 즐겨 시험했다고 전해진다. ■

호텔 직원들이 손님을 대할 때는 '무대 전면'에 있는 셈이다. 그들도 근무시간 외에 '무대 뒤편'에 있을 때는 격식을 덜 차린 상태로 행동이 바뀔 것이다.

어빙 고프먼

캐나다 사회학자이자 작가인 어빙 고프먼은 앨버타 주 맨빌에서 태어났다. 그의 조상은 캐나다로 이민 온 우크라이나계 유대인이었다. 고프먼은 토론토대학에서 사회학과 인류학 학사과정을 마친 후에 시카고대학에서 사회학 석·박사학위를 취득했다. 1962년에 캘리포니아대학의 전임교수가 되어 1969년까지 7권의 중요한 저서를 발표했다. 특히 1964년에 첫 번째 아내가 자살하는 비극적인 사건을 겪은 후 1969년 논문 「공간의 광기 The Insanity of Place」에서 그 경험에 대해 기록했다. 1981년에 재혼했고, 그 어디에도 속하지 않으려는 이단아적 성향에도 불구하고 1982년에는 미국사회학회(American Sociological Association) 회장이 되었다. 그러고 나서 바로 몇 달 후 위암으로 사망했다.

주요 저서

1959년 『일상생활에서의 자아표현 The Presentation of Self in Everyday Life』
1961년 『수용소 Asylums』
1971년 『공공에서의 관계 Relations in Public』
1974년 『프레임 분석 Frame Analysis』

더 자주 볼수록 더 좋아하게 된다

로버트 자이언스(서기 1923~2008년)

맥락읽기

사상
친숙성(Familiarity)

이전의 관련 역사
서기 1876년 : 독일의 실험심리학자 구스타프 페히너(Gustav Fechner)가 친숙성은 예술작품에 대한 호감도를 높여주지만, '과도한 친밀성(supersaturation)'은 혐오감으로 이어진다고 주장한다.

서기 1910년 : 에드워드 B. 티치너가 단순노출 효과를 사람들이 친숙한 대상과 함께 있을 때 느끼는 '행복한 온기'라고 설명한다.

이후의 관련 역사
서기 1971년 : 심리학자 T. T. 포(T. T. Faw)와 D. 피엔(D. Pien)이 어른과 아이 모두 익숙한 선화(線畵)나 양식보다는 새로운 쪽을 선호한다는 것을 발견한다.

서기 1989년 : 로버트 본스타인(Robert Bornstein)이 익숙하지 않은 자극이 짧게 주어질 때 단순노출 효과가 극대화된다는 사실을 알아낸다.

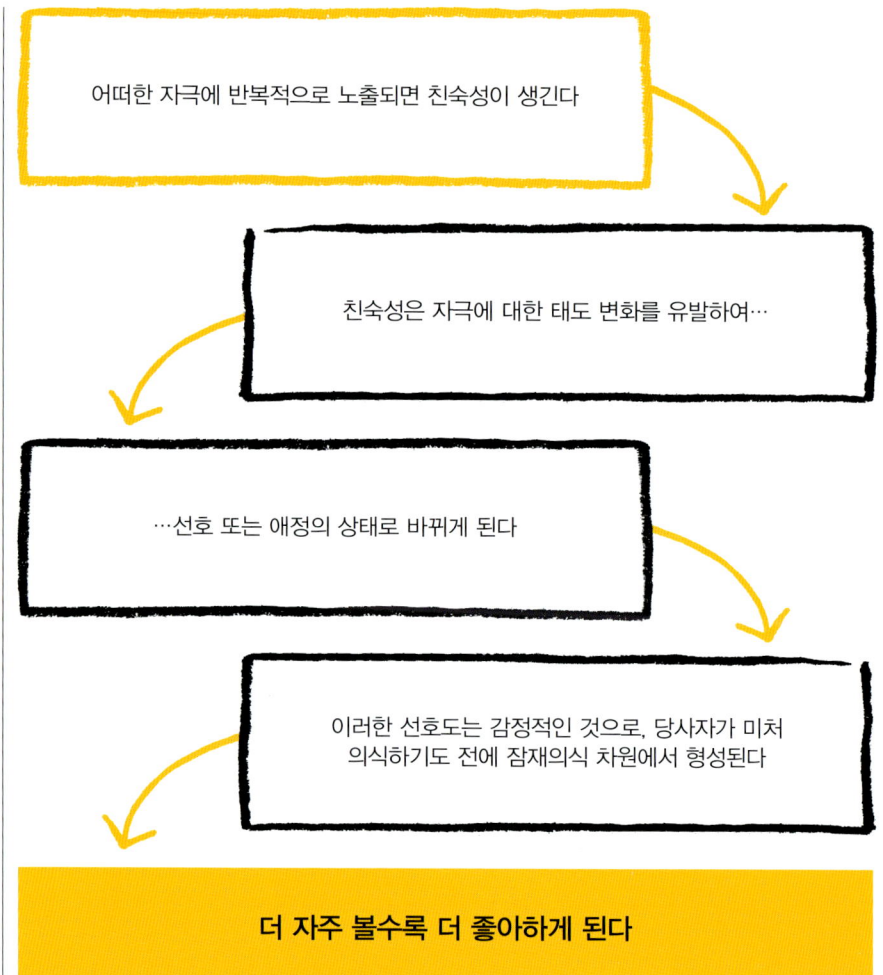

20세기 중반까지 사회심리학자들은 환경적 요인을 기반으로 인간 행위를 설명하려는 경향이 있었다. 그러나 폴란드 출신의 심리학자 로버트 자이언스(Robert Zajonc)는 인간을 더욱 온전히 이해하려면 정신적 기능도 고려해야 한다고 믿었다. 그는 감정과 사고의 관계, 즉 정서와 인식의 교차점에 주로 관심이 있었고, 둘 중에 어느 쪽이 인간의 행동에 더 큰 영향을 미치는지 연구하는 데 경력의 대부분을 바쳤다. 그가 '단순노출 효과'를 발견하여 사회심리학 분야에서 명성을 떨치는 계기가 된 1968년의 중요한 실험 역시 이러한 목적으로 수행되었다.

친숙성 실험

자이언스가 설명하는 단순노출이란 그저 주어진 자극이 의식적이든 잠재의식적이든 실험대상자의 인식에 도달 가능한 상태를 의미한다. 단순노출 효과란 이미 1910년에 개인이 뭔가 친숙한 대상과 함께 있을 때 느끼는 친밀감과 '행복한 온기'를 언급했던 심리학자 에드워드 B. 티치너에 의해 제시된 적이 있었다. 그러나 당시 티치너의 가설이 부인되면서 그 개념은 세상의 관심 밖으로 사라지게 되었다.

자이언스는 1967년 오리건주립대학에서 벌어진 어느 특이한 실험을 다룬 신문기사를 보고 단순노출 효과에 관심을 갖게 되었다. 이 기사에서는 한 '의문의 학생'이 검은 가방을 뒤집어쓰고 두 달 동안 강의를 들었다고 소개했다. 강의를 맡은 찰스 게칭어(Charles Goetzinger) 교수는 그 사람의 정체를 알고 있었으나 다른 사람들은 그가 누군지 전혀 알지 못했다. 그런 상황에서 게칭어는 시간이 지남에 따라 학생들의 반응이 변해가는 과정을 관찰했다. 학생들은 처음에는 그 검은 가방을 적대적으로 대했지만 점차 이런 태도가 누그러지면서 가방을

참조 : ■ 레온 페스팅거 166~167쪽 ■ 에드워드 B. 티치너 334쪽 ■ 스탠리 샤흐터 338쪽

자이언스는 1968년 실험에서 사람들에게 다양한 기호 슬라이드를 서로 다른 빈도로 보여줌으로써 단순노출 효과를 시험했다. 실험참가자들은 자주 등장했던 기호일수록 더 높은 선호도를 보였다.

뒤집어쓴 학생에게 우호적으로 변했고, 심지어 그를 보호하려 들기도 했다. 게칭어는 학생들의 태도가 "검은 가방에 대한 적대감에서 호기심으로, 마침내는 우정으로 변했다"고 언급했다.

자이언스의 획기적인 논문 「태도에 나타난 단순노출 효과」는 1968년의 〈성격 및 사회심리학 저널The Journal of Personality and Social Psychology〉에 게재되었다. 이 논문에서는 실험참가자들에게 기하학적 모양, 중국 한자, 회화, 얼굴 사진 등 다양한 이미지를 무작위로 보여주되, 대신 어떤 사진이 반복되는지 분간할 수 없을 만큼 빠르게 지나가도록 보여주는 일련의 실험을 수행한다. 그런 다음에 실험대상자에게 어떤 사진이 좋았느냐고 물어보면, 그들은 하나같이 가장 자주 나타났던 사진을 선택하면서도 그런 사실을 의식하지 못했다. 이 실험을 통해 자이언스는 친숙성이 익숙한 자극에 대해 일종의 호감과 애정을 유발함으로써 태도 변화를 초래한다는 사실을 발견했다. 친숙성은 노출에 따라 증가하므로, 특정대상에 대한 노출빈도가 높아질수록 그 대상에 느끼는 애정도 커질 것이다. 한마디로 "더 자주 볼수록 더 좋아하게 된다"는 말이다.

자이언스의 실험 이후 다른 연구자들은 이미지 대신 소리를 이용해도 단순노출 효과를 재현할 수 있다는 것을 발견했다. 사회심리학자인 D.W. 라예키(D.W. Rajecki)는 1974년에 닭의 수정란을 대상으로 실험을 벌였다. 수정란을 두 집단으로 구분하여 부화되기 전에 각 집단에 주파수가 다른 음악을 틀어준 다음, 부화되고 나서 양 집단의 병아리들에게 두 가지 음악을 모두 틀어준 것이다. 그랬더니 병아리들은 예외 없이 부화되기 전에 들려줬던 음악에 선호반응을 보였다.

선호도는 이성적이지 않다

자이언스의 실험결과는 친숙한 대상에 대한 선호도가 순전히 그 대상에 노출되어 온 이력에 의거할 뿐 개인의 명시적인 신념이나 태도와는 무관하다는 의미가 된다. 이는 실험대상자가 본인도 모르는 사이에 자극에 노출되고, 심지어 자극을 받는 와중에도 그 사실을 전혀 의식하지 못하는 경우에도 여전히 성립된다. 이러한 발견을 바탕으로, 자이언스는 호감은 이성적인 판단에 기초하지 않는다는 뜻에서 "선호도에는 추론이 필요 없다"고 주장했다. 우리들이 보통 짐작하던 바와는 사뭇 대조적이다.

1980년에 집필한 「감정과 사고」라는 논문에서 자이언스는 감정과 사고가 서로 완전히 독립적이라고 주장했다. 인간이 자극에 반응하는 복잡한 과정에서 감정이 사고보다 우선할 뿐 아니라 사실상 인간의 태도와 의사결정에 가장 결정적인 영향을 미친다는 것이다. 이 논문은 다양한 논쟁을 불러일으켰고, 인간감정에 대한 이론이 의사결정과정의 연구 등에 중요한 의미를 지닌다는 이유로 서구 심리학에서 감정연구가 전면으로 재부상하는 계기가 되었다. 이 논문에서는 우리의 일반적인 믿음과 달리, 의사결정을 좌우하는 것은 이성이나 논리가 아니라고 주장한다. 우리는 사실상 선택에 대해 인식적으로 고려해볼 틈도 없이 감정

낯설다는 것은 보통 불확실성이나
갈등을 연상시킨다.
즉 긍정적이기보다는 부정적인 감정을
자아내기 쉬운 상태인 것이다.
로버트 자이언스

광고업계는 항상 광고의 가공할 만한 잠재력은 노출 덕분이라고 주장해왔다.
로버트 자이언스

브랜드에 반복적으로 노출되면, 아무런 사실정보 없이 제시되거나 아무런 의사결정이 요구되지 않을 때에도 브랜드에 대한 호감이 생길 수 있다.

을 기반으로 신속하고 직관적으로 결정해 버리기 때문에, 결국 정보 없이 판단을 내리게 된다는 것이다. 만약 이 주장이 사실이라면, 우리의 논리적 추론과정은 판단에 앞서 선택에 대한 정보를 제공하기보다는, 단지 이미 내려버린 결정을 정당화하고 합리화하는 데에 그친다는 의미가 된다.

자이언스는 "사고에는 언제나 감정이 동반되는 반면, 그 역은 성립하지 않는다"라고 결론지었다. 우리는 부가적인 느낌 없이 무엇에 대해 생각할 수 없다. 자이언스가 말한 대로, 우리는 집을 볼 때 단순한 '집'을 보는 게 아니라 '멋진 집'이나 '자랑할 만한 집'을 본다. 모든 인식에는 어떤 감정이나 느낌이 포함되어 있는 것이다. 또 자이언스는 프레더릭 바틀릿이 『기억』이란 저서에서 "실험대상자에게 무언가를 떠올려보라고 시킬 때 가장 먼저 기억나는 것은 대상에 대한 기본적인 느낌 같은 것일 때가 아주 많다"고 말했듯이, 기억에서도 분명히 인식보다 감정이 우선한다고 주장한다.

대인매력

단순노출 효과의 영향력은 실험실의 범위를 벗어나 대인매력의 영역까지 확장된다. 이런 맥락에서 우리가 정기적으로 만나는 사람들과 우정이나 애정 관계를 맺는 경향이 있다는 이 현상은 '근접성 효과'라고 불린다. 일각에서는 이 효과를 진화에 초점을 맞춰 설명한다. 동물이 무엇인가에 처음 노출되면 주로 두려워하거나 공격적인 반응을 보이지만, 노출이 반복되면서 처음에 느꼈던 위협이 현실화되지 않는다는 사실을 깨닫고 나면 부정적인 반응이 줄어든다는 것이다. 자이언스는 이 개념을 인간에 대해서까지 실험해본 결과, 사람들이 친숙하지 않은 가상집단에 대해 단지 그들이 완전히 낯설다는 점 외에는 아무런 뚜렷한 이유 없이 좋지 않은 인상을 받고 매우 부정적인 입장을 취한다는 사실을 발견했다. 하지만 모양이나 기호에 대해 그러했듯이, 사람에 대해서도 노출이 반복되다보면 신뢰와 애정이 커지는 것으로 드러났다.

근접성 효과에 대한 또 다른 설명은 친숙성, 태도의 유사성, 신체적 매력, 상호 간 애정 등 대인매력과 관련된 다양한 요인들에 주목한다. 사람들끼리 교류가 잦아지면 친숙도가 높아질 뿐 아니라 서로 간의 유사점을 발견하게 되어 호감, 나아가 애정이 늘어난다는 설명이다.

모든 인식에는 우리가 '감정'이라고 부르는 형태의 경험이 동반된다.
로버트 자이언스

노출과 광고

단순노출 효과가 비록 다른 분야만큼 분명하지는 않지만 결정적인 역할을 하는 또 다른 영역이 바로 광고이다. 연구대로라면 브랜드나 기업명에 대한 노출이 반복될수록 매출이 올라가야 하겠지만, 이러한 가정은 빈번한 노출에 따른 다른 부정적 잠재효과를 고려하지 않기 때문에 지나치게 단순화된 감이 있다.

한 연구에서는 배너광고를 이용하여 대학생 연령의 학생들에게 단순반복 효과를 시험해보았다. 실험대상자들이 컴퓨터 화면상에서 제공받은 기사를 읽는 동안 그 화면 상단에서는 배너광고들이 깜빡이고 있었다. 실험 결과 배너광고에 더 많이 노출된 학생들은 그렇지 않은 학생들보다 확실히 해당 광고를 더욱 호의적으로 평가했다. 그러나 또 다른 연구에서는 브랜드명에 친숙해질수록 양면적인 태도가 나타날 수 있는 것으로 드러났다. 사람들은 친숙한 회사에 대해 좋고 나쁜 연관성을 맺고 있게 마련인데, 노출이 빈번해지면 이 모든 연관성이 상기되기 때문에 양면성이 더욱 확대된다는 것이다. 결국, 반복적인 광고를 통해 형성된 단순한 친숙성이 매출에 유익한지 여부는 여전히 불확실한 상태다.

친숙한 얼굴

자이언스는 노출이 상대에 대해 우리가 느끼는 감정에만 영향을 미치는 게 아니라 시간이 지남에 따라 우리의 외모까지 바꿔 놓을 수 있다는 것을 발견했다. 그는 동료 집단과 함께 부부의 얼굴이 25년을 함께 살고 나면 더 비슷해지는지 여부를 조사했다. 연구자들은 결혼 첫 해에 찍은 부부 사진과 25년 후에 찍은 부부 사진을 비교한 결과, 부부가 함께한 세월이 길어지면 서로 닮아간다는 것을 발견했다. 몇 가지 다른 잠재적 이유를 배제한 끝에, 연구자들은 그것이 공감 때문일 가능성이 가장 높다고 결론 내렸다. 시간이 지날수록 부부가 서로 공감하는 일이 많아지고, 인간의 감정이란 게 주로 얼굴표정을 통해 전달되다보니, 부부가 서로에 대한 공감의 표현으로 상대의 표정을 따라 짓기 시작하면서, 결국 시간이 지나면 두 사람의 얼굴에 유사한 모양의 주름이 형성된다는 논리이다.

이처럼 기본적인 사회적 행동과정에 대한 폭넓은 연구로 유명했던 자이언스는 사회심리학이라는 현대적 분야의 정립에 기여했다. 그는 사고와 감정에 대한 연구를 통해 인종주의, 집단학살, 테러리즘 등의 주제까지 파고듦으로써 궁극적으로 전쟁과 인류의 기아를 막는 데 도움이 되길 바랐다. ■

부부는 시간이 지날수록 서로를 점점 닮아간다. 공감을 표현하기 위해 서로의 얼굴표정을 따라하다 보면 얼굴 주름의 형태가 비슷해지기 때문이다.

로버트 자이언스

로버트 자이언스는 폴란드 우즈에서 태어났다. 그가 16세 때 그의 가족은 나치의 폴란드 공습을 피해 바르샤바로 피신했다. 그러나 2주 후에 가족이 머물던 건물이 폭탄에 맞아 양친이 모두 사망하는 불행을 겪었다. 자이언스는 6개월 동안 병원에서 건강을 회복한 후에 나치 군인들에게 체포되어 독일의 강제노동수용소로 끌려갔다. 다른 재소자 두 명과 함께 탈출하여 320킬로미터나 걸어 간신히 프랑스에 도착했지만, 결국 또다시 붙잡혀 수용소로 끌려가고 말았다. 그는 다시 탈출을 감행하여 영국으로 건너갈 수 있었다.

제2차 세계대전 후에 자이언스는 미국으로 이주하여 미시간대학에서 심리학 박사학위를 받으면서 저명한 심리학자로 자리매김했다. 그는 계속 그곳에서 연구하다가 1994년 퇴임 후에는 스탠포드대학의 명예교수로 재직했다. 자이언스는 85세에 췌장암으로 사망했다.

주요 저서

1968년 『태도에 나타난 단순노출 효과 Attitudinal Effects of Mere Exposure』
1975년 『출생순위와 지적 발달 Birth Order and Intellectual Development』
1980년 『감정과 사고 Feeling and Thinking』

누가 유능한 여성을 좋아하는가?

재닛 테일러 스펜스(서기 1923년~)

맥락읽기

사상
성연구(gender studies)

이전의 관련 역사
서기 1961년 : 앨버트 반두라가 남자아이와 여자아이가 다르게 행동하는 이유는 다르게 대접받기 때문이라고 주장하는 사회학습 이론을 전개한다.

서기 1970년 : 로버트 헬름라이히(Robert Helmreich)와 엘리엇 애런슨이 남성은 무능한 남성보다 유능한 남성에게 더 호감을 느낀다는 사실을 보여주는 연구를 발표한다.

이후의 관련 역사
서기 1992년 : 미국의 심리학자 앨리스 이글리(Alice Eagly)가 여성이 전통적인 남성적 방식으로 리더십을 발휘하면 더욱 부정적으로 평가받는다는 것을 발견한다.

2003년 : 사이먼 배런-코헨이 여성 뇌는 대부분 공감에 적합하게 구성된 반면 남성 뇌는 체계를 이해하는 데 적합하다고 주장한다.

1970년대에 여성해방운동이 거세지기 전까지 미국의 심리학자 재닛 테일러 스펜스(Janet Taylor Spence)는 주로 불안연구에 힘을 쏟았다. 그러나 그녀의 동료 두 명이 '남성에게 능력과 호감은 어떠한 상관관계가 있는가'란 주제로 수행한 실험결과를 읽은 후에, 성연구로 방향을 바꾸었다. 그녀는 이 연구에서 여성이 고려되지 않았다는 사실을 간파하고, 전적으로 여성에 초점을 맞추어 유사한 연구를 진행하기로 결심했다. 그 연구결과인 「누가 유능한 여성을 좋아하는가?Who likes competent women?」란 논문은 1972년에 출간되었다.

테일러 스펜스는 로버트 헬름라이히와 함께, 남성과 여성 모두 유능한 여성을 그렇지 않은 여성보다 더 좋아하는지 알아보는 실험에 착수했다. 두 심리학자는 오로지 남녀평등을 믿는 사람들만이 유능한 여성을 선호할 것이라고 예상했다. 이런 가설을 검증하기 위해 그들은 교육, 결혼, 직장생활, 습관, 지적 리더십, 사회적·경제적 자유에 대한 질문을 통해 여성의 역할과 권리에 대한 태도를 측정하는 '여성에 대한 태도 척도(AWS)'를 개발했다. 실험결과는 놀라웠다. 연구자들의 예상과는 달리, 실험참가자들은 능력 있는 여성을 그렇지 않은 여성보다 더 선호했고, 심지어 가장 남성적인 방식으로 유능함을 과시하는 여성에게 가장 높은 평가를 내렸다.

이 획기적인 연구는 성연구를 사회심리학 분야의 하위범주로 정착시키는 결정적 계기가 되었다. ■

가장 보수적인 실험대상자조차 전형적인 남성의 영역에서 능력을 발휘하는 여성에게 가장 높은 점수를 주었다.
재닛 테일러 스펜스

참조 : ■ 지그문트 프로이트 92~99쪽 ■ 기 코르노 155쪽 ■ 엘리너 E. 맥코비 284~285쪽 ■ 앨버트 반두라 286~287쪽 ■ 사이먼 배런-코헨 298~299쪽

사회심리학 SOCIAL PSYCHOLOGY

섬광기억은 정서성이 높은 사건으로 발화된다

로저 브라운(서기 1925~1997년)

맥락읽기

사상
기억연구

이전의 관련 역사
서기 1890년 : 윌리엄 제임스가 단기(일차)기억과 장기(이차)기억을 구분한다.

서기 1932년 : 프레더릭 바틀릿의 연구로 회상기억이 단순히 인출의 문제가 아니라 과거 사건을 적극적으로 재구성한 결과임이 밝혀진다.

이후의 관련 역사
서기 1982년 : 미국의 심리학자 울릭 나이서가 섬광기억은 특수한 메커니즘을 사용하는 게 아니므로 사건 발생 후 수차례의 '되뇌기(rehearsals)' 과정에서 부정확해질 수 있다고 주장한다.

서기 1987년 : 미국의 심리학자 데이비드 루빈(David Rubin)이 『자서전적 기억 Autobiographical Memory』에서 우리는 우리 자신을 인간으로 만든 기념비적 사건들을 기억한다고 주장한다.

19 70년대 후반에 하버드대학의 로저 브라운(Roger Brown) 교수와 그의 동료 제임스 쿨리크(James Kulik)는 기억 현상연구의 고전이 된 「섬광기억Flashbulb Memories」이란 논문을 공동집필했다. 그들은 사람들이 매우 충격적인 의미를 지닌 사건을 접했던 순간을 극도로 생생하고 구체적으로 떠올리게 해주는, 특수한 종류의 자서전적 기억을 지칭하기 위해 이 '섬광기억'이란 용어를 만들었다.

이 논문에서는 J. F. 케네디나 마틴 루터 킹 저격사건과 같이 문화적으로나 개인적으로 중대한 사건들은 특수한 생물학적 기억메커니즘('즉시인쇄')을 가동시켜 그 사건을 처음 접했던 순간의 상황과 그 사건에 대해 영구적인 기록을 생성해버린다고 주장한다. 예를 들어 미국의 9·11 사건과 같은 충격적인 소식을 들었을 때, 우리가 어디에서, 누구와, 무엇을 하고 있었는지를 마치 섬광사진처럼 그려낼 수 있다는 것이다. 브라운과 쿨리크는 이런 기억이 생생하고, 정확하며, 영구적이라고 주장했다. 그러나 울릭 나이서 같은 연구자들은 이런 기

1963년 J. F. 케네디 대통령의 암살은 충격적이고 문화적으로도 중대한 사건이었다. 브라운은 이러한 종류의 사건이 섬광기억을 형성시킨다고 주장한다.

억이 지속되는 까닭은 사건이 끝난 후에도 개인이나 사회에서 반복적으로 상기시킨(또는 되뇌인) 결과 우리 기억 속에서 계속해서 강화되었기 때문이라고 주장하여 섬광기억의 특수메커니즘 이론에 이의를 제기했다.■

참조 : ■ 윌리엄 제임스 38~45쪽 ■ 제롬 브루너 164~165쪽 ■ 엔델 털빙 186~191쪽 ■ 프레더릭 바틀릿 335~336쪽 ■ 울릭 나이서 339쪽

목표는 지식을 늘리는 것이 아니라 정보에 밝아지는 것이다

세르주 모스코비치(서기 1925년~)

맥락읽기

사상
사회구성주의(Social constructivism)

이전의 관련 역사
서기 1807년 : 독일의 철학자 게오르크 헤겔(Georg Hegel)이 우리의 사상과 가치관은 대립되는 견해의 조화를 통해 끊임없이 변화하는 시대정신(zeitgeist)에 의해 형성된다고 주장한다.

서기 1927년 : 독일의 물리학자 베르너 하이젠베르크(Werner Heisenberg)가 '불확정성의 원리'를 통해 관찰자가 관찰 대상에 영향을 미친다는 사실을 밝혀낸다.

서기 1973년 : 미국의 심리학자 케네스 거겐(Kenneth Gergen)이 『역사로서의 사회심리학Social Psychology as History』을 집필하여 사회구성주의의 출현을 알린다.

이후의 관련 역사
서기 1978년 : 레프 비고츠키가 근접발달영역 이론을 통해 학습은 근본적으로 사회적으로 매개되는 활동이라는 개념을 제시한다.

우리는 호기심을 자극하는 어떤 이야기를 우연히 듣는다 → 이 내용은 우리가 알거나 경험했던 다른 지식과 합쳐진다 → 우리는 이 내용에 대해 다른 사람들과 이야기하며 우리의 생각을 공유한다 ← 모든 사람이 기꺼이 지식을 전달하면서 대화 집단에 속해 있으려 한다 → 집단적인 대화가 계속되면서 모든 사람이 더 많이 알게 된다 → 입장이 체계화되고 가치관이 정립된다 → 사회는 집단상식을 표현하기 위해 새로운 어구와 영상을 사용하기 시작한다 → 목표는 지식을 늘리는 것이 아니라 '정보에 밝아지는' 것이다

사회심리학 SOCIAL PSYCHOLOGY

참조: ■ 프리드리히 헤르바르트 24~25쪽 ■ 쿠르트 레빈 218~223쪽 ■ 솔로몬 아시 224~227쪽 ■ 레프 비고츠키 270쪽

1960년대 후반에 사회구성주의자로 알려진 일부 사회심리학자들은 심리학연구에서 일반인의 목소리가 잊혀가고 있다고 주장했다. 문제는 개인이 실제로 사회적 세계를 구성하기보다는 단순히 인식하는 존재로 잘못 그려지고 있다는 것이었다. 이런 우려스러운 풍조에 대항하기 위해 사회심리학자 세르주 모스코비치(Serge Moscovici)는 사람들이 개념을 흡수하고 세계를 이해하는 방법에 대해 이제는 고전이 된 일련의 연구를 수행했다.

모스코비치는 1961년 프랑스에서 출간된 연구서 『정신분석: 그 이미지와 그 대중 Psychoanalysis: its image and its public』에서 모든 생각과 이해는 '사회적 표상(social representation)'의 작동에 기반을 둔다는 주장을 제시했다. 사람들의 일상적인 상호작용과 의사소통 과정에서는 많은 개념, 표현, 설명이 만들어진다. 이를 통해 우리는 사회적·물질적 세계에 적응하고 공동체 내에서 의사소통의 수단을 확보한다. 그야말로 대중매체, 과학, 종교, 사회적 집단의 상호작용을 통해 구축되는 집단 '상식'이자 현실에 대한 공유된 견해인 것이다.

모스코비치는 자신의 이론을 검증하기 위해 정신분석 이론의 개념이 제2차 세계대전 이후 프랑스에서 수용되어온 과정을 살펴보았다. 그는 대중출판물을 연구하고 인터뷰를 수행해가며 집단의식 주변을 맴도는 정보유형의 흔적을 추적했다. 그는 결국 정신분석 이론이 이른바 '고급문화'와 '대중상식'의 형태로 동시에 확산되었다는 사실을 발견했다. 사람들은 그 복잡한 정신분석학 개념을 매우 예사롭게 생각하고 입에 올렸지만, 대체로 단순화된 형태로 사용하고 있었다.

상식의 형성

모스코비치는 어려운 개념을, 수용 가능하고 더욱 쉽게 전달 가능한 언어로 바꾸는 것은 문제가 되지 않는다고 주장했다. 결국 "목표는 지식을 늘리는 것이 아니라 정보에 밝아짐"으로써 집단적인 정보소통 회로에 적극적으로 참여하는 것이기 때문이다. 이 과정에서 낯선 개념이 친숙해지고 과학이 상식이 되는 길이 열린다. 이런 식으로 사회적 표상은 인간집단이 세계를 이해하는 기본 틀을 제공한다. 사회적 표상은 또한 사람들이 사회 내에서 서로를 대하는 방식에도 영향을 미친다. 예를 들어 '동성애자의 아이 입양이 합법적인가'처럼 논쟁적인 사회적 이슈에 대한 토론이 벌어질 때마다, 사회적 표상의 영향력과 중요성은 더욱 분명해진다.

모스코비치는 사회적 표상이 고급수준의 정보가 희석된 상태가 아니라 그 자체로 진정한 지식의 형태라고 주장한다. 그는 사실 이런 일상적인 사고가 (추상적이고 과학적인 사고보다) 중요하다고 단언하는데, 그의 표현을 빌리자면 "공유된 표상은 공통의 '현실', 즉 '평범한' 상식을 구축하기" 때문이었다. ■

세르주 모스코비치

루마니아 브라일라의 유대인 집안에서 스룰 헤르스 모스코비치(Srul Hersh Moskovitch)란 이름으로 태어난 세르주 모스코비치는 부카레스트에서 학교를 다녔으나 반(反)유대인법 때문에 쫓겨났다. 수백 명의 유대인이 고문을 당하고 살해된 1941년의 잔인한 집단학살에서 살아남은 그와 그의 아버지는 끊임없이 전국을 옮겨 다녔다. 그는 제2차 세계대전 중에 프랑스어를 배웠고, 예술잡지 <다 Da>를 공동창간했으나 검열법에 걸려 폐간되었다. 1947년에는 루마니아를 떠나 피난민수용소를 전전한 끝에 1년 후 프랑스에 도착했다. 1949년에 심리학 학위를 받았고, 난민보조금을 지원받아 다니엘 라가슈(Daniel Lagache)의 지도 아래 박사학위를 취득했다. 모스코비치는 1965년에 유럽사회심리학실험실(European Laboratory of Social Psychology)을 공동설립했고, 심리학 교수로서 미국과 유럽의 유명한 대학들에서 학생들을 가르쳤다.

주요 저서

1961년 『정신분석: 그 이미지와 그 대중』
1976년 『다수를 바꾸는 소수의 심리학 Social Influence and Social Change』
1981년 『군중의 시대 The Age of the Crowd』

우리는 선천적으로 사회적인 존재이다

윌리엄 글래서(서기 1925년~)

맥락읽기

사상
선택이론(Choice therapy)

이전의 관련 역사
기원전 350년경 : 그리스 철학자 아리스토텔레스가 인간은 성욕, 분노, 그리고 이로운 일에 대한 이성적인 바람(boulesis) 등 세 가지에 따라 행동한다고 말한다.

서기 1943년 : 클라크 L. 헐이 인간의 모든 행동은 배고픔, 갈증, 성욕, 고통회피 등 네 가지 동기에서 비롯된다고 주장한다.

서기 1973년 : 미국의 과학자 윌리엄 T. 파워스(William T. Powers)가 인간의 행동이란 지각을 통제하여 내적으로 정해진 수준에 가깝게 유지하는 방식이라고 주장하는 지각통제이론(PCT)을 개발한다.

이후의 관련 역사
2000년 : 미국의 정신과 의사 피터 브레긴(Peter Breggin)이 정신적 문제를 겪는 아이들에게 정신과 약물을 사용하여 '치료'하는 행위를 비난하면서 『우리 아이들 되살리기Reclaiming our Children』란 책을 출간한다.

윌리엄 글래서(William Glasser)는 기존의 정신과 약물사용을 공개적으로 거부하면서, 사람들이 겪는 대부분의 정신적·심리적 문제는 사실상 건강한 인간 경험의 범주에 속하고 행동변화를 통해 개선될 수 있다고 주장했다. 즉 개인의 선택, 책임, 변화를 통해 더 큰 행복과 성취감을 얻을 수 있다는 것이 그의 요지이다.

1965년에 글래서는 내담자가 지금 이 순간 자신이 진정으로 원하는 바를 찾고, 그동안 선택해온 행동이 과연 그 목표를 달성하는 데 도움이 되는지를 판단하게 도와주는 문제해결적이고 인지적·행동주의적인 치료법, 즉 '현실치료'를 개발했다.

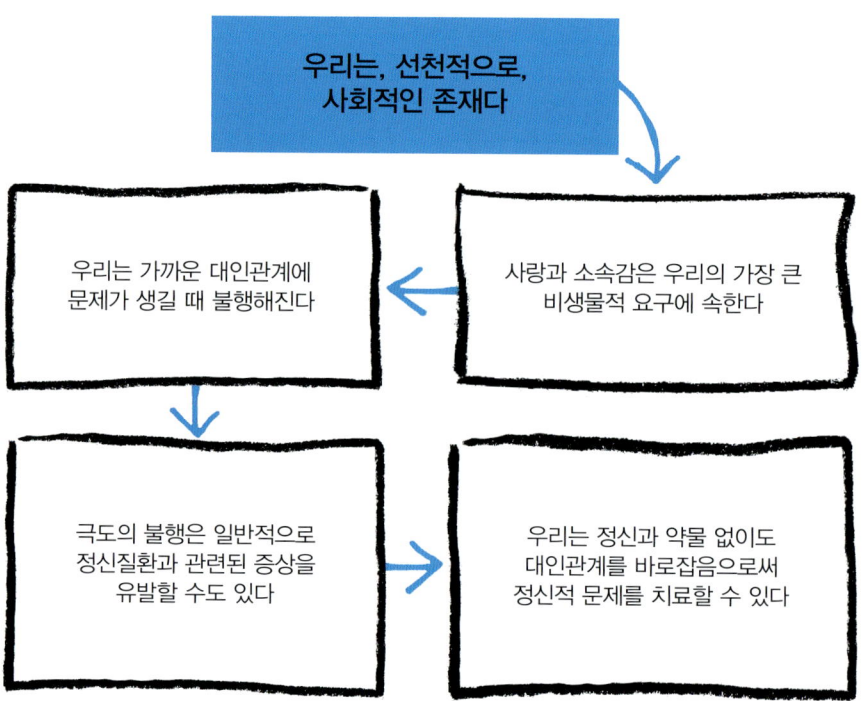

사회심리학 SOCIAL PSYCHOLOGY

참조 : ■ 에밀 크레펠린 31쪽 ■ 지그문트 프로이트 92~99쪽 ■ 데이비드 로젠한 328~329쪽 ■ 클라크 L. 헐 335쪽

선택이론

글래서는 수십 년간 현실치료를 적용하면서, 사람들은 스스로 충족감을 느끼기 위해 원하는 바를 적극적으로 찾아낸다는 사실을 깨닫고 선택이론을 개발하게 되었다. 이 이론에서는 우리들 누구나 기쁨은 늘리고 고통은 줄이는 방식으로 행동하려는 동기가 있고, 결국 더 행복하다고 느끼는 방식으로 생각하고 행동하길 원한다고 주장한다. 글래서에 따르면, 모든 기쁨과 슬픔은 생존, 사랑과 소속감, 힘, 자유, 즐거움 등 다섯 가지의 유전적으로 입력된 욕구를 충족시키려는 노력에서 비롯된다. 그러므로 이러한 욕구를 하나라도 만족시키는 행동은 무엇이든 즐거울 것이고, 아무것도 만족시키지 못하는 행동은 무엇이든 고통을 유발할 것이다. 결국 이러한 욕구를 충족시키는 방법은 오로지 인간관계를 통해서뿐이라고 역설한다. 우리가 생존 문제에 어려움을 겪고 있을 때, 누군가의 도움은 우리에게 큰 기쁨을 준다. 또 사랑과 소속감을 느끼려면 적어도 한 사람 이상과 좋은 관계를 맺고 있어야 하고, 아무리 사소하더라도 우리의 힘을 실감하려면 우리의 말을 들어줄 누군가가 필요하다. 또 자유롭다고 느끼기 위해

사람들과 갈등을 빚게 되면 대인관계에 균열이 생기고 분노가 쌓여 정신질환 증상을 보이게 된다. 결국 정신병적 증상이란 고통스런 대인관계의 논리적 귀결인 셈이다.

서는 타인의 통제에서 벗어나는 자유를 느껴야 하고, 즐거움은 비록 혼자서도 느낄 수 있지만 다른 사람과 함께 있을 때 훨씬 쉽게 느낄 수 있다. 이러한 이유로 글래서는 "우리가 선천적으로 사회적인 존재"라고 주장한다.

글래서는 만성적인 정신적 문제는 보통 (뇌의 생화학적 이상보다는) 개인적인 대인관계의 문제에서 비롯되므로, 정신적 고통은 정신과 약물에 의존하지 않더라도 이런 관계를 개선함으로써 치유할 수 있다고 역설한다. 또 인간은 타인을 통제하려고 시도함으로써 만족감을 느끼는 기본적인 권력욕이 있다고 지적한다. 실제로 우리가 통제할 수 있는 것은 자신의 행동 및 사고방식일 뿐, 다른 사람을 통제하기란 불가능하다. 그런데도 자꾸 남을 지배하려 든다면, 타인에 대한 존중심이 부족하다는 의미이고 불행의 원인이 된다. 결국 선택이론은 우리가 이런 성향을 벗어나 대인관계 속에서 행복을 발견하도록 돕기 위해 개발된 자기통제 심리학이라 할 수 있다. ■

> " 우리의 대인관계를 개선하면
> 정신건강도 개선할 수 있다.
> 윌리엄 글래서 "

윌리엄 글래서

윌리엄 글래서는 1925년에 미국 오하이오 주의 클리블랜드에서 태어났다. 본래 화학공학 기술자로 훈련받다가 클리블랜드의 의과대학에 다니고 로스앤젤레스에서 정신의학을 수련한 후 1957년부터 의사로 일하기 시작했다. 글래서는 윌리엄 T. 파워스의 지각통제이론(PCT)에 관한 글을 읽고 통제이론체계에 입문했다. 1967년에는 캘리포니아에 현실치료연구소(Institute for Reality Therapy, 나중에 '윌리엄 글래서 연구소'로 개명)를 설립하고 학생들에게 선택이론을 가르쳤다. 그의 접근법은 28개국 이상에서 강의되었고, 그는 정신질환, 카운슬링, 학교 개선방안 등에 대해 글을 썼다. 또 '전설의 카운슬링 상(A Legend in Counseling Award)'을 수상하고 미국정신의학회에서 뽑은 최고의 심리치료사(Master Therapist)로 선정되는 등 많은 상을 받았다.

주요 저서

1965년 『현실치료 Reality Therapy』
1969년 『낙오자 없는 학교 Schools Without Failure』
1998년 『선택이론 Choice Theory』
2003년 『경고: 정신과 치료가 당신의 정신건강에 피해를 줄 수 있다 Warning: Psychiatry Can be Hazardous to your Mental Health』

우리는 누구나 받을 자격만큼 받는다고 믿는다

멜빈 러너(서기 1929년~)

맥락읽기

사상
귀인이론(Attribution theory)

이전의 관련 역사
서기 1958년 : 오스트리아의 심리학자 프리츠 하이더(Fritz Heider)가 귀인과정, 즉 사람들이 특정 상황에 영향을 미치는 요인을 어떻게 판단하는지에 대해 연구한다.

서기 1965년 : 미국의 심리학자 에드워드 E. 존스(Edward E. Jones)와 키스 데이비스(Keith Davis)가 귀인의 목표는 한 사람의 행동과 의도가 그의 기본적 특성을 어떻게 드러내는지 발견하려는 것이라고 주장한다.

이후의 관련 역사
서기 1971년 : 미국의 사회학자 윌리엄 J. 라이언(William J. Ryan)이 '피해자 책임전가'라는 용어를 만들고, 이 방법이 인종차별과 사회불평등을 정당화하기 위해 어떻게 사용되는지 폭로한다.

서기 1975년 : 미국의 심리학자 직 루빈(Zick Rubin)과 레티샤 페플라우(Letitia Peplau)가 '공정한 세상'을 굳게 믿는 사람일수록 더욱 권위주의적이고 종교적이며 기존 사회 및 정치제도를 존중하는 경향이 있음을 밝혀낸다.

사람들은 안전하고, 안정되고, 질서정연한 세상에 살고 있다고 믿고 싶어 하고…

→ …그 세상에서는 '나쁜' 일은 오로지 '나쁜' 사람에게나 일어나고 '좋은' 사람에게는 '좋은' 일만 일어난다고 믿고 싶어 한다

↓

사람들은 '누구나 받을 자격만큼 받는다'라고 믿고, 자신이 받는 것에 맞추어 살아가게 된다 ← 사람들은 스스로 불행에 노출되어 있다고 느끼지 않기 위해 불행의 희생자를 비난한다

사람들은 스스로 인생을 통제하고 있다고 느낄 때 가장 안심한다. 세상사를 예측하고 관리하며 궁극적으로 통제할 수 있다고 느끼려면, 무엇보다 착한 사람은 보답을 받고 나쁜 사람은 처벌을 받는 세상에 살고 있다는 믿음이 필요하다. 이렇게 '누구나 받을 자격만큼 받는다'고 믿으려는 성향을 '공정한 세상 가설(Just-World hypothesis)'이라고 한다. 그러나 멜빈 러너(Melvin Lerner)에 따르면, 이처럼 어떤 상황에 대해 실제 사실보다 관련된 사람들의 특성에 비중을 두어 생각하는 것은 위험한 착각이다. 만약 누군가가 고통 또는 처벌을 받고 있다면, 우리는 그 사람이 그런 불행을 초래할 만한 짓을 했을 게 분명하다고 믿기 쉽다. 공정한 세상 가설은 불가해 보이는 사건을 합리화하여 우리를 안심시키고, 세상이 무질서하거나 혼란스럽게 보이지 않도록 막아준다. 또 사람들에게 '좋은' 일을 하면 오로지 '좋은' 일만 일어날 것이라고 믿게 하여, 거짓된 안정감과 통제력을 부여한다.

사회심리학 SOCIAL PSYCHOLOGY 243

참조: ■ 도로시 로 154쪽 ■ 엘리자베스 로프터스 202~207쪽

다른 사회적 문제와 마찬가지로, 노숙자 문제 역시 불행의 책임이 궁극적으로 노숙자들 본인에게 있다고 치부해버리면 용인하거나 외면하기가 훨씬 쉬워진다.

러너의 저서『공정한 세상에 대한 믿음』에 따르면, 우리는 아이들에게 "착하게 행동하라"고 가르치면서, 본능적인 충동과 욕망을 잘 억제하면 그 대가로 미래에 보상을 받게 될 것이라고 약속한다. 이러한 약속이 지켜지려면 이 세상이 반드시 공정해야 하므로, 아동들은 그렇게 굳게 믿으며 어른으로 성장하게 된다.

피해자 책임전가

러너는 1965년의 연구에서 실험참가자들이 다른 학생의 복권당첨 소식을 듣고 나자 그 당첨자가 다른 동급생보다 더 열심히 공부했을 것이 틀림없다고 믿으며 이 사건을 합리화하는 현상을 발견했다. 이처럼 공정한 세상에 대한 믿음은 사람들이 어떤 상황에 대한 사실을 짜 맞추어 그 상황을 받아들이도록 만드는 경향이 있다. 이런 믿음은 범죄피해자나 학대받는 사람을 바라보는 시각에 적용될 때 특히 위험할 수 있다. 예를 들어 성폭행 사건의 경우, 피해여성이 짧은 치마를 입었거나 먼저 유혹했기 때문에 '화를 자초한' 셈이라고 주장하여 가해자의 책임을 피해자 탓으로 돌려버리는 경우가 많은 것이다. 제3자들 역시 피해자를 비난함으로써, 자신은 안전하다는 믿음을 유지해갈 수 있다.

그러나 러너는 공정한 세상에 대한 믿음이 항상 '피해자 책임전가(victim-blaming)'로 이어지지는 않는다고 역설했다. 사람들이 피해자의 불운에 대한 책임 여부를 판단할 때는, 외모의 순수성, 매력, 지위, 자신과의 동질성 등에도 영향을 받기 때문이다.

러너의 가설은 사회정의에 대한 중요한 연구의 초석이 되었다. 또 삶의 태도로서 공정한 세상 접근법의 효과에 대한 논쟁을 야기했다. 이 접근법이 곤경에 맞서는 사람들에게 과연 도움이 될까? 그보다는 오히려 아무리 사소하거나 고의가 아니었더라도 잘못된 행동은 재앙으로 이어진다는 믿음을 부추겨, 호주 심리학자 도로시 로의 주장대로 우울증에 걸리기 더 쉬워질 수도 있을 것이다. ■

사람들은 공정한 세상에 살고 있다는 믿음을 필요로 한다.
멜빈 러너

멜빈 러너

정의에 대한 심리학적 연구의 선구자인 멜빈 러너는 뉴욕대학에서 사회심리학을 공부하고 1957년에 박사학위를 받았다. 그 후 캘리포니아 주의 스탠포드대학으로 옮겨 포스트닥터 과정에서 임상심리학을 연구했다. 러너는 1970~1994년까지 캐나다의 워털루대학에서 사회심리학을 가르쳤다. 또 캘리포니아대학, 워싱턴대학, 네덜란드의 위트레흐트대학과 레이던대학 등 미국과 유럽의 다양한 대학에서 강의했다. 러너는〈사회정의 연구Social Justice Research〉의 편집장이었고, 2008년에는 국제정의연구회에서 평생공로상을 수상했다. 현재 플로리다애틀랜틱대학의 객원연구원이다.

주요 저서

1980년『공정한 세상에 대한 믿음: 근본적인 착각The Belief in a Just World: A Fundamental Delusion』
1981년『사회적 행동에 내포된 공정성 동기: 결핍과 변화의 시대에 적응하기 The Justice Motive in Social Behavior: Adapting to Times of Scarcity and Change』
1996년『정의에 대한 현대사회의 관심사 Current Societal Concerns About Justice』

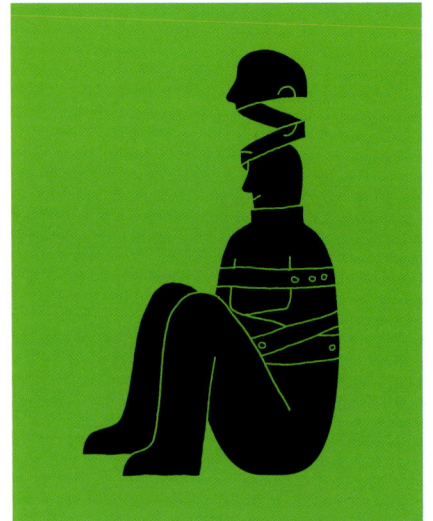

미친 짓을 하는 사람이 반드시 미친 것은 아니다

엘리엇 애런슨(서기 1932년~)

맥락읽기

사상
태도변화

이전의 관련 역사
서기 1956년: 사회심리학자 레온 페스팅거가 모순되는 신념을 동시에 갖고 있으면 불편한 심리적 긴장을 초래한다고 주장하는 인지부조화 이론을 발표한다.

서기 1968년: 베트남에서 민간인에 대한 밀라이 대학살(My Lai Massacre)이 벌어지자, 미국 군인들이 인지부조화를 해소하기 위해 희생자들을 비인격화한 결과라는 분석이 제기된다.

이후의 관련 역사
서기 1978년: 엘리엇 애런슨이 학교폭력과 편견을 줄이기 위해 매우 독립적인 소집단 학습중심의 전문가 상호학습법을 고안한다.

서기 1980년대: 심리학자들이 부조화 실험은 실질적인 행동변화가 아니라 일관된 행동으로 사회적으로 용인될 수 있게 보이려는 욕망을 반영한다고 주장한다.

1972년 저서 『사회심리학: 사회적 동물』에서 엘리엇 애런슨(Elliot Aronson)은 미친 짓을 하는 사람이 반드시 미친 것은 아니라는 '애런슨의 제1법칙'을 제시한다. 여기에서 '미친 짓'이란 지독한 편견, 학대, 폭력행위 등 그 수위가 너무 심하여 가해자 쪽에 정신적인 문제가 있는 것으로 보이는 행동을 의미한다. 애런슨은 정신병환자가 존재하는 것은 분명하지만, 평소에는 심리적으로 건강한 사람도 정신이상처럼 보이는 극단적인 행동으로 치달을 수 있다고 주장한다. 그러므로 사회심리학

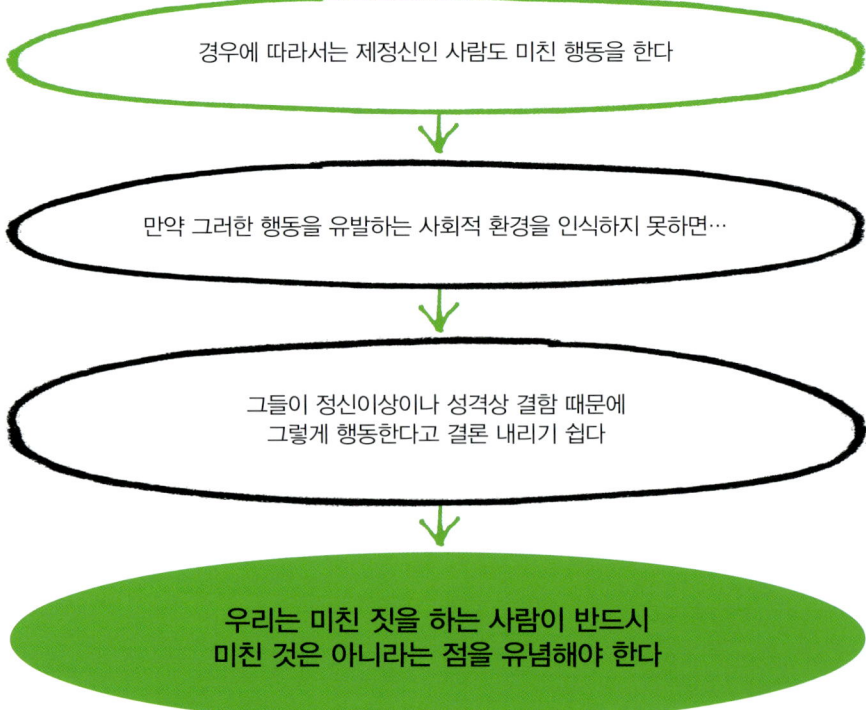

참조 : ■ 레온 페스팅거 166~167쪽 ■ 솔로몬 아시 224~227쪽 ■ 멜빈 러너 242~243쪽 ■ 스탠리 밀그램 246~253쪽 ■ 필립 짐바르도 254~255쪽

자들은 어떤 사람을 정신병환자로 판정하기 전에 그가 처했던 상황을 이해하고, 그런 비정상적인 행위가 벌어지던 시점에 그들에게 가해지던 압박을 가늠해보고자 최선을 다할 필요가 있다는 것이다.

인지부조화

이를 위해, 애런슨은 1970년 오하이오주의 켄트주립대학에서 벌어진 참사를 예로 든다. 오하이오 주방위군 군인들이 비무장상태의 학생 4명을 사살하고 9명에게 부상을 입힌 사건이었다. 학생들 중 일부는 미국의 캄보디아 침공에 대항해 시위를 벌이고 있었지만, 나머지는 그냥 캠퍼스를 지나가던 학생들이었다. 총격의 이유는 끝내 밝혀지지 않았으나, 비극적이고 불필요한 행위였다는 사실만은 분명했다. 그러나 이 사건이 발생한 후에 (군인들은 물론이고) 오하이오 교사 한 명은 그 학생들이 죽어야 마땅했다고 주장했고, 살해된 여학생들이 임신 또는 매독에 걸렸거나 매우 지저분했다는 소문이 급속히 퍼져나갔다. 애런슨은 이러한 소문이 분명히 잘못되긴 했지만, 정신병적 증상을 반영한다기보다는 압박과

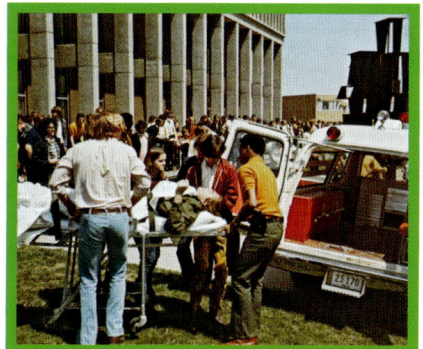

4명의 학생이 주방위군에게 살해된 켄트주립대학 총격사건 이후 정서적 혼란을 겪게 된 마을주민들은 오히려 피해자들을 모함하기 시작했다.

일부 상황변수들은 우리 '정상적'인 성인들 대부분을 매우 혐오스러운 행동으로 몰아갈 수도 있다.
엘리엇 애런슨

갈등에 처한 사람들이 안정을 되찾으려는 노력으로 봐야 한다고 주장했다.

이 마을주민들이 겪은 갈등은 이른바 '인지부조화' 상태로, 이는 두 가지 이상의 신념이 서로 모순될 때 경험하게 되는 불쾌한 감정을 의미한다. 사람들은 자신의 기존 입장이나 신념, 행동을 바꾸면서까지 이러한 부조화 상태를 해소하려는 경향이 있고, 설사 타인에게 가해진 잔혹행위를 정당화하거나 외면해야 할 필요가 있더라도 이러한 노력을 마다하지 않는다. 애런슨은 켄트 학살 이후에 벌어진 사태도 바로 이러한 경우라고 주장한다. 마을주민들은 주방위군의 선량함을 믿고 싶었고, 그러기 위해서는 희생자들이 죽을 만한 사람들이었다는 확신이 필요했던 것이다. 그 생각은 무고한 학생들이 이유 없이 죽어나갔다는 사실에 따른 정서적 갈등을 경감시키면서 주민들에게 위안을 주었다. 애런슨은 비슷한 상황에 처하면 누구나 이 주민들처럼 행동할 수 있다고 주장한다. 사람들이 잔혹행위를 정당화하거나 부인하는 이유를 이해하고 나면, 더욱 광범위한 사회적 맥락에서 그런 행위를 중재 및 예방하기가 한결 수월해질 것이다. ■

엘리엇 애런슨

엘리엇 애런슨은 대공황 시절에 매사추세츠 주 리비어에서 성장했다. 그는 브랜다이스대학에서 장학금을 받으며 학사과정을 마쳤고, 웨슬리언대학에서 석사를, 스탠포드대학에서 박사학위를 취득했다. 그 후로 하버드, 스탠포드 등 몇몇 대학에서 교수로 재직했다.

애런슨은 평생 동안 자신의 연구결과를 활용해 인간조건을 개선하고 편견을 줄이기 위해 노력했다. 그는 이러한 업적을 인정받아 윌리엄 제임스 상(William James Award)과 고든 올포트 상(Gordon Allport Prize)을 수상했고, 〈일반심리학 리뷰Review of General Psychology〉에서 발표한 '20세기의 가장 영향력 있는 심리학자 100인'에 선정되었다. 또 유일하게 미국심리학회의 3대 상인 저술상, 교육상, 연구상을 모두 석권한 인물이기도 하다.

주요 저서

1972년 『사회심리학: 사회적 동물 The Social Animal』
1978년 『전문가 상호학습 교실 The Jigsaw Classroom』
2007년 『거짓말의 진화: 자기정당화의 심리학Mistakes Were Made (but not by me)』

사람들은 지시받은 대로 행동한다

스탠리 밀그램(서기 1933~1984년)

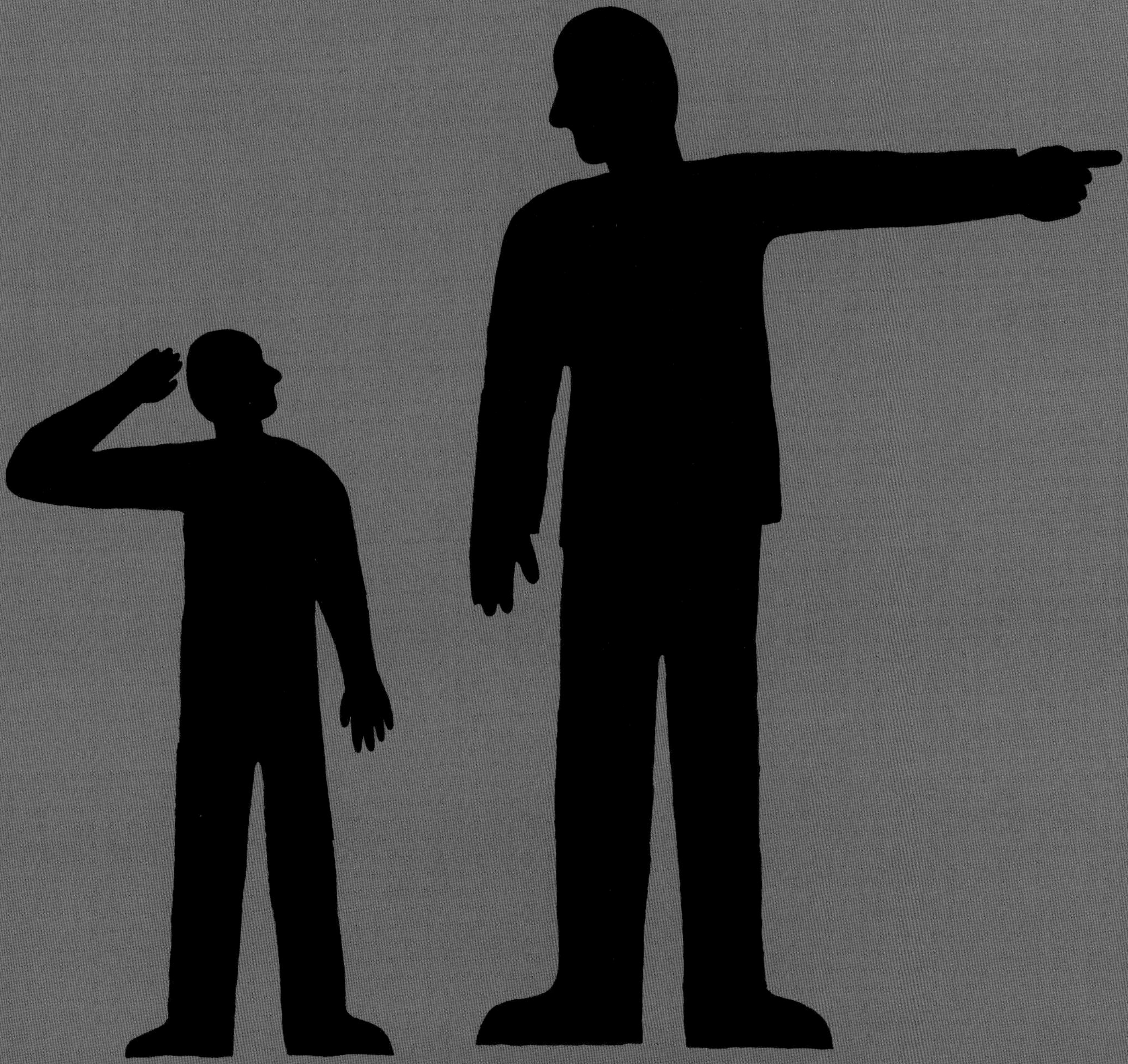

맥락읽기

사상
순응주의(Conformism)

이전의 관련 역사
서기 1939~1945년 : 제2차 세계대전 중에 나치 독일의 명령에 따라 약 600만 명의 유대인들이 조직적으로 처형당한다.

서기 1950년 : 솔로몬 아시가 선(線) 길이 비교실험을 통해 사람들을 동조시키는 사회적 압력의 힘을 보여준다.

서기 1961년 : 나치전범 아돌프 아이히만(Adolf Eichmann)이 재판에 회부되어 자신은 단지 "명령에 따랐을" 뿐이라고 주장한다.

이후의 관련 역사
서기 1971년 : 필립 짐바르도가 감옥실험을 통해 평상시 선한 사람도 특정한 상황에 처하면 악한 행동을 저지를 수 있음을 입증한다.

서기 1989년 : 미국의 심리학자 허버트 켈만(Herbert Kelman)과 V. L. 해밀턴(V. L. Hamilton)이 집단구성원들은 일단 권위의 정당성을 인정하고 나면 거기에 복종한다고 주장한다.

사회심리학자 스탠리 밀그램(Stanley Milgram)은 1963년에 『복종에 대한 행동연구』를 출간하여 인간의 복종에 대한 인식을 극적으로 변화시켰다. 이 논문에는 대다수의 사람들이 권위자의 명령에 따라 타인을 심각하게 해칠 수 있음을 입증하는 실험결과가 수록되어 있었다. 또 이 논문을 계기로 사람들은 심리학실험의 윤리적 한계에 대해 의문을 품게 되었다.

밀그램은 특히 독일의 나치전범 아돌프 아이히만의 재판과정에서 복종연구에 관심을 갖게 되었다. 그때까지만 해도 20세기 독일인에게는 선천적으로 뭔가 다른 점이 있었다는 인식이 지배적이었다. 1950년대에 테오도어 아도르노(Theodor Adorno) 같은 심리학자들은 독일인에게 특별히 홀로코스트 참사를 저지르기 쉬운 특수한 성격적 특성이 있었다고 주장했다. 그러나 아이히만은 자신이 단지 "명령을 따랐을" 뿐이라고 주장했고, 이에 밀그램은 이 말이 과연 사실인지, 즉 평범한 사람이 단지 그렇게 하라고 지시받았다는 이유만으로 옳고 그름에 대한 판단을 완전히 배제할 수 있는지를 조사하기 시작했다. 결국 그의 연구는 권위와 복종의 관계에 대한 중요한 측면을 밝혀냈고, 심리학 역사상 가장 논쟁적인 실험 중 하나로 남게 되었다.

집단의 힘

밀그램은 나치의 잔혹행위를 가능하게 만든 것은 독일인의 특수한 기질이 아니라 제2차 세계대전이라는 특수한 상황과 복종에 대한 강박이었다고 믿었다. 또 행위란 그 상황의 직접적인 결과이므로, 우리 중 누구라도 그러한 상황에 있었다면 똑같이 행동했을 것이라고 주장했다. 1950년대 후반에 밀그램은 솔로몬 아시의 동조연구에 다양하게 참여하여, 잘못된 결정임을 뻔히 알면서도 집단의 결정에 동의하는 사람들을 수없이 목격했다. 동조실험은 사람들이 얼마든지 자신의 현실감과 상충되는 행동이나 말을 할 수 있음을 보여주었다. 그렇다면 이들의 도덕적 판단 역시 집단이나 심지어 한 사람의 권위에 따라 바뀔 수 있는 것일까?

밀그램 실험

밀그램은 평소에 친절하고 호감 가는 사람들이 특정한 권위가 지배하는 상황에 놓였을 때 과연 도덕적 가치관에 반하는 행동을 하게 되는지에 대한 실험에 착수했다. 그는 권위자로부터 다른 사람에게 전기충격을 가하라는 명령을 받았을 때 소위 '평범한' 사람들이 얼마나 복종적으로 행동하는지 보여주는 실험을 고안했다. 이 실험은 1961년 당시 밀그램이 심리학과 교수로 재직하던 예일대학에서 수행되었고, 실험 참가자는 신문광고를 통해 모집되어 최종적으로 교사, 우편배달부, 기술자, 인부, 판매원 등 다양한 직군의 총 40명이 선정되었다. 이들은 각각 4.5달러의 참가비를 받았는데, 이 돈은 실험경과와는 무관하다는 공지와 함께 이들이 실험실에 도착하자마자 지급되었다.

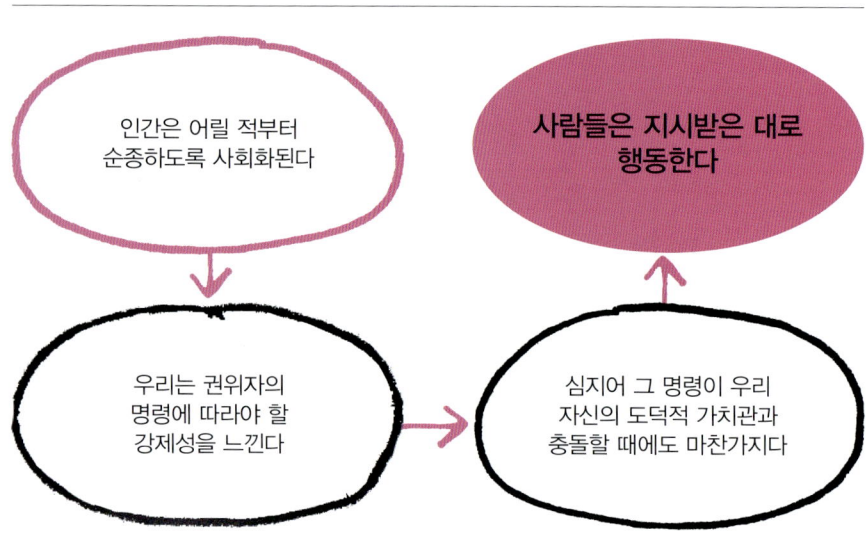

> 모든 복종실험 중에 가장
> 유명하고 논쟁적인 실험.
> 리처드 그로스(Richard Gross)

밀그램은 실험실에 가짜(진짜처럼 매우 무시무시해 보이는) 전기충격장치를 설치해놓았다. 이 기계에는 30개의 스위치가 달려 있었는데, 각 스위치에는 '가벼운 충격'에서 시작하여 '매우 강한 충격', '위험: 극심한 충격'을 거쳐 마침내 그저 'XXX'란 라벨에 이르기까지 다양한 범위의 전기충격 강도가 15볼트 간격으로 표시되어 있었다.

실험자 또는 '과학자'의 역할은 한 생물학 교사가 맡았는데, 그는 실험참가자들에게 잭 윌리엄스(Jack Williams)라고 본인을 소개했다. 그는 권위자다운 인상을 주기 위해 실험실 기사들이 입는 회색 가운을 걸치고 실험이 진행되는 내내 근엄하고 냉정한 태도를 유지했다.

실험참가자들에게는 이 연구가 학습과정에서 처벌의 효과를 실험하려는 목적으로, 2인의 지원자 중에서 한 명은 학생이 되고 한 명은 교사 역할을 담당할 것이라고 공지되었다. 그러나 실제 각 실험에서 2인의 '지원자' 중 한 명은 실험참가자가 아니라 실험공모자로서, 희생자 역할을 맡도록 훈련받은 인상 좋은 회계사 월리스 씨(Mr. Wallace)였다. 월리스 씨와 진짜 실험참가자는 각자의 역할을 정하기 위해 모자에서 제비를 뽑았는데, 이 제비뽑기는 어떠한 경우든 월리스 씨가 '학생'의 역할을 맡도록 꾸며져 있었다.

일단 역할이 정해지면 '과학자'는 실험참가자가 바로 보는 앞에서 이 '학생(월리스 씨)'을 '전기의자'에 묶고 양 손목에 전극을 부착한다. 그리고 실험참가자에게 이 전극이 옆방의 전기충격장치와 연결되어 있다

월리스 씨는 실감나게 전기의자에 묶인 채 정말 아무것도 모르는 지원자인 척 행동했다. 그는 비명을 질러댔지만 실험참가자의 65퍼센트가 최고수준의 가짜 전기충격을 가하는 행위를 막지 못했다.

고 설명한다. 또 '학생'에게는 "전기충격이 매우 고통스러울 수는 있지만, 영구적인 손상을 초래하지는 않는다"라고 실험참가자에게도 들리도록 설명한다. 그리고 상황을 더욱 실감나게 만들기 위해, 과학자는 실험참가자에게 전극을 연결시키고 시범으로 45볼트의 충격을 느껴보게 한다. 이 강도는

스탠리 밀그램

스탠리 밀그램은 1933년 뉴욕의 유대인 가문에서 태어났다. 헝가리인인 그의 부모는 브롱크스에서 제과점을 운영했고, 그는 필립 짐바르도와 함께 제임스 먼로 고등학교를 다녔다.

학업성적이 우수하고 동급생 중 리더 격이었던 밀그램은 처음에는 정치학을 전공하다가 결국 1960년에 하버드대학에서 고든 올포트의 지도 아래 심리학 박사학위를 받게 되었다. 하버드대학에서 솔로몬 아시와 함께 동조연구를 진행하다가 예일대학의 조교수가 된 후에는 그곳에서 복종실험을 수행했다. 1961년에 알렉산드라 멘킨(Alexandra Menkin)과 결혼하여 두 자녀를 얻었다. 1963년에는 하버드대학으로 돌아갔으나 그의 실험을 둘러싼 논쟁 때문에 종신교수직을 거부당하자 뉴욕시립대학으로 옮겨 51세로 사망할 때까지 그곳에서 학생들을 가르쳤다.

주요 저서

1963년 『복종에 대한 행동연구 Behavioral Study of Obedience』
1967년 『작은 세계 문제 The Small World Problem』
1974년 『권위에 대한 복종 Obedience to Authority: An Experimental View』

스탠리 밀그램

밀그램의 전기충격장치는 전혀 예상하지 못한 결과를 낳았다. 정신과 의사 40명은 실험참가자들 중 300볼트의 충격을 가하는 사람이 5퍼센트 미만일 것으로 예상했으나, 실제로는 100퍼센트에 달했다.

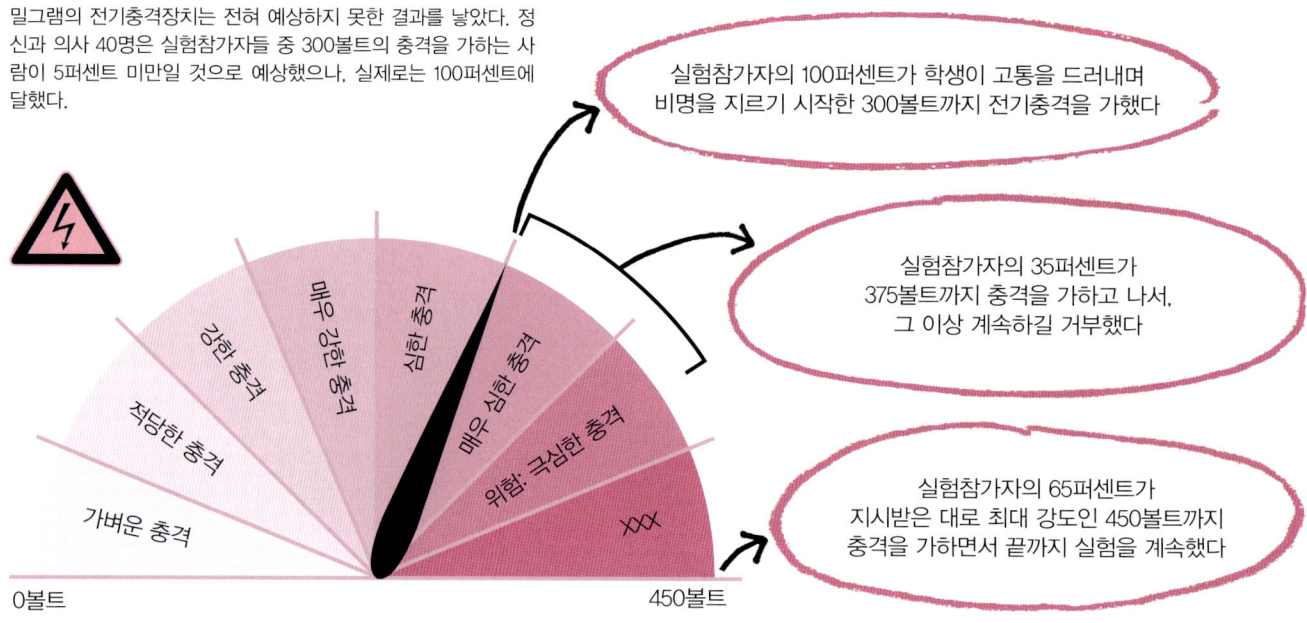

실험참가자의 100퍼센트가 학생이 고통을 드러내며 비명을 지르기 시작한 300볼트까지 전기충격을 가했다

실험참가자의 35퍼센트가 375볼트까지 충격을 가하고 나서, 그 이상 계속하길 거부했다

실험참가자의 65퍼센트가 지시받은 대로 최대 강도인 450볼트까지 충격을 가하면서 끝까지 실험을 계속했다

이 장치가 실제로 발생시킬 수 있는 유일한 전기충격이다.

이 시점에 실험참가자는 전기충격장치가 설치된 방으로 이동하여 '교사'의 역할을 수행하게 된다. 실험참가자는 학생이 기억해야 할 두 단어씩 쌍을 이룬 단어 목록('푸른-소녀', '좋은-날' 등)을 소리 내어 학생에게 읽어주라고 지시받는다. 그런 다음 실험참가자가 목록에서 한 단어씩 읽어 내려가면, 학생은 각 단어와 짝을 이루는 단어를 떠올리고 전기충격장치에 불이 들어오는 해당 스위치를 눌러 교사에게 답변을 알린다. 실험참가자에게는 만약 학생의 답이 맞으면 다음 질문으로 넘어가지만, 답변이 틀릴 경우에는 학생에게 올바른 답을 말하고 그가 받게 될 전기충격의 강도를 알려준 후에 그 강도에 해당하는 스위치를 눌러야 하며, 특히 학생의 답변이 틀릴 때마다 매번 15볼트씩 충격의 강도를 높여가라는(다시 말해 전기장치의 충격 강도를 계속해서 높여가라는) 지시가 떨어진다.

충격 가하기

실험의 일환으로 학생(월리스 씨)은 네 문제당 한 번꼴로 틀리게 대답하라고 지시받은 상태였기 때문에, 실험참가자들은 모두 전기충격을 가해야 할 입장에 처하게 된다. 또 실험 도중에 전기충격 강도가 300볼트를 넘어가면 학생은 벽을 두드리면서 "더 이상 대답하지 않겠어! 나를 여기서 내보내줘! 날 여기에 잡아둘 수는 없어! 나를 내보내달란 말이야!"라고 외치기 시작한다. 전기충격 강도가 높아질수록, 학생은 점점 더 미친 듯이 소리치다가 결국에는 아무 소리도 내지 않게 된다. 질문을 던져도 기분 나쁜 정적만 흐르는 상황이 벌어지는 것이다. 실험참가자에게는 대답이 없는 경우에도 잘못된 답변과 마찬가지로 처리하여 다음 단계의 충격을 가하라는 지시가 내려진다. 만약 그가 실험을 계속하는 데에 불안을 표시하면, '과학자'는 처음에는 그저 계속하라고 지시하다가 나중에는 계속하는 것 외에는 달리 방법이 없다고 설득하는 등 다양한 말로 실험참가자를 재촉한다. 만약 실험참가자가 최종적인 재촉을 받고도 복종하기를 거부하면 실험은 종료된다.

이 실험에 앞서 밀그램은 심리학자와 정신과 의사부터 일반 대중까지 다양한 집단의 사람들에게, 실험참가자들이 전기충격을 가하라고 명령을 받고 어느 정도까지 실험을 계속하리라 예상하는지 물어보았다. 대부분의 사람들은 실험참가자들이 고통

> 선량한 사람들은 망연자실한 상태에서 규칙적으로, 권위자의 요구에 따라 가혹하고도 무신경한 행동을 취했다.
> 스탠리 밀그램

을 유발하는 수준에서 중단할 것이라고 예상했고, 정신과 의사들은 기껏해야 1천 명 중 한 명 정도가 최고 강도까지 실험을 계속할 것이라고 예측했다. 그러나 놀랍게도 실제 실험결과에서는, 40명 전원이 300볼트에 이를 때까지 전기충격을 가하라는 명령에 복종했다. 이 단계에서 실험을 계속하길 거부한 사람도 겨우 5명에 불과했고, 실험참가자의 65퍼센트는 끝까지 '과학자'의 지시에 복종하여 전기충격을 최고 강도인 450볼트까지 올리라는 명령에 따랐다.

물론 실험참가자들이 이렇게 행동하면서 불편해한다는 사실은 종종 명백히 드러났다. 많은 사람들이 실험이 진행되는 동안 극심한 괴로움, 긴장감, 초조함을 내비쳤다. 그들은 말을 더듬고 몸을 떨고 진땀을 흘리고 신음하거나 신경질적인 웃음을 터뜨렸고, 세 명은 아예 발작을 일으켰다. 모든 실험에서 실험참가자들은 어느 시점엔가 학생에게 하던 질문을 멈추고 실험을 계속해야 하는지 물었다. 어떤 실험참가자들은 심지어 처음에 받았던 돈을 돌려주겠다고 제안하기도 했다. 실험이 끝난 후 인터뷰를 통해 극소수를 제외한 대다수의 실험참가자들이 그 '학습실험'이 실제상황임을 일체 의심하지 않은 것으로 확인되었다.

모든 실험참가자들은 실험이 끝난 후에 충분한 설명을 들어 방금 무슨 일이 벌어진 것인지를 이해했고, 이 경험으로 정서적 타격을 입지는 않았는지를 확인하는 일련의 질문에 대답해야 했다. 또 '학생(월리스 씨)'과도 다시 만나 실제로 아무런 전기충격도 가해지지 않았음을 직접 눈으로 확인했다.

1960년대까지 예일대학은 일반 대중에게 매우 명성이 높았다. 밀그램의 실험참가자들에게 이 학교의 권위는 말 그대로 의문의 여지가 없었을 것이다.

복종에 대한 의무감

밀그램은 이 실험이 이렇게 높은 수준의 복종을 이끌어낼 수 있었던 몇 가지 요인을 언급했다. 예를 들면, 명망 있는 예일대학에서 수행된다는 점이 이 실험에 신뢰성을 부여했을 것이다. 그리고 실험참가자들은 이 실험이 지식을 증진시키기 위해 고안되었다고 믿었기 때문에 전기충격이 고통스럽기는 해도 위험하지는 않을 것이라고 확신했다. 또 미리 돈을 받았다는 사실과 그들이 자진해서 참가했다는 사실도 의무감을 강화시켰을 것이다. 이러한 설명을 검증하기 위해 밀그램은 이 실험을 다양하게 변주했지만, 상황이 변하더라도 결과에 미치는 영향은 미미한 수준이었다.

밀그램은 그토록 극단적인 상황에 처해서도 권위자에게 복종하려는 성향이 행동결정의 주요인이 되는지를 확인하고자 했다. 실험참가자들의 반응이나 대답으로 미루어볼 때, '과학자'에 대한 복종이 그들의 도덕관에 위배되고 신체적으로나 정서적으로 부정적인 영향을 미칠 것이 분명했으나, 그럼에도 불구하고 대부분의 사람들에게 복종해야 한다는 압박감은 떨쳐내기 힘들 정도로 강력했다.

밀그램은 이러한 복종심리가 매우 어려서부터 (부모나 교사들에게) 말을 잘 듣고 명령에 따라야 한다고 교육받고, 특히 권위자가 제시한 원칙이라면 더욱 준수해야 한다고 사회화된 결과라고 생각했다. 밀그램의 말대로, "복종은 사회생활의 구조에서

> 아무런 악의 없이 그저 자신의 일을 수행하는 평범한 사람들도 끔찍할 만큼 파괴적인 작업의 하수인이 될 수 있다.
>
> 스탠리 밀그램

누구나 지적할 수 있을 만큼 기본적인 요소로서… 수많은 생산적인 기능을 수행한다." 그러나 제2차 세계대전 당시 나치 수용소에서 집행된 비인간적인 정책 역시 "오로지 대단히 많은 사람들이 명령에 따르는 경우라야만 그토록 대규모로 실행될 수 있었다." 밀그램의 실험은 평소 악의 없는 사람이라도 특정한 상황의 압력 하에서 그러라고 지시받을 경우 얼마든지 잔인한 행동을 저지를 수 있음을 보여준다.

실험결과에 대해 설명하면서, 밀그램은 또한 결정할 능력이나 전문지식이 없는 사람은 집단의 결정에 따라 자신의 행동을 결정한다는 순응주의 이론에서도 그 근거를 찾았다. 동조는 어떤 상황에 대한 개인의 반응을 제한하거나 왜곡시킬 수 있고, 결과적으로는 책임을 분산시키는 효과가 있는데, 밀그램은 바로 이 점이 나치가 저지른 잔혹행위를 이해하는 데 결정적이라고 보았다. 그러나 개인적 양심과 외부적 권위 사이에서의 갈등은 내적으로 대단한 압력으로 작용하기 때문에 실험참가자들이 실험 도중에 그토록 크나큰 고통을 겪었던 것이라고 설명했다.

윤리적 관심사

밀그램의 연구는 윤리적 문제와도 많은 연관성이 있다. 이 연구가 처음 발표되었을 때에는 워낙 논란이 심했기 때문에 미국 심리학회가 1년 동안 밀그램의 회원자격을 정지시켰을 정도였다. 그러나 밀그램은 결국 자격을 되찾았고, 1974년의 저서 『권위에 대한 복종』으로 그해의 사회심리학상(Social Psychology Award)을 수상했다.

이 실험에 관한 주된 윤리적 관심사는 실험참가자들에게 실험의 본질과 전기충격의 실상에 대해 명백히 속였다는 점이었다. 밀그램은 속임수를 쓰지 않고는 현실적인 결과를 얻을 수 없었고, 실험이 끝난 후에는 모든 실험참가자들에게 진상을 알려주었다고 반론했다. 나아가 실험참가자들이 그전까지는 스스로 생각도 할 수 없었던 행동을 저질렀다는 사실로 인해 불편함을 느낄 수는 있겠지만, 그렇더라도 자기이해는 소중한 자산이 될 것이라고 주장했다.

그러나 여전히 불안감을 느끼는 심리학자들이 많았기 때문에, 이 연구는 결국 심리학 실험의 윤리기준을 발전시키는 결정적인 계기가 되었다. 이 연구 덕분에 실험참가자에 대한 고의적 기만 금지, 실험참가자들의 정서적 고통예방책 확보 등의 중요한 원칙이 수립되었다.

비교문화적 타당성

밀그램의 연구에 대한 또 다른 비판은 그가 대표성 없는 표적집단을 활용했다는 점이다. 미국인이 전 세계의 일반 대중을 반영하리라는 보장은 없기 때문이다. 그렇기는 해도, 이 덕분에 밀그램은 복종이 20세기 독일인의 정신에서 발견되는 특수한 단면이 아니라 좀더 보편적인 현상이라는 결론을 도출할 수 있었다. 이 실험을 비교문화적으로 수차례 반복검증한 결과, 실험결과가 한 사회 내에서는 놀라울 정도로 일관성을 보이지만, 국가들 사이에서는 약간의 편차를 보인다는 사실이 밝혀졌다. 예를

제2차 세계대전 중 나치의 행동은 독일인 특유의 강한 '권위주의적 성격'에서 비롯된 것으로 여겨졌으나, 스탠리 밀그램의 실험은 이러한 인식에 의문을 제기했다.

> 권위에의 복종은 독일 문화의 특징이 아니라 인간행동의 보편적 특징으로 보아야 한다.
> **스탠리 밀그램**

전쟁 중의 군인은 작은 마을을 폭격하는 일의 옳고 그름을 따지지 않는다.
스탠리 밀그램

베트남전에 참전했던 미국 군인들은 전기충격 실험에서와 마찬가지로 스스로 점점 용납하기 힘든 행동을 거듭하다가 결국 무고한 사람을 죽이기에 이르렀다고 보고했다.

들어, 대부분의 북미 및 유럽 국가에서는 실험참가자 중 복종자의 비율이 높았던 밀그램의 본래 실험과 매우 유사한 결과가 나왔다. 그러나 아시아 지역(특히 동아시아 및 이슬람권 국가) 실험에서는 복종자의 비율이 훨씬 더 높았고, 아프리카 원주민과 라틴 아메리카인, 그리고 캐나다 이누이트(Inuit)족에 대한 실험에서는 복종 수준이 훨씬 낮은 것으로 나타났다.

가상 고문

2006년에 심리학자인 멜 슬레이터(Mel Slater)는 만약 이 실험의 참가자들이 실제 상황이 아니라는 사실을 분명히 알고 있다면 어떠한 변화가 생길지를 연구하기 시작했다. 그의 반복검증에서는 학생과 충격을 가하는 과정을 컴퓨터 시뮬레이션으로 처리했으므로 충격을 가하는 실험참가자들은 학생이 컴퓨터라는 사실을 충분히 인식하고 있었다. 이 실험은 두 번 수행되었는데, 한 번은 오로지 텍스트로만 의사소통하는 가상 학생이 대상이었고, 두 번째는 화면상에 나타난, 컴퓨터가 만들어낸 모델이 실험대상이었다. 실험결과 학생과 오로지 텍스트로만 접촉하던 사람들은 충격을 가하는 데 거의 고통을 느끼지 않았지만, 두 번째 실험에서 가상의 학생이 화면상에 나타나자 실험참가자들은 밀그램의 본래 실험에서와 동일한 반응을 보였다.

사회는 복종을 요구한다

사회라는 개념은 더욱 거시적인 관점에서 더욱 거대한 규모로 결정을 내리기 위해, 개인들은 일부 자율성을 포기하고 권위자나 사회적 지위가 높은 사람에게 의지할 준비가 되어 있다는 인식에 기반을 둔다. 가장 민주적인 사회라도 더욱 거대한 집단의 이익을 추구하기 위해서 개개인의 자기 규제보다는 공인된 합법적 권위자의 통치에 우선권을 둔다. 어떠한 사회라도 제대로 작동하려면 그 사회의 원칙에 복종하겠다는 구성원의 합의를 필요로 한다. 물론 이 경우의 관건은 적법성으로, 역사적으로 볼 때 자신의 권위를 악용하여 다른 사람들에게 반인류적인 범죄를 저지르도록 종용한 사례는 무수히 많다.

또 밀그램이 "인간행동의 결정요인은 그 사람의 유형보다는 그가 처해있는 상황의 유형"임을 입증했다는 사실도 간과해서는 안 된다. 그는 범죄를 설명하기 위해 개인의 성격을 검토하는 대신, 상황 또는 맥락을 검토해야 한다고 주장한다.

밀그램의 중대한 연구는 당대에 극심한 비난을 받았는데, 특히 인간의 본성에 대해 불쾌하고 냉정한 초상을 그려냈다는 이유가 컸다. 특정한 상황에 처하면 우리들 대부분이 놀라울 정도로 폭력적인 행동을 취할 수 있다고 믿기보다는, 나치와 나머지 인류 사이에는 근본적인 차이가 있다고 믿는 편이 더 쉬웠던 것이다. 결국 밀그램은 권력에 관계된 어두운 진실과 권위자에게 복종하려는 인간의 성향이 초래하는 결과를 폭로함으로써, 우리 모두를 면책시키는 동시에 잠재적인 악인으로 만들어버렸다. ■

선한 사람을 악한 공간에 던져놓으면 무슨 일이 벌어지는가?

필립 짐바르도(서기 1933년~)

맥락읽기

사상
동조(Conformity)

이전의 관련 역사
서기 1935년 : 무자퍼 셰리프가 자동운동 효과 실험을 통해 집단이 신속하게 '사회적 규범'을 형성해내는 과정을 입증한다.

서기 1940년대 : 쿠르트 레빈이 상황 변화에 따라 사람들의 행동이 어떻게 바뀌는지를 보여준다.

서기 1963년 : 스탠리 밀그램이 복종연구를 통해 사람들이 심지어 잔인한 행동을 저질러야 하는 상황에서도 권위에 복종한다는 사실을 증명한다.

이후의 관련 역사
서기 2002년 : 영국의 심리학자 스티븐 라이처(Steven Reicher)와 알렉스 하스람(Alex Haslam)이 짐바르도의 연구를 확장하여 부정적이기보다는 긍정적인 집단행동을 탐색한다.

서기 2004년 : 짐바르도가 재판정에서 아부그라이브 교도소의 전직 교도관들을 변호하면서, 그들의 잔인한 행동은 특정한 상황에서 비롯되었다고 주장한다.

스탠리 밀그램의 충격적인 복종연구는 사람들이 심지어 자신의 도덕적 신념에 반하는 행동을 요구받더라도 권위자에게 복종한다는 사실을 밝혀냈다. 그 뒤를 이어 필립 짐바르도(Philip Zimbardo)는 사람들이 무제한의 권력을 지닌 권위자의 입장에 서게 되면 어떻게 행동하는가를 연구하기 시작했다. 그들은 과연 기꺼이 자신에게 부여된 권력을 행사(또는 남용)할 것인가? 짐바르도는 1971년에 사전검사를 통해 정신적 건강이 확인된 24명의 미국 중산층 대학생들을 대상으로 이제는 유명해진 '스탠포드 감옥' 실험을 벌였다.

이 학생들은 동전 던지기를 통해 무작위로 '교도관' 또는 '죄수'의 역할을 할당받았고, 죄수 역할의 학생들은 어느 일요일 아침

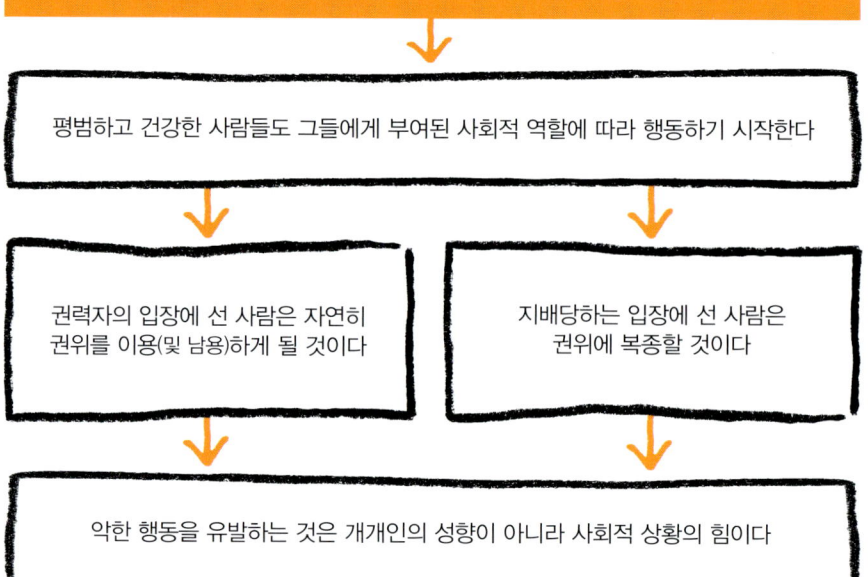

사회심리학 SOCIAL PSYCHOLOGY

참조 : ■ 존 B. 왓슨 66~71쪽 ■ 곽임원 75쪽 ■ 쿠르트 레빈 218~223쪽 ■ 엘리엇 애런슨 244~245쪽 ■ 스탠리 밀그램 246~253쪽 ■ 무자퍼 셰리프 337쪽

'죄수들'은 '교도관'에게 저항했으나, 교도관의 수법은 점차 공격적으로 변해갔다. 그들은 죄수들을 여러 집단으로 나누어, 어떤 집단에는 보상을 주고 어떤 집단은 처벌했다.

에 자택에서 체포되어 실제 경찰서로 연행되었다가 스탠포드대학 심리학과 건물 지하실에 꾸며진 가짜 감옥으로 이송되었다.

감옥 환경

이 경험을 심리적으로 가급적 실제상황처럼 꾸미기 위해, 죄수들이 감옥에 도착하자마자 옷을 벗겨 몸수색과 이잡이를 하고 죄수복과 침구를 지급했다. 또 이들을 비인간화 및 익명화하기 위해 고유번호를 할당하여 번호로만 불렀고, 자유를 빼앗긴 상태임을 상기시키기 위해 발목에는 사슬을 채웠다.

교도관은 군복과 비슷한 유니폼을 입고 (눈이 마주칠 수 없도록) 선글라스를 착용했으며 열쇠, 호루라기, 수갑, 곤봉 등을 소지했다. 이들은 하루 24시간 내내 근무하면서 질서유지에 필요하다고 판단되면 모든 방법을 동원해도 좋다는 허락과 함께, 죄수에 대한 전면적인 통제권을 부여받았다. 그러자 상황은 연구자들이 놀랄 정도로 빠르게 실험참가자들에게 위협적인 상태로 돌

변하여, 결국 이 실험은 단 6일 만에 중단되어야 했다. 모든 교도관이 폭력적이고 권위적으로 변하여 죄수들의 식사나 침구를 빼앗고, 그들에게 눈을 가리거나 사슬을 채웠으며, 맨손으로 변기 청소를 하라고 시켰다. 또 실험이 점점 지루해지자, 죄수들에게 수치스러운 게임을 시키며 그들을 장난감처럼 가지고 놀았다. 죄수 한 명은 단 36시간 만에 통제불능의 비명, 분노, 심각한 우울증 증세를 보여 감옥에서 내보내야 했다. 나머지 죄수들도 점차 극심하게 고통스런 증상을 보여, 상황이 위험해질 수 있다고 판단한 짐바르도는 실험을 중단시켰다.

짐바르도의 실험은 아무리 선한 사람이라도 명백히 합법적인 이념과 공인된 원칙 및 역할을 부여하는 '전체적 상황'에 놓이게 되면 얼마든지 악한 행동을 저지르도록 유인될 수 있음을 보여주었다. 그 엄청난 함의에 대해 짐바르도는 다음과 같이 설명한다. "인간이 지금껏 한 번이라도 행했던 모든 행위는 아무리 끔찍한 일이라도 우리들 누구나 반복할 수 있다. 옳건 그르건 상황의 압력 하에 놓이게 된다면 말이다." ■

우리의 연구는… 선한 사람이 악한 행동에 빠져들게 만드는 사회적·제도적 세력의 위력을 드러낸다.
필립 짐바르도

필립 짐바르도

필립 짐바르도는 1933년 뉴욕의 시칠리아계 미국인 가정에서 태어났고, 스탠리 밀그램과 함께 브롱크스의 제임스먼로 고등학교를 다녔다. 그는 뉴욕의 브루클린칼리지에서 학사학위를 받고, 예일대학에서 박사학위를 받았다. 그 후 몇 군데 대학에서 강의하다가 1968년 스탠포드대학으로 옮겨 지금까지 심리학과 교수로 재직 중이다.

짐바르도는 2000년에 "심리학을 대중과 공유해야" 할 시점이라는 조지 아미티지 밀러의 말에 전적으로 동의한다고 밝히고, 이런 생각을 반영하는 경력을 쌓아가기 시작했다. 1980년대에는 〈심리학의 발견 discovering psychology〉이라는 인기 TV시리즈를 만들기도 했다. 2000년에는 미국심리학재단에서 일반 심리학 특별 평생공로상을 받았고, 2년 후에는 미국심리학회 회장으로 선출되었다.

주요 저서

1972년 『스탠포드 감옥 실험 The Stanford Prison Experiment』
2007년 『루시퍼 이펙트 The Lucifer Effect』
2008년 『타임 패러독스 The Time Paradox』
2010년 『심리학과 삶 Psychology and Life』

트라우마는 개인과 사회의 관계 관점에서 이해되어야 한다

이그나시오 마틴-바로(서기 1942~1989년)

맥락읽기

사상
해방심리학(Liberation psychology)

이전의 관련 역사
서기 1965년: 미국 매사추세츠 스왐프스콧 회의(Swampscott Conference)에서의 논의를 통해 개인과 지역사회의 관계를 연구하는 새로운 분야인 지역사회심리학이 탄생한다.

서기 1970년대: 사회적 조건, 정서, 행동 간의 연계성을 연구하는 사회심리학의 타당성에 대해 영국, 북미, 그리고 특히 라틴아메리카에서 강력한 의문이 제기된다.

이후의 관련 역사
서기 1988년: 라틴아메리카 정신건강 및 인권연구소(Latin American Institute of Mental Health and Human Rights)가 설립된다.

서기 1997년: 미국의 심리학자 아이작 프리렐텐스키(Isaac Prilleltensky)와 데니스 폭스(Dennis Fox)가 전통적인 심리학이 부정과 사회적 억압을 고착시키는 데 어떻게 기여할 수 있는지를 조명한 『비판심리학Critical Psychology』을 출간한다.

이그나시오 마틴-바로(Ignacio Martín-Baró)는 1980년대에 엘살바도르의 고질적인 폭력과 사회불평등을 몸소 겪은 후에 "트라우마는 개인과 사회의 관계 관점에서 이해되어야 한다"라고 주장했다. 그는 심리학의 공정하고 보편적인 접근법이란 개념을 거부하고, 심리학자는 자신이 연구하는 사람들의 역사적 맥락과 사회적 조건을 반드시 고려해야 한다는 것을 깨달았다. 또 일부 정신건강 문제들이 이성적이고 평범한 상황에 대한 비정상적인 반응을 반영하기도 하지만, 억압받고 착취당하는 집단

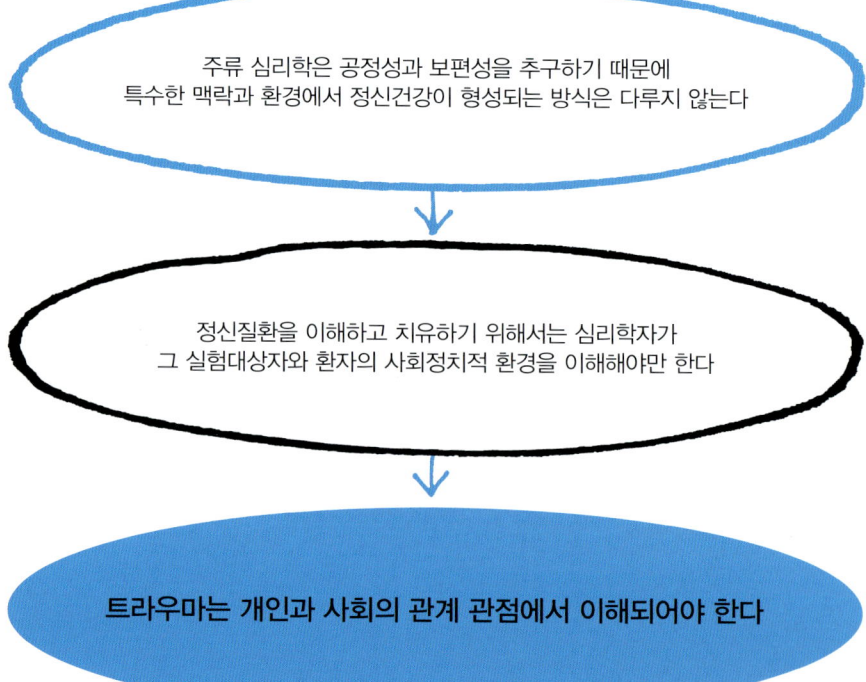

사회심리학 SOCIAL PSYCHOLOGY

참조 : ■ 레프 비고츠키 270쪽 ■ 제롬 케이건 339쪽

의 특수한 문제들은 비정상적인 상황에 대한 지극히 합당하고 정상적인 반응을 반영할 수 있다고 믿었다. 마틴-바로는 심리학자라면 다른 환경에서의 생활이 정신건강에 어떠한 영향을 미치는지를 좀더 명확히 이해해야 하고, 자신의 연구대상인 사회가 그 억압의 역사를 극복할 수 있도록 조력해야 한다고 주장했다. 그래서 1980년대 중반에는 모든 소외받고 억압받는 사람들의 삶을 개선하는 데 전력하는 '해방심리학'이란 분야를 창설했다.

해방심리학자들은 전통적인 심리학에 부족한 점이 많다고 주장한다. 기존 심리학은 사회적 문제에 실용적인 해답을 제시하지 못하는 경우가 많고, 그 원리의 상당 부분이 부유한 국가의 인위적인 상황에서 개발되어 다른 상황에는 적용되지 못할 가능성이 높다. 또 희망, 용기, 헌신과 같은 인간의 도덕적 가치를 무시하는 경향이 있고, 정의나 자유에 대한 열망을 일깨우고 촉구할 방법을 고민하기보다는 기쁨을 극대화하는 데 그 주된 목표를 두고 있다는 것이다.

정신적 외상을 입은 사회

마틴-바로의 사망 후 1994년에 출간된 선집 『해방심리학을 위한 기록』은 수십 년 동안의 마틴-바로의 관심사를 아우르고 있다. 이 책에서는 전쟁 및 정치적 조작 수단으로서의 심리학 이용, 심리전에서 종교의 역할, 트라우마와 폭력이 정신건강에 미치는 영향 등을 다룬다. 마틴-바로는 종속경제와 극심한 불평등이 끝없는 가난과 사회적 배척으로 이어지는 지역들을 연구했다. 그래서 엘살바도르의 내전과 억압, 아르헨티나와 칠레의 독재, 푸에르토리코·베네수엘라·브라질·코스타리카의 가난 등이 미치는 심리적 영향을 검토했다. 이런 문제들은 각기 다른 환경에서 비롯되어 특유의 방식으로 해당 지역주민들에게 영향을 미치고 있었다. 그는 결국 특정한 맥락에서 발생한 정신건강의 문제는 사회적·정치적 환경뿐 아니라 그 지역의 역사도 반영하므로, 개인을 치료할 때는 이러한 요건을 모두 고려해야 한다고 결론 내렸다.

마틴-바로는 중앙아메리카에 초점을 맞추었지만, 그의 주장은 일상생활에서 사회

> 우리의 과제는 새로운 사회에서 새로운 인간을 만들어내는 것이다.
> **이그나시오 마틴-바로**

적·정치적 혼란을 겪고 있는 모든 지역에 의의를 지닌다. 그는 열정적이고 인도적인 관점에서 사회적 부정에 대한 저항과 정신건강 사이의 결정적인 연관성을 찾아내고, 관련된 심리학적 문제에 더욱 효과적으로 접근할 새로운 방법을 모색하고자 노력했다. ■

이그나시오 마틴-바로

이그나시오 마틴-바로는 스페인 바야돌리드에서 태어났다. 1959년 예수회에 가입하여 남아메리카로 파견되었다. 그 후 에콰도르 키토(Quito)의 가톨릭대학(Catholic University)과 콜롬비아 보고타(Bogotá)의 하베리아나대학(Javeriana University)에서 공부했다. 1966년에는 예수회 수사가 되어 엘살바도르로 파견되었다. 그는 산살바도르의 센트럴아메리카대학(University of Central America)에서 공부를 계속하여 1975년에 심리학 석사학위를 취득했다. 나중에 시카고대학에서 사회심리학 박사학위를 받은 뒤, 다시 센트럴아메리카대학으로 돌아가 심리학과 학과장이 되었다. 마틴-바로는 공개적으로 엘살바도르의 통치자를 비난했고, 1986년에는 대학여론연구소(University Institute of Public Opinion)를 설립했다. 정치적 부패와 부정을 폭로했다는 이유로 다른 5명과 함께 군대 암살단에 살해당했다.

주요 저서

1983년 『행동과 이데올로기 Action and Ideology』
1989년 『체제, 집단, 권력 System, Group and Power』
1994년 『해방심리학을 위한 기록 Writings for a Liberation Psychology』

DEVELOP
PSYCHO
FROM INFANT
TO ADULT

MENTAL
OGY

발달심리학
유아부터 성인까지

들어가며

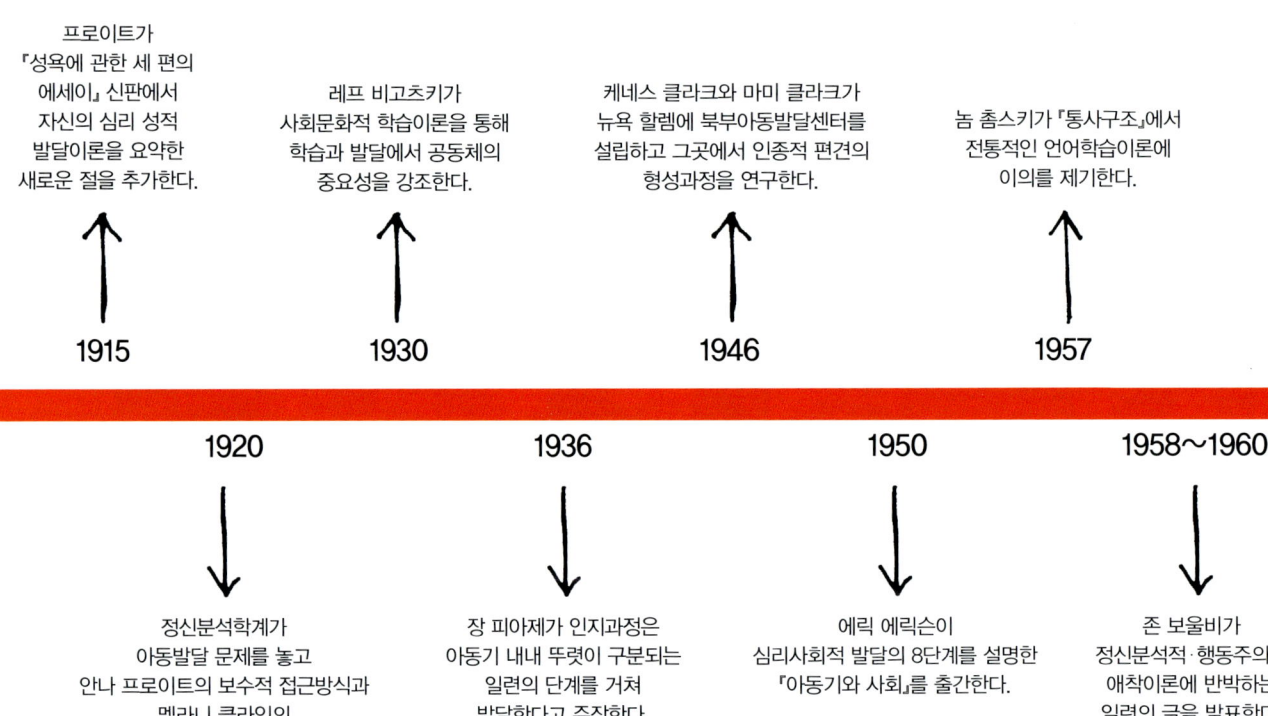

20세기 초반에 심리학의 두 가지 주된 사조는 아동기에서 성인기까지 인간의 심리적 발달에 대해 연구했다. 프로이트의 정신분석이론은 아동의 심리 성적 발달(psychosexual development)을 분석했고, 행동주의는 학습과정의 메커니즘을 설명했다. 그러나 발달 그 자체, 즉 평생 동안 일어나는 심리적·정서적·지각적 변화에 대한 연구는 1930년대 장 피아제에 와서야 시작되었다. 그는 아동이 신체적으로 성숙해가는 과정에서 지식도 늘어가는 단순한 '성인의 축소판'이 아니라, 그 과정에서 급격한 심리적 변화도 함께 겪게 된다고 주장하여 기존의 인식을 전복시켰다. 피아제는 '우리는 지식을 점진적으로 얻나 혹은 단계적으로 얻나', '특정한 능력은 선천적인가 혹은 학습되는가', '환경은 발달에 어떻게 영향을 미치는가' 등 몇 가지 근본적인 문제를 제기했다. 그의 인지발달이론에서는, 아동이 여러 발달단계를 거쳐 성인으로 성장하고, 각 단계 내에서 아동은 가르침보다는 경험을 통해 학습한다고 주장했다. 피아제의 주장은 발달심리학이라는 새로운 분야의 기틀을 마련했고, 오늘날까지도 사용되는 학교의 교육과정을 만들었다.

곧이어 다른 발달이론이 등장했다. 레프 비고츠키는 피아제의 견해에 대부분 동의하면서도, 아동의 다양한 학습단계에서 성인의 지도가 필요하다고 주장했고, 또 아동의 사회적·문화적 환경의 중요성을 강조했다. 에릭 에릭슨 역시 피아제의 이론을 기반으로, 청소년기의 '정체성 위기' 등 심리사회적 발달의 8단계를 구분했다. 한편, 로렌스 콜버그는 도덕 발달 6단계 이론을 제시했다.

제2차 세계대전에 이은 '인지혁명'으로 앨버트 반두라 등의 심리학자들은 다시 발달이란 주제에 대해, 이번에는 인지적 정보처리 모형의 관점에서 주목하게 되었다. 반두라의 사회학습이론에는 피아제의 발달단계이론과 비고츠키의 사회구성주의적 요소가 담겨 있었다. 인지심리학은 또 학습에 대해, 특히 언어습득에 대해 새로운 개념을 제시했고, 언어습득능력은 타고나는 것이라는 놈 촘스키의 주장은 또 다시 '본성 대 양육(nature vs. nurture)' 논쟁을 불러일으켰다.

애착이론

대부분의 발달심리학이 학습과정에 관심을 기울이는 동안, 영국의 정신분석가이

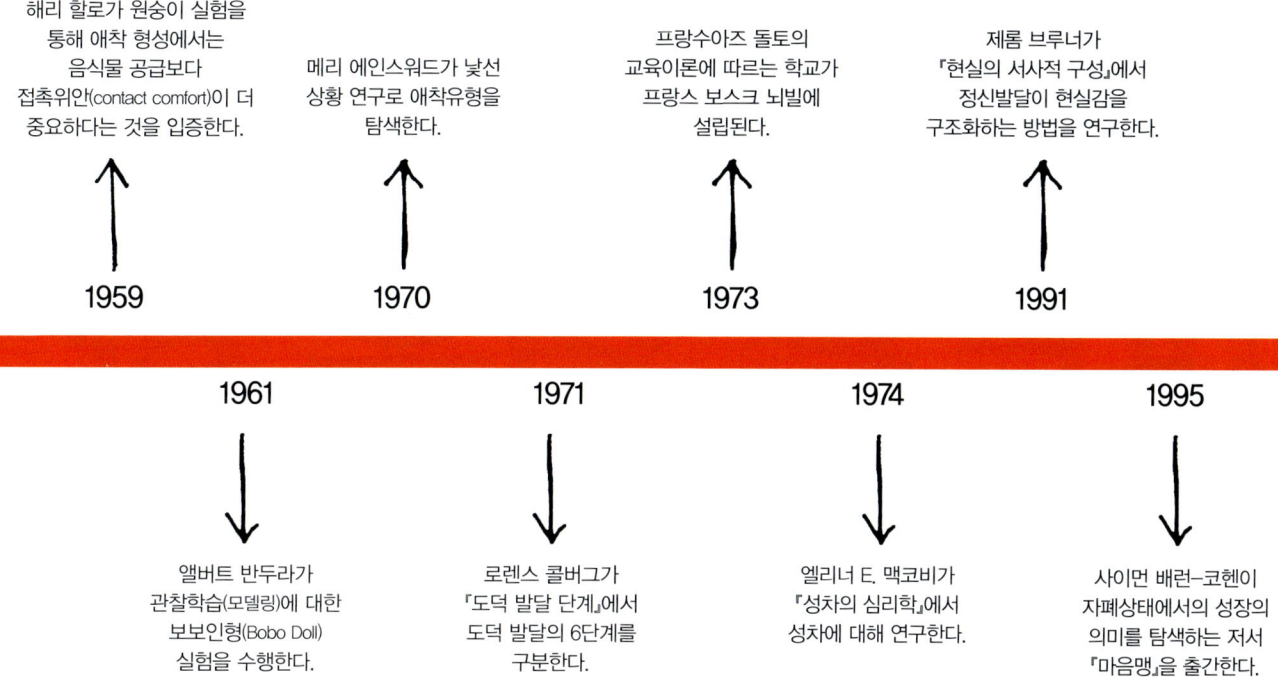

자 정신과 의사인 존 보울비가 수행한 연구로 새로운 분야가 주목받게 되었다. 그는 제2차 세계대전 동안 가족들과 떨어져 지낸 어린이들을 연구함으로써, 유아와 돌봐주는 사람 간의 애착관계에 특히 중점을 두어 인간이 가족 및 친구들과 관계를 맺고 유지해가는 과정을 다루는 애착이론을 수립했다. 보울비는 애착을 생존을 위한 자연스러운 충동으로 보았다. 이러한 애착이론의 기본 개념은 미국의 심리학자 해리 할로의 실험을 통해 보강되었다. 할로는 유아에게 고립되거나 어머니와 분리된 상태가 어떠한 영향을 미치는가에 대한 실험을 통해, 아이가 인지적·사회적으로 건강하게 발달하려면 친밀한 교제와 보살핌이 필요하다는 사실을 입증했다. 이러한 발견을 토대로 한 메리 에인스워드의 연구는 아이가 세상을 경험하는 근거지가 되는 '안전기지(secure base)'라는 개념을 추가했다. 또 브루노 베텔하임은 이스라엘의 키부츠에서 집단적으로 자란 아이들의 연구를 통해 전통적인 가족의 중요성을 부인하면서, 애착이론에 기초한 자신만의 도발적인 아동발달 이론을 발전시켰다. 1960년대에는 민권운동이나 남녀평등주의운동 같은 사회적 문제들이 사회심리학과 발달심리학에 두루 영향을 미쳤다. 당시 뉴욕 할렘에서 아동 발달연구에 주력하던 미국 흑인 케네스 클라크와 마미 클라크 부부는 우리의 편견이 대체 어떻게, 어느 발달단계에서 생겨나는지에 연구의 초점을 맞추었다. 한편, 엘리너 E. 맥코비는 성별에 따른 발달차이를 연구하여, 성(性)연구라는 새로운 연구분야의 효시가 되었다.

발달심리학은 현재 자폐증과 학습장애의 원인 및 치료법을 연구하고 있다. 그리고 점차 인구가 고령화됨에 따라, 우리가 노년기에 접어들어 직면하게 되는 문제들에도 주목하고 있다. ■

교육의 목표는 새로운 일을 할 수 있는 남녀를 길러내는 것이다

장 피아제(서기 1896~1980)

장 피아제

맥락읽기

사상
발생학적 인식론(Genetic epistemology)

이전의 관련 역사

서기 1693년 : 영국의 철학자 존 로크가 『교육론Some Thoughts Concerning Education』에서 어린이의 정신은 백지상태, 즉 빈 서판이라고 주장한다.

서기 1780년대 : 독일의 철학자 이마누엘 칸트가 도식(圖式, Schema)이란 개념을 도입하고, 도덕성은 또래집단과의 상호작용을 통해 권위자와는 무관하게 발달한다고 주장한다.

이후의 관련 역사

서기 1907년 : 이탈리아의 교육자이자 의사인 마리아 몬테소리(Maria Montessori)가 자연스러운 발달단계를 존중하고 자율성을 중시하는 몬테소리 학교를 최초로 설립한다.

서기 1970~1980년대 : 서양의 많은 교육시스템에서 학습에 더욱 아동중심적인 접근법을 도입한다.

어릴 때에는 조숙한 생물학자였고 나이 들어서는 인식론에 매료되었던 장 피아제(Jean Piaget)는 자신의 뿌리가 된 두 학문 사이에서, 아동의 성장에 따른 지능의 변화과정을 연구하는 이른바 '발생학적 인식론'을 통해 자신만의 틈새 학문분야를 개척했다.

피아제는 다양한 연령대 아이들의 지능 수준을 비교하는 연구(정량적 인지변화)보다는 시간의 흐름에 따라 아이들의 정신적 기량이 자연스럽게 발달해가는 과정(정성적 인지변화)에 더 관심을 두었다. 정량적 연구는 수치 비교가 가능했지만, 피아제는 아동학습의 유형, 경험, 특징 등의 차이점에 주목했고, 그러자면 '정성적' 연구가 필요했다. 아동의 발달을 전적으로 환경적 요인과 결부시켰던 당대의 지배적인 행동주의 모형에서 탈피하여, 피아제는 아동의 선천적으로 타고난 능력이 일련의 연령별 발달단계를 진행시킨다고 믿고, 그 능력을 분석하기로 결심했다.

피아제는 아동이 발달단계를 거치면서 주변 세계와 상호작용하기 위해 자신의 감각을 사용하는, 적극적이고 자율적인 학습자라고 믿었다. 그리고 아이들에게 지극히 개별적이고 시행착오적인 방식으로 스스로 실험하고 탐색해볼 자유를 부여함으로써, 이들의 이러한 여정을 안내하고 보살펴주는 것이 가장 중요하다고 믿었다.

따라서 피아제가 생각하는 좋은 교사의 역할이란, 그저 아이들의 창의성과 상상력을 끊임없이 북돋워주면서 이들이 이 발달과정을 무사히 통과하도록 지원해주는 일뿐이었다. 결국 "교육의 목표는 새로운 일을 할 수 있는 남녀를 길러내는 것"이기 때문이었다.

학습은 적극적 행위

피아제의 지능발달이론을 관통하는 한 가지 주제는 학습이 적극적이고 개인적인 과정이라는 개념이다. 그에 따르면 학습은 유아기부터 아동기까지 무엇인가를 느끼고 탐색하고 움직이고 나아가 터득하려는 아이의 자연발생적인 욕구에서 비롯된다. 그렇기 때문에 피아제는 아이들이 정량적인 지능 측정자료를 제공하기 위해 '정답'을 맞추도록 사전에 구성된 시험을 치르게 하는 표준화된 검사의 개념에 대해 상당한 의구심을 표했다.

피아제는 1920년대 초반에 알프레드 비

- 아동의 인지과정은 성인의 인지과정과 근본적으로 다르다
- 아동은 자율적이고 독자적으로 4단계 발달과정을 거친다
- 교사는 아동의 발달단계에 따라 적합한 과제를 부여하고, 독립적인 사고력과 창조성을 길러주어야 한다
- 교육의 목표는 새로운 일을 할 수 있는 남녀를 길러내는 것이다

참조 : ■ 알프레드 비네 50~53쪽 ■ 제롬 브루너 164~165쪽 ■ 레프 비고츠키 270쪽 ■ 에릭 에릭슨 272~273쪽 ■ 프랑수아즈 돌토 279쪽 ■ 로렌스 콜버그 292~293쪽 ■ 제롬 케이건 339쪽

네 밑에서 표준화된 지능검사를 연구하기도 했지만, 점차 정답을 찾아내는 아이들의 능력보다는 아이들의 대답 그 자체에 관심을 느끼기 시작했다. 아이들의 답변을 분석한 결과 이 세상이 돌아가는 방식에 대한 아이들의 생각은 어른의 생각과 전혀 다르다는 사실이 드러났고, 이를 통해 피아제는 아이들이 어른과 다르게 생각할 뿐만 아니라 연령대에 따라 저마다 다른 사고방식을 갖고 있다고 확신하게 되었다.

진화하는 정신

지난 17세기 이래로 어린이는 작은 어른이라는 인식이 지배적이었다. 당대의 경험주의 철학자들은 아동의 두뇌가 성인의 뇌와 정확히 동일하되 다만 연상능력이 부족할 뿐이라고 주장했다. 또 다른 사상가 집단인 정신적 생득론자들은 시간, 공간, 숫자 개념 같은 특정한 개념이 선천적으로 두뇌에 '내장'되어 있어, 아이들은 이런 개념을 활용하는 능력을 가지고 태어난다고 주장했다. 그러므로 유아기부터 청소년기까지 아이들의 정신작용이 어른과는 근본적으로 다르다는 피아제의 주장은 당대의 견해로 보자면 급진적이고 도발적이었다.

피아제는 아동기의 지능 형성 및 진화과정을 이해하는 것이 무엇보다 중요하다고 주장했는데, 그것만이 우리가 인간의 지식을 온전히 이해할 수 있는 유일한 방법이라고 믿었기 때문이다. 그가 사용했던, 아이들에게 자신의 답변을 설명해보도록 시키는 정신치료학적 인터뷰 기법은 탁월한 효과를 발휘했고, 결국 그의 모든 연구에서 중요한 도구가 되었다. 개인별 차이를 고려하지 않고 사전에 작성된 질문 목록을 고수하는 방법과는 달리, 이런 유연한 방법은 아이들의 대답에 따라 다음 질문을 결정할

수 있는 여지를 주었던 것이다.

피아제는 이처럼 아이들의 사고방식을 추적함으로써, 그 속에 내재한 사고과정을 더욱 잘 이해할 수 있다고 믿었다. 결국 그는 정량적이고 측정 가능한 지능의 개념을 거부함으로써 획기적인 아동 인지발달이론에 도달하게 되었다.

지능의 발달

피아제는 본래 언어나 가족 및 또래와의 접촉 같은 사회적 요인이 아동의 지적 발달에 가장 큰 영향을 미친다고 믿었다. 그러나 유아를 연구하다보니 이 시기에는 언어보다 아기들 자신의 행동이 무엇보다 중요하다는 것을 발견했다. 아기들은 태어나서 처음 며칠 동안은 주로 울거나 젖을 빠는 등 제한된 행동밖에 하지 못하지만, 장난감에 손을 뻗는 등의 새로운 동작을 매우 빠른 속도로 익혀가기 시작한다. 그래서 피아제는 이 단계에서는 사회적 상호작용보다

대부분의 사람들에게 교육이란 아이들을 그 사회의 전형적인 어른들과 닮아가도록 이끄는 것을 의미한다.
장 피아제

아이들은 단지 어른만큼 많이 알지 못하는 어른의 축소판이 아니다. 아이들은 어른과는 완전히 다른 방식으로 세계를 바라보고 상호작용한다.

본인의 행동이 사고의 원천이라고 결론 내렸다.

이 발견은 모든 아동이 다양한 인지발달 단계를 거치고 각 단계는 질적으로 다르며 위계적이라는 피아제의 이론의 근간이 되었다. 아이들은 현재 단계를 온전히 마친 후에야 다음 단계로 넘어가게 된다. 연구와 관찰을 통해, 피아제는 모든 아이들이 어떤 단계를 건너뛰거나 이전 단계로 후퇴하는 일 없이 동일한 순서에 따라 모든 단계를 경험한다고 주장했다. 이것은 재촉한다고 빨라지는 과정도 아니고, 대략 같은 나이에 같은 단계를 거치는 것이 일반적이지만 각각의 아이마다 고유한 발달속도에 따르게 된다.

피아제가 정의한 네 단계는 지능의 발달 수준을 나타내는 동시에, 그 자체로 아이들 각각의 발달단계에서 사용하는 '도식(schema)'의 목록이기도 하다. 도식이란 우리가 과거의 경험을 정리하거나 미래의 경

발달의 4단계

1단계 : 감각운동기에 아기들은 촉감을 비롯한 감각적 경험을 통해 세상을 배운다

2단계 : 전조작기에 아이들은 논리적으로 대상을 배열하기 시작한다

3단계 : 구체적 조작기에 아이들은 같은 양이 다른 형태로 변형될 수 있음을 배운다

4단계 : 형식적 조작기에는 언어적 추론과 가설적 사고가 발달한다

험을 준비하는 데 사용하는 정신적 구조를 제공하는 일체의 개념, 인식, 행동에 대한 마음속 표상이다.

유아기와 초기 아동기의 도식이란 '내가 먹을 수 있는 것' 등으로 매우 단순할 수 있다. 그러나 아이가 성장할수록 도식은 점점 복잡해져서, 예를 들자면 '부엌', '가장 친한 친구', '민주정부' 등의 구성요소를 이해할 수 있게 된다. 피아제에 따르면, 지적 행동이란 점점 늘어나는 도식의 집합으로 구성된다.

지식이란, 점진적으로 적합해지는 변화체계이다.
장 피아제

발달의 4단계

피아제의 첫 번째 발달단계는 감각운동기(sensorimotor stage)로, 아기의 생후 2년에 걸쳐 진행된다. 이 시기에 유아는 주로 감각과 신체적 행동 또는 움직임(운동)을 통해 세상을 배운다. 이 단계의 아기들은 오로지 자신의 관점에서만 세상을 바라볼 수 있어 자기중심적이다. 이 단계가 시작될 때는 아기들이 어떠한 이해나 의도 없이 반사적인 행동을 반복하지만, 나중에 가서는 반사적 행동을 확대하거나 대상에 따라 조절하게 된다. 그런 다음에는 사건을 예측하는 방식으로 감각을 조정하기 시작한다. 예를 들면, 지금 눈앞에 없는 대상을 상상하거나 숨겨진 대상을 발견할 수 있게 된다. 또 대상을 이용하여 실험을 하거나 목표를 정하고, 행동에 앞서 먼저 문제를 생각해보기 시작한다. 이러한 발달이 나타나면 1단계가 끝났다고 볼 수 있다.

이제 아이들은 점점 자기인식이 발달해가면서, 표상적인 사고 도구를 갖추고 내적인 이미지, 상징, 언어를 사용 및 개발하기 시작한다. 아이들이 사물이 눈에 보이는 방식에 주로 관심을 보이기 시작하면, 2단계인 전조작기(pre-operational stage)에 접어든 것이다. 이 단계의 아이들은 사물을 논리적인 순서(높이 등)에 따라 배열하거나 두 가지 물건(블록 등)을 하나의 지각적 특징(크기나 색깔 등)에 초점을 둔 공통된 속성에 따라 동시에 비교하는 능력을 보일 것이다. 아이들은 2~4세까지는 ('크다'나 '가장 크다' 같은) 절대적인 용어로 사고하지만, 4~7세까지는 ('더 크다' 또는 '더 무겁다' 등의) 상대적인 용어를 사용하기 시작한다. 그러나 논리적 사고능력은 여전히 제한적이고, 여전히 다른 사람의 관점에서 보지 못하는 자기중심적 상태를 유지한다.

그 다음 3단계는 구체적 조작기(concrete operational stage)로, 아이들이 논리적 조작을 수행할 수 있게 되지만 오로지 실제(구체적) 사물을 통해서만 가능한 시기이다. 이제 아이들은 어떤 대상의 물리적 배열이 달라져도 양은 여전히 동일하게 남아있는 '보존(conservation)'이란 개념을 이해하기 시작한다. 예를 들어 얇고 넓적한 그릇에 들어있는 물을 높고 가느다란 병에 옮겨 붓더라도 그 높이는 달라졌을망정 물의 양은 변함이 없다는 사실을 깨닫는 것이다. 또 사물을 여러 가지 특징에 따라 동시에 분류할 수 있음을, 그래서 구슬은 크고

녹색인 동시에 투명할 수 있음을 이해하게 된다. 이제 아이들은 자기중심적인 관점에서 벗어나, 좀더 상대적인 시각을 형성하기 시작한다.

4단계인 형식적 조작기(formal operational stage)에 들어서면, 아이들은 (단순한 물건뿐 아니라) 개념을 조작하기 시작하고 순전히 언어적인 진술에 기초하여 추론할 수 있게 된다. 더 이상 구체적인 사물을 참조하지 않고도 논증을 이해하게 되는 것이다. 또 가설을 근거로 생각하기 시작하는데, 이렇게 추상적인 개념을 논의하고 상상하는 새로운 능력은 아이들이 점차 자기중심성을 탈피하고 있음을 보여준다.

평형상태에 도달하기

피아제는 발달의 4단계를 정의한 데 이어, 각 단계에서 요구되는 발달과정의 몇 가지 기본적인 측면을 발견했다. 바로 동화와 조절, 그리고 평형이었다. 동화란 기존의 도식에 새로운 정보를 통합시키는 과정이고, 조절이란 동화과정에서 기존의 지식이나 기술을 조정할 필요가 있을 때 요구된다. 모든, 또는 대부분의 새로운 경험에 성공적으로 동화될 수 있는 아이들은 평형상태에 있다고 할 수 있다. 그러나 만약 기존 도식이 새로운 상황에서 성공적으로 대처하는 데 부적합하면, 아이들은 인지적 불균형상태에 놓이게 되므로 필요한 정보를 조정할 수 있도록 도식을 발달시켜야 한다. 결국 이것은 적응과정이자 가장 기초적인 형태의 학습이라 하겠다.

교육에 미친 영향

피아제의 연구는 1970년대와 1980년대 유럽과 미국의 교육시스템에 일대 변혁을 가져왔으며, 이론과 실천 양면에서 보다 아동중심적인 교수법을 탄생시켰다.

이제 교육자들은 아이들에게 어른처럼 생각하고 행동하는 방법을 가르치려 노력하기보다, 새롭고 개성적인 사고방식을 키울 기회를 제공하는 데 주력하도록 장려되었다. 피아제는 교육이 사람들에게 창조하고 발명하며 혁신하도록 영감을 불어넣는

> 지능이란 우리가 어찌 해야 할지 모를 때 사용하는 것이다.
> 장 피아제

한편, 상상을 포기하고 기존의 지침에 따르거나 순종하지 못하도록 적극적으로 말려야 한다고 주장했다. 유아기부터 진행되어 온 자연적인 학습과정이 개별적이고 능동적이며 탐색적이라면, 아이들의 정규적인 지적 발달을 이끄는 교육 시스템 역시 그러해야 한다는 논리였다.

아동중심적 교육의 또 다른 매우 중요한 측면은 아이들의 발달단계에 기초한 학습에 제한을 하는 '준비성(readiness)'이란 개념을 인식한 것이다. 교육분야, 특히 수학과 과학 교육에서 피아제의 가장 영구적인 공헌 중 하나는 교사가 각각의 아이마다 새로운 경험을 처리하거나 낯선 정보를 받아들이는 능력이 다르다는 점을 인식하고 존중해야 한다고 인정한 것이다. 교사가 부여하는 과제는 아이들 개개인의 인지 수준 및 능력을 반영해야 하고, 또 가급적 정확하게 거기에 부합해야 한다.

피아제는 아이들이 수동적인 관찰보다는 능동적인 행동을 통해 더 많이 배우므

피아제(사진 왼쪽)는 교육자가 무엇을 수행하거나 이해하는 특정한 방식을 고집해서는 안 되고, 아이들의 자연적인 학습과정을 보살펴줘야 한다고 설파했다.

몬테소리학교의 학생들은 피아제의 사상을 몸소 구현하고 있다. 이 아이들은 직접 체험하고 또래들과 수시로 토론하면서 스스로 학습하도록 권장된다.

로, 교사도 이런 방식에 맞춰야 한다고 믿었다. 교실에서는 학생들 간의 상호작용이 가장 중요하고, 또 지식을 쌓는 최고의 방법 중 하나는 다른 사람에게 그 내용을 가르쳐보는 것이란 사실이 이미 입증되었으므로, 만약 아이들이 (수동적으로 수업을 듣기보다) 능동적으로 자기들끼리 주제를 논할 기회를 얻게 되면, 기존 지식을 통합하고 심화시킬 가능성이 훨씬 높아질 것이다.

도덕교육

피아제는 아이들이 지능발달에서와 마찬가지로, 도덕적으로도 단계를 거치며 대부분 자율적으로 발달한다고 주장했다. 즉 진정한 도덕적 성장은 어른이 가르친 결과가 아니라 아이들이 스스로 세상을 관찰한 결과에 기초한다는 의미였다.

또한 피아제는 또래 간의 상호작용이 아동의 도덕적 발달에 절대적으로 중요하다고 보았다. 부모나 다른 권위자보다 또래집단이 호혜성, 평등, 정의 등의 개념을 이해하는 데 가장 중요한 계기를 제공하므로, 도덕적 성장에 결정적이라는 것이다. 그러므로 피아제는 학습 경험의 핵심요인은 학급 내 또래집단과의 상호작용이라고 열심히 강조했다.

결국 피아제의 아동중심 교실에서 교사의 역할은 표준적인 교사보다는 멘토나 조력자의 역할에 가까웠다. 교사는 각 학생의 현재 인지발달수준을 주의 깊게 파악하고, 본질적인 동기를 부여할 만한 과제를 부과해야 한다. 흥미로운 것은 교사가 또한 학생들을 인지적 불균형 상태에 빠뜨려 다음

아이들은 스스로 만들어낸 것에 대해서만 제대로 이해한다.
장 피아제

발달단계로 넘어가도록 도와줌으로써 진정한 학습기회를 제공해야 한다는 사실이다. 교사들은 학습의 최종 결과물을 얻어내기보다는 그 과정에 중점을 두어, 학생들이 비록 그 과정에서 많은 실수를 저지르더라도 더 많이 질문하고, 실험하고, 탐색하도록 이끌어야 한다. 무엇보다 교사들은 학생들이 서로 가르치고 배울 수 있는 협력의 장을 조성해야 한다.

피아제의 연구에 대한 비판

피아제의 연구는 큰 인기를 얻으며 발달

장 피아제

스위스 뇌샤텔 출신의 장 피아제는 자연세계에 대해 그칠 줄 모르는 관심을 느끼며 성장하다가, 11세에 최초의 과학논문을 작성했다. 그는 자연과학을 전공하여 22세 때 뇌샤텔대학에서 박사학위를 받았다. 그 후 정신분석학으로 관심을 돌려 프랑스에서 발생학적 인식론에 관한 이론을 발전시켰다. 1921년에는 제네바에 있는 장-자크 루소 연구소(Jean-Jacques Rousseau Institute) 소장이 되었다. 그는 발렌타인 쉐테나이(Valentine Chatenay)와 결혼하여 세 명의 자녀를 얻었는데, 이들을 대상으로 인지 발달에 대한 여러 관찰연구를 수행했다. 1955년에는 국제 발생학적 인식론 연구소(International Centre for Genetic Epistemology)를 설립하고, 1980년에 사망할 때까지 소장을 역임했다. 전 세계적으로 많은 상과 명예학위를 받았다.

주요 저서

1932년 『아동의 도덕적 판단The Moral Judgment of the Child』
1947년 『지능심리학The Psychology of Intelligence』
1952년 『아동지능의 기원The Origins of Intelligence in Children』
1962년 『아동심리학The Psychology of the Child』

심리학, 교육, 도덕성, 진화, 철학, 심지어 인공지능 분야에까지 광범위한 영향을 미쳤지만, 피아제의 주장에는 늘 철저한 검토와 비판이 뒤따랐다. 막대한 영향을 미친 이론들이 모두 그러했듯이, 피아제의 이론 역시 수년간의 조사와 연구를 통해 그 문제점과 약점이 드러났다. 예를 들자면, 피아제의 자기중심성 개념이 문제시되었다. 미국의 심리학자 수잔 겔만(Susan Gelman)은 1979년 연구를 통해 네 살배기 아이들도 눈을 가린 사람에게 무엇인가를 이해시키기 위해 자신의 설명을 조절할 수 있고, 자기보다 더 어린 아이들에게 이야기할 때는 더 단순한 언어를 사용한다는 사실을 발견했는데, 이는 자기중심적인 아이들이 다른 사람의 입장은 인식하지 못한다는 피아제의 설명과 배치되었다.

그리고 아이들이 주로 독자적이고 자율적으로 지식을 구성하고 물리적 세계를 이해한다는 피아제의 주장 역시 심한 반발에 부딪혔는데, 아이들의 인지발달에서 다른 사람의 중요성을 간과했다는 이유였다.

선구적인 심리학자인 레프 비고츠키는 지식과 생각은 본질적으로 사회적인 속성을 띤다는 사실을 중점적으로 입증하여, 아이들은 사실상 사회적 전체(social whole)의 일부가 아니라는 피아제의 주장을 부정했다. 비고츠키는 인간의 발달은 개인적 차원뿐 아니라 문화적·대인적 차원 등 세 가지 차원으로 구성된다는 이론을 제시했고, 특히 비개인적인 두 가지 차원에 관심을 집중했다. 또 아이들이 어떤 과제를 완수하기 위해서는 어른이나 더 나이가 많은 다른 아이들의 도움이 필요하다는 '근접발달영역(zone of proximal development)' 이론을 통해 피아제에게 반박했다.

피아제에 관한 또 다른 연구영역은 그의 발달단계의 보편성 문제이다. 피아제는 당시 자신의 가설을 지지할 만한 설득력 있는 근거를 제시하지 못했지만, 그 후 (피에르 다센(Pierre Dasen)의 1994년 연구 등) 감각운동기에 대한 비교 문화적 연구를 통해 그가 정의한 발달의 4단계가 실제로 보편적이고, 다만 환경적·문화적 요인에 따라 각 단계에 이르는 시점과 끝마치는 속도가 달라질 뿐이라는 사실이 입증되었다.

피아제의 연구는 의심할 여지없이 아동발달 및 인간 인지발달의 본질을 연구하는 새로운 장을 열었다. 피아제는 20세기와 21세기에 방대한 양의 연구가 축적되는 기틀을 마련했고, 서구세계 교육의 특성을 근본적으로 바꾸어놓았다. ■

피에르 다센은 오스트레일리아 중부 오지에 사는 8~14세의 원주민 아이들도 피아제가 규정한 발달단계를 거치고 있음을 발견했다.

심층구조, 즉 기본적인 인지과정은 실제로 보편적이다.
피에르 다센

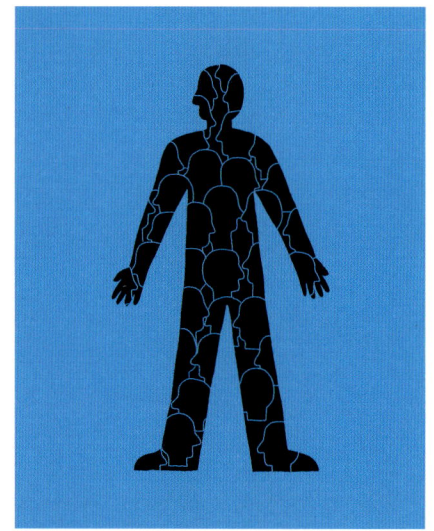

우리는 다른 사람을 통해 우리 자신이 된다

레프 비고츠키(서기 1896~1934년)

맥락읽기

사상
사회구성주의

이전의 관련 역사
서기 1860년대 : 프랜시스 골턴이 본성(선천적 능력)과 양육(교육) 중 어느 쪽이 인격에 더 큰 영향을 미치는지에 대한 논쟁을 촉발한다.

이후의 관련 역사
서기 1952년 : 장 피아제가 정보의 흡수 및 처리 능력은 아동의 타고난 능력과 환경 사이의 상호작용을 통해 발달한다고 주장한다.

서기 1966년 : 제롬 브루너가 모든 발달 단계의 아이들에게 어떠한 주제라도 잘 가르칠 수 있다고 주장한다.

서기 1990년 : 미국의 교육심리학자 로버트 슬래빈(Robert Slavin)이 협력학습을 장려하고 승자와 패자를 가르는 경쟁적인 교육법을 지양하기 위해 팀성취분배보상모형(STAD; Student Teams Achievement Divisions)을 설계한다.

러시아 심리학자 레프 비고츠키(Lev Vygotsky)는 추론, 이해, 기억에 필요한 모든 기술이 어린 시절 부모, 교사, 또래 집단과의 경험에서 비롯된다고 보았다. 또 인간의 발달은 문화적·대인적·개인적 차원 등 세 가지 차원에서 이루어진다고 주장했다. 그는 인간의 발달에 가장 중요한 것은 사회적 경험이라고 판단하여, 문화적·대인적 차원에 관심을 쏟았다. 결국 "우리는 다른 사람을 통해 우리 자신이 된다"는 것이었다. 비고츠키는 아이들이 돌봐주는 사람과의 상호작용을 통해 이전 세대의 축적된 지혜, 가치관, 기술적 지식을 습득하고, 이러한 '도구'를 활용하여 세상에서 적절히 행동하는 방식을 터득한다고 믿었다. 그런데 아이들이 이러한 문화적 도구를 경험하고 내면화할 방법은 오로지 사회적 상호작용뿐이다. 심지어 개인적 차원에서 생각하고 추론하는 능력조차 우리의 선천적인 인지 능력을 길러준 발달과정에 포함된 사회적 행동에서 비롯된 것이다.

비고츠키의 이론은 학습법과 교수법 양쪽에 영향을 미쳤다. 그는 교사들이 학생들의 관심범위, 집중력, 학습능력을 개선하기 위해 끊임없이 지도하고 보살피는 교육적인 역할을 수행함으로써 그들의 역량을 개발해야 한다고 주장했다. 이런 사상은 아동중심의 교육에서 커리큘럼중심의 교육으로 변화시키고, 협력학습의 활용을 증가시켜 특히 20세기 후반의 교육에 두드러진 영향을 미쳤다. ■

모든 수준 높은 정신적 역량은 사회적인 관계가 내면화된 결과이다.
레프 비고츠키

참조 : ■ 프랜시스 골턴 28~29쪽 ■ 제롬 브루너 164~165쪽 ■ 장 피아제 262~269쪽

발달심리학 DEVELOPMENTAL PSYCHOLOGY

아이는 특정 부모에게 의존하지 않는다
브루노 베텔하임(서기 1903~1990년)

맥락읽기

사상
자녀양육체계(Parenting system)

이전의 관련 역사
서기 1945년 : 미국의 정신분석가 르네 스피츠(René Spitz)가 보호시설 내 아동 양육의 처참한 결과에 대해 보고한다.

서기 1951년 : 존 보울비가 아기에게는 어머니와의 친밀하고 지속적인 관계가 필요하다고 결론 내린다.

서기 1958년 : 미국의 인류학자 멜포드 스피로(Melford Spiro)가 『키부츠의 아이들Children of the Kibbutz』이란 저서에서 어머니가 중심이 되어 아이를 보살피는 서양식 육아법이 모든 문화에서 가장 효과적임을 시사한다.

이후의 관련 역사
서기 1973년 : 미국의 정신과 의사 찰스 M. 존스턴(Charles M. Johnston)과 로버트 다이셔(Robert Deisher)가 집단적인 자녀양육에는 핵가족에서는 거의 얻을 수 없는 장점이 있다고 역설한다.

브루노 베텔하임(Bruno Bettelheim)은 전문적인 간병인들이 정신적 장애아를 성공적으로 키워내는 센터를 운영하면서, 최고의 육아법은 어머니와 아이가 친밀한 관계를 형성하는 것이라는 통념에 의문을 느끼기 시작했다. 또 서구사회가 이스라엘의 키부츠 등에서 사용되는 집단적인 육아 방식에서 배울 점은 없는지 궁금했다.

1964년 베텔하임은 아이들이 가족에게서 멀리 떨어져 별개의 숙소에서 자라나는 키부츠에서 7주를 지냈다. 그는 1967년 저서 『꿈의 아이들The Children of the Dream』에서 "키부츠의 아이들은 특정 부모에게 의존하지 않는다"라고 천명했다. 그리고 아이와 부모 간의 일 대 일 관계는 줄어들지만 그 대신 덜 친밀한 많은 사람들과 우정을 쌓고 적극적인 사회생활에 나서게 된다고 주장했다.

성공한 성인들
베텔하임은 연구를 시작하기 전에는 키부츠가 사회적으로 영향력이 거의 없는 평범한 성인들을 길러낼 것이라고 예상했다.

베텔하임은 키부츠 아이들이 어른과의 관계보다 자기들끼리 더욱 긴밀한 유대감을 맺는다는 것을 발견했다. 이렇게 또래집단과 잘 어울리는 능력이 성인이 되어 직업적인 성공을 거두는 요인일 것이다.

그러나 연구 결과 키부츠의 구성원들은 성인이 되어 뛰어난 성공을 거두는 경우가 많았다. 실제로 어느 기자는 베텔하임이 연구했던 아이들을 1990년대 들어 추적해본 결과, 직업적으로 성공한 비율이 매우 높다는 사실을 확인했다. 그는 키부츠의 집단적 양육방식이 대단히 성공적이라고 결론 내렸다. 또 이러한 연구결과를 발표함으로써, 미국의 보육체계가 개선되기를 바랐다. ■

참조 : ■ 버지니아 사티어 146~147쪽 ■ 존 보울비 274~277쪽

성장하는 모든 것에는 밑그림이 있다

에릭 에릭슨(서기 1902~1994년)

맥락읽기

사상
심리사회적 발달
(Psychosocial development)

이전의 관련 역사
서기 1905년 : 지그문트 프로이트가 어린이는 5단계에 거쳐 성적으로 성숙해진다고 주장하며 심리 성적 발달이론을 수립한다.

서기 1930년대 : 장 피아제가 단계 기반의 인지발달이론을 제시한다.

이후의 관련 역사
서기 1980년 : 미국의 심리학자 제임스 마샤(James Marcia)가 에릭슨의 연구를 기반으로 청소년기의 정체성 형성과정을 연구한다.

서기 1996년 : 미국 작가 게일 쉬이(Gail Sheehy)가 베스트셀러가 된 저서 『새로운 역정New Passages』에서 성인들이 자신의 청소년기를 삼십대까지 연장시켜, 에릭슨이 말한 모든 성인기 단계를 약 10년씩 지연시키고 있다고 지적한다.

에릭 에릭슨(Erik Erikson)은 인간 발달을 후성설(後成說)의 관점에서 이해하여, 모든 유기체는 특정한 목적을 가지고 태어나고 성공적으로 발달하면 이 목적을 완수하게 된다고 보았다. 에릭슨은 이를 "성장하는 모든 것에는 밑그림이 있고, 이로부터 각 부분이 자라난다"고 표현했다. 그는 인간의 인격이 사전에 정해진 8가지 단계를 통해 전개되고 발전한다고 주장했다. 에릭슨에 따르면, 이러한 성장에는 유전적 요인과 환경적 영향력 사이의 끊임없는 상호작용이 포함되어 있다.

8단계

아기가 생후 1년 동안 경험하는 첫 번째 단계는 '신뢰 대 불신(trust vs. mistrust)'이다. 만약 아기의 욕구가 제대로 일관성 있게 충족되지 않으면, 불신의 감정이 발달하여 이후 관계에서도 반복적으로 나타날 수 있다. 두 번째 단계인 '자율성 대 수치심과 의심(autonomy vs. shame and doubt)'은 생후 18개월~2년 사이에 진행된다. 이 단계에서 아이는 탐색하는 법을 배우지만, 동시에 작은 실패나 부모의 꾸중 때문에 생애 최초로 수치심과 의심을 느끼게 된다. 성공과 실패를 모두 극복하는 방법을 배우고 나면 건강한 의지력이 발달한다. 3~6세까지의 3단계에 이르면 '주도성 대 죄의식(initiative vs. guilt)'의 위기가 나타난다. 이 단계에서 아이는 창의적이고 장난스럽게, 그러나 목적을 가지고 행동하는 방법을 배운다. 이때 아이는 남들과 상호작용하면서, 자신의 행동이 다른 누군가에게 나쁜 영향을 미칠 수 있음을 깨닫는다. 이 단계에서 심한 처벌은 죄의식 감정을 마비시킬 우려가 있다.

6~12세까지는 아이가 교육과 사회성 기술의 학습에 주력하게 된다. '근면성 대 열등감(industry vs. inferiority)'이라는 이 네 번째 단계는 능력에 대한 개념을 부여하지만, 과업을 지나치게 강조하다 보면 아이가 자

희망이란 살아있는 상태에 내재하는 최초의 가치이자 가장 필수적인 가치이다.
에릭 에릭슨

발달심리학 DEVELOPMENTAL PSYCHOLOGY

참조 : ■ G. 스탠리 홀 46~47쪽 ■ 지그문트 프로이트 92~99쪽 ■ 쿠르트 레빈 218~223쪽 ■ 장 피아제 262~269쪽 ■ 로렌스 콜버그 292~293쪽

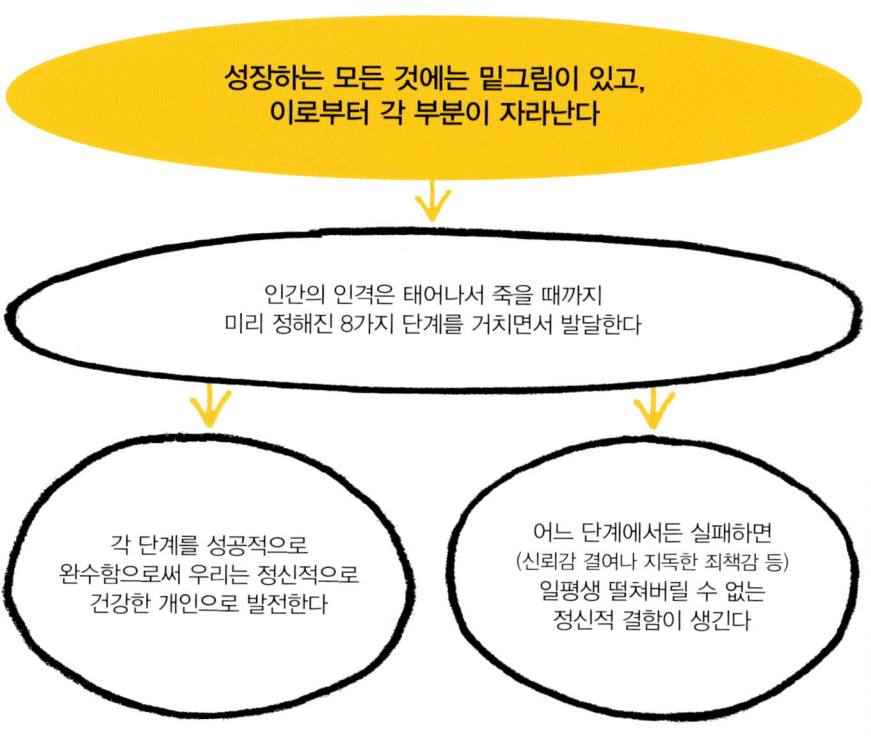

에릭 에릭슨

에릭 에릭슨은 독일 프랑크푸르트에서 사생아로 태어났다. 그는 생부가 누구인지도 모르는 채 어머니의 남편의 성을 물려받았고, 세 살 때 어머니가 재혼한 가정에서 자랐다. 그러다보니 에릭슨은 항상 정체성 혼란에 시달렸다. 그는 의학을 공부하라는 권유를 물리치고 미술을 공부했고, '방황하는 예술가'로서 젊은 시절에 이탈리아를 여행했다. 그 후에는 그의 표현에 따르면 "더욱 악화된 정체성 위기"를 겪으며 빈으로 건너가 정신분석적 원리로 운영되는 학교에서 미술을 가르쳤다. 그는 이 원리를 완전히 수용하여, 안나 프로이트 밑에서 정신분석가 수련을 받게 되었다. 1933년에 존 서슨(Joan Serson)과 결혼하고 미국 보스턴으로 이주하여 이 도시 최초의 아동 정신분석가가 되었다. 그 후 하버드, 예일, 버클리대학에서 학생들을 가르쳤다. 그는 1933년에 미국 시민권을 받을 때 스스로 선택한 '에릭슨'으로 성을 바꾸었다.

주요 저서

1950년 『아동기와 사회Childhood and Society』
1964년 『통찰과 책임감Insight and Responsibility』
1968년 『자아정체감 : 청년과 위기 Identity : Youth and Crisis』

존심과 생산성을 동일시하는 착각에 빠질 수 있다. 그 다음에는 청소년기에 접어들면서 '정체감 대 역할 혼미(ego-identity vs. role confusion)'의 5단계가 진행된다. 이 단계에서 우리는 과거, 현재, 미래를 고려하여 자신이 누구인지에 대한 일관된 정체성을 발달시킨다. 이 단계를 성공적으로 겪고 나면 스스로에 대한 일관된 인식을 확립하지만, 이때 문제가 발생하면 에릭슨이 만든 용어대로 '정체성 위기'에 이르게 된다.

18~30세에 이르는 여섯 번째의 '친밀감 대 고립감(intimacy vs. isolation)' 단계에서는, 가까운 관계를 형성하고 사랑을 경험하게 된다. 또 끝에서 두 번째인 35~60세까지의 '생산성 대 침체성(generativity vs. stagnation)' 단계에서는 후대를 위해 일하거나 문화적·사회적 행동을 통해 사회에 기여하게 된다. '자아통합 대 절망(ego-integrity vs. despair)'이라

는 마지막 단계는 60세 정도에 시작된다. 이 단계에 이르면 사람들은 자신의 인생을 되돌아보고, 자신의 노년에 만족하여 안정감을 느끼거나 혹은 노쇠해진 몸이나 죽음을 실감하고 절망하게 된다. 이 단계를 무사히 넘기고 나면 지혜를 얻는다. ■

에릭슨은 우리가 노년기에 이르면 이전 단계들을 얼마나 성공적으로 완수했느냐에 비례하여 성취감이나 "개인적인 일체감"을 느끼게 된다고 주장했다.

초기의 애착 행동은 인간 본성에 없어서는 안 될 부분이다

존 보울비(서기 1907~1990년)

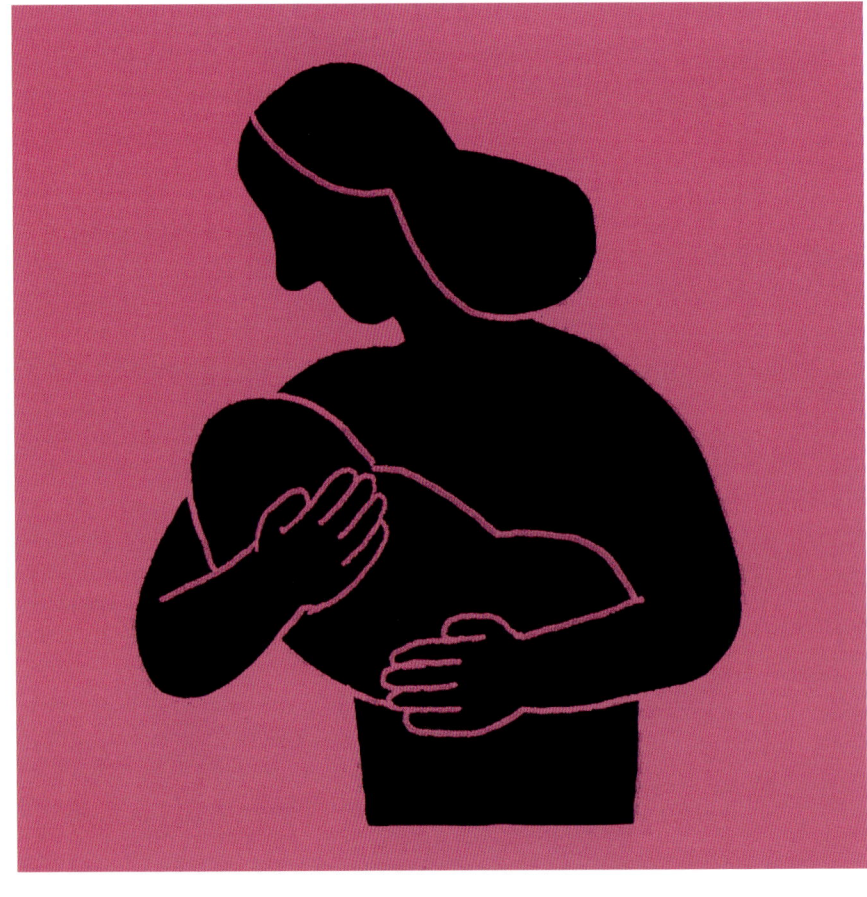

맥락읽기

사상
애착이론(Attachment theory)

이전의 관련 역사
서기 1926년 : 지그문트 프로이트가 아기들은 자신의 생리적 욕구를 충족시켜주기 때문에 돌봐주는 사람에게 애착을 느낀다고 주장하며 '타산적인 애정(cupboard love)'에 관한 정신분석학적 이론을 제시한다.

서기 1935년 : 콘라트 로렌츠의 연구로 인간 외의 동물은 태어나서 처음 본 움직이는 물체에 강한 유대감을 느낀다는 사실이 알려진다.

이후의 관련 역사
서기 1959년 : 해리 할로의 실험을 통해 어릴 때 어미와 떨어져 지낸 짧은 꼬리 원숭이들은 사회적·정서적 문제를 일으킨다는 사실이 입증된다.

서기 1978년 : 마이클 루터가 아이들은 다양한 애착대상(아버지, 형제자매, 동료, 무생물 등)에 강한 애착을 느낄 수 있음을 보여준다.

1950년대에 유아의 애착형성 방법에 대한 지배적 이론은 '타산적 애정'이라는 정신분석학적 개념에 기반을 두었다. 이 이론은 아기들이 수유 등 자신의 생리적 수요를 충족시켜주는 사람에게 유대감을 형성한다고 주장했다. 한편 콘라트 로렌츠는 동물연구를 통해 동물은 무조건 태어나서 처음 인식하는 움직이는 물체에, 그래서 보통은 어미에게 유대감을 느낀다고 주장했다.

이러한 시대적 배경 속에서, 존 보울비(John Bowlby)는 초기 애착에 대해 명백히 진화적인 입장을 취했다. 그는 신생아가 완전히 무력하기 때문에, 생존을 보장받기 위

참조 : ■ 콘라트 로렌츠 77쪽 ■ 지그문트 프로이트 92~99쪽 ■ 멜라니 클라인 108~109쪽 ■ 안나 프로이트 111쪽 ■ 쿠르트 레빈 218~223쪽 ■ 레프 비고츠키 270쪽 ■ 브루노 베텔하임 271쪽 ■ 해리 할로 278쪽 ■ 메리 에인스워드 280~281쪽 ■ 마이클 루터 339쪽

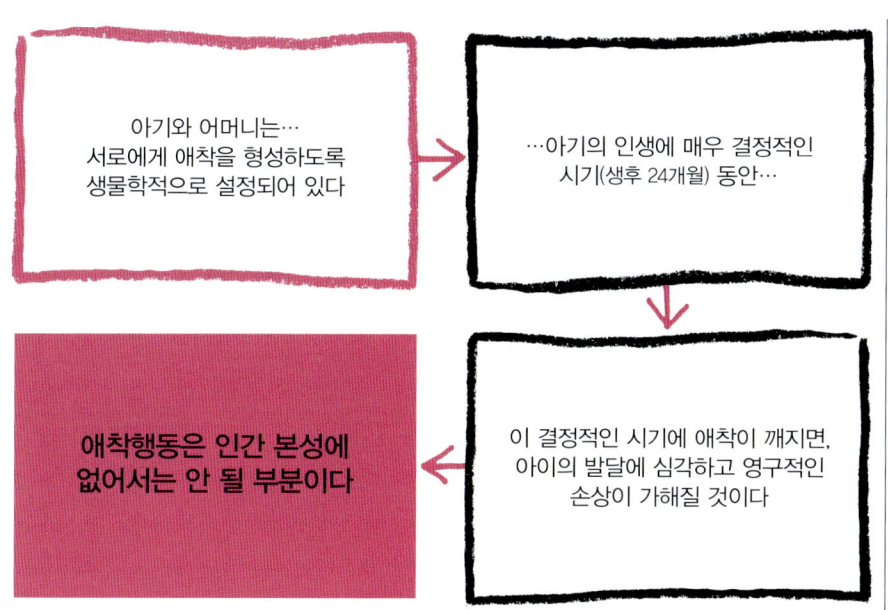

해 어머니에게 애착을 느끼도록 생물학적으로 미리 설정되어 있다고 주장했다. 또 어머니 역시 늘 아기를 곁에 두려고 하면서 아기에게 강한 유대감을 느끼도록 생물학적으로 설정되어 있다고 믿었다. 어머니와 아기를 떼어놓을 수 있는 어떠한 상황도 본능적인 애착행동과 불안감 및 공포감을 발동시킨다는 것이었다.

이러한 생각에 기반을 둔 보울비의 이론은 어머니와 아기의 유대감이 평생에 미치는 의미와, 이 유대감이 완전히 깨지거나 손상되는 경우 아기가 겪게 되는 심리적 곤경을 설명하고자 했다.

오로지 어머니뿐

보울비의 이론에서 가장 논쟁적인 부분 중 하나는 아기가 언제나 남성이 아닌 여성에게 애착을 느낀다는 주장이다. 보울비는 이 여성이 반드시 생모여야 할 필요는 없지만, 분명히 어머니에 버금가는 존재여야 한다고 했다. 그는 이렇게 한 여성에게 애착하는 성향을 가리켜 '단향성(monotropy)'이라고 표현하면서, 아이에게 애착대상이 여러 명일 수는 있지만 어머니 같은 존재에게 느끼는 애착은 아이가 평생 동안 맺게 되는 다른 애착관계와는 전혀 다른, 훨씬 더 큰 의미를 지닌다고 역설했다. 또 아이와 어머니는 이 애착을 유지시키는 방식으로 행동한다. 예를 들어, 아기는 돌봐주는 사람의 행동을 형성하고 통제하기 위해 빨거나 껴안거나 쳐다보거나 웃거나 우는 한편, 아이를 돌보는 사람은 아이의 요구에 민감하게 반응한다. 이런 식으로 애착과 보살핌이라는 두 가지 행위체계가 서로를 형성해가며 평생의 유대관계를 유지하도록 도와준다.

보울비는 이러한 유대감이 발달에 워낙 중요하므로, 만약 이런 관계가 형성되지 않거나 불과 생후 몇 년 만에 깨져버리면, 아이는 남은 평생 내내 그 부정적인 결과를 떠안고 살아야 한다고 믿는다. 또 어머니와 아기가 반드시 안정적인 애착관계를 맺어야 할 결정적인 시기가 있으므로, 생후 첫 해 동안, 늦어도 아이가 두 살이 되기 전에는 유대감이 형성되어야 한다고 주장한다. 일단 아이가 세 살이 넘은 후에는, 아무리 잘 보살펴줘도 소용없이 모성결핍 증상을 보이기 시작한다고 했다.

모성결핍

1950년에 보울비는 세계보건기구(WHO)로부터 제2차 세계대전 동안 피난을 가거나 부모를 잃어 모성결핍을 겪었던 아이들을 연구해보라는 의뢰를 받았다. 또 거주 탁아시설이나 다른 대형시설(고아원 등)에서 자라난 영향을 분석해보라는 주문도 있었다. 보울비는 이 초기의 연구결과를 1951년의 보고서『어머니의 보살핌과 정신건강』으로 정리하면서, 초기 아동기에 장기적으로 어머니의 보살핌을 받지 못한 아이들은 평생 동안 어느 정도의 지적·사회적·정서적 지체를 겪었다고 언급했다.

보울비는 5년 후 2차 연구에 착수했는데, 이번에는 아직 4세가 안된 시기에 (부모를 대신할 만한 보살핌을 제공하지 않는) 결핵 요양소에서 5개월~2년을 보낸 아이들을 분석하기 시작했다. 연구 당시 7~13세에 이

유아기에 받은 어머니의 사랑이
정신건강에 미치는 영향은 비타민이나
단백질이 신체건강에 미치는
영향만큼이나 중요하다.
존 보울비

보울비는 피난 온 어린이들이 어머니와 강제로 떨어져 살았기 때문에 오랫동안 애착 문제를 겪을 것이라고 예상했고, 후속연구를 통해 이 점은 사실로 확인되었다.

르던 이 아이들은 평범하게 자란 아이들에 비해 훨씬 거칠게 놀았고, 주도성이 떨어지거나 과도하게 흥분할 때가 많으며 경쟁력도 낮은 편이었다.

보울비는 극단적인 경우에는 모성결핍이 심지어 '감동결여성 인격장애(Affectionless psychopathy)'를 초래할 수 있어, 다른 사람을 깊이 사랑할 수 없고 당연히 의미 있는 대인관계도 맺지 못하게 된다는 사실을 발견했다. 이 증상을 겪는 사람들은 죄책감을 느낄 수 없기 때문에 아무런 가책 없이 미성년 범죄나 반사회적 행동을 저지를 가능성도 높아진다. 보울비는 1944년의 청소년 절도범 연구에서, 상당수의 어린 범죄자들이 5세 이전에 어머니와 6개월 이상 떨어져 있었고, 이들 중 14명은 감동결여성 인격장애를 겪고 있다는 것을 밝혀냈다.

보울비의 분석에 따르면, 인생 초기의 안정적인 애착이 그토록 중요한 이유는 아이가 자신과 타인, 그리고 세계를 이해하는 데 사용하는 내적 작동모형 또는 프레임워크의 형성에 필수적인 역할을 하기 때문이다. 이 내적 작동모형은 성인이 되어서까지 모든 대인관계에서 그 사람의 사고, 느낌, 기대를 좌우한다. 최초의 애착은 이후 모든 관계의 원형이 되기 때문에, 애착의 질은 한 아이가 타인을 신뢰하고 자신을 가치 있게 여기며 사회에서 자신감을 갖고 자라날 수 있을지를 결정하게 된다. 이러한 내적 작동모형은 변화에 대한 저항력이 있어, 일단 한번 형성되고 나면 사람들의 행동양식을 좌우하고, 그들이 자신의 자녀와 맺는 유대감에까지 영향을 미치게 된다.

아버지의 역할

보울비의 애착이론은 어머니와 아이 관계의 중요성을 과장하고 아버지의 역할을 과소평가했다는 비난을 받아왔다. 보울비는 아버지가 아기에게 아무런 직접적인 정서적 의미를 주지 못하고, 단지 어머니를 재정적·정서적으로 지원함으로써 간접적으로 기여할 뿐이라고 폄하했다. 보울비 이론의 기초가 된 진화론에서는, 여성이 자녀 양육과정 내내 아이들을 이끄는 타고난 모성본능으로 자연스럽게 부모가 되는 반면, 남성은 태생적으로 부양자의 역할에 더 알맞다고 주장한다.

그러나 런던 타비스톡클리닉(Tavistock Clinic)의 보울비 밑에서 일했던 영국의 심리학자 루돌프 샤퍼(Rudolph Schaffer)는 아버지가 자녀양육에 관여하는 범위가 문화에 따라 상당한 차이를 보인다는 것을 밝혀냈다. 또 주된 양육자 역할을 맡는 아버지들의 수가 점점 늘어나는 추세라는 현실 역시, 부모의 역할이란 생물학보다는 사회적 관습에 따라 정해진다는 사실을 시사한다.

보울비는 남성이 본질적으로 열등한 부모라는 뜻을 내비쳤지만, 샤퍼와 미국의 심리학자 로스 파크(Ross Parke)는 연구를 통해 남성도 자녀에게 따뜻하고 민감하게 반응할 수 있는 대등한 능력을 지닌다는 사실을 입증했다. 그리고 아이의 발달결과는 돌봐주는 부모의 성별보다 부모와 맺은 유대감의 질과 강도에 따라 결정된다고 주장했다. 또 다른 연구에서 샤퍼와 심리학자 페기 에머슨(Peggy Emerson)은 유아와 아이들이 어머니 외에도 많은 사람들에게 다양한 애착행동을 보이며, 이런 애착의 다양성이 예외적인 것이 아니라 오히려 일반적이라

애착행동은 인간을 요람에서 무덤까지 결정짓는다고 알려져 있다.
존 보울비

발달심리학 DEVELOPMENTAL PSYCHOLOGY 277

아버지로서 자녀를 돌보는 남성들을 직접 관찰한 결과, 그들 역시 여성 못지않게 따뜻하고 민감할 수 있다는 사실을 확인했다.

루돌프 샤퍼

는 사실을 깨달았다.

이러한 후속연구결과는 특히 일하는 여성들에게 중요했다. 보울비의 이론대로라면, 여성은 일단 자녀가 생기면 일을 그만두고 아이들과 시간을 보내면서 주된 양육자로서 아이를 보살피는 역할을 수행해야 한다는 의미였기 때문이다. 보울비의 이론이 발표된 후 수십 년 동안 여러 세대의 일하는 여성들이 죄책감에 시달려야 했으나, 한편에서는 많은 후대 연구자들이 보울비의 이런 이론에 의문을 제기해왔다. 예를 들어, 1970년대에 심리학자 토마스 와이즈너(Thomas Weisner)와 로널드 갤리모어(Ronald Gallimore)는 인간사회에서 여성이 혼자 아이를 보살피는 경우는 극소수에 불과하고, (친척이나 친구 등) 여러 사람들이 육아의 책임을 분담하는 경우도 드물지 않다는 사실을 증명했다. 샤퍼는 또한 일터에서 행복하게 일하는 어머니를 둔 아이들이 집에 머물며 좌절감에 시달리는 어머니를 둔 아이들보다 더 성공적으로 자란다는 근거를 제시하기도 했다.

획기적인 연구

보울비의 연구는 많은 비판과 정정을 유발하기는 했으나, 오늘날까지도 인간의 애착에 대한 가장 광범위하고 영향력 있는 설명으로 인정받으며, 해리 할로와 메리 에인스워드의 획기적인 실험으로 이어졌다. 심리학자들은 보울비의 이론을 기본 전제로 삼아 아동의 애착유형을 깊이 있게 파고들었고, 부모와 자녀 간의 유대가 나중에 배우자나 연인과의 유대에 어떻게 영향을 미치는지를 연구함으로써 성인 애착이론을 발전시켰다. 보울비의 이론은 또한 아동보

보울비는 모성결핍이 소년범죄로 이어질 수 있으므로 탁아소는 유아 양육에 적합하지 않다고 주장하여, 일하는 어머니들을 심각한 딜레마에 빠뜨렸다.

호 제도를 개선하고 대안으로서 위탁양육을 선호하게 되는 등 육아의 다양한 측면에 이로운 영향을 미쳤다. ■

존 보울비

존 보울비는 런던의 중산층 가정에서 여섯 자녀 중 넷째로 태어났다. 그는 주로 유모의 손에서 자라다가 일곱 살 때 기숙사 학교로 보내졌다. 이러한 경험 때문에 그는 유독 어린 아이들이 겪는 애착 문제에 공감하게 되었다. 그는 케임브리지의 트리니티칼리지(Trinity College)에서 심리학을 전공한 후에 얼마 동안 비행청소년들을 가르쳤다. 그 후에는 의대에서 학위를 받고 정신분석가 자격을 취득했다.

제2차 세계대전 중에 보울비는 영국 육군 의무부대(Royal Army Medical Corps)에서 복무했고, 1938년에는 우르줄라 롱스태프(Ursula Longstaff)와 결혼하여 네 명의 자녀를 두었다. 종전 후 타비스톡클리닉의 원장이 되어 은퇴할 때까지 머물렀다. 1950년에 세계보건기구에서 의뢰한 대규모 연구를 수행했다. 스코틀랜드의 스카이 섬에 있는 자신의 여름별장에서 83세의 나이로 사망했다.

주요 저서

1951년 『어머니의 보살핌과 정신건강 Maternal Care and Mental Health』(세계보건기구 보고서)

1959년 『분리불안 Separation Anxiety』

1969년, 1973년, 1980년 『애착과 상실 Attachment and Loss』(전 3권)

접촉위안은 압도적으로 중요하다

해리 할로(서기 1905~1981년)

많은 심리학자들이 유아는 단지 먹을 것을 제공해주기 때문에 자신을 돌봐주는 사람에게 애착하게 된다고 주장해왔다. 존 보울비는 이러한 '타산적 애정'의 개념에 이론적으로 반박했던 반면, 해리 할로(Harry Harlow)는 직접 반증에 착수했다.

할로는 새끼 짧은꼬리원숭이를 어미원숭이에게서 떼어내어 우리 안에 가짜 어미들과 함께 넣었다. 하나는 철사로 만들어지고 우유병이 달린 어미였고, 다른 하나는 부드럽고 껴안을 수 있는 테리(terry) 직물로 만들어졌지만 우유병은 없는 어미였다. 만약 '타산적 애정' 이론이 옳다면, 새끼 원숭이는 우유를 주는 어미 곁에 머물 것이었다. 그러나 실험 결과 새끼 원숭이는 헝겊 어미를 안전기지로 삼고, 우리 안에 위협적인 물체가 등장하면 거기에 매달리는 등 대부분의 시간을 헝겊 어미와 함께 보냈다. 후속실험에서 헝겊 어미가 부드럽게 움직이고 먹이도 줄 수 있게 되자, 이러한 애착은 더욱 강해졌다. 그래서 할로는 양육의 주된 기능은 아기와 어머니의 신체접촉을 보장해주는 데 있다고 주장했다. 당시만 해도 심리학자와 의사들이 부모에게 우는 아이를 흔들어주거나 들어 올리지 말라고 조언하곤 했으므로, 해리 할로의 연구는 대단히 중요했다. 그의 실험결과는 워낙 확실했기 때문에 서구세계의 양육방식을 완전히 바꾸게 되었다. ■

할로의 실험에서 새끼 짧은꼬리원숭이는 비록 영양분은 공급해주지 못해도 헝겊으로 만들어 껴안을 수 있는 가짜 어미에게 강한 애착을 보였다.

맥락읽기

사상
애착이론

이전의 관련 역사

서기 1926년: 지그문트 프로이트가 아기들은 먹을 것을 제공해주기 때문에 돌봐주는 사람에게 애착을 느낀다고 주장하며 '타산적인 애정'에 관한 정신분석학적 이론을 제시한다.

서기 1935년: 콘라트 로렌츠가 인간 외의 동물은 태어나서 처음 본 움직이는 물체에 강한 유대를 느낀다고 주장한다.

서기 1951년: 존 보울비가 인간 아기와 어머니는 특별히 강한 유대를 형성하도록 생물학적으로 설정되어 있다고 주장한다.

이후의 관련 역사

서기 1964년: 영국의 심리학자인 루돌프 샤퍼와 페기 에머슨이 아기들은 젖을 주거나 자신을 돌봐주지 않는 사람에게도 애착한다는 사실을 보여준다.

서기 1978년: 마이클 루터가 아이들은 무생물을 포함해 다양한 애착대상에 유대감을 느낀다는 것을 입증한다.

참조: ■ 콘라트 로렌츠 77쪽 ■ 지그문트 프로이트 92~99쪽 ■ 에이브러햄 매슬로 138~139쪽 ■ 존 보울비 274~277쪽 ■ 메리 에인스워드 280~281쪽 ■ 마이클 루터 339쪽

우리는 스스로도 어떻게 흘러갈지 모르는 인생을 아이들에게 준비시킨다

프랑수아즈 돌토(서기 1908~1988년)

맥락읽기

사상
정신분석

이전의 관련 역사
서기 1924년 : 지그문트 프로이트가 아동기에 겪는 거세불안에 대한 이론을 제시하고, 돌토는 이것이 우리 자신의 신체에 대한 무의식적 이미지 중 하나라고 주장한다.

서기 1969년 : 자크 라캉이 개인의 특이성을 중시하는 돌토의 연구에서 핵심적인 '타자성(otherness)'을 연구한다.

이후의 관련 역사
서기 1973년 : 행복과 자율적인 활동을 강조하는 돌토의 이론에 기초한 학교가 프랑스 보스크 뇌빌에 설립된다.

서기 1978년 : 부모와 어린이가 떨어져 있어야 한다는 부작용을 최소화하기 위해, 돌토의 개념에 입각한 탁아소 '라메종베르트(La Maison Verte, 초록집)'가 파리에 문을 연다.

본인도 매우 힘든 아동기를 보낸 프랑스의 의사 겸 정신분석가 프랑수아즈 돌토(Françoise Dolto)는 어린이들이 욕망을 발견하고 해소하여 신경증을 예방할 수 있도록 도와주는 연구를 하기로 결심했다. 돌토는 어린이들이 흔하게 겪는 질병 중 일부는 사실상 부모와의 소원한 관계를 반영하는 것이라고 믿었다. 그녀의 관찰에 따르면, 어른들은 자신들도 한때는 어린이였음에도 불구하고 아이들을 제대로 이해하지 못할 때가 많았다.

독특한 관점

돌토는 모든 아이들이 독특한 관점을 가지고 있으나, 전통적인 교육은 이를 억제하려고만 든다고 믿었다. 그녀는 복종이나 모방을 통해 아이들을 통제하려는 모든 교육 및 도덕 체계를 비난했고, 미래란 본질적으로 알 수 없는 것인데도 학교나 가정에서 아이들의 미래를 예측하기 위해 사용하는 각종 기법에 불만을 표시했다. 돌토는 아이들이 지금 겪어야 하는 일은 이전 세대가 그 나이 때 경험하지 못했던 일이므로, 아이들은 근본적으로 그들을 가르치는 어른과 다를 수밖에 없다고 단언했다.

돌토는 모든 아이들에게 자신만의 개성적인 성향을 추구할 자유를 부여하는 것이 교육의 목표라고 생각했다. 그리고 어른은 삶의 방법을 가르치기보다 본보기를 보이는 역할모델이 되어야 한다고 믿었다. 또 교육자의 역할은 아이들에게 스스로를 이끌어나가는 방법을 가르치는 것이라고 선언했다. ■

어른이 된 사람들에게서 차이를 만들려면 너무 늦다. 이 작업은 아이들을 대상으로 이루어져야 한다.
프랑수아즈 돌토

참조 : 지그문트 프로이트 92~99쪽 ■ 알프레트 아들러 100~101쪽 ■ 자크 라캉 122~123쪽 ■ 다니엘 라가슈 336~337쪽

민감한 어머니가 안정애착을 형성한다

메리 에인스워드(서기 1913~1999년)

맥락읽기

사상
애착이론

이전의 관련 역사
서기 1950년대 : 존 보울비가 어머니와 아이 간 유대의 중요성을 강조한다.

서기 1959년 : 해리 할로가 새끼 짧은꼬리원숭이 연구를 통해, 이들이 애착대상을 외부환경을 탐색하기 위한 안전기지로 활용한다는 사실을 밝혀낸다.

이후의 관련 역사
서기 1980년 : 미국의 심리학자 브라이언 E. 본(Brian E. Vaughn)이 애착대상은 가족 환경의 변화에 따라 달라질 수 있음을 입증한다.

서기 1990년 : 미국의 심리학자 메리 메인(Mary Main)이 환경과 애착대상을 모두 두려워하는 아이를 설명하기 위해 '혼란애착(disorganized)'이라는 네 번째 애착유형을 찾아낸다.

1950년대 초에 메리 에인스워드(Mary Ainsworth)는 애착이론가인 존 보울비와 함께 연구하면서 어머니와 유아 간의 관계에 특별한 관심을 갖게 되었다. 1969년에 에인스워드는 이른바 '낯선 상황' 실험을 통해, 스트레스 수준이 변할 때 아이들이 애착과 탐색 욕구를 어떻게 조정하는지를 연구했다. 각 실험에서 에인스워드는 아기가 가지고 놀 장난감이 있는 실험실 안에 어머니와 생후 1년 된 아기를 들여보내고, 그 방 안에 낯선 사람이 들어가기 전과 후에 모자 간의 상호작용이 어떻게 변하는지를 관찰

유아는 어머니와 떨어져 있을 때 세 가지 애착유형 중 하나를 드러낸다

↓ ↓ ↓

아이가 괴로운 기색을 보이지 않고 낯선 사람도 금방 아이를 안심시킬 수 있다면, '불안정-회피애착'이다

아이가 매우 괴로워하지만 막상 어머니가 돌아와도 어머니와의 접촉을 거부한다면, '불안정-저항애착'이다

아이가 괴로워하다가도 어머니가 돌아오면 그녀를 안전기지 삼아 다시 탐색에 나선다면, '안정애착'이다

발달심리학 DEVELOPMENTAL PSYCHOLOGY

참조: ■ 지그문트 프로이트 92~99쪽 ■ 존 보울비 274~277쪽 ■ 해리 할로 278쪽 ■ 제롬 케이건 339쪽 ■ 마이클 루터 339쪽

애착행동은 애착대상에게 접근할 수 없는 상황에서 강하게 드러난다.
메리 에인스워드

했다. 그리고 이 '낯선 상황'의 중간에는 어머니가 아이를 낯선 사람과 둘만 남겨두고 방을 나갔다가 다시 돌아오게 했다.

에인스워드는 어머니와 아이 간의 유대를 보여주는 가장 중요한 정보는 어머니가 방을 떠날 때 아이의 반응이 아니라 어머니가 돌아왔을 때의 반응이라는 사실을 발견했다. 그래서 어머니와 다시 만났을 때 아이가 보이는 반응은 세 가지 애착유형으로 나뉜다고 주장했다.

애착유형

에인스워드의 연구에 참여한 아기들의 약 70퍼센트는 '안정애착(secure attachment)'이었다. 이 아이들은 어머니를 '탐색을 위한 안전기지'로 삼았다. 또 어머니가 방을 나가면 불안해했지만, 어머니가 필요할 때 손이 닿는 곳에 있는 한 낯선 사람이 있어도 즐겁게 놀았다.

에인스워드는 어머니에게 무관심한 듯 보이고 어머니가 방을 나가도 거의 영향을 받지 않는 아이들을 '불안정-회피(anxious-avoidant)애착'으로 분류했다. 이 아이들은 낯선 사람과 둘이 있어도 어머니와 있을 때만큼이나 쉽게 안심했다. 아기들의 약 15퍼센트가 이 부류에 속했다.

'불안정-저항(anxious-resistant)애착'으로 분류된 또 다른 15퍼센트의 아이들은 어머니가 함께 있어도 낯선 사람을 두려워했다. 이 아이들은 어머니가 방을 나가면 매우 고통스러워했지만, 어머니가 돌아와도 화를 내며 접촉하길 거부했다. 에인스워드는 주

메리 에인스워드

메리 에인스워드는 미국 오하이오 주의 글렌데일에서 태어나 5세 때 캐나다로 이주했다. 1939년 토론토대학에서 심리학으로 박사학위를 받고, 그곳에서 잠깐 동안 강의하다가 1942년 캐나다 육군여군부대(Canadian Women's Army Corps)에 입대했다. 제2차 세계대전 후에는 다시 토론토대학으로 복귀했고, 1950년에 대학생이던 레너드 에인스워드(Leonard Ainsworth)와 결혼한 후에 런던으로 이주하여 존 보울비와 함께 타비스톡클리닉에서 근무했다. 1954년에는 레너드가 취업한 우간다로 옮겨가 부족사회의 모자 간 유대를 연구할 기회를 얻었다. 1956년에 다시 미국으로 돌아와 계속 학문적 경력을 쌓다가 1975년 버지니아대학 교수로 임명되었다.

주요 저서

1967년 『우간다의 유아Infancy in Uganda』
1971년 『유아복종과 모성행동Infant Obedience and Maternal Behavior』
1978년 『애착유형Patterns of Attachment』

비서구권 문화의 어머니들은 아기를 늘 곁에 두는 경우가 많다. 이러한 관습 때문에 한 사회 내에서 여러 애착유형이 차지하는 발생비율이 다른 문화권과 달라질 수도 있다.

로 어머니의 민감성에 따라 애착유형이 결정된다고 주장했다. 즉, 민감한 어머니가 아이의 요구사항을 이해하고 적절하게 대응하여 안정애착을 형성한다는 의미였다.

비판

에인스워드의 연구를 비판하는 사람들은 애착유형이 항상 지속되지 않고, 아이들이 한 가지 유형에만 해당하지 않는다고 주장해왔다. 또 문화적 차이도 꾸준히 지적되어왔다. 1990년 일본의 연구에서는 불안정-저항 애착을 보인 아기들이 이상할 정도로 많았는데, 이는 일본 아기들이 미국 아기보다 어머니와 떨어지는 데 익숙하지 않기 때문으로 분석되었다. 그러나 낯선 상황 실험은 가장 중요한 애착연구 중 하나로 인정받았고, 오늘날까지도 널리 반복 검증되고 있다. ■

누가 아이에게 다른 인종을 미워하고 두려워하라고 가르치는가?

케네스 클라크(서기 1914~2005년)

맥락읽기

사상
인종에 대한 태도(Race attitudes)

이전의 관련 역사
서기 1929년 : 독일 출신의 작가이자 사회사업가인 브루노 라스커(Bruno Lasker)가 『아동의 인종에 대한 태도Race Attitudes in Children』를 출간하여 아이들의 인종적 견해에 대한 심리학적 연구 방법을 제시한다.

서기 1930년대 초반 : 캐나다의 심리학자 오토 클라인버그(Otto Klineberg)가 공립학교 흑인 교사들에게 동등한 급여를 보장하기 위해 싸우는 변호사들과 함께 연구한다.

이후의 관련 역사
서기 1954년 : 미국 대법원이 브라운 대 토피카 교육위원회(Brown v. Board of Education of Topeka) 공판에서 학내 인종차별은 헌법에 위배된다고 판결한다.

서기 1978년 : 엘리엇 애런슨이 통합학급에서 인종차별을 줄이기 위해 다양한 인종의 학생들이 서로 의존하며 작업하는 '전문가 상호학습법(jigsaw method)'을 고안한다.

1930년대 후반 케네스 클라크(Kenneth Clark)와 그의 아내 마미 필립스 클라크(Mamie Phipps Clark)는 인종차별이 미국 흑인 학생들에게, 특히 그들의 자아상에 미치는 심리적 영향을 연구했다. 두 사람은 아동의 인종적 차이에 대한 인식 여부와 인종에 대한 근본적 태도를 보여줄 '인형실험'을 고안했다. 클라크 부부는 3~7세에 이르는 아이들을 대상으로, 흰색부터 짙은 갈색에 이르는 다양한 피부색을 제외하고는 똑같이 생긴 인형 4개를 사용하여 실험을 수행했다. 실험 결과 아이들은 피부색에 따라 인형을 정확히 구별하고 자신과 가장 피부색이 비슷한 인형을 선택하여 자신의 인종을 식별해냄으로써, 인종에 대한 명확한 인식을 보여주었다.

아이들의 인종에 대한 태도를 조사하기 위해, 클라크 부부는 각 아이들에게 가장 좋아하거나 가장 함께 놀고 싶은 인형, 그리고 가장 보기 좋은 인형과 가장 보기 싫은 인형을 골라보라고 시켰다. 그러자 걱정스러울 정도로, 흑인 아이들은 백인 인형에 대한 명확한 선호도와 흑인 인형에 대한 거부감을 드러냈고, 이는 곧 간접적인 자기거부로 해석될 수 있었다. 클라크 부부는 이런 실험결과가 사회에 만연한 인종적 편견

클라크는 1930년대 말과 1940년대 초의 인형실험을 통해, 인종차별적인 학교에서 흑인 아이들이 백인 인형을 선호하는 경우가 많고, 이는 아이들이 지배적인 당대의 편견을 흡수한다는 의미임을 보여주었다.

을 흡수하고 그런 적대감을 내면화하는 아이들의 성향을 반영한다고 확신하며, "누가 아이에게 다른 인종을 미워하고 두려워하라고 가르치는가?"라는 매우 중요한 질문을 제기했다.

편견의 전수

클라크 부부는 미국에서 인종적 편견을 형성하는 영향력을 추적한 결과, 아이들이 사회적 기준에 따라 인종적 차이를 평가하는 방법을 배우기 때문에 특정 인종

참조 : ■ 엘리엇 애런슨 244~245쪽 ■ 무자퍼 셰리프 337쪽

발달심리학 DEVELOPMENTAL PSYCHOLOGY

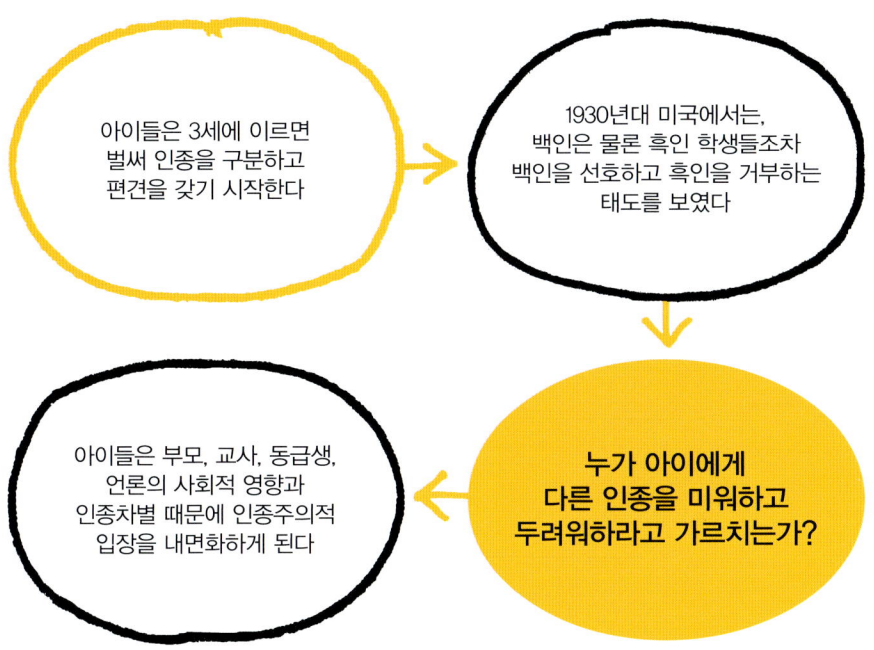

케네스 클라크

케네스 클라크는 파나마 운하지대에서 태어났으나 5세 때 뉴욕 할렘가로 이주했다. 그의 어머니가 흑인에게는 직업학교 교육만 허락된다는 원칙을 거부한 덕분에, 클라크는 고등학교에 다니게 되었다. 그는 계속해서 워싱턴DC의 하워드 대학에서 심리학 석사학위를 받았고, 이곳에서 아내를 만났다. 이 부부는 공동연구를 수행하여 뉴욕의 컬럼비아대학에서 심리학 박사학위를 받은 최초의 흑인 남녀가 되었다. 이들은 할렘에 아동발달센터와 청소년기회센터를 설립했다. 클라크는 또한 뉴욕의 시티대학에서 종신교수직을 받고 미국심리학회의 회장을 역임한 최초의 흑인이기도 했다.

주요 저서

1947년 『흑인 아동의 인종식별 및 선호 Racial Identification and Preference in Negro Children』
1955년 『편견과 당신의 자녀 Prejudice and Your Child』
1965년 『어두운 빈민가 Dark Ghetto』
1974년 『권력의 파토스 Pathos of Power』

집단에 동질감을 느끼게 되고, 각 인종집단은 위계질서 내에서 암묵적인 지위를 부여받는다는 것을 깨닫게 된다고 결론 내렸다. 어린 흑인 아이들이 백인 인형을 선호한다는 사실은 그 아이들이 이미 미국 사회가 백인을 우대한다는 사실을 알고 있고 이를 내면화했음을 의미했다. 세 살밖에 안 된 아이들도 공동체 내의 어른들과 유사한 태도를 보였다. 클라크 부부는 아이들의 이러한 태도가 부모, 교사, 친구, 텔레비전, 영화, 만화 등의 복합적인 영향을 받아 형성된다고 판단했다. 부모가 노골적으로 자녀에게 다른 인종집단을 적대시하라고 가르치는 경우는 매우 드물지만, 많은 사람들이 은연중에 무의식적으로 지배적인 사회적 태도를 전달하게 된다는 것이다. 예를 들어 자식들에게 흑인 친구들과 놀지 못하게 하는 백인 부모들은 암묵적으로 흑인 아이를 두려워하거나 피하라고 가르치는 셈이다.

클라크는 1950년의 연구보고서에서 인종차별은 백인과 흑인 어린이 모두의 인격을 손상시키고 있다고 주장했다. 공립학교에서의 인종차별은 헌법에 위배된다고 판결했던 1954년의 브라운 대 토피카 교육위원회 판결과 관련된 전문가 증언을 통해, 그는 미국의 학내 인종차별 철폐운동 및 시민권운동에 직접적으로 기여했다. ■

인종차별이란 사회가 일부 집단의 사람들에게 그들이 열등하다고 말해주는 방식이다.
케네스 클라크

여자아이가 남자아이보다 더 좋은 성적을 낸다

엘리너 E. 맥코비(서기 1917년~)

맥락읽기

사상
여성주의심리학(Feminist psychology)

이전의 관련 역사
서기 20세기 초반 : 여성심리학자들이 최초로 성차(性差)연구를 시작한다.

서기 1970년대 : 성연구가 남녀차이를 강조하는 경향을 보인다.

이후의 관련 역사
서기 1980년대 : 남성과 여성의 두뇌는 구조적 차이가 있다고 주장하는 연구들이 등장한다.

서기 1993년 : 앤 파우스토-스털링(Anne Fausto-Sterling)이 '남성'과 '여성' 사이에는 생물학적 등급이 존재하여 이 스펙트럼에 따르면 5개의 성으로 구분할 수 있다고 주장한다.

서기 2003년 : 사이먼 배런-코헨이 대부분 여성의 뇌는 공감에 적합하고 남성의 뇌는 체계 이해에 적합하다고 설파한다.

남자아이와 여자아이의 전반적인 지적 적성에는 큰 차이가 없다

→ 그러나 여자아이들이 학교에서 더 열심히 노력하고 관심도 많으며 학업습관이 좋기 때문에…

↓

…여자아이가 남자아이보다 더 좋은 성적을 낸다

1970년대에는 여성주의 심리학자들의 등장으로, 행동주의의 부상 이후 수그러들었던 성차연구에 대한 관심이 되살아났다. 미국의 심리학자 엘리너 E. 맥코비(Eleanor E. Maccoby)에게도 여성주의적 관심사가 연구에서 점차 중요한 비중을 차지하게 되었다. 남녀의 공통점보다는 차이점을 강조하는 연구결과에 치중하는 심리학 문헌들에 불만을 품은 맥코비는 제자인 캐럴 재크린(Carol Jacklin)과 함께 1천600건 이상의 성차연구를 검토했다. 두 사람은 일반적으로 양성 간의 근본적인 차이로 여겨지는 부분이 실은 아무런 근거가 없고 수많은 성 고정관념이 사실이 아님을 입증하기 위해, 자신들의 검토결과를 『성차의 심리학』이란 책으로 펴냈다. 일부 연구에서는 남자아이가 여자아이보다 더 공격적이고 수학 및 공간추론에 능숙한 반면 언어능력은 여자아이가 더 우수하다는 것을 보여주기도 했지만, 후속연구에서는 이러한 차이가 무시할 만한 수준이거나 겉보기만큼 그렇게 간단한 문제가 아니라고 지적하기도 했다.

유일하게 일관되고 명백한 차이점은 학교에서 "여자아이가 남자아이보다 더 좋은 성적을 낸다"는 것이었다. 맥코비는 이 사실이 매우 흥미롭다고 생각했고, 특히 모든 교과영역을 아우르는 적성검사에서 여자아이들이 결코 점수가 높지 않다는 점을 고려하면 더더욱 그러했다. 뿐만 아니라

참조 : ■ 재닛 테일러 스펜스 236쪽 ■ 사이먼 배런-코헨 298~299쪽

맥코비의 연구에 따르면, 여자아이들은 교사의 기대에 더욱 부응하고 학업에 더욱 적극적으로 임하기 때문에 남자아이보다 학업성과가 우수할 가능성이 높다.

성취동기에 대한 기존 연구에 따르면 남자아이가 여자아이보다 더 성적이 우수해야 마땅했다. 남성은 분명 여성보다 직무 관여도가 더 높고 탐색행동이 활발하여 성취 그 자체에 대한 지향성이 높은 반면, 여성은 대인관계 측면의 성취에 주로 관심이 많아 남을 기쁘게 만드는 데 주력할 뿐 기타 과업에 대해서는 자신감이 부족하다고 했던 것이다.

고정관념에 대한 도전

맥코비는 여자아이들이 남자아이들보다 학업성적도 우수하고, 어릴 때부터 학업 관련 역량에 큰 관심을 보이며, 고등학교를 마치기 전에 중퇴할 확률도 더 낮다는 사실을 근거로 들어 기존의 주장들을 체계적으로 반박했다. 또 여자아이들의 높은 점수는 명백히 남자아이들에 비해 더 많은 노력과 더 큰 관심, 더 좋은 학업습관이 복합적으로 반영된 결과라고 단언했다. 남녀의 성취동기에 어떠한 편차가 존재하든 간에, 학업에 관한 동기는 반영되지 않은 것이 틀림없었다. 학교에서의 성과는 또한 업무성과와도 관련되었기 때문에, 학창시절의 이러한 동기부여는 여자아이들의 평생에 걸쳐 중요한 의미일 수 있었다. 근본적인 성차에 대한 지속적인 논쟁은 사회가 어떻게 조직되어야 하는가에 관한 정치적인 질문이나 남녀가 '자연적으로' 수행하게 되어 있는 역할 등과 밀접하게 연관되어 있다. 심리학 문헌들이 성차를 보여주는 연구결과를 강조하는 한편 남녀평등을 입증하는 연구들은 무시하려는 경향이 있다고 지적함으로써, 맥코비는 남녀에 대한 정형화된 역할 부여에 저항했다. ■

> " 여자아이들의 지적 발달은 그들의 적극성과 확신을 통해 촉진된다. "
> 엘리너 E. 맥코비

엘리너 E. 맥코비

워싱턴 타코마에서 태어난 엘리너 E. 맥코비는 워싱턴대학에서 학사학위를 받고 미시건대학에서 실험심리학 석·박사학위를 취득했다. 1940년대에는 미국 농부무(Department of Agriculture)에서 근무하다가 하버드대학으로 옮겨 자녀양육 습관에 대한 연구를 지휘했다. 그러나 성적 편견이 자신에게 지장을 준다는 사실을 깨달은 그녀는 스탠포드대학으로 옮겨 여성으로서 최초로 심리학과 학과장을 맡기도 했다.

이어 맥코비는 미국심리학재단에서 평생공로상을 받았고, 미국심리학회는 그녀의 이름을 딴 상을 제정했다. 고정관념을 타파하려는 맥코비의 연구는 아동의 사회화와 성차를 이해하는 데 필수적이라고 평가받고 있다.

주요 저서

1966년 『성차의 형성과정 The Development of Sex Differences』
1974년 『성차의 심리학 The Psychology of Sex Differences』
1996년 『이혼 후의 청소년들 Adolescents after Divorce』

대부분의 인간행동은 관찰을 통해 학습된다

앨버트 반두라(서기 1925년~)

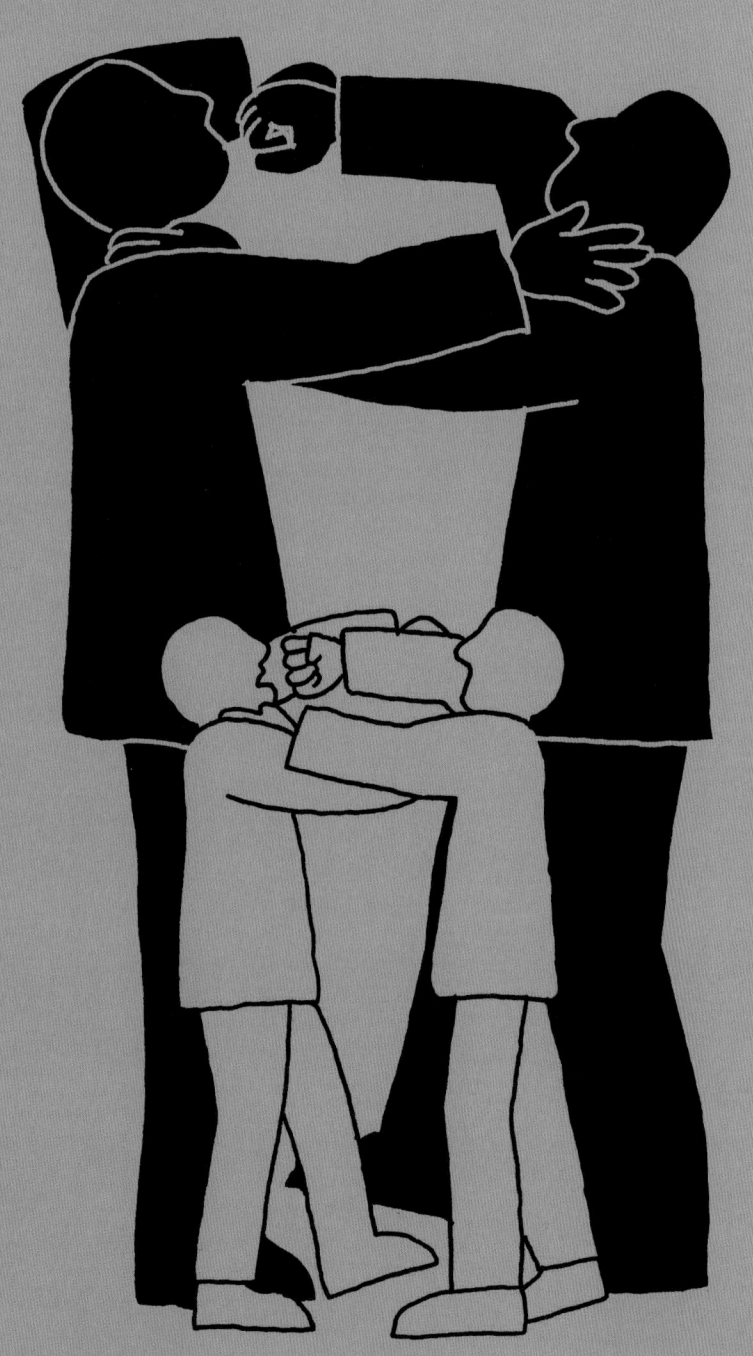

맥락읽기

사상
사회학습이론(Social learning theory)

이전의 관련 역사
서기 1938년 : B. F. 스키너가 학습에서 긍정적 강화와 부정적 강화를 연구하는 '조작적 조건화'라는 행동주의적 개념을 주창한다.

서기 1939년 : 미국의 심리학자 존 달라드(John Dollard)가 공격성은 언제나 좌절의 결과이고, 좌절은 항상 공격성으로 이어진다고 역설한다.

이후의 관련 역사
서기 1966년 : 미국의 심리학자 레너드 버코비츠(Leonard Berkowitz)가 분노에 이어 공격성이 표출되려면 공격적 행동과 관련된 환경단서 등이 제시되어야 한다고 주장한다.

서기 1977년 : 미국의 심리학자 로버트 A. 바론(Robert A. Baron)이 반두라의 실험은 대중매체 속의 폭력이 사회폭력을 부추긴다는 의미라고 분석한다.

1940년대와 1950년대에는 당대 심리학 분야를 지배하던 B. F. 스키너의 조작적 조건화 이론, 즉 학습은 전적으로 보상과 처벌에 따라 결정된다는 이론에 힘입어 학습이 주로 행동주의적 관점에서 이해되었다. 그러나 아동기의 공격성을 연구하던 앨버트 반두라(Albert Bandura)는 이것이 조작적 조건화의 이론으로 설명하기엔 너무 복잡한 문제라고 판단하고, 대신 학습된 행동으로 보는 접근방식에 관심을 갖게 되었다.

반두라는 아이들이 성인, 특히 가족의 폭력적인 행동을 관찰하고 모방함으로써 공격성을 학습한다는 가설을 수립했다. 또 공격성 문제의 핵심은 스키너의 조작적 조건화 이론과 (사람들이 타인의 특성을 자신의 성격으로 흡수하는 방법을 연구하던) 프로이트의 정신분석학적 동일시 이론이 교차하는 지점에 놓여있다고 믿었다. 반두라의 연구는 유명한 보보인형 실험과 큰 파장을 몰고 온 1977년의 저서 『사회학습이론』에서 절정에 달했다.

사회학습이론
사회학습이론의 중심부에는 사람들이 강화(보상과 처벌)에 따라서가 아니라 타인을 관찰함으로써 학습한다는 반두라의 신념이 존재한다. 이 이론은 적절하거나 수용할 만한 행동으로 일종의 모델 역할을 하는 타인의 행동을 보고 마음속으로 되뇐 다음 따라 하는 과정에서 학습이 이루어진다고 주장한다. 그래서 반두라는 "대부분의 인간행동은 관찰학습(모델링)을 통해 학습된다"고 말했다.

반두라는 한 사람이 다른 사람의 행동을 성공적으로 모방하려면 주의집중(attention), 파지(retention), 재생(reproduction), 동기유발(motivation) 등 4가지 조건이 필요하다고 지적했다. 학습이 일어나려면, 가장 먼저 학습자가 행위에 주의를 기울이고, 자신이 보거나 들은 것을 기억하며, 실제로 그 행동을 신체적으로 따라 할 수 있고, 마지막으로 보상에 대한 기대 등 행위를 모방할 충분한 동기가 있어야 한다는 것이다.

반두라는 비록 자신의 사회학습이론에 보상이란 개념을 포함시키긴 했으나, 개인의 행동과 환경의 관계에 대해 급진적이고 반행동주의적 주장을 내세워 행동주의와는 분명히 거리를 두었다. 행동주의에 따르면 환경적 상황이 전적으로 행동을 결정하

우리는 다양한 방식으로 말하고 행동하는 사람들에 둘러싸여 있다

우리는 이렇게 관찰되는 행동을 의식하고 기억하며…

대부분의 인간행동은 관찰학습(모델링)을 통해 학습된다

…마음속에서 되뇌이다가…

…동기가 부여되면 신체적으로 직접 모방하게 된다

지만, 반두라는 환경이 개인에게 영향을 미치는 만큼이나 개인도 환경에 영향을 미친다는 상호결정론(reciprocal determinism)을 제시했다. 또 성격을 환경, 행위, 심리작용(정신적으로 언어를 사용하고 이미지를 받아들이는 능력) 등 세 가지 요소의 상호작용으로 보았다. 이 세 요소는 모두 반두라가 성인을 관찰하고 모방함으로써 학습된다고 주장했던 아동기의 공격성연구와 관련되어 있었다.

보보인형 실험

반두라의 사회학습 관점은 1961년 아동기의 공격성에 대한 보보인형 실험의 근간이 되었다. 이 실험은 공격적인 행동이 어떻게 발달하는지, 무엇 때문에 사람들이 공격적인 행동을 하게 되는지, 그리고 공격적인 행동의 지속 여부를 결정하는 요인은 무엇인지를 규명하려는 목적이었다. 이 실험은 결국 아이들이 성인 역할모델의 행위를 따라 한다는 사실을 보여줌으로써 사회 내에서 공격성의 본보기가 미치는 악영향을 입증했다. 반두라는 이 실험을 위해 3~6

세 사이의 남자아이 36명과 여자아이 36명을 현지 유치원에서 모집했다. 그리고 아이들을 각각 남자아이 12명과 여자아이 12명, 총 24명으로 구성된 3개 집단으로 나누었다. 첫 번째 집단은 (아무런 성인 역할모델도 보지 못하는) 통제집단이었고, 두 번째 집단은 고무 보보인형에 공격적인 행동을 가하는 성인 모델에 노출되었으며, 세 번째 집단은 공격적이지 않은 성인 모델에 노출되었다. 이 실험에 참여한 아이들은 모두 다른 아이들에게 영향을 받지 않도록 개별적으로 시험되었다.

두 번째 집단의 실험에서, 모든 아이들은 인형에게 물리적·언어적으로 공격적인 행동을 가하는 어른을 목격했다. 이 성인 모델은 커다란 보보인형을 나무망치로 계속 두드리고, 공중에 던지거나 발로 차며 바닥으로 내팽개치고 때렸다. 그 후 각자 보보인형이 있는 장난감 방에 홀로 남겨지

1961년 반두라의 공격적 행동실험에서 아이들이 보보인형을 공격하고 있다. 어떤 경우에는 실험에 참가한 아이들이 방 안의 다른 장난감을 사용하여 인형을 공격하는 새로운 방법을 찾아내기도 했다.

자, 아이들은 성인 모델이 보여준 여러 가지 공격적인 행동을 그대로 따라 했고, 심지어 인형에게 새로운 폭력행위를 만들어 가하기도 했다. 이 집단의 아이들은 또한 모델이 권총을 가지고 노는 모습은 보지 못했음에도 불구하고 다른 집단의 아이들에 비해 권총에 큰 관심을 보이며 대부분 거리낌이 없는 행동을 보였다.

반면, 통제집단과 비공격적인 성인 모델에게 노출되었던 집단의 아이들은 모든 유형을 막론하고 신체적·언어적 공격성을 내비치는 경우가 드물었다. 반두라는 아이들이 공격적인 행동을 목격함으로써 단지 폭력적인 행동에 대한 기존의 억제력이 약화된 결과로도 볼 수 있겠으나, 아이들이 방

>
> 행동은 부분적으로 환경을 조성하고, 그 결과 생겨난 환경은 다시 행동에 영향을 미친다.
> **앨버트 반두라**

컴퓨터게임과 언론매체에 등장하는 폭력이 행동 모델링의 잠재적 원천이라는 주장이 제기되어왔으나, 학생들은 이러한 견해를 그다지 지지하지 않는다.

금 전에 본 행동을 그대로 정확히 따라하는 경우가 많다는 점에서 결국 관찰학습이 이루어지고 있음을 시사한다고 결론내렸다.

대중매체 속의 폭력

반두라의 연구는 대중매체 속에 만연해 있는 폭력에 대해 많은 중요한 질문을 제기했다. 만약 공격적으로 행동하는 낯선 사람도 아이들에게 공격성의 모델이 될 수 있다면, 텔레비전 프로그램 또한 행위 모델링의 주요 원천이 될 수 있다고 봐야 할 것이다. 현대의 영화나 텔레비전 프로그램에서는 실감나는 폭력을 보여줄 뿐 아니라 종종 용인 가능한(적어도 기대되는) 행동유형으로 표현하기 때문에, 꾸준히 대중매체에 노출되는 아이들은 충분히 모방하려는 욕구를 느낄 수 있다. 그러나 이러한 주장은 뜨거운 논쟁을 불러일으켜왔다. 폭력적인 영화와 텔레비전 프로그램이 아이들의 폭력성향을 증가시키지는 않는다는 수많은 연구결과가 나왔다. 심지어 어떤 연구에서는 폭력에 노출됨으로써 오히려 실제로 아이들

> 공격적인 모델링에 노출되면 거의 카타르시스를 느낄 수 없다.
> **앨버트 반두라**

의 공격성을 줄일 수 있다고 반박한다. 소위 '정화 효과(catharsis effect)'라는 이 이론에서는 시청자가 가상의 폭력적인 인물에 감정이입하여 부정적인 감정을 해소하게 되므로 오히려 시청 전보다 개인적인 공격성은 줄어든다고 주장한다.

또 다른 심리학자들은 텔레비전이 일종의 교육이라고 보고 텔레비전 속의 인물이 때로는 아이들에게 역할모델이 될 수 있으므로, 사회 내에 만연한 폭력성을 전체적으로 완화시키려면 긍정적인 모델이 될 만한 인물을 제시해야 한다고 믿는다.

반두라 자신은 공격적인 행동을 시청함으로써 정화 효과가 일어난다고는 믿지 않았지만, 학습과 실행에는 분명 차이가 있다고 신중하게 언급했다. 아이들이 분명히 공격적인 행동을 보고 배울 수는 있지만, 폭력행위를 알고 있다고 해서 반드시 행동에 직접 옮기지는 않으리라 믿었던 것이다. 그래서 대중매체 속의 폭력과 실생활 속의 공격성 사이에 직접적인 인과관계를 상정하지 않도록 경고했다.

사회학습 이론가들은 모델링에서 인지가 중요한 역할을 하고, 폭력을 목격한 후 그것을 실제 행동으로 옮기기까지의 과정에 인지요인이 개입한다고 믿는다. 예를 들어, 텔레비전 폭력에 대한 지각과 분석, 그리고 프로그램의 현실성이 모두 중요한 매개변수가 된다. 또 반두라는 환경적 경험역시 어린이의 공격성 사회학습에 또 다른 영향을 미친다고 본다. 범죄율이 높은 지역에 사는 사람이 그렇지 않은 사람보다 범죄를 저지를 확률이 높을 것은 당연하다는 것이다.

성 발달

반두라의 아동기 공격성연구에 내재된 사회학습이론은 성정체성 발달에 대해서도 중요한 의미를 시사한다. 성 발달이론에 따르면, 남자아이와 여자아이의 행동이 차이가 나는 원인 중 하나는 부모(혹은 다른 중요한 어른과 또래들)가 그들을 다르게 대하기 때문이다. 사람들은 갓 태어난 아이를 대할 때도 무의식중에 자신이 기대하는 성역할에 맞춰 대하려는 경향을 보인다. 그 결과 아이들은 일반적으로 생각하는 성규범에 따라 행동하도록 유도된다.

반두라의 연구결과에 따르면, 아이들은 강화와 관찰학습을 통해서도 성별에 맞게 행동하는 법을 배운다. 아이들이 다른 사람

의 행동을 모방하여 성별에 가장 적합하다고 생각되는 식으로 행동할 때 긍정적 강화(positive reinforcement)를 얻을 가능성이 훨씬 높아지기 때문이다. 또 아이들은 직접적이든 은연중이든 성별에 어울리지 않는 행동은 하지 못하도록 제지당할 것이다.

반두라의 연구에 대해서는 (보통 그의 이론이 진정한 인지발달이론인지의 여부에 초점이 맞춰진) 일부 비판이 제기되긴 했으나, 그의 연구결과와 이론은 반세기가 지난 지금도 여전히 활발하게 인용 및 논의되고 있어 그의 깊고도 넓은 영향력을 가늠하게 한다. 그는 사회인지이론, 성격이론, 치료행위에 이르기까지 다양한 심리학 분야에 획기적으로 공헌했고, 그의 사상은 이전의 행동주의 학습이론과 이후의 인지학습이론을 잇는 가교 역할을 했다.

반두라는 사람들의 학습방법을 파악하기 위해 주의, 기억, 동기 등의 과정에 초점을 맞춤으로써, (행동주의자들의 유일한 관심사인) 관찰 가능하고 측정 가능한 변수만 다루는 연구에서 탈피하여 정신적 영역에 관심을 기울이게 되었다. 그 덕분에 많은 심리학자들에게 역사적으로 가장 뛰어나고 영향력 있는 심리학자 중 하나로 평가받게 되었다. ■

앨버트 반두라

앨버트 반두라는 캐나다 앨버타의 먼대어라는 작은 마을에서 폴란드인 부모 사이에 태어났다. 그는 브리티시컬럼비아대학을 졸업하고 아이오와대학으로 옮겨 석·박사학위를 취득하는 동안 학습이론에 관심을 갖게 되었다. 1953년에 캘리포니아의 스탠포드대학에서 강의를 시작했고, 지금까지 이곳의 명예교수로 남아 있다.

세계적으로 가장 저명하고 영향력 있는 심리학자로 손꼽히는 반두라는 탁월한 교육심리학적 기여에 대한 손다이크 상(Thorndike Award for Distinguished Contributions of Psychology to Education)과 행동치료발전협회(Association for the Advancement of Behavior Therapy)의 평생공로상 등 많은 상을 수상했다. 또 16개가 넘는 명예학위를 수여받았고, 1974년에는 미국심리학회의 회장으로 선출되었다.

주요 저서

1973년 『공격: 사회학습 분석 Aggression: A Social Learning Analysis』
1977년 『사회학습이론 Social Learning Theory』
1986년 『사고와 행동의 사회적 기초: 사회인지이론 Social Foundations of Thought and Action: A Social Cognitive Theory』

아이들은 어른이나 또래들을 직접 모방할 뿐 아니라, (남자아이의) 독립심이나 (여자아이의) 공감능력처럼 아이의 성별에 적합하다고 여겨지는 행동은 어른의 기대에 따라 긍정적으로 강화되는 경우가 많다.

도덕성은 여섯 단계에 걸쳐 발달한다

로렌스 콜버그(서기 1927~1987년)

맥락읽기

사상
도덕성 발달(Moral development)

이전의 관련 역사
서기 1923년 : 지그문트 프로이트가 도덕성 발달에 대해 정신분석학적으로 설명한다.

서기 1932년 : 장 피아제가 도덕성 발달은 두 가지 유형의 추론, 즉 타인의 원칙에 따르려는 추론과 자신의 원칙에만 따르려는 추론에서 비롯된다고 주장한다.

이후의 관련 역사
서기 1977년 : 미국 교육심리학자인 윌리엄 데이먼(William Damon)이 어린아이들은 콜버그가 주장했던 시기보다 일찍부터 타인의 요구사항을 고려할 수 있다고 주장한다.

서기 1982년 : 미국의 심리학자 낸시 아이젠버그(Nancy Eisenberg)가 아동의 도덕성 발달을 이해하기 위해서는 아이들이 자신의 욕구와 타인의 욕구 간의 갈등에 부딪혔을 때 어떻게 추론할지를 검토해야 한다고 주장한다.

로렌스 콜버그(Lawrence Kohlberg)는 도덕성이 아동기와 청소년기에 걸쳐 점진적으로 발달한다고 믿었다. 그는 1956년에 10~16세 사이의 남자아이 72명을 모아 연구를 시작했다. 그는 아이들에게 어느 쪽도 선뜻 받아들이기 힘든 두 가지 대안 중 하나를 선택하라고 요구하여 도덕적 딜레마를 제시하고 그들의 반응을 관찰했다. 예를 들자면, 돈 없는 남자가 아픈 아내에게 꼭 필요한 약을 훔치는 것이 과연 옳은지 그른지를 묻는 질문이었다. 그 후 콜버그는 그 소년들 중 58명을 20년에 걸쳐 매 3년마다 다시 실험하면서, 나이가 들어감에 따라 도덕적 성향이 어떻게 변하는지를 연

도덕성은 아동기, 청소년기, 성인기에 걸쳐 여섯 단계로 발달한다

전인습적인 두 단계에서는 도덕적 행위가 처벌, 복종, 호혜성의 개념에 따라 결정된다

인습적인 두 단계에서는 도덕적 행위가 다른 사람들이 옳고 법을 준수하며 사회적 질서를 유지하는 일이라고 믿는 바와 일치한다

후인습적인 두 단계에서는 개인이 사회적 규범보다는 자신의 양심과 보편적 도덕률을 기초로 도덕적인 행위의 최종 심판자가 된다

> 도덕적 사고는 진행되는 동안 그 자체적 데이터를 만들어간다고 볼 수도 있다.
> 로렌스 콜버그

구했다. 소년들이 내놓은 답변을 바탕으로, 콜버그는 전인습적(preconventional)·인습적(conventional)·후인습적(postconventional) 도덕추론 등 세 가지 수준에 걸친 도덕성 발달의 6단계를 도출했다.

도덕추론의 형성

생후 9년 동안 발달하는 전인습적 도덕추론 수준에서는 원칙을 고정불변의 절대적인 것으로 여긴다. 두 단계 중 첫 번째 단계(복종과 처벌의 단계)에서 우리는 어떠한 행동의 옳고 그름을 처벌의 여부에 따라 판단한다. 또 두 번째 단계(개인주의와 교환의 단계)에서는 옳고 그름을 보상의 여부로 판단한다. 타인의 욕망과 수요도 중요하지만, 오로지 호혜적인 의미에서만 그러하여, 결국 "내 등을 긁어주면 네 등도 긁어주마"라는 식이 된다. 이 수준의 도덕성은 결과에 따라 지배된다.

도덕추론의 두 번째 수준은 청소년기에 시작하여 초기 성인기까지 이어진다. 이때 우리는 행동의 결과뿐 아니라 그 의도까지 파악하기 시작한다. 그 중 첫 번째 단계('착한 소년·착한 소녀' 단계)에서는 남을 도와주거나 기쁘게 하는 행동을 도덕적 행위로 분류한다. 또 두 번째 단계(법과 질서의 단계)에서는 법이 사회를 보호하고 지탱한다는 믿음 하에 권위를 존중하고 법에 복종하는 것을 '착한 행동'과 동일시하기 시작한다. 도덕성 발달의 세 번째 수준은 단순한 순응의 수준을 넘어서는데, 콜버그는 역대의 인간 중 10~15퍼센트만이 이 수준에 도달했다고 주장했다. 그 중 첫 번째 단계(사회계

마하트마 간디(Mahatma Gandhi)는 콜버그가 말한 도덕성 발달의 최종 단계까지 이른 드문 사람 중 하나였다. 간디는 성인기 내내 부당하고 억압적인 법을 무시해야 할 의무감을 느꼈다.

약과 개인적 권리의 단계)에서는 여전히 권위를 존중하면서도 파괴적이고 제약적인 법보다 개인의 권리가 우선할 수 있다고 생각하기 시작한다. 인간의 삶이 단순히 원칙에 따르는 것보다 더 신성하다는 사실을 깨닫게 되는 것이다. 마지막 여섯 번째 단계(보편적인 도덕률의 단계)에서는 우리 자신의 양심이 궁극적인 심판자가 되고 평등한 권리를 중시하며 모든 사람을 존중하게 된다. 때로는 정의와 같은 보편적 원리를 위하여 시민불복종운동에 의지하기도 한다.

콜버그의 6단계 이론은 도덕성이 (정신분석학자들의 말처럼) 아동들에게 부과되지도 않고, (행동주의자들의 생각처럼) 나쁜 감정을 피하는 것도 아니라고 주장했기 때문에 급진적이라고 평가받았다. 콜버그는 아이들이 타인과의 상호작용을 통해서 도덕률을 발달시키고 존중, 공감, 사랑을 인식하게 된다고 믿었다. ■

로렌스 콜버그

로렌스 콜버그는 뉴욕 브롱스빌에서 네 자녀 중 막내로 태어났다. 그는 제2차 세계대전이 끝날 때 고등학교를 마치고 선원이 되어 팔레스타인으로 유대인 피난민을 밀입국시키는 일을 돕기도 했다.

1948년에 콜버그는 시카고대학에 입학하여 1년 만에 학사학위를 마치고 연구와 강의를 계속하여 1958년에 박사학위를 취득했다. 그 후에는 예일대학과 하버드대학에서도 강의했다. 1971년에 벨리즈에서 기생충에 감염된 후로는 끊임없는 병마 및 우울증에 시달렸다. 1987년 1월 19일에 치료를 중단해달라고 요청하고, 대서양의 얼음물 속으로 걸어 들어가 자살한 것으로 전해진다.

주요 저서

1969년 『단계와 위계성 Stage and Sequence』
1976년 『도덕 단계와 도덕화 Moral Stages and Moralization』
1981년 『도덕발달의 철학 The Philosophy of Moral Development』

언어기관은 다른 모든 신체기관과 마찬가지로 성장한다

놈 촘스키(서기 1928년~)

맥락읽기

사상
생득론(Nativism)

이전의 관련 역사
서기 1958년: B. F. 스키너가 아이들은 강화를 통해 단어와 어법을 배운다고 주장하며 조작적 조건화의 관점에서 언어 발달을 설명한다.

서기 1977년: 앨버트 반두라가 아이들은 일반적인 문장형태를 모방하고, 그 안에 해당 단어를 끼워 넣는다고 주장한다.

이후의 관련 역사
서기 1994년: 스티븐 핑커가 언어는 뇌 속의 선천적 프로그램에서 비롯된 본능으로, 인간의 생존에 맞게 적응했기 때문에 생겨났다고 주장한다.

서기 2003년: 심리학자 스탠 쿠차이(Stan Kuczaj)와 헤더 힐(Heather Hill)이 부모는 자녀에게 촘스키가 주장한 것보다 훨씬 더 문법에 맞는 문장의 본보기를 제시한다고 주장한다.

20세기 중반에는 B. F. 스키너와 앨버트 반두라의 학습이론이 심리학자들의 언어발달에 대한 인식을 지배하고 있었다. 이런 행동주의자들은 언어가 인간의 다른 모든 능력과 마찬가지로 환경적 자극과 학습의 직접적인 결과로서, 조작적 조건화의 과정에서 강화와 보상 기법을 통해 발달한다고 믿었다. 스키너는 아이들이 말소리를 따라 하거나 올바른 표현을 쓸 때 부모로부터 즉각적인 강화와 인정을 받기 때문에 계속해서 새로운 단어와 어구를 배울 동기가 부여된다고 설명했다. 또 반두라는 모방의 개념을 확장하여, 아이들이 단지 특정한 소리와 표현을 모방할 뿐 아니라 마

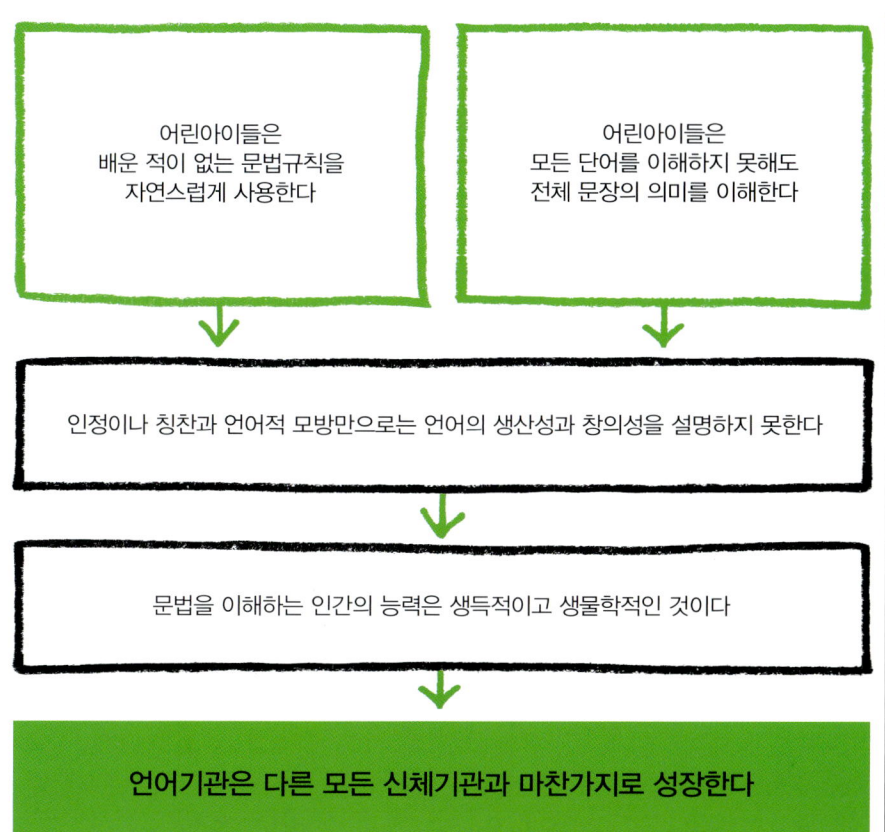

치 템플릿에 특정한 단어를 끼워넣듯이 일반적인 문장의 형태와 구조까지 모방한다고 주장했다.

그러나 언어학자인 놈 촘스키(Noam Chomsky)는 조작적 조건화만으로는 언어의 생산성, 창의성, 혁신성을 제대로 설명할 수 없다고 믿었다. 또 아이들이 듣거나 배운 적도 없는 문법규칙을 자연스럽게 구사하거나 단어의 뜻을 다 알지 못해도 전체 문장의 뜻을 이해하는 능력 등을 설명하기에도 역부족이라고 생각했다. 촘스키는 이러한 능력은 인간이 타고나는 것이라고 생각했기 때문에, 유전적으로 획득되는 다른 형질에 비유하여 "언어기관은 다른 모든 신체기관과 마찬가지로 성장한다"고 주장했다.

생득론

촘스키는 비록 아이의 환경에 따라 언어의 내용은 달라지지만, 문법 그 자체는 생득적이고 생물학적으로 결정된 인간의 능력이라고 생각했다. 이해를 돕기 위해, 그는 유전의 필연적인 결과로 볼 수밖에 없는 인간발달의 다른 측면에 비유하여 설명했다. 이를테면 언어기관의 '성장'은 사춘기의 시작과도 같은 인간 성장의 한 단면이라는 것이다. 우리는 사춘기가 생물학적으로 결정되어지는 중요한 단계이고, 비록 다양한 환경요인에 따라 그 세부사항은 달라질 수 있어도 그 근본적인 과정 자체는 인간이라는 종 전체에 동일하다는 사실을 믿어 의심치 않는다. 또 사춘기가 기본적인 생물학적 프로그램의 산물이라는 점도 당연히 여긴다. 촘스키는 언어적 성장 역시 인간에게 날개 대신 팔이 달려 있고 시각이나 순환계가 형성되는 것처럼 생물학적으로 정해져 있는 필연적인 인간 발달의 일환이라고 역설한다.

언어가 우리 성장과정의 일부라는 주장은 언어가 학습의 산물이 아니라는 촘스키의 신념을 대변한다는 점에서 중요하다. 촘스키는 행동에 대한 유전적 요인에 집중하고 환경적 요인의 중요성을 폄하하는 생득론적 입장을 취했다. 그러나 언어기관이 인생 초기의 경험에 따라 발달한다는 주장에 한해서는, 환경이 언어 발달의 특정한 방향성을 결정하는 데 중요한 역할을 한다고 믿었다. 예를 들어 촘스키 자신은 미국 펜실베이니아의 필라델피아에서 자라났기 때문에 그 지방 특유의 영어 방언을 습득했고, 언어기관 구조 역시 그 언어에 맞추어 성장했다는 것이다. 이러한 과정은 파리, 도쿄, 런던 등 어디에서 자라더라도 누구에게나 동일하게 벌어지는 일이다.

언어는 자유로운 창조과정이다.
놈 촘스키

보편문법

그렇지만 언어습득이 후천적이기보다는 선천적이라는 증거가 대체 어디에 있을까? 촘스키가 말하는 이러한 주장의 가장 확실한 근거로는, 문법에는 워낙 직관적이고 자명해서 특별히 물어보거나 배우지 않고도 충분히 익힐 수 있는 (그렇기 때문에 생물학적 유전의 일부라고 볼 수밖에 없는) 측면이 있다는 것이다. 예를 들어 영어에는 대명사 생략을 허용하는 특정한 구조와 그렇지 않은 구조가 있다. 두 구조의 차이는 아주 미묘하지만, 영어가 모국어인 아이들은 여섯 살만 되어도 벌써 그 구조를 완벽하게 구사할 것이다. 이는 곧 문법의 일부가 특별한 가르침 없이도 파악될 수 있고, 결국 문법에 대한 지식이 선천적이라는 의미가 된다. 그렇지 않고서야 사람들이 문법을 그토록 쉽게 이해하고, 아이들이 여섯 살만 되어도 그토록 창의적으로 언어를 구사할 수 있는 이유를 설명할 길이 없는 것이다.

촘스키는 비록 민족 고유의 언어에 따라 다르게 변하긴 하지만, 전 세계적으로 '보편문법'이 존재한다고 주장한다. 보편문법이란 모든 언어를 습득하는 기초가 되는, 사전에 정해진 체계이다. 촘스키는 모든 아이들이, 접하게 되는 모든 언어를 똑같이 배울 수 있다는 점에서 보편문법의 존재가 입증된다고 본다. 그리고 공통적인 언어적 특성이 유전을 통해 인간의 언어기관에 반영되어 있고, 여기에는 문법, 의미, 말하기 등의 요소도 포함되어 있다고 믿는다. 그렇기 때문에 우리는 인간의 언어라면 무엇이든 말하고 배울 수 있지만, 이러한 보편문법에 위배되는 언어는 배울 수 없다는 것이다.

언어장치

촘스키는 우리의 선천적인 언어 기관을 '언어습득장치(LAD ; Language Acquisition Device)'라고 부른다. 그는 이 장치의 존재를 입증하기 위해 세 가지 사실을 근거로 든다. 우선 아이들이 한 번도 듣거나 배운 적이 없는 온갖 종류의 문장을 만들고 이해하는 능력을 지니고 태어난다는 점, 인간의 모든 언어에는 몇 가지 보편적 요소가 존재한다는 점, 그리고 문화나 지능과 무관하게 모든 사람들이 일부 문법적 원리를 습득한다는 점 등이다. 그 외에 인간의 발음기관, 호흡기관, 청각과 뇌 등이 모두 언어를 통한 의사소통에 최적화되어 있다는 점도 근

> 우리는 이른바 '보편문법'이라는 공통적 원리에 기초하여 언어를 배우도록 설계되어 있다.
> **놈 촘스키**

거가 될 수 있다. 또 촘스키는 아이들이 부모나 다른 어른들의 비문법적이고 불완전한 말에 노출되는 빈도를 감안할 때, 특정한 언어습득장치가 존재한다고 가정하지 않고는 아이들이 문법규칙을 제대로 습득하는 현실을 도저히 설명할 수 없다고 역설한다. 끝으로 청각장애아를 연구해보면, 아무런 학습 없이도 구어의 기본원리를 공유하는 '몸짓언어'를 구사한다는 사실 역시 언어습득장치의 존재를 입증하는 또 다른 근거라고 할 수 있다.

놈 촘스키

언어학자, 철학자, 인지과학자 겸 사회활동가인 놈 촘스키는 미국 펜실베이니아의 유대인 가정에서 출생했다. 그는 펜실베이니아대학에서 철학과 언어학을 공부하면서 학사·석사·박사 학위를 받았다. 1955년에는 매사추세츠공과대학으로 옮겨 1976년에 인스티튜트 프로페서(Institute Professor, 업적과 학식이 탁월하여 그 자체로 독립된 학문기관으로 인정되는 교수)에 올랐다.

촘스키는 '현대 언어학의 아버지'로 널리 알려져 있지만, 반체제인사이자 무정부주의자이기도 하다. 특히 미국의 외교정책에 대한 비판으로 매우 논쟁적인 인물이 되었다. 여러 개의 명예학위를 받았고, 탁월한 과학적 공로상(Distinguished Scientific Contribution Award), 도로시 엘드리지 분쟁조정자 상(Dorothy Eldridge Peacemaker Award), 오웰상(Orwell Award) 등을 수상했다. 언어학자인 캐럴 샤츠(Carol Schatz)와 결혼하여 아내가 사망한 2008년까지 59년간 해로했다.

주요 저서

1957년 『통사구조Syntactic Structures』
1965년 『데카르트적 언어학Cartesian Linguistics』
1968년 『언어와 정신Language and Mind』

청각장애아들은 '몸짓언어'를 통해 의사를 전달하는데, 이 언어가 구어와 동일한 특징을 지닌다는 점에서 문법과 구조에 대한 지식이 생득적이라는 주장을 뒷받침한다.

평가

인지과학자 스티븐 핑커는 언어가 인간의 두뇌에 각인된 선천적인 프로그램에서 비롯되는 본능이라는 점에는 동의하지만, 이것은 진화과정에서 생겨난 것으로 결국 우리 조상들의 생존을 위해 적응된 결과라고 주장한다. 그러나 촘스키는 언어가 인간 고유의 독특한 정신 모듈로, 일반적 인지능력과는 완전히 별개라고 주장함으로써 언어가 진화의 산물이라는 핑커의 견해에 반대했다.

언어학자인 진 애치슨(Jean Aitchison) 역시 아이들이 언어규칙에 대한 지식을 가지고 태어난다는 촘스키의 주장에는 동의했으나, 아이들이 선천적으로 갖고 태어나는 것은 문제해결능력으로, 이 덕분에 언어데이터(그뿐 아니라 각종 형태의 데이터)를 처리할 수 있게 된다고 주장했다. 그러나 촘스키는 인간의 선천적인 언어능력은 다른 능력과 별개로 존재하고, 정신은 신체기관와 유사한 정신기관으로 구성되기 때문에, 언어도 다른 정신적 기능에서 쉽게 분리될 수 있다고 반박한다.

의사소통장애 전문가 로빈 채프먼(Robin Chapman) 역시 언어발달연구는 아이들의 사회적 상호작용의 맥락에서 이해되어야 한다고 주장하여 촘스키의 주장에 비판을 제기했다. 채프먼은 언어구조가 수년에 걸쳐 점진적으로 습득되고, 그것을 터득하는 아이들의 속도에는 큰 편차가 있으므로, 사회적 환경 역시 하나의 요인이 될 수 있다고 주장한다. 한편, 언어가 인간에게만 독특하게 나타난다는 촘스키의 주장을 둘러싸고도 어느 정도 논란이 있었다. 침팬지와 고릴라에 대한 연구에서 유인원과 인간의 차이가 질적이기보다는 양적이라는 결론이 도출되면서, 종 특유의 언어라는 것이 과연 존재하는가라는 의문이 제기된 것이다.

촘스키의 연구는 언어학, 심리학, 철학, 심지어 수학에까지 지대한 영향을 미쳤다. 아이들이 언어습득능력을 타고난다는 그의 주장은 널리 수용되었지만, 아이들에게 선천적인 언어지식이 있어 부모로부터 받는 영향은 그다지 크지 않다는 그의 주장은 많은 논란을 야기했다. 그는 심리학 역사상 가장 극단적인 생득론자로 평가받아 왔고, 그의 언어 발달에 대한 생물학적 접근법은 조작적 조건화 이론에 비해 사실에 근접한 것으로 널리 인정받아왔으나 여전히 언어 발달의 전모를 보여주지는 못할 가능성이 높다. 그러나 촘스키의 연구를 계기로 한층 통합적인 견해들이 등장하기 시작했고, 분명히 앞으로도 이러한 추세는 계속될 것이다. ■

침팬지의 상호 의사소통방식에 대한 연구는 그들의 언어가 비록 인간 언어의 내용이나 다양성에는 미치지 못하지만 꽤 복잡하다는 사실을 알려준다.

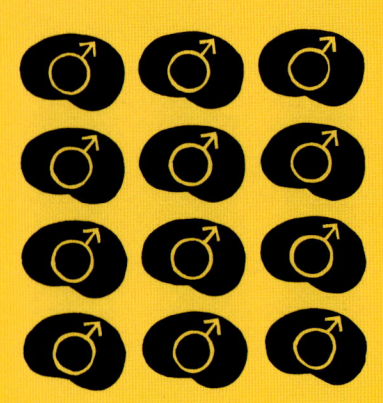

자폐증은 극단적인 형태의 남성 뇌이다

사이먼 배런-코헨(서기 1958년~)

맥락읽기

사상
마음이론(Theory of mind)

이전의 관련 역사
서기 1943년 : 미국의 정신과 의사 레오 캐너(Leo Kanner)가 자폐증을 발견하고, 이것이 감정을 드러내지 않는 냉정한 자녀양육의 결과라고 주장한다.

서기 1944년 : 오스트리아의 소아과 의사 한스 아스퍼거(Hans Asperger)가 자폐증을 "남성 지능의 극단적인 변종"이라고 정의한다.

서기 1979년 : 영국의 정신과 의사 로나 윙(Lorna Wing)과 주디스 고울드(Judith Gould)가 다양한 범위의 자폐증이 존재한다는 사실을 발견한다.

이후의 관련 역사
서기 1989년 : 독일 출신 심리학자인 유타 프리스(Uta Frith)가 자폐증환자들은 상황의 전반적인 측면보다 세부사항에 집중하는 경향이 있다고 주장한다.

서기 1997년 : 영국의 심리학자 피터 미첼(Peter Mitchell)이 배런-코헨의 '마음이론'은 일부 자폐증환자들이 지닌 특정 분야의 능력과 비상한 기억력을 설명하지 못한다고 주장한다.

자폐증은 사교성 및 의사소통능력의 정상적인 발달에 영향을 미치는 뇌 장애이다. 자폐아들은 주변 세계에 대해, 다른 사람이 보기에는 이상한 방식으로 반응할 때가 많다. 이들은 의사소통능력이 떨어지고, 말을 못하거나 타인에게 관심을 보이지 않는 경우가 많기 때문에, 이들과 사회적 상호작용을 맺기란 여간해서는 쉽지 않다. 자폐아의 대다수는 남자이고, 대부분은 성인기까지 장애가 유지된다. 자폐증에 대해서는 그동안 다양한 이론들이 제기되어왔다. 가장 최근의, 영향력 있는 이론 중 하나는 사이먼 배런-코헨(Simon Baron-Cohen)의 '마음이론' 가설로, 여기에서는 뇌 유형의 성차에 대한 관찰연구를 바탕으로 "자폐증은 극단적인 형태의 남성 뇌"라고 주장한다.

뇌 유형

2003년에 배런-코헨은 여성 뇌와 남성 뇌의 공감-체계화 이론을 개발했는데, 여기에서는 실제 성별에 상관없이 공감 또는 체계화 능력에 따라 각 사람들의 뇌 유형을 분류한다. 그는 여성 뇌가 주로 공감에 능숙하기 때문에 여성은 보통 타인에 대해 동정심이 많고 얼굴표정이나 비언어적 의사소통에 더 민감하다고 주장한다. 반면, 남성 뇌는 체계를 이해하고 구축하는 데 적합한 구조라서, 대부분 사물의 작동원리와 구조, 조직 등에 관심이 많고, 독도법처럼 해독능력이 필요한 작업에 능숙한 경우가 많다.

그렇다고 해서 뇌 유형이 성별에 따라 명확하게 구분되는 것은 아니다. 배런-코헨의 실험에서는 남성의 약 17퍼센트가 '공감하는 뇌'를 가진 반면, 여성의 17퍼센트가 '체계화하는 뇌'를 갖고 있었고, 양쪽 능력을 똑같이 가진 '균형적인 뇌'를 가진 사람도 많았다.

극단적인 여성 뇌를 가진 사람들은 '체계맹(system-blind)'일 것이다.

사이먼 배런-코헨

참조 : ■ 로저 W. 스페리 337~338쪽 ■ 하인츠 헤크하우젠 338~339쪽 ■ 마이클 루터 339쪽

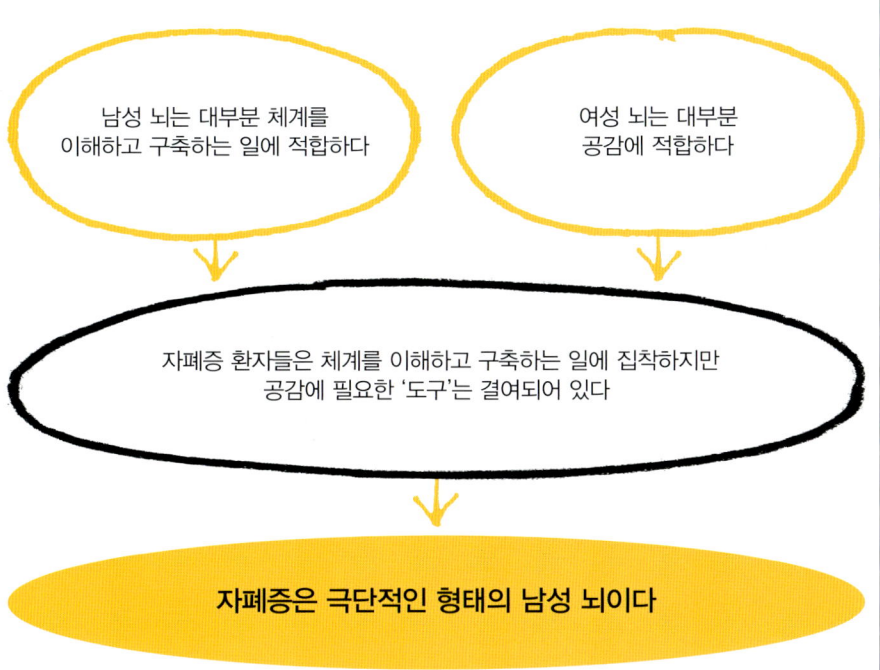

남성 뇌는 대부분 체계를 이해하고 구축하는 일에 적합하다

여성 뇌는 대부분 공감에 적합하다

자폐증 환자들은 체계를 이해하고 구축하는 일에 집착하지만 공감에 필요한 '도구'는 결여되어 있다

자폐증은 극단적인 형태의 남성 뇌이다

사이먼 배런-코헨

런던 출신인 사이먼 배런-코헨은 런던대학의 정신의학연구소에서 임상심리학자 자격을 취득하고 유니버시티칼리지 런던에서 박사학위를 받았다.

1995년에는 케임브리지의 트리니티 칼리지에서 실험심리학 연구원이 되었고, 현재는 이 대학의 발달정신병리학 (Developmental Psychopathology) 교수이자 자폐증연구소 소장으로 재직하면서 자폐증의 발생원인과 치료법 등을 연구하고 있다.

배런-코헨은 또 영국심리학회(British Psychological Society)의 회장상(President's Award) 및 스피어먼 메달(Spearman Medal), 미국심리학회의 보이드 맥캔들레스 상(Boyd McCandless Award) 등 많은 상을 받았다. 2009~2011년까지는 국제자폐증연구협회(International Society of Autism Research)의 부회장을 지냈고, 현재는 영국 국립자폐증협회(National Autistic Society)의 부회장직을 맡고 있다.

주요 저서

1993년 『자폐증의 진단과 치료 Autism: The Facts』
1995년 『마음맹』
1999년 『자폐아동도 마음읽기를 배울 수 있다 Teaching Children with Autism to Mind-Read』
2003년 『근본적 차이 The Essential Difference』

마음이론

배런-코헨은 자폐증에 걸린 사람들이 마음이론, 즉 타인의 감정과 행동을 제대로 분석하는 능력이 부족하기 때문에 타인의 마음상태나 의도를 파악할 수 없다고 주장한다. 또 이들은 예를 들면 조명 스위치에 강력한 집착을 보이는 등 특정한 체계에 대해 강박적인 관심을 보일 때가 많다. 체계의 미세한 세부사항에 집중하여 그것을 작동시키는 내부 원리를 밝혀내거나 특정한 주제에 대해 거의 모든 것을 극도로 정확하고 철두철미하게 파악하는 경향이 있다. 이렇게 공감능력이 거의 없거나 전무하고 유독 체계에 집착하는 성향, 그리고 자폐증 환자 중에 남성의 비율이 높다는 사실을 종합하여, 배런-코헨은 자폐증 환자들이 극단적인 형태의 남성 뇌를 가진다는 결론에 도달했다.

자폐증은 아동에게는 가장 심각한 정신질환 중 하나로서, 배런-코헨의 이론은 자폐증에 대한 인지도를 높이고 이해를 증진시켜 더욱 효과적인 치료법을 모색하는 데 기여했다.

자폐아들은 가끔 특정한 분야, 특히 수학, 제도, 그림처럼 복잡한 세부사항의 정확한 관찰을 요하는 분야에서 탁월한 재능을 보인다.

PSYCHOL OF DIFFE
PERSONALITY AND INTELLIGENCE

OGY
RENCE

차이심리학
성격과 지능

들어가며

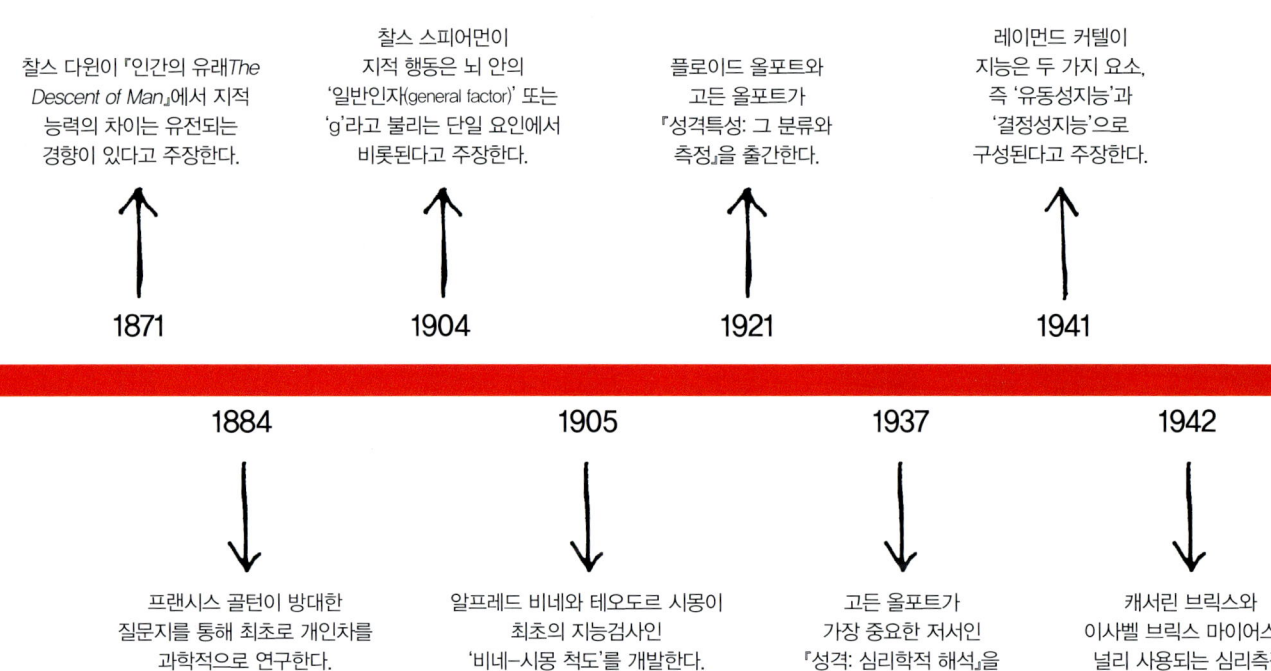

이론적인 심리학은 모든 인간에게 공통적인 마음과 행동의 여러 측면을 밝혀내고 검토하는 데 주력해왔으나, 철학자와 후대 과학자들은 인간 개개인을 형성하는 심리적 기질상의 차이가 있음에 늘 주목해왔다. 일부 초기 철학자들은 네 가지 체질 또는 기질의 개념에 기초하여 성격상의 차이를 설명하기도 했지만, 성격에 대해 진정한 과학적 연구가 시작된 것은 20세기에 들어온 후부터였다.

충분히 짐작할 수 있듯이, 행동주의자들은 성격을 조건화의 결과로 보았고, 정신분석이론은 성격을 과거 경험이 무의식에 미친 영향이라고 설명했으나 이 이론들은 성격 그 자체에 대한 연구라기보다는 더 일반적인 이론연구의 파생물이었다. 이러한 성격 개념이 부적당하다고 느끼고 '성격'이란 주제에 체계적으로 접근했던 최초의 심리학자는 고든 올포트였다. 그는 각 개인마다 독특하게 조합된 세 가지 수준으로 나타나는 다양한 성격특성을 식별해내어, 오늘날 '특성이론'이라 불리는 영역을 개척했다. 특성이란 개념은 성격심리학의 중추를 이루었고, 올포트의 실험 이후 새로운 주요 연구분야로 자리매김했다.

성격특성

레이먼드 커텔의 16가지 성격요인 분석법처럼, 새로운 특성 분석법들은 개인의 성격을 형성하는 특성들의 가짓수를 줄여가며 올포트의 이론을 개선시켰다. 내향성과 외향성 같은 두드러진 특성은 대부분의 모델에 공통적으로 속했고, 이런 특성들의 차이가 성격을 결정짓는 주요인으로 인식되었다. 이 모델들은 결국 외향성·내향성, 신경증적 경향성, 정신증적 경향성을 기본특성으로 보는 한스 아이젱크의 3요인 모델로 통합되었다.

당시 제기되던 의문점 중 하나는 성격특성이 지속적인 행동으로 나타나는가의 문제였다. 월터 미셸은 실험을 통해 상황이 달라지면 행동도 달라진다는 사실을 입증하면서, 성격특성은 다양한 상황에 대한 개인의 인식과 반응의 측면에서 고려되어야 한다고 주장했다. 성격은 예상보다 일관성이 적을 뿐 아니라, 아예 한 사람에게서 여러 가지 별개의 성격이 나타나기도 했다. 정신과 의사인 코베트 H. 시그펜과 허비 M. 클렉클리는 『이브의 세 얼굴』이란 책과 영화로 유명해진 사례를 통해 다중인격장애(MPD), 요즘 말로는 '해리성 정체감

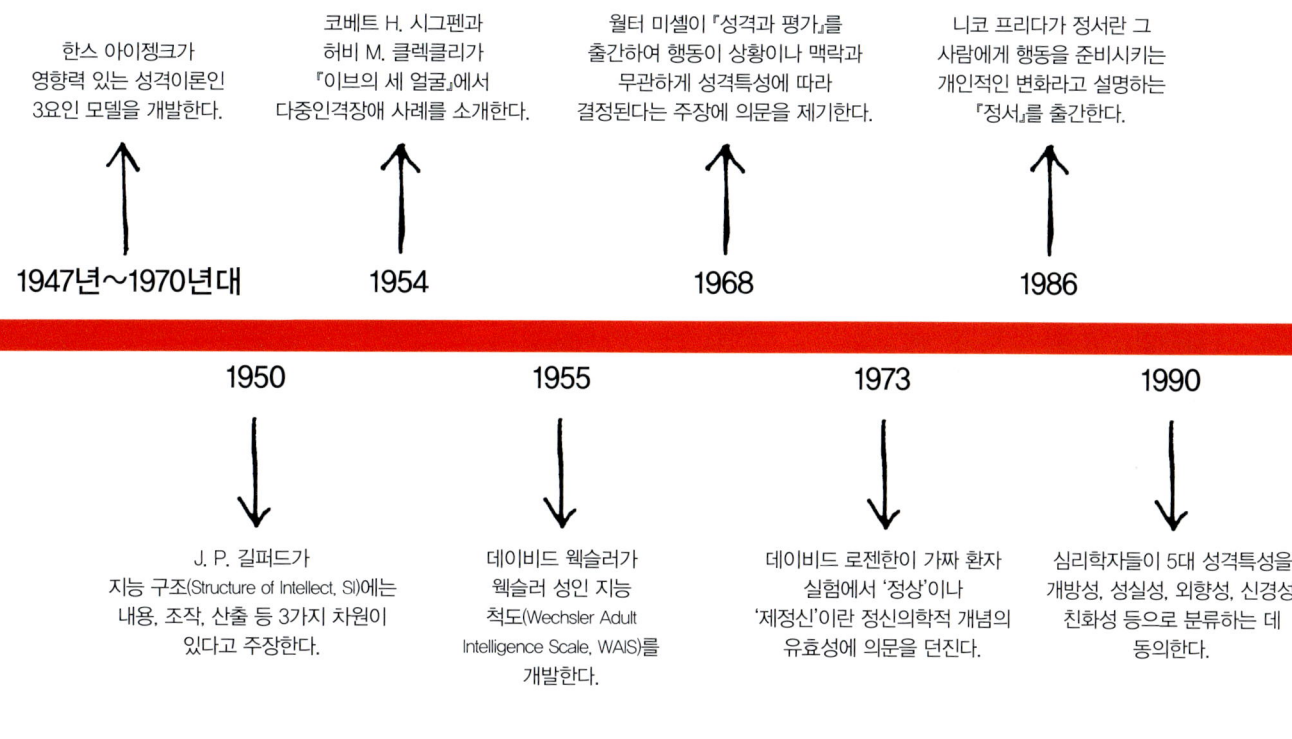

장애'를 묘사했다.

지능요인

우리를 개개인으로 구별 짓는 또 다른 요인은 지능이다. 지능은 심리학이 탄생한 직후부터 연구대상이었지만, 이내 규정하거나 측정하기 어려운 주제로 판명되었다. 또 관련된 연구들은 논란을 야기하기 일쑤였다. 다윈과 골턴의 시대부터, 지능은 환경적 영향보다는 유전적 성격이 강한 것으로(그래서 인종적 편견과 우생학적 함의가 내포된 것으로) 여겨졌다. 레이먼드 커텔과 한스 아이젱크 같은 심리학자들은 유전학적 관점을 옹호한 반면, 다른 학자들은 지능이 환경의 영향을 받을 뿐만 아니라 지능검사 방식 자체가 문화적으로 편향되어 검사결과가 왜곡된다고 주장함으로써, 이른바 '본성 대 양육' 논쟁이 지능결정연구의 핵심이 되었다.

20세기 초반에 영국의 심리학자 찰스 스피어먼은 지능의 검사 및 측정에 통계적 기법을 도입함으로써 더욱 객관적이고 과학적인 지능연구의 토대를 마련했다. 그는 일반지능을 구성하는 모든 정신적 능력과 관계된 단일인자, 즉 'g'를 찾아냈다. 지능에 단일한 척도가 있다는 이 개념은 후에 지능이 수많은 다양한 능력으로 구성된다고 믿었던 J. P. 길퍼드에게 도전을 받았다. 길퍼드의 이러한 주장은 추론과 비판적 사고의 두 가지 수준에 해당하는, 레이먼드 커텔의 유동성지능과 결정성지능 이론으로 이어졌다.

그 밖의 심리학적 차이 분야의 연구로는 폴 에크만과 니코 프리다가 주도했던 정서 및 얼굴표정 연구와(비록 데이비드 로젠한의 실험으로 '정상'과 '비정상'의 구분이 쉽지 않음이 밝혀지기는 했지만) 심리적 장애연구 등이 있다. 개인차란 딱 잘라 명확히 구분되기보다는 스펙트럼상의 여러 점들에 가깝다는 점에서 인간 심리의 복잡성과 다양성을 잘 보여준다 하겠다. ■

이쑤시개로 할 수 있는 일들을 최대한 많이 생각해보라

J. P. 길퍼드(서기 1897~1987년)

맥락읽기

사상
지능심리측정

이전의 관련 역사
서기 19세기 : 빌헬름 분트, 구스타프 페히너(Gustav Fechner), 프랜시스 골턴이 인간 인지능력의 개인차는 경험적으로 측정할 수 있다고 주장한다.

서기 1904년 : 영국의 심리학자 찰스 스피어먼이 지능은 단일한 수치로 집약될 수 있다고 주장한다.

서기 1938년 : 영국의 심리학자 L. L. 서스톤이 한 사람의 '기본적 능력', 즉 지능을 구성하는 7가지 독립요인을 찾아낸다.

이후의 관련 역사
서기 1969년 : 필립 E. 버넌이 지능의 60퍼센트는 선천적이라고 추정한다.

서기 1974년 : 미국의 심리학자 엘리스 폴 토란스(Ellis Paul Torrance)가 오늘날 가장 널리 사용되는 창의성검사를 개발한다.

지능과 그 구성요소에 대한 논의는 고대 그리스 시대부터 계속되어왔으나, 체계적인 지능측정법이 개발된 것은 1905년 알프레드 비네가 교육지원의 혜택을 부여할 만한 아이들을 선별해달라는 의뢰를 받은 후부터였다. 비네는 테오도르 시몽과 함께, 기억력, 주의력, 문제해결 과제 등을 통해 지적 능력을 집약적으로 보여주는 수치, 즉 '지수'를 측정하고 산출하는 '비네-시몽 척도'를 만들었다. 편의상 평균적인 지능지수(IQ)를 100으로 설정하여, 심리학자들은 100을 기준으로 검사대상자를 분류할

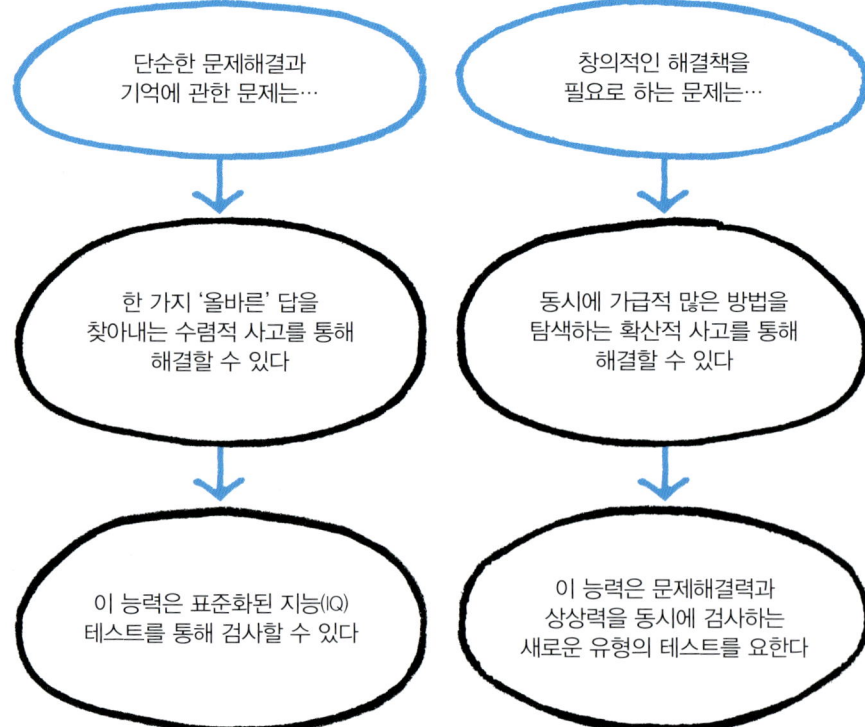

참조: ■ 알프레드 비네 50~53쪽 ■ 레이먼드 커텔 314~315쪽 ■ 한스 아이젱크 316~321쪽 ■ 윌리엄 슈테른 334쪽 ■ 데이비드 웩슬러 336쪽

창의적인 사람은 심지어 이쑤시개에서도 수백 가지의 잠재적 사용법을 찾아낸다. 길퍼드의 '대안적 사용법 테스트'는 여러 종류의 독창적인 대안을 많이 생각하는 능력에 따라 사람별 점수를 매긴다.

수 있었다. 실제는 일반인의 약 95퍼센트가 IQ 70~130 사이에 속하고, 상위 0.5퍼센트만이 IQ 145를 넘어 '천재' 수준에 든다.

비네-시몽 척도는 오늘날에도 대부분의 IQ검사에서 여전히 사용되고 있지만, 미국의 심리학자 J. P. 길퍼드(J. P. Guilford)는 이 척도에 근본적인 문제가 있다고 주장한다. 표준적인 지능검사에서는 창의성을 무시한 채, IQ 수치로 표현될 수 있는 '일반지능'이 존재한다고 가정하기 때문이다.

창의성 측정

창의성의 정의대로라면, 어떠한 문제든 답은 하나 이상 존재한다는 의미가 된다. 창의성은 완전히 다른 종류의 사고를 요구하는데, 이러한 사고는 다양한 방향으로 뻗어가며 문제에 대한 다양한 해답을 만들어내기 때문에 길퍼드는 이를 '확산적'이라고 표현했다. 반면, 전통적인 IQ검사는 한 가지 답을 찾아내는 '수렴적' 사고를 요구한다. 길퍼드는 한 사람의 여러 생각이 뻗어가는 방향의 가짓수로 나타낸다면 창의성도 측정 가능하다고 생각했다. 그래서 확산적인 사고를 정량화하기 위한 다양한 테스트를 개발했다. 예를 들어, 1967년의 '대안적 사용법 테스트(Alternative Uses Test)'에서는 검사 실험참가자들에게 (a)이쑤시개, (b)벽돌, (c)종이클립을 이용해 할 수 있는 일들을 최대한 많이 적어보라고 시켰다. 또 '결과 테스트(Consequences Test)'에서는 국가와 지방의 법이 갑자기 폐지될 경우 벌어질 수 있는 모든 일을 상상해보라고 요구했다. 길퍼드는 그 답변을 독창성(originality), 유창성(fluency), 융통성(flexibility), 정교성(elaboration) 등 4가지 주요 부문의 수준에 따라 점수를 매겼다.

길퍼드는 지능이 단지 한 가지 '일반인자'로 구성되는 것이 아니라, 세 가지의 행동집합으로 이루어진다고 주장한다. 그 중 '조작(operation)'은 우리가 사용하는 지적 작용으로, 기억·인지·평가 등 6가지 유형이 있다. '내용(content)'은 관련된 정보 또는 데이터 유형으로, 시각적 내용과 청각적 내용 등 5가지 유형이 있다. 마지막 '산출(product)'은 조작을 내용에 적용한 결과로서, 유목(類目, class)과 관계 등 6가지 유형이 있다. 결국 이런 다양한 유형을 조합하고 사용할 방법, 즉 지능유형은 180(6×5×6)가지나 되고, 이 중에서 이미 100가지 이상이 실제로 확인되었다. 길퍼드의 이론은 복잡하고 검사하기 힘들어 표준적인 IQ검사에 비해 자주 사용되지는 않지만, 그의 연구는 지능과 창의성 연구에 큰 영향을 미쳐왔다. ■

J. P. 길퍼드

조이 폴 길퍼드(Joy Paul Guilford)는 미국 네브래스카 주의 한 농장에서 출생했다. 태어날 때부터 뛰어나게 총명했던 그는 고등학교 졸업식에서 졸업생 대표를 맡았다. 그는 대학에서 심리학을 전공하다가 도중에 이등병으로 군대에 징집되었고, 제대 후 코넬대학에서 박사학위를 받았다. 그는 1928년에 네브래스카로 돌아와 부교수가 되었고, 1940년에는 남부캘리포니아대학(USC)에서 교수직을 얻어 제2차 세계대전 중의 짧은 파견근무를 제외하고는 1967년에 은퇴할 때까지 계속 그곳에 머물렀다. 그는 대단히 성실하고 관대하며 헌신적일 정도로 가정적인 남자로 알려져 있지만, 수줍음이 많아 군대에서는 '회색 유령'이란 별명을 얻기도 했다. 영향력 있고 왕성한 연구가였던 길퍼드는 25권 이상의 저서, 30개의 테스트, 300편의 글을 남겼다.

주요 저서

1936년 『정신측정법 Psychometric Methods』
1967년 『인간지능의 본질 The Nature of Human Intelligence』

단위시간당 많은 아이디어를
내놓을 수 있는 사람은… 의미 있는
아이디어를 창출해낼 가능성이 높다.
J. P. 길퍼드

로빈슨 크루소가 프라이데이를 만나기 전까지는 성격특성이 없었을까?

고든 올포트(서기 1897~1967년)

고든 올포트

맥락읽기

사상
특성이론(Trait theory)

이전의 관련 역사
기원전 2세기 : 갈렌이 4가지 체질에 따라 인간의 기질을 분류한다.

서기 1890년 : 윌리엄 제임스가 『심리학원리』에서 자아에는 '알고 있는 자아(I)'와 '경험하는 자아(me)'가 있다고 일찍이 정의한다.

이후의 관련 역사
서기 1946년 : 레이먼드 커텔이 올포트와 H. S. 오드버트(H. S. Odbert)의 어휘가설(lexical hypothesis)에 기초하여 16PF(성격요인) 질문지를 개발한다.

서기 1970년대 : 한스 아이젱크가 정신증적 경향성(P), 외향성(E), 신경증적 경향성(N)으로 구성된 PEN 성격 질문지를 만든다.

서기 1993년대 : 미국의 심리학자 댄 P. 맥애덤스(Dan P. McAdams)가 『우리가 살아가면서 추구하는 이야기The Stories We Live by』에서 개별기술적(idiographic) 방법을 제시한다.

고든 올포트(Gordon Allport)는 성격을 전문적으로 연구하기 시작한 최초의 현대 심리학자이기 때문에 종종 '성격심리학의 창시자'로 일컬어진다. 히포크라테스(기원전 400년경)와 갈렌(기원전 150년경)이 네 가지 기질에 대해 일찍이 연구한 이래, 성격을 더욱 세부적으로 분류하려는 시도는 발견되지 않았다. 19세기에도 자아나 '에고(ego)'에 대한 논의는 무성했지만, 성격은 심리학에서 거의 언급된 적이 없었다.

20세기 초반을 지배했던 양대 심리학 사조인 정신분석학파와 행동주의는 접근법에서 극과 극으로 나뉘었다. 두 학파 모두 크게 번성하여 오늘날까지도 강력한(그리고 논쟁이 끊이지 않는) 영향력을 발휘하고 있다. 행동주의는 오로지 우리가 어떻게 행동을 습득(또는 학습)하는지가 관심사였으므로 성격에 대해서는 언급할 여지가 없었다. 이와 반대로 정신분석학파는 매우 심층적인 접근법을 제시하여, 우리의 성격을 지배하면서도 말실수나 꿈속의 상징 등을 통해 아주 조금씩, 우연하게만 드러나는 불가지의 무의식이 존재한다고 주장했다.

미국의 심리학자 고든 올포트는 이런 두 가지 접근법에 근본적인 불만을 품었다. 행

> 사람들은 미래를 향해 나아가기 바쁜데, 심리학은 대부분 이들의 과거로 추적해 들어가기 바쁘다.
> **고든 올포트**

동주의는 각각의 개인이 유일무이하고 그들의 지각이 명백히 학습과정의 일부를 구성하는데도 불구하고 학습을 하는 '인간'을 무시하기 때문에 잘못이라고 생각했다. 또 정신분석학은 개인의 과거를 너무 중시하는 나머지 현재의 상황과 동기 등은 무시하기 때문에 성격과 행동을 설명하기에는 역시 부적합하다고 믿었다. 대학원생 시절, 빈으로 가서 지그문트 프로이트를 만난 후에 이러한 입장을 굳혔다. 올포트는 프로이

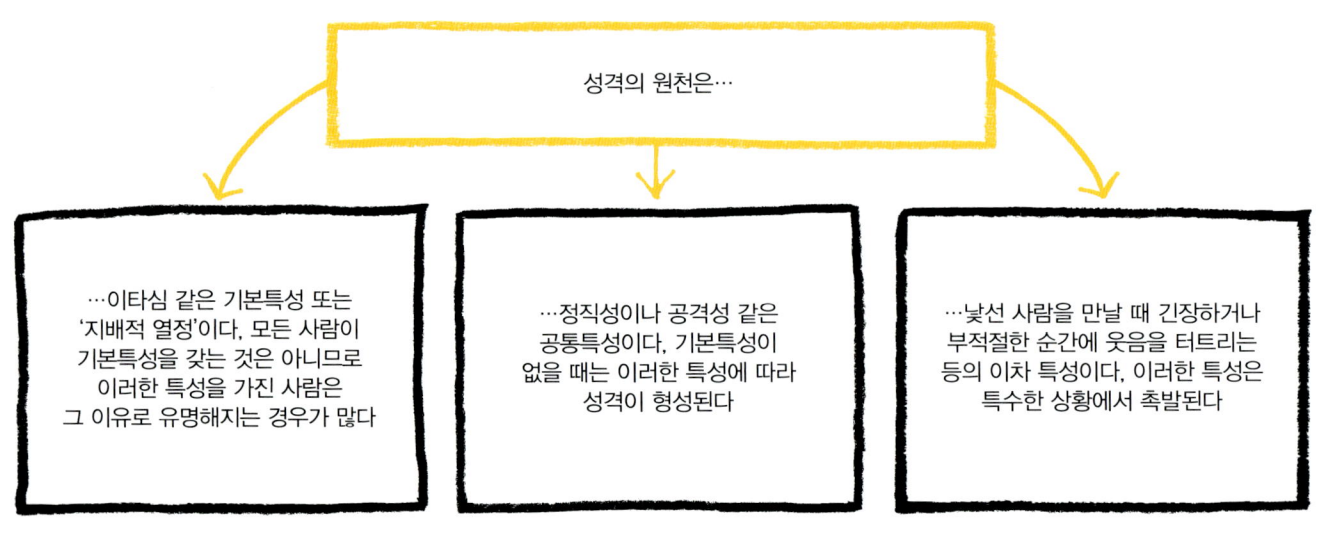

성격의 원천은…

…이타심 같은 기본특성 또는 '지배적 열정'이다. 모든 사람이 기본특성을 갖는 것은 아니므로 이러한 특성을 가진 사람은 그 이유로 유명해지는 경우가 많다

…정직성이나 공격성 같은 공통특성이다. 기본특성이 없을 때는 이러한 특성에 따라 성격이 형성된다

…낯선 사람을 만날 때 긴장하거나 부적절한 순간에 웃음을 터뜨리는 등의 이차 특성이다. 이러한 특성은 특수한 상황에서 촉발된다

참조: ■ 갈렌 18~19쪽 ■ 윌리엄 제임스 38~45쪽 ■ 지그문트 프로이트 92~99쪽 ■ 칼 로저스 130~137쪽 ■ 에이브러햄 매슬로 138~139쪽 ■ 마틴 셀리그먼 200~201쪽 ■ 폴 살코브스키스 212~213쪽 ■ 레이먼드 커텔 314~315쪽 ■ 한스 아이젱크 316~321쪽 ■ 윌리엄 슈테른 334쪽

트와 처음 만났을 때 가벼운 이야기로 분위기를 풀기 위해 빈에 오는 길에 기차 안에서 만났던 어린 소년에 대해 이야기했다. 그 아이는 어머니의 권유에도 불구하고 더러워질 것이 두려워 어느 지저분한 사람 옆에 앉기를 거부했다. 올포트는 아마도 이 아이가 이런 더러움에 대한 공포심을, 다소 오만하고 깔끔해 보이던 어머니에게서 배웠을 것이라고 짐작했다. 그러자 프로이트는 "그 작은 소년이 당신입니까?"라고 물었다. 올포트가 보기에, 이렇게 사소한 관찰조차 어린 시절의 어느 무의식적인 일화로 환원해버리는 프로이트는 현재의 동기와 의도를 모두 무시해버리는 것과 다름없었다. 올포트는 인생 말년에 이르러서는 다른 방법에 대한 보완책으로 정신분석학에 좀 더 관심을 보이기는 했으나, 전반적으로 과거보다는 현재의 중요성을 강조했다.

올포트는 인간의 학습과 성격 연구에 대해 합리적이고, 절충적이며, 개념적으로 편견 없는 접근방식을 옹호했다. 그는 당대의 지배적인 사조에서 몇 가지 신념을 얻기는 했으나, 그의 가장 중요한 신념은 각 개인의 고유성과 성격의 특이성이 (전부 다는 아니더라도) 대부분 인간관계에서 형성된다는 것이었다.

성격이론

올포트가 생각하는 성격은 특성, 인간관계, 현재 상황, 동기 등이 복잡하게 뒤엉킨 개념이다. 그는 성격연구에 대해 완전히 다른 두 가지 접근법, 즉 법칙정립적(nomothetic) 방법과 개별기술적(idiographic) 방법을 찾아냈다. 두 방법 모두 독일의 철학자 빌헬름 빈델반트(Wilhelm Windelband)와 빌헬름 딜타이(Wilhelm Dilthey)가 고안해냈으나 올포트의 지도교수이던 윌리엄 슈테른이 처음 적용한 방법이었다. 첫 번째 법칙정립적 방법은 가급적 객관성과 과학성을 유지하려는 방법으로, 인간의 지능을 연구하는 데 자주 사용된다. 또 많은 사람들을 대상으로 외향성과 내향성 등 성격의 특성에 대한 검사결과를 얻는 방법도 여기에 속한다. 그 결과에 대한 정교한 분석을 거쳐 외향적인 사람과 내향적인 사람의 비율이나 연령, 성별, 지리적 조건의 차이 등 여러 일반화된 결론을 도출할 수 있기 때문이다. 그러나 이 방법은 어떤 식으로도 개별적 차원의 특성에 대해서는 거론하지 않는다. 어느 특정한 개인보다는 어떤 특성에 대해 비교 및 논평하여 결론을 도출하는 데 초점을 두는 것이다. 행동주의자인 B. F. 스키너가 토끼 행동 관찰에서 사용했던 방법도 여기에 속한다.

두 번째 개별기술적 방법은 법칙정립적 방법과는 정반대 지점에 서 있다. 개별기술적 방법은 개인의 일대기, 성격특성, 관계, 그리고 다른 사람들이 보거나 겪었던 그들의 모습을 검토하면서 개인을 넓고 깊게 연구한다. 이 방법은 한 사람, 즉 하나의 인생에 초점을 맞추는 정신분석학적 방법에 훨씬 더 가깝다.

올포트는 법칙정립적 방법이 특성을 묘사하는 방법이긴 해도 설명력이 부족한 반면, 개별기술적 방법은 일반적 결론을 도출하지는 못하더라도 한 인물을 세부적으로 조명해가며 설명할 수 있다고 말했다. 그는 이 두 가지 방법을 모두 사용하려 했다. 비록 그가 경험적 연구에도 초점을 두었다는 사실은 잘 알려지지 않아, 주로 이론가 또는 철학자에 가깝게 비춰지긴 했지만 말이다. 그러나 그가 형 플로이드 올포트(Floyd Allport)와 함께 쓴 최초의 논문 「성격특성: 그 분류와 측정Personality Traits: Their Classification and Measurement」은 법칙정립적 방법의 탁월한 사례를 보여준다. 한편 말년에 그의 주요 연구 중 하나였던 제니 마스터슨(Jenny Masterson) 분석은 개별기술적 방법 중에서도 특별히 구체적인 사례에 해당한다.

어휘가설

올포트 형제는 첫 번째 실험에서 성격특성에 대한 연구를 수행했다. 두 사람은 실험참가자에게 성격 질문지를 작성하도록 시키고, 그를 잘 아는 세 사람에게도 질문지를 작성하게 했다. 이런 방식은 성격이 타인과의 관계에서 형성된다는 올포트 형제의 견해를 반영한 것이다. 실험 결과, 그들은 특성을 찾아내는 경우와 그 특성을 측정하려는 경우가 있다고 결론내렸다. 그리고 스스로 완벽하고 섬세한 성격측정도구를 개발할 수 있는 가능성을 입증했다고 자부했다. 1936년에 고든 올포트와 동료인 H. S. 오드버트(H. S. Odbert)는 사람들의 삶 속에서 가장 두드러지고 사회적으로 의미 있는 개인차는 결국 언어를 통해 표현되고, 특히 그 차이가 중요할수록 단 한 마디 단어로 표현될 가능성이 높다고 주장했다. 이

유형이란 사람이나 자연에 존재하기보다는 관찰자의 눈 속에 존재한다.
고든 올포트

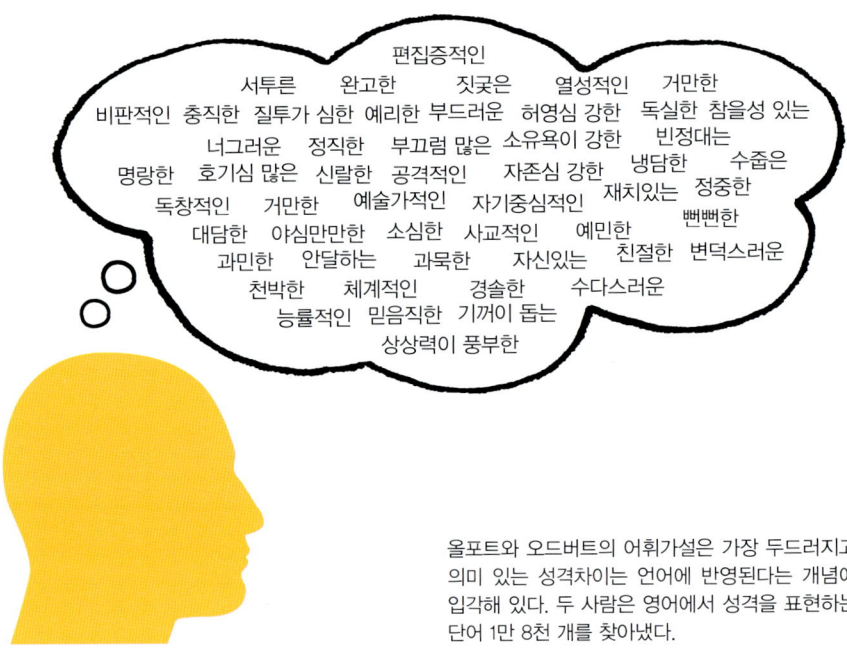

올포트와 오드버트의 어휘가설은 가장 두드러지고 의미 있는 성격차이는 언어에 반영된다는 개념에 입각해 있다. 두 사람은 영어에서 성격을 표현하는 단어 1만 8천 개를 찾아냈다.

것이 바로 어휘가설이다. 두 연구자는 당대에 사용 가능한 영어단어로 구성된 가장 방대한 사전을 조사하여, 성격을 표현하는 단어 1만 8천 개를 찾아냈다. 그리고 그 중에서 다시 관찰로 확인할 수 있고 쉽게 변하지 않는 성격특성에 해당하는 형용사 4천 500개를 추려냈다.

어떤 사람에게 특성이 있다고 말할 수는 있어도, 유형이 있다고 말할 수는 없다.
고든 올포트

기본특성

올포트는 어휘연구에 대한 심층적 분석을 통해 성격특성의 범주를 기본특성, 공통특성, 이차특성 등 3가지로 정의했다. 우선 '기본특성'이란 인생에 대한 전반적인 태도를 결정하는, 개인의 근본적인 특성이다. 올포트에 따르면, 모든 사람이 기본특성을 갖는 것은 아니므로 만약 이런 특성을 갖게 되면 그 때문에 유명해질 수도 있다. 실제로 어떤 사람들은 기본특성으로 워낙 유명해져서, 아예 그들의 이름이 그 특성의 대명사가 되기도 한다. 덕분에 '바이런식의(비장하면서도 낭만적인)', '칼뱅식의(도덕적으로 엄격한)', '마키아벨리식의(권모술수에 능한)' 같은 단어가 생겨났다. 그보다 덜 유명한 경우로는 "공산주의에 대한 공포" 같은 것도 기본특성이 될 수 있는데, 이러한 특성은 당사자에게 워낙 지배적이고 중요한 나머지 의식적으로든 무의식적으로든 그들의 인생을 이끌고 통합해가게 된다. 사실상 모든 행동에서 그 영향력을 찾아볼 수 있게 되는 것이다.

말년에 가서 올포트는 개인의 기본특성이 프로프리움(proprium)에 기여한다고 보았다. 프로프리움이란 개인의 본질적인 욕구, 핵심 욕구, 욕망 등을 의미하는 개념으로, 단순한 '기질'의 의미를 뛰어넘어 언제든 강력하게 분출되는 방향성 있는 목적의식에 가깝다. 올포트는 프로프리움의 사례로 노르웨이의 극지탐험가 로알 아문센(Roald Amundsen)의 예를 든다. 아문센은 15세부터 극지탐험가가 되겠다는 지배적인 열망이 있었다. 도저히 극복할 수 없을 것 같은 장애물들이 그의 야망을 가로막았고 꿈을 포기하라는 유혹도 엄청났지만, 그의 프로프리움 추구는 끈질기게 계속되었고, 매번 성공을 맞이할 때마다 그 야망은 점점 더 커져만 갔다. 아문센은 (북대서양에서 캐나다 북극해를 빠져서 태평양으로 나가는) 북서항로를 항해한 후에 바로 새로운 프로젝트에 착수하여 남극 도달에 성공했다. 그 후에는 몇 년간 계획과 좌절을 거듭하다가 다시 북극을 향해 탐험에 나섰다. 그는 결코 흔들리는 법 없이 일로매진했고, 결국 경험이 부족한 탐험가의 생명을 구하려다가 사망하고 말았다.

덜 근본적인 특성

기본특성과 대조적으로, '공통특성'은 정직성 등과 같이 대부분의 사람들에게서 발견되는 일반적인 특성이다. 이 특성은 우리의 행위를 결정하는 구성요소이긴 하지만, 기본특성에 비해서는 덜 근본적이다. 올포트는 공통특성이 주로 부모의 영향을 받아 발달하는, 양육의 결과라고 주장했다. 같은 문화권 내에서 많은 사람들이 서로 다른 수준으로 공유하는 특성인 것이다. 예를 들어 공격성은 사람마다 수준에 차이가 있는 공통특성이다. 올포트에 따르면, 대부분의 사람들은 이러한 특성 5~10가지가 '두드러진

> 성격을 안정적이고 고정불변이라고 보는 모든 이론은 옳지 않다.
> **고든 올포트**

'성격'이 될 만한 수준으로 구성된 성격을 가지고 있다.

공통특성은 시간이 지날수록 이른바 '기능적 자율성'을 획득하게 된다. 올포트의 이 말은 비록 처음에는 특정한 이유로 무엇인가를 하기 시작하더라도 나중에 가서는 전혀 다른 이유 때문에 그 일을 계속 해나가게 된다는 의미이다. 우리의 현재 동기가 계속해서 과거에 의존적이지는 않기 때문이다. 예를 들자면, 우리는 반에서 다른 아이보다 인기를 얻기 위해 그림을 배우기 시작하더라도 결국에 가서는 작품 그 자체를 완성짓는 데에 더 관심을 갖게 될 것이다. 이 말은 즉 우리가 지금 현재 생각하고 행동하는 방식에 과거는 오직 간접적으로만 영향을 미친다는 뜻이다. 기능적 자율성은 또한 강박적인 행위와 사고를 설명해주기도 한다. 이런 증상은 기능적으로 자율적인 특성의 발현으로, 당사자조차 자신이 왜 그러고 있는지 모르면서도 스스로 멈출 수 없는 상태라는 것이다.

올포트의 세 번째 특성인 '이차특성'은 기본특성이나 공통특성에 비해 우리에게 훨씬 적은 영향을 미친다. 이 특성은 맥락이나 정황에 따라 결정되기 때문에 오지 특수한 상황에서만 나타난다. 예를 들어 누군가는 간지럼을 태우면 심하게 짜증을 내거나 비행기만 타면 초조해할 수 있는 것이다. 이런 특성은 바뀔 수 있는 선호도나 태도를 표현한다. 또 혼자 있을 때는 이런 특성이 존재하더라도 거의 눈에 띄지 않을 수 있다. 이처럼 이차특성은 공통 및 기본특성에 덧붙어 복잡한 인간의 전체상을 완성한다.

올포트는 한 사람의 특성이 어떻게 형성되는지, 그리고 행동과는 어떤 연관성을 갖는지에 흥미를 느꼈다. 그는 내부적·외부적 영향력이 결합되어 우리 행동방식에 영향을 미친다고 주장했다. 그가 '유전형(genotypes)'이라고 부르는 이 내부적 영향력은 우리가 정보를 간직하고 사용하여 외부 세계와 상호작용하는 방식을 관장한다. 또 '표현형(phenotypes)'이라고 부르는 외부적 영향력은 우리가 주변 상황을 받아들이고 타인에게 영향을 받는 방식을 결정한다. 올포트는 이런 두 가지 영향력이 개인적 특성을 형성하는 기틀을 제공한다고 주장했다.

유전형 특성은 내부적이지만, 표현형 특성은 외부적이기 때문에 발현되려면 외부로부터의 자극이 필요하다.

- - - → 유전형
——→ 표현형

곤경에 빠진 사람 · 타인에 대한 친절 · 거만함 · 거미 · 공포 · 창의적 사고 · 식탐 · 분노 · 무례한 사람

성격특성

올포트는 로빈슨 크루소가 언제나 다양한 별개의 성격특성을 보유하고 있었지만, 배가 난파되고 프라이데이를 만난 후에야 새로운 상황에 의해 일부 특성이 발현되었다고 설명했다.

올포트는 이러한 주장을 로빈슨 크루소(Robinson Crusoe) 이야기에 적용하여, 크루소가 프라이데이(Friday)를 만나기 전까지는 그의 유전형, 즉 내적 자원이 일부 표현형적 측면과 함께 그가 외딴 섬에서 혼자서 살아갈 수 있도록 도왔다고 분석했다. 크루소에겐 초기의 절망을 극복할 만한 회복력이 있었고, 배가 침몰하기 전에 꺼내온 무기와 도구, 기타 저장품도 있었다. 그는 동굴 주위에 울타리를 치고 달력을 만들었다. 또 사냥을 하고 옥수수와 쌀을 재배하며 그릇을 만들고 염소를 키우는 법을 배워갔고, 앵무새도 길렀다. 그리고 성경을 읽고 종교적인 인간이 되었다. 이러한 행동은 크루소의 유전형적 특성과 그 결과로 나타난 행동을 보여준다.

그러나 크루소의 또 다른 표현형적 특성이 발현되기 시작한 것은 프라이데이가 도착하고 나서부터였다. 그는 프라이데이가 식인종에게서 도망치도록 도왔고, 그에게 이름을 지어주었다. 또 인내심을 갖고 끈질기게 영어를 가르쳤고, 결국 프라이데이를 기독교인으로 전향시킬 수 있었다. 크루소에게는 항상 이러한 성격특성이 있었지만 섬에서 프라이데이와 관계를 형성하기 전까지는 발현되지 않은 상태로 남아 있었다. 이 개념은 "아무도 없는 숲에서 나무가 쓰러질 경우에도 소리가 날까?"라는 그 유명한 철학퍼즐과도 비슷하다. 올포트가 보기에 특성은 행동을 일관적으로 만든다. 특성은 주변에 그것을 일깨워주거나 행동으로 목격할 사람이 없을 경우에도 항상 거기에 존재하는 것이다.

개별기술적 연구

올포트는 1937년 『성격: 심리학적 해석』을 출간한 후에 종교, 편견, 윤리학 등의 주제로 관심을 돌렸다. 그러나 1965년에는 제니 마스터슨의 성격특성에 대한 개별기술적 연구에 착수하면서 다시 성격이란 주제로 복귀했다. 제니는 인생의 마지막 11년 동안 친하게 지내던 부부에게 300여 통의 사적인 편지를 썼다. 올포트는 이 편지를 분석에 사용하여, 36명의 사람들에게 이 편지를 바탕으로 제니의 성격특성을 찾아보도록 시켰다. 198개의 개별적 특성을 아우르는 8가지 특성 '집합'이 비교적 쉽게 식별되어, 그 편지를 평가하던 모든 사람들에게서 널리 동의를 얻었다. 그 특성 집합이란 다투기 좋아하고 의심이 많으며, 자기중심적이고, 독립적이고 자율적이며, 극단적이고 강렬하고, 미적이고 예술가적이며, 공격적이고, 냉소적이고 우울하며, 예민하다는 것이었다.

그러나 올포트는 제니의 특성 분석이 그다지 결정적이지 못하다고 판단하고, 프로이트나 아들러의 분석 등 여러 다른 프레임워크를 적용해보기 시작했다. 그는 제자인 제프리 페이지(Jeffrey Paige)와 알프레드 볼드윈(Alfred Baldwin)의 도움을 받아, 이 자료에 '내용 분석(content analysis)' 방식을 도입하기도 했다. 이것은 컴퓨터 프로그래밍을 통해 특정 주제나 정서와 관련된 단어나 어구의 등장 횟수를 계산해보는 새로운 형태의 컴퓨터 분석방식이었다. 올포트는 특히 이 새로운 방법에 깊은 감명을 받았는데, 개별기술적 데이터를 분석하는 이 방법의

성격이란 개념적인 구속복으로 옭아매기에는 너무나 복잡한 존재이다.
고든 올포트

잠재력 덕분에, 개별기술적 접근법이 특성질문지만으로는 결코 밝혀낼 수 없는 개인 특성의 중요한 세부사항을 찾아낼 것이라는 자신의 신념을 확인할 수 있었기 때문이다. 1966년에 올포트는 「특성에 대한 재고 Traits Revisited」라는 논문을 펴내면서, 성격연구의 목표는 개별적 특성의 미시분석이 아니라 한 사람의 전체적인 심리구조 분석이 되어야 한다고 주장했다. 그는 특성이 성격을 묘사하는 합리적인 출발점이라는 기존 신념에는 변함이 없지만, 특성에 대한 자신의 초기 저작들은 심리학적으로 무지했던 상태에서 작성된 것이라고 토로했다.

올포트의 영향

올포트의 연구는 직접적으로 그 공로를 인정받은 적은 거의 없지만, 많은 현대 심리학 사조에 기틀을 마련했다. 현대의 성격테스트는 대부분 레이먼드 커텔과 한스 아이젱크에서 유래했는데, 이 두 심리학자는 올포트의 어휘연구를 참조하고 있다. 또 오늘날 심리학자들이 여전히 사용하는 커텔의 '16PF(성격요인) 질문지'에서는 올포트와 오드버트의 최초 4천500개 형용사를 컴퓨터로 분석하여 커텔이 식별해낸 16가지 특성을 사용한다.

대부분의 상담 및 치료행위의 근간을 이루는 인본주의 심리학 역시 올포트의 이론에, 특히 그의 개별기술적 방법론과 각 개인의 고유성을 강조하는 입장에 크게 의존하고 있다. 성격을 발현시키고 발달시키는 수단으로서 점점 상담자-내담자의 관계를 중시하는 경향 역시 성격의 상당부분은 관계의 산물이라는 올포트의 주장에 기원을 두고 있다.

올포트는 또한 긍정적인 인간 경험을 탐색하려는 심리학적 이론조차 "주로 아프거나 불안해하는 사람들 또는 포획되어 살려고 발버둥치는 쥐들의 극단적인 행동"에 기

> 올포트는 심리학자들에게 기질연구는
> 철학의 영역으로 남겨두고,
> 성격특성을 연구하라고 촉구했다.
> 마틴 셀리그먼

초한다는 사실을 최초로 지적한 사람이기도 하다. 그는 왜 건강한 사람이나 가치 있는 삶을 살려고 노력하는 사람들의 연구에 기반을 둔 이론은 없는지 의아해했다. 또 대부분의 연구가 준법자보다는 범죄자에 대한, 용기보다는 두려움에 대한 연구이고, 인간의 비전보다는 맹목적인 행동에 초점을 맞춘다고 일갈했다. 마틴 셀리그먼(Martin Seligman)의 주도 하에 급성장 중인 긍정심리학파는 이러한 지적을 받아들여 긍정적인 행동에 대한 과학적인 심리학의 발전을 목표로 삼고 있다.

올포트는 『생성』을 저술한 1955년에 이르러서는 사상을 한층 더 발전시켜, 성격의 진정한 동기는 인간이 더 높은 수준의 의식과 깨달음을 향해 나아가는 것이라고 보았다. 이처럼 '되어감(becoming)'이 인간의 궁극적인 목표라는 그의 주장은 이를 '자기실현(self-actualization)'으로 바꿔 불렀던 칼 로저스와 에이브러햄 매슬로에게 계승되었다. 이와 같이 올포트의 연구는 비록 다른 유명한 학자들에 비해 자주 인용되지는 않지만, 심리학 전반에서 심오하고도 지속적인 영향력을 발휘하고 있다. ■

고든 올포트

고든 올포트는 1897년 미국 인디애나 주의 몬테수마에서 태어났다. 네 자녀 중 막내였던 올포트는 수줍음이 많고 학구적인 아이였지만, 십대 때 벌써 학교 신문 편집장이 되었고 자신의 인쇄사업을 운영했다.

올포트는 제1차 세계대전 동안 군복무를 한 후에, 하버드대학에서 장학금을 받고 철학과 경제학을 공부했다. 1919년에 졸업한 후에는 1년간 터키에서 학생들을 가르치다가 다시 하버드로 돌아와 1922년 심리학 박사학위를 취득했다. 그는 독일의 게슈탈트학파와도 함께 연구했고, 영국의 케임브리지대학에서 연구하기도 했다.

1924년에 올포트는 다시 하버드대학 교로 돌아와 미국 최초로 성격에 대해 강의했다. 뉴햄프셔의 다트머스대학에서 보낸 4년을 제외하고는, 1967년 70세에 폐암으로 사망할 때까지 하버드에 머물렀다.

주요 저서

1937년 『성격: 심리학적 해석 Personality: A Psychological Interpretation』
1954년 『편견의 본질 The Nature of Prejudice』
1955년 『생성 Becoming』
1961년 『성격의 패턴과 성장 Pattern and Growth in Personality』

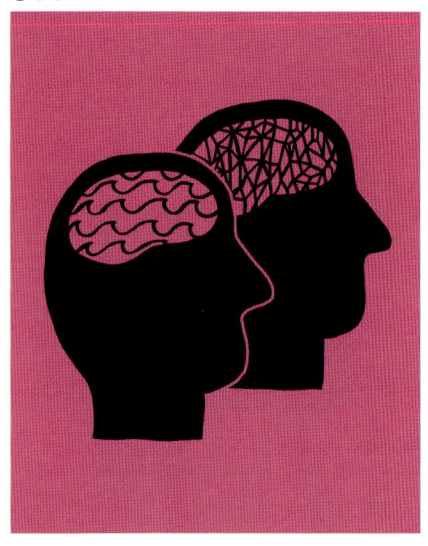

일반지능은 유동성지능과 결정성지능으로 구성된다

레이먼드 커텔(서기 1905~1998년)

맥락읽기

사상
지능이론(Intelligence theory)

이전의 관련 역사
서기 1900년대: 알프레드 비네가 지능은 측정 가능하다고 주장하며 '지능지수(IQ)'란 용어를 도입한다.

서기 1904년: 찰스 스피어먼이 지능의 기본 속성인 'g'를 식별해낸다.

서기 1931년: 에드워드 손다이크가 『지능의 측정』에서 지능에는 3~4가지의 주요 유형이 있다고 언급한다.

이후의 관련 역사
서기 1950년: J. P. 길퍼드가 지적 능력에는 약 150가지의 서로 다른 유형이 있다고 주장한다.

서기 1989년: 미국의 심리학자 존 B. 캐럴(John B. Carroll)이 일차적이며 개별적인 능력(narrow abilities), 범주적 능력(broad abilities), 찰스 스피어먼의 'g' 인자로 구성된 3층 지능측정모델을 제시한다.

20세기의 가장 저명한 심리학자 중 하나로 손꼽히는 레이먼드 커텔(Raymond Cattell)은 인간의 지능, 동기, 성격 연구에 지대하게 공헌했다. 그는 일반지능의 단일요인으로서 모든 학습의 기반이 되는 'g'를 발견한 영국의 심리학자 찰스 스피어먼의 제자였을 때부터 일찍감치 지능연구에 흥미를 느꼈다.

1941년에 커텔은 'g'를 구성하는 두 가지 유형의 지능, 즉 유동성지능과 결정성지능을 규정하여 이 개념을 발전시켰다. 유동성지능이란 어떠한 문제나 '내용'에도 적용될 수 있는 일련의 사고 및 추론 능력으로, 때로는 우리가 어떻게 해야 할지 모를 때 사용하는 지능으로도 설명된다. 이 지능은 문제해결이나 패턴인식 등의 과정에서 저절로 가동되며, 작업기억 용량과도 밀접한 관계가 있다고 추정된다.

커텔은 유동성지능이 유전적인 요인으로서 개인차를 설명할 수 있다고 주장한다. 이 지능은 초기 성인기에 정점에 달한 후에 점진적으로 감퇴되는데, 나이와 관련된 두뇌의 변화 때문일 가능성이 높다. 유동성지능은 뇌 손상으로 영향을 받는다는 점에서,

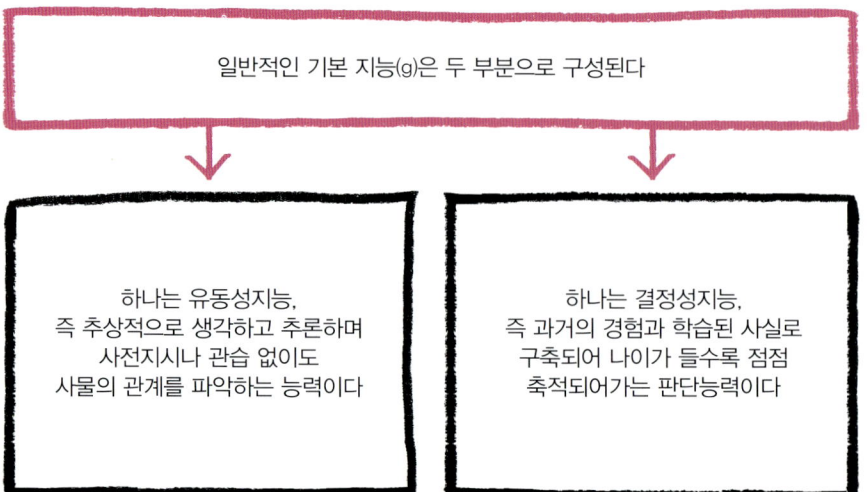

일반적인 기본 지능(g)은 두 부분으로 구성된다

하나는 유동성지능, 즉 추상적으로 생각하고 추론하며 사전지시나 관습 없이도 사물의 관계를 파악하는 능력이다.

하나는 결정성지능, 즉 과거의 경험과 학습된 사실로 구축되어 나이가 들수록 점점 축적되어가는 판단능력이다.

주로 생리적인 문제임을 짐작할 수 있다.

결정성지능

우리는 문제해결을 위해 유동성지능을 사용하는 과정에서, 주변 세계에 대한 다양한 지식을 쌓고 의미 있는 가설을 개발해가기 시작한다. 이렇게 축적된 지식이 바로 결정성지능으로서, 커텔은 이를 문화적 행동에 유동성지능을 투입함으로써 얻는 "일련의 판단능력"이라고 설명했다. 물론 이러한 학습경험에는 사회적 계층, 연령, 국적, 역사적 시대 같은 요인으로 인해 엄청난 다양성이 존재한다.

예를 들어 언어이해력과 수리능력은 문법이나 덧셈과 뺄셈, 기타 수학적 개념처럼 이미 보유한 지식에 기반을 두므로 결정성지능에 속한다. 이 형태의 지능은 평생에 걸쳐 증가하고 대략 65세에 이를 때까지 비교적 안정적으로 유지되다가 그 후부터 차츰 줄어든다.

커텔은 유동성 및 결정성지능이 서로 완전히 독립적이지만, 유동성지능이 높으면 성격이나 관심 관련 요인에 따라 결정지능이 더욱 빠르고 광범위하게 발달할 수도 있다고 본다.

그는 표준적인 IQ검사가 유동성지능과 결정성지능을 종합적으로 평가한다고 지적하면서, 유동성지능만 별도로 평가하는 테스트를 개발했다. 그가 만든 문화-공평성 지능검사(culture-fair intelligence test)는 모양과 패턴에 기초한 비언어적 객관식 문제로 구성되고 별도의 사전지식을 요하지 않아,

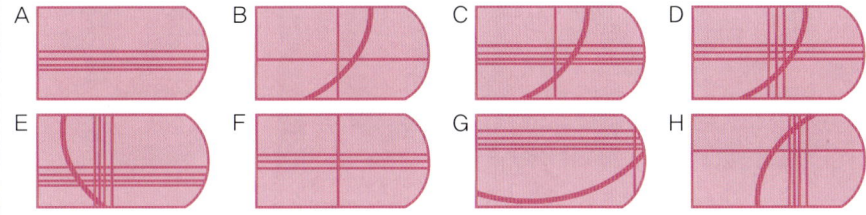

커텔은 1920년대에 문화-공평성 지능검사법을 개발했다. 이 검사는 추론능력 외에는 사전학습이나 지식을 요하지 않는 패턴 관련 문제를 통해 유동성지능을 측정한다.

모든 문화권의 어린이와 성인 검사에 사용할 수 있는 것이 특징이다. ■

레이먼드 커텔

영국의 스태퍼드셔에서 태어난 레이먼드 버나드 커텔(Raymond Bernard Cattell)은 1924년에 화학 전공으로 최우수 등급의 학위를 받고 심리학으로 전공을 바꾸어 1929년에 박사학위를 취득했다. 런던 및 엑서터의 대학들에서 강의하다가 5년 동안 레스터 아동지도클리닉(Leicester Child Guidance Clinic)을 운영한 후 1937년에 미국으로 이주했다. 클라크 및 하버드대학, 일리노이대학 등에서 교수직을 얻어 미국에서 1973년까지 머물며 학생들을 가르쳤다. 커텔은 세 번 결혼했고, 하와이대학의 교수가 되면서 호놀룰루로 옮겨가 마지막 여생을 보냈다. 1997년에 미국심리학회는 커텔에게 평생공로상을 수여했다. 그러나 국가에서 우생학을 통해 지능이 높은 유전자를 보호해야 한다는 그의 주장 때문에 이 상에 대한 논란이 불거지면서 비판자들의 공격이 쏟아졌다. 커텔은 스스로를 변호하면서 이 상을 받기를 거부하다가, 이듬해 심부전으로 사망했다.

주요 저서

1971년 『능력Abilities』
1987년 『지능Intelligence』

천재성과 정신이상 사이에는 연관성이 있다

한스 아이젱크(서기 1916~1997년)

맥락읽기

사상
성격(Personality)

이전의 관련 역사
서기 1926년 : 미국의 심리학자 캐서린 콕스가 천재 300명의 지능과 성격을 검사한 결과 평균 IQ는 165 이상이고, 핵심적인 특징은 막대한 끈기와 자발적인 동기부여인 것으로 밝혀졌다.

서기 1956년 : J. P. 길퍼드가 창의성에 대해 논의하기 위해 확산적 사고라는 개념을 발전시킨다.

이후의 관련 역사
서기 2009년 : 미국의 심리학자 딘 키스 사이먼턴(Dean Keith Simonton)이 『천재 101Genius 101: Creators, Leaders, and Prodigies』에서 천재는 좋은 유전자와 좋은 환경의 산물이라고 주장한다.

서기 2009년 : 스웨덴의 심리학자 앤더스 에릭슨(Anders Ericsson)이 전문가의 성과는 1만 시간의 훈련에서 비롯된다고 주장한다.

천재에 대한 논의는 처음 시작된 후부터 주로 '천재는 타고 나는가, 혹은 만들어지는가?'라는 본성 대 양육 논쟁이 지배적이었다. 1900년대 초반까지도 천재에 대한 인식이라면 레오나르도 다빈치나 베토벤 등 천재로 알려진 인물의 이야기가 주를 이루었다. 일찍이 아리스토텔레스 시절부터도 창조적인 천재성과 광기는 둘 다 유전적으로 타고난 본성으로 서로 연관성이 있다고 여겨졌다. 1904년에 영국의 심리학자 해블록 엘리스(Havelock Ellis)는 『영국의 천재에 관한 연구A Study of British Genius』에서 정신병 환자와 창조적인 사람들 사이의 연관성을 밝혀내기 위한 비교연구 결과를 보고했다. 70년 후에 독일의 심리학자 한스 아이젱크(Hans Eysenck)는 기존의 자료를 검토한 후에 천재는 '정신이상(완전한 정신착란)'이 아니라 (정신이상 증세로 발전하려는 기본성향으로 정의되는) '정신증적 경향성(Psychoticism)'과 관련이 있다고 주장했다.

기질과 생물학

많은 심리학자들이 성격특성을 정의하고 측정해왔으나 아이젱크의 관심은 하나의 인간을 이루는 세부적인 성격보다는 인

> 창의성의 거대한 잠재력과 심리적 일탈 사이에는 공통적인 유전적 기반이 존재한다.
> 한스 아이젱크

간 전체의 기질에 초점이 맞춰졌다. 그는 생물학자였기 때문에, 고대 그리스의 의사 히포크라테스와 갈렌 같은 앞선 연구자들과 마찬가지로 생리적인 요인이 기질을 설명해준다고 믿었다. 히포크라테스는 성격 유형이 흔히 체질이라고 불리는, 특정 유형의 체액의 과부족에서 비롯된다고 주장했다. 갈렌은 이 주장을 확장시켜, 인간의 기질에는 다혈질, 담즙질, 점액질, 우울질 등 4가지 유형이 있다고 주장했다. 그에 따르면, 다혈질인 사람들은 혈액이 과잉이라 유쾌하고 낙관적인 반면, 담즙질인 사람은 담

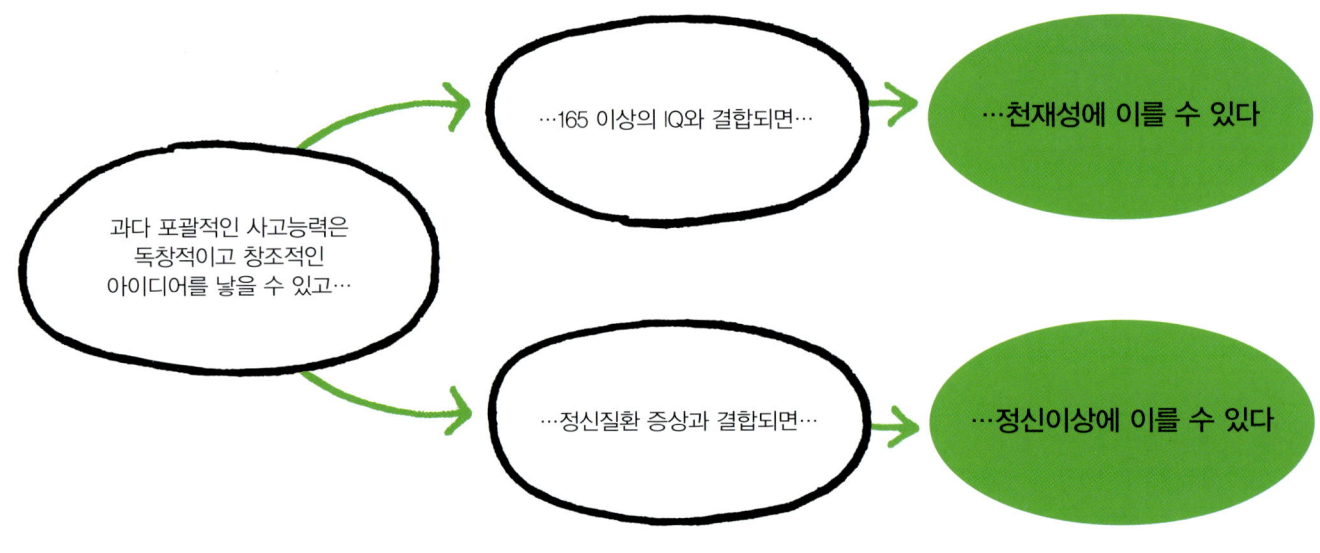

차이심리학 PSYCHOLOGY OF DIFFERENCE

즙이 많아 조급하고 욱하는 성질이 있다. 또 점액질인 사람은 점액이 너무 많아 느리고 게으르고 둔하며, 우울질인 사람은 우울함을 떨쳐버리지 못해 침울하고 비관적이며 활기가 없다. 갈렌의 생물학적 접근법에 매력을 느낀 아이젱크는 기질이 생리적이고 유전적으로 결정된다고 생각했다. 그는 온갖 세부적인 특성을 아우르는 두 가지 차원, 또는 포괄적인 초요인(superfactor)이라 할 수 있는 '신경증적 경향성(Neuroticism)'과 '외향성-내향성(Extraversion-Introversion)'을 측정한 후에 그 결과를 갈렌의 네 가지 기질에 연계시키는 방법을 제안했다.

아이젱크의 척도

'신경증적 경향성'이란 아이젱크가 정서적으로 안정되고 침착한 성격부터 신경질적이고 남에게 짜증을 잘 내는 성격까지 이르는 기질적 차원에 붙인 명칭이다. 그는 신경증이란, 뇌에서 "투쟁 혹은 도피" 반응을 활성화시키는 부위인 교감신경계를 자극하는 활성화역치(최저 한계)가 낮은 경우라고 주장한다. 이처럼 반응하기 쉬운 체계를 갖춘 사람은 지나치게 과민하기 때문에, 아주 작은 위협에 대해서도 혈압과 심장박동수가 올라가고 온몸에서 땀이 나는 등 마치 심각한 위험에 빠진 듯이 반응하게 된다. 이들은 또한 다양한 신경장애를 겪을 가능성도 높다. 그러나 아이젱크가 말한 신경증적 경향성 차원에서 매우 신경증적인 수준에 속한 사람이라고 해서 반드시 실제로 신경증에 걸린다는 의미는 아니다. 다만 다양한 신경증이 도질 가능성이 높다는 것뿐이다. 아이젱크가 제시하는 두 번째 기질적 차원은 '외향성-내향성'이다. 이 용어는 우리가 일반적으로 주변사람들에게 사용하는 의미와 매우 비슷하다. 즉, 성격이 외

아이젱크의 성격모델은 기질을 정의하기 위한 전반적인 패러다임을 제시한다. 두 가지 기질적 차원, 즉 '외향성'과 '신경증적 경향성'은 각각 '생기발랄한' 같은 하위성향으로 구성된다. 또 이런 하위성향들을 갈렌의 네 가지 기질을 반영하는 네 가지 유형에 따라 분류하게 된다.

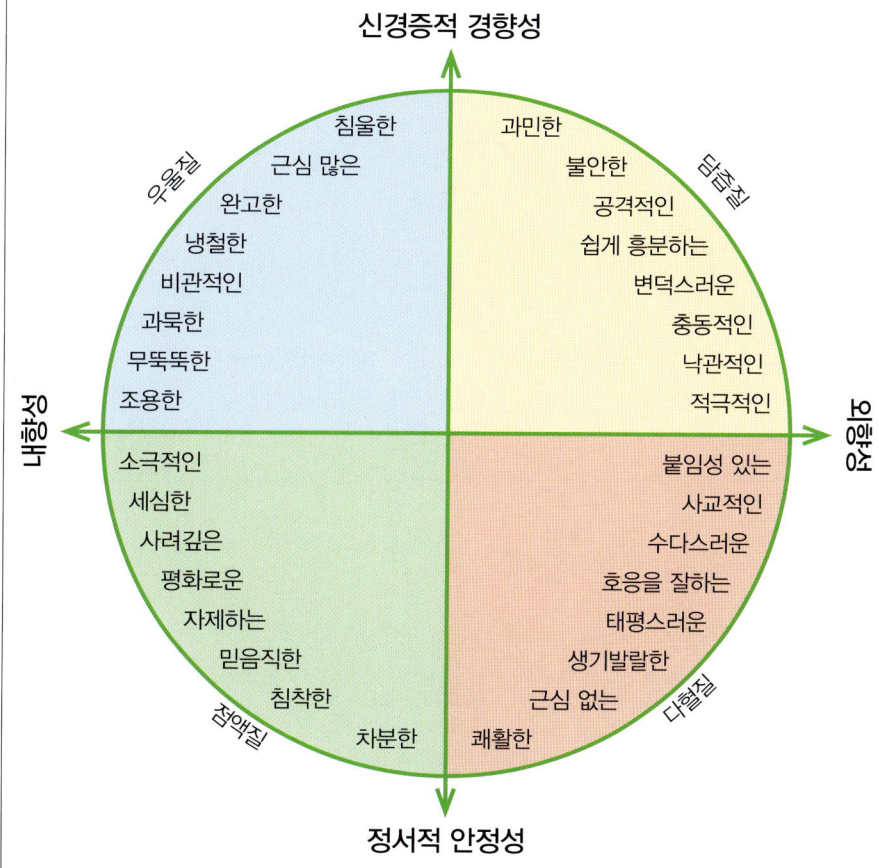

향성인 사람은 사교적이고 수다스러운 반면, 내향성인 사람은 숫기가 없고 조용하다. 아이젱크는 이러한 차이가 뇌 활동의 차이에서 비롯된다고 주장한다. 즉 내향적인 사람은 만성적으로 과다흥분되고 초조한 상태인 반면, 외향적인 사람은 만성적으로 과소흥분되고 지루한 상태이다. 그래서 뇌는 다른 사람들과 더 많은 재미거리를 찾아서 스스로 활기를 불어넣으려 하거나(외향성) 평화와 고독을 추구하여 스스로를 안정시키려고 한다(내향성)는 것이다.

정신증적 경향성

아이젱크는 대규모 집단을 대상으로 자신의 이론을 검증하였으나, 일부 빠트린 사회집단들이 있다는 사실을 깨닫고, 정신질환자 보호시설로 연구를 확장했다. 그는 이 연구를 통해 세 번째 기질적 차원을 발견하고 여기에 '정신증(심각한 성격의 분열을 가져오는 정신질환의 형태를 띠는 것)적 경향성'이

> 내향적인 사람은 외향적인 사람보다 활동수준이 높아 만성적인 피질 흥분상태를 보이는 특징이 있다.
> 한스 아이젱크

란 명칭을 붙였는데, 이 용어는 보통 '정신이상(insanity)'이란 단어와 혼용되어 사용될 때가 많다. 성격이론에서 이것은 대단한 파격이었는데, 성격이론가들은 대부분 보통의(정상적인) 성격을 정의하고 측정하는 데 주력했기 때문이었다. 하지만 아이젱크는 신경증적 경향성 차원과 마찬가지로 정신증적 경향성 역시 하나의 척도에 따라 넓은 범위에 걸쳐 있고, 그의 연구는 정신병 환자들 사이에서 공통적으로 나타나는 성격 특성을 찾아내는 것이라고 설명했다.

아이젱크는 수많은 성격특성이 서로 연관되어 정신증적 경향성이 나타난다는 사실을 발견했다. 이 척도에서 높은 점수를 얻은 사람은 보통 공격적이고, 자기중심적이며, 냉정하고, 충동적이고, 비사교적이며, 공감능력이 부족하고, 창조적이며, 의지가 강한 성격이었다. 물론 이 척도에서 높은 점수가 나왔다고 해서 정신병환자거나 언젠가 꼭 그렇게 될 것이라는 의미는 아니다. 단지 정신병환자와 유사한 특성을 보유하고 있다는 의미일 뿐이다. 노르웨이의 심리학자 댄 올베우스(Dan Olweus)와 그의 동료들이 1980년에 수행한 비교연구에 따르면, 정신증적 경향성의 공격적 요소는 생물학적으로 테스토스테론 수준의 증가와 관계 있는 것으로 밝혀졌다.

천재성연구

창의성에 대해서 심리학적으로 명확히 정의하기는 쉽지 않지만, 그것이 독창성 및 참신성과 관련이 있고 지적 능력과 성격의 양측면에 기초한다는 사실에 대해서는 폭넓은 공감대가 형성되어 있다. 아이젱크는 「창의성과 성격: 이론에 대한 제안 Creativity and Personality: Suggestions for a Theory」이란 논문에서 창의성의 본질, 그리고 지능, 성격, 천재성과의 관계를 조명하는 데 목표를 둔다.

아이젱크에 따르면, 천재는 창의성이 최고조에 달한 상태로 지능이 매우 높다. IQ가 적어도 165는 넘어야 천재가 될 수 있지만, 높은 IQ만으로는 충분하지 않다. 추가적으로 요구되는 또 다른 지능요소는 우리가 문제해결책을 찾기 위해 기억 속에서 여러 다른 개념들을 결합시켜 새로운 답을 만들어낼 때 사용하는 정신탐색과정이다. 정신을 탐색할 때는 관련된 개념들을 추적해 가며 "내가 가진 과거 경험이나 개념 중에서 이 문제와 관련된 것은 무엇인가?"를 찾아가게 된다. 이 과정은 사람들마다 각기 다르게 수행되고, IQ와도 무관하다. 이 정신탐색능력의 척도는 '관련된 것'을 과다포괄적이고 광범위하게 보는 개념(너무 많은 것들을 잠재적으로 가능하다고 보는 경우)부터 지나치게 협소하게 보는 개념(거의 아무런 가능성을 발견하지 못하는 경우)까지로 이루어진다. 만약 이 척도의 중간지점에 위치한다면, 당면한 모든 문제에 적용하기에 한층 편리한 개념을 가지고 있는 셈이다.

이 척도는 단어연상 테스트를 통해 두 가지 측면, 즉 제시된 단어에 대한 대답의 가짓수와 그 대답의 독창성을 분석함으로

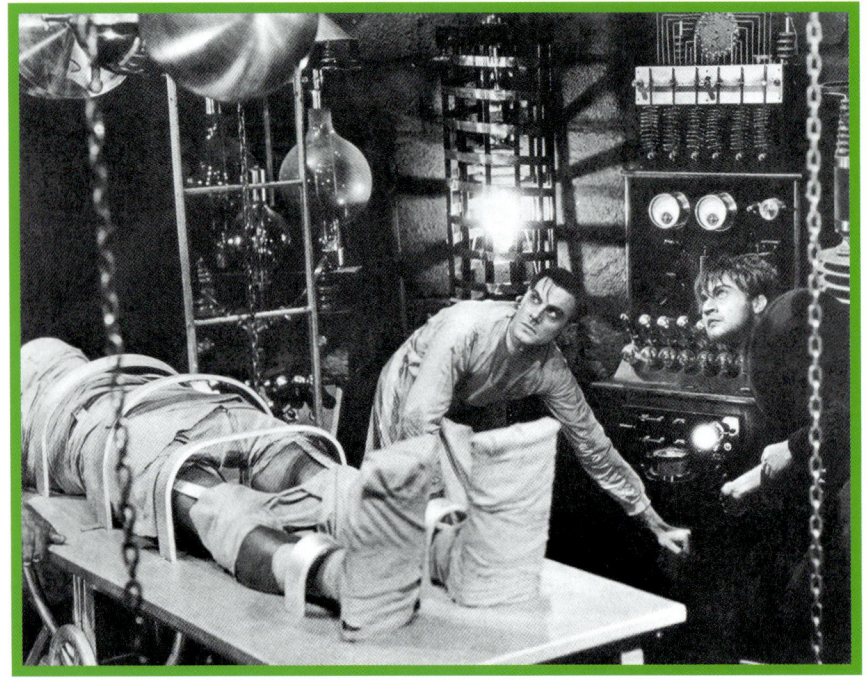

프랑켄슈타인 박사는 메리 셸리(Mary Shelley)의 소설에서 괴물을 창조하면서 무모함, 관습의 무시, 강인한 의지 등 전형적인 정신이상 증상을 나타낸다.

차이심리학 PSYCHOLOGY OF DIFFERENCE

화가 빈센트 반 고흐(Vincent van Gogh)와 같이 창조적인 천재들은 아이젱크의 정신증적 경향성 차원에 해당하는 특성들, 특히 과다포괄적인 사고, 독립성, 비타협성 등을 드러낸다.

써 측정할 수 있다. 예를 들어, '발'이란 단어가 주어졌을 때 대답범위가 좁은 사람은 '구두'란 단어로 대답할 가능성이 높고, 조금 더 넓은 사람은 '손'이나 '발가락' 같은 단어를 포함시킬 수 있겠지만, 과다포괄적인 사람은 '군인'이나 '종기' 같은 단어로 대답할 것이다. 이런 종류의 테스트를 이용하면 사람들의 창의성도 측정할 수 있다.

아이젱크는 이 '과다포괄적인 사고'라는 요소가 정신증적 경향성과 창의성의 공통적 특징임을 밝혀냈다. 만약 과다포괄적인 사고와 높은 IQ가 만나면, 창의적이고 독창적인 아이디어를 발생시켜 창조적인 천재성이 나타날 것이다. 바로 이것이 창의성의 기저에 깔린 인지적 특성이다. 반면, 과다포괄적인 사고와 정신질환 증상이 만나면, 다양한 수준의 정신증이 나타날 것이다.

창의성과 성격

아이젱크는 창조적인 업적의 잠재력을 제공하는 성격특성은 창의성이지만, 그 잠재력을 실현시키는 특성은 (정신증이 빠진) 정신증적 경향성 차원에 존재한다고 믿었다. 예를 들어 예술작품을 만들 때 창의성이란 특성을 실제 작품으로 승화시키는 원동력은 정신증적 기질, 특히 과다포괄적인 사고방식에서 나온다. 그러나 아이젱크는 천재성과 광기 사이의 필연적 인과성을 주장하지는 않았다. 다만, 이 두 가지에는 과다포괄적인 사고라는 공통요소가 있어, 천재나 정신병자의 또 다른 특성과 결합될 때 전혀 다른 결과가 도출된다고 설명했다.

창의성에 대한 연구는 수많은 난관에 부딪히게 마련이다. 어떤 연구자들은 아예 창의성이란 창출된 결과물에 따라서만 판단할 수 있다고 주장한다. 이에 아이젱크는 창의성에 대해 충분히 발전된 이론은 제시할 수 없고, 단지 주장만 제기할 뿐이라고 믿었다. 그래서 "나는 몇 개의 애매한 이론들을 연결시키고 있다"고 말하기도 했다. 그는 성격과 지능 연구로 가장 잘 알려져 있지만, 실제 그의 연구는 다양한 영역에 걸쳐 있었다. 특히 그의 PEN(정신증적 경향성, 외향성, 신경증적 경향성) 모델은 대단한 영향력을 발휘했고, 이후 대부분의 성격특성연구의 기초가 되었다. ■

정신증이 빠진 정신증적 경향성은 창조성(독창성)이란 특성을 잠재된 상태에서 실제의 업적으로 전환시키는 대단히 중요한 요소이다.

한스 아이젱크

한스 아이젱크

한스 아이젱크는 독일 베를린의 예술가 부모 사이에서 태어났다. 어머니는 유명한 영화배우였고, 가톨릭교도였던 아버지 에두아르트(Eduard)는 무대 공연자였다. 아이젱크의 부모는 그가 태어나자마자 갈라섰기 때문에, 그는 외할머니의 손에 키워졌다. 1934년에 아이젱크는 나치당에 입당해야 베를린대학에서 공부할 수밖에 없음을 깨닫고, 유니버시티칼리지런던(University College London)에서 심리학을 공부하기 위해 영국으로 옮겨갔다.

아이젱크는 1938년에 결혼하여 간신히 제2차 세계대전 중에 독일 시민으로 붙잡혀갈 위기를 모면했고, 박사과정을 마친 후에 응급병원에서 심리학자로 일했다. 그 후에는 런던대학에 정신의학연구소(Institute of Psychiatry)를 설립하고 소장이 되었다. 아이젱크는 1950년에 재혼하여 1955년에 영국 시민이 되었다. 1996년에는 뇌종양 진단을 받아, 1997년에 런던의 한 병원에서 사망했다.

주요 저서

1967년 『성격의 생물학적 기초 The Biological Basis of Personality』
1976년 『성격 차원으로서의 정신증적 경향성 Psychoticism as a Dimension of Personality』
1983년 『창의성의 근원 The Roots of Creativity』

세 가지 핵심동기가 성과를 촉진한다

데이비드 C. 맥크릴랜드(서기 1917~1998년)

맥락읽기

사상
욕구이론(Need theory)

이전의 관련 역사
서기 1938년 : 미국 심리학자 헨리 머리가 성격이 심인성 욕구에 의해 형성되는 과정에 대한 이론을 만든다.

서기 1943년 : 에이브러햄 매슬로가 『동기부여론』에서 욕구단계 이론을 제시한다.

서기 1959년 : 미국 심리학자 프레더릭 허즈버그(Frederick Herzberg)가 『허즈버그의 직무동기이론 The Motivation to Work』에서 금전보다 성취욕이 사람들에게 동기를 부여한다고 주장한다.

이후의 관련 역사
서기 1990년 : 미하이 칙센트미하이가 『몰입 : 미치도록 행복한 나를 만난다』에서 성취욕에 대해 논의한다.

서기 2002년 : 마틴 셀리그먼이 동기는 성격상 강점의 표현이라고 분석한다.

서기 2004년 : 미국 심리학자 대니얼 골먼(Daniel Goleman)이 『결과를 이끌어내는 리더십 Leadership That Gets Results』에서 기업 내 리더십에 맥크릴랜드의 이론을 접목시킨다.

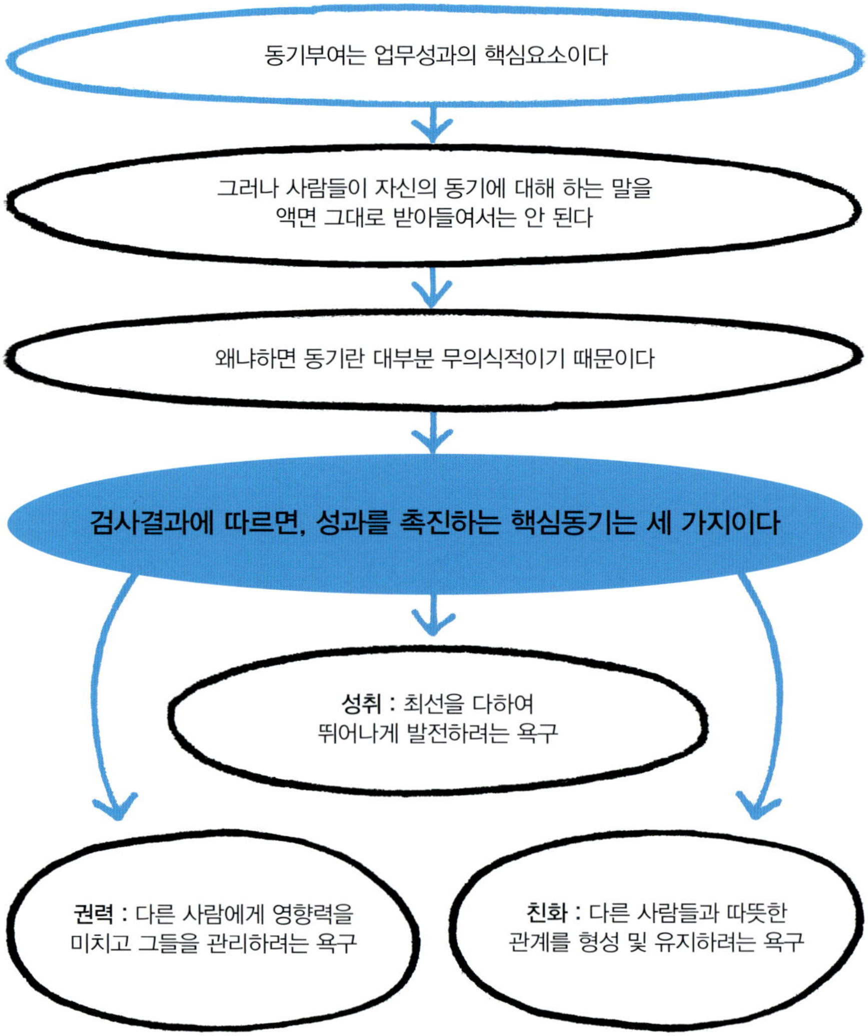

동기부여는 업무성과의 핵심요소이다

↓

그러나 사람들이 자신의 동기에 대해 하는 말을 액면 그대로 받아들여서는 안 된다

↓

왜냐하면 동기란 대부분 무의식적이기 때문이다

↓

검사결과에 따르면, 성과를 촉진하는 핵심동기는 세 가지이다

- **성취** : 최선을 다하여 뛰어나게 발전하려는 욕구
- **권력** : 다른 사람에게 영향력을 미치고 그들을 관리하려는 욕구
- **친화** : 다른 사람들과 따뜻한 관계를 형성 및 유지하려는 욕구

차이심리학 PSYCHOLOGY OF DIFFERENCE

참조: ■ 에이브러햄 매슬로 138~139쪽 ■ 미하이 칙센트미하이 198~199쪽 ■ 마틴 셀리그먼 200~201쪽

1960~1970년대에 직원의 채용결정은 주로 학업성취도와 성격 및 IQ 테스트 결과를 근거로 이루어졌다. 그러나 데이비드 C. 맥크릴랜드(David C. McClelland)는 직장생활의 성공 여부를 가장 잘 예측하는 요인은 직원의 동기라고 주장했다. 그리고 광범위한 연구를 통해, 업무성과를 결정짓는 세 가지 핵심동기, 즉 권력욕, 성취욕, 친화욕을 찾아냈다. 그는 모든 사람이 이 세 가지 동기를 가지고 있지만, 그 중 한 가지가 특히 우세하여 직장 내에서 그의 성과를 결정한다고 설명했다.

세 가지 핵심욕구

맥크릴랜드는 권력욕구, 즉 타인을 통제하려는 욕구가 훌륭한 관리자나 지도자가 되는 데 가장 중요한 동기라고 보았다. 그러나 이것은 그 권력욕구가 기업이나 조직을 대표할 때에만 성립할 뿐이고, 사적인 권력욕이 강한 사람이라면 훌륭한 팀 플레이어가 될 수 없다고 했다.

또 맥크릴랜드는 고품질의 업무성과가 성취욕구에서 비롯된다고 생각했기 때문에, 직원의 지능보다 성취욕구가 직장생활의 성공을 훨씬 더 정확하게 예측할 수 있다고 생각했다. 성취욕구는 사람들에게 경쟁우위를 제공하여 새로운 목표를 추구하고 개선해가는 데에도 도움이 되었다.

마지막으로 맥크릴랜드는 타인과 좋은 관계를 맺으려는 친화욕구 덕분에 사람들이 팀 내에서 원만하게 일할 수 있다고 주장했다. 또 친화욕구가 두드러진 사람은 관리자로 성공할 가능성이 낮다고 언급했다.

맥크릴랜드는 동기가 무의식에 깊이 뿌리내린 성격특성에서 비롯된다고 지적했다. 우리는 자신의 동기에 대해 충분히 알지 못하기 때문에 우리가 채용면접이나 자기평가 질문지 등에서 하는 말을 액면 그대로 받아들여서는 안 된다고 역설했다. 그는 심리학자인 헨리 머리(Henry Murray)와 크리스티아나 모건(Christiana Morgan)이 1930년대에 무의식적 측면을 보여주는 방법으로 개발한 주제통각검사(Thematic Apperception Test, TAT)의 활용을 지지했다. 기업에서는 거의 사용되지 않는 이 검사는 검사대상자에게 그림을 여러 장 보여준 다음, 그림을 기초로 이야기를 만들어보라고 시킨다. 여기에는 그 이야기에 검사대상자의 내재적인 능력과 동기가 투영될 것이라는 전제가 깔려 있다. 나아가 맥크릴랜드는 이 검사를 치른 다양한 사람들이 각 업무별 역할에 얼마나 적합한지를 비교할 수 있도록 혁신적인 TAT반응 분석법을 개발했다.

맥크릴랜드의 연구는 기업의 채용을 혁신적으로 변화시켰고, 비록 구직자를 철저하게 평가하는 그의 방법은 어느 정도 인기가 식었지만, 그 기본 원리만큼은 여전히 유효하다. 이제는 동기가 직장 내 성과의 결정적 요인으로 인식되고 있는 것이다. ■

맥크릴랜드는 구직자평가 방법으로 TAT를 권장했다. 여러 사진을 보고 이야기를 구성해보면 그 사람의 진정한 동기가 드러나리라 믿었던 것이다.

데이비드 C. 맥크릴랜드

데이비드 C. 맥크릴랜드는 뉴욕 마운트 버논에서 태어났다. 코네티컷의 웨슬리언대학을 졸업하고 미주리대학에서 석사학위를 받은 후, 예일대학으로 옮겨 1941년에 실험심리학으로 박사과정을 마쳤다. 얼마 동안 여러 대학에서 강의하다가, 1956년에 하버드대학의 교수로 임용되었다. 그 후 여기에서 30년 동안 머물며 사회관계학과(Department of Social Relations)의 학과장을 지냈다.

1963년에 맥크릴랜드는 경영관리 자문회사를 설립하고 자신의 이론을 적용하여, 기업 경영진의 직원평가 및 훈련과정을 지원했다. 1987년에는 보스턴대학으로 옮겨 80세에 사망할 때까지 심리학과 특별연구교수로 재임했다.

주요 저서

1953년 『성취동기 The Achievement Motive』
1961년 『성취하는 사회 The Achieving Society』
1973년 『지능이 아닌 역량을 테스트하라 Testing for Competence Rather Than for Intelligence』
1987년 『인간의 동기부여 Human Motivation』
1998년 『행동사건 면접을 통한 역량 파악 Identifying Competencies with Behavioral-Event Interviews』

정서는 본질적으로 무의식적인 과정이다

니코 프리다(서기 1927년~)

맥락읽기

사상
정서심리학

이전의 관련 역사
서기 1872년: 생물학자 찰스 다윈이 인간의 정서에 대한 최초의 과학적 연구서인 『인간과 동물의 감정표현에 대하여』를 출간한다.

서기 1800년대 후반: 윌리엄 제임스와 덴마크 생리학자 카를 랑게(Carl Lange)가 정서는 신체적 변화의 원인이 아니라 결과라는 제임스-랑게 정서이론을 발표한다.

서기 1929년: 생리학자인 월터 캐넌(Walter Cannon)과 필립 바드(Philip Bard)가 바드-캐넌 이론에서 인간은 생리적 자극과 정서를 동시에 느낀다고 주장한다.

이후의 관련 역사
서기 1991년: 심리학자인 리처드 라자루스(Richard Lazarus)가 『정서와 적응 Emotion and Adaptation』에서 생각이 모든 정서나 생리적 자극보다 선행된다고 주장한다.

정서(emotion)와 감정(feeling)은 사람마다 고유하다. 이것은 순전히 주관적인 문제로 치부되면서 신비주의에 둘러싸여 있었기 때문에 정서심리학의 발전이 그토록 더딜 수밖에 없었다. 그러나 지난 30년 동안 정서의 '위치'에 대한 과학적 발견으로 관심이 되살아나면서, 이러한 상황은 급변해왔다. 진화심리학자들은 또한 "정서의 목적은 무엇인가?", "정서는 우리가 살아가고 성공하는 데 어떻게 도움이 되는가?" 등의 질문을 제기해왔다. 니코 프리다(Nico Frijda)의 획기적인 저서 『정서의 법칙』은 정서의

정서는 본질적으로 무의식적인 과정이다

- 정서는 우리가 행동을 취하기 위한 힘을 동기부여한다
- 정서는 우리의 통제를 벗어나, 저절로 일어나는 생물학적 과정이다
- 정서는 웃음과 같은 자연적인 신체적 표현을 통해 다른 사람에게 전달될 수 있다

- 감정은 우리가 경험하는 정서를 해석하는 방식이다
- 우리는 감정을 의식적으로 알고 있고, 감정을 바탕으로 결정을 내릴 수 있다
- 감정은 통제할 수 있기 때문에, 다른 사람들은 우리의 행동을 통해 우리의 감정을 짐작할 수 없다

차이심리학 PSYCHOLOGY OF DIFFERENCE 325

참조 : ■ 윌리엄 제임스 38~45쪽 ■ 앨버트 엘리스 142~145쪽 ■ 고든 H. 바우어 194~195쪽 ■ 샬럿 뷜러 336쪽 ■ 르네 디아트킨 338쪽 ■ 스탠리 샤흐터 338쪽

실체와 법칙을 탐구한다. 그는 정서가 생물학과 인지과정이 교차하는 지점에 놓여 있다고 본다. 공포 같은 기본 정서들은 생물학적으로 타고나며, 인간과 다른 동물이 공유하는 정서이다. 하지만 다른 정서들은 생각에 반응하여 유발되므로, 명백히 인지기반적이다. 분개심이나 수치심 같은 정서는 심지어 문화에 따라 형성되기도 한다.

프리다는 정서와 감정을 분명히 구분한다. 정서는 우리의 통제범위를 벗어나 저절로 생겨나는 것으로, 공포를 느낄 때 온몸이 굳어버리는 식으로 신체적 감각을 통해 그 존재감을 드러낸다. 그래서 프리다는 "정서는 본질적으로 무의식적인 과정"이라고 말한다. 한편, 감정은 우리가 경험하는 모든 정서에 대한 우리의 해석으로서, 의식적인 요소가 더욱 많다. 무엇에 대해 감정을 느낄 때 우리는 그것에 대해 생각하고 결정을 내릴 수 있다. 갑자기 어떠한 정서에 휩싸이듯이, 감정에 휩싸이게 될 일은 없는 것이다.

행동과 사고

프리다는 정서와 감정이 표현되는 방법도 다르다고 지적한다. 정서는 우리에게 어떤 행동을 준비시킨다. 공포를 유발하는 상황에서, 정서는 우리 몸이 달아나거나 멈춰 서거나 싸우기 위한 힘을 부여한다. 다른 사람들은 우리의 행동을 보면 우리의 정서를 파악하거나 최소한 예상할 수 있다. 그러나 감정은 우리가 숨기는 방식으로 행동할 수 있기 때문에 겉으로 드러나는 행동과 일치하지 않을 수도 있다.

프리다는 기본 정서를 이용해 자기인식을 확대할 수 있다고 본다. 기본 정서는 생물학적 흥분을 동반하기 때문에 우리는 금방 그것을 알아차리고 자신의 감정을 더 잘 이해할 수 있다. 그러므로 이를 기회로 삼아 우리 스스로의 선택을 돌아볼 수 있고, 게다가 정서는 정직하게 반영되므로 자기인식을 심화할 수 있다는 것이다. 그러나 프리다는 기본 정서를 분노, 기쁨, 창피, 슬픔, 공포 정도로 한정한다. 질투와 죄의식 같은 다른 정서는 동일한 생물학적 충동에 따르지 않기 때문이다. 또 프리다는 정서가 작동하는 매우 상세한 법칙들을 정의하고 설명함으로써, 정서가 예측 가능한 방식으

프리다는 공포 같은 정서가 항상 '무언가에 대한' 것이라고 말한다. 정서는 변화하는 상황에서 저절로 나오는 반응으로, 우리가 환경과 맺고 있는 관계에 대해 많은 점들을 시사한다.

로 나타나고 강해지다가 수그러든다는 사실을 보여준다. 또 이성은 이러한 정서를 일종의 지표로 해석하여, 우리의 정신적 안정을 보장한다고 한다. 결국 "우리의 정서적 자아와 이성적 자아는 엄격히 구분될 수 없다. 오히려 양자는 보기보다 훨씬 공고히 연계되어 있다"고 프리다는 말한다. ■

니코 프리다

니코 헨리 프리다(Nico Henri Frijda)는 암스테르담의 유대인 가정에서 태어나, 제2차 세계대전 동안 유대인 학살을 피해 숨어 살며 어린 시절을 보냈다. 그는 암스테르담시립대학에서 심리학을 공부하고 1956년에 「얼굴표정에 대한 이해Understanding Facial Expressions」란 논문으로 박사학위를 받았다. 그는 자신이 학생 때 "매우 표정이 풍부한 소녀"를 사랑했기 때문에 정서에 관심을 갖게 되었다고 말한다.

1952~1955년까지 프리다는 네덜란드군 신경증센터(Dutch Army Neurosis Centre)에서 임상심리학자로 근무하다가 다시 연구와 교수직으로 복귀했다. 이후 10년 동안 그는 암스테르담대학에서 부교수를 지내다가 실험 및 이론 심리학과 교수가 되었다.

프리다는 파리, 이탈리아, 독일, 스페인 등 유럽 전역의 대학에서 방문교수를 지냈다. 지금은 재혼하여 아내와 함께 암스테르담에 살고 있다.

주요 저서

1986년 『정서The Emotions』
2006년 『정서의 법칙The Laws of Emotion』
2011년 『정서 조절과 자유의지Emotion Regulation and Free Will』

환경단서가 없다면 행동은 터무니없이 혼란스러울 것이다

월터 미셸(서기 1930년~)

맥락읽기

사상
성격이론

이전의 관련 역사
기원전 400년경 : 고대 그리스 의사인 히포크라테스가 신체의 네 가지 기질에 따라 성격이 달라진다고 주장한다.

서기 1946년 : 레이먼드 커텔이 16가지 성격요인 분석법을 개발하기 시작한다.

서기 1961년 : 미국 심리학자 어니스트 튜프스와 레이먼드 크리스탈이 최초로 5대 성격요인 모델을 제시한다.

이후의 관련 역사
서기 1975년 : 한스 아이젱크가 성격검사(Personality Questionnaire)를 통해 두 가지 생물학적 기반의 독립적인 기질적 차원을 찾아낸다.

서기 1980년 : 미국 심리학자 로버트 호건(Robert Hogan), 조이스 호건(Joyce Hogan), 로드니 워렌펠츠(Rodney Warrenfeltz)가 5대 성격요인 모델에 기초한 포괄적인 성격테스트를 개발한다.

1960년대 후반까지 성격은 유전적으로 물려받은 일련의 개인적 행동특성이라고 정의되는 경우가 가장 많았다. 심리학자들은 성격이 인간행동을 이해하고 신뢰 가능한 수준으로 예측하는 데 필수적이라고 생각했기 때문에 성격 정의 및 측정연구에 착수했다. 레이먼드 커텔은 16가지 성격특성을 구분했고, 한스 아이젱크는 성격이 3~4가지에 불과하다고 주장했다. 1961년에 어니스트 튜프스와 레이먼드 크리스탈은 주요한 5대 성격특성(이른바 '빅 5')이 있다고 주장했다. 바로 개방성, 성실성, 외향성, 친화성, 그리고 신경성 또는 정서적 안정성이었다. 그 후 1968년에는 월터 미셸(Walter Mischel)이 『성격과 평가』에서 기존의 성격검사는 거의 무의미하

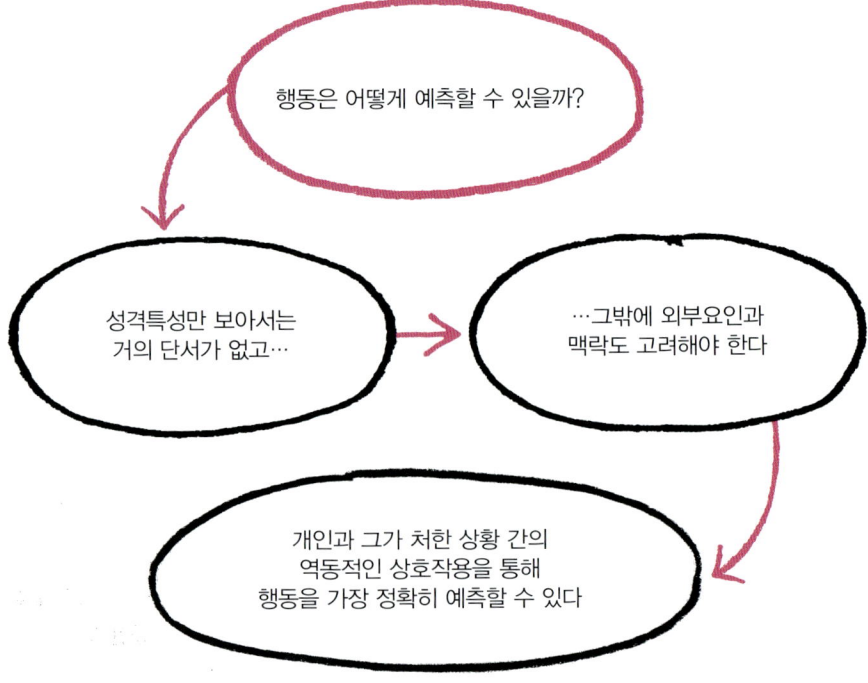

차이심리학 PSYCHOLOGY OF DIFFERENCE 327

참조: ■ 갈렌 18~19쪽 ■ 고든 올포트 306~307쪽 ■ 레이먼드 커텔 314~315쪽 ■ 한스 아이젱크 316~321쪽

다고 선언함으로써 성격이론학계에 충격을 주었다. 그는 성격테스트 결과를 기초로 행동을 예측하려던 수많은 연구를 검토한 결과, 오직 9퍼센트만이 당시에 정확하게 예측했음을 밝혀냈다.

외부 변수

미셸은 개인과 그가 처한 환경 간의 역동적인 상호작용을 살펴봐야 한다고 믿고, 행동을 결정할 때 상황 등의 외부 변수가 담당하는 역할에 관심을 기울였다. 만약 사람들의 행동이 외부 변수와 무관하다면 얼마나 우스꽝스러워 보일지를 한번 상상해보라. 미셸은 한 사람의 행동을 다양한 상황에서 수차례에 걸쳐 관찰하고 분석해보면, 기존의 성격특성과는 전혀 다른 성격의 독특한 특징을 보여주는 행동패턴의 단서를 얻게 될 것이라고 주장했다. 물론 상황에 대한 개인적 해석 역시 고려되어야 했다.

그 후 미셸은 다양한 상황에서 오랜 시간에 걸쳐 지속되는 사고습관을 탐색했다. 의지력을 연구하기 위한 그 유명한 마시멜로 실험에서는 4세 아이들에게 마시멜로를 하나씩 주면서 그것을 당장 먹어도 되지만, 20분만 먹지 않고 참으면 하나를 더 주

> "성격검사가 그 당사자에 대해 정말 말하고 있는 것은 무엇인가?
> 월터 미셸"

미셸이 어린아이들의 행동연구로 입증했듯이, 눈앞의 만족에 굴복하기보다는 유혹을 이겨내는 쪽이 종종 인생에서 더 큰 성과를 거두는 능력을 보여준다.

겠다고 약속한다. 일부 아이들은 기다릴 수 있었지만, 나머지는 그러지 못했다. 미셸은 이 아이들이 청소년기에 진입하는 과정을 추적관찰한 결과, 실험 당시 유혹을 이겨냈던 아이들이 심리적으로도 더 잘 적응하고 더 믿음직하다고 보고했다. 그 아이들이 학교생활도 더 잘했고, 사회에서도 더 유능했으며, 자긍심도 더 강했다. 결국 만족을 지연시킬 수 있는 능력이 기존에 측정되던 어느 성격특성보다 그들의 앞날을 더욱 정확히 예견하는 듯했다.

미셸의 연구는 성격연구에서 큰 변화를 초래했다. 성격이 행동을 어떻게 예측하는가에서 행동이 성격을 어떻게 반영하는가로 연구의 초점이 바뀐 것이다. 또 그의 연구는 구직자를 평가할 때 성격 프로파일을 활용하는 방식도 바꾸었다. 성격테스트는 한때 직원 채용의 정확한 근거자료로 중시되었으나 이제는 해당 업무를 해가는 과정에서 발생할 가능성이 높은 상황과 관련시켜 해석해야 할 일종의 지침 정도로 간주되고 있다. ■

월터 미셸

월터 미셸은 오스트리아에서 태어났으나 1938년에 가족과 함께 미국으로 이주했다. 그는 뉴욕 브루클린에서 성장했고, 1956년에 오하이오주립대학에서 임상심리학으로 박사학위를 받았다. 그 후 콜로라도, 하버드, 스탠포드대학 등에서 강의하다가 1983년에 뉴욕의 컬럼비아대학으로 옮겨 로버트 존스턴 나이번 인문학 교수(Robert Johnston Niven Professor of Humane Letters)로 재직 중이다.

월터 미셸은 미국심리학회에서 수여하는 뛰어난 과학자상(Distinguished Scientist Award)과 탁월한 학문적 공로상(Distinguished Scientific Contribution Award), 그리고 명망 있는 2011년 심리학 분야 그라베마이어 상(Grawemeyer Award) 등을 포함해 수많은 상을 받았다. 그는 또한 다작의 재능 있는 미술가이기도 하다.

주요 저서

1968년 『성격과 평가Personality and Assessment』
1973년 『개인정보가 상황정보보다 더 중요한가?Is Information About Individuals More Important Than Information About Situations?』
2003년 『성격심리학: 통합을 향하여 Introduction to Personality』

328

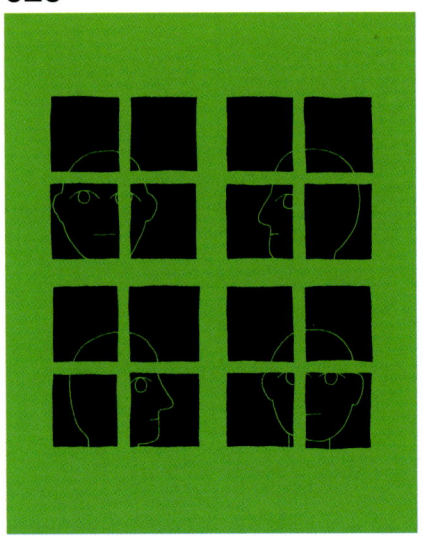

우리는 정신병동 안에서 정상인과 정신병자를 구분할 수 없다

데이비드 로젠한(서기 1932년~)

맥락읽기

사상
반(反)정신의학

이전의 관련 역사

서기 1960년: R. D. 랭이 『분열된 자아』에서 가족이 정신병의 온상이라고 역설한다.

서기 1961년: 심리학자인 E. 지글러(E. Zigler)와 L. 필립스(L. Phillips)가 다양한 범주의 정신질환 증상에서 넓은 공통범위를 찾아낸다.

서기 1961년: 헝가리계 미국인 정신과 의사 토머스 사즈(Thomas Szasz)가 논쟁적인 저서 『정신질환의 신화The Myth of Mental Illness』를 출간한다.

서기 1967년: 영국의 정신과 의사 데이비드 쿠퍼(David Cooper)가 『정신의학과 반정신의학Psychiatry and Anti-Psychiatry』에서 반정신의학운동에 대해 정의한다.

이후의 관련 역사

서기 2008년: 토머스 사즈가 『정신의학: 거짓의 학문Psychiatry: The Science of Lies』이란 저서를 출간한다.

정신과 의사들은 질병으로 분류될 수 있는 증상을 통해 정신질환을 정확히 진단할 수 있다고 말한다

↓

그렇다면 그들은 정상인과 정신병자 사이의 차이를 구분할 수 있어야 한다

↓   ↓

첫 번째 실험은 정상인이 정신병자로 판단될 수 있음을 보여주었다

두 번째 실험은 실제로 정신질환을 겪는 사람들이 의사를 속일 수 있음을 보여주었다

↓   ↓

우리는 정신병동 안에서 정상인과 정신병자를 구분할 수 없다

↓

정신병 진단은 객관적이지 않고, 오로지 보는 이의 마음에 달려 있다

참조 : ■ 에밀 크레펠린 31쪽　■ R. D. 랭 150~151쪽　■ 레온 페스팅거 166~167쪽　● 엘리엇 애런슨 244~245쪽

1960년대에 들어 정신의학은 소위 '반정신의학자'라는 수많은 전문가들로부터 그 근본적인 신념부터 강력한 도전을 받게 되었다. 정신과 의사, 심리학자, 복지사업가들로 구성된 이 비공식적인 집단은 정신의학이 정신적 건강에 대한 의학적 모형이지만 신체적인 증상이 없고, 치료체계는 환자의 욕구와 행동을 대부분 무시한다고 주장했다.

1973년 데이비드 로젠한(David Rosenhan)은 미국에서 정신의학 진단의 타당성을 시험하는 현장연구를 수행한 결과, "우리는 정신병동 안에서 정상인과 정신병자를 구분할 수 없다"는 극단적인 결론에 도달했다.

연구의 첫 번째 단계에서 로젠한은 (자신을 포함해) 다양한 직업과 연령대의 남녀로 구성된 정상인 8명을 모아 가짜 환자 역할을 맡겼다. 이들은 우선 미국 5개 주의 여러 정신병원에 전화해서 방문 약속을 잡고, 진찰시 정신병환자라는 진단을 받기 위해 노력하라는 지시를 받았다. 그런 다음 병원에 가서는 머릿속에서 확실하지는 않지만 'empty(텅 빈)'나 'thud(쿵)' 같은 단어를 말하는 이상한 목소리가 들린다고 괴로움을 호소했다. 이것은 실존적인 공허함을 암시하는 행동이었다. 그리고 가짜 이름과 직업 외에는 실제의 개인사를 이야기했다.

그 결과, 모든 가짜 환자들은 아무런 정신이상 증상을 보이지 않았음에도 불구하고 정신분열증 판정을 받아 병원에 입원하게 되었다. 이들은 병원에서 평균 19일 동안 체류했고, 그러는 동안 완전히 정상적으로 행동했다. 또 그곳에서 경험하는 내용을 계속 일기로 썼는데, 처음에는 슬그머니 적었지만 아무도 물어보지 않았기 때문에 나중에는 대놓고 기록을 했다. 로젠한은 이들의 의료일지에 공통적으로 "글쓰기에 집착하는 환자"라는 언급이 있음을 발견함으로써, 어떻게 정상적인 행동조차 정신이상상태의 근거로 해석되는지를 입증했다.

그 '환자'들은 병원에서의 경험을 비인격화되고 무력한 시간이었다고 표현했다. 이들의 기록에 따르면, 매일 이들이 의료진과 보낸 평균 시간은 7분을 넘지 않았다. 또 비록 병원 직원들은 이들의 정체를 간파하지 못했지만, 다른 환자들은 이들이 정신병자가 아니라고, 때로는 매우 격렬하게 주장했다. "당신은 미치지 않았어. 당신은 병원이 제 할 일을 하고 있는지 감시하러 온 기자라고."

정신병자를 정상인으로 진단한 사례

로젠한은 연구의 두 번째 단계에서 (첫 번째 연구를 알고 있는) 의과대학 부속병원과 연구병원의 직원들에게 다음 3개월 동안 한 명 이상의 가짜 환자가 병원에 입원하려고 찾아갈 것이라고 거짓으로 알리면서, 각각의 새로운 환자마다 그들이 가짜 환자일 가능성을 평가해보라고 요청했다. 그 결과, 총 193명의 진짜 새로운 입원환자 중에 41명이 적어도 한 명 이상의 병원 직원에게 가짜라는 의심을 받았고, 24명은 적어도 한 명의 정신과 의사에게 가짜 환자일 수 있다는 판정을 받았다.

로젠한의 이 연구는 엄청난 논란을 불러 일으키며, 많은 병원들이 환자관리체계의 개선에 나서는 계기가 되었다. ■

데이비드 로젠한

데이비드 로젠한은 1932년 미국에서 태어났다. 뉴욕 예시바대학에서 학사학위를 받은 후에, 뉴욕 컬럼비아대학으로 옮겨 석·박사과정을 마쳤다. 그는 임상심리학과 사회심리학을 전공하고, 재판(裁判) 전술 및 의사결정 전문가가 되었다. 1957~1970년까지 스와스모어대학, 프린스턴대학, 하버드대학에서 강의하다가 스탠포드대학으로 옮겨 거의 30년 동안 학생들을 가르쳤다. 지금도 스탠포드대학에서 심리학 및 법학 명예교수로 재직 중이다. 또 미국과학진흥협회(AAAS; American Association for the Advancement of Science)의 회원이자 옥스퍼드대학의 방문연구원이다. 그는 재판분석그룹(Trial Analysis Group)을 설립하고 오랫동안 정신질환환자들의 법적 권리를 주장해왔다.

주요 저서

1968년 『이상심리학의 기초 Foundations of Abnormal Psychology』
1973년 『제정신으로 정신병원에 들어가기 On Being Sane in Insane Places』
1997년 『이상성 Abnormality』

이브의 세 얼굴
코베트 H. 시그펜(서기 1919~1999년)
허비 M. 클렉클리(서기 1903~1984년)

맥락읽기

사상
정신장애(Mental disorders)

이전의 관련 역사

서기 1880년대 : 피에르 자네가 다중인격장애(MPD)를 복수 인격의 상태로 규정하고 '해리'라는 용어를 만들어낸다.

서기 1887년 : 프랑스 외과의사 유진 아잠(Eugene Azam)이 펠리다 X(Felida X)의 다중인격을 밝혀낸다.

서기 1906년 : 미국 내과의사 모틴 프린스(Mortin Prince)가 『인격의 분열The Dissociation of Personality』에서 크리스틴 보샹(Christine Beauchamp)의 사례를 보고한다.

이후의 관련 역사

서기 1970년대 : 미국의 정신과 의사 코르넬리아 윌버(Cornelia Wilbur)가 시빌 이사벨 도셋(Sybil Isabel Dorsett) 사례를 분석하고 다중인격장애와 유년기에 받은 학대를 명확히 연결짓는다.

서기 1980년 : 미국정신의학회가 『정신장애의 진단 및 통계 편람Diagnostic and Statistical Manual of Mental Disorder』 제3판을 발간하여 다중인격장애를 인정한다.

다중인격장애(MPD, 최근에는 해리성 정체감장애로 알려짐)는 한 사람의 인격이 2개 이상의 별개의 정체성을 드러내는 정신상태이다. 다중인격장애는 1791년에 에버하르트 그멜린(Eberhardt Gmelin)이 처음 보고했고, 이후 150년에 걸쳐 추가로 100건의 임상사례가 작성되었다. 이 상태는 아동기의 학대에서 비롯된 것으로 잠재적 인격을 주된 인격과 다시 통합시켜서 치료 가능하다고 알려져 있다. 다중인격장애의 가장 유명한 사례 중 하나는 이브 화이트(Eve White)의 사례이다. 코베트 H. 시그펜(Corbett H. Thigpen)과 허비 M. 클렉클리(Hervey M. Cleckley)는 1952년에 심한 두통을 겪고 가끔씩 의식을 잃곤 하던 이브를 소개받았다. 그녀는 깔끔하고 다소 고지식한 25세의 젊은 여성으로, 결혼해서 네 살 난 딸이 있었다. 이브는 그 후 14개월 동안 치료를 받게 되었다.

이브는 의사들에게 충격적인 일화를 들려주었다. 그녀는 감당할 수 없는 사치스러운 옷을 몇 벌 샀는데 그것을 산 기억이 없다고 했다. 그런데 이 옷에 대해 이야기하면서 갑자기 그녀의 태도가 변하기 시작했

> **이브 화이트** : 고지식하고, 말이 없고, 소심하고, 억눌려 있으며, 강박적이고, 다른 두 인격에 대해 전혀 알지 못한다

> **이브 블랙** : 제멋대로이고, 거칠며, 무책임하고, 천박하며, 히스테릭하고, 이브 화이트를 알지만 제인은 알지 못한다

> **제인** : 성숙하고, 당차게 유능하고, 흥미롭고, 인정이 많으며, 두 이브를 알고 있지만 오직 자신이 깨어난 순간부터만 알고 있다

차이심리학 PSYCHOLOGY OF DIFFERENCE

참조: ■ 피에르 자네 54~55쪽 ■ 티머시 리어리 148쪽 ■ 밀턴 에릭슨 336쪽

다. 이브는 혼란스러워 보였고, 그 다음에는 얼굴의 주름살이 변했다. 눈을 크게 뜨고, 도발적인 미소를 띠었다. 그녀는 밝고 교태를 부리는 어조로 이야기했고, 이브는 담배를 피우지 못했는데 담배를 요청하기도 했다. 이것이 '이브 블랙'이었다. '이브 화이트'와는 완전히 별개의 인격이라, 심지어 이브에게는 없던 나일론에 대한 피부 알레르기까지 있을 정도였다. 이브 화이트는 이브 블랙을 알지 못했지만, 이브 블랙은 이브 화이트를 속속들이 잘 알고 있었고, 그녀를 대놓고 비웃었다. "그녀는 완전히 얼간이지요…."

별개의 성격들

두 개의 인격은 다양한 심리학적 테스트를 받게 되었다. 이브 화이트는 이브 블랙보다 IQ가 약간 높았고, 둘 다 "밝고 정상적인" 범주에 속했다. (검사대상자들이 잉크 얼룩을 보고 자신의 생각을 이야기하는) 로르샤흐 검사를 통해 두 인격의 성격 역동을 검사하자 여기에서는 극적인 차이를 보였다. 이브 블랙은 지배적인 히스테리성 성향과 순응능력을 보였다. 이브 화이트는 압박감,

> '내가 밖으로 나가 술을 마시면, 그녀(이브 화이트)가 숙취상태로 깨어나지요.' 이브 블랙이 말했다.
> 시그펜 & 클렉클리

이브의 이야기는 『이브의 세 얼굴』이라는 책과 영화로 널리 알려지면서 대중의 상상력을 사로잡아, 다중인격장애의 가장 유명한 사례가 되었다.

불안, 강박신경적 특성을 보였고 자신의 적개심을 처리할 줄 몰랐다. 이브의 상태는 아동기의 학대에서 비롯된 것으로 짐작되었으므로, 이브 블랙을 불러내는 최면술을 사용해 그녀의 어린 시절로 되돌아가려는 노력이 진행되었다. 마침내 두 인격을 동시에 불러내려는 시도를 통해 이브는 최면상태에 빠졌다. 결국 그녀는 세 번째 인격으로 깨어났고, 이것이 이브의 세 번째 얼굴인 제인이었다. 이브 화이트보다 더 유능하고 흥미로운 인물이었다. 그녀는 두 이브의 약점은 없애고 장점만 결합시킨 듯했다. 어떠한 이브도 제인을 알지 못했지만, 제인은 두 이브를 알고 있었다.

제인은 두 이브의 균형 잡힌 절충안으로 보였고, 세 인격의 복잡한 역학관계를 가장 잘 이해하는 인격으로서 성장했다. 제인의 성격에는 두 이브가 통합되어 있었다.

이브의 경우처럼 다중인격장애가 확연히 드러나는 사례는 흔치 않지만, 지금은 이렇게 두드러지지 않은 경우가 더 흔하다고 알려져 있다. 이브의 경우와 같은 심층사례 연구를 신중히 작성하고 분석한 결과, 다중인격장애의 치료 가능성을 훨씬 높여주는 진단 및 치료계획서가 나오게 되었다. ■

코베트 H. 시그펜

코베트 H. 시그펜은 미국 조지아 주의 메이컨에서 태어났다. 어린 시절의 아마추어 마술에 대한 관심을 평생 동안 유지하여, 미국 남동부마술사협회(Southeastern Association of Magicians)의 명예의 전당에 올랐다. 시그펜은 1942년에 머서대학(Mercer University)과 1945년에 조지아의과대학(Medical College of Georgia)을 졸업했다. 제2차 세계대전 당시 미국 육군으로 복역하다가 1948년이 되어서야 허비 M. 클렉클리와 함께 개업하여 정신과 의사로서 탁월한 경력을 쌓기 시작했다. 20년 동안 두 사람은 조지아 의과대학의 정신의학 및 신경과학과에서 강의했다. 시그펜은 "매 강의마다 기립박수를 받은 교수"로 명성이 높았다. 1987년에 은퇴했다.

허비 M. 클렉클리

허비 M. 클렉클리는 조지아 주의 오거스타에서 태어났다. 1924년에 조지아대학을 졸업했는데, 당시에는 열정적인 스포츠맨이기도 했다. 그 후 옥스퍼드대학에서 로즈장학금을 받고 1926년에 졸업했다. 그는 평생을 조지아의과대학에서 보내면서, 정신의학 및 건강행동학과의 초대 학과장을 지내는 등 다양한 직책을 역임했다. 1941년에는 사이코패스에 대한 중요한 연구서 『건강이라는 이름의 가면』을 집필했다.

주요 저서

1941년 『건강이라는 이름의 가면The Mask of Sanity』
1957년 『이브의 세 얼굴The Three Faces of Eve』

DIRECTO

RY

인물사전

DIRECTORY 인물사전

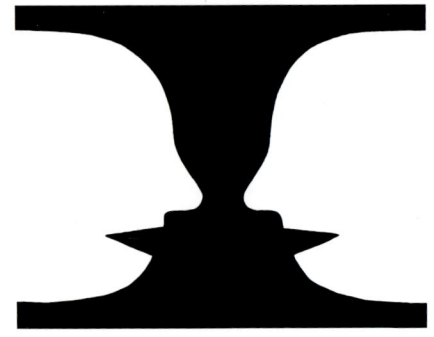

정신의 작용에 관한 연구는 현대적 의미에서 과학적이 아닌 주로 철학적인 연구였지만 가장 초기의 문명까지 거슬러 올라간다. 정신적 과정을 엄밀히 과학으로 분석하는 것이 가능해진(심리학이 하나의 뚜렷한 연구분야로 받아들여진) 것은 19세기 후반 이후 생물과학이 주로 발달할 때였다. 심리학 분야에서 활동한 주요 연구자들의 개념과 발견들이 어느 정도 이 책에서 확인되었지만 심리학이 독립적으로 하나의 훌륭한 과학으로 성장하는 데 공헌한 사람들은 훨씬 더 많다. 구조주의자에서 행동주의자까지, 그리고 정신분석가에서 인지치료사에 이르는 아래에 제시된 사람들은 모두 인간으로서의 우리의 독특성에 대한 이해의 폭을 넓혀주는 데 큰 도움이 되었다.

존 듀이(John Dewey)
서기 1859~1952년

미국의 철학자이자 교육학자인 존 듀이는 20세기 전반에 인간사상의 발달에 크게 영향을 미쳤다. 그는 주로 행동주의 심리학자였지만, 그가 실용주의 철학을 사회에 응용한 것은 미국의 교육 사상 및 실천에 주요한 영향을 미쳤다.
참조 : ▪ 윌리엄 제임스 38~45쪽 ▪ G. 스탠리 홀 46~47쪽

W. H. R. 리버스(W. H. R. Rivers)
서기 1864~1922년

윌리엄 할스 리버스 리버스는 정신과 신체의 관계를 주로 연구한 영국의 외과의사이자 신경학자이면서 정신의학자로, 히스테리를 포함한 신경질환에 관한 몇몇 주요 논문을 발표했다. 그리고 그는 '전쟁신경증(외상 후 스트레스장애)'에 관한 업적으로 가장 잘 알려져 있으며, 또한 의료인류학(medical anthropology)의 창시자 중 한 사람으로 알려져 있다. 리버스가 토러스해협 태평양제도 탐험대에서 사용한 다문화분석의 방법들은 향후 현장연구의 토대가 되었다.
참조 : ▪ 빌헬름 분트 32~37쪽 ▪ 헤르만 에빙하우스 48~49쪽 ▪ 지그문트 프로이트 92~99쪽

에드워드 B. 티치너(Edward B. Titchener)
서기 1867~1927년

실험심리학을 연구한 영국인 에드워드 브래드포드 티치너는 처음에는 옥스퍼드대학에서 수학한 다음, 독일의 빌헬름 분트 밑에서 수학했다. 그는 1892년 미국으로 이주하여 그곳에서 인간의 경험을 분석하여 그것들을 근본적인 구조들로 배열하는 구성심리학의 창시자로 알려지게 되었다. 내성법(内省法, introspection)에 바탕을 둔 구성심리학은 인기가 상승하고 있었던 행동주의와 대립했다. 1920년대에 티치너는 여전히 널리 존경받았지만 그의 신념에서 상당히 고립되어 있었다. 그는 『심리학 개요』, 『실험심리학』, 『심리학 교본』 등 심리학에 관한 몇몇 입문서들을 저술했다.
참조 : ▪ 빌헬름 분트 32~37쪽 ▪ 윌리엄 제임스 38~45쪽 ▪ J. P. 길포드 304~305쪽 ▪ 에드윈 보링 335쪽

윌리엄 슈테른(William Stern)
서기 1871~1938년

독일에서 태어난 윌리엄 슈테른은 발달심리학의 확립에 주도적인 인물이었다. 그의 최초의 저서인 『유아기의 심리학』은 18년 동안 그의 세 자녀들의 관찰에 근거한 것이다. 그의 '인격주의 심리학(personalistic psychology)'은 응용심리학, 차이심리학, 유전심리학, 일반심리학 등을 결합하여 개인발달 과정을 연구하는 것이었다. 그리고 그는 법정심리학(forensic psychology)의 개척자로, 개별기술적·법칙정립적 접근방법을 최초로 사용한 인물이었다. 슈테른은 아동의 지능을 계산하기 위한 지능지수(IQ) 검사법에 관한 업적으로 가장 잘 알려져 있다. 지능지수는 수험자의 '정신연령'을 '생활연령'으로 나눈 수치에 100을 곱한 값으로 결정된다.
참조 : ▪ 알프레드 비네 50~53쪽 ▪ 장 피아제 262~269쪽

찰스 사무엘 마이어스(Charles Samuel Myers)
서기 1873~1946년

찰스 사무엘 마이어스는 케임브리지대학의 W. H. R. 리버스 밑에서 실험심리학을 공부

했고, 1912년에는 케임브리지 실험심리학연구실을 설립했다. 그는 제1차 세계대전 당시 '전쟁신경증(shell shock)'에 걸린 군인들을 치료했다. 전쟁 후, 그는 직업심리학을 발달시킨 핵심인물이었다. 저서로는 『정신과 일』, 『영국의 산업심리학』, 『마음의 영역에서』 등이 있다.

참조 : ▪ 쿠르트 레빈 218~223쪽 ▪ 솔로몬 아시 224~227쪽 ▪ 레이먼드 커텔 314~315쪽 ▪ W. R. H. 리버스 334쪽

막스 베르트하이머(Max Wertheimer)
서기 1880~1943년

체코의 심리학자 막스 베르트하이머는 쿠르트 코프카와 볼프강 쾰러와 함께, 1930년대에 미국에서 게슈탈트심리학을 창설했다. 게슈탈트심리학은 기존의 지각조직화(perceptual organization) 이론들을 기반으로 생겨난 것이다. 분트의 분자론에서 벗어난 베르트하이머는 그 유명한 "전체는 부분의 합보다 크다"라는 말을 하면서 전체론연구를 지지했다. 그는 또한 정신이 시각정보를 대칭과 모양의 가장 간단한 형태로 처리한다는 개념인 '단순성의 법칙'을 고안했다.

참조 : ▪ 에이브러햄 매슬로 138~139쪽 ▪ 솔로몬 아시 224~227쪽

엘튼 메이요(Elton Mayo)
서기 1880~1949년

1930년대에 하버드대학 산업경영학 교수였던 오스트레일리아의 엘튼 메이요는 획기적인 호손 실험(Hawthorne Experiments)을 실행했다. 심리학, 생리학, 인류학에서 비롯된 여러 분야를 활용하여 근로조건에 변화를 주면서 5년간 여섯 명의 여성 근로자들의 생산성과 사기에 관한 연구를 했다. 가장 놀라운 결과는 근로자들이 연구 자체에 반응한 방식이었다. 지금도 잘 알려져 있듯이, 호손 효과(Hawthorne Effect)는 사람들이 연구되고 있다는 것을 알고 있을 때 일어나는 인간행동에서의 변화를 말한다. 이 발견은 산업윤리 및 관계와 사회과학의 연구방법에 지속적인 영향을 미쳤다.

참조 : ▪ 지그문트 프로이트 92~99쪽 ▪ 카를 융 102~107쪽

헤르만 로르샤흐(Hermann Rorschach)
서기 1884~1922년

스위스 출신인 헤르만 로르샤흐는 학창시절에 늘 그림을 그리고 있었기 때문에 클렉(Klek, 잉크얼룩)이라 불렸다. 그는 이후, 특정한 얼룩에 대한 반응이 감정이나 성격, 사고장애 등을 나타낼 수 있는 잉크얼룩검사를 고안했다. 그는 '형태해석검사(form interpretation test)'인 『정신진단학』을 출간하고 1년 뒤 37세의 나이로 세상을 떠났다. 이후 다른 사람들이 그 검사를 발전시켰지만 이는 각각 결점이 있는 네 가지 다른 방법으로 바뀌었다. 그리고 1993년에 미국의 존 엑스너(John Exner)가 그 검사법들을 모두 하나의 종합체계(Comprehensive System)로 통합했다.

참조 : ▪ 알프레드 비네 50~53쪽 ▪ 지그문트 프로이트 92~99쪽 ▪ 카를 융 102~107쪽

클라크 L. 헐(Clark L. Hull)
서기 1884~1952년

미국의 클라크 레너드 헐은 초기에는 심리측정과 최면에 관한 연구에 몰두했다. 그리고 그는 『적성검사』와 『최면과 피암시성』을 출간했다. 그가 자신의 객관적인 행동주의 접근법으로 만든 '기계적 학습에 관한 수학적 연역이론'은 하나의 수학공식으로 (동물을 포함한) 모든 행동을 측정한 것이다. 그는 자극-반응 연결에 관한 강화의 효과를 연구한 『행동의 원리』에서 그 이론을 발전시켰다. 그의 '행동의 세계적 이론(Global Theory of Behaviour)'은 그 당시 심리학연구의 표준체계 중 하나가 되었다.

참조 : ▪ 장 마르탱 샤르코 30쪽 ▪ 알프레드 비네 50~53쪽 ▪ 이반 파블로프 60~61쪽 ▪ 에드워드 손다이크 62~65쪽

에드윈 보링(Edwin Boring)
서기 1886~1968년

에드윈 보링은 실험심리학에서 가장 중요한 인물 가운데 한 사람으로, 인간의 감각과 지각 체계를 전문으로 연구했다. 한 그림에서 볼 수 있는 두 가지 차원(늙은 여성이나 젊은 하녀)으로 W. E. 힐(W.E. Hill)의 그림에 대한 보링의 해석은 '보링 피규어(Boring Figure)'로 알려지게 되었다. 1920년대에 하버드에 있을 때 보링은 심리학과를 정신의학과에서 분리하여 구조주의와 행동주의를 통합한 엄밀한 과학학부로 바꾸었다. 그의 주요 저서로는, 최초로 저술한 『실험심리학사』와 『실험심리학사에서의 감각과 지각』 등이 있다.

참조 : ▪ 빌헬름 분트 32~37쪽 ▪ 에드워드 B. 티치너 334쪽

프레더릭 바틀릿(Frederic Bartlett)
서기 1886~1969년

프레더릭 바틀릿은 케임브리지대학 최초의 실험심리학 교수였다. 바틀릿은 피험자들에게 그가 지어낸 잘 모르는 신화 속 이야기(가령, '유령들의 전쟁(The War of the Ghosts)'과 같은)를 읽은 후 그 내용을 이야기해볼 것을 요청한 기억실험으로 잘 알려져 있었다. 피험자들은 대부분 세부내용을 추가했는데, 원래의 내용을 그대로 이야기하지 않거나 그들만의 특정 문화에 맞게 의미를 바꾸어서 말했다. 바틀릿은 그들이 그 이야기를 기억해내는 것이 아니라 오히려 그 내용을 재구성한다는 결론을 내렸다.

참조 : ▪ 엔델 털빙 186~191쪽 ▪ 고든 H. 바우어 194~195쪽 ▪ W. H. R. 리버스 334쪽

샬럿 뷜러(Charlotte Bühler)
서기 1893~1974년

독일 출신의 샬럿 뷜러는 그녀의 남편 칼과 함께 1922년에 빈 심리학연구소를 설립했다. 그녀는 아동기의 성격과 인지발달에 관한 연구를 하다가 삶 전체의 인간발달과정에 관한 연구로 범위를 확대했다. 그녀는 카를 융의 삶의 세 단계 대신, 태어날 때부터 15세, 16~25세, 26~45세, 46~65세까지 등 삶의 네 단계를 주장했다. 뷜러는 성인기 감정과 초기 아동기 사이의 연결성을 알아냈다. 또한 그녀는 아동의 내적 감정의 세계를 밝혀내기 위해 일련의 번호를 붙인 축소모형들을 사용하는 치료장치인 '월드테스트(World Test)'를 개발한다. 그녀는 『태어날 때부터 성인기까지』, 『유아기부터 노년기까지』 등의 저서를 출간한 뒤, 미국으로 이주했다. 1960년대에 뷜러는 인본주의 심리학을 발전시키는 데 공헌했다.

참조 : ■ 칼 로저스 130~137쪽 ■ 에이브러햄 매슬로 138~139쪽 ■ 빅토르 프랑클 140쪽 ■ 고든 올포트 306~313쪽

데이비드 웩슬러(David Wechsler)
서기 1896~1981년

제1차 세계대전 당시 루마니아 출신의 미국인 데이비드 웩슬러는 에드워드 손다이크, 찰스 스피어먼과 함께 단체지능을 위한 육군 알파테스트(Army Alpha Test)를 운영하면서 군대의 심리학자로 일했다. 이후 '비언어적 추론능력(non-verbal reasoning)'을 추가하여 비네의 검사를 발전시켰다. 웩슬러는 지능이 이성적으로 사고할 능력뿐만 아니라 결단력 있게 행동하고 주변환경을 효과적으로 다룰 능력에 있다는 것을 확신했다. 1939년에 웩슬러-벨르뷔 지능검사법(Wechsler-Bellevue Intelligence Scale)이 발표되었고, 이후 10년 뒤인 1949년에 웩슬러 아동용 지능검사법(Wechsler Intelligence Scale for Children)이 발표되었다. 1955년에 발표된 웩슬러 성인용 지능검사법(Wechsler Adult Intelligence Scale)은 여전히 지능검사에 가장 널리 사용되고 있다.

참조 : ■ 프랜시스 골턴 28~29쪽 ■ 알프레드 비네 50~53쪽 ■ 데이비드 C. 맥클릴랜드 322~323쪽

낸시 베일리(Nancy Bayley)
서기 1899~1994년

미국의 저명한 아동발달 심리학자 낸시 베일리는 운동신경 및 지능발달의 척도에 관해 전문으로 연구했다. 그녀는 박사과정 동안, 땀샘의 수분 정도를 통해 교감신경계를 분석함으로써 아동의 두려움을 측정하는 연구를 했다. 그녀의 '베일리의 정신과 운동신경 발달검사'는 1세에서 42개월까지의 유아의 정신과 신체발달의 세계적인 표준 측정이 되고 있다.

참조 : ■ 에드윈 거스리 74쪽 ■ 사이먼 배런-코헨 298~299쪽

밀턴 에릭슨(Milton Erickson)
서기 1901~1980년

네바다 출신의 밀턴 에릭슨은 수년에 걸친 최면에 관한 관찰로 수차례의 시행착오를 거치며 최면의 세계적인 권위자가 되었다. 그는 악수의 흐름이 중단될 때 정신을 '행동의 공백(behavioural void)'의 순간과 혼동시킴으로써 최면을 유도하는 '에릭슨의 악수(Ericksonian Handshake)'로 가장 잘 알려져 있다. 최면요법의 창시자로 불리는 에릭슨은 또한 가족치료, 해결중심치료, 전신적인 치료, 신경언어학 프로그래밍(NLP)을 포함한 간단하지만 중요한 여러 치료법의 발달에 주요한 영향을 미쳤다.

참조 : ■ B. F. 스키너 78~85쪽 ■ 스탠리 밀그램 246~253쪽

알렉산드르 루리야(Alexander Luria)
서기 1902~1977년

러시아의 카잔에서 태어난 알렉산드르 루리야는 모스크바의 심리학연구소에서 공부했다. 그는 사고과정과 반응시간 간의 상관관계에 관한 연구로 '연관 신경방법(combined motor method)'과 최초의 거짓말탐지기를 만들어냈다. 그 뒤 그는 의과대학에 들어가 신경학을 전공했다. 그는 신체와 정신분야 간의 균형을 유지하면서 뇌손상, 기억상실, 지각, 실어증(언어장애) 등에 관해 놀랄 만한 업적을 이루었다. 그는 『지워진 기억을 쫓는 남자』와 같은 저서를 통해 신경학을 널리 보급시켰다.

참조 : ■ 지그문트 프로이트 92~99쪽 ■ B. F. 스키너 78~85쪽 ■ 놈 촘스키 294~297쪽

다니엘 라가슈(Daniel Lagache)
서기 1903~1972년

프랑스인 다니엘 라가슈는 조르주 뒤마(Georges Dumas)의 강연에서 영감을 받아 실험심리학, 정신병리학, 현상학 등을 연구했다. 법의학과 범죄학 전문가인 라가슈의 주요 저서로는 『질투』, 『병적 애도반응』 등이 있다. 라가슈는 사샤 나흐트(Sacha Nacht)의 의학 권위주의에 대한 비평 때문에 1953년 국제정신분석협회에서 제명된 후, 자크 라캉과 함께 프랑스 정신분석학회를 창설했다. 프로이트학파 정신분석가인 라가슈는 또한 특히 정신분석을 임상경험과 연결하여 일반 대중에게 정신분석을 알리는 데 중요한 역할을 했다.

참조 : ■ 자크 라캉 122~123쪽

어니스트 R. 힐가드
(Ernest R. Hilgard)
서기 1904~2001년

1950년대에 어니스트 로피켓 '잭' 힐가드는 미국 스탠포드대학에서 그의 아내 조세핀

과 공동으로 최면에 관한 연구를 개척했고, 1957년에는 최면연구 실험실을 설립했다. 그곳에서 그는 앙드레 뮐러 바이첸호퍼(Andre Muller Weitzenhoffer)와 함께 '스탠포드 최면감수성척도(Stanford Hypnotic Susceptibility Scales)'를 개발했다. 그의 논란이 많은 신해리이론(新解離理論, neodissociation theory)과 최면상태에서 의식의 몇몇 하위체제 상태들이 어떤 실행 통제체제에 의해 조절된다는 '숨은 관찰자 현상(hidden-observer effect)'은 오랜 세월에도 불구하고 건재했다. 『조건화와 학습(D. G. 마르키스와 공저)』과 『심리학 원론』 등 그의 입문서들은 여전히 학습되고 있다.

참조 : ▪ 이반 파블로프 60~61쪽 ▪ 레온 페스팅거 166~167쪽 ▪ 엘러너 E. 맥코비 284~285쪽

조지 켈리(George Kelly)
서기 1905~1967년

인지구성주의의 선구자 조지 켈리는 『개인적 구성개념의 심리학』을 통해 성격심리학에 중요한 공헌을 했다. 그는 개개인들이 사건의 인지적 평가를 통해 그들만의 성격을 형성한다는 인본주의 개념을 제시한다. 이 이론에서 성격의 본질을 조사하고 진단하는 데 사용되는 '역할구성개념 목록검사(role construct repertory test)'가 생겨났다. 인지심리학과 상담에 가치를 둔 그 검사는 또한 조직행동과 교육학에 사용된다.

참조 : ▪ 요한 프리드리히 헤르바르트 24~25쪽 ▪ 칼 로저스 130~137쪽 ▪ 울릭 나이서 339쪽

무자퍼 셰리프(Muzafer Sherif)
서기 1906~1988년

터키에서 자란 무자퍼 셰리프는 미국의 컬럼비아대학에서 사회적 요소들이 지각에 어떻게 영향을 줄 수 있는지에 대한 논문으로 박사학위를 받았다. 『사회적 규범의 심리학』으로 출간된 그 논문은 '자동운동 효과(autokinetic effect)' 실험으로 알려지게 되었다. 셰리프가 남긴 유산 가운데 하나는 실험실과 현장에서 이루어진 실험 방법들을 성공적으로 결합하는 것이었다. 그는 특히 '로버스 케이브 주립공원 실험(Robbers Cave Experiment)'을 아내 캐럴린 우드 셰리프와 함께 실시했다. 이 실험에서, 소년들로 이루어진 캠프참여자들은 두 집단으로 나뉘었다. 캠프관리인 행세를 했던 셰리프는 이 실험을 통해 사회집단의 편견, 갈등, 고정관념 등의 기원을 관찰했다. 그 결과, 그는 현실갈등이론(Realistic Conflict theory)을 만들어냈고, 이는 여전히 집단행동의 이해를 뒷받침하고 있다. 그는 또한 칼 호블랜드(Carl Havland)와 함께 '사회판단이론(Social Judgement theory)'을 만들어냈다.

참조 : ▪ 솔로몬 아시 224~227쪽 ▪ 필립 짐바르도 254~255쪽

닐 밀러(Neal Miller)
서기 1909~2002년

미국의 심리학자 닐 밀러는 빈에서 안나 프로이트와 하인츠 하트만의 연구원으로 일했다. 밀러는 K. M. 바이코프의 『대뇌피질과 신체내부기관』을 읽은 후, 신체의 내부기관과 그 기능이 또한 마음대로 조정될 수 있다는 것을 입증하기 시작했다. 그의 연구결과로 환자들이 신체에서 나오는 신호에 반응하도록 훈련하여 그들의 질환을 개선하는 데 목적을 둔 바이오피드백(Biofeedback, 생체자기제어)이라는 치료기술이 생겨났다.

참조 : ▪ 안나 프로이트 111쪽 ▪ 앨버트 반두라 286~291쪽

에릭 번(Eric Berne)
서기 1910~1970년

캐나다 출신의 정신과의사이자 정신분석가인 에릭 번은 언어적 소통이 심리치료의 핵심에 있다는 교류분석이론(transactional analysis)을 세웠다. 그는 먼저 말하는 사람, 즉 발신자의 말을 '교류자극(Transaction Stimulus)'이라 했고, 그에 대한 응답자의 대답을 '교류반응(Transaction Response)'이라 불렀다. 그에 따르면 모든 성격은 아동, 성인, 부모 등 또 다른 자아로 분리되고, 각각의 자극과 반응은 이런 자아들 중 하나의 역할을 수행하는 것이다. 또한 "내가 당신에게 뭔가를 하면, 당신도 그에 반응하여 뭔가를 한다"라는 교류분석으로 교류가 연구되었다. 그리고 그는 『심리게임』이라는 저서에서 개개인 간의 '게임'이나 행동유형이 숨겨진 감정이나 정서를 나타낼 수 있다고 제시한다.

참조 : ▪ 에릭 에릭슨 272~273쪽 ▪ 데이비드 C. 맥크릴랜드 322~323쪽

로저 W. 스페리(Roger W. Sperry)
서기 1913~1994년

미국의 신경생리학자 로저 W. 스페리는 뇌량(corpus callosum, 뇌의 좌반구와 우반구 사이의 신호를 전달하는 신경섬유다발)의 성공적인 분리로 어떤 종류의 간질치료에서 극적인 쾌거를 이루었다. 1981년에, 스페리는 데이비드 허블(David Hubel)과 토르스튼 위즐(Torsten Wiesel)과 함께 뇌의 좌반구와 우반구가 분리된 기관이라는 것을 입증한 '분할두뇌 이론(split-brain theory)'에 관한 업적으로 노벨생리·의학상을 받았다.

참조 : ▪ 윌리엄 제임스 38~45쪽 ▪ 사이먼 배런-코헨 298~299쪽

세르주 리보비시(Serge Lebovici)
서기 1915~2000년

세르주 리보비시는 청소년, 아동, 유아의 발달, 특히 아기와 어머니 사이의 유대감 형성에 관한 연구를 전문으로 한 프랑스의 프로이트학파였다. 그는 아동정신분석을 프랑스에 소개한 것으로 유명하다. 그의 주요 저서로는, 『프랑스에서의 정신분석』과 『청소년 정신의학의 국제적인 연보』 등이 있다.

참조 : ▪ 지그문트 프로이트 92~99쪽 ▪ 안나 프로이트 111쪽

밀턴 로키치(Milton Rokeach)
서기 1918~1988년

폴란드 출신의 미국 사회심리학자인 밀턴 로키치는 종교적 신념이 어떻게 가치관과 태도에 영향을 주는지에 관해 연구했다. 그는 가치관을 기본적인 심리적 욕구의 핵심동기 및 정신의 변형으로 여겼다. 그의 독단주의에 관한 이론은 닫힌 마음과 열린 마음의 인지특성을 연구한 것이다(『개방과 폐쇄적 심리』). 닫힌 마음을 측정하기 위한 이념이나 내용이 없는 방식인 로키치의 '독단주의 척도(Dogmatism Scale)'는 여전히 사용되고 있고, 또한, '로키치 가치조사척도(Rokeach Value Survey)'는 특정 집단에서 신념과 가치를 측정하는 가장 효과적인 방법 중 하나로 여겨진다. 『위대한 미국인의 가치관검사』에서 로키치 등은 텔레비전이 사람들의 가치관을 변경할 수 있다는 것을 입증하기 위해 여러 관점에서 변화를 측정했다.

참조 : ▪ 레온 페스팅거 166~167쪽 ▪ 솔로몬 아시 224~227쪽 ▪ 앨버트 반두라 286~291쪽

르네 디아트킨(Rene Diatkine)
서기 1918~1997년

정신과의사이자 정신분석가인 르네 디아트킨은 역동정신의학(dynamic psychiatry)을 발달시킨 핵심인물이었다. 그는 관찰할 수 있는 행동보다 감정과 그 근본적인 사고과정을 강조했다. 디아트킨은 또한 정신건강학회(The Association De Sante Mentale)를 설립하는 데 공헌하는 등 제도상의 정신건강분야 확립에 매우 적극적이었다. 근원적 환상에 관한 그의 저서 『조숙한 정신분석(재닌 사이먼 공저)』은 그의 가장 뛰어난 업적 가운데 하나이다.

참조 : ▪ 안나 프로이트 111쪽 ▪ 자크 라캉 122~123쪽

폴 밀(Paul Meehl)
서기 1920~2003년

미국인 폴 밀의 업적은 정신건강 및 연구방법론에 지속적인 영향을 미쳤다. 그는 『임상대 통계예측: 이론적 분석과 증거의 비평』에서, 행동통계는 임상분석보다 정형화된 수학적 방법을 사용하는 것이 더 좋다고 주장했다. 1962년에, 그는 이전에는 서투른 양육 탓으로 돌렸던 정신분열증에 관한 유전적 연결성을 알아냈다. 또한 양자불확정(quantum indeterminacy)에 중점을 둔 그의 결정론과 자유의지의 연구는 『결정론-자유론과 심신장애(헤르베르트 파이글과 공저)』로 출간되었다.

참조 : ▪ B. F. 스키너 78~85쪽 ▪ 데이비드 로젠한 328~329쪽

해롤드 H. 켈리(Harold H. Kelley)
서기 1921~2003년

미국의 사회심리학자 해롤드 H. 켈리는 매사추세츠공과대학의 쿠르트 레빈 밑에서 수학하면서 박사학위를 받았다. 그는 첫 저서인 『의사소통과 설득(호블랜드와 재니스 공저)』에서 의사소통을 '누가', '무슨 말을 하고', '누구에게'라는 세 부분으로 나누었다. 이 개념은 널리 채택되었으며, 또한 정치인들과 같은 사람들이 자신들을 표현하는 방식을 변화시켰다. 1953년 그는 존 티보와 함께 연구하기 시작했다. 그들은 공동으로 『집단의 사회심리학』을 펴낸 다음, 뒤이어 『대인관계: 상호의존성 이론』을 펴냈다.

참조 : ▪ 레온 페스팅거 166~167쪽 ▪ 쿠르트 레빈 218~223쪽 ▪ 놈 촘스키 294~297쪽

스탠리 샤흐터(Stanley Schachter)
서기 1922~1997년

뉴욕 출신의 스탠리 샤흐터는 제롬 싱어(Jerome Singer)와 함께 개발한 '정서의 2요인 이론(샤흐터-싱어 이론)'으로 가장 잘 알려져 있다. 이 두 사람은 신체적 감각이 감정과 연결되어 있다는 전제에서 출발한 연구를 진행했다. 일례로, 두려움을 느끼기 전에 사람들이 심장박동의 증가와 근육의 긴장을 경험하는 방식만 보더라도 인지가 개인의 생리학적 상태에 영향을 미친다는 것을 입증해냈다.

참조 : ▪ 윌리엄 제임스 38~45쪽 ▪ 레온 페스팅거 166~167쪽

하인츠 헤크하우젠(Heinz Heckhausen)
서기 1926~1988년

독일 심리학자 하인츠 헤크하우젠은 동기심리학에 관한 세계적인 권위자였다. 그는 박사학위 취득 후 성공과 실패의 희망과 두려움에 관한 논문을 완성했고, 또한 아동기의 동기발달에 관한 초기 연구를 통해 『동기부여의 진보된 인지모형(라인베르크와 공저)』을 펴냈다. 또한 심리학자인 그의 딸 유타(Jutta)와 공동저술한 『동기부여와 행동』이라는 저서는 현재까지도 지속적인 영향력을 미치고 있다.

참조 : ▪ 곽임원 75쪽 ▪ 앨버트 반두라 286~291쪽 ▪ 사이먼 배런-코헨 298~299쪽

앙드레 그린(André Green)
서기 1927년~현재

이집트 출신의 프랑스 심리학자 앙드레 그린은 1950년대에 자크 라캉의 인턴으로 있으면서 커뮤니케이션이론과 사이버네틱스(cybernetics, 인공두뇌학)에 관한 관심을 발전시켰다. 그는 이후, 상징적·구조적 형식에 지나치게 중점을 둔 라캉의 비판가가 되어, 그의 프로이트 학설의 주장이 틀렸음을 입증하는 연구를 수행했다. 1960년대 말에 그린은 부정에 관한 탐구와 함께 프로이트 분석의 근원으로 돌아갔다. 이는, 어머니가 아이에게 정신적으로 죽은 상태이지만 그녀가 여전히 그곳에 있으면서 그에게 혼란을 일으키고 겁을 준다는 내용의 「세상을 떠난 어머니」라는 그의 논문에서 가장 명쾌하게 표현

되었다.

참조 : ▪ 지그문트 프로이트 92~99쪽 ▪ 도널드 위니콧 118~121쪽 ▪ 자크 라캉 122~123쪽 ▪ 프랑수아즈 돌토 279쪽

울릭 나이서(Ulric Neisser)
서기 1928년~현재

독일 출신의 미국인 울릭 나이서의 가장 유명한 저서는, 정신적 과정에 중점을 둔 심리학적 접근법의 개요를 설명한 『인지심리학』이다. 그는 이후, 인지심리학의 발달이 지각의 역할을 무시했다고 주장하면서 인지심리학을 비평했다. 그는 기억에 관해 연구했고, 1995년에는 지능검사의 이론들을 조사한 미국심리학회 특별지능연구팀의 〈지능, 아는 것과 모르는 것(Intelligence, Knowns and Unknowns)〉이라는 보고서의 팀장을 맡았다. 그의 연구결과 논문들은 『상승곡선: IQ의 장기간 증가와 관련측정』이라는 저서로 출간되었다.

참조 : ▪ 조지 아미티지 밀러 168~173쪽 ▪ 도널드 브로드벤트 178~185쪽

제롬 케이건(Jerome Kagan)
서기 1929년~현재

미국의 발달심리학에서 선두적인 인물인 제롬 케이건은 심리학이 환경보다 심리적 특성에 더욱 영향을 미친다고 확신했다. 그는 자의식, 도덕성, 기억, 상징 등에 영향을 미치는 불안과 두려움의 감정과 같은 아동발달의 생물학적 측면에 관한 연구로 기질의 생리학에 관한 토대를 마련했다. 그의 업적은 범죄, 교육, 사회, 정치를 포함한 심리학 이외의 여러 분야에서 행동연구에 영향을 미쳤다.

참조 : ▪ 지그문트 프로이트 92~99쪽 ▪ 장 피아제 262~269쪽

마이클 루터(Michael Rutter)
서기 1933년~현재

영국의 정신과의사 마이클 루터는 아동발달 쟁점과 행동장애에 관한 우리의 해석을 완전히 바꾸어놓았다. 그는 저서 『재평가된 모성의 결핍』에서 아동기의 여러 애착이 정상적이라는 것을 입증하면서 존 보울비의 '선택적 애착이론'에 반발했다. 그는 이후의 연구에서 결핍(무언가의 상실)과 궁핍(결코 무언가를 가지지 못하는 것) 간의 차이를 밝혀냈고, 반사회적 행동을 모성의 결핍(maternal deprivation)보다 가정의 불화와 연결시켰다.

참조 : ▪ 존 보울비 272~277쪽 ▪ 사이먼 배런-코헨 298~299쪽

프리데만 슐츠 폰 툰
(Friedemann Schulz von Thun)
서기 1944년~현재

독일의 심리학자 프리데만 슐츠 폰 툰은 3부작 시리즈 『함께 대화하기』로 출간된 커뮤니케이션 모형으로 유명하다. 그는 대화의 모든 부분에는 커뮤니케이션의 네 가지 차원, 즉 사실차원, 호소차원, 관계차원, 자기표출차원 등이 있다고 주장한다. 또한 그는 사람들이 여러 차원에서 말하고 들을 때 오해가 일어난다고 주장한다.

참조 : ▪ B. F. 스키너 78~85쪽 ▪ 쿠르트 레빈 218~223쪽

존 D. 티즈데일(John D. Teasdale)
서기 1944년~현재

영국의 심리학자 존 D. 티즈데일은 우울증에 관한 인지접근법을 연구했다. 그는 진들 시걸(Zindel Segal), 마크 윌리엄스(Mark Williams)와 함께 '마음챙김 명상에 기초한 인지치료(Mindfulness-Based Cognitive Therapy, MBCT)'라 불리는 기법을 개발했다. 이는 인지치료를 마음챙김과 동양의 명상기법과 결합한 것으로, 반복되는 주요 우울증이 있는 환자들에게 의도적으로 부정적 사고들과 마주치게 하고 더욱 거리를 두는 관점에서 그 부정적인 사고들을 관찰하게 한다.

참조 : ▪ 고든 H. 바우어 194~195쪽 ▪ 아론 벡 174~177쪽

GLOSSARY 용어사전

가설(Hypothesis)
실험으로 입증이나 반증을 내리기 위해 조사된 예측이나 진술.

가족치료(Family therapy)
어떤 문제들이 가족체제 내에 밀접하게 관련되어 있다는 전제 아래, 한 사람이 아닌 가족 전체를 치료하는 요법을 일반적으로 나타내는 용어.

각인(Imprinting)
동물행동학에서 사용되는 용어로, 동물이 태어난 직후에 획득하는 행동양식. 이는 흔히 특정 개인이나 대상에 대한 애착이 생기는 것과 관련 있다.

강화(Reinforcement)
고전적 조건화에서, 반응의 가능성을 증가시키는 현상.

개인차(Individual differences)
성격이나 지능 같은 개인 간의 변수에 민감한 모든 심리학적 특성.

거짓기억 증후군(False memory)
일어나지 않았던 것을 기억해내거나 어떤 사건을 거짓으로 기억하는 것. 이는 암시를 통해 일어나는 것으로 여겨진다.

게슈탈트심리학(Gestalt psychology, 형태심리학)
지각과 같은 정신적 과정의 부분 요소들과 대조적으로, 하나의 체계화된 '전체'의 역할을 강조하는 전체론적인 심리학 접근법.

결정론(Determinism)
모든 사건, 행동, 선택 등이 과거의 사건이나 이전에 존재한 원인들로 결정된다는 이론.

결정적 지능(Crystallized intelligence)
유동적 지능(fluid intelligence)의 사용을 통해 습득한 다양한 기술이나 인지능력과 전략을 지칭하는 것으로, 연령증가에 따라 증가되는 것으로 알려지고 있다.

경험주의(Empiricism)
모든 지식의 속성을 경험에 두는 철학적이고 심리학적인 접근법.

고전적 조건화(Classical conditioning)
중립자극이 무조건자극과 반복적으로 결합하여 특정 반응을 유발하기 위한 능력을 습득하는 학습유형.

공포증(Phobia)
보통 비이성적이거나 강렬한 두려움이 특징으로 나타나는 불안장애.

구조주의(Structuralism)
정신의 구조를 연구하는 심리학적 접근법.

긍정적 강화(Positive reinforcement)
행동주의의 주요개념으로, 어떤 반응 또는 행동에 대하여 그 행동의 빈도나 강도를 증가시키는 보상이나 긍정적 자극을 제공하는 것.

기능주의(Functionalism)
관련 환경에서 정신의 적응적 기능을 연구하는 것과 관련 있는 심리학적 접근법.

기본적 귀인오류(Fundamental attribution error)
타인의 행동에 대한 이유를 외부의 상황이나 환경보다는 성격 같은 내적인 요인에서 찾으려는 경향.

내향성(Introversion)
주로 자신의 내적인 사고와 감정으로 향하는 에너지에 중점을 둔 성격유형.

뉴런(Neuron)
뇌의 여러 부분들 사이에서 메시지(신경자극)를 전송하는 것과 관련된 신경세포.

도구적 조건화(Instrumental conditioning)
사건의 결과에서 동물에게 포상을 조건으로 한다는 조건화의 한 형태. 이런 조건화의 유형은 동물의 미로 실험을 예로 들 수 있다.

둔감화(Desensitize)
자극에 대한 반복된 노출로 사건이나 대상에 대한 강력한 반응을 약화시키는 과정.

멸종, 소거(Extinction)
1) 생물의 한 종류가 아주 없어짐.
2) 강화의 제거로 인해 조건학습에서 반응의 세기가 점점 약화되는 현상.

목적적 행동주의(Purposive behaviourism)
모든 행동은 어떤 궁극적인 목적을 지향하고 있다는, 에드워드 톨먼이 주장하는 이론.

무의미한 철자(Nonsense syllables)
인식할 수 있는 철자로 되어 있지 않는 세 문자로 된 철자. 이는 학습과 기억의 연구에서 헤르만 에빙하우스가 최초로 실험에 사용한 것이다.

무의식(Unconscious)
정신분석에서, 의식적 사고로 접근할 수 없는 정신영역을 말한다.

무조건반응(Unconditioned response)
고전적 조건화에서, 특정 자극에 대한 반응으로 생겨난 반사적인(무조건적·자연적) 반응 (예를 들어, 팔다리가 고통스런 자극에서 벗어나려는 움직임).

무조건자극(Unconditioned stimulus)
고전적 조건화에서, 반사적(무조건적·자연적) 반응을 유발하는 자극.

무조건의 긍정적 배려
(Unconditional positive regard)
칼 로저스의 인간중심 상담이론에서, 전적으로 인간이기 때문에 누군가를 절대적으로 수용한다는 것을 말한다.

반복검증(Replication)
같은 결과를 얻어야 하는 모든 세부사항에서 이루어지는 연구나 실험의 반복. 이는 연구결과의 타당성을 확립하는 데 반드시 필요하다.

반사작용(Reflex)
자극에 대한 반사적인 반응.

방어기제(Defence mechanisms)
정신분석이론에서, 무의식적인 방법으로 불안을 막기 위해 발생하는 정신적 반응을 말한다.

본능(Instincts)
자연적인 충동이나 성향. 정신분석에서 본능은 성격과 행동을 자극하는 역동적인 힘을 말한다.

부정적 강화(Negative reinforcement)
도구적 조건화나 조작적 조건화에서 부정적 자극을 제거하여 반응을 강화하는 것.

부호화(Encoding)
감각정보가 기억으로 처리되는 과정.

사회적 학습(Social learning)
다른 사람들의 행동을 관찰하고 그런 행동의 결과에 근거를 둔 학습이론. 앨버트 반두라는 사회적 학습이론의 가장 중요한 지지자였다.

상관관계(Correlation)
두 가지 데이터나 변수가 어떤 환경에서 비슷한 방식으로 변화를 주는 경향을 나타내는 통계용어. 이는 흔히 인과관계와 혼동된다.

선천적(Innate)
출생시 한 유기체가 갖고 있는 것. 이는 유전학적으로 유전될 수 있거나 유전될 수 없다.

성격(Personality)
한 개인의 안정적이며 지속적인 정신 및 행동의 특성이나, 시간이 지나면서 비교적 지속적인 방법으로 행동하려는 특징을 말한다.

시행착오학습(Trial and error learning)
에드워드 손다이크가 처음 만들어낸 학습이론으로, 바라던 결과를 다시 반복하여 만들어내면서 몇 가지 반응의 실행을 통해 학습이 일어난다고 주장하는 이론.

신경심리학(Neuropsychology)
뇌의 구조 및 기능과 관련되어 있으며, 행동과 인지에 대한 뇌장애의 영향을 연구하는 심리학과 신경학의 하위분야.

실용주의(Pragmatism)
관념을 행동을 위한 규칙으로 여기는 이론으로, 그 관념의 타당성은 실제적인 결과에 의해 측정된다.

심리 성적 발달단계(Psychosexual stages)
정신분석이론에서, 쾌락이 비롯되는 신체 부위에 집중하는 아동기의 발달단계.

심신관계 문제(Mind-body problem)
르네 데카르트가 최초로 제기한 것으로, 신체와 정신의 상호작용을 규정하는 문제.

애착(Attachment)
어떤 정서적으로 중요한 관계에서 한 개인이 다른 존재와 아주 가까워지려고 하고 또한 그 존재로부터 보호받으려고 하는 현상으로, 특히 유아기에 부모와 같은 특정한 대상으로 형성된다.

양분청취법(Dichotic listening)
한 사람에게 두 개의 다른 메시지를 동시에 각 귀에 하나씩 들려주는 실험.

억압(Repression)
정신분석의 이론에서, 받아들일 수 없는 사고나 기억, 충동, 욕구 등을 의식에서 사라지게 하는 자아-방어기제(ego-defence mechanism). 안나 프로이트는 또한 그것을 '동기화된 망각(motivated forgetting)'이라고 불렀다.

연상, 연합(Association)
1) 복합관념을 형성하기 위한 단순관념들의 연결 때문에 생겨나는 현상으로, 인식의 형성과정을 철학적으로 설명할 때 사용되는 개념.
2) 두 심리작용의 연결을 나타내는 것으로, 과거의 경험에서 두 심리작용이 결합한 결과로 형성되는 것을 말한다.

연합주의(Associationism)
선천적이거나 후천적인 신경연결들이 자극과 반응을 결합하여 뚜렷한 행동양식을 야기한다고 주장하는 접근법.

열등 콤플렉스(Inferiority complex)
(창시자 알프레트 아들러 이후) 아들러 학설의 정신분석으로 제시된 개념으로, 이는 한 개인이 실제적이거나 상상된 열등의 느낌들을 다룰 수 없고 적대적이거나 내향적인 상태가 될 때 형성되는 것으로 알려져 있다.

오이디푸스 콤플렉스(Oedipus complex)
정신분석이론에 따라, 약 다섯 살에 발생하는 발달단계로, 이 시기에 남자아이는 어머니에게 무의식적인 욕구를 경험하고 아버지를 대신하거나 없애버리고 싶어 하는 바람을 경험한다.

외향성(Extraversion)
주로 외부 세계와 다른 사람들을 향해 에너지를 집중하는 성격유형.

우울증(Depression)
흥미의 감소나 무관심과 함께 절망과 자아상실감 등의 감정이 특징으로 나타나는 기분장애. 심한 경우 우울증은 정상적인 기능을 악화시킬 수 있고 자살충동을 초래할 수 있다.

원형(原型, Archetypes)
카를 융의 이론에서, 우리의 경험을 체계화하기 위해 행동하는 집단 무의식 내의 유전적 양식이나 구조적 요소를 말한다. 이는 흔히 신화와 서사적 이야기에서 특징을 이룬다.

유동성 지능(Fluid intelligence)
완전히 새로운 문제를 다루는 능력. 이는 연령증가에 따라 감소된다는 것으로 알려지고 있다.

유물론(Materialism)
오직 물질적인 영역만을 실제적인 것으로 여기고, 또한 정신현상을 물질적 관점을 통해 설명되는 것으로 여기는 이론.

의식의 흐름(Stream of consciousness)
윌리엄 제임스가 의식을 사고의 지속적인 흐름 과정으로 설명할 때 나타낸 용어.

이드(Id, 원본능)
에고, 슈퍼에고와 함께 인간의 세 가지 성격 구조의 한 요소로 정신분석에서 사용되는 용어. 이드는 정신에너지의 원천이며 본능과 결합한다.

인본주의 심리학(Humanistic psychology)
정신건강의 증진을 위해 자유의지와 자기실현의 중요성을 강조하는 심리학적 접근법.

인지부조화(Cognitive dissonance)
긴장상태를 초래하는 신념이나 감정 간의 불일치.

인지유형(Cognitive style)
개인이 정보를 처리하는 습관적 방식.

인지심리학(Cognitive psychology)
학습과 지식과 관련된 정신적인 과정과 그 정신이 어떻게 경험들을 활발히 체계화하는지에 관한 연구에 중점을 둔 심리학 접근법.

인지적(Cognitive)
지각, 기억, 사고와 같은 정신작용에 관한 것.

인출단계(Retrieval)
검색과 찾기의 과정을 통해 기억에 저장된 정보를 되찾는 것.

일반 지능요인('g'인자)
찰스 스피어먼이 정의한 것으로, 다양한 지능검사 점수들의 상관관계를 통해 결정된 지능이나 능력의 일반적인 요인. 스피어먼은 일반지능요인을 정신에너지의 척도로 여겼지만 어떤 사람들은 그것을 개인의 추상적인 사고능력으로 여긴다.

일화법(逸話法, Anecdotal method)
(흔히 비과학적인) 관찰기록을 연구자료로 사용하는 것.

자극(Stimulus)
개인이 발견하고 반응할 수 있는 환경의 대상이나 사건, 상황, 요소.

자기성찰(내성법, Introspection)
가장 오래된 심리학적 방법으로, 이는 자기 관찰로 구성된다. 즉 자신의 내부상태에 관해 조사하고 보고하기 위해 자신의 마음 '안으로(intro) 살펴보는(spection)' 것을 말한다.

자기실현(Self-actualization)
자신의 잠재력을 충분히 계발하고 가능성을 실현하는 것. 에이브러햄 매슬로에 따르면, 이는 최상위에 해당하는 인간의 욕구이다.

자아(Ego)
이드, 슈퍼에고와 함께 인간의 세 가지 성격 구조의 한 요소로 정신분석에서 사용되는 용어. 자아는 외부세계와 접촉하는 성격의 이성적인 측면이자 필수적인 요소이며, 또한 본능을 통제하는 데 중요한 역할을 한다.

자유연상법(Free association)
어떤 말이 주어졌을 때 환자에게 맨 처음 떠오르는 말을 하도록 요구하는 것으로, 심리치료에서 사용되는 기법.

자이가닉 효과(Zeigarnik effect)
불완전하거나 완료되지 않은 과제가 완성된 것보다 더욱 쉽게 기억나는 현상.

자폐증(Autism)
자폐스펙트럼장애(Autistic Spectrum Disorder, ASD)의 비공식 용어로, 지나친 자기몰두, 감정이입이나 반복적인 운동활동의 결핍, 언어나 인지능력의 장애 등으로 특징지어진 정신적 장애.

장이론(Field theory)
생활공간이나 개인 주변의 사회영향력의 장을 설명하기 위해 '힘의 장'이라는 개념을 사용하는 쿠르트 레빈의 인간행동모형.

전이(Transference)
정신분석에서, 환자가 과거의(특히 부모의) 관계로부터 치료사로 감정적 반응을 이동시키는 성향을 말한다.

접근(Contiguity)
두 개념이나 사건들이 근접하게 발생하는 것. 이는 연상에 필수적인 것으로 여겨진다.

정신물리학(Psychophysics)
정신적 과정과 물질적 과정의 관계를 과학적으로 연구하는 분야.

정신분석(Psychoanalysis)
인간의 행동에 영향을 주는 무의식과정을 탐구하는 지그문트 프로이트의 여러 이론들과 치료법.

정신분열증(Schizophrenia)
여러 기능에서 이상증상을 유발하는 (원래 조발성 치매증(dementia praecox)으로 알려진) 심각한 정신장애들. 이는 사고의 뚜렷한 장애, 둔하거나 부적절한 감정, 현실을 왜곡하는 시각 등이 특징으로 나타난다.

정신연령(Mental age)
표준검사에서 능력의 수치로 나타나듯이, 평균능력을 갖춘 아이들이 특정 과제를 수행할 수 있는 나이.

정신요법(심리치료, Psychotherapy)
물리적이거나 생리학적인 의미가 아닌 심리학적 의미에서 사용하는 모든 치료방법을 통틀어 가리키는 용어.

조건반응(CR; Conditioned Response)
초기의 중립자극이 무조건자극과 결합하여 유도한 특정 반응.

조건자극(CS; Conditioned Stimulus)
고전적 조건화에서, 무조건자극과 결합하여 특정 (조건)반응을 유발하는 자극.

조작적 조건화(Operant conditioning)
먹이를 얻기 위해 지레를 누르는 것과 같이 결과가 환경을 조작하는 동물에 달려 있는 조건화의 한 형태.

주의(Attention)
선택적이며 집중적인 지각으로 사용된 과정들을 통틀어 표현한 용어.

중심특성(Central traits)
고든 올포트의 이론에서, '부끄러운'이나 '온화한'과 같이 사람을 묘사하는 데 사용되는 대략 여섯 가지의 매우 주요한 성격의 특성들을 말한다. 이는 성격을 이루는 '구성요소들'이다.

지능지수(IQ; Intelligence Quotient)
개개인들이 지능을 비교할 수 있는 정도를 나타내기 위한 지능의 지표. 윌리엄 슈테른이 최초로 제시한 지능지수는 개인의 정신연령을 생활연령으로 나눈 다음 100으로 곱하여 계산된다.

집단무의식(Collective unconscious)
카를 융의 이론에서, 원형을 통한 유전적인 정신적 기질을 포함하는 정신의 가장 깊은 차원을 말한다.

차이역(Just noticeable difference)
두 개의 물리적 자극 사이의 차이를 감지할 수 있는 최소의 차이.

초자아(Superego)
정신분석에서, 부모와 사회의 가치관과 기준을 내면화한 것에서 비롯되는 정신의 일부를 나타내는 용어. 이는 도덕적 구속으로 지배된다.

최면(Hypnosis)
고조된 피암시성(suggestibility)으로 유도한 일종의 일시적인 가수상태.

타당성(Validity)
시험이 측정하고자 하는 요소를 정확하게 측정하는 정도.

통제집단(Control group)
연구자들이 실험을 할 때 실험처리를 하지 않는 피험자들.

특성이론(Trait theory)
개인차이가 시간과 상황에 걸쳐 본질적으로 지속적인 상태로 남아 있는 근본적인 성격특성에 주로 달려 있다는 관점.

프로이트식 말실수(Freudian slip)
의식적으로 의도된 것과 밀접하지만 다른 행동이나 말을 표현하는 것으로, 이는 무의식적인 동기나 근심을 반영한다.

행동수정(Behaviour modification)
개인이나 집단의 행동을 통제하거나 수정하기 위하여 입증된 행동변화기법들을 적용하는 것.

행동주의(Behaviourism)
객관적인 관점에서 증명하고, 설명하고, 측정할 수 있기 때문에 관찰할 수 있는 행동만이 연구의 대상이 되어야 한다고 주장하는 심리학적 접근법.

행동학(Ethology)
자연 조건에서 동물행동을 과학적으로 연구하는 분야.

현상학(Phenomenology)
가정, 이전의 개념, 해석을 통해 경험을 범주화하려는 시도 없이 즉시 일어나는 경험에 근거를 둔 인식에 관한 접근법.

현실원칙(Reality principle)
정신분석이론에서, 자아를 지배하고 실제 세계와 실제 세계의 요구를 고려하는 일련의 규칙들.

형성(Shaping)
행동주의에서, 행동의 형성을 원하는 반응이나 기준으로 계속 근접하기 위해 긍정적 강화를 제공하는 절차를 말한다.

효과의 법칙(Law of Effect)
에드워드 손다이크가 주장한 것으로, 한 사건에 대한 몇 가지 반응이 가능한 곳에서, 보상을 유발하는 것들은 그 사건과 더욱 강하게 결합하려고 하지만 처벌을 유발하는 것들은 더욱 약하게 결합하려고 하는 원칙을 말한다.

INDEX 색인

ㄱ

각인 59, 77
감동결여성 인격장애 276
강박장애(OCD) 212~213
강화 64, 81~82
개별기술적 방법 308~309, 313
개인심리학 100~101
개인적 구성개념이론 154
개인주의 117
게슈탈트 사상 44
게슈탈트 치료 114~117, 142, 174
게슈탈트심리학 12, 59, 72~73, 158~159, 160~161, 167, 220
게슈탈트이론 91, 154
게오르크 헤겔 122, 238
게일 쉬이 272
『새로운 역정』 272
결합설 62~63
고든 H. 바우어 159, 188, 194~196
고든 올포트 165, 173, 204, 216, 302, 306~313
『되어감』 313
『성격: 심리학적 해석』 302, 312
『성격특성: 그 분류와 측정』 302, 308
『특성에 대한 재고』 313
『편견의 본질』 216
고전적 조건화 58~59, 60~61, 68~70, 81
이반 파블로프 60~62
고트프리트 라이프니츠 24~25
공감 235~236
공정한 세상 가설 242~243
공포 68~71
공포증 87
관임원 58, 75, 80
교육
 결합설 62
 본성 대 양육 논쟁 29
 아동중심교육 264, 267~269
 지능검사 52
교육심리학 65
 에고 96~97, 105~106, 111
구스타프 페히너 232, 304
 여성주의 284
 여성주의 심리학 284

구조주의 24~25
귀인이론 242~243
그레고리 베이트슨 150~151
근접발달영역 이론 269
급진적 행동주의 71, 80~85, 149
긍정심리학 152~153, 198~199, 200~201, 313
긍정적 강화 81, 83, 85
기 코르노 91, 155
『부재하는 아버지, 잃어버린 아들』 155
기분의존적 인출 195
기분일치처리 195
기억 17, 48~49, 58, 158~159, 180, 208, 234
 망각곡선 62
 저장과 인출 188~191
 뇌기능 76
 뉴런 163
 억압된 기억 90~91, 95~97, 99
 유전된 뇌 104~105
 자서전적 기억 237
 정보처리 183~184
 정서상태와 뇌 196
 지능 304, 314
 학습 162
 회상(인출) 159, 195, 204~209
기억술 48
기억회복요법 205, 207
기질과 체질 18~19

ㄴ

나 122~123
남성심리학 155
내담자중심치료 200
내향성 90, 319, 321
낸시 베일리 336
낸시 아이젠버그 292
넬슨 코완 173
놀이치료 109, 118
놈 촘스키 59, 72, 85, 173, 211, 260~261, 294~297
『통사구조』 260
뇌 59, 163
 결합설 64
 기억 190~191
 남성 뇌/여성 뇌 236

복원력 153
성차 284
손상 16
심신이원론 20~21
아이 265
언어영역 76
영상법 76, 150, 163, 191
인지심리학 158
자폐증 298
정보처리 182~183, 185
좌반구와 우반구 16
지능 315
학습 58
니코 프리다 303, 324~325
『정서』 303
『정서의 법칙』 325
닐 밀러 59, 337

ㄷ

다니엘 라가슈 336
다니엘 베르누이 193
다중인격장애(MPD) 303, 330~331
단기치료 149
대니얼 골만 322
『결과를 이끌어내는 리더십』 322
대니얼 샥터 159, 170, 188, 194, 204, 207~209
『기억의 일곱 가지 죄악』 159, 170, 188, 194, 204, 207
대니얼 카너먼 159, 193
대릴 벰 166
댄 P. 맥애덤스 308
댄 길버트 140
댄 올베우스 320
더글러스 질레트 155
데릭 프리먼 46
『마거릿 미드와 사모아』 46
데이비드 C. 맥크릴랜드 322~323
데이비드 로젠한 303, 328~329
데이비드 루빈 237
데이비드 번스 142
데이비드 웩슬러 303, 336
데이비드 쿠퍼 328
『정신의학과 반정신의학』 328

데이비드 크레치 45
데이비드 흄 49
도널드 그리핀 34
　『동물의 마음』 34
도널드 브로드벤트 72, 158, 173, 178~185, 192
　『결정과 스트레스』 185
　『지각과 의사소통』 72, 158, 184, 192
도널드 우즈 위니콧 91, 118~121
도널드 헵 48, 76, 158, 163
　『행동조직』 48, 163
도덕성 발달 292~293
도로시 로 91, 154, 243
동기 322~323
동조 216, 254~255
둔감화 59
　발달단계 272~273
　발달심리학 11, 12, 159, 260~261, 269, 284~285
D. 피엔 232
D. W. 라에키 233
딘 키스 사이먼턴 318
　『천재 101』 318
　천재성 318~321

ㄹ

라우라 펄스 91, 174
라우라 포스터 116
레너드 버코비츠 288
레오 캐너 298
레오 포스트만 48, 165, 204
레오폴드 벨락 149
레온 페스팅거 159, 166~167, 244
　『인지부조화 이론』 158
레온 페스팅거·헨리 리켄·스탠리 샤흐터, 『예언이 틀릴 때』 167
레이먼드 커텔 302~303, 308, 313~315, 326
레이먼드 크리스탈 326
레티샤 페플라우 242
레프 비고츠키 164~165, 260, 269~270
로나 윙 298
로널드 갤리모어 277
로널드 리피트 220
로돌포 리나스 44
로드니 워렌펠츠 326
로라 데이비스 204
로렌스 콜버그 260~261, 292~293
　『도덕 발달단계』 261
로르샤흐 검사 331, 335
로버트 A. 바론 288

로버트 E. 온스타인 148
　『의식심리학』 148
로버트 L. 무어 155
로버트 다이서 271
로버트 본스타인 232
로버트 블라이 155
　『무쇠 한스 이야기: 남자의 책』 155
로버트 슬래빈 270
로버트 자이언스 217, 230~235
로버트 헬름라이히 217, 236
로버트 호건 326
로빈 채프먼 297
로빈 코발스키 228
로잘리 레이너 69~71, 86
로저 W. 스페리 337
로저 브라운 194, 216~217, 237
　『말과 사물』 216
로저 셰퍼드 159, 192
롤랑 바르트 123
롤로 메이 26, 91, 126, 137, 141
　『불안의 의미』 26, 141
　실존심리치료 141
　실존심리학 91
　실존철학 91
루돌프 샤퍼 276~278
루미 126
루이스 터먼 53
루크레티우스 31
루트비히 빈스방거 141
　『인간의 기본형과 현실화』 141
르네 데카르트 16, 20~21, 34, 40~41, 180, 192
　『인간론』 20
　『정념론』 16
　차이심리학 11, 13, 302~303
르네 스피츠 271
리처드 도킨스 211
　『이기적 유전자』 211
리처드 라자루스 324
　『정서와 적응』 324
리처드 밴들러 114
리처드 탈러 193

ㅁ

마거릿 미드 46, 196
　『사모아의 성년』 46
마라 셀비니 팔라촐리 146
마랭 메르센 21
마르틴 하이데거 141

마미 필립스 클라크 260~261, 282
마법의 수 7±2 170~173
마샬 맥루한 12
마시멜로 테스트 327
마음챙김 200, 210
마음챙김에 기초한 스트레스 완화(MBSR) 210
마음챙김에 기초한 인지치료(MBCT) 210
마음이론 298~299
마이어스 브릭스 유형지표(MBTI) 107
마이클 루터 274, 278, 339
마이클 아가일 100
마이클 쿠보비 192
　『원근법과 르네상스 미술의 심리학』 192
마크 리어리 228
마크 윌리엄스 210
마키아벨리적 특성 310
마틴 셀리그먼 140, 174, 198, 200~201, 313, 322
　『무기력: 우울, 발달, 죽음에 대하여』 174
막스 베르트하이머 40, 114, 160, 335
　『운동시(運動視)의 실험적 연구』 160
　외향성 19, 319~321
　『지각형태의 조직화 법칙』 40
망각 48~49, 208~209
맥스 해밀턴 154
메리 메인 280
메리 에인스워드 261, 277, 280~281
멜 슬레이터 253
멜라니 클라인 90~91, 99, 108~111, 118~119, 121, 260
　『시기심과 감사』 91
멜빈 러너 154, 217, 242~243
　『공정한 세상에 대한 신념: 근본적 착각』 154, 243
멜포드 스피로 271
　『키부츠의 아이들』 271
모성결핍 275~276
모턴 프린스 54, 330
　『인격의 분열』 330
목적적 행동주의(인지적 행동주의) 72, 160
몬테소리학교 264
무의식 16~17, 90~91, 148
　구조주의 25
　정신분석 94~98
　집단무의식 104~107
무자퍼 셰리프 216, 224~225, 254, 337
무조건적 긍정적 배려 135~136
문장완성력, 수학적 추리력, 어휘력, 지시수행능력(CAVD) 검사법 65
문제해결 159~161
문화-공평성 지능검사 315

미하이 칙센트미하이 198~201, 322
　『몰입: 미치도록 행복한 나를 만난다』 199, 200, 322
밀턴 로키치 338
밀턴 에릭슨 149, 336

ㅂ

바드-캐넌 이론 324
반정신의학 150~151, 328~329
발생학적 인식론 264~267
방어적 비관주의 108
버지니아 사티어 91, 146~147
　『합동가족치료』 91
버지니아 액슬린 118
법칙정립적 방법 309
베르너 하이젠베르크 238
벡 무망감척도(BHS) 177
벡 불안검사(BAI) 177
벡 우울증검사(BDI) 177
벡 자살생각척도(BSS) 177
보리스 시뢸니크 152~153
복종 217, 224, 227, 248~251, 254
본능 28, 58~59, 75, 77, 104~105, 161, 275, 297
　양육 논쟁 13, 16, 28~29, 71, 75, 159, 261, 264, 270, 303
볼프강 쾰러 158~159, 160~161, 163, 220, 225
　『유인원의 지혜』 193
부정적 강화 82~83
분석심리학 104~107
분열된 인격 110
불교 140~141, 210
불안 86~87, 159, 177
브라이언 E. 본 280
브로드벤트 필터 모델 183
브루노 라스커 282
　『아동의 인종에 대한 태도』 282
브루노 베텔하임 261, 271
　『꿈의 아이들』 271
브루스 웨슬리 220
블루마 자이가닉 158, 162, 188, 194
B. F. 스키너 58~62, 64, 71~72, 74~75, 78~79, 86, 149, 288, 294, 309
　『결과에 따른 선택』 83
　『월든 투』 85
　『유기체의 행동: 실험분석』 74~75, 86
　『자유와 존엄을 넘어서』 85
V. L. 해밀턴 248
비네-시몽 척도 52~53, 304

빅토르 프랑클 91, 140
　『죽음의 수용소에서』 91, 140
빌헬름 딜타이 309
빌헬름 분트 17~18, 26, 31~37, 47, 50, 172, 304
　『문화심리학』 37
　『생리학적 심리학 원리』 31, 34
빌헬름 빈델반트 309
빌헬름 슈테켈 108

ㅅ

사라 햅슨 228
사이먼 배런-코헨, 『마음맹』 261
사이키델릭 약물 148
사제 파리아 16, 22~23
　『의식이 또렷한 잠의 원인에 관하여』 16, 23
사티어 모델 147
사회구성주의 238~239, 270
사회심리학 11~12, 167, 216~217, 220~223, 232, 236, 244~245, 256
사회학습이론 80, 236, 260, 288~291
산티아고 라몬 이 카할 76
살바도르 미누친 146
상호억제 86~87
생득론 294~297
생물심리학 28~29
샬럿 뷜러 336
　능력 28
　신념 104
　행동 75, 80
선택이론 217, 240~241
선택적 주의 182~185
섬광기억 190
성 발달 290~291
성격 특성과 유형 107, 128~129, 308~310, 320, 326~327
성격, 인격 13, 16~17, 134, 318~321
성격심리학 302~303, 308~313
성격이론 303, 318~321, 326~327
성격테스트 323
성차 261, 284~285
세르주 리보비시 338
세르주 모스코비치 216~217, 224, 227, 238~239
　『정신분석: 그 이미지와 그 대중』 239
소크라테스 26
속임 196~197
솔로몬 아시 216, 224~227, 248~249
　『의견과 사회적 압력』 224
쇠렌 키르케고르 16, 26~27, 141

『불안의 개념』 26
『죽음에 이르는 병』 16
수잔 겔만 269
수전 클랜시 208
순응주의 224~227, 248~253
스키너 상자 81~83
스탠 쿠차이 294
　『권위에 대한 복종』 252
　『복종에 대한 행동연구』 248
스탠리 샤흐터 167, 338
스탠리 스미스 스티븐스 173
스탠포드 감옥 실험 217, 254
스티븐 라이처 254
스티븐 핑커 159, 192, 294, 297
　『빈 서판: 인간은 본성을 타고나는가』 192
시드니 스미스 173
시릴 버트 50
시실 굿맨 158
신경언어 프로그래밍(NLP) 114
신경과학 59, 158~159, 163
신경수면 22
신경심리학 67, 163
신경연구 236, 261
신경증적 경향성 19, 319~321
신경학적 과학 30, 54~55
실번 톰킨스 196
실존주의 16, 26~27
　실험심리학 17, 34~37, 48~49, 148
심리 성적 발달 260
심리적 긴장 108
심리측정 검사법 302
심리치료 11, 12, 94, 138
심리학 10~11, 16~17
　실험심리학 148
심신이원론 20~21

ㅇ

아기
　애착이론 274~275, 280~281
　본성 대 양육 논쟁 29
　선천적인 개념 265
　어머니의 증오 121
아널드 A. 라자루스 177
아돌프 아이히만 248
아동, 아이
　공격성 288
　교육 270, 279
　도덕성 발달 292~293

발달 12~13, 270
발달심리학 260~261
보육체계 271
본성 대 양육 논쟁 28
부정적 강화 82
애착이론 276, 278, 280
언어학습 294, 296~297
인지발달 264~269
입양아 119~120
자극-반응 조건화 71
자폐증 298~299
정신분석 118~119
정신적 성장 101
조건적 사랑 135
종에 대한 태도 282~283
지능검사 52
트라우마 153, 257
아동기 공격성 288~290
아동학대 204, 206~207
아론 벡 72, 91, 142, 145, 159, 174~177, 198, 200, 212
『우울증의 원인과 치료』 159
아르투어 쇼펜하우어 108, 122
아리스토텔레스 18, 20, 34, 41, 201, 240
아모스 트버스키 159, 193
아벤조아르(이븐 주르) 60
아비센나 22
아시 패러다임 224~225
아이작 프리렐텐스키 256
『비판심리학』 256
안나 프로이트, 『자아와 방어기제』 90
안드레아스 베살리우스 18~19
『인체의 조직에 관하여』 18
안토니오 다마시오 45
R. D. 랭 26~27, 91, 150~151, 328
『분열된 자아』 26, 91, 328
알렉산드르 루리야 336
알렉스 하스람 254
알프레드 볼드윈 312
알프레드 비네 17, 30, 50~53, 265, 302, 304, 314
알프레드 아들러 90, 100~101, 138~139, 142, 146
『개인심리학의 이론과 실제』 90
앙드레 그린 339
애착이론 261, 274~278, 280~281
앤 트라이스먼 180
앤 파우스토 스털링 284
앤더스 에릭슨 318
앨런 베델리 185
앨런 튜링 158, 170, 181
앨리스 밀러 118

앨리스 이글리 236
앨버트 반두라 74, 80, 164, 236, 260~261, 286~291, 294
『사회학습이론』 74, 164
앨버트 엘리스 91, 110, 142~145, 174, 177, 212
『마음을 변화시키는 긍정의 심리학』 91
어니스트 튜프스 326
어니스트 R. 힐가드 54, 337
『분열된 의식』 54
어머니-아기 간 유대감 275, 280~281
어빈 얄롬 141
『실존주의 심리치료』 141
어빙 고프먼 216, 228~229
『일상생활에서의 자아표현』 216, 228
어윈 폴럭 171~172
억압된 기억 204~205, 207
언어 116, 260, 294~297
언어습득장치(LAD) 296~297
얼굴표정 196~197, 235, 303
에두아르트 폰 하르트만 24
『무의식의 철학』 24
에드워드 B. 티치너 35, 232~233, 305, 334
에드워드 E. 존스 242
에드워드 손다이크 58~59, 62~65, 68, 72, 74, 161, 163
『동물의 지능』 65
『지능의 측정』 314
에드워드 체이스 톨먼 58~59, 68, 72~73, 74~75, 160, 193
『동물과 인간의 목적적 행동』 72
『전쟁을 향한 욕구』 75
에드윈 거스리 58~59, 74
에드윈 보링 335
에르 자네 17, 54~55, 104, 330
에른스트 브뤼케 96
에리히 프롬 90~91, 124~129, 198
『자유로부터의 도피』 90
에릭 번 111, 337
에릭 에릭슨 46, 90, 260, 272~273
『아동기와 사회』 46, 260
우생학 28~29
진화 16, 58
진화심리학 13, 211
행동학 59, 77
에미 워너 152
에밀 쿠에 22
『의식적인 자기암시를 통한 자기정복』 22
에밀 크레펠린 17, 31
『심리학 개론』 17
『정신의학 교과서』 31

에버하르트 그멜린 330
에이브러햄 매슬로 91, 100, 126, 132~133, 137~139, 148, 198, 200, 313, 322
『동기와 성격』 91, 200
『동기부여론』 198, 322
에커드 헤스 77
에픽테토스 142
발생학적 인식론 264
일화기억 189~191
행동의 후성유전학 75
엔델 털빙 159, 162, 170, 186~191, 194, 208~209
L. 필립스 328
L. L. 서스톤 304
엘런 배스 204
엘리너 E. 맥코비 261, 284~285
『성차의 심리학』 261, 284
엘리스 폴 토랜스 304
엘리엇 애런슨 166, 217, 236, 244~245, 282
『사회심리학: 사회적 동물』 244
엘리자베스 로프터스 91, 159, 188, 202~208
『목격자 증언』 159, 188, 206
엘턴 메이오 335
여성 217, 236
여성에 대한 태도 척도 236
열등 콤플렉스 100~101
오드버트 308~310, 313
오스카 하인로스 77
오이겐 블로일러 31, 150
오이디푸스 콤플렉스 155
오토 랑크 132
오토 클라인버그 282
요제프 브로이어 23, 90, 94
요한 프리드리히 헤르바르트 16, 24~25
『심리학 교본』 16
우울증 109, 140, 142, 154, 159, 200~201, 243
우월 콤플렉스 101
울릭 나이서 159, 237, 339
『인지심리학』 159
원형 94, 104~107
월터 미셸 302~303, 326~327
『성격과 평가』 303, 327
월터 캐넌 324
월터 판케 148
웩슬러 성인 지능 척도(WAIS) 303
W. H. R. 리버스 334
윌리엄 J. 라이언 242
윌리엄 T. 파워스 240~241
윌리엄 글래서 217, 240~241
『현실치료』 217
윌리엄 데이먼 198, 292

『몰입의 경영』 198
윌리엄 슈테른 309, 334
윌리엄 제임스 11, 17, 20, 28, 38~35, 47, 59, 65, 68, 80, 82, 100, 122, 148, 162~163, 170, 172, 228, 237, 308, 324
　『심리학 원리』 45, 122, 162, 170
　『심리학 원리』 17, 60, 80, 82, 308
　『의식은 존재하는가?』 20
유동성 지능 314~315
유전 16, 28, 59, 104~105
유전학 59, 83, 159
유전형 311~312
유진 아잠 330
유타 프리스 298
융식의 원형 155
응용심리학 182
의미치료 140
의식 16~17, 44, 148
　구조주의 24~25
　심신이원론 20
　의식의 분석 40~45
　의식의 흐름 40~41, 45
　인간과 동물 37
　정신분석 94~96
E. 지글러 328
이그나시오 마틴-바로 217, 256~257
　『해방심리학을 위한 기록』 257
이드 96, 111
이마누엘 칸트 40~41, 114, 264
이반 파블로프 11, 58~59, 60~62, 68, 70, 72, 74, 76, 80~81, 86~87, 161, 174
　『언어적 행동』 59, 85
이븐 시나 22
이븐 주르 60
이사벨 브릭스 마이어스 302
이슬람 신비주의자 126
인간발달 29, 46~47
인간중심치료 132~135
인본주의 심리치료 91
인본주의 심리학 12, 129, 136~137, 138~139, 141, 198
인본주의적 정신분석학 126~129
인상관리 228~229
인종주의 242, 282~283
인지 59, 68, 73, 160
인지발달 164~165, 264~267, 269
인지부조화 166, 167, 244~245
인지신경과학 163
인지심리학 11~12, 59, 72, 85, 91, 158, 159, 166~167, 180~181, 184~185, 208~209, 260~261

인지적 행동주의 72~73, 160
인지치료 72, 91, 174~177, 198, 200
인지행동치료(CBT) 12, 59, 72, 85, 144~145, 159, 212~213
잉크얼룩(로르샤흐) 검사 331, 335

ㅈ

자각 116
자극-반응 이론 11, 58~59, 68, 70~71, 74
자기 16, 126~127, 133~136
자기지각이론 166
자기실현 106
자기실현 91, 126, 138~139, 148, 313
자기암시 23
자녀양육체계 271
자동운동 효과 225
자살 140
자연선택 77, 83
자이가닉 효과 162, 194
자존심자책 154
자크 라캉 90, 122~123, 155, 279
　『거울 단계』 90
자크 러브 68
자폐증 261, 298
잠재학습 68, 73
장 마르탱 샤르코 17, 23, 30, 51, 54~55, 90, 94
　『신경계 질환에 대한 강의』 17, 54
　해리 54, 330
장 폴 사르트르 122, 140, 150
장 피아제 74, 164~165, 260, 262~267, 270, 272, 292
　『아동 이해력의 기원』 164
재구성 기억 158
재닛 테일러 스펜스 217, 236
재클린 메츨러 159
전기충격 복종실험 248~252
전망이론 193
전쟁신경증 86~87
『정신장애의 진단 및 통계편람』 330
정서 68~69, 144, 159, 196~197, 233, 303, 324~325
정서이론 196
　억제 134
　인식 116
정서심리학 196~197
정신역동치료 149
정신, 영혼 96, 105
정신병리학 90
정신분석(정신분석적 심리치료) 12, 17, 90~91, 97, 158, 308

도널드 우즈 위니콧 118~121
멜라니 클라인 108~109
알프레트 아들러 110~111
요한 프리드리히 헤르바르트 24~25
자크 라캉 122~123
지그문트 프로이트 94~99
프랑수아즈 돌토 279
정신분열증 31, 91, 150~151, 329
정신의 복원력 152~153
정신의학 31, 328~329
정신이상 150, 318~321
정신장애 17, 330~331
정신적 생득론 265
정신적 성장 101
정신증적 경향성, 외향성, 신경증적 경향성(PEN) 308, 318~321
정신진단 17
정신질환 31, 150~151
정체성 위기 46, 273
제니 마스터슨 310
제롬 브루너 158, 162, 164~165, 173, 188, 261, 270
　『현실의 서사적 구성』 261
　『교육과정』 165
　『지각의 조직화 요인으로서의 가치와 욕구』 158
제롬 케이건 339
J. P. F. 들뢰즈 54
제이 헤일리 149
　『특이한 심리치료』 149
제인 뢰빙거 111
제임스 마샤 272
제임스 브레이드 22~23
　『신경수면학설』 22
제임스 커텔 35, 50~51
제임스 쿨리크 237
제임스랑게 정서 이론 43, 324
제프리 밀러 211
　『연애』 211
제프리 페이지 312
조건화 11, 58~59
　곽임원 75
　B. F. 스키너 80~82
　언어 294~295
　에드워드 손다이크 63
　에드워드 톨먼 72~73
　에드윈 거스리 74
　이반 파블로프 60~62
　존 B. 왓슨 68~71
　칼 래슐리 76
조르다노 브루노 48
　『기억의 기술』 48

조셉 울프 59, 72, 80, 86~87, 174, 177, 212
조이 폴 길퍼드 303~305, 314, 318
조이스 호건 326
조작적 조건화 58~59, 72, 82~85, 288, 294~295, 297
조지 버클리 20
조지 아미티지 밀러 159, 162~165, 168~173, 180, 194, 208
　『마법의 수 7±2』 162, 170
　『언어와 의사소통』 71
조지 켈리 154, 337
　『개인적 구성 개념의 심리학』 154
조지프 캠벨 104
존 B. 왓슨 11, 26, 28, 40, 58~62, 64, 66~67, 72, 75, 80, 86~87, 94
　『행동주의자의 관점에서 본 심리학』 58~59, 86
　『행동주의』 71
존 B. 캐럴 314
존 D. 티즈데일 210, 339
존 달라드 288
존 듀이 216, 334
　『사회심리학의 필요성』 216
존 로크 28, 40~41, 49, 264
　『교육론』 264
존 보울비 77, 104, 152, 211, 260, 271, 274~277, 278, 280
　『어머니의 보살핌과 정신건강』 275
존 유일 207
존 카밧진 200, 210
　『당신이 어디를 가든 거기엔 당신이 있다』 200
주디스 고울드 298
주디스 벡 175
주디스 킷설 207
주제통각검사(TAT) 138, 323
죽음 본능 91, 108~109
줄리 K. 노럼 108
'g' 인자 302~303, 314
G. 스탠리 홀 17, 46~47
　『청년: 교육과 군대와 건강』 47
지각 16~17, 59, 114~115, 158~161, 192
지각통제이론(PCT) 240~241
지그문트 프로이트 11~12, 17, 22, 24, 30, 46, 54, 90, 92~99, 104, 108, 111, 118, 150, 152, 174, 195, 204, 220, 272, 274, 278, 292, 309
　『꿈의 해석』 90, 98
　『성이론에 관한 세 편의 논문』 260
　『히스테리에 관한 연구』 24, 30, 90, 94
지능 13, 17, 161, 304~305, 314~315
　지능구조(SI) 303
　'g' 인자 62
　결합설 63, 65

아동발달 264~267
　유전 29
　차이심리학 303
지능이론 50~53
지능지수(IQ)검사 50, 52, 53, 65, 265, 302, 304~305, 314~315, 318, 320, 323
지속적 식물인간 상태(PVS) 44
지역사회 심리학 256
진 왓슨 220
진델 시걸 210
질풍노도운동 47
집단무의식 90, 104~107
집단역동 216, 220, 223

ㅊ

차이심리학 11, 13, 302~303
착시 192
찰스 M. 존스턴 271
찰스 게칭어 233
찰스 골턴 16
찰스 다윈 16, 28, 34, 50, 58, 77, 83, 211, 302, 324
　『인간과 동물의 감정표현에 대하여』 58, 324
　『인간의 유래』 203
　『종의 기원』 16, 50, 77
찰스 사무엘 마이어스 335
찰스 스피어먼 53, 62, 302~304, 314
찰스 호턴 쿨리 100, 228
창의성 91, 304~305, 318~321
철학 10~11, 16
청년기 46~47
청소년 범죄 276
체계적 둔감화 86~87
체액설 18~19, 308, 319
체질론 18~19, 308~309
최면 16~17, 22~23, 30, 90, 94, 224, 331
치매증 31

ㅋ

카렌 호나이 90, 110, 114, 126, 129, 142~143
　『신경증과 인간 성장』 114
카를 구스타프 융 24, 90, 94, 102~107, 114, 122
카를 던커 160
　『생산적 사고의 심리학』 160
카를 랑게 43, 324
카를 마르크스 129
카를 융 24, 90, 94, 102~107, 114, 122

『무의식의 심리학』 24
『심리적 유형』 90
카훈 파피루스 30
칵테일파티 문제 183~184
칼 래슐리 58~59, 76, 163, 165
『진정한 사람 되기』 26, 136
『내담자 중심치료』 26, 198
『카운슬링과 심리치료』 91, 141, 146
칼 베르니케 16
캐럴 재크린 284
캐서린 브리스 302
캐서린 콕스 318
케네스 거겐 238
『역사로서의 사회심리학』 238
케네스 크레익 180~181
케네스 클라크 260~261, 282~283
코르넬리아 월버 330
코베트 H. 시그펜 303, 330~331
『이브의 세 얼굴』 303, 331
콘라트 로렌츠 34, 59, 75, 77, 274, 278
『공격성에 관하여』 75
『솔로몬의 반지』 34
콜린 체리 158, 183~184
쿠르트 골드슈타인 138
쿠르트 레빈 12, 166~167, 216, 218~223, 254
쿠르트 코프카 160
크누드 S. 라르센 224
크리스티아나 모건 323
크리스티안 폰 에렌펠스 160
『형태질론』 160
클라우디우스 갈레노스 18~19, 20, 308, 319
클라크 L. 헐 59, 240, 335
클라크 모스타카스 132
『고독, 창의성, 사랑』 132
클로드 레비스트로스 123
클로드 섀넌 171
키스 데이비스 242

ㅌ

타자 122~123
태도의 자유 140
테오도르 시몽 52, 302, 304
테오도어 아도르노 248
토마스 와이즈너 277
토머스 사즈 328
『정신의학: 거짓의 학문』 328
『정신질환의 신화』 328
토머스 윌리스 30

통찰 지향적 치료 149
티머시 리어리 91, 148
틱낫한 210

ㅍ

파라셀수스 94
파울 바츨라비크 91, 149
퍼거스 크레익 185
페기 에머슨 277~278
폴 굿맨 91, 174
폴 밀 338
폴 발레리 13
폴 살코브스키스 212~213
폴 에크먼 159, 196~197, 303
　『얼굴의 심리학』 197
　가족치료 146~147, 151
　안면인식 36
　전기충격 복종실험 248~252
　증후군 206~207
　친숙성 232~235
　『정서에 따른 얼굴표정』 159
프란츠 메스머 22
프랑수아즈 돌토 261, 279
　꿈 분석 98
프랜시스 골턴 13, 28~29, 50~51, 75, 270, 302, 304
　『유전하는 천재』 16, 29
　『영국의 과학자들: 그들의 본성과 양육』 29, 75
프레더릭 바틀릿 48, 158, 180, 188, 204, 208, 234, 237, 335
　『기억』 204, 208, 234
　『유령들의 전쟁』 158
프레더릭 허즈버그 322
　『허즈버그의 직무동기이론』 322
프로이트식 말실수 98
프리데만 슐츠 폰 툰 339
프리드리히 니체 141
프리츠 펄스 91, 112~117, 126, 132, 138, 174
프리츠 하이더 242
플라시보 효과 22
플라톤 20, 34, 41
플로이드 올포트 302, 310
피에르 다센 269
피에르 자네 17, 54~55, 104, 330
　『심리학적 자동주의』 55
　『정신 자동성』 110
피에르 폴 브로카 16, 76
피터 미첼 298
피터 브레긴 240

『우리 아이들 되살리기』 240
필립 E. 버넌 304
필립 바드 324
필립 짐바르도 166, 217, 248, 254~255

ㅎ

하워드 가드너 198
하인리히 발데이어 하르츠 76
하인츠 코후트 110
하인츠 헤크하우젠 338
학습 12, 16~17, 48~49, 58~59, 68, 159, 163, 221~222
　'g' 인자 314
　각인 77
　결합설 62~65
　기억과 학습 162, 194~195
　뇌기능 76
　발달심리학 260, 262
　본성 대 양육 논쟁 28
　아동 중심 교육 264, 268~269
　아동기 공격성 288
　언어 294~295
　연상학습 76~77
　전문가 상호학습법 244, 282
　조건화 61, 73
　통찰 160~161
　학습장애 261
학습능력 28
학습된 무기력 200~201
학습이론 74, 166, 294
　사회적 학습이론 288~291
한스 아이젱크 18~19, 212, 302, 308, 313, 316~321, 326
　『창의성과 성격: 이론에 대한 제안』 318
　『성격의 차원』 18
한스 아스퍼거 298
합리적 정서행동치료(REBT) 91, 110, 142~145, 174, 177, 212
해롤드 H. 켈리 338
해리 스택 설리번 146
해리 할로 139, 261, 274, 277~278, 280
해리성 정체감장애(DID) 303, 330
해밀턴 우울평가척도(HAM-D) 154
해방심리학 217, 256~257
행동심리학 322~323
행동요법 59, 159
행동의 후성유전학 75
행동주의 11~12, 59, 68~72, 80, 90, 149, 158, 308

행동주의 사상 44, 58, 76~77
행동주의 심리학 62~64, 160
행동치료 60, 80
허버트 켈만 248
허비 M. 클렉클리 303, 330~331
험프리 오스몬드 148
헤더 힐 294
헤르만 로르샤흐 335
헤르만 에빙하우스 10~11, 17, 48~49, 62, 158, 162, 170, 172, 188, 208
　『기억에 관하여』 62
　『기억에 관하여: 실험심리학에의 기고』 17, 49, 170, 208
헤르만 폰 헬름홀츠 37
헨리 H. 고다드 53
헨리 리켄 167
헨리 머리 138, 322~323
헵의 학습 163
현실과 지각 114~115
현실이론 217
현실치료 217, 240~241
협력심리학 193
호세 쿠스토디오 데 파리아(사제 파리아) 23
히스테리 17, 30, 90, 94
히포라이트 베른하임 224
히포크라테스 18, 30, 308, 319, 326
　『여성의 질병에 관하여』 30

ACKNOWLEDGMENTS 자료출처

Dorling Kindersley would like to thank Shriya Parameswaran, Neha Sharma, Payal Rosalind Malik, Gadi Farfour, Helen Spencer, Steve Woosnam-Savage, and Paul Drislane for design assistance; Steve Setford for editorial assistance; and Stephanie Chilman for composing the Directory.

PICTURE CREDITS

The publisher would like to thank the following for their kind permission to reproduce their photographs:

(Key: a-above; b-below/bottom; c-centre; f-far; l-left; r-right; t-top)

19 The Bridgeman Art Library: Bibliothèque de la Faculté de Médecine, Paris / Archives Charmet (tr). **21 Corbis:** Bettmann (tr). **Getty Images:** Hulton Archive (bl). **23 akg-images:** Bibliothèque nationale (tc). **Alamy Images:** Tihon L1 (bl). **25 Getty Images:** Hulton Archive (tr). **27 akg-images:** Coll. Archiv f. Kunst & Geschichte (tl). **Corbis:** Bettmann (bl). **29 The Bridgeman Art Library:** Birmingham Museums and Art Gallery (bc). **Getty Images:** Hulton Archive (tr). **30 Getty Images:** Imagno / Hulton Archive (br). **35 Alamy Images:** Interfoto (br). **Corbis:** Visuals Unlimited (tc). **36 Corbis:** Bettmann (tr, tc). **37 Corbis:** Bettmann (bl). **40 Corbis:** (bl). **43 Corbis:** The Gallery Collection. **44 Corbis:** Underwood & Underwood (br). **45 Science Photo Library:** Chris Gallagher (tr). **47 Corbis:** Bettmann (tr). **49 Corbis:** Bettmann (bl); Bill Varie (tr). **51 Science Photo Library:** US National Library of Medicine (tr). **52 Corbis:** Bettmann (bl). **55 Alamy Images:** Eddie Gerald (cr). **Lebrecht Music and Arts:** Rue des Archives / Varma (bl). **61 Corbis:** Bettmann (bl). **LawtonPhotos.com :** (tl). **65 Corbis:** Jose Luis Pelaez, Inc. (tl). **Science Photo Library:** Humanities and Social Sciences Library / New York Public Library (tr). **69 Corbis:** Underwood & Underwood (br). **71 The Advertising Archives:** (br). **73 Corbis:** Sandy Stockwell / Skyscan (cr). **Magnum Photos:** WayneMiller (bl). **75 The Advertising Archives:** (cra). **77 Getty Images:** Nina Leen / Time & Life Pictures (br). **81 Getty Images:** Nina Leen / Time & Life Pictures (br). **82 Getty Images:** Joe Raedle (br). **83 Corbis:** Bettmann (tr). **84 Alamy Images:** Monashee Frantz (bl). **87 Getty Images:** Lambert / Archive Photos (tr). **94 Getty Images:** Imagno / Hulton Archive / Sigmund Freud Privatstiftung (tr). **97 Alamy Images:** Bjanka Kadic (bl). **98 The Bridgeman Art Library:** Museum of Modern Art, New York / © Salvador Dali, Fundació Gala-Salvador Dalí, DACS, 2011. **99 Corbis:** Hulton-Deutsch Collection (tr). **101 Corbis:** Guo Dayue / Xinhua Press (tl). **Getty Images:** Imagno / Hulton Archive (tr). **105 Getty Images:** Imagno / Hulton Archive (br). **106 Getty Images:** Apic / Hulton Archive (bl). **107 akg-images:** Walt Disney Productions (tl). **Getty Images:** Imagno / Hulton Archive (tr). **108 Corbis:** Robbie Jack (cra). **109 Wellcome Images:** (bl). **116 Corbis:** Robert Wallis (tl). **117 Alamy Images:** Harvey Lloyd / Peter Arnold, Inc. (tl). **Science Photo Library:** National Library of Medicine (bl). **119 Getty Images:** Hulton Archive (tr). **120 Corbis:** Nancy Honey (br). **123 Getty Images:** Ryan McVay (tl). **Lebrecht Music and Arts:** Rue des Archives / Collection Bourgeron (bl). **127 Corbis:** Michael Reynolds / EPA (tr). **129 Getty Images:** Leonard Mccombe / Time & Life Pictures (tr); Roger-Viollet (bl). **134 Corbis:** Pascal Deloche / Godong (tl). **135 Getty Images:** David Malan / Photographer's Choice (tr). **136 Corbis:** Roger Ressmeyer (bl). **137 Getty Images:** Peter Cade / Iconica (tl). **139 Corbis:** Ann Kaplan (tr). **144 Corbis:** Bettmann (bl). **Getty Images:** Mark Douet (tr). **147 Corbis:** Jutta Klee (tl/computer); Roy Morsch (tc/blamer); Larry Williams (tr/placator). **Getty Images:** Nathan Blaney / Photodisc (tc/leveller). **148 Getty Images:** Dennis Hallinan (b). **151 Corbis:** Allen Ginsberg (tr); Robbie Jack (bl). **153 Getty Images:** Miguel Medina / AFP (tr); Toru Yamanaka / AFP (br). **155 Alamy Images:** Sigrid Olsson / PhotoAlto (cra). **161 TopFoto.co.uk:** Topham Picturepoint (tl, tr). **162 Getty Images:** Andersen Ross / Photodisc (cb). **165 Press Association Images:** (tr). **167 Science Photo Library:** Estate of Francis Bello (bl). **173 Corbis:** William Whitehurst (tl). **Jon Roemer:** (tr). **175 Beck Institute for Cognitive Behavior Therapy:** (tr). **176 Corbis:** Bettmann (br). **181 Alamy Images:** David O. Bailey (tl). **Science Photo Library:** Corbin O'Grady Studio (tr). **182 Corbis:** Carol Kohen (bl). **184 Corbis:** H. Armstrong Roberts / ClassicStock (bc, br). **Getty Images:** George Marks / Retrofile / Hulton Archive (bl). **185 Corbis:** Monty Rakusen (tr). **190 Alamy Images:** Gary Roebuck (tl). **Courtesy of Baycrest:** (bl). **192 Corbis:** Owaki/ Kulla (cra). **195 Corbis:** Ocean (tr). **197 Getty Images:** Steven Dewall / Redferns (bl). **199 Claremont Graduate University:** Photo by C. Sajgó (bl). **Corbis:** Charles Vlen / Bettmann (tl). **201 Getty Images:** Purestock (bc). **Positive Psychology Center, University of Pennsylvania.** : (tr). **204 Courtesy of UC Irvine:** (bl). **207 Corbis:** Guy Cali (bl). **210 Alamy Images:** Michele Burgess (cb). **212 Lebrecht Music and Arts:** Matti Kolho (bc). **213 University of Bath:** (tr). **221 Getty Images:** Chris Ryan / OJO Images (tr). **222 Corbis:** Moment / Cultura (bc). **223 Alamy Images:** Interfoto (bl). **Corbis:** K.J. Historical (tl). **225 Solomon Asch Center for Study of Ethnopolitical Conflict:** (tr). **227 Corbis:** Bettmann (bl). **229 American Sociological Association, www.asanet.org.** : Photo of Erving Goffman (bl). **Corbis:** Yi Lu (cr). **234 Corbis:** Claro Cortes / Hanoi, Vietnam (tl). **235 Corbis:** Hannes Hepp (bc). **Stanford News Service.** : Linda A. Cicero (tr). **237 Corbis:** Walt Sisco / Bettmann (cr). **239 Corbis:** Sophie Bassouls / Sygma (bl). **241 The Bridgeman Art Library:** Musée national des arts et traditions populaires, Paris / Archives Charmet (tc). **William Glasser Inc. - www.wglasserbooks.com :** (tr). **243 Alamy Images:** David Grossman (tl). **University of Waterloo:** Maurice Greene (tr). **245 Corbis:** Bettmann (bl). **Special Collections, University of California, Santa Cruz:** (tr). **249 Getty Images:** Apic / Hulton Archive (tr). **Manuscripts and Archives, Yale University Library:** Courtesy of Alexandra Milgram (bl). **251 Getty Images:** Peter Stackpole / Time & Life Pictures (br). **252 Corbis:** Stapleton Collection (br). **253 Corbis:** Geneviève Chauvel / Sygma (tl). **255 TopFoto.co.uk:**

352 자료출처

Topham Picturepoint (tr). **Philip G. Zimbardo, Professor Emeritus, Stanford University:** (tl). 257 Universidad Centroamericana "José Simeón Cañas" (UCA), El Salvador: (bl). 265 **Corbis:** The Gallery Collection (tc). 267 **Science Photo Library:** Bill Anderson (bl). 268 **Corbis:** Bettmann (bl). 269 **Alamy Images:** Thomas Cockrem (br). 271 **Corbis:** Jerry Cooke (cr). 273 **Corbis:** Ted Streshinsky (tr). **Getty Images:** Jose Luis Pelaez / Iconica (bc). 276 **Corbis:** Hulton-Deutsch Collection (tr). 277 **Richard Bowlby:** (bl). **Getty Images:** Lawrence Migdale (tr). 278 **Science Photo Library:** Photo Researchers (cr). 281 **Corbis:** Tim Page (tr). 282 **Library Of Congress, Washington, D.C.:** Gordon Parks (cr). 283 **Corbis:** Bettmann (tr). 285 **Corbis:** Bob Thomas (tc). **Special Collections, Eric V. Hauser Memorial Library, Reed College, Portland, Oregon:** (bl). 289 **Albert Bandura:** Department of Psychology, Stanford University (tr). 290 **Alamy Images:** Alex Segre (tr). 291 **Corbis:** Ocean (b). 293 **Corbis:** Bettmann (tr). 296 **Corbis:** Christopher Felver (bl). 297 **Corbis:** Frans Lanting (br); Brian Mitchell (tl). 299 **Getty Images:** Trisha G. / Flickr (bl). **Rex Features:** Brian Harris (tr). 305 **Getty Images:** Stan Munro / Barcroft Media (tl). 310 **The Bridgeman Art Library:** Palazzo Vecchio (Palazzo della Signoria), Florence (tr). 312 **Getty Images:** MPI / Archive Photos (tl). 313 **Corbis:** Bettmann (tr). 315 **Courtesy of the University of Illinois Archives:** Image 0000950. Found in RS: 39/1/11, Box 12, Folder Raymond B. Cattell (bl). 320 **Corbis:** Bettmann (bl). 321 **Getty Images:** Universal History Archive/ Hulton Archive (tl). **Mary Evans Picture Library:** John Cutten (tr). 323 **Harvard University :** Jane Reed / Harvard News Office (tr). **Science Photo Library:** Van D. Bucher (bc). 325 **Getty Images:** Universal History Archive / Hulton Archive (tr). **Dolph Kohnstamm:** (bl). 327 **Corbis:** Monalyn Gracia (tc). **Courtesy of University Archives, Columbia University in the City of New York. :** Joe Pineiro / Office of Public Affairs Negatives - Box 109 (tr). 329 **Corbis:** Bettmann (bl). 331 **The Kobal Collection:** 20th Century Fox (tc).

All other images © Dorling Kindersley.

For more information see:
www.dkimages.co.uk

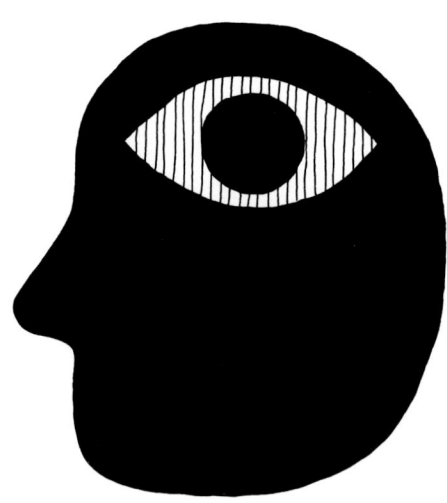